U0630362

世界传世藏书

【图文珍藏版】

历史知识大博览

赵征⊙主编

第一册

线装书局

图书在版编目（CIP）数据

历史知识大博览：全6册 / 赵征主编. —— 北京：
线装书局, 2016.3
ISBN 978-7-5120-2147-1

Ⅰ. ①历… Ⅱ. ①赵… Ⅲ. ①世界史 – 通俗读物
Ⅳ. ①K109

中国版本图书馆CIP数据核字(2016)第019452号

历史知识大博览

主　　编：赵　征
责任编辑：高晓彬
装帧设计： 博雅圣轩藏书馆　Boyashengxuan Cangshuguan
出版发行：线装书局
　　　　　　地　址：北京市西城区鼓楼西大街41号（100009）
　　　　　　电　话：010-64045283（发行部）　64045583（总编室）
　　　　　　网　址：www.zgxzsj.com
经　　销：新华书店
印　　制：北京彩虹伟业印刷有限公司
开　　本：787mm×1092mm　1/16
印　　张：150
字　　数：1826千字
版　　次：2016年3月第1版第1次印刷
印　　数：0001 – 3000套

定　　价：1580.00元（全六册）

最早出现的人类——元谋人

　　元谋人，因发现地点在云南元谋县上那蚌村西北小山岗上，定名为"元谋直立人"，俗称"元谋人"。元谋人是中国发现的直立人化石，是迄今发现的最早的人类遗存之一，距今已有170万年。"元谋"一词，出自傣语，意为"骏马"。

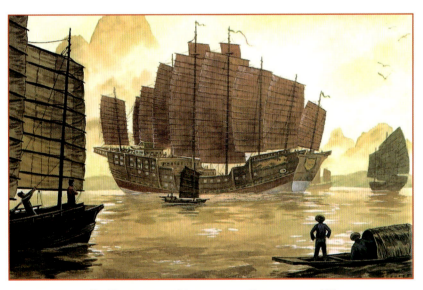

最早的远洋航行——郑和下西洋

　　郑和下西洋是根据海上航行和担负的任务，采用军事组织形式组建的，是中国古代规模最大、船只最多（240多艘）、海员最多、时间最久的海上航行，比欧洲国家航海时间早半个多世纪，是明朝强盛的直接体现。

最早的地震仪——候风地动仪

地动仪是中国东汉科学家张衡创造的一传世杰作。张衡所处的东汉时代，地震比较频繁，张衡对地震有不少亲身体验，为了掌握全国地震动态，他经过长年研究，终于在阳嘉元年（公元 132 年）发明了候风地动仪，这也是世界上的第一架测验地震的仪器。

最早的博物馆——缪斯神庙

缪斯是主管音乐、诗歌、舞蹈、天文等九位女神的总称。公元前 280 年左右，埃及亚历山大里亚港口城市建立的亚历山大博学园中的缪斯神庙，被一般认为是西方最早的博物馆，一直存在了将近 700 年，后来焚于战火。

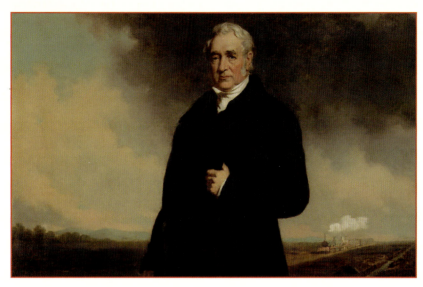

火车的发明者——乔治·斯蒂芬逊

乔治·斯蒂芬逊（1781～1848），出生在英国诺森伯兰的一个煤矿工人家庭，英国蒸汽机发明家，第一次工业革命期间发明火车机车，被誉为"铁路机车之父"。火车机车发明后，铁路交通迅速发展，为人们的生产和生活带来了极大的便利。

第一架火星探测器——凤凰号火星探测器

凤凰号火星探测器于美国东部时间 2008 年 5 月 25 日 19 时 53 分（北京时间 5 月 26 日 7 时 53 分），在火星北极成功着陆，相当于地球位置的加拿大北部。"凤凰"号于 2007 年 8 月从美国佛罗里达州卡纳维拉尔角发射，经过 4.22 亿英里的长途跋涉才来到火星。

最先进的核潜艇——俄亥俄级核潜艇

　　俄亥俄级核潜艇是美国第四代战略核潜艇,是美国海军1976年开始建造的一个核动力潜艇等级,由美国通用动力公司制造,共有18艘俄亥俄级潜艇在美国海军中服役。每艘俄亥俄级核潜艇拥有24个垂直导弹发射管,可发射24枚"三叉戟II"型导弹。

美国独立战争

　　美国独立战争,又称美国革命战争,是大英帝国和其北美十三州殖民地的革命者,以及几个欧洲强国之间的一场战争。这场战争主要是始于为了对抗英国的经济政策,但后来却因为法国加入战争对抗英国,而使战争的范围远远超过了英属北美之外。

英法百年战争

　　英法百年战争是指英国和法国，以及后来加入的勃艮第，于1337年至1453年间的战争，是世界最长的战争，断断续续进行了长达116年。英法百年战争中，发展出许多新武器，战争胜利使法国完成民族统一，为日后在欧洲大陆扩张打下基础。

偷袭珍珠港事件

　　偷袭珍珠港是指由日本政府策划的一起偷袭美国太平洋海军舰队基地——珍珠港的军事事件，它成为第二次世界大战中，太平洋战争爆发的导火索。1941年12月7日，日本帝国海军偷袭美国，轰炸了夏威夷珍珠港的战舰和军事目标，太平洋战争由此爆发。

斯大林格勒保卫战

斯大林格勒保卫战是二战中纳粹德国对争夺苏联南部城市斯大林格勒而进行的战役，时间自1942年6月28日至1943年2月2日为止。该战役是二战东部战线的转折点，也是近代历史上最为血腥的战役，以参战双方伤亡惨重及对平民牺牲的漠视而被北称为人类战争史上著名战役。

诺曼底登陆

诺曼底登陆是第二次世界大战中盟军在欧洲西线战场发起的一场大规模攻势，战役发生在1944年6月6日早6时30分，代号为"霸王行动"。这场战役是目前为止世界上最大的一次海上登陆作战，牵涉接近三百万士兵渡过英吉利海峡前往法国诺曼底。

前　言

　　历史的车轮在不停地转动，没有人可以使它停下。虽然时间已经逝去，但是我们却可以通过阅读历史，来感受那过去的岁月，更可以在历史中感悟，去品味。

　　列夫托尔斯泰曾说过："历史是人类发展的记录"。自从人类有了文字，人类就开始记录自己身边发生的事，这些事情，在后人眼里就是历史。多读历史，我们可以从中感受到古人的气息；多读历史，我们可以从中体会到古人的喜怒哀乐；多读历史，我们可以从中了解到人类文明的发展。历史是人类发展的记录，生离死别，朝代更替，沧海桑田都记录其中。历史贯穿着人类的血脉，沉淀着先人用生命写给后人的启示。

　　"以铜为鉴，可以正衣冠；以人为鉴，可以明得失；以史为鉴，可以知兴替。"唐太宗如是说。镜者，鉴也。镜子的意义在于让你有所借鉴，以便更好地规范自己的行为。而中华民族浩瀚烟海般的历史正是这样一面明镜，每每抚今追昔，我们总能收获很多很多。历朝历代的统治者们都要读史书，因为只有了解历史，他们才可以吸取曾经王朝兴盛，衰败的经验。更好的治理自己的国家，使自己的国家长治久安。读历史，我们也可以从历史中吸取经验，感受历史中所蕴含的勇敢，智慧，忠义。感受历史中那些如高天长风般不衰不朽的事迹。使我们的精神在历史中得到壮大和升华。

　　历史中蕴藏着规律之力、真理之力，重塑史观意味着如何解释昨天、如何走向未来。古往今来，无数人想发现历史的玄奥、把握其中的规律，正如无数人抬头仰望，想从亘古不变的星空中解读命运的密码一样。从这个角度看，宇宙是空间的历史，而历史是时间的宇宙；星空有多渺远，历史就有多深邃。在绵延不断的历史中，一个民族保留下共同的记忆、形成了共同的文化、选择走共同的道路。

　　每个国家、每个地区的社会风貌千姿百态，异彩纷呈，这是为什么？时间使然，历史的形成。现在里面有历史的影子，过去决定了现在；未来里面又有现在的影子，现在又决定了未来。过去——现在——未来是时间的一条河，一棵树。

　　历史是一条河，是一条由野蛮源头流向文明海洋的河，这条河养育了人类，进化了人类，文明了人类，我们就是这条河流的受益者。

　　列宁说："历史对于民族，就如记忆对于个人。一个人如果丧失了记忆，那他就成为白痴；一个民族如果不讲历史，那她就会成为愚昧的民族。"

　　历史讲究真实，它让我们认真对待每一件事；历史注重科学，它可让我们站在历史的高度，看得更远；历史可以借鉴，它可让我们认识自己文明的发源，并预测自己的未来走向；历史还能够鉴赏，它可让我们感受悲壮与崇高，体会自豪与自尊，品味屈辱与责任。

历史撞击着我们的心灵：人并不仅是为自己活着，还担有对他人，对祖国的责任。历史是一面镜子，它说挫折是人生的惠赐，它说人生应该有更高远的追求，它说"身体发肤，受之父母"，有了这面镜子的惠示，人无论如何也不该轻易放弃神圣的生命了。

哲人说，这个时代是不思的时代，车水马龙中，人们忘却了存在，迷失了生命。那么，就让我们将历史这面明镜供奉在心中，时时规劝自己如何度过一个无悔的人生。

人类文明的历史记录中蕴含着宝贵和丰富的经验与真知，是我们了解昨天、把握今天、创造明天的有力工具。本套丛书分为上下两篇。上篇是"中国历史百科"，共九章内容，分别讲述了中国通史、野史追踪、历史典故、战争风云、历史名人、历史之最、历史之谜、历史人物、历史趣谈。下篇是"世界历史百科"，分别讲述了世界通史、野史追踪、历史大事、战争风云、历史名人、历史之最、历史之谜。全书将中国和世界历史发展进程中沉淀下来的丰富的图文资料，直观地介绍给读者，并以近千幅珍贵的图片，配合既简练又丰富的文字叙述，全方位介绍了中国和世界历史的基础知识，内容涵盖政治、军事、经济、文化、外交、科技等众多领域。把中国和世界几千年来曾发生过的重大历史事件、影响历史发展进程的重要人物进行了全面而清晰的梳理。阅读本书，犹如站在历史的长河中，我们时时回望，正是为了在对过往的记录、观察与思考中，沟通昨天、今天和明天，洞见历史、现实与未来。

目　录

上篇　中国历史百科

世界传世藏书

历史知识大博览

目

录

六

下篇　世界历史百科

世界传世藏书

历史知识大博览

目

录

一四

世界传世藏书

历史知识大博览

目

录

二一

第一章　中国通史

远古传说时代

我国的黄河、长江流域是人类文明的重要发祥地。

考古发现，约八百万年以前，中国境内就生活着早期人类。约一百七十万年前的元谋人、八十万年前的陕西蓝田人、五十万年前北京周口店的北京猿人、十万年前的大荔人和许家窑人，留下了早期人类进化的遗迹，他们已能使用石块作为工具，进行捕猎和采集活动，属于旧石器时代文化。

大约在公元前 1 万年到前 5500 年，人们已经能打磨一些细小石器，这是一大历史进步。山西怀仁出土了最早的农具，标志着人类正从采撷和渔猎生活向农耕和畜牧生活过渡。

新石器时代约在公元前 6000 年到前 4000 年间，仰韶文化和龙山文化是这一时期的代表。仰韶文化东到河南，西达甘肃、青海，南到湖北，北达河套地区。考古发掘出的手制泥质红陶和夹砂红陶十分精美，上面绘着植物、动物与几何图案。山东和江苏地区的龙山文化则以黑陶为特征，精致的蛋壳陶，乌漆一般亮光闪烁，上面有巧妙的花纹图样，标志着一个新的文明高度。

中华文明的早期基础，在母系氏族社会为主调的新石器时代已经逐渐奠定。房屋建构的规则，墓葬的方法、仪式，鬼魂、祖先和生殖崇拜的原始宗教萌芽，各种工具的制造，逐渐勾勒出中华文明的粗线条轮廓。

关于这个时代，流传着许多神话传说，如盘古开天、女娲造人、神农氏尝百草、黄帝战蚩尤、尧舜禅让等等，有些传说虽然很荒诞，但我们还是能从中读出早期人类社会的一些信息。

元谋人

1965 年 5 月，几名地质学者来到云南省元谋县上那蚌村附近进行科学考察。他们在这个村庄旁边的一处小丘梁上发现了两颗人类的牙齿化石。这两枚人牙化石呈铲形，为同一成年人的左右上内侧门齿。根据古地磁学方法测定，挖掘出这两枚人牙化石的地层，其沉积物形成于距今大约一百七十万年前的旧石器时代早期。考古学家闻讯赶来展开挖掘工作，在发现人牙化石的同一地层中，又发现了少量石制品、大量的炭屑以及带有人工痕迹的动物化石。研究发现，这种原始人与南方古猿比较接近，和较晚出现的北京猿人也有相似之处。考古学家根据其发现地点将其命名为"直立人元谋亚种"，通常称为"元谋人"。元谋人化石的发现，为研究人类进化历史提供了重要线索。

元谋人雕像

蓝田人

1963年，考古人员在位于陕西省蓝田县县城西北约10千米的泄湖镇陈家窝村发现了一块猿人的下颌骨化石。1964年，考古人员又在蓝田县城向东10千米处的九间房镇公王岭村南侧发现了一颗猿人牙齿化石和一块头盖骨化石。陈家窝村与公王岭村相隔29千米，而这两地出土的古人类化石同属猿人类型，被命名为"直立人蓝田亚种"，简称"蓝田直立人"，俗称"蓝田猿人"或"蓝田人"。研究发现，蓝田人制造的石器虽然工艺简单，外形粗糙，但是却有了较明显的分工迹象。而在遗址中出土的炭屑说明蓝田人已经学会使用火。此外，考古学者还在遗址中发掘出了剑齿虎、剑齿象、大角鹿等动物的化石。蓝田人活动的区域主要集中在亚热带森林和草原的交界地带，他们靠采集食物为生，也会进行捕猎野兽的活动。

北京人

北京人又名北京猿人，属于早期直立人，学名为"北京直立人"或"中国猿人北京种"，生活在距今约七十万年至二十万年前。北京人遗址发现于北京房山周口店的龙骨山，是在1921年由瑞典学者安特生等人首次发现的，对该遗址的正式挖掘则开始于1927年。1929年，我国考古学家裴文中在龙骨山山洞里发现了第一个完整的古人类头盖骨化石。之后，考古学者在遗址中又陆续发掘出了五个比较完整的头盖骨化石以及更多的其他骨骼化石，这些化石对应着四十多个北京人。除此之外，遗址中还出土了十万余件石器和石片等遗物。通过对遗迹的研究，考古人员发现北京人已经掌握了多种加工石器的方法，懂得如何使用火和管理火。北京人的寿命较短，大部分人活不过十四岁。他们一般是几十人组成一个群体，过着采集和狩猎的群居生活。

山顶洞人

山顶洞人遗址发现于北京周口店龙骨山山顶的洞穴之中，距今约1.8万年，属于旧石器时代晚期。遗址中出土的化石至少属于八个个体，其中包括三个保存良好的头骨，以及其他残缺的颅骨、下颌骨和牙齿化石。研究证明，山顶洞人属于晚期智人，其脑容量及其他体质特征已与现代人相差无几。山顶洞人制造的石器数量不多，且相对比较粗糙，但已掌握了钻孔和磨光技术。遗址中发现了一端有小孔的骨针，可见山顶洞人已经会缝制衣物；还发现了用穿孔的兽牙、鱼骨、蚌壳、石珠、小砾石等做的装饰品，这些都说明山顶洞人已经具有了审美意识。此外，在人骨化石周围还发现有人工散布的赤铁矿粉末，说明此时的人类已经有了一定的葬俗。山顶洞人以采集和渔猎为生，已进入母系氏族社会时期。

裴李岗文化

裴李岗文化是新石器时代早期的文化，其遗址位于黄河流域中游地区，因其遗迹最早发现于河南省新郑市的裴李岗村而得名。经考古学者测定，裴李岗文化存在于距今约七千年至九千年前，时间跨度约为两千年。已发现的遗迹有住地、灰坑、陶窑和墓葬等。裴李岗人的房屋均为半地穴式建筑，以圆形为主，并有阶梯式门道。遗址中发现的陶器多为泥质红陶，均为手制，大多数陶器都没有纹饰，裴李岗文化是中国已知的最早的陶器文化。裴李岗人的墓葬以单人葬为主，一般墓葬均有石器和陶器陪葬。从遗址挖掘出的石器，如石铲、石镰、石磨盘来看，此时已出现农业生产，作物主要为粟。另外，畜牧业也已经出现，裴李岗人已经懂得在木栅栏和洞穴中饲养猪、牛、羊、鸡等家畜和家禽。

河姆渡文化

河姆渡文化是长江流域中下游地区的新石器时代繁荣期的文化，存在于距今约六千八百年前，它的遗址于1973年发现于浙江省余姚市的河姆渡村。在出土的文物中，石器的数量比较少，主要是一些生产工具。木器和骨器的数量相当可观，比如木柄骨制的耕田工具耜，切割工具刀、铲，还有很多纺织工具。河姆渡遗址发掘出的陶器是手工制作的黑陶，表面一般刻有绳纹或动植物的图案。遗址中发现了大量的稻谷、稻壳及稻茎的遗存，证明河姆渡人已经开始大规模地栽培水稻。河姆渡文化的主要建筑形式是干栏式建筑，这种建筑形式的主要特征是房屋建筑在木桩底架上，高出地面。它与同时期黄河流域的半地穴式房屋有着迥然相异的风格。河姆渡文化的存在，第一次证明长江流域拥有与黄河流域同样辉煌的新石器时代文化。

仰韶文化

仰韶文化主要分布于黄河流域的中游地区，它存在于距今约五千年至七千年前，其遗迹最早于1921年发现于河南省渑池县仰韶村。仰韶文化遗址发掘出的遗物有石器、骨器和陶器等。其中，生产工具以人工磨制的石器为主，种类非常多，比较多见的是刀、斧、锛、凿、箭头、纺织用的石纺轮等。骨器也制作得很精美。生活用具以用细泥红陶和夹砂红褐陶制成的红陶为主，有各种水器、灶、碗、杯、盆等日用陶器。

红陶器的表面一般都有彩绘的几何图案或动物图案，这是仰韶文化最显著的特征，因而仰韶文化又名彩陶文化。仰韶人过着定居的生活，农业在生产中居主要地位，畜牧、渔猎和采集也占有重要的地位。当时的农作物以粟为主，饲养的家畜以猪、狗为主。研究表明，仰韶文化的早期和中期处于母系氏族社会的繁荣时期，晚期开始逐渐向父系氏族社会过渡。

半坡遗址

半坡文化属于黄河流域新石器时代的仰韶文化，距今约六七千年，其遗址位于陕西省西安市东郊的半坡村，是仰韶文化中村落遗址的典型代表。半坡遗址由三部分组成，分别是居住区、制陶区和墓葬区，其中居住区为村落的主体。半坡遗址的建筑已形成典型的中式建筑的雏形，出入口向南开，用木制框架撑起屋顶，房屋外观分方形和圆形两种。陶器的制作和使用在当时占重要地位，半坡人已采用模制法和泥条盘筑法来制造陶器，并借助转动的轮盘（慢轮）加工器物口部的形状。半坡遗址出土的陶器上刻画着标志性的鱼纹图案，其中人嘴两旁各衔一鱼的人面纹饰最具特色。此外，一些彩陶的表面还刻有多种符号，也许这正是中国古文字的萌芽。半坡人使用的工具主要有木器或石器。女性在生产中起主要作用，担负着制陶、纺织、饲养家畜的任务，男性则主要进行渔猎活动。

大汶口文化

大汶口文化是新石器时代晚期文化，因首次发现于山东省泰安市大汶口镇而得名，距今六千三百年至四千五百年，主要分布于山东省境内。大汶口文化遗址中发现的生产工具以人工磨制的石器为主。此外，还有很多用动物的骨、角、牙等制作的精美器物。陶器中数量最多的是灰陶，其次是红陶，还有一定数量的黑陶、白陶和少量的彩陶。在诸多大汶口文化遗址中发现的精美的玉器、骨器、象牙雕刻制品以及快轮制陶技术的应用等，说明至少在该文化发展的中后期，一部分手工制作已脱离农业，成为新的独立的经济部门。大汶口文化的多处遗址里都存在氏族公共墓地，不同墓穴里的随葬品数量差别很大。在后期的墓葬群中，出现了夫妻合葬或夫妻与孩子合葬的情况，证明大汶口文化已经出现了贫富分化的现象，并且进入了父权制社会。

良渚文化

良渚文化是新石器时代晚期文化，其存续期间约为距今五千三百年至四千二百年前。1936年，其遗址首次发现于浙江省杭州市余杭区良渚镇，故名良渚文化。良渚文化遗存中，最引人注目的是玉器，从遗址的墓葬中发掘出的玉器有璧、琮、璜、管、带、环、镯、珠、冠形器、三叉形玉器、柱形玉器、锥形玉器等，这些玉器数量之众多、品种之丰富、雕刻技艺之精湛，令人叹为观止。良渚时期的制陶技艺也相当发达，已广泛采用轮制技术，制作的陶胎薄而匀称，如鸡蛋壳一般。除此之外，考古研究还证明，当时的社会存在剩余产品的交换行为，私有制有了极大的发展，贫富分化现象越加明显，这说明该文化已步入原始社会末期。

原始群

原始群是从猿到人的过渡阶段的群体，由正在形成中的人组成，这是人类社会最早的一种社会组织形式。刚从动物界中独立出来时，人类大多居住在热带、亚热带的森林和江河水畔，时刻需要与凶猛的野兽和险恶的自然环境做斗争，所以他们往往几十个人组成共同生活的小群体，这个小群体即是原始群。那时的人们以棍棒或简陋的石器为生产工具，共同从事采集和狩猎活动。他们聚居在一起，已形成和使用简单的音节语言，成员之间的两性关系非常混杂，没有形成婚姻规范和家庭形式。

血缘家族

血缘家族是人类在旧石器时代的早期和中期的一种组织形式。由于在采集和狩猎方面的进步，原始群内部开始分化，具有相同血缘的亲族群体从原始群中独立出来，组成了血缘家族。同一血缘家族内排除了杂交的婚姻形态，变为同辈婚，即同辈的男子与女子既是兄弟姐妹也是夫妻。与原始群的杂交形态相比，这种家庭形态杜绝了父与女、母与子之间的性关系，改善了人口繁殖能力弱和体质低下的状况。血缘家族也是基本的生产单位和经济共同体。在血缘家族内部，两性之间出现了社会分工，所有成员都是平等的，生产和消费都是集体行为。那时生产力的水平很低，寻找生活资料并非易事，因此这种家族的规模不会太大，成员人数大约为二十至四十人。为了保证食物供应，整个家族需要四处游徙，家族与家族之间没有什么交流。

母系氏族

氏族是原始社会时期人类根据相同血缘关系组成的一种血族团体，该团体的所有成员都有共同祖先。母系氏族社会是氏族社会第一阶段的社会形态，存在于旧石器时代中期至新时期时代中期。那时，女性的地位要高于男性，女性从事采集和原始农业，负责准备食物和衣物，并管理家务，在社会经济生活中起支配作用。母系氏族社会实行的是族外群婚制，子女只知其母而不知其父，同一氏族内所有的成员都出自一个共同的始祖母，整个氏族靠母系血统来维系。氏族发展壮大后，再分化成若干部分，成立新的氏族，而互通婚姻的氏族则组成部落。在母系氏族社会时期，一切生产资料均为氏族成员共有。氏族中设立的议事会，行使氏族的最高权力，凡成年男女均可参加议事会。而族长一般由年长女性担任。母系氏族时期，原始的农业、畜牧业、制陶业、建筑业等均已得到一定程度的发展，所以人们一般过着较为稳定的定居生活。

父系氏族

氏族社会发展到后期就进入父系氏族社会，这也是氏族社会向阶级社会过渡的时期，其最大特点是男性在生产生活中占据主导地位，父系血统成为认定血缘联系的依据，家庭婚姻关系也从"夫妻分居"或"从妻居"转变为"从夫居"。父系氏族公社的出现是以农业和畜牧业的发展为前提的。母系氏族社会中，男性主要从事渔猎，之后男性逐渐接管原本由女性掌管的农牧业，女性在生产中的主要地位被男性取代，随之母系氏族开始瓦解，人类过渡到了父系氏族公社阶段。在父系氏族社会阶段出现了贫富分化和私有制，人类社会也由原始社会逐渐向奴隶社会过渡。

部落和部落联盟

有着相近血统且相互通婚的两个或若干个氏族组成的社群称为部落。一个部落中的若干氏族一般拥有特定的势力范围，在文化、宗教和语言方面具有相似性，并且在政治方面存在一位共同的首领。而到了原始社会后期，社会生产力得到了较大的提高，私有制也有了较大的发展，部落间出现矛盾和摩擦在所难免，这些矛盾和摩擦积累到一定程度，部落间就会发生对抗性冲突，最终发展为战争。出于保护自己的利益、共同作战或自卫等经济及军事目的，具有相近的亲缘关系或地缘关系的部落会成立一种部落联合组织，即部落联盟。部落联盟的出现加深了不同部落间经济和文化的联系，也为国家、部族或民族的形成奠定了基础。

原始农业的出现

原始农业是从古人类的采集活动发展而来的。人类在采集植物的过程中，通过长期观察和实践，认识和掌握了一年生草本植物的生长规律以及人工栽培方法，从而产生了原始的农业。新石器时代是原始农业的形成时期。人类使用石器制成的生产工具做一些简单的农活，比如植物栽培。那时人类所使用的生产工具相当粗糙，常见的有石刀、石铲、石锄等，耕作方法也很简陋，多是刀耕火种。在劳动过程中，人们会进行简单的合作协同。新石器时代，出现在中国大地上的农作物主要为粟和稻，此外在一些遗址中还发现了油菜、芥菜或白菜等作物的种子，说明那时的人类已经开始种植蔬菜。

最早饲养的家畜

在新石器时代，人类制作和使用工具的技术已经有了长足的进步，这也使得狩猎活动的效率大大提升，人类已可以把暂时吃不了的或幼小的猎获物圈养起来。而在这个过程中，人类逐渐熟悉了动物的习性，于是开始驯养野生动物，这为家畜饲养业及畜牧业的形成做好了准备。中国是最早驯化和饲养家畜的国家之一。考古学家在河姆渡遗址中曾发掘出许多家猪化石。约四五千年前，我们的祖先又把野鸡驯化成家鸡。后来，原始畜牧业正式成为一个独立的部门，并在原始经济中占有重要地位。

最早的房屋

远古时代，人类为了躲避自然界中的各种灾害及毒虫猛兽，在洞穴里或在树上筑巢而居，这样的居住形式被称为"穴居"和"巢居"。后来随着人类生产力的发展，古人开始建造房舍。根据考古发现，大约六七千年前的新石器时代，中国就出现了房屋建筑。

那时的房屋主要有两种建筑模式：

其一是北方的半地穴式房屋和地面房屋，典型代表为陕西省西安市的半坡遗址。半地穴式房屋多为圆形，地穴深浅不一，坑壁就是墙基或者墙壁，坑上架设房顶，顶上涂有草泥；部分房屋的墙壁和坑穴正中还埋设立柱以作支撑。地面房屋是在穴居式、半穴居式之后发展出来的一种比较先进的建筑模式，其建造方法为木骨泥墙，即用木柱作为骨架，在此基础上编造篱笆并涂上厚厚的湿泥作为墙体。房屋四周所用的木柱有粗有细，各有用途。房屋内部立有四根或六根中柱，中间设有火塘，门口建有高高的门槛，屋顶留有出烟孔。地面房屋的布局形式一般是"前堂后室"，受此影响，后世的宫殿往往设计成"前朝后寝"的格局。

其二是南方的干栏式建筑，典型代表是浙江省余姚市的河姆渡遗址。这种建筑模式首先是用竖立的木柱或竹桩搭成高出地面的底架，再在底架上铺设由梁木支撑的悬空的地板，然后在地板上用竹木、茅草等材料建造房屋主体。这种建筑的优点是通风和防潮功能好，比较适用于炎热和潮湿的气候条件，因而成为长江流域及以南地区的典型建筑，并一直传承到今天。

陶器的制造

陶器的发明与使用是人类进化史上的一次巨大飞跃，其意义不亚于人工取火、饲养家畜和栽培植物。在陶器出现之前，人类处理食物的方法一般是烧、烤，或者直接生吃。在陶器被发明出来之后，人类可以更方便地烹制食物，吃到美味的熟食，此后烹制食物的方式得到普遍推广，这也极大地促进了人类体质和脑力的发展。而陶器的发明及普遍应用，也证明人类已经过上了稳定的定居生活。正因为陶器对人类的智力发展和文明进步产生了重要影响，所以它一直被视为新石器时代的显著特征，深得学界重视。

中国原始制陶业于距今七八千年的新石器时代早期开始发展，当时的制陶水平还比较低，生产的陶器质量较差，随着生产力的发展，到了新石器时代晚期，中国的原始制陶业已经具有一定的规模，陶器的制作水平也有了很大的提高，制作出的陶器质量好，器形精美。

私有制的出现

人类进入父系氏族社会时期，生产力水平有了较大提高，使得劳动生产效率大大提高，人们能够生产出比维持自身生存所需的更多的产品，这就使私有制的出现成为可能。某些氏族首领利用自身所掌握的权力，在对内进行产品分配或对外交换剩余产品时，借机侵吞部分共有财产，以满足自己的私欲，随之就产生了私人占有财产的现象。私有制的出现，破坏了原始共产制，导致原始公社解体。

天然火的使用和人工取火

火是人类最早使用的天然能源，懂得用火是远古时期人类史上的大事件。火给人类温暖和光明，并能保护人类不受野兽的侵袭；由于用火，人类摆脱了茹毛饮血的饮食状态，开始食用熟食，这不但使食物更易消化，还使食物中的营养物质更易被吸收，极大地促进了人类体质的发展；此外，使用火还使人类能够在高纬度或寒冷地带生存，这使得人类的生存空间得以扩展。在中国，生存于约一百七十万年前的元谋人已懂得如何使用火，这是国内外公认的人类用火的最早记录之一；周口店北京人已懂得怎样保存火种。而人工取火则是人类的伟大创举。摩擦生火是最原始的取火方法，如用木材摩擦生热或者以燧石相互击打来引燃易燃物。另外，钻木取火也是人工取火一种重要的方式。人工取火是人类发明史上一次具有里程碑意义的事件，从此人类可以按自己的意志去改变世界，更有效地开发自然。人工取火掀开了人类史上的新篇章。人工取火的发明，也为制陶、冶金等技术的出现创造了前提条件。

工具的使用和制造

在很久很久之前，人类的远祖就学会了使用简单的自然物体，如石块、树枝和动物骨头。使用天然工具并非人类的专长，其他灵长类动物也能做到，而制造工具则是人类独有的本领，是人类超出其他动物的根本原因。最迟至二百万年前，人类的远祖就懂得了如何制造工具，不过这是在久远的岁月里缓慢发展的结果。人类的祖先在不断与自然做斗争的过程中，慢慢拓展了生活范围，与此同时，面临的危险也日益增多。他们在摸索中学会了改造自然物体，来实现自己对工具的特殊要求。一开始，他们只是模仿自然，之后就是有意识地改变自然物体的形状，创造了最早的人工工具。木头、石头、动物骨头是他们最容易获取的物品，并且改造难度不大，因此最早的人工工具大多都是以这类东西为原材料的。通过使用工具、制造工具，人类突破了自身的局限性，掌握了征服自然的强大力量，赢得了巨大的发展空间。

艺术的萌芽

与其他形式的社会意识形态一样，艺术也是对现实生活的反映。人类在早期的集体劳动中，开发了思维、语言和感官能力，强化了手的功能，培养了审美意识，具备了将某一物体的印象依照自己的设想复制出来的能力，也产生了把自己的思想感情表达出来的需求。艺术就是顺应这种需求而产生的。艺术的萌芽大约出现在旧石器时代中期，到了旧石器时代晚期，已出现了众多的艺术作品。原始艺术的主要表现形式有绘画、雕刻、装饰、音乐、舞蹈等。我国境内的古人类遗迹中出土的大量文物，表明我国的原始艺术无论在内容上还是表现形式上都发展到了相当高的水平，比如仰韶文化遗址发掘出的彩陶，展现了那个时期杰出的造型和绘画艺术成就。

盘古开天辟地

盘古是古代神话中开天辟地的巨人。据说在远古时期，宇宙本是一团混沌，好像一枚鸡蛋，盘古就在这里诞生。过了一万八千年，盘古用一把锋利的斧子劈开了天地，阳清的部分上升为天，阴浊的部分下降为地。每过一日，天就增高一丈，地就增厚一丈，盘古也长高一丈。过了很久以后，盘古死去了，他倒在地上后，头颅和四肢化为五岳，血液化为江河，双目化为日月，毛发化为草木……从此世间便有了万物。盘古开天辟地的传说反映了远古人类对宇宙起源的朴素猜想，也表达了人类对于战胜自然的信念和向往。

燧人氏钻木取火

燧人氏是中国古代神话传说中的上古帝王。古代典籍记载，远古时候，人们生吃蔬果、鸟兽、虫鱼，这样东西都不易消化而且很伤脾胃，所以人经常生病。燧人氏钻木取火，并教人用火烹制食物，以去腥膻、解毒害，因而被推举为王，以"燧人氏"为号。这个传说在一定程度上描绘了旧石器时代晚期人类发明人工取火之后的社会状况。

黄帝战蚩尤

大约在4000多年以前，在我国黄河、长江流域一带生活着许多部落。传说以黄帝为首领的部落，最早住在今陕西北部的姬水附近，后来沿着洛水南下，东渡黄河，在河北涿鹿附近定居下来，开始发展畜牧业和农业。

与黄帝同期的另一个部落首领叫作炎帝，当他带领部落向东发展的时候，碰到一个极其凶恶的九黎族的首领蚩尤。传说蚩尤有81个兄弟，全是猛兽的身体，铜头铁额，凶猛无比。他会铸刀造戟，还经常带着他的部落，到处侵扰，闹得周围部落不得安宁。炎帝部落定居山东后，经常受到蚩尤的侵扰，炎帝几次起兵抵抗，但不是蚩尤的对手，被打得一败涂地。

炎帝战败后，带领他的部落逃到涿鹿，请求黄帝帮助复仇。黄帝早就想除掉蚩尤这个祸害，就与炎帝联合在一起，并联络其他一些部落，招集人马，在涿鹿郊外与蚩尤展开了一场殊死决战。

蚩尤也称得上一代枭雄，自不甘示弱。他集结所属81个支族，又联合巨人夸父部族和三苗一部，在兵数上已占据优势，又挟战胜炎帝之余威，并依仗精良的武器装备，气势汹汹地向黄帝扑来。黄帝临危不乱，率领以熊、罴、狼、豹、雕、龙、鹗等为图腾的氏族部众迎击蚩尤。黄帝还利用位居河上游的条件，令大将应龙"高水"，在河上筑土坝蓄水，以抵御蚩尤的攻势。

当时正值浓雾弥漫，大雨倾盆，这很适合来自东方多雨环境的蚩尤族开展军事行动。蚩尤适时利用天气变化不断偷袭黄帝军得手，于是得意忘形，趾高气扬，认为不多时黄帝就不得不束手就擒了。

黄帝毕竟不是等闲之辈，他知道恶劣气候不是己方进攻时机，就主动避敌锋芒，井然有序地组织后撤，因而保存了实力。不多久，风云突变，雨过天晴，黄炎联军反败为胜的契机来了。黄帝当机立断，一声令下，大将常先、大鸿从正面开始了反攻。

黄帝又利用狂风大作、飞沙走石的天时，命风后、王亥把经过训练的300匹火畜组成一支"骑兵"，朝蚩尤军心脏长驱直入。

黄帝还准备了80面夔牛大鼓，趁风沙弥漫之时擂鼓吹号以震慑敌人。

突如其来的反攻让蚩尤猝不及防，其军队开始自相践踏、慌不择路，终于陷入崩溃，节节败退。蚩尤无心恋战，向南逃跑；而粗犷骄横的夸父不承认失败，率本部奔大鸿军杀来。忽然一阵狂风，夸父眼着沙子，大鸿自不肯放过制敌机会，拦腰砍伤夸父，夸父军四散奔逃。

黄帝身边众多谋臣一再进言不可放走蚩尤，黄帝采纳群臣意见，联合炎帝族和玄女族紧追蚩尤，在冀州之野将之包围。轩辕命令擂鼓击钟，蚩尤军被钟鼓声震得耳聋眼花、溃不成军。

蚩尤落荒南逃，被黄帝擒获并杀于野外。刑天及蚩尤的部下把蚩尤的尸体偷运到河南濮阳西水坡秘密下葬，下葬的日期——正月初八被定为苗家的国难日。不久刑天与黄帝大战，因寡不敌众被黄帝斩首，但刑天的尸身不倒，他的两乳变成双目，肚脐变成了嘴巴，继续舞动兵器战斗。夸父则在潼关被应龙万箭齐发射死，鲜血染红了潼关。黄帝取得了对九黎族的决定性胜利，九黎族这一支力量融入炎黄族中。

黄帝、炎帝打败蚩尤后，同盟关系破裂，两个部落战于阪泉，即阪泉大战。经过三次艰苦卓绝的战争，黄帝战胜炎帝。炎帝部落的共工与黄帝战争失败，一怒之下用头碰撞不周山，从此天地西北高、东南低。这次战争后，黄帝向南发展，经过52次战争后天下归附，黄帝由此成为黄河中下游部落联盟的大盟主。后来，黄帝轩辕在釜山会盟并取代神农氏登上帝位。

传说中，黄帝还是一个大发明家，他不仅发明了在地面上建房屋，还发明了车、船和制作衣裳等等。这当然不会是他一个人发明的，黄帝只不过是个带头人罢了。传说他的妻子嫘祖亲自参加劳动，也有一些发明，养蚕缫丝就是她的功劳。最初人们不知道蚕的作用，那时候只有野生的蚕，嫘祖就教如女养蚕、缫丝、织帛。打那以后就有了丝和帛。

黄帝为创造远古时代的文明，立下了汗马功劳，在后代人的心目中占有极其重要的地位，所以人们都尊黄帝为中华民族的始祖，自己是黄帝的子孙。因为炎帝族和黄帝族原来是近亲，后来融合在一起，所以我们常常把自己称为炎黄子孙。

我国陕西黄陵县城北桥山上，有一座高大的陵墓。这就是传说中的中华民族祖先黄帝的墓，人们称它为黄陵。黄帝陵壮丽威武，古书记载说："其山势如桥，沮水环绕之"。黄陵的周围是峰峦起伏的陕北高原，山上古树成林，郁郁苍苍，象征着中华民族的古老、挺拔与苍劲。

中华儿女都把黄帝当成自己的祖先，鲁迅先生曾经在他的一首诗中说："我以我血荐轩辕"，就是说要用自己的鲜血来保卫中华民族。每逢清明节，人们纷纷来到黄帝陵，以崇敬的心情，拜谒这位民族之祖。人们都把黄帝作为中华民族的象征。悠悠五千年，黄帝的形象一直激励着中华民族奋发向上。

尧舜禅让

传说在黄帝之后，出了三个很出名的部落联盟首领，名叫尧、舜和禹。他们原来都是一个部落的，先后被推选为该部落联盟的首领。

尧是我国古代传说中一位著名的贤君。据说他当上部落首领后，处处想着人民，对荣华富贵十分淡薄，住的是简陋的茅屋，过着粗茶淡饭、勤俭朴素的生活。尧为了人民尽心尽责，但他的儿子丹朱却是个不肖之子。尧不愿意传位给儿子，就时常留心天下贤人，准备将帝位禅让给他。有一次，他召集四方部落首领来商议，到会的人一致推荐舜。

尧听说舜这个人很好，便让大家详细说说舜的事迹。

大家便把了解到的情况说给尧听：舜有个糊涂透顶的父亲，人们叫他瞽叟（就是瞎老头儿的意思）。舜的生母死得早，后母心肠很坏。后母生的弟弟名叫象，极其傲慢，而瞽叟却很宠他。生活在这样一个家庭里的舜，待他的父母、弟弟都很好。因此，大家认为舜是个德行好的人。

尧听了挺高兴，便把自己两个女儿娥皇、女英嫁给舜。为了考察舜，又替舜筑了粮仓，分给他很多牛羊。舜的后母和弟弟见了，非常妒忌，便和瞽叟一起用计想暗害舜。

有一次，瞽叟叫舜修补粮仓的仓顶。当舜沿梯子爬上仓顶时，瞽叟就在下面放了一把火，想把舜烧死。舜在仓顶上一见起火，想找梯子下来，却发现梯子已经被人拿走了。幸好舜随身带着两顶遮太阳用的笠帽。他双手拿着笠帽，像鸟一样张开翅膀跳下来。笠帽随风飘荡，舜安然无恙地落在地上。

瞽叟和象不甘心失败，他们又叫舜去淘井。舜跳下井去后，瞽叟和象就在上面向井里扔石头，想把舜埋在井里面。但是舜下井后，在井边挖出一个通道，从通道中钻了出来，又安全地回家了。

从此以后，瞽叟和象不敢再暗害舜了。舜还是像过去一样和和气气对待他的父母和弟弟。

尧听了大家的介绍后，又对舜进行了一番考察，认为舜确是个众望所归的人，就把首领的位子让给了舜。这种让位方式，历史上称为"禅让"。

舜担任首领后，又俭朴，又勤劳，跟老百姓一起参加劳动，大家都信任他。过了几年，尧死了，舜想把部落联盟首领的位子让给尧的儿子丹朱来担任，但是遭到众人的一致反对。舜才正式成为了部落联盟的首领。

大禹治水

在尧担任首领期间，黄河流域经常发生水灾，良田沃土，房屋牲畜，都被淹没。这时居住在崇地的一个名叫鲧的部落首领，奉了尧的命令去治理洪水。鲧用了将近9年的时间治理洪水，不仅没有制服洪水，反而使洪水闹得更大、更凶了。鲧只知道筑造堤坝挡住洪水，却不知道疏通河道，后来，堤坝被洪水冲垮了，灾情便越来越严重。

舜接替尧担任部落联盟首领后，发现鲧的工作失职，便杀了鲧，并让鲧的儿子禹去治理洪水。

禹汲取了父亲治水失败的教训，把以堵为主改为以疏为主。他偕同益、稷二人带领工人四处考察，立了许多标记，最终得出治水方案。他认为黄河水患最严重，其次是济水、淮水和长江。于是，他从壶口起把龙门山开了一条大路，又把砥柱山挖出一条深坑，从孟津往北连开九条大河，使黄河水患平了下去。然后又疏通济水的源头，使济水一面通黄河，一面通山东的汶水，治平了济水之患。他又从河南桐柏山起，把淮水分为两路，一路通山东泗水，一路通山东沂水，把淮河水患平下去了。疏导长江的工程则从四川的岷山做起，也以疏浚河道、加速行洪为主，把长江水引到东海去了。

传说在禹治水的 13 年当中，他曾经有三次路过自己的家门而不入。他一直想着老百姓仍在遭受洪水的祸害，庄稼被淹，房子被毁，于是，三次经过家门都顾不上进去探望家人。经过多年的努力，禹终于治理好了水患，把洪水引到大海里去，对社会的安定、繁荣、发展起到了积极的推动作用。

人们为了表达对禹的感激之情，尊称他为"大禹"，即伟大的禹。

禹虽然只是一个封国国君，却很受舜的宠信，每有要事都要请他去商量，每逢舜当众表扬他的功绩，他总说是舜领导得好，指挥得好，运筹得好，是舜的德行、仁政、风范感动了民众，民众拥戴舜的结果。或者说舜慧眼识人，善于用人，把功劳都记在其他几位大臣的账上。舜于是越发觉得禹仁厚可靠。后来，干脆让禹直接代替自己摄政，把国家大事全都托付给禹，让禹替自己管理了 16 年国家政事。

通过了 16 年的观察，舜觉得禹可以当自己的接班人，就当着众位大臣说要把帝王之位禅让给大禹。禹多次推辞，并竭力推举舜的儿子商均嗣位。不久，舜突然病逝。禹为了避免与舜的儿子商均发生冲突，就躲避到夏地的一个小邑阳城去，一躲就是三年。三年中，天下诸侯不去朝见商均，却来朝见大禹。大禹看到了自己的威望和实力，于是在舜死后的第三年，返回故都，南面天下，登天子之位，在他的治理下，部落和平，九州安定。后来，大禹命人铸造了象征九州和平的九鼎。这时，随着生产力的发展，社会产品出现了剩余，那些氏族、部落的首领们利用自己的权力，将剩余产品据为己有，以公有制形式存在的氏族公社开始瓦解。

约公元前 2070 年，禹建立夏朝。禹死后，他的儿子启登上王位，"公天下"变为"家天下"，王位世袭制代替了禅位制。

夏朝

治水有功而成为邦国联盟首领的大禹死后，其子启破坏了禅让制，称王建夏，从此，原始社会为私有制社会所取代，中国历史进入一个新的时期。夏朝是中国大地上第一个统一的奴隶制国家。享国四百余年，传十四世，历十七王。夏朝时期，中国已经从石器时代进入铜器时代，青铜制造业已经有了较大发展，基本的国家结构、军事制度、刑法制度等也都已经出现。虽说有关夏王朝的直接文字资料和遗物几无留存，导致后人退难看到它真实的面貌，但在中华文明之中，夏朝作为中国的第一个王朝，有着很高的历史地位，为中国的发展奠定了基础。

启即位，家天下

相传禹年老后，曾推举东夷人的首领益为自己的继承人，但因为禹不把重要的任务委派给益，所以益在人民中间并没有什么威望。与此同时，禹的儿子启则趁机收买人心，培植党羽，发展势力。禹死后，各邦国、部落都不去朝拜益，而纷纷拥戴启，益迫不得已只好让位于启。约公元前 2070 年，启即位为王，建立夏王朝。禅让制从此被废除，"父传子，家天下"的王位世袭制被确立，这是奴隶制国家形成的重要标志之一，中华文明由此进入到一个新的阶段。

启伐有扈氏

启称王后，在钧台（今河南禹州）大宴各路诸侯及部落首领，以巩固其"天下共主"的地位，这就是历史上有名的"钧台之享"。但是，一种新制度的确立必然会遭到不少质疑和反对。启破坏禅让制度的做法令居于夏都郊外的有扈氏十分不满，于是他们起兵反对启。启发兵征伐有扈氏，双方大战于甘（今陕西鄠邑区南）。结果启取得了最终的胜利，有扈氏被剿灭，其民均被罚贬做牧奴（放牧牲畜的奴隶），从此天下都服从启的统治。

太康失国

启死之后，他的儿子太康继承了王位。太康贪恋声色，不理政事。据说他曾经到洛水北岸狩猎，一去就是十年。于是东夷有穷氏首领后羿利用夏民的不满，起兵驱逐太康，把太康的弟弟仲康推上王位，自己则把持着朝政实权。仲康死后，他的儿子相继任夏王。没过多久，后羿废黜了相，给自己戴上了王冠。后羿篡夺王位以后，变得和太康一样，四处狩猎、寻欢作乐，不再管理国事，又宠信阿谀奉承的寒浞。寒浞鼓动后羿巡游出猎，并暗地里培植自己的势力。后来寒浞突然发难，杀死后羿和他的族人，抢夺了王权。之后寒浞派儿子浇领兵攻打斟灌氏、斟寻氏，杀死了逃到那里的夏王相。相的妻子缗已有身孕，她提前得到消息，匆匆忙忙逃回母国有仍氏，生下了少康。

少康中兴

少康长大后，担任有仍氏的牧正（掌管畜牧的官员）。浇派兵到有仍氏追捕少康，少康于是逃到了有虞氏。在有虞氏的帮助下，少康"有田一成，有众一旅"，并积极招纳夏的流民，发展壮大自己的势力，准备夺回夏的统治权。同时，夏的遗臣靡逃奔在有鬲氏，并在那里召集斟灌氏、斟寻氏的遗民。少康和靡联合起来，先杀死寒浞长子浇，又消灭了寒浞及其次子豷，重新建立了夏后氏的统治，这便是史书所说的"少康中兴"。

孔甲乱夏

孔甲性情乖戾，他的父亲前任夏王不降认为他没有治国才能，就没有立他为继承人，而是将王位内禅给自己的弟弟扃。扃死后，其子廑继承王位，廑后来病死，王位仍旧由孔甲继承。《史记·夏本纪》记载："帝孔甲立，好方鬼神，事淫乱，夏后氏德衰，诸侯畔之。"夏朝从孔甲到履癸（即夏桀）一共传了四代，势力日渐衰落，最后被东方的商部落取代，所以史书称"孔甲乱夏，四世而陨"。

夏桀暴政

孔甲之后，夏王之位又经三世，终于传至夏的末代君王桀手上。夏桀是历史上有名的昏暴之君，相传他聪慧过人，且孔武有力，能"手搏豺狼，足追四马"。可他倚仗勇力，不履行国君的义务，整日花天酒地，荒淫无度。他宠爱美貌的妹喜，为讨她欢心而大兴土木，和她纵情享乐，毫不体恤臣民的艰难。据说夏桀命人修建的酒池大到可以行船，堆积的酒糟长达十里，池中所蓄美酒足够三千人痛饮。此外，夏桀对内任用奸佞、滥杀忠良，对外穷兵黩武，使夏的元气大伤，并最终灭亡。

鸣条之战

夏朝末期，国势日衰，黄河流域下游地区的商部落日渐崛起。商汤成为部落首领后，把部落的政治中心迁移到南亳（今河南商丘东南），并精心筹划灭夏大计。公元前1600年左右，商汤起兵攻打夏朝，宣战前他大张旗鼓地举行誓师典礼，此事记载于《尚书》，"与桀战于鸣条之野，作汤誓"。誓师之后，商汤率七十辆兵车，六千名"必死之士"，联合各部落军队，采取迂回策略，绕远路到达夏朝国都之西，对夏都发起突然袭击。夏桀措手不及，匆匆率军出城迎战，与商汤军队大战于鸣条。商汤一方作战勇猛，迅速击溃了夏桀的主力军，夏桀逃到属国三朡（今山东定陶东北）。商汤军队随即移师攻打三朡，夏桀又率少数随从逃向南巢（今安徽巢湖）。这一战，就是历史上有名的"鸣条之战"。

夏朝的国家结构

夏朝是一个邦国联盟式的国家，夏王是名义上的"天下共主"。作为奴隶制王朝，夏朝建立以后，大部分邦国都对其屈服称臣，接受其统治。因此，夏朝呈现一种复合制、较为松散的国家结构。在这个国家里，有作为王邦的夏后氏；有与夏后氏同族的族邦，如有扈氏、斟寻氏、褒氏等；有臣服于夏后氏的属国，如韦、昆吾、有虞氏、商侯等；还有一些与夏后氏关系不稳定的部族，如方夷、风夷、白夷等。

夏王直接统治王邦，间接支配其下各属国和族邦，王邦和各个属国、族邦之间是宗主和附庸的关系。各邦国的人到王朝中央担任官职，一方面是参与王朝政事，另一方面也是对王邦"天下共主"地位的认可；而各邦国分布在四方，负有屏卫王邦、守卫疆土的义务。

夏朝的军事制度

《甘誓》是夏王启将要征讨有扈氏时发布的檄文，这篇文书记载了我国古代最早的军法。《甘誓》中讲到夏王召集六卿，六卿是对六路军队将领的统称，六卿分别管理六军。夏王掌握最高军权，可以调派六卿，说明夏朝时军权集中已成定制。根据文献考据和考古研究可以知道，夏朝的军队只有车兵和步兵两个兵种，其中步兵是军队的主体，那时还没出现骑兵。夏朝已经制造出木制的战车，但是战车还没有大规模用于作战，只是作为夏王或高级将领乘用的指挥车。夏朝实行兵民合一的制度，没有职业军人，人们在平时从事耕作、畜牧活动，战时则集结为军队，而当时的兵器也兼有生产工具和作战武器的双重功能。在二里头遗址发掘的夏朝兵器主要由木、石、骨等材料制成，后期的遗址中还出土了少量青铜兵器。另外，在贵族的随葬品中还发现了一些青铜和玉石制成的礼仪兵器。

夏朝的刑法制度

根据史书记载，夏朝已形成了比较完善的刑法制度。《左传》中记述"夏有乱政，而作《禹刑》"。不过《禹刑》是否就是夏朝的刑法，其具体内容是什么，已经无法考据。《左传》记载了《夏书》中关于夏朝刑法的部分内容，如"昏、墨、贼，杀"。"昏"即自己做坏事却诬告、陷害他人，"墨"即贪污腐败、不修官德，"贼"即无所顾忌地杀人，整句话的意思是"如果有人犯下昏、墨、贼这三种罪，就应当受到死刑的惩罚"。古代典籍中记载我国最早的监狱也出现在夏朝。《竹书纪年》中记载："夏后槐三十六年作圜土。"圜土就是一种原始的监狱，即在地下掘出圆形土坑或在地上筑起圆形的土墙作为监狱。

二里头遗址

二里头遗址发现于今河南省偃师市二里头村，距今约三千八百年至三千五百年，处于夏、商时期，是反映夏朝文化的重要遗址。二里头遗址分为四期：一、二期为石器和陶器作坊及村落文化遗址；三、四期为青铜和宫殿文化遗址。遗址中出土了宫殿、居民区、陶作坊、铜作坊、窖穴和墓葬等遗迹，以及众多的石器、陶器、玉器、铜器、骨器和蚌器等遗物，其中的青铜爵是迄今为止在我国发现的最早的青铜容器。二里头文化的得名正是因为二里头遗址出土的遗存在该文化中最具代表性。二里头遗址初步被确定为夏晚期都城遗址，该遗址为探索华夏文明的起源、国家制度的建立、城市的形成、都城的建设、王宫的规划等重大问题提供了最直接的研究资料，是公认的中国最有价值的古文化遗址之一。

青铜器铸造业的兴起

夏朝时，手工业发展到了很高的水平，进步最为显著的就是青铜器铸造业。青铜器的发明是夏朝人取得的一项重要成就。它标志着中国告别了石器时代，进入了青铜器时代，古人类走出了黑暗的蒙昧时期，迈进了文明社会。夏朝的青铜器种类丰富，单二里头文化遗址中发现的夏代青铜器就有礼器，如鼎、爵、斝；有兵器，如刀、凿、钻、锥；还有各种镶嵌着绿松石的铜牌、铜铃，等等。在二里头遗址中还发掘出许多铸造青铜器的作坊，其中最大的一处占地面积约一万平方米，设有多个操作间，同时还发现了坩埚、炉壁和陶范等铸造工具。出现这么大规模的铸造作坊，说明夏朝时期的青铜器铸造业已经具有了一定的规模。

夏朝的文化

尽管夏朝的文字资料出土得很少，但在夏朝之后的古代文献中，收录了一些夏朝的文字记载，例如世界上最早的关于日食和流星雨的记录。夏朝人采用干支纪日法，并且创制了一套礼仪。传说孔子对夏礼极有兴趣，并懂得很多夏礼。夏王启还创作了名为"韶"的乐舞，孔子非常喜欢"韶"，称赞它十分完美，甚至"在齐闻韶，三月不知肉味"。

商朝

商族兴起于夏之东方，到了夏朝末年，商族的势力已经深入到夏朝的统治区域。公元前1600年前后，商族首领成汤在贤相伊尹的辅佐下消灭夏朝，建立商朝。商朝建立之初，统治不稳，后经盘庚迁殷，商朝方始安定，至商王武丁时达到全盛。商朝享国六百余年，传十七世，历三十一王。商朝是中国奴隶社会的一个重要发展时期，这一时期，中国的经济和文化都有了长足的发展，国家影响力也大大提高。而甲骨文的出现，也使得商朝文明向前跨越了一大步，为中国文明向更高层次发展奠定了坚实的基础。

玄鸟生商

商部落发源于东方。商汤灭夏以前，商部落的活动区域大致在今河北省南部、河南省北部和东部、山东省西部，是夏王朝的一个邦国。据典籍记载，商的祖先是与尧、舜、禹同时代的契，他跟随大禹治水立下了功劳，被舜任用为司徒，封在商地，赐姓子。

关于商的兴起，《诗经·商颂·玄鸟》中有"天命玄鸟，降而生商"的记载，说的是契的母亲简狄有一天到河里洗澡，误吞一枚玄鸟（类似燕子的鸟）之卵，随后便怀胎生下契。尽管这只是一个传说，但也反映了一定的历史信息，即商部落也许是以玄鸟为图腾的，其先祖经历过"知母不知父"的母系氏族时期。后来，经过漫长的发展，商部落渐渐在众多部落中脱颖而出，建立了早期的国家。

成汤革夏命

到王亥担任首领时，商部落的势力已相当强大。后世几代人继续苦心经营，为成汤立国奠定了基础。成汤积极准备灭夏，与居住在今河南省东部地区的有莘氏结盟。有莘氏是帝喾的后代，成汤和有莘氏通婚，得到了有莘氏部落里的一位贤士伊尹，在伊尹的辅佐下，做好了伐夏的准备。成汤先从夏朝的属国入手，先灭葛国，又陆续攻灭了韦、顾、昆吾等国，待时机成熟后，调集全部兵力大举进攻夏朝，在鸣条之战中击败了夏桀的主力军队。夏桀逃向南方，在南巢（今安徽巢湖）殒命，夏朝灭亡。成

汤灭夏之后，建立起了中国历史上第二个奴隶制王朝——商朝，并将都城建在亳（今河南商丘）。

伊尹放太甲

成汤有三个儿子，太丁、外丙及仲壬。太丁以嫡长子身份被册封为太子，但还没等到继位就去世了。成汤过世后，外丙和仲壬相继即位为商王，两人在位总共只有六年，均由伊尹辅佐。仲壬死后，商王之位由成汤之孙、太丁之子太甲继承。太甲登上王位后，"暴虐，不遵汤法，乱德"，因此伊尹将太甲逐出都城亳，流放到成汤的墓葬所在地——桐宫（今河南偃师），并作《伊训》《肆命》《祖后》告诫太甲改过自新。太甲在桐宫悔过三年，反省了自己的错误，伊尹又把他接回都城，将政权归还给他。

九世之乱

从太甲到太戊，商朝的统治秩序都比较稳固，社会各方面发展都比较迅速。太戊死后，商朝国力衰微，多次出现王位继承纷争，又接连迁移都城，使得诸侯离心，王朝中落。这次动荡持续时间很长，涉及仲丁、外壬、河亶甲、祖乙、祖辛、沃甲、祖丁、南庚、阳甲共五代九王，史书称之为"九世之乱"。关于这段历史，《史记·殷本纪》中是这样记载的："自中丁（仲丁）以来，废嫡而更立诸弟子，弟子或争相代立，比九世乱，于是诸侯莫朝。"

盘庚迁殷

阳甲死后，其弟盘庚即位为商王。盘庚统治初期，上层阶级内部的矛盾日益尖锐，人心不齐，他们只知聚敛私财，致使商民惊恐，以为天将降大难。为了改变这种局面，盘庚决定将商都从奄（今山东曲阜）迁至殷（今河南安阳），这一决定遭到不少商朝贵族和百姓的反对。盘庚利用人民对宗教的敬畏心理大做文章，宣称迁都的计划并非他个人的决定，而是得到天帝的许可，如果不听从天帝的安排，天帝将会惩罚商民先祖的灵魂。商民岂敢违逆天帝的意愿，只好跟随盘庚迁徙到殷，从此商朝也被称为殷商、殷朝。盘庚迁都的举动结束了商朝中期之后持续不断的混乱局面，巩固了商朝的统治，是商朝历史的重要转折点，也为以后商朝的中兴奠定了基础。

武丁中兴

盘庚之后，经过小辛和小乙两代君主，到武丁统治时期，商朝的国力发展到了顶峰。武丁是小乙之子，年少时，武丁曾接受父亲的安排，"久劳于外（在民间生活）"，和"小人（平民）"生活在一起，深知"小人"的艰难困苦，所以他在登基为王后，勤修德政。除了内修君德，武丁还大举对外用兵，开辟了广阔的疆域。武丁为君五十九年，其统治时期被史书称为"武丁中兴"。

纣王暴政

商朝末期的几个王都很昏庸，"生则逸，不知稼穑之艰难，不闻小人之劳，惟耽乐之从"，导致社会矛盾日益激化，阶级斗争十分尖锐，到了帝辛在位时，商朝的统治已是摇摇欲坠。帝辛也就是暴君商纣王，他即位以后，面对内忧外患的严峻形势，不思发愤图强挽救危亡，反而把都城迁往朝歌（今河南淇县），大肆营建离宫别院和亭台池榭，"以酒为池，悬肉为林"，过着腐朽堕落的生活。他还用炮烙等残酷刑罚对付反抗的人民。除此之外，他十分好战，劳师动众地攻打东夷，使得国内军力空虚，人民不堪重负。与此同时，商朝的属国周在西部崛起，势力发展迅速，腐朽的商王朝已经走上了穷途末路。

牧野之战

商纣王的暴虐统治招致举国怨恨，周武王觉得灭商的机会已成熟，便起兵伐商。公元前 1046 年，周军和羌、髳、卢等部落的盟军一起从孟津渡过黄河，攻到了朝歌郊外的牧野。周武王向全军宣读誓师词，声讨纣王的罪行，接着发动总攻。纣王急匆匆拉出一支由奴隶组成的军队抵挡盟军，可是这样的军队根本无心作战，反倒调转兵戈攻向朝歌。牧野之战血流成河，商军全军覆没，纣王登上鹿台自焚身亡。商朝就此覆灭。

内服与外服

商王是国家的最高统治者，自称"我一人""余一人"或"予一人"。而商王之下有内服和外服来帮助他维护统治。"服"的意思是受命服侍，内服指朝廷的职官，外服指地方政权的职官。朝廷的职官有尹或相，尹和相是辅佐国王的最高行政长官，其下还设有三类职官：一是主要负责王室事务的王事职官，如宰、寝等各种小臣；二是负责神祇事务的神事职官，如史、卜、巫等；三是负责民众事务的民事职官，如管理农事的小藉臣、管理手工业的司工、管理百姓的小众人臣，管理军事的职官也属于民事职官，包括多马、多射、师、旅、卫、戎等。外服主要是指地方诸侯，他们有侯、伯、子、男、田、任之分，诸侯有世袭的封地，并仿效朝廷设有自己的官僚系统。诸侯对王室担负着贡纳谷物、戍边、出兵征伐的义务。

刑罚制度

商朝虽然还没有成文法，但已有了严酷的刑罚，被称为"汤刑"。在"汤刑"中，墨（指在脸上刺字）、劓（指割鼻）、刖（指断足）、宫（指将男子阉割或将女子幽闭）、大辟（指死刑）这五刑均已出现，其他刑罚也名目繁多。《荀子·正名》中有"刑名从商"，这说明商朝的法制已经比较成熟，并对后世产生了深远的影响。

宗法制度

宗法制是维护宗族关系的一项制度，其核心是嫡长子继承制，根据它确定的原则，嫡长子是法定继承人，享有财产和爵位的优先继承权，且代代相承，称为直系，是家族的大宗；其他儿子都是旁支小宗，小宗又按这种原则再分为大宗和小宗；如此世代相传，组成一个多级的宗族组织系统。宗法制始于商朝，完善于西周。

人祭和人殉

商朝的社会分为贵族、平民和奴隶三个阶级，奴隶居于社会最底层。根据商朝的甲骨文和金文的记载，奴隶阶级又分为隶、臣、妾、奚等层级，战俘和亡宗灭族者是奴隶的主体。贵族不仅无偿占有奴隶的劳动成果，还可以任意处置奴隶的身体和生命。一个极端的例子就是杀人作祭品和以活人殉葬。商王与贵族们在举行祭祀仪式时，除了用牛、羊、猪等牲畜献祭，还常常杀戮战俘和奴隶。而且杀人的手段很残忍，有砍头、肢解、焚烧等。而贵族死后，经常逼迫活人殉葬，少则一两人，多则几十甚至几百人。有商一代，人祭和人殉都很盛行，这说明奴隶在那个时代的处境十分凄惨。

农业的发展

农业是商朝的主要生产部门，商朝的甲骨卜辞中多次出现"其受年（能获得丰收吗）"的问语，反映了那时的统治者对农业的高度重视。商朝的农作物品种大致有禾、黍、稻、麦等。人们采用合作耕种与火耕法进行耕作，使用的农具多以木、石、骨、蚌等材料制成，类型有耒、耜、铲、锄、镰刀等。商朝人会对农产品进行再加工，比如用黍或稻酿制酒、醴，并发展了园艺业和桑蚕业。

手工业的发展

商朝最重要的手工业部门非青铜器铸造业莫属，其生产门类大大增加，手工作坊的规模也扩大了许多，而且分工相当精细。商时的青铜器种类繁多，主要有礼器、工具和兵器三大类。礼器有鼎、鬲、簋、盘、爵、觚、尊、壶等，工具有斧、锛、凿、锯等，兵器有戈、矛、钺、镞、剑、戟等。另外，乐器、车马器和建筑构件也常用青铜制造。最常见的青铜器纹饰为饕餮纹，此外还有鸟纹、蝉纹等。铭文也开始出现，内容涉及祭祀、赏赐等。蜚声海内外的后母戊鼎体现了商朝青铜铸造业发展的最高水平。商朝的陶器制作工艺也发展得相当成熟。那时，除了一般的民用陶器以外，在都城和贵族的封邑里，还设有烧制精美陶器的作坊。商朝陶器制作工艺的最优秀代表是取用高岭土烧制而成的白陶。它质地坚硬，色泽洁白，形制和纹饰都模仿青铜器，是与青铜器相媲美的精致工艺品。此外，商朝的其他手工业部门，诸如骨器业、玉器业以及丝织业、漆器业等，也都有很高的成就。

商业的兴起

商朝农业和手工业的发展推动了商品交换的发展，涌现出大批赶着牛车或驾着船只进行长途贩运的商人。到了商朝末期，都城里活跃着很多专门进行交易的商贩，比如吕尚（即姜子牙）就曾"屠牛于朝歌，卖饭于孟津"。

货币的出现

随着商业的发展，作为一般等价物的货币也应运而生。商朝的货币是"贝"。贝有海贝、铜贝、玉贝和骨贝。在流通时，一般以五贝连成一串，两串为一"朋"，而"朋"便是货币的单位。考古发掘发现，商人常用贝随葬，少则数十枚，多则数千枚，而在商朝的青铜器铭文中，也常常见到"赏贝""赐贝"的字样，最多为"赐贝三十朋"。

天文和历法

商朝非常重视观测天象，其卜辞中有许多关于天象的记录。商朝人已观测到火星和彗星，并且对日食、月食和恒星等天象有了初步的认知。尤为难得的是，商朝人保留了世界上第一次新星观测记录。天文学的发展推动了历法的进步。商朝的日历已分大月和小月，以三百六十六天为一个周期，并在年终的时候通过闰日调节朔望月和回归年的时间。用这种方法，商朝人以夏历为底本，将这种阴阳合历修改得更加完善，确定了我国传统历法的范式。

数学和医学

数学方面，商朝已有了明确的十进制、奇数、偶数和倍数的概念，并有初步的计算能力。商朝的卜辞中已出现代表个、十、百、千、万的文字，其中最大的数字是三万。医学方面，卜辞中记录了许多疾病，按现代的划分标准涉及内科、外科、小儿科等。商朝还设置了一个叫"小疾臣"的职位，专门负责管理医药疾病事务。商朝的人患病之后，除了祭祀鬼神来祈福消灾，还会在卜辞上记录下治疗方法，比如针刺、艾灸与按摩等。

甲骨文

甲骨文又名"契文""甲骨卜辞"或"龟甲兽骨文"，首次发现于河南省安阳市小屯村附近。它是商朝晚期王室为了记录占卜结果而在龟甲和兽骨上刻写的文字。商周交替之际，甲骨文还延续使用了一段时间。后人归纳的汉字"六书"原则，即象形、指事、形声、会意、转注、假借，在甲骨文中已经有所体现，反映了甲骨文经过不断发展，已成为一种成熟的文字。考古学家在存世的甲骨卜辞中共整理出四千六百七十二个字，已辨识的有一千零七十二字。甲骨文是目前所知我国最古老的自成体系的文字形式，它作为原始刻绘符号与青铜铭文之间的文字，在汉字发展历程中起着承上启下的重要作用。现代汉字就是由甲骨文经过漫长的演变而形成的。

自然崇拜和对"帝"的崇拜

从商朝的甲骨资料推断，殷商时期的万物崇拜还很普遍，崇拜范围包括自然的方方面面，如日月星辰、地神、河神、山神等。这些自然神祇仍然是万物崇拜的内容，没有特别的变化，比较引人注意的是商朝人对于"帝"的信仰。"帝"是商朝人信奉的最高神，他的地位最高、神通最大，是天地间的主宰者。这种"一元（帝）多神（自然神祇）"的信仰体系，与现实中的"王权政治"有类似之处。正如世间有君主统治着民众，自然界中有"帝"统治着自然神祇，但是"帝"的权力和威势超越世间的君主，支配着世间万物。

学校教育的出现

商朝的奴隶主贵族为培养后代，维护奴隶制国家的统治秩序，成立了序、学、庠、瞽宗等教育机构，由官员担任教师，主要教授宗教和军事方面的知识，另外也教授伦理和文化知识。据甲骨卜辞的记载，商朝的学校开展了丰富多样的教育活动。序是进行军事和礼仪教育的机构。学分"左学"和"右学"两种。左学又称下庠，为小学，设在王宫内；右学即大学，在王城西郊。卜辞中提到的"大学"是献俘祭祖的场所，并且和宗庙的神坛连在一起，兼有祭祖、献俘、讯馘、养老等功能，其教学的主要内容为宗教祭典等礼仪知识。瞽宗原是乐师的宗庙，是举行祭祀的场所。由于祭祀中包含礼乐内容，瞽宗便渐渐增加了教授礼乐知识的功能。甲骨卜辞还证实，商朝的学校已开设了读、写、算等教学课程，并且开始使用专门的教材。

西周

生活在商之西北的周人趁着商朝的衰落努力发展自己的势力，历经文王和武王两代周王，周人灭亡商朝，建立西周王朝。西周享国约二百八十年，传十一世，历十二王。西周开始实行的以王族为核心的宗法制度和分封制，以及较为完备的礼法制度，都在很大程度上巩固了统治阶层的利益。西周的经济也比前代有了更大的发展，"井田制"已完善，"工商食官"也已出现。此外，西周的经济、思想、文化、教育、科技等的发展，都对后世产生了深远的影响。

周族的崛起

周族发源于我国西部的陕甘高原，其始祖是一个叫弃的人。弃善于种植稷和麦，在尧的时代担任农师，舜的时代被封在邰（今陕西武功），他以后稷为号，以姬为姓。到后稷的曾孙公刘时，其部族徙居豳（今陕西旬邑）。起初，周人没有"周"的概念，部族以定居的豳为国，国即是城。他们过上稳定的生活后，渐渐地从游牧部族转变成农耕部族。九世之后，传承到了古公亶父一代，周人由于受到猃允戎的侵扰，被迫再次迁居。他们经过千难万苦来到地处渭河流域岐山之下的周原，从此才有了"周"的概念。在岐地，周人建立家室，营造城郭，创设官制，组建军队，进行武力扩张，势力迅速壮大。

周文王治岐

周族发展之迅速，令商王朝感到不安，古公亶父的儿子季历被商王文丁处死，季历的儿子姬昌（即后来的周文王）又被商纣王囚禁在羑里（今河南汤阴北）。周族只好用财帛美女贿赂纣王，才赎回了文王。文王返国之后，加紧筹划灭商。他一面大力发展生产，提升周族实力，并使周围的一些部落归附；一面进行积极扩张，先征讨西方的犬戎及密须等小国，继而讨伐东方的耆国（今山西长治西南）和邘国（今河南沁阳），又灭崇国，深入到了商王朝的势力范围内。这时，周国已经"三分天下有其二"，具备了伐商的实力。

武王伐纣建周

文王死后，其子姬发即位为周武王。他先是进军至孟津（今河南孟津东南）以作试探，但觉得还没有十足的胜算，于是撤军。等到商纣王在政治上完全陷于孤立，武王才大举东征，在牧野之战中击败商军主力。纣王逃到鹿台自焚，武王持黄钺砍下纣王的头颅示众。灭商之后，武王在沣河东岸筑起镐京（今陕西西安），镐京与文王时营建的丰京隔河相望，以桥相通，两城合称丰镐城，即"宗周"，是西周的都城。

成康之治

武王死后，太子诵即位，是为成王。成王年幼，由武王之弟周公旦摄政。之后，周公旦还政于成王。周朝随即进入平稳快速的发展期。成王勤于国事，政绩卓然。其子康王秉承成王遗风，严厉禁绝权贵的奢靡之风。成康二王在位时，大规模分封诸侯，利用宗法血缘关系维系王室的权威，稳定了西周的统治秩序。统治者为政以德，慎用刑罚，国内政治清明，人心思齐，促成了"天下安宁，刑错四十余年不用"的安定局面。史书称之为"成康之治"。

厉王专利和国人暴动

从周穆王开始，西周实力逐渐衰落，并深受西北戎狄侵扰所苦，等王位传至周厉王时，连年的战乱已使百姓困苦不堪。周厉王昏庸无道，任命贪财的荣夷公为王室卿士，推行"专利"政策。所谓"专利"，就是把山林川泽归于王室，垄断其产出。这一政策损害了国人（指居住在城邑中的人，包括贵族、平民等）的利益，令人民苦不堪言，遭到了普遍反对。厉王采取强硬措施应对国人的抗议，他派卫巫监视国人，诛杀持有异见的人。厉王此举闹得人心惶惶，最终激起民变。公元前841年，王畿爆发了以平民为主要参与者的国人暴动，厉王被迫逃亡，一直逃到彘（今山西霍州）。

宣王中兴

周厉王流亡于彘，周朝国政由召公和周公临时共管，称为"共和行政"（一说国人推举地方诸侯共伯和暂理朝政,故称)。共和行政十四年,周厉王死于彘,太子静即位,是为周宣王。周宣王即位之后,依靠朝臣的辅佐,恢复文武成康时代的礼仪法度,内修德政,外征戎夷,振兴了周王室的势力,暂时巩固了统治秩序,并使社会生产得到了一定恢复,史书称之为"宣王中兴"。

幽王烽火戏诸侯

周幽王是西周的最后一个王。他宠爱美女褒姒,废黜王后申后和太子宜臼,改立褒姒为王后,把褒姒的儿子立为太子。为博褒姒一笑,周幽王下令点燃骊山上的烽火,发出犬戎来袭的假信号,召集诸侯勤王,诸侯率军队前来救援时才发现受骗。后来申后的父亲申侯联合缯和犬戎攻打幽王,幽王点烽火求救,诸侯看到烽火不再相信。最终周幽王在戏(今陕西临潼东北)丧命,褒姒也被擒。西周遂亡。

社会阶级结构

西周的社会阶级结构由奴隶主贵族、平民和奴隶组成。奴隶主贵族是上层阶级,包括天子、诸侯、卿大夫和士。天子是天下共主,诸侯有封国,卿大夫有封邑,士有食田。平民为中间阶级,包括"国人"和"野人(指居住在郊野地方的人,多属于被周人征服的族群)"。平民中,"国人"的地位稍高,享有一定的政治权利,能够受教育;而"野人"则地位较为低下,与奴隶差不多。奴隶位于西周社会的最底层,其中既有官奴,也有私奴。奴隶代代为奴,主要来源是战俘和罪犯,地位极其低下。

分封制

西周在建国之初,就已出现分封之事。但大规模的分封发生在武王灭商之后和周公摄政时期。根据文献记载,周朝初期分封了七十一个诸侯国,姬姓占了五十三个,较为重要的有鲁、卫、晋、齐、燕等国。诸侯把封国之内的土地分封给卿大夫作为封邑,卿大夫又把封邑的土地分封给士作为食田。周朝初期推行的大规模分封,建立起以周天子为首的森严的等级制度,形成了"封建亲戚,以藩屏周"的政治格局,强化了西周的统治。

畿服制度

西周在商朝内外服制的基础上,制定了与分封制相适应的畿服制度。周王室直接统治的地区称为王畿,是全国的中心。王畿之外的地区,按照距都城远近和关系亲疏分为诸服,一般认为有五服,此外也有三服、六服、九服之说。按照《国语·周语上》所载公谋父的说法,畿服划分为五服,甸服即王畿,侯服、宾服即华夏族各诸侯国,要服、荒服即边远的少数民族地区。畿服制度规定纳贡是诸侯的义务,如果诸侯拒不履行,周王就有权进行征讨。纳贡的方式和时间取决于服数。《国语》中记载:"甸服者祭,侯服者祀,宾服者享,要服者贡,荒服者王。"说的是周王室例行祭祀时,甸服的诸侯须承担周王祭祀父祖的祭品,侯服的诸侯承担周王祭祀高祖、曾祖的祭品,宾服的诸侯承担周王祭祀的祭品，要服的蛮夷之主承担周王祭祀始祖远祖和天地之神的祭品，荒服的戎狄之君一生朝觐一次。

军队的编制

西周的军队由王军和诸侯军队组成，车兵是主要兵种，军队规模超过了之前的朝代，装备武器也更胜前朝。周王室常设两支宿卫军，一支称"西六师"，驻扎在都城镐京，震慑西部地区；另一支称"成周八师"，亦称"殷八师"，驻扎在成周，震慑东部地区。

周公制礼

周公归政于成王后，便开始主持制定一系列典章制度，这就是后人称道的"周公制礼"。礼是履行典章制度的具体礼节仪式，乐是配合礼节仪式而演奏的乐曲。周公制定的礼乐制度囊括了所有贵族阶层重视的道德规范，如忠、信、孝、悌、敬、让、义、顺等。周礼分为五种：吉礼、凶礼、宾礼、军礼、嘉礼。吉礼是祭祀之礼；凶礼是丧葬和吊唁灾祸之礼；宾礼是诸侯朝觐周天子之礼；军礼是军事征伐之礼；嘉礼是吉庆场合的贺庆之礼，用于如婚典、冠礼、宴会等场合。周朝的礼制主要适用于士及士以上的贵族阶层，天子利用礼制限制贵族，确定长幼尊卑的秩序；而对于底层平民，主要是用刑罚进行管理，不作礼的要求。这就是所谓的"刑不上大夫，礼不下庶人"。

宗庙祭祀制度

西周继承了商朝的祭祀制度，不过淡化了其中蕴含的神秘色彩。西周的祭祀对象分为三类：第一类是天神，包括上帝、日月星辰、司命、风师、雨师等；第二类是地祇，包括社稷、五岳、山林川泽、四方百物等；第三类是人鬼。指的是祖先。

"井田制"的建立

井田制是我国古代推行的一种土地制度，由于土地被分割成许多方块，类似于"井"字形，因而得名。西周时期，"普天之下，莫非王土"，土地的所有权属于周天子，土地不是私有财产，禁止随意买卖、转让，即"田里不鬻"。土地有公田和私田之分，公田的所有者是天子和贵族，平民在公田里劳动所获得的产品都要交给天子和贵族；私田是分配给平民耕作的份地，每隔一段时间调整一次，"三年一换土易居"，平民仅拥有一定年限的使用权，私田产出的作物允许平民保留。

工商业的发展

西周时期，手工业和商业大多由官府经营管理，即"工商食官"。官府下属的手工作坊由司工（即司空）掌管，天子和诸侯都设置有司工官职，还在专业作坊设有工正、陶正、车正等工官。

与商朝比较，西周的商业已经有了很大的发展，市场上有种类丰富的商品可供交换，奴隶也是一种商品。奴隶的价格很低，有一篇青铜铭文记录了一桩交易，五名奴隶才可以交换"匹马束丝（一匹马、十把丝）"。民间的商业活动也广泛存在，但规模一般不大，且多数采用"以物易物"的方式，交换的物品也仅限于一些日用品。

五行元素说

五行元素说起源于夏朝，兴盛于商朝，完善于西周。根据《国语·郑语》的记载，西周晚期，太史官史伯结合前人思想提出："夫和实生物，同则不继。以他平他谓之和，故能丰长而物归之；若以同裨同，尽乃弃矣。故先王以土与金、木、水、火杂，以成百物。"他认为水、火、木、金、土五种物质是构成世间万物的基本材料。由此可知，我国古代的原始五行说，其实就是最古老的关于物质构成的假说。它包含着朴素的元素概念，并体现出物质相互转化的观点。

《周易》和阴阳八卦

《周易》又称《易经》，原本是西周时期的占筮典籍，也就是用来卜卦的书，成书于殷商之际，表现了上古人类对自然和天的敬畏。庄子曰："《易》以道阴阳。"虽说在《周易》的经文中无一字提及阴阳，但其中用一长横"—"表示阳，即阳爻；用两短横"--"表示阴，即阴爻。由三个这样的阴爻和阳爻符号相叠形成的三画卦形即是单卦，单卦有八个，故称八卦。八卦分别是乾、坤、震、巽、坎、离、艮、兑，代表了天、地、雷、风、水、火、山、泽。八卦两两相叠又成六十四个复卦。"阴阳八卦"学说提出世界存在阴阳两种对抗物质势力，它们的相互运动决定着世界的发展演变。这种学说把自然界中八种人们日常见到的物质形态解释为其他东西的本原，是一种朴素的唯物主义观念。

"德治"思想的出现

周人总结夏朝和商朝灭亡的原因，得出"失德而亡"的结论，并认为"永保天命"的方法是"以德配天"，"敬德保民"，"明德慎罚"。《尚书》中记载了许多西周初期的政治文书，没有一篇不讲到这些问题。比如《无逸》告诫天子"无淫于观、于逸、于游、于田"，治民必须"先知稼穑之艰难"，"怀保小民，惠鲜鳏寡"；《立政》强调"继自今文子文孙，其勿误于庶狱庶慎"，其中都提到了"明德""保民"和"慎罚"。周武王所做的《泰誓》中有言："天视自我民视，天听自我民听。"就是说将民心视作天心所自出，因此民心是反映政治好坏的镜子，也是天子受天命或失天命的原因。与商朝比较，这种天子代天保民的思想无疑是一种进步，并对后来兴起的儒学思想影响颇深。

金文的完善

金文是指铸刻在青铜器上的铭文，也叫钟鼎文。商朝晚期的青铜器上只有一些简短的文字，说明器物的用途、主人或制造者。而西周时期的青铜器大多都有铭文，很多还是长篇文字，比如毛公鼎上的铭文共四百九十七字，是迄今为止已发现的篇幅最长的青铜器铭文。据学界研究，目前已知的金文有三千多字，其中已辨识的约占三分之二。金文保留了甲骨文的风格，又为秦代小篆奠定了基础，其书迹多刻在钟鼎等青铜器上，因此其原迹比甲骨文更易保存，为人们研究当时社会生活提供了重要参考。

六艺教育的形成

西周时期，教育制度有了进一步发展。国人乡里设有学校，被称为庠（一说为序），教学内容为文化知识和各种技艺。贵族阶层的教育更完善一些，有专门的小学和大学。贵族子弟八岁时入小学，十五岁成童时入大学。《周礼》中提到了师氏、保氏两个官职，根据他们的职责推断，当时的教学内容涉及德行、技艺和仪容等方面。学生文武兼修，需要掌握礼、乐、射（射箭）、御（驾车）、书（文字）、数（算术）六种技能，统称六艺。

科技的发展

西周时期，人们对天文历法方面的知识有了更进一步的了解。《诗经》中多处提及星宿的名称，并且人们会根据星宿在天空的位置来区分季节和安排生产。我国古代的二十八星宿体系，大约在此时已经成形。周人还十分注重观察月相，他们把月亮有光的部分称为霸（魄）。周人记录年月日时，经常会标注"初吉"（另有"既吉"）、"既生霸""既望""既死霸"，这是商朝的记录中所没有的。有学者据此认为周人参考月相变化将一月分成四个部分。《诗经》中的《十月之交》详细描述了周幽王六年（前776）发生的一次日食的月日干支，还提到半个月之前发生的一次月食。

春秋

公元前770年。周平王东迁都城于洛邑，开启了东周五百五十年的历史。东周又分为春秋和战国。春秋时期，周王室王权衰落，"礼崩乐坏"，代之而起的是诸侯争霸，齐桓公、晋文公、秦穆公，你方唱罢我登场。不断的征战和杀伐，虽然引起了社会动荡和分化，但也为社会变革积蓄了力量，为思想解放、文化发展提供了更广阔的空间。这一时期。一批如老子、孔子这样伟大的思想家横空出世，使得春秋时期成为中国历史上最令人向往的时代之一。

平王东迁

公元前771年，周幽王死后，申侯与其他诸侯共同推举申后之子太子姬宜臼为新任周王，即周平王。由于周王都在战争中受到严重破坏，附近还有虎视眈眈的戎族。周平王只好在即位后的第二年将都城东迁至洛邑（今河南洛阳）。历史进入东周时期。

周郑交质

平王东迁后，周王室势力日渐衰落，只能依赖诸侯的扶持。春秋初期，诸侯国中以郑国势力为最强，郑伯担任了王室的卿士，处事蛮横专断。平王担心郑伯专权，便想任命西虢公为卿士。郑伯听闻后找平王对质，平王担心激怒强大的郑国，于是断然否认。郑伯为此逼迫周王室和他交换人质。这一事件被称为"周郑交质"，它表明了当时的周王室已没有能力对诸侯进行有效控制。

齐桓公首霸

春秋初期，周朝境内还存有一百四十多个诸侯国，可是王室已无力控制诸侯，那些经济发达、军事力量强大的诸侯国，为了争夺土地和人口，便用武力兼并周边的弱小国家，同时大国之间也展开了长期的争霸战争，出现了诸侯争霸的格局。

首先称霸的是齐桓公。齐桓公即位后，委任卓有才干的管仲为齐相，进行了一系列改革，促进生产发展，组建常备军队，增强了军事实力。再加之齐国地理位置优越，资源丰富。几年之后，齐国变得国富民丰，兵强马壮。齐桓公又抓住机遇打出了"尊王攘夷"的旗帜，召集诸侯会盟，救危济困，征讨不向周王室纳贡的诸侯国。公元前651年，齐桓公在葵丘大会诸侯，周王也派了使者参加会盟，齐桓公的霸主地位正式确立，成为春秋首霸。齐桓公死后，他的几个儿子为了争夺君位而内讧，齐国的霸业衰落。

宋襄公图霸

齐桓公死后，宋襄公欲谋霸主之位。公元前642年，宋襄公联合卫、曹、邾等国出征齐国，平定其乱局，确立了齐孝公的君位。之后，宋襄公举行盟会，不过宋国没有足够强大的实力可以慑服诸侯，因此参加盟会的诸侯并不多。宋襄公无奈之下又想央求楚国游说诸侯推举自己为盟主，可是楚国人却将他扣押，并挟持他去攻打宋国。宋襄公被放还后，于公元前638年亲自率军征讨亲附楚国的郑国，楚国闻讯派兵来救，双方在泓水（位于今河南境内）交战。宋襄公兵败受伤，于次年不治身亡。宋襄公争霸不成，楚国却趁机扩大了影响，鲁、宋、郑、卫、陈、蔡、许、曹等国先后依附楚国。

晋文公践土之盟

公元前633年，楚成王联合陈、蔡、郑、许等国围攻宋国，宋国急忙派遣使者向晋国求救。次年，晋国借着救援的名义，邀齐国、秦国一起出兵，由此引发了城濮（今山东鄄城西南）之战。此战中，晋文公退避三舍（古代行军三十里为一舍），诱敌深入，以少胜多，取得了辉煌的胜利。获胜后，晋文公在践土（今河南原阳以西）召集诸侯会盟。鲁、齐、宋、蔡、郑、卫、莒等国纷纷响应，周襄王也亲自参会，并册封晋文公为侯伯，晋文公的霸主地位得到承认。这次会盟被称作"践土之盟"。

崤之战

春秋中期，秦国在秦穆公的统治下，国力不断增强，秦穆公便起了称霸中原的念头，可是秦国向东进军的道路被晋国阻断了。公元前 628 年，穆公听说郑国和晋国的国君刚刚去世，不顾蹇叔等大臣的忠告，贸然决定派军队穿过晋国国境袭击郑国。晋国新君晋襄公为维护霸权，决意痛击秦军。为免打草惊蛇，他下令等到秦军返回时，在崤山的险要地段设下埋伏以攻其不备。是年年底，穆公派孟明视领兵出征，第二年春天，秦军经过崤山隘道，穿越晋国南部地区，到达滑（今河南偃师东南）。这时恰好有一个名叫弦高的郑国商人也来到滑，弦高原本要去周王室辖地贩牛，但他看出了秦军的意图，便声称奉郑君之命来犒劳秦军，同时火速将消息传回国内。孟明视误以为郑国已经做好了防备，偷袭无望，遂灭掉滑国后撤军。晋国闻讯派先轸带领军队赶往崤山设伏，还约请当地的姜戎参战。秦军到达崤山时，以为像来时一样平安，疏于防范。待到秦军进入埋伏圈，晋军立刻截断其退路，发起突袭。晋襄公穿着孝服亲自督战，士兵们无不勇猛冲杀。秦军困在隘道里动弹不得，乱了阵脚，最终全军覆没。此一役被称为"崤之战"，此战后秦国转向西方用兵。

秦穆公称霸西戎

秦国在西周时期还只是一个小国，势力范围在今陕西省西部。西周覆灭后，秦襄公护送平王东迁，因功受封为诸侯。之后，秦国以岐地为中心，不断拓展自己的领地。等到秦穆公即位之后，其国力日盛，已有称霸诸侯的野心。崤之战的失败，使秦国东进道路被堵死，秦穆公便转而向西发展，征伐蛮夷，"益国十二，开地千里，遂霸西戎"，为未来秦国统一天下打下了基础。

楚庄王问鼎中原

楚国在经历了城濮之战的失败后，养精蓄锐，并向东用兵，吞并了若干小国，其势力范围向南延伸到今云南省，向北扩展到黄河流域。楚庄王继位后，推行改革，平定内乱，修建水利，努力提升国力。公元前 606 年，楚庄王率军北上，一直到达周王室辖地的洛水岸边。周王不得已命使者慰劳楚军。但楚庄王竟然"问鼎之轻重（询问周王子祭祀天地用的鼎的大小轻重）"，毫不掩饰自己灭周自立的野心，这就是"问鼎"一词的由来。公元前 597 年，楚军和晋军在邲（今河南荥阳东北）交战，楚胜晋败。没过多久，楚国攻打宋国，晋国不敢发兵救援，从此中原各小国陆续亲附楚国，楚庄王登上霸主之位。

晋楚弭兵

春秋时期经久不息的争霸战争对社会造成了极大的破坏，特别是对在大国的夹缝之间艰难生存的中小国家而言，伤害尤为严重，所以他们都积极奔走呼吁"弭兵（停止战争）"。春秋时期共有两次"弭兵之会"，均由宋国发起。公元前 579 年，宋国大夫华元首倡的弭兵之会，促成晋国与楚国休战言和。公元前575年，晋楚之间发生鄢陵之战，战端重开。宋国大夫向戎遂牵头组织第二次弭兵之会，得到晋楚两国的支持。公元前546年，弭兵大会在宋国都城商丘举行，共有晋、楚、齐、秦、鲁、卫、郑、宋、陈、蔡、许、曹、邾、滕十四个国家赴会。会议规定，除齐、秦外，各国均要向晋楚两国同样纳贡，双方的盟国承认晋楚两国同为霸主，而齐国和秦国与两霸主国地位平等。于是，春秋中期的诸侯争霸战争暂时停止，中原地区迎来一段和平时期。

吴越争霸

晋楚两国在中原争霸的同时，东南地区的吴国也逐渐崛起。吴王阖闾重用楚国亡臣伍子胥，在他的辅佐下对楚国连续用兵，取得五战五胜的佳绩。公元前496年，阖闾在越王勾践继位后不久发兵攻越，但是大败而归，自己也伤重不治。阖闾之子夫差即位后，发誓要替父报仇。公元前493年，吴国攻破越国都城，迫使越国投降。吴国挟胜利之威挥师北伐，攻打中原诸侯国，在黄池与诸侯会盟。而越王勾践自国破之后，卧薪尝胆，发愤图强，苦心发展越国势力。公元前482年，越国趁吴国北上会盟，国内防守空虚之机，兴师伐吴。此后十年间，越国不断攻打吴国，最终彻底打败吴国，夫差羞愧自尽。越国如吴国旧例，北上中原会盟诸侯，成为春秋时期最后一个霸主。至此，春秋争霸战争落下帷幕，历史即将进入战国时期。

三桓执政

所谓"三桓"，指的是鲁国鲁桓公的后裔、鲁庄公的三个弟弟季孙氏、叔孙氏、孟孙氏三家。春秋中后期，三桓势力逐渐增强。公元前562年，三桓把鲁国原有的二军扩为三军，三桓各领一军。后又"四分公室"，将鲁君的土地、军队、属民都瓜分了。其中季孙氏顺应时势进行改革，成为三家中的最强者。公元前517年，鲁昭公发兵攻打季孙氏的封地费邑，但叔孙氏和孟孙氏皆来救援，鲁昭公战败出奔，有生之年再也没能回国，最后客死齐国。及至鲁悼公为君时，"鲁如小侯，卑于三桓之家"，公室彻底衰落了。

田氏代齐

齐国田氏家族的开创者是陈国公子完。春秋初年，陈国发生内乱，公子完出奔齐国，担任齐国"工正"，并以田氏为姓。此后几百年间，田氏家族一直深得齐国国君的信赖。进入春秋中期，旧制度开始瓦解，田氏抓住机遇培植自己的势力。他们在齐国广施恩惠，大肆收揽人心，与公室一争高低。田氏向穷人借贷时，用大斗借出粮食，用小斗收回，营造了良好的形象。通过"厚施薄敛"的方式，拥有强大财力的田氏赢得了多数齐国民众的支持，其威望超过了公室。公元前481年，田常先后击败强大的鲍氏、晏氏等贵族，又杀死齐简公，改立齐平公，从此独掌齐国政权。公元前391年，田常的四世孙田和废黜齐康公，自立为君，此即"田氏代齐"。公元前386年，周安王正式册封田和为诸侯。

三家分晋

晋国自晋献公时起，不再立公室子弟为贵族，由此带来的后果是政权渐渐被异姓卿大夫把持。春秋中期以后，晋国的政权归于"六卿"，即赵、韩、魏、智、范、中行六家贵族。六卿分别实行改革，经营各自的势力。后来赵、韩、魏、智四家合力消灭了范、中行两家，瓜分了他们的土地。之后，实力最强的智氏发兵攻赵，并强迫韩、魏两家派兵协同作战。战争持续了两年多，赵氏说动韩、魏两家临阵倒戈，一起攻灭智氏，分割其土地。自此之后，晋国国政由三家控制，公室徒有虚名，到晋幽公时，公室领地只剩绛、曲沃两地。公元前 403 年，周天子册封韩、赵、魏三家为诸侯。公元前 377 年，赵、韩、魏废黜晋静公，彻底完成"三家分晋"。这一事件成为东周时期春秋与战国的分界点。

封建依附关系出现

春秋时期，井田制逐渐崩溃，土地私有化现象开始出现。一些奴隶主贵族占有大量私田，并通过征收实物地租的方式对农民进行剥削，从而分化成为地主。还有一些公社农民，通过占有井田制下分配给他们耕作的份地或者自己开垦荒地的方式，获得了少量土地的所有权，转化为自耕农。他们向国家缴纳税赋，并承担兵役、徭役等义务。另外，这时还出现了类似于农奴的"隐民"、具有家兵性质的"私属徒"等。这些封建依附关系的出现，标志着中国正由奴隶社会走向封建社会。

军旗和军鼓

春秋时期看重军礼。军旗是军礼中必不可少的物品，它象征着君主，战争中只要军旗不倒，战斗就不会停止。军旗上往往绘有青龙、白虎、玄鸟、龟蛇等动物图案，很可能代表着星宿。

军鼓也有特殊的含义。军队在出征前，要将用于祭祀的牲畜杀死取血，把血涂在军鼓上。军鼓声有激励士兵的作用。在战斗中，鼓声传达着进攻的命令，击鼓之人一般是君主或将帅。有些时候，击鼓也是在声讨对方的罪过，宣布对其进行讨伐。

铁器与牛耕

春秋时期，我国出现了生铁冶铸技术，这标志着社会生产力发展到了一个较高的水平。考古学者曾在陕西省凤翔县的秦墓里发掘出一些铁器，属于春秋早期的物品。之后，又在吴、楚、晋等国的遗址中发掘出更多的铁器，包括铁镢、铁铲、铁铧等，属于春秋晚期的物品。

伴随着铁制农具的应用，出现了新型耕作方式——牛耕。西周时采用"耦耕"，就是两个人踏着一具耒耜（古时候一种像犁的农具）在地里翻土。到了春秋时期，虽然还沿用这种简陋的耕作方式，但牛耕技术也已出现。牛耕使用的犁用铁铸成，由耜发展演变而成。《国语·晋语》记载，"宗庙之牺为畎亩之勤（祭祀用的牛变成耕地的工具）"，证明春秋时期已经出现牛耕。

新税制的产生

春秋时期，私田被大量开垦，井田制逐步瓦解。根据当时的制度，私田不需要向国家缴税，这样人们都愿意在私田上劳作，而许多井田便荒废了。私田的所有者因此获利，而国家和诸侯的收入却不断减少。各国为了改变这种"私肥于公"的状况，增加财政来源，相继出台改革赋税制度的政令，形成了新的赋税制度。鲁国于宣公十五年（前594）实行初税亩制度，即国家按照土地面积向土地所有者征收实物税。这是我国古代征收田税的最早记载。鲁成公元年（前590），实行丘甲制度，按照土地面积征收相应的军赋，由此，税和赋合为一体。春秋战国之际，田税的征收已是常规。新税制的推行，承认了私有土地的合法性，也加快了井田制的解体。

手工业大发展

春秋时期，官办手工业仍占主体地位，独立的手工业者比较少。不过这个时期的手工业在门类和规模上有了很大的发展，还出现了新兴的手工业部门，如煮盐、冶铁、漆器。采矿冶炼、纺织、日用竹木漆器制作等部门都出现了空前的繁盛局面。一些国家为了方便管理手工业，设置了专门的官职，如盐官、铁官。当时的手工业技术水平有了很大提高，尤其是青铜器铸造业，已经出现了浑铸、分铸等技术，铸造的青铜器大而精美。春秋早期的青铜器形制、纹饰都沿袭了西周特点；春秋中期以后青铜器的纹饰以蟠螭纹最为流行；春秋晚期，青铜器的纹饰又有了一定发展，已出现浮雕状纹饰以及繁复的镂空装饰。

商业的繁荣

春秋时期，官商依然占据统治地位，然而私商也开始活跃，尽管商人在社会中的地位比较低，但却在经济政治方面发挥着重要作用。例如郑国国君曾经和商人订立盟约："尔无我叛，我无强贾（你不背叛我，我就不干预你经商）。"这说明商人已经登上政治舞台。春秋晚期，涌现出一批声名显赫的大商人，如越国大夫范蠡在灭吴后弃政从商，十几年间"三致千金"；孔子的高徒子贡在曹国、鲁国之间经商，"所至，国君无不分庭与之抗礼"。这些足迹遍天下的大商人的出现，表明"工商食官"的制度开始瓦解。

老子和道家学派

老子姓李名耳，又称老聃，春秋时期楚国苦县历乡曲仁里（今河南鹿邑）人，我国古代伟大的哲学家和思想家，道家学派创始人。老子曾经做过周王室的守藏史（管理国家藏书、档案的小官），晚年隐居在楚国。老子的代表作为《老子》，又称《道德经》，共计五千余字，分为《道》和《德》两经。"道"是老子哲学思想的核心，"道"是先于万物而存在的，虽然它没有意志，也无具体形态，却是世间万物的本原。老子哲学思想中最有价值的精华部分是朴素的辩证法，如"祸兮，福之所倚；福兮，祸之所伏""物或损之而益，或益之而损"等。老子的政治主张可以概括为"小国寡民"，他理想中的社会模式是"邻国相望，鸡犬之声相闻，民至老死不相往来"。老子的思想和著作是我国古代朴素的宇宙观、世界观、人生观的重要来源，对中华文明产生了深远的影响。

孔子创立儒家学派

孔子名丘，字仲尼，春秋时期鲁国人，我国古代的大思想家。他开创的儒家学派，不仅在当时称为显学，而且对后来两千年的中华历史产生了巨大的影响。孔子思想体系的核心是"仁"，他的主要思想言论记录在了《论语》中。孔子还是一位伟大的教育家，他提出"因材施教""有教无类"等教育思想，创办了当时规模最大的私学，培育了大量优秀人才。可以说，孔子开创了春秋战国时期文化教育事业的辉煌。到了晚年，孔子专注于整理文献典籍。据说他为了教学需要，曾亲自删定"六经"，并将它们定为教材。六经分别为《诗》《书》《易》《礼》《乐》《春秋》。其中《乐》已失传，其他五经保存至今。这些文献对于研究中国古代的政治、经济、文化有重要参考价值。

孙武与《孙子兵法》

《孙子兵法》又称《兵法》《孙子》《孙武兵法》《吴孙子兵法》，是中国现存最早的古代军事著作，也是世界上成书最早的兵书之一。据史书记载，《孙子兵法》的作者为中国古代军事家孙武。孙武为春秋末期人，生卒年月已不可考，大约与孔子生活于同一时期，即公元前6世纪末期至公元前5世纪初期。《孙子兵法》大约有六千字，共十三篇，系统地总结了春秋末期及之前的战争经验，论述了有关军事学方面的一些问题，提出了许多具有普遍意义的军事命题和用兵原则。在论述战争与社会政治、经济等方面的关系即战争的本质的同时，更揭示出一系列具有普遍意义的战争规律。此外，从书中孙武对兵法的阐述里，我们已经清楚地看出朴素唯物论和辩证法思想的萌芽，如书中提出了诸如敌我、众寡、利害、攻守等矛盾对立体，并提出矛盾双方在一定条件下是可以互相转化的。可以说，《孙子兵法》既是一部系统全面的军事理论著作，又是一部闪耀着唯物论和辩证法光芒的哲学著作。

私学的兴起

春秋时期，周王与诸侯的威望下降，原本由官府垄断的学术和教育开始走向民间，"学在官府"的教育制度走向没落，很多文献典籍流散到民间。同时，一些受过良好教育的知识分子，即所谓的"士"，登上政治舞台。"士"拥有丰富的学识，他们著书立说，聚众讲学，宣扬自己的政治理念，积极引领社会改造和发展，因而形成了很多思想流派。同时，由于社会处于不断的变革中，政治格局变动频繁，产生了对人才和文化教育的强烈需求，"私学"应运而生。如孔子设立私学，开创了私学的潮流。孔子提出的有教无类的教育思想，推动了教育事业的发展，也促进了社会各阶层之间的人才流动。

天文历法的发展

春秋时期是我国历法的初创时期。在春秋时期，古人观测与记录异常天象的范围更广，如首次出现了对彗星、流星雨、陨石等现象的明确记录。《春秋》记载，鲁庄公七年（前687），"夏四月辛卯夜，恒星不见，夜中星陨如雨"，是世界上首次关于天琴座流星雨的记载；鲁僖公十六年（前644），"春王正月戊申朔，陨石于宋，五"，首次记载了陨星，等等。这个时期的历法已形成成熟的体系，大致确立了十九年七闰的原则，一百六十多年后西方才达到同等水平。另外，我们熟悉的二十八星宿、二十四节气等在春秋时期均趋完善。

木工始祖公输般

春秋晚期出现了一位技艺超群的工匠，他姓公输名般。因他是鲁国人，且古代"般"和"班"通用，因此他也被称为"鲁班"。传说中，公输般不但会修建亭台楼阁，还会制造战争所用的器械。如《墨子》中就记述公输班"为楚造云梯之械"；他用竹、木削制成的鹊能借助风的力量在空中飞行。据说他还发明了锯、刨、石磨等工具。从古到今，公输班一直受到木工、石工、泥瓦工等匠人的崇拜，被奉为祖师。民间流传着许多关于公输班进行发明创造的小故事，尽管不乏夸张附会之辞，却也反映出他的形象已深入人心。

战国

战国初期，诸侯争霸的局面发生了改变，大诸侯国逐渐吞并中小诸侯国，最后剩下被称为"战国七雄"的齐、楚、燕、韩、赵、魏、秦。战国七雄为了应付新的形势，纷纷变法革新，逐渐确立起封建制度。这一时期，土地国有制度完全瓦解，封建地主阶层悄然兴起。战国时期，中国在政治、经济、思想、文化、艺术、科技等方面都迎来了前所未有的变革高峰，尤其是在思想文化领域，出现了"百家争鸣"的局面，诸子心系苍生，百家学术争艳，最终不仅形成了中国的传统文化体系，还为中国文化的发展提供了丰沛的源头活水，为后世中国人留下了极其丰富和宝贵的精神文化遗产。

魏国李悝变法

进入战国时期，社会各个领域都发生了剧变，面对动荡的局面，各诸侯国都兴起了变法热潮。最先行动起来的是魏国，魏文侯（前445——前396在位）任用法家学派的李悝为相，进行变法。

李悝向魏文侯提出"尽地力之教"的建议：大力发展农业生产，鼓励农民精耕细作，调动农民的生产积极性，以增加国家财政收入。他还主张实行"平籴法"，其具体内容是：官府在粮食丰收的年份向农民征收一定的余粮，等到歉收之年再以平价将粮卖出，以稳定粮价。李悝提出的这些措施极大地促进了农业生产的发展，降低了农民破产、流离他乡的风险，维护了社会的稳定，从而使魏国变得国富民强。

楚国吴起变法

吴起原是卫国人，曾在魏国做过官，后来去了楚国，受到楚悼王（前401——前381在位）的重用，被封为楚国令尹（即相），主持变法事宜。吴起认为楚国的最大弊端是"大臣太重，封君太众"，于是他决定先解决这个问题。他废除贵族的特权，削减官吏的俸禄，以奖励有军功的战士。在军事方面，吴起主张建立一支强大的军队，统一天下。在吴起的带领下，楚军吞并了南方的扬国、越国和北方的陈国、蔡国，并击退韩、赵、魏三国，进军黄河两岸，直逼魏国。由于吴起变法沉重打击了楚国旧贵族，使得旧贵族对他恨之入骨，所以新法的推行很困难，变法的成效也不显著。楚悼王死后，吴起也被贵族杀害。

秦国商鞅变法

与中原和东部地区的各诸侯国不同，秦国地处西方，浸染了一些戎狄习俗，社会发展比较迟缓。秦孝公（前361——前338在位）继位后，深感"诸侯卑秦，丑莫大焉"，立志要富国强兵。他任命卫国的没落贵族子弟商鞅（原名卫鞅，因被秦封在商地，故又称"商鞅"）为大良造，授权他进行变法。从公元前359年至前350年，商鞅先后进行了两次力度空前的变法。其主要内容有："开阡陌封疆"，颁行军功爵制度，发布重农抑商的政令。他还"废分封，行县制"，并制定什伍连坐法，统一度量衡制。商鞅变法顺应了时代发展的需要，符合秦国国情，因而成效显著。变法之后，秦国确立了新型的地主阶级政权，实现了强兵的目的，极大地提升了国力，并开始向东扩张。秦孝公死后，惠王即位，有人诬告商鞅"欲反"，商鞅被处以车裂之刑。

其他国家的政治改革

公元前5世纪至前4世纪，赵国、齐国、韩国、燕国也相继实行变法。公元前409年左右，赵烈侯任用公仲连为相邦（即相）主持改革，在政治、经济领域推行法家思想，在教育领域尊崇儒家思想。

公元前360年左右，齐国重用邹忌"谨修法律而督奸吏"，进行变法，迅速提升了国力。

公元前351年，韩昭侯起用申不害，以"术"变法，取得了富国强兵的效果。

燕国于燕昭王在位期间（前311——前279）进行了比较全面的改革，并广纳贤士，延揽了一批贤臣，如乐毅、邹衍、剧辛等，扭转了贫弱的局面。

魏齐争霸

战国时期，各国之间吞并战争不断，最后形成齐、楚、燕、韩、赵、魏、秦七雄。七雄中首先争霸的魏齐两国。魏国因魏文侯率先起用李悝进行变法，国力迅速提升，一跃成为中原地区的霸主。而齐国经过齐威王时期的变法，也变得国富而兵强，遂与魏国争锋。公元前406年，魏国攻灭中山国，之后与韩国、赵国结盟东进，公元前404年，盟军大败齐军。公元前354年，魏国派军队攻打赵国，攻破其都城邯郸。齐威王派田忌率军救援，并任命孙膑为军师。孙膑考虑到魏国精兵外出，国内空虚，便指挥齐军直扑魏都大梁，待魏军疾奔回国时，于桂陵设伏大败魏军。公元前344年，魏国在其都城附近的逢泽召集诸侯举行"逢泽之会"，"驱十二诸侯以朝天子于孟津"，其霸业达到顶峰。公元前343年，魏国伐韩，韩向齐求援，齐命田忌、孙膑救韩。齐军以同样策略在马陵（今山东濮县）伏击魏军，斩十万魏军，并杀死魏太子申和主帅庞涓。魏国至此一蹶不振，齐国遂称霸中原。

赵武灵王胡服骑射

公元前325年，赵武灵王接任赵国君主。赵武灵王励精图治，革故鼎新，立志把赵国发展成一流强国。当时北方的胡人常侵扰中原诸侯国，他们身着窄袖短衣，骑射灵活。赵武灵王眼见本国士兵受累于长袖宽袍，便决心改革服制，提高军队战斗力。他排除重重阻碍，坚持在全国上下推广胡服，并着力培养士兵的骑射能力。不到一年，赵武灵王便建立了新型的轻骑部队。公元前305年，赵武灵王亲自率领这支骑兵部队击败中山国，又征服了东胡及其周边的几个部落。七年之后，赵国军力日益强大，消灭了林胡等国，拓地千里，声威大震，成为战国时期实力最强的诸侯国之一。

合纵与连横

自魏国实力被削弱后，各国力量此消彼长，作为缓冲地带的小国逐渐消失，大国之间领土直接相连，导致大国之间的冲突更加激烈。为了争取盟友，孤立敌方，七雄不论是强是弱都开始寻找自己的盟友，这就使得外交领域和军事领域出现了合纵连横的需要。"合纵"就是"合众弱以攻一强"，防止本国被强国兼并；"连横"就是"事一强以攻众弱"，达到兼并他国的目的。合纵连横也被称为纵横。

乐毅伐齐

公元前316年，燕王哙把王位禅让给大臣子之，太子平遂发兵讨伐子之，齐国借平乱之名入侵燕国，燕王哙和太子平死于战乱，公子职被立为新王，即燕昭王。公元前286年，齐国灭亡宋国。公元前285年，秦国联合多国征讨齐国，攻占齐国九座城邑。燕昭王认为复仇时机已到，于次年命乐毅率燕、韩、赵、魏、秦、楚联军攻打齐国。乐毅迅速攻下齐国都城临淄，齐湣王出逃，后被楚军杀死。乐毅连克齐国七十多座城池，只剩莒和即墨久攻不下。不久，燕昭王去世，其子惠王继位。惠王猜忌乐毅，派骑劫接掌乐毅的军权。齐国将领田单率众反攻，杀死骑劫，大败燕军，随即乘胜追击，很快就将燕军逐出国境，并收复失地。然而齐国受此重创，国力衰败，无法再与秦国抗衡。

长平之战

齐国衰落后，诸国中只剩下赵国能与秦国相抗衡。公元前262年，秦国伐韩，韩王愿献上党地区来求和。韩上党郡守不愿降秦，决意联赵抗秦。赵孝成王派廉颇率大军驻扎在长平（今山西高平西北）防御秦军。两军对峙了三年，公元前260年，赵孝成王听信秦国的挑拨之言，派赵括取代廉颇。但赵括只会高谈阔论，从无领兵作战的经历，他贸然发动攻击，导致赵军落入秦军的伏击圈。赵军粮草断绝，困守长平，最终大败，四十万军士缴械投降。秦军统帅白起只放走二百多个年纪小的赵兵回国报信，把剩下的降兵全部坑杀。长平之战成为战国局势的转折点。从此之后，东方六国的军力都无法单独与秦军抗衡，这就为秦国最终灭亡六国打下了坚实的基础。

远交近攻

公元前270年，秦昭襄王欲攻齐。此时魏国人范雎入秦，上书秦王：秦国与齐国之间隔着韩、魏二国，如果发兵攻齐，"少出师则不足以伤齐，多之则害于秦"。他建议采取远交近攻的策略，与远方的齐、楚、燕交好，而对相邻的赵、韩、魏用兵，这样"得寸则王之寸，得尺亦王之尺"。秦昭襄王对其计策大为赞赏，遂任用范雎为相，并推行远交近攻之策。其后的几位秦王继续远交近攻，采用各个击破的方法打破东方诸国合纵之盟，以离间计在各国挑起内讧，同时有条不紊地推行灭国之战，渐渐实现了统一六国的伟愿宏图。

秦灭六国

公元前238年，秦王嬴政亲政，他果断地镇压了所有反对派，稳定了王权。之后，他重用李斯等大臣，大力推行统一中国的方略。李斯分析各国国情后，认为秦国具有灭六国的实力，天下统一已成必然趋势，秦国应当抓住这难得的机遇。嬴政非常认可李斯的看法，提拔他做了廷尉。自公元前230年到前221年，秦国用了十年的时间发起了数次大规模的战争，相继消灭韩、赵、魏、楚、燕、齐六国，终结了自春秋以来漫长的分裂混乱局面，统一了全中国。

郡县制的产生

春秋早期，一些诸侯国如秦、晋、楚等就设置了县，而且有些县还直属于国君。到了战国时期，县正式成为由国家直接管辖的地方行政机构。县的长官是县令，其下有丞、尉为辅，丞管理民事，尉管理军事。此外，郡也作为行政单位出现，最初郡一般设在边地，主要行使军事职能，后来开始在郡下设县，或者由一郡领数县，郡亦兼有民事职能，最终形成了郡县两级制地方行政机构。

修筑长城

战国中期以后，秦、赵、燕三国常常受到北方游牧民族的威胁，为了巩固边防，三国分别动用大量的人力在北方边境修建长城。秦长城位于今甘肃、陕西地区，始建于秦昭王时期。赵长城分布在漳水、滏水流域，赵武灵王时期又在阴山之下修建长城。而燕长城西起造阳（今河北怀来），东至襄平（今辽宁辽阳）。三国修建的长城，在当时成为保护中原文明的重要屏障。

铁器大发展

春秋晚期，我国就出现了铁器，但是数量并不多。到了战国时期，铁制工具开始被大规模推广，成为农业、手工业的主要生产工具。《孟子》中就已经出现了对铁制农具的记载。《管子》中也有相关论述：农夫离不开铁制的耒、耜、铫，女工离不开针和刀，制车工离不开斤、锯、锥、凿，否则他们便不能胜任自己的工作。到目前为止，我国的广大地区如河南、河北、陕西、山西、山东、辽宁、湖南、湖北等都出土过战国铁器，可见那时铁器的应用已非常普遍。而铁制工具的种类也非常多，如农业中使用的锄、耜、镰、铚等，手工业使用的斧、凿、刀等。即便是同类工具，还有不同的规格样式。在青铜器时代，除了青铜工具，还存在以木、石、骨、蚌制成的工具。而到了战国时代，木、石等所制的工具已不常见，青铜工具也渐渐退出历史舞台。铁制工具坚固且锋利，其在农业和手工业中的广泛普及，大大提高了生产力，促进了社会的发展。

商业发展和城市的兴盛

战国时期，农业和手工业取得的巨大进步，促进了社会分工的细化，进而推动了商业交换关系的发展。《孟子·滕文公上》里提到，当时的农民"以粟易械器"而"不为厉陶冶"，而工匠则"以其械器易粟"，反映了当时商业的大发展状况。一批商业城市随着商业的发达而兴起，当时诸侯国的都城和卿大夫的城邑渐渐具有了商业交换中心的功能，其经济地位日益显著。齐国的都城临淄是列国国都中最大的城市之一，据记载，当时临淄城中有七万户居民，按每户五口人计算，其总数就达三十五万人。《战国策·齐策一》称"临淄之途，车毂击，人肩摩"，是说其街道热闹繁华，行人车辆往来拥挤堵塞道路。此外，燕之涿（今河北涿州市）、赵之邯郸（今河北邯郸）、魏之温（今河南温县西）等都是当时"富冠海内"的"天下名都"。

百家争鸣

春秋战国时期，知识分子积极参与政治，出现了很多思想学术流派，统称诸子百家。战国时期的学派主要有儒、法、道、墨、名、杂、农、阴阳、纵横等家。各个学派立场不同，他们著书立说，游说论辩，就天道观、认识论、立法制度、社会伦理、名实关系以及政治主张等展开大论战。各学派既对外传播观点，也在内部分化发展，最终形成"百家争鸣"的局面。百家争鸣是我国古代第一次思想解放运动，奠定了我国学术、文化思想发展的基础，是我国传统文化体系形成的重要阶段。

庄子及其思想

庄子是战国中期道家学派的代表人物。庄子继承老子"道法自然"的观点，并发展出新内容。他认为"道"先于天地而生，并且是万物的根源，"道"亦是人的主体精神，也就是"天地与我并生，而万物与我为一"。所以，他所述的世界其实是主观观念的产物。庄子虽然宣扬万物自生自灭，持无神论的观点，但却夸大了事物的相对性，所以陷入了相对主义的不可知论。庄子一生著述十万多字，流传下来的有《庄子》（又名《南华经》）三十三篇，在哲学、文学史上占有重要的地位。

亚圣孟子

孟子是儒家学派的代表人物，他生活的时期正是百家争鸣的时代。"仁政"和"王道"是孟子政治思想的核心。为了推行自己的主张，他曾周游齐、晋、宋、薛、鲁、滕、梁等国。可是在战乱不绝的时代背景下，没有哪位国君愿意接受他的政治思想。孟子只好专心治学，他继承并发展了孔子的思想，提出了一套完整的思想体系，深深影响着后世思想学术，特别是宋明理学的发展。宋朝以后，孟子受到特别尊崇，被尊为"亚圣"，成为地位仅次于孔子的儒学宗师，其学说与孔子之说合称"孔孟之道"。

墨子与墨家思想

墨子，名翟，战国时期墨家学派的创立者，其出生时间和地点均已无法考证。墨子主张"兼爱非攻"，并积极奔走各国传播这种思想。《墨子》是阐述墨家学派思想的著作总集，现存十五卷五十三篇，是研究墨家言论思想的可信资料，也是中国哲学史和逻辑史上占有重要地位的著作。

法家的集大成者韩非子

韩非子是战国晚期的思想家，法家的代表人物，通晓"刑名法术之学"，其思想含有朴素唯物主义因素。韩非以前的法家分为法、术、势三派，韩非融会三派思想，并借鉴儒、墨、道等学派的观点，创建了一套以法为核心，法、术、势相结合的政治思想理论。韩非子明确提出了"法不阿贵"的观点，要求"刑过不避大臣，赏善不遗匹夫"，对我国古代法制思想的发展和完善有着深远的影响。另外，他还强调"世异则事异""事异则备变"，即君主应当顺应时势变化而实行不同的政策。他的思想受到当时新兴地主阶级统治者的欢迎，并在一定程度上推进了封建统一的进程，对后世影响很大。

韩非子

爱国诗人屈原

屈原名平，字原，于楚怀王在位时担任过楚国的左徒、三闾大夫。他虽有才华，却得不到国君的赏识，对楚王忠心耿耿却遭流放，最后投汨罗江而死。屈原是我国古代伟大的爱国诗人，他创立了楚辞文体，为中国文学的发展做出了不可磨灭的贡献。楚辞原是指楚地的歌辞，屈原取其精华，又结合大量民间歌谣、神话传说，开创了楚辞这种新文体，并创作出《离骚》等经典作品，故楚辞又名骚体。之后，宋玉等人效法屈原而以楚赋见长，形成了我国文学史上最早的浪漫主义流派。

诸子散文

在百家争鸣的热潮中，各学派纷纷著书立言，宣传自己的学说，于是促成了诸子散文的大发展。诸子散文经历了三个发展阶段：第一阶段是春秋晚期到战国早期，代表作品有《论语》《老子》《墨子》；第二阶段是战国中期，代表作品有《孟子》《庄子》；第三阶段是战国晚期，代表作品有《荀子》《韩非子》。诸子散文各具风采，如《论语》《老子》文辞简约精妙，注重哲理思辨；《孟子》《庄子》潇洒恢宏，善用譬喻和寓言；《墨子》《荀子》《韩非子》则结构严谨、论说周详。经过长期发展，诸子散文经历语录体、专题性论文、对话辩论体几个阶段，日渐成熟，为我国古代论说文体制的形成打下了坚实的基础。

绘画的发展

战国时期的绘画成就集中体现在铜器、漆器的纹饰和帛画上面。在今河南汲县发现的水陆攻战纹铜壶，上面绘有四十组图像，分别展现了人物格斗、射杀、划船、击鼓、犒赏、送行等种种情景，所有形象均生动传神。在我国南方地区，特别是两湖地区，曾出土了许多战国漆器，漆器上绘有新颖精美的图案，其中一部分延续了商周以来的艺术风格，更多的则是战国独有的人和动物的写实画。战国时期的帛画也在中国绘画史上占有重要地位，目前已发现的历史最悠久的两幅帛画《龙凤人物》《人物御龙》，均为战国时期的作品。这两幅画都以描绘人物为主，表现的是神物引领人的灵魂飞升的主题。其对技巧的运用非常成熟，以单线勾勒，线条流畅，富有动感，画中还运用了晕染方法，从技法的角度而言有明显进步。

神医扁鹊

扁鹊姓秦名越人，是战国时期的名医，因为他医术如神，名动天下，所以时人就用传说中黄帝时代的神医"扁鹊"的名字来称呼他。扁鹊总结前人的经验，结合自身长期的诊疗实践，发明了望、闻、问、切四诊法。根据史书记载，扁鹊是第一个采用切脉方法诊断疾病的医生。他不仅能兼治内科、儿科、妇产科、五官科等各科疾病，还能综合运用针灸、按摩、手术、汤药等疗法。《史记·扁鹊仓公列传》《战国策·卷四秦二》中都记载了他的事迹和病案。而《汉书·艺文志》提到，扁鹊著有《内经》

和《外经》，但没有保存下来。

《甘石星经》

战国时期的天文学家齐国人甘德著有《天文星占》，魏国人石申著有《天文》，后人将这两部天文学著作合二为一，并定名为《甘石星经》，可惜此书今已不传。根据后人的引述来看，《甘石星经》中记载了八百多个恒星名称，还根据观测确定了黄道附近一百二十多颗恒星的位置，堪称全世界最早的星表。这本书中还记载了水金火木土五大行星的运行规律，并论述了月球与日食之间的关系。

司南的发明

我国是世界上最早发现磁铁的南北指极性的国家。早在战国晚期，我们的先民就利用磁石的这一特性发明了一种指示南北、确定方向的仪器，称为"司南"。根据史料记载，司南以天然磁石制成，外形像一把汤勺，底部为圆形，能放置在平滑的"地盘"上并保持平衡，而且能自由旋转。静止时，司南的勺柄会指向南方。《韩非子》一书中提道："先王立司南以端朝夕。""朝夕"代表着东西方向，"端朝夕"即确定方向之意。司南是世界上最早的指南仪器，后来逐渐发展演变成指南针。

秦朝

公元前221年，秦王政扫平六国，统一天下，建立起中国历史上第一个中央集权制的封建大一统帝国。他还自称"始皇帝"，意图使秦之帝业"传之无穷"。始皇帝逐匈奴，征百越，开疆拓土；立郡县，建制度，统一文字、货币、度量衡，巩固统治。然而，秦之刑罚严酷，赋役烦苛，给百姓带来深重的灾难，再加上始皇帝为了加强思想统治，焚书坑儒，更是加重了国内的矛盾。始皇帝死后，继位的秦二世残暴无能，专任权奸赵高。统治更加黑暗。公元前209年，陈胜、吴广揭竿而起，反抗暴秦，起义风暴遂席卷全国。公元前206年，立国仅十五年的秦帝国土崩瓦解。

秦王政称"皇帝"

公元前221年，秦王嬴政征服六国，"平一宇内"，建立起中国历史上第一个大一统的中央集权制国家。在如何给自己上尊号上，秦王政可谓是煞费苦心。在西周、春秋和战国前期，只有周天子才能称"王"。到了战国中后期，许多诸侯都僭越称王。嬴政统一天下后，认为自己"德兼三皇、功盖五帝"，原来的名号不足以昭示自己的伟大，因而他兼采三皇、五帝之号，自称"皇帝"。此外他还宣布，皇帝自称为"朕（秦始皇之前，此字不分尊卑，人人可用）"，皇帝的命令称"制""诏"，印称"玺"；皇帝的称号以数字为序，嬴政本人称始皇帝，其子孙则称二世、三世，"至于万世，传之无穷"，因此历史上称嬴政为秦始皇。

逐匈奴，征百越

秦朝初年，北方活跃着匈奴、东胡等游牧民族，而对北部边疆地区威胁最大的就是匈奴。公元前215年，秦始皇为肃清北部边患，派大将蒙恬统率三十万军队讨伐匈奴，夺取河套地区，设九原郡以控制其地。秦朝的南部边疆有百越，分布在今浙江、福建、广东、广西和云南等地区。百越是对南方越人的统称，因其部族众多，故称百越。秦始皇统一六国后，相继派遣屠睢、任嚣与赵佗率军平定百越。其后，秦朝在百越地区设置四个郡，并征发数十万人民南迁，以控制并开发岭南地区。

修建长城

战国中期以来，匈奴的势力越来越强大，严重威胁着秦、赵、燕三国的边疆。为防御匈奴南侵，三国各在其边境地区修建长城。公元前214年，在取得北伐匈奴的胜利后，秦始皇下令大规模征发民夫修筑万里长城。这次修筑长城，利用山川地形修建烽燧要塞，将战国时期秦、燕、赵三国修建的长城连接起来。整个长城分为西北段、北段和东北段三段，西起临洮，东到辽东，绵延万里，故被称为万里长城。在修筑长城的同时，秦始皇下令沿长城内外修建宽广的直道和驰道，新修道路直通都城咸阳，长城周边的十二个郡也以大道相连，不管是传送文书，还是商旅往来，都很方便。长城的修筑，为百姓的生活和生产提供了有力保护。

焚书坑儒

公元前213年，博士淳于越批评郡县制，建议秦始皇恢复封国制，遭到丞相李斯的反对。李斯还指出：各种不同学派和私学的存在使得人心不一，诸生各持所论，以古非今，不利于专制统治。他建议政府禁绝私学，除了秦国史、博士官藏书以及卜筮、医药、农林等书，私人所藏的《诗》《书》及百家语等皆上交焚毁。秦始皇采纳了这个建议，下令焚书，并规定：想要学习法令者，须以吏为师；随意谈论百家之说者，处死；敢以古非今者，灭族。这一事件被称为"焚书"。

公元前212年，方士卢生、侯生替秦始皇求仙不得又出"诽谤皇帝"之语，并且相约逃亡。秦始皇大怒，迁怒众人，以诸生诽谤皇帝、谣言惑众为由，将儒生、方士及其他学派诸生四百六十多人坑杀于咸阳。这一事件被称为"坑儒"。

"焚书坑儒"以钳制思想、实现专制为目的，严重摧残了古代文明，是中国历史上一次严重的文化浩劫。

沙丘之变

公元前210年，秦始皇在东巡时身染重病，行至沙丘宫（今河北广宗西北）时已病入膏肓。此时太子扶苏在北方边境的蒙恬军中担任监军，秦始皇身边只有少子胡亥。很快，秦始皇就不治身亡，他在死前留下诏书，命太子扶苏返回咸阳主持丧礼并接任皇位。但中车府令赵高却和丞相李斯密谋，另拟诏书立胡亥为太子，并下令命扶苏和蒙恬自尽。而后赵、李二人封锁消息，带着秦始皇的遗体急速赶回咸阳后，才宣告皇帝驾崩。之后，胡亥登上皇位，称秦二世。

陈胜吴广揭竿而起

秦朝建立之初，整个社会还没有从长期战争造成的严重破坏中恢复过来，但秦始皇却不爱惜民力，大肆征发徭役赋税，举全国之力修建宫殿、陵墓和长城，人民不堪重负。其子秦二世继位后，听任佞臣赵高的摆布，只顾搜刮民脂民膏以供个人享乐，用严刑酷法镇压人民，激化了社会矛盾，动摇了秦朝的统治根基。公元前 209 年，九百名被派往渔阳（今北京密云）戍边的士卒，在大泽乡（今安徽宿县）遭暴雨阻挡，误了行期。按秦律法规定，所有戍卒都将被斩首。军中的小头目陈胜、吴广带领士卒杀死押解的军官，斩木为兵，揭竿为旗，点燃了中国历史上第一次大规模农民起义的烽火。之后，起义军攻下陈县（今河南淮阳），陈胜自立为王，国号"张楚"，起义达到高潮。但在后来的斗争中，起义军的弱点及其内部矛盾不断显现，最终导致陈胜、吴广相继被杀，反抗暴秦的起义遭到极大打击。

项梁、项羽起义

大泽乡起义后，楚国大将项燕的子孙项梁、项羽也在长江以南的会稽郡吴县（今江苏苏州）举起义旗。项梁自称会稽郡守，任命项羽为裨将。陈胜死后，项氏叔侄率军渡江北进，接连击败秦军。为了获得楚国遗民的支持，项梁在盱台（今江苏盱眙东北）拥立楚怀王的孙子熊心为王，也称楚怀王。

刘邦沛县起义

刘邦原籍沛郡丰邑（今江苏丰县），早年曾当过泗水亭长。他为人豁达大度，在沛地积累了一定的声望。公元前 209 年，陈胜、吴广在大泽乡起义，刘邦得到沛县小吏萧何、曹参等人的支持，亦起兵响应，自称沛公，后依附项梁，共同推举熊心为王，被任命为砀郡长，封爵武安侯。

秦朝灭亡

公元前 207 年，项羽率领的起义军在巨鹿（今河北平乡）大破秦军主力。章邯等秦军将领怕遭到赵高迫害，便率军投降项羽。从此之后，秦朝再无镇压义军的力量。而在此时，刘邦也率一支军队攻入关中，驻扎在霸上（今陕西西安东郊）。见此情形，赵高为了保全自己，派人逼死秦二世，而立公子子婴为秦王。子婴设计除掉赵高，然后向刘邦投降，秦朝至此灭亡。汉朝纪年即从次年开始，公元前 206 年即汉高帝元年。

郡县制的确立

秦灭六国后，秦始皇接受李斯的建议，在全国推行郡县制。秦朝建立时，全国共分三十六郡，后来又在百越地区设置闽中、南海、桂林、象郡四郡。秦朝的郡是按自然区域划分的，郡守为一郡之最高长官，主管一郡的行政、司法、财政等事务；郡尉管理军事、治安事宜，边境地区的郡尉称长史；另设郡丞作为郡守的佐官。一郡分为若干县，在少数民族地区则设道。万户以上的大县，其行政长官称县令，小县之长官则称县长，其下设有丞和尉，负责管理文书、刑法。县下又分为若干乡，乡里设三老负责教化、啬夫负责民政、游徼负责巡查缉盗。每乡辖十亭，每亭设一位亭长；一亭有十里，每里设一位里正；一里管辖百家，五家为伍，十家为什。如此，就形成了一套森严的自上而下的统治体系。

三公九卿制

秦始皇在中央创立了一套适应大一统需要的新官制。皇帝之下，设三公、九卿。三公即丞相、太尉、御史大夫。丞相作为"百官之长"，协助皇帝处理全国政事，有左、右两位丞相，其中右相为尊。太尉是最高级的武官，管理军事，但是由于军权握在皇帝手中，太尉往往名不副实。御史大夫是丞相的副手，帮助丞相分担政务，并负责监察事务。三公之下设分掌具体政务的九卿。奉常，掌管宗庙礼仪；郎中令，掌管宫廷近卫侍从；卫尉，掌管官门屯兵守卫，太仆，掌管御用舆马车驾；廷尉，掌管司法狱讼；典客，掌管诸侯和民族事务；宗正，掌管皇族宗室事务；治粟内史，掌管粮食、货币等国家财政事务；少府，掌管全国山河湖海等资源税的征收和皇室财政。三公九卿均有独立的办事机构，处理日常事务，遇有大事则汇总至丞相处，最终由皇帝决断。秦始皇创立的三公九卿制，适应了中央集权的封建统一国家的需要，这种制度为后世所沿袭，奠定了我国传统的政治制度格局。

统一文字、货币和度量衡

战国时期，各国文字虽然基本结构相同，可字体简繁不一，字形也各有差异，影响了政令的传达和文化的交流。于是秦始皇命令丞相李斯将秦国的籀文（大篆）进行规范简化，创制出新的标准字体"小篆"，并制成范本，在全国范围内推广。统一六国后，秦始皇废除了六国货币，同时禁止将珠玉龟贝银锡用作货币。允许流通的货币只有两种：一是黄金，称上币，重一镒（一镒合二十两，一说为二十四两）；一是铜钱，称下币，重半两。秦始皇还下令统一度量衡。具体要求是：废止六国的旧制，推广秦国在商鞅变法时制定的度量衡制度。他还特地颁布了统一度量衡的诏书，将诏书文字镌刻在标准的度量衡器上，发给各地作为范式。文字的统一有利于推行国家政令和增进各地之间的文化交流，货币与度量衡的统一有利于推动经济的发展，这些政策的施行对大一统国家的巩固发展起到了重要作用。

修建驰道和直道

秦朝建立后，秦始皇就命令拆除六国旧有的关塞、堡垒等障碍物。为了有效统治幅员辽阔的国家，秦始皇还诏令以都城咸阳为中心兴修通往全国各地的驰道。秦驰道在地势平坦的地方宽约五十步（约69米），每隔三丈（约7米）植一株松树，驰道两边用金属锥夯实，路中间专门供皇帝的车驾驰骋。以今天的眼光来看，秦驰道就是我国最早的正式"国道"。北伐匈奴后，为了加强西北边防，秦始皇又命蒙恬修筑了由咸阳到九原郡的直道。直道全长约750千米，全部由黄土夯实。此外，秦始皇下令修筑了通往巴蜀地区的栈道、蜀地通往西南夷地区的五尺道（道宽五尺，故名）、通往荆楚和岭南地区的岭南新道等。这些道路形成了四通八达的交通网，除了服务政治和军事外，也为秦朝各地区经济、文化等的交流提供了交通保障。

西汉

秦亡后，楚霸王项羽与汉王刘邦角逐天下，最终刘邦战胜项羽，建立西汉王朝。西汉享国二百一十年。历十二帝。西汉初期，高祖刘邦及其继任者文帝、景帝革除秦朝弊制，采取"与民休息"的政策，使得中国大地百废俱兴，国力渐强，出现了"文景之治"的局面。汉武帝继位后，加强皇权，开拓国土，改革经济，使中国成为当时世界上最为强大的国家。西汉时期，是中国封建社会的第一个辉煌时代，是中华文明发展的一个高峰，也是汉民族逐渐形成的时代，这时的中国，其影响力已超越国土范围，"天朝大国"的声名已然确立。

刘邦约法三章

秦朝灭亡以后，刘邦采纳张良、樊哙的意见，封存秦朝的府库，撤退到霸上，等待项羽及其他义军的到来。随后刘邦发布告示，废除秦朝严苛的法律，与民约法三章："杀人者死，伤人及盗抵罪"。百姓们长期以来受尽了秦法的摧残，故极为拥护刘邦的政令。刘邦之所为不仅很好地维护了关中地区的社会秩序，也赢得了民心，为后来在楚汉之争中获胜打下了基础。

鸿门宴

公元前206年，刘邦进入关中地区，因与百姓约法三章，深得人心。此前楚怀王曾和诸侯立约"先入定关中者王之"，项羽得知刘邦已经入关，立即率领四十万诸侯联军开进函谷关，在鸿门（今陕西临潼东）扎营，准备攻打刘邦。刘邦清楚自己的力量无法对抗项羽，便请项羽的叔叔项伯居中调和，又到鸿门向项羽谢罪。项羽设宴招待刘邦，席间项羽的谋士范增几次三番地示意项羽杀掉刘邦，而项羽无动于衷，范增遂令项羽的弟弟项庄以舞剑为名伺机杀死刘邦。但项伯也随之舞剑，并用身体挡住刘邦，使得项庄无机可乘。关键时刻，刘邦的部将樊哙持剑盾冲入帐内，以大义责问项羽，项羽无言。刘邦找了个借口离开宴席，从小路悄悄逃走，脱离了险境。

项羽分封诸侯

鸿门宴之后，项羽自封为西楚霸王，统辖梁楚九郡（今华东、江南大部分地区），定都彭城（今江苏徐州），又分封十八路诸侯。其中，封刘邦为汉王，属地在汉中、巴、蜀一带，以南郑（今陕西汉中）为都。封三个秦朝降将章邯为雍王、司马欣为塞王、董翳为翟王，属地均在关中地区。项羽分封诸侯之后便裁撤军队，回到彭城。可是因为他的分封有失公允，众人不服。不久，齐国贵族田荣自立为齐王，反叛项羽，于是天下又陷入了诸侯混战的局面。

韩信暗度陈仓

刘邦带领部属前往汉中，在军队到秦岭后，他下令烧毁部分栈道，表明自己不会再回师关中，以消除项羽的戒心。到达汉中后，他令韩信整兵备战，等待合适的时机。后来，刘邦派人到褒谷、斜谷假意修复栈道，暗地里却和韩信率军偷渡陈仓（今陕西宝鸡西），偷袭并占领了关中地区。司马欣、董翳被迫投降，章邯则在城破后自尽。刘邦以富庶的关中为据地，开始了楚汉争霸的战争。

刘邦大败项羽

楚汉相争之初，军事优势在项羽一方。然而刘邦善于用人，且与反对项羽的势力结成联盟，制定了正确的方略，逐渐扭转了战局。汉高帝五年（前202）十二月，汉军在垓下（今安徽灵璧东南）击败楚军。项羽败退至乌江（今安徽和县东北）岸边，挥剑自刎。楚汉战争以刘邦统一天下而告终。

刘邦称帝

汉高帝五年（前202）二月，刘邦率军队来到汜水之阳（位于今山东定陶），楚王韩信、淮南王英布、梁王彭越、衡山王吴芮、赵王张敖、燕王臧荼等联名上书，劝说刘邦称帝。刘邦先是故意推让，然后宣称"诸侯王幸以为便于天下之民，则可矣"。二月初三刘邦正式称帝，以"大汉"为国号，史称西汉或前汉。后来，齐国一个名叫娄敬的戍卒被发往陇西戍边，经过洛阳时，他求见刘邦，提出迁都长安的建议，并详述洛阳之弊与长安之利。但朝臣大都反对迁都，刘邦犹豫不定，又问策于张良。张良明确表示支持迁都的主张。刘邦决心乃定。汉高帝七年（前200）二月，刘邦正式迁都长安。

"与民休息"

汉初之时，由于之前长期的战乱，社会生产遭到极大的破坏，人口锐减，百姓流离失所，国家府库空虚，物资极度匮乏。针对这种情况，汉朝统治者不得不把稳定社会秩序、恢复社会经济生产作为国家的首要任务。为此，刘邦推出了一些重要的措施：

解散军队，兵士归乡，减免一定的赋役；因战乱而流亡的人各归本土，恢复故爵和田宅；减轻田租，为十五税一；因战乱和饥荒而自卖为奴的人，一律恢复庶人身份；重申重农抑商政策，商人不准做官，并增加其租税。这些"与民休息"政策的推行，对汉初社会经济的恢复起到了极大的推进作用。

刘邦剪除异姓王

西汉开国时，有七位大功臣被封王，分别是楚王韩信、梁王彭越、淮南王英布、韩王信、赵王张敖、燕王臧荼、长沙王吴芮，是为"异姓诸王"。他们占据关东的广阔土地，各自为政，隐然威胁着国家的统一。对于这些兵多将广、割据一方的异姓诸侯王，刘邦自然是欲除之而后快，为了维护大一统的江山，他毫不留情地开始清洗这些势力。从公元前202年到公元前195年，韩信、彭越、英布等六王皆以图谋反叛之罪名遭到杀戮或贬黜，只有长沙王吴芮因势力弱小且向皇室示忠而得以幸免。后刘邦与众臣杀白马、立盟誓，曰："非刘氏而王者，天下共击之。"史称"白马之誓"。

白登之围

汉高帝六年（前201）秋，匈奴首领冒顿单于领兵围攻韩王信于马邑（今山西朔州），韩王信投降匈奴。次年，冒顿又与韩王信联兵围困晋阳（今山西太原）。刘邦亲自率三十二万兵众迎击。因中了敌人的诱兵之计，刘邦被匈奴人围困在平城白登山（位于今山西大同东北）达七天七夜。后来陈平用计买通了冒顿的阏氏（相当于皇后），使得匈奴人将包围圈打开了一角，汉军才得以从匈奴人的包围中撤退。史称"白登之围"。

经此一役，刘邦意识到此时汉朝还没有能力以武力征服匈奴，于是他采取和亲等政策，缓和与匈奴的关系，以保边境安宁。

刘邦

吕后临朝称制

汉高帝十二年（前195），刘邦去世，太子刘盈继位，即汉惠帝。惠帝为人善良而柔懦，国家大事几乎全由太后吕雉做主。惠帝死后，吕后临朝听政，又执掌了八年权柄。吕后杀了不少刘氏宗室，并破坏"白马之盟"，将众多吕氏子弟封为王侯。但是她在治国方略上，继续实行"无为之治"，所以汉朝的经济仍然平稳有序地发展。

平定诸吕之乱

高后八年（前180），吕后病逝之前封其侄吕禄为上将军，统领护卫都城的北军，又命吕产统领保卫宫廷的南军，并留下遗诏封吕产为相国。吕后死后，诸吕失去政治靠山，意图作乱夺权。齐哀侯刘襄发兵勤王。吕产派灌婴领兵阻击刘襄军。灌婴驻军荥阳，并派人与刘襄暗通消息。太尉周勃与丞相陈平用计夺取了吕禄军权，控制了北军。周勃领北军，联合朱虚侯刘章入宫诛杀了吕产，并分批捕杀诸吕。荡平诸吕后，周勃等人迎立时为代王的刘恒即汉帝位，是为汉文帝。

轻徭薄赋

汉文帝在位期间，非常注重养保民力，他两次发布"除田租税之半"的诏令，也就是把租率由十五税一减为三十税一，他还曾一度免除了全国田租。汉景帝时，田租固定为三十税一，并成为汉朝定制。文景之世，朝廷还削减了徭役和卫卒，起初每名男丁每年都要在本郡充任一个月的更卒，后来改为"三年而一事"，即每三年充任一个月的更卒。文、景二帝还废止了郡国岁贡的制度，开放山泽禁苑给贫民耕作，并且发布救济"鳏寡孤独"的政令。统治者通过实行这些政策，有效地减轻了民众的负担。文景时期，"流民既归，户口亦息"，粮价也大为降低。

促进商业发展

汉文帝改变了高祖以来的"抑商"政策，实行"惠商"，诏令"开关梁，弛山泽之禁"。商人可以自由贩运货物，根据需要砍伐木材。"惠商"政策的推行，促进了手工业和商业的快速发展。而商业和手工业的发展，为国家财政贡献了巨额税款，甚至逐渐超过了全国的田租收入，这就为政府减免田租提供了财力保障。汉景帝时，重启与匈奴等民族的边市，边境贸易有了新发展。

约法省禁

汉朝初年的立法思想是约法省禁，即"法令要简约，刑网要宽疏"。汉初保留了多种秦时的死刑和肉刑。到了文、景二帝在位时，反思秦暴政苛法亡国的教训，用黄老思想治国，废除了部分残酷的刑罚。如文帝时下诏废除肉刑，把黥（在脸上刺字）、劓、刖（断足）等酷刑改为较轻的笞刑（以竹、木板责打犯人背部、臀部等处）或徒刑，并减少了徒刑的刑期。景帝继位后，认为笞刑过重，再次下令减轻刑罚。这一时期，很多官吏判案时本着从轻的原则，不追究小节，然而却取得了"刑轻于它时而犯法者寡"的效果，一改秦朝时"断狱岁以千万数"的凄惨景象。

安抚南越国

秦朝末年，岭南地区与中央朝廷的联系中断。秦朝灭亡后，原南海郡尉赵佗拥兵自立，据南海、桂林、象三郡称南越王。公元前196年，汉高祖任命陆贾为使者，说服赵佗向汉称臣，接受南越王的封号，并"和集百越"。吕后当政时，汉朝和南越的关系恶化，赵佗自封南越武帝，数次侵扰汉朝边境。汉文帝登基后，实行"休养生息"的政策，不愿轻启战事。他答应了赵佗的要求，撤回边界的驻军，又派陆贾出使南越。

赵佗于是取消帝号，再度归顺汉朝。

平定七国之乱

汉景帝为限制诸侯王的势力，采用御史大夫晁错的建议实行"削藩"，即削夺诸侯王的领地，收归中央政府直接管理。这样的举动遭到诸侯王的强硬抵制。景帝前元三年（前154），吴王刘濞联合楚、赵、胶东、胶西、济南、淄川等国打着"诛晁错，清君侧"的旗号，挑起叛乱。景帝命太尉周亚夫领兵讨伐叛军，仅三个月就平定了吴、楚，随后击败了剩余五国，诸侯王或自杀或被处决。在平叛胜利后，景帝趁势收回诸国的行政权和官吏任免权，"令诸侯王不得复治国"，大大削弱了诸侯王的势力。

中朝与外朝

汉武帝时期，为了抑制相权，强化皇权，武帝经常破格选用一些资历浅但有才华的贤士，封授他们侍中、给事中等加官（在原有官职之外加领的官衔），允许他们出入宫廷，参与政事决断，称为"中朝"或"内朝"。丞相等朝官则称为"外朝"。中朝掌握着决策实权，中朝官因受皇帝宠信，地位尊贵，控制着朝政大权；而外朝的权力则被弱化，渐渐只剩下处理一般政务的职能。

颁行推恩令

元朔二年（前127），汉武帝听取主父偃的计策，颁行"推恩令"。主要内容是改变只准嫡长子继承爵位和封地的制度，允许支庶子弟承袭部分封地并请封为列侯。而依照当时的制度，列侯隶属于郡，地位相当于县。于是，诸侯王的势力因此被削弱。元狩元年（前122），汉武帝颁行"左官律"和"附益法"，规定封国的官员不能与中央朝廷的官员并列，且不准他们到中央做官，还严厉禁止封国官员与诸侯王朋比为奸。元鼎五年（前112），汉武帝借口宗庙祭祀时列侯助祭所献的金子分量和成色不足，剥夺了一百零六个列侯的爵位。这些措施产生了很好的效果，使诸侯王封国土地减少，势力不削而自弱。已无法对中央形成威胁。

北伐匈奴

公元前3世纪，匈奴在冒顿单于的统治下，军事力量十分强盛，屡次骚扰汉朝边境。元光二年（前133），汉武帝派兵讨伐匈奴。元朔二年（前127），汉武帝命卫青率领三万精锐骑兵北击匈奴，收复河南地（即新秦中）。元狩二年（前121），汉武帝又命霍去病统军攻打匈奴。霍去病自陇西出兵，挺进大漠两千余里，攻取祁连山与河西走廊，截断了匈奴和西羌的联系，打通了汉朝与西域之间的通道。元狩四年（前119），匈奴侵扰右北平郡和定襄郡，武帝派卫青和霍去病率军反击，一直打到狼居胥山。此后，匈奴被迫向西北边远地区迁徙，势力由盛转衰。武帝后期，汉朝和匈奴之间又爆发了几场战争，双方各有胜负，保持均势。

张骞通西域

建元三年（前138），汉武帝委派张骞出使西域，意图联合曾受匈奴迫害的大月氏夹击匈奴。张骞在途中遭遇匈奴骑兵，被扣留了十年后才得以逃脱，后辗转到达迁居至妫水（今中亚阿姆河）流域的大月氏。但这时的大月氏已过上了安稳的生活，不想和匈奴开战。张骞只好踏上回程，途中又被匈奴人俘获，受困一年多。元朔三年（前126），张骞回到长安。元狩四年，汉武帝又命张骞出使西域，欲联络乌孙共击匈奴。时值乌孙内乱，无暇他顾，于是张骞派副使分别访问了大宛（位于今中亚费尔干纳盆地）、康居（位于今巴尔喀什湖和咸海之间）、大月氏、大夏（位于今阿富汗北部）等国，这些国家也多派遣使节随汉朝使者回访长安。张骞出使西域，虽然没有达到预期目的，但他打通了汉朝与西域各国的联系，扩大了西汉的政治影响力。

盐铁专营与酒榷

秦时，冶铁和煮盐业都由官方经营，而汉初汉高祖允许民间私营盐铁业，民间以此获利者颇多，最大的盐铁商人积财能多至万金。汉武帝年间，为了解决国家财政困难，汉武帝采纳大盐商东郭咸阳和大铁商孔仅的建议，将煮盐业和冶铁业收归国有，由中央大农令进行统一管理，各地设专门的盐官和铁官管理盐铁的生产、转运和专卖。

天汉三年（前98），汉武帝又将酒的生产和经营权收归国有，不许民间私自酿酤，这种酒类专卖制度被称为酒榷或榷酤。

盐铁专营和酒榷制度抑制了富商大贾的势力，增加了国家的财政收入，但这种垄断行为也导致产品质次价高现象的出现，具有一定的负面效应。

改革货币制度

汉朝建立之初，沿用秦朝的半两钱，但所铸钱币质量很差，分量一般只有八铢或四铢，有的甚至更轻。很多贵族和大商人也私铸钱币，币制颇为混乱。元狩五年（前118），汉武帝诏令各郡国铸造五铢钱，规定五铢钱为唯一合法的货币，但盗铸钱币的现象仍未禁绝。

元鼎四年（前113），汉武帝下令收回郡国铸币之权，改由中央政府统一铸造发行货币，并设立专门的铸币机构上林三官（即钟官、均输、辨铜令，分掌铸钱、制范、原料）。这样终于解决了币制混乱的问题，五铢钱也成为我国古代使用时间最长的货币。

巫蛊之祸

武帝晚年多病，老是疑神疑鬼，总觉得自己身体不好是有人在背后搞鬼。征和二年（前91），有人告发丞相公孙贺之子公孙敬声施巫蛊之术诅咒武帝，还和武帝的女儿阳石公主有奸情。武帝大怒，将公孙贺父子下狱并处以极刑，此事还祸及阳石公主的异母妹诸邑公主，以及诸邑公主的表亲、卫青之子长平侯卫伉。阳石公主、诸邑公主和卫伉最后都被处死。

后来，武帝又命宠臣江充彻查巫蛊案。江充为人阴险卑鄙，他平素与太子刘据多有嫌隙，又见武帝连自己的女儿都不放过，便有恃无恐，趁机诬告太子滥行巫蛊之术诅咒武帝。刘据逼不得已，令人冒充武帝使者将江充处死。此时，刘据的政敌借机向武帝进谗言，诬陷太子谋反，武帝起先也不信，派使者出宫查探。使者回宫谎称太子真的反了，武帝这才相信。于是发兵平"叛"。因为整个长安城中都传说太子"谋反"，刘据惶恐不已，最后兵败自杀。这就是历史上有名的"巫蛊之祸"。

昭宣中兴

汉武帝晚期，长期的对外征战使得国库空虚、百姓生活艰难，汉朝面临严重危机。后元二年（前87），武帝病逝，八岁的昭帝即位，在大将军霍光的辅佐下，继续推行武帝晚期实行的与民休息的政策。昭帝接连颁布诏令减免田租、贷给贫户粮食和种子、取消军马负担、向孤老残疾者赏赐衣被、削减马口钱及口赋钱、罢停漕运、裁汰冗员等。昭帝统治后期，国内"百姓充实"。宣帝登基后，大力整顿吏治，实施招抚流民、保障民生的政策。西汉王朝终于走出了困难局面。昭帝和宣帝统治时期，被称为"昭宣中兴"。

设立西域都护府

张骞出使西域后，西域诸国纷纷依附汉朝。汉宣帝年间，匈奴发生内讧。神爵二年（前60），匈奴的日逐王率部族归降汉朝，汉朝在乌垒城（今新疆轮台东）设置西域都护府，统辖西域诸国。汉朝册封西域诸国的首领为王，并赐予其印绶，至于调拨军队、征发粮草之类的具体事务，则由西域都护府办理。西域都护是西域都护府的最高军政长官，副校尉为辅，下设都护丞、都护司马等文武属官。汉元帝初元元年（前48），又在车师（今新疆吐鲁番东南）设戊己校尉一职，主管屯田事务，也受西域都护的管辖。西域都护府的设立，极大地促进了汉朝与西域诸国之间在政治、经济、文化等方面的交流和联系。

外戚王氏擅权

汉宣帝死后，太子刘奭继位为帝，是为汉元帝。元帝"柔仁好儒"，一味强调教化的功能，并且多次颁布大赦令，以致社会秩序混乱，盗寇横行，土地兼并现象严重，皇权衰落。元帝之子成帝刘骜性格软弱，享乐无度，怠于政事，过度依赖外戚王氏家族。河平二年（前27），成帝在同一天内将自己的五个舅舅封为侯，王谭为平阿侯，王商为成都侯，王立为红阳侯，王根为曲阳侯，王逢时为高平侯，时人称之为"五侯"。王氏家族控制了朝政，势力急剧扩张，为王莽篡汉埋下了伏笔。

王莽建立新朝

王莽是汉元帝皇后王政君的侄子，他早年孤贫，但勤奋好学，喜欢结交名流高士，对父辈则恭敬侍奉，为时人称赞。成帝末年，他曾任大司马，执掌军国大权，哀帝时受外戚傅氏和丁氏排挤而被免官。哀帝死后，年仅九岁的刘衍即位，是为汉平帝。平帝在位期间，王莽重任大司马并领尚书事。他把持朝政，结党营私，培植自己的势力。元始五年（5），平帝暴亡，王莽立两岁的孺子婴为帝，自己则以"摄皇帝""假皇帝"之名摄政，改元居摄。初始元年（8），王莽废孺子婴，篡汉自立，建国号"新"。为了缓和日趋尖锐的社会矛盾，王莽仿效《周礼》，推行新政。新政的主要内容有：推行"王田""私属"制，禁止买卖土地和奴隶；颁行五均赊贷（关于工商业经营和物价的政策）、六筦（关于增加税收的政策）政策；推行币制改革以及政治制度改革政策。但王莽改制非但没能解决社会危机，反而造成了社会动荡。

绿林、赤眉起义

王莽的新政未能缓解社会矛盾，反而加深了社会危机。当时灾荒不断，百姓生活难以为继，不得不揭竿而起以求生存。天凤四年（17），新市（今湖北京山东北）的王匡、王凤等人联合饥民发动起义，并占领绿林山（今湖北大洪山）安下营寨，几个月内就聚拢了七八千人，称绿林军。第二年，琅琊（今山东诸城）的农民力子都、樊崇等聚众起义，这支义军的特点是士兵一律将眉毛涂成红色，故称赤眉军。与此同时，北方其他地区的农民也相继发动起义，沉重打击了王莽政权。

新朝覆灭

地皇四年（23）二月，绿林军拥立汉宗室刘玄为帝，恢复国号"汉"，建元更始，定都宛城（今河南南阳），刘玄即为更始帝。王莽命王邑、王寻领四十二万大军攻打宛城。六月，双方战于昆阳（今河南叶县），在王凤、刘秀的领导下，绿林军大败王莽军。之后，绿林军兵分两路，一路北上攻打洛阳，一路西进攻打长安。十月，绿林军攻破长安，王莽被杀，新朝政权至此覆灭。

农业的发展

西汉的农业技术水平较前代有了很大提高。汉武帝统治晚期，搜粟都尉赵过总结西北地区农业生产的经验，发明了属于轮耕制的耕作方法"代田法"，得到武帝的赞赏，从而进行了大范围推广。同时，铁制农具已普遍应用于农业生产，耕作的各个环节，如整地、播种、灌溉、收获及作物的加工贮藏，都有了配套的生产工具，且门类齐全。而犁壁的出现，提高了碎土、松土、起垄作亩等生产环节的效率，是耕犁方式的重大进步。

发达的纺织业

西汉时期的纺织业，特别是丝织业发展得比较成熟。北方农民家家户户都进行纺织生产，官府则有专门的纺织大作坊。官营作坊主要分布在长安和临淄，产品以高档的锦、绣等为主，下辖织工多达几千人。根据史料记载，长安城内有东、西织室，年均花费均超出五千万钱；汉元帝时，临淄城里负责制做皇帝春、夏、冬冠服的作坊各有工人数千人，"一岁费数巨万"。西汉时期，丝织品的种类非常丰富，生产工艺也相当先进，已发明了提花织造技术。

冶炼技术的进步

西汉时期，冶金业相当发达，到了西汉末期，每年为官府开采铜矿和铁矿的工匠有十余万人。西汉著名的冶铁中心有临邛（今四川邛崃）、宛城、邯郸（今河北邯郸）等地。西汉中后期，发明了炒炼法炼钢技术，这种技术改进了传统的生铁冶铸技术，具体操作流程是先通过加热的方法把生铁熔化为半液体和液体，之后加入铁矿粉，并持续搅拌，最后去渣获得钢。其原理是铁矿粉和空气中的氧发生化学反应，可以降低生铁中的碳含量。随着冶炼技术水平的提高，冶炼业具备了大规模生产廉价、优质的熟铁或钢的能力，因而能满足生产和战争的需求。

城市的繁荣

社会经济的进步推动了城市的发展，汉朝的都城长安，既是国家的政治中心，同时也是经济中心。长安城内街道纵横交错，交通便利。全城有九个大型市场，由一条大街隔开，分成东市三市和西市六市。各市商贾云集，店铺密布，货物繁多，尽是繁华气象。班固在《西都赋》中是这样描述当时长安城的情况的："街衢洞达，闾阎且千；九市开场，货别隧分。人不得顾，车不得旋；阗城溢郭，旁流百廛。红尘四合，烟云相连。"除了都城长安外，还有许多城市，如洛阳、邯郸、临淄、南阳、成都等也都是当时有名的商贾云集的大都市。

丝绸之路

汉朝时，从长安出发，经过河西走廊、天山南北可以到达中亚、西亚各国，由于中原的丝绸都是沿着这一路线运往西域，所以这条通道被称为丝绸之路。西汉之前，中原所产的丝绸偶尔会随着西北各民族的商人流入中亚、印度。西汉建立后，河西走廊一度被乌孙、大月氏、匈奴占据，西域地区的许多小国也受制于匈奴，使汉朝与西方的贸易通道被阻。公元前133年，西汉开始对匈奴进行军事反击。公元前60年，西汉设置西域都护府，派军队在乌垒城屯田以保护西域通道。于是，丝绸之路畅通无阻，中原的丝绸锦缎经此路西运，而西域各国的各种奇珍异宝也不断运往中国。这条丝绸之路维系着汉朝与欧、亚、非各国的经济文化交流，延续了三百年之久。

汉初的黄老之学

黄老之学是战国时期形成的一种哲学、政治思想流派，汉初因受统治者尊崇而兴盛起来。这一流派尊黄帝和老子为创始人，故称黄老思想，但它实质上是结合了道家和法家的思想，并引入了一些阴阳、儒、墨等流派的观点而形成的思想流派。黄老之学维护新的封建大一统的制度，宣称君臣关系不可废，提倡宽刑简政，无为而治，与民休息，并强调"名副其实"，不信虚言空话。汉初推行黄老之学，有助于稳定统治秩序，恢复社会生产。

罢黜百家，独尊儒术

随着社会经济形势的好转、国力的不断增强、国家的进一步稳固，汉初的黄老学说已落后于时代，而儒家学派主张的大一统思想、王制理论、尊卑等级观念和仁义伦理更能适应这些变化。汉武帝建元元年（前140），丞相卫绾上书请求罢黜研究申不害、商鞅、韩非、苏秦、张仪学说的贤良（汉代举荐官员的科目）。建元五年（前136），武帝下诏设五经博士，以抬高儒学在官学中的地位。第二年，武帝采纳丞相田蚡的意见，黜免所有不学儒家五经的太常博士，以优厚待遇延揽数百名儒士。后又依董仲舒建议，设立太学，招收五十名博士弟子，以培养懂儒学的官员。于是，研习儒家经典成为进入仕途的最重要途径。而儒家学派也不断吸收法家、道家、阴阳家等流派中关于强化君权的思想，自此以后，儒家学派在历朝历代都被尊为正统。

司马迁著《史记》

司马迁，字子长，西汉史学家、文学家，左冯翊夏阳（今陕西韩城）人。武帝元封三年（前108），司马迁承袭父职任太史令。太初元年（前104），他着手编著《史记》。天汉二年（前99），李陵兵败投降匈奴，司马迁出于公心为他辩护，却惨遭腐刑。他忍辱著书，决心"究天人之际、通古今之变，成一家之言"，终于著成我国历史上第一部纪传体通史《史记》。《史记》最初称《太史公书》，全书共一百三十篇，包括十二本纪、三十世家、七十列传、十表、八书，计五十二万余言。《史记》记载了上起传说中的黄帝时代，下至汉武帝元狩元年（前122）的历史，时间跨度约三千年，翔实记录了这段时期的政治、经济、文化等各个方面的发展状况。《史记》位居二十四史之首，在我国的史学史和文学史上均享有崇高的地位。

汉赋和乐府诗

赋作为一种文体，产生于汉代后期，其形成直接受到了楚辞的影响，在汉朝大为盛行，故称汉赋。汉赋兼具韵文与散文的特点，善用华美的韵语铺陈叙事，即"写物图貌，蔚似雕画"。汉赋的代表人物有汉初的贾谊、武帝时期的司马相如、王莽时期的扬雄等；代表作品有贾谊的《吊屈原赋》，司马相如的《子虚赋》《上林赋》，董仲舒的《士不遇赋》等。

汉朝原有太乐官署掌管雅乐，至汉武帝时，又设乐府官署以管理俗乐，乐府的主要职责是收集民间的讴谣进行加工配乐，后人把乐府搜集并配乐的诗歌称为乐府诗。乐府诗多属民歌，语言朴实自然，文字生动活泼，内容丰富多彩，情感真实动人，具有很高的艺术价值。

壮观的百戏

西汉时期是我国古代戏剧的发展期。汉朝把所有的民间演出统称为"百戏",就是各种表演艺术的综合。西汉的百戏内容丰富,包括歌舞、杂技、武术等多种多样的形式。由于汉武帝的大力倡导,所以百戏在当时非常流行。不管是大型庆典还是民间节日,都会安排百戏表演,比较常见的有找鼎、寻幢、吞刀、吐火之类的杂技幻术,扮成动物的"鱼龙曼延",舞蹈表演,器乐演奏和具有简单情节的"东海黄公"等。

最壮观的当属宫廷乐府组织的百戏表演,上场演员少则几百人,多则上千人,弹唱歌舞,气势宏大。《汉书·武帝纪》中提到,元封三年春,皇室在京城组织了一次百戏演出,"三百里内皆(来)观"。

绘画和雕刻艺术的发展

西汉时期,绘画艺术已日趋成熟,其中最具代表性的就是帛画和壁画。1972年长沙马王堆汉墓出土的帛画,体现了西汉绘画艺术的最高水准。该帛画长205厘米,从上到下分为三部分,依次表现天上、人间、地下的场景,用细腻的笔法、绚烂的色彩把想象和现实有机地融合在一起,堪称艺术珍品。

西汉的雕刻艺术达到了前所未有的水平,石雕、石刻画像、砖刻画像等均有可观建树。如在陕西兴平发现的霍去病墓石雕,是依照石块的天然形态稍做加工而制成,其风格古朴深沉,造型豪迈生动,有伏虎、跃马、卧象、猛兽食羊等,富有艺术表现力。特别是其中为纪念霍去病的功绩而雕刻的"马踏匈奴"雕像,形象生动传神,是古代石雕作品的典范之作。

发达的天文学

西汉时期的天文学比较发达,对于天象的记录已经非常完备。如《史记·天官书》翔实记录了二十八星宿的名字和位置;《汉书·五行志》中记述"日出黄,有黑气大如钱,居日中央",这是举世公认的世界上最早的关于太阳黑子的记录。汉武帝时的落下闳、汉宣帝时的耿寿昌都曾铸造浑天仪,以观天象。除了天象记录外,西汉的天文学研究也特别兴盛。由此可见,中国是世界上天文学兴起最早的国家之一。

中医学的发展

西汉的医学有了较大的发展。西汉初期,广为人知的名医有淳于意等。史书记载,淳于意曾向同郡的医学家阳庆学习"黄帝、扁鹊之脉书,五色诊病,知人死生,决嫌疑……"《史记》一书还记录了淳于意替二十多位病人诊治的情况。

那时的医学界普遍采用阴阳五行说来解释人的生理、病理现象,进而辨证施治。中医特有的疗法——针灸疗法在当时已有发展。1962年,在今河北满城的西汉中山靖王墓中,发掘出了形制完好的四根金针和五根银针,被认为是西汉时期针灸疗法所用的器械。

纸的发明

造纸术出现之前，古人常以竹简、木牍和缣帛作为书写材料。但是这些材料不是太笨重，就是太昂贵，都不能成批量地制造和使用。西汉时，我国就制造出植物纤维纸，《汉书·孝成赵皇后传》中对纸的描述是我国关于纸的最早的文字记录。

1957 年，在今陕西西安灞桥发现的西汉早期墓葬中，发掘出一些残纸，系由麻类纤维制成，这是全世界范围内发现的最原始的人造纸片。由此可知西汉时我国就已掌握了造纸术，不过帛绢、竹简、木牍仍占主流。纸的大规模应用，到东汉蔡伦发明"蔡侯纸"以后才得以实现。

东汉

公元 25 年，刘秀称帝，定都洛阳，建立东汉政权。东汉享国一百九十五年，历十四帝。东汉建立之初，历经光武帝、明帝、章帝三朝的励精图治，汉朝终于出现中兴的局面，政治清明，经济繁荣，思想文化、艺术、科技领域都出现了令人瞩目的成就。然而和帝即位后，东汉陷入了外戚、宦官争权夺利、轮流把持朝政的黑暗渊薮之中，地方豪族势力借机坐大，皇权日益衰微，统治渐趋黑暗，社会矛盾逐渐激化，最终导致民变四起，各地军阀乘机割据称雄。

光武中兴

昆阳一战，使刘縯和刘秀名扬天下。有人劝更始帝把刘縯除掉。更始帝便找了个借口，杀了刘縯。

刘秀听说哥哥被杀，知道自己的力量打不过更始帝，就立刻赶到宛城（今河南南阳市），向更始帝赔礼。

更始帝见刘秀不记他的仇，很有点过意不去，就封刘秀为破虏大将军，但没有重用他。后来，攻下了长安，更始帝才给刘秀少数兵马，让他到河北去招抚各郡县。

这时候，各地的豪强大族有自称将军的，有自称为王的，还有的自称皇帝，各据一方。更始帝派刘秀到河北去招抚，正好让刘秀得到一个扩大势力的好机会。他到了河北，废除王莽时期的一些严酷的法令，释放了一些囚犯。同时，不断消灭割据势力，镇压河北各路农民起义军。整个河北几乎全被刘秀占领了。

刘秀留寇恂、冯异等据守河内，与更始政权留守洛阳的朱鲔相持，自己亲率大军北征，击败尤来、大枪、五幡等部农民军。四月，回军南下，于温县大败新市、平林两军，于河南击溃赤眉、青犊两军，大体解除了对河北的严重威胁。此时，刘秀手下的将领开始商议为刘秀上尊号，称帝位，并使人造《赤伏符》以传"天命"，刘秀装模作样"三推"之后，便"恭承天命"，自立为皇帝，这就是汉光武帝。

更始帝先建都洛阳，后来又迁到长安。他到了长安以后，认为自己的江山已经坐稳，便开始腐化起来。原来的一些绿林军将领，看到更始帝整天花天酒地，不问政事，都十分不满。

赤眉军的首领樊崇看更始帝腐败无能，就立15岁的放牛娃刘盆子为皇帝，率领20万大军进攻长安。不久就攻占了函谷关。更始帝眼看赤眉军就要攻到长安了，便率领文武百官逃到城外。樊崇进入长安后，派使者限令更始帝在20天内投降。更始帝没办法，只好带着玉玺向赤眉军投降。

赤眉军声势浩大地进了长安，可是几十万将士的口粮发生了困难，长安天天有人饿死。这样一来，长安的混乱局面就无法收拾了。

无奈之下，樊崇带着军队离开长安，向西流亡。但是别的地方粮食也一样困难；到了天水（郡名，在今甘肃）一带，又遭到那里的地主豪强的拦击。樊崇没辙，又带着大军往东走。

汉光武帝这时已占领了洛阳，他一听到赤眉军向东转移，就带领20万大军分两路设下了埋伏。

汉光武帝派大将冯异到华阴，把赤眉兵往东边引。赤眉军被诱引到崤山下，冯异让伏兵打扮得和赤眉军一模一样，双方混战在一起，分不出谁是赤眉兵，谁是汉兵。赤眉军正在为难的时候，打扮成赤眉军模样的汉兵高声叫嚷"投降""投降"，赤眉军兵士一看有那么多人喊投降，没了主意，一乱就被缴了武器。

公元27年一月，樊崇带着赤眉军向宜阳（今河南宜阳县）方向转移。汉光武帝得到消息，亲自率领预先布置好的两路人马截击，把赤眉军围困起来。赤眉军无路可走，樊崇只好派人向汉光武帝请降。

汉光武帝把刘盆子、樊崇等人带回洛阳，给他们房屋田地，让他们在洛阳住下来。但是不到几个月，就加上谋反的罪名，把樊崇杀了。

全国平定后，光武帝于建武十三年（公元37年）开始安置有功之臣。他采取了两条措施：一是不让拥有重兵的功臣接近京师；二是对功臣封赏而不用。邓禹、贾复等开国元勋明白光武帝的意思后，率先解去军职，倡导儒学。刘秀对功臣只赏不用的政策是东汉政权重建过程中重要的一步，也是较为成功的一项治国安邦的措施。

刘秀深切地认识到，要使国家真正地长治久安，必须安民，与民休息，才能保持社会稳定，才能发展社会生产。

首先，是给老百姓一个安定的社会环境。刘秀生长在民间，经历过王莽的残暴统治，知道耕作的艰难及百姓的痛苦。因此建立东汉后，通过废除王莽的繁苛法令，恢复汉初的简政轻刑，给百姓创造一个宽松的社会环境。此后，他多次下诏裁减各地的监狱，不断地告诫各级官吏尤其是地方官吏要体恤百姓、宽松执法。光武帝年初，派卫飒担任桂阳太守。卫飒到任后，了解到桂阳地处边远、礼俗落后，便从教育入手，设立学校，端正风俗，不长时间便使境内风气大为改观。桂阳郡的含洭、浈阳、曲江原来是越族居住的地方，沿着河岸靠山居住的，多是一些在战乱中逃进深山的百姓，他们因为地处偏僻，也不向官府交纳田租。卫飒组织人凿山开道五百多里，一路设置亭传、邮驿，不仅方便了那里的交通，也减轻了人民的负担，百姓逐渐搬到道路两边居住，使当地经济迅速发展起来，也开始向官府交纳田赋了。

其次，是有效减轻人民的负担。光武帝认为官吏的奢侈、官僚机构设置无度以致冗官无数，是百姓的最大负担。因此他在位期间，始终提倡节俭。公元37年，一国使者向光武帝献上一匹可日行千里的名马和一柄宝剑，光武帝接受后便下诏把这匹千里马送去驾鼓车，把宝剑赐给骑士。在光武帝的垂范下，节俭在东汉初年形成风气。在提倡节俭的同时，光武帝对冗官进行裁汰。公元30年，光武帝在河北、江淮、关中刚刚平定的情况下，下诏归并了郡、国10个，县、邑、道、侯国400多个。并官省职，直接减少了行政开支。

再次，是提高奴婢的社会地位。西汉中期以来，大量的平民沦为奴婢，成为严重的社会问题。为此，光武帝曾连续6次下诏释放奴婢。同时，他还在一年之内连续下诏3次，禁止杀、伤和虐待奴婢，使奴婢的地位有所提高。

最后，就是要设法解决土地问题，使百姓和土地结合在一起，便于发展社会生产。西汉中期以来，大规模的土地兼并使土地急剧集中。但那些占有土地的豪强们却不如实地向国家申报土地、交纳田赋。为准确地掌握全国的垦田数目和户口名籍，打击豪强，保证赋税收入和徭役征发，光武帝于公元39年下令在全国"度田"即丈量土地，同时也核定人口。但在度田过程中，官吏们和豪强相互勾结，或抵制清查，或隐瞒不量，而对百姓土地却是多量，连墙头地角、房前屋后也不放过。光武帝了解到这种情况后，曾经先后诛杀了大司徒、河南尹及郡守十多人，引起了一场大规模的地方骚乱。地方上的豪族大姓纷纷起来叛乱，光武帝用镇压和分化相结合的手段，好不容易才平息了叛乱。

光武帝刘秀通过集权加强了中央的统治，通过休养生息使人民安心从事生产，经济得到发展，社会比较稳定，这一历史时期被称为"光武中兴"。

汉明帝求佛

汉光武帝活到63岁时，得病死了。太子刘庄继承皇位，这就是汉明帝。

有一回，汉明帝做了个梦，梦里出现一个金人，头顶罩了一圈光环，绕殿飞行，一会儿升上天空，向西去了。第二天，他向大臣们询问这个头顶发光的金人是谁。沉默了许久，一位大臣终于说，启禀皇上，我敢说，那绝不是一个荒唐的梦境，那是一个祥瑞之梦。我听说很多年前，我们的邻居大月氏国曾有佛的降临，那是一个至高无上的神，一个智慧无比的佛。从越来越多的描述来看，这位佛的形象与陛下的描述十分相似，金色袍服，项有光圈，看来，陛下梦中所见，无疑是佛了。

说话的是被人们称为最博学的一位大臣傅毅。傅毅的一番宏论并非无中生有，也非是对明帝的某种阿谀。在他很年轻的时候（约公元前2年），傅毅就已经从大月氏国的使者那里得到关于佛的消息，虽然那只是一个模糊的概念，但越来越多的民间祭祀表明，一种从未有过的文化现象正在中国这个古老的国土上兴起，这是一种不可忽视的文化现象，它预示着这个崇尚于神灵的民族将会有一种新的崇拜。与此同时，包括明帝在内的所有人都想起建武十七年（公元41年）发生过的一件事情。明帝的异母兄弟楚王英就因为经常在自己的宫中进行某种秘密的祭祀而被人告上了宫廷，当时告发他的人说，楚王英如若不是妄图起事，又何必在自己的宫中进行那种秘密的祭祀呢？

于是，楚王英被遣往江南一带，最终却因郁闷而亡。

既然明帝的梦是一个祥瑞之梦，而梦中的金人正是从大月氏国传来的关于佛的消息，这一消息对于一个伟大的民族来说，应该是一个光明的前兆。当然，谁也无法进一步说清那个佛的详情，包括他的形象，他的言说，他的理论等等。当下明帝就向他的臣子们说，你们中间，有谁愿意前往大月氏国，以迎请佛的到来？大殿内又是长时间的沉默，终于，郎中蔡愔说，启禀皇上，微臣愿意前往。紧接着，博士弟子秦景也说，微臣也愿意前往。

这是永平七年甲子（公元64年）的上午，明帝做出了派使者出使西竺的决定。

蔡愔和秦景跋山涉水，到达了天竺国。天竺人听到中国派来使者求佛经，表示欢迎。天竺有两个沙门（就是高级僧人），一个名叫摄摩腾，另一个名叫竺法兰，帮助蔡愔和秦景了解了一些佛教的理义。后来，他们在蔡愔和秦景的邀请下决定到中国来。

公元67年，蔡愔、秦景给两个沙门引路，用白马驮着一幅佛像和四十二章佛经，经过西域，回到了洛阳。

尽管汉明帝不懂佛经，也不清楚佛教的道理，但对前来送经的两位沙门还是很尊敬的。第二年，他命令在洛阳城的西面仿照天竺的式样，造一座佛寺，把送经的白马也供养在那儿，把这座寺取名叫白马寺（在今洛阳市东）。

汉明帝虽然派人求经取佛像，但他其实并不懂佛经，也不相信佛教，倒是提倡儒家学说。朝廷里的大臣们也不相信佛教，所以到白马寺里去拜佛的人并不多。

班固著《汉书》

班固（公元32～92年），字孟坚，东汉扶风安陵（今陕西省咸阳市东）人。班固的父亲班彪是东汉光武帝时的望都长。班彪博学多才，专攻史籍，是著名的儒学大师。他不满当时许多《史记》的续作，便作《后传》65篇，以续《史记》。班固从小就非常聪明，9岁便能做诗文，长大之后，班固熟读百家书，并深入研究。渊博的学识以及很强的写作能力，为他以后地做史创造了十分有利的条件。在他23岁那年即建武三十年（公元54年），班彪去世，班固私自修改国史，因此被捕入狱。他的弟弟班超赶到洛阳，为班固申辩。当明帝审阅地方官送来的班固的书稿时，十分欣赏班固的才华，并任他为兰台令史，负责掌管图籍，校定文书。他与陈宗、尹敏、孟异等共同撰成《世祖本纪》。随后迁任为典校秘书，又写了功臣、平林、公孙述的列传、载记28篇。后来明帝命令班固继续完成他原来所欲著述的西汉史书。班固通过一再的思索之后，经过潜精积思20余年，终于在建初七年（公元82年）年完成了《汉书》。《汉书》一写成，影响就很大。和帝永元初年（公元89年），班固以中护军随大将军窦宪出征北匈奴。永元四年（公元92年），窦宪以外戚谋反而畏罪自杀，班固因此受到牵连。先被免官，后有人因曾受班固家奴侮辱便借机搜捕班固入狱。不久，班固死于狱中，时年61岁。班固死后，《汉书》尚未完成的八表和《天文志》主要由他的妹妹班昭继续完成。

《汉书》是我国第一部纪传体断代史，体制全袭《史记》而略有变更，《史记》包括本纪、表、书、世家、列传五种体裁，《汉书》有纪、表、志、传，改"书"为

"志"，没有世家，凡《史记》列入世家的汉代人物，《汉书》均写入"传"。《汉书》这种体裁上的改动是符合历史时势变化的，是合理的。同时，《汉书》的体例较《史记》有了一些创新。在纪部分，《汉书》不称"本纪"，而改称为"纪"，在《史记》的基础上，《汉书》增立《惠帝纪》，以补《史记》的缺略；在《武帝纪》之后，又续写了昭、宣、元、成、哀、平等6篇帝纪。在表的部分，《汉书》立38种表，其中6种王侯表是根据《史记》有关各表制成的，主要记载汉代的人物事迹。只有《古今人表》和《百官公卿表》，是《汉书》新增设的两种表。《古今人表》专议汉代以前的古代人物，表现了班固评论人物的论事标准，暗示出他对汉代人物褒贬的立意，且网罗甚富，亦不无裨益。而《百官公卿表》记述了秦汉官制和西汉将相大臣的升迁罢免死亡，是研究古代官制史、政治制度史的重要资料，有重要的学术价值。在志部分，《汉书》改《史记》的"书"为"志"，而又予以丰富和发展，形成我国史学上的书志体。

《汉书》将《史记》的《律书》《历书》并为《律历志》，《礼书》《乐书》并为《礼乐志》，增写《史记·平准书》为《食货志》，改《史记·封禅书》为《郊祀志》《天文志》，《河渠书》为《沟洫志》，还创设了刑法、五行、地理、艺文四志。《汉书》十志比较《史记》八书在先后次序上也有所不同，《汉书》的志包括律历、礼乐、刑法、食货、郊祀、天文、五行、地理、沟洫、艺文等10种。其中，改变或者并八书名称的有律历、礼乐、食货、郊祀、天文、沟洫等6种，但它们的内容或者不同，或者有所增损。如《食货志》在继承了《平准书》部分材料的同时，又增加新的内容，分为上、下两卷。上卷记"食"，叙述农业经济情况；下卷载"货"，介绍工商及货币情况。《史记》列传篇题的定名，或以姓，或以名，或以官，或以爵，多不齐一，且排列顺序难为论析。《汉书》则一律以姓名题篇，排列顺序是先专传，次类传，后四夷和域外传，最后是外戚和王莽传，整齐划一。《汉书》将《史记》的《大宛传》扩充为《西域传》，详细记述了西域几十个地区和邻国的历史，是研究古代中国各兄弟民族和亚洲有关各国历史的珍贵资料。

《汉书》主要的特点体现在：

第一，《汉书》较真实地记述和评论了西汉一代的政绩及其盛衰变化，从一统功业的角度，对于各时期所取得的成就进行了热情的称颂。在评述西汉政治时间，用"时""势"或"天时"变异来表达历史是发展的看法。

第二，广泛地评价了各种人物在西汉政治中的作用。书中记述到汉代的兴盛，是由于有众多的文臣武将和智谋极谏之士，在中央和地方的各方事务中竭其忠诚，做出贡献。

第三，以很多笔墨记录了王室及大臣聚敛财富，奢侈淫逸，皇权的争夺、外戚的专横，以及封建统治阶级的淫奢，反映了人民的痛苦生活和反抗斗争。

第四，详细记述了古代尤其是汉代的政治典制，表现了西汉文化的发展规模及其重要价值。其中《刑法志》记述了古代的兵学简史，叙述刑法典核详明，首尾备举，论其变化正本清源。《食货志》系统地记述了自西周以至王莽时期的农政和钱法，反映了1000多年以来社会经济发展的重要侧面。《地理志》先叙由古之九州说而进至秦的郡县变迁，是中国地理最为详尽的记载。

《汉书》是史书体例上的一个重大飞跃，继《汉书》之后，断代史为后来历代正史所效仿，因此《汉书》在我国史书体例的发展上具有重要意义。

蔡伦改进造纸术

谈到中国的造纸术，就不能不说到蔡伦。他在造纸技术的发明和发展上的卓越贡献将彪炳史册，万古流芳。

蔡伦，字敬仲，桂阳人，是东汉时期杰出的科学家。

蔡伦从东汉明帝刘庄末年开始在宫禁做事。汉和帝刘肇登基之后，他很快成了和帝最宠信的太监之一，负责传达诏令，掌管文书，并参与军政机密大事。

史载蔡伦非常有才学，为人敦厚正直，曾多次直谏皇帝。因为其杰出才干，他被授尚方令之职，负责皇宫用刀、剑等器械的制造。在他的监督之下，这些器械都制造得十分精良，后世纷纷仿效。

在做尚方令期间，蔡伦系统总结了西汉以来造纸方面的经验，并进行了卓有成效的试验和革新。在原料的利用方面，他不仅变废为宝，大胆取用"麻头及敝布、渔网"等废品为原料，而且独辟蹊径，开创利用树皮的新途径。此举使造纸技术从偏狭之处挣脱出来，大大拓宽了原料来源，降低了造纸的成本，使纸的普及应用成为可能。更值得一提的是，他用草木灰或石灰水对原料进行浸沤和蒸煮的方法，既加快了麻纤维的离解速度，又使其离解得更细更散，大大提高了生产效率和纸张的质量。这也是造纸术的一项重大技术革新。

元兴元年（公元105年），蔡伦将自造的纸呈给汉和帝，受到大力赞赏，朝野震动。人们纷纷仿制，"天下咸称'蔡侯纸'"。

安帝年间（公元114年），和帝的皇后邓太后因蔡伦久侍宫中，做事勤恳且颇有成绩，封他为龙亭侯。

后来蔡伦被卷入一起宫廷事件。起因是窦后（汉章帝刘旭后）让他诬陷安帝祖母宋贵人。等到安帝亲政，着手调查这件事情，让蔡伦自己到廷尉处接受惩罚。蔡伦觉得很受屈辱，就自杀了。

蔡伦虽然死了，但是他对造纸技术的贡献将永存史册。蔡侯纸的出现，标志着纸张取代竹帛成为文字主要载体时代的到来。廉价高质量的纸张，有力地促进了知识、思想的大范围传播，使古代大量文字信息得以保存，促进了人类文明的进步。

在造纸术没有发明以前，我国古代使用龟甲、兽骨、金石、竹简、木牍、缣帛作为书写材料。龟甲、兽骨、金石对书写工具要求很高，需要刻。简牍呢，笨重不便，而且翻阅起来，中间串的绳很容易断裂，造成顺序混乱。缣帛虽轻便，可是价格十分昂贵，一般人消费不起。纸的发明，满足了人们对轻便廉价书写材料的迫切需求，引发了书写材料的一场空前的革命。

造纸术一经发明，就被人们广泛使用。在以后的朝代里，人们对造纸术进行不断的改良和提高，工艺越来越先进，纸的质量也越来越高，品种也越来越丰富。造纸的主要原料也从破布和树皮发展到麻、柯皮、桑皮、藤纤维、稻草、竹以及蔗渣等等。

我国发明的造纸术，对世界文明影响深远。造纸术大约在7世纪初传入朝鲜，隋

时传入日本。8世纪，唐朝工匠将造纸术传入阿拉伯，在撒马尔罕办起造纸厂。此后又传入巴格达。10世纪传入大马士革、开罗，11世纪传入摩洛哥，13世纪传入印度，14世纪传入意大利，然后传到德国和英国，16世纪传入俄国和荷兰，17世纪传入美国，19世纪传入加拿大。

潘吉星在《造纸术的发明和发展》一文中这样总结道："我国古代在造纸技术、设备、加工等方面为世界各国提供了一套完整的工艺体系。现代机器造纸工业的各个主要技术环节，都能从我国古代造纸术中找到最初的发展形式。世界各国沿用我国传统方法造纸有1000年以上的历史。"

从上述论述中，我们不难看出，我国的造纸术在公元前2世纪到18世纪的2000多年里，一直处于世界领先水平。

制造地动仪

在世界自然科学史上，中国有一位国际上公认的能与哥白尼和伽利略齐名的科学家，他的名字叫张衡。

张衡，是世界十大文化名人之一。他多才多艺，是我国古代伟大的科学家、发明家、文学家、史学家和画家。他的才能世所公认。

张衡（公元78～139年），字平子，河南省南阳市石桥镇人，出生于一个官僚家庭。他的祖父张堪曾做过多年太守，但为官清廉，没有什么财产留下，再加上他父亲早死，所以家境比较清贫。

张衡从小就天资聪敏，好学深思。他不仅熟读儒家经典，而且还花了很多时间去读司马相如和扬雄等人的赋，表现出对文学的强烈兴趣。

青年时代的张衡，已经不再满足于闭门读书，他渴望游历，多接触实际，从而开阔眼界，增长见识。公元94年，16岁的张衡远游三辅。他在游览名山大川的时候，不忘考察古迹，采访民情，调查市井交通等等。此行不仅大大增长了见识，而且为他后来创作《二京赋》积累了大量的素材。

离开三辅，张衡来到京都洛阳。在洛阳求学的五六年里，张衡结识了一批青年才俊，如经学大师马融、政论家王符以及科学家崔瑗等。在此期间，张衡写了《定情赋》《七辩》等文学作品，名噪一时。随后，他接受南阳太守鲍德的邀请，担任掌管文书的主簿官。

在工作闲暇之余，张衡创作了著名的《二京赋》，轰动一时。任职9年后，张衡回到家中，开始研读扬雄的《太玄经》。这是一部研究宇宙现象的哲学著作。通过研究《太玄经》，张衡的兴趣从文学创作转向宇宙哲学的探索，经过不懈努力，他最终在天文历算方面取得了巨大的成就。

公元111年，张衡被征召做了郎中，后来又做过太史令。张衡为人耿直，升迁很慢。他曾两次出任太史令，先后长达14年之久。太史令的工作，让张衡在天文历算方面做出了杰出的贡献。

经过观察研究，他断定地球是圆的，月亮的光源是借太阳的照射而反射出来的。他还认为天好像鸡蛋壳，包在地的外面；地好像鸡蛋黄，在天的中心。这种学说虽然不完全准确，但在 1800 多年以前，能得出这种科学结论，不能不使后来的天文学家感到钦佩。

张衡还用铜制作了一种测量天文的仪器，叫作"浑天仪"。上面刻着日月星辰等天文现象。

那个时期，地震发生频繁。有时候一年发生一两次。发生一次大地震，就波及好几十个郡，城墙、房屋倾斜倒坍，造成人畜伤亡。张衡记录了地震的现象，经过细心的考察和试验，发明了一个预测地震的仪器，叫作"地动仪"。

地动仪是用青铜制造的，形状类似酒坛，四周刻铸了 8 条龙，龙头朝着 8 个方向。每条龙的嘴里含了一颗小铜球；龙头下面，蹲着一个铜制的蛤蟆，蛤蟆的嘴大张着，对准龙嘴。哪个方向发生了地震，朝着那个方向的龙嘴就会自动张开来，把铜球吐进蛤蟆的嘴里，发出响亮的声音，发出地震的警报。

公元 138 年 2 月的一天，地动仪对准西方的龙嘴突然张开，吐出了铜球。按照张衡的设计原理，这就是报告西部发生了地震。

过了几天，有人骑着快马来向朝廷报告，离洛阳 1000 多里的金城、陇西一带发生了大地震，还出现了山体崩塌。

张衡还制造了许多奇巧的器物，如候风仪、指南车和能在空中飞的木鸟等等，可惜都已经失传了。他还计算出圆周率是 3. 1622，虽然现在看来不准确，但在当时还是十分精确的。

后来，张衡因弹劾奸佞不成，被迫到河间任太守。在职期间，他打击豪强，颇有作为。公元 138 年，张衡被调回京师，出任尚书。此时东汉政权已越来越腐败，张衡感觉回天乏力，于公元 139 年，在悲愤与绝望中死去。

张衡以及他的天文学成就，谱写了东汉科学史绚烂的华章，也构筑了我国古代天文学史上一座熠熠生辉的丰碑。

张仲景和华佗

张仲景，名机，约生于公元 150 年，卒于公元 219 年，东汉南阳郡涅阳（今河南南阳）人，是东汉末年著名的医学家，被后人尊称为"医圣"。

史载张仲景自幼聪颖好学，喜欢研究岐黄之学，对名医扁鹊很是推崇，并以其为榜样。他拜同乡著名中医张伯祖为师，因其刻苦，很快便尽得真传。

汉灵帝时，张仲景被举为孝廉，继而出任长沙太守。他虽居要职，却淡泊名利，不屑于追逐权势。他心里所关心的是百姓的疾苦。传说他为太守之时，每逢初一、十五停办公事，亲自到大堂之上为百姓诊病，号称为"坐堂"。至今药店仍称作"堂"，应诊医生被称为"坐堂医生"。

东汉末年，战乱频繁，瘟疫横行，民不聊生。张仲景虽然也在居官之暇行医，但是所救治之人毕竟有限。他在做官与行医的利弊权衡之间犹豫不决。这时，南阳病疫流行，他的家族在 10 年之内，竟死去 2/3。面对这种打击，张仲景决定辞官行医，悬壶济世。

张仲景在行医过程中，不仅潜心学习汉代以前的医学精华，而且虚心向同时代的名医学习，博采众家之长。他向王神仙求医的传说在民间广为流传。

张仲景听说当时襄阳有个很有名的王姓外科医生，治疗疮痈很有一套，人称"王神仙"。于是就整装出发，为了学到本领，他隐姓化名，自愿给"王神仙"做药店伙计。他的勤奋聪明很快就取得了王神仙的欣赏和信任。有一次，"王神仙"给一个患急病的病人看病，所配的药方里有一味药剂量不够。张仲景觉得有问题，但还是照方抓药。结果，病人病情加重，"王神仙"束手无策。张仲景挺身而出，自告奋勇一展身手，果然手到病除。"王神仙"很吃惊地看着眼前这位年轻人，知道他大有来历，一问才知他是河南名医。"王神仙"深受感动，遂将其技艺倾囊相授。

张仲景"勤求古训，博采众方"，凝聚毕生心血，于3世纪初，著成《伤寒杂病论》16卷。原本在民间流传中佚失，后人搜集和整理成《伤寒论》和《金匮要略》两部书。

《伤寒杂病论》是中医四大经典之一，它系统总结了汉朝及其以前的医学理论和临床经验，是我国第一部临床治疗学的专著。

《伤寒论》是一部阐述多种外感疾病的著作，共有12卷，著论22篇，记述397条治法，载方113个，总计5万余字。《伤寒论》论述了人体感受风寒之邪而引起的一系列病理变化，并把病症分为太阳、阳明、少阳、太阴、厥阴、少阴等"六经"，进行辨证施治。

《金匮要略》是一部诊断和治疗各种疾病的书，共计25篇，载方262个。《金匮要略》以脏腑脉络为纲，对各类杂病进行辨证施治。全书包括了40多种疾病的诊治。

在《伤寒杂病论》中，张仲景还创造了世界医学史上的三个第一，即：首次记载了人工呼吸、药物灌肠和胆道蛔虫治疗方法。

《伤寒杂病论》成书之后，成为中国历代医家研究中医理论和临床治疗的重要典籍，隋唐以后，更是远播海外，在世界医学界享有盛誉。从晋朝开始到现在，中外学者整理研究该书的专著超过1700余家，可见其影响之深远。

医圣张仲景以及他所创立的学术思想，已成为全人类的共同财富。他当之无愧受到万世千秋的景仰！

华氏家族本是望族，但到华佗时已经衰微了。幼年的华佗在攻读经史的时候，就很留心医药。他从古代名医济世救人的事迹中获得启发，树立了解救苍生苦难的理想。

在当时的社会里，读书人都以出仕做官为荣，可是华佗却选择了另一条道路，以医为业，替百姓看病，并且矢志不移。青年时期的华佗，看到的是外戚宦官专权、官场腐败。当时有很多人举荐华佗做官，都被他拒绝了。不为良相，便为良医；华佗决心终身为百姓行医。

华佗行医，并无师传。他主要是通过精研前代的医学典籍，在继承前人的基础之上，结合自己的实践总结，加以归纳，从而创立新的学说，自成一派。由于他天资聪颖，加上学习得法，理论联系实际，他的医术迅速提高，成为远近闻名的医学家。

中年的华佗，因中原动乱而"游学徐土"。他坚持深入民间，为百姓治病，足迹遍及当时的徐州、豫州、青州、兖州各地。根据他行医地名查考，大抵是以彭城为中心，东起甘陵（今山东临清）、盐渎（今江苏盐城），西达朝歌（今河南淇县），南至广陵

（今江苏扬州），西南则到谯县（今安徽亳州），也就是在今天的江苏、河南、山东、安徽等广大地区。华佗学识渊博，医术高超，创造了许多医学奇迹，其中最突出的就是用麻沸散进行外科手术。

华佗的医术仁心，受到了广大人民的热爱和尊崇。他高超的医术常为人们所津津乐道。民间关于他的传说故事不胜枚举。像《三国演义》里关公刮骨疗伤，就是华佗做的手术。传说有一位郡守患病，百医无效。郡守的儿子找到华佗，对他详述病情，恳求施治。华佗到后看过，问病的时候，语气很不好，说话也很狂傲，索要的诊费非常高。这还不算，华佗压根就没有治病，临走的时候还留信大骂郡守白痴。郡守大怒，吐黑血，老毛病一下就好了。

华佗

经过数十年的医疗实践，华佗的医术已到了炉火纯青的地步。在临床诊治方面，他灵活运用养生、针灸、方药和手术等手段，辨证施治，疗效极好，被誉为"神医"。他精通内科、外科、妇科、小儿科和针灸科等，尤擅外科。

华佗的医名远播，使得曹操闻而相召。原来曹操患有头风病，找了很多医生都不见效。华佗只给他扎了一针，曹操头痛立止。曹操为了自己看病，强把华佗留在自己府里。但是华佗立志为民看病，不肯专门侍奉权贵，于是就请假回家。曹操催了几次，华佗都以妻病为由不去。曹操大怒，专门派人将他抓到许昌，仍请他治自己的头风病。华佗直言要剖开头颅，实施手术。曹操以为华佗要谋害自己，就把他关进牢中准备杀掉。有谋士进谏相劝，曹操不听，还是处死了华佗。华佗临死，将所著医书交给狱吏，希望可以救济百姓。狱吏胆小，怕担责任，不敢要。华佗无奈之下，一把火烧了医书。后来曹操爱子曹冲患病，百医无效，曹操才后悔杀了华佗。

华佗晚年著有《青囊经》《枕中灸刺经》等多部著作，可惜都已失传。他发明了一套"五禽戏"来强身健体，还培养了许多弟子，其中广陵吴普、西安李当之和彭城樊阿都是有名的良医。

梁冀专权

从汉和帝起，东汉王朝大多是由小孩子继承皇位，最小的皇帝是只生下100多天的婴儿。皇帝年幼，太后便临朝执政，太后又把政权交给她的娘家人执掌，这样就形成了外戚专权的局面。

但是，到了皇帝长大懂事后，就不甘心长期当傀儡，受人控制。他想摆脱这种局面，可是里里外外都是外戚培植的亲信，跟谁去商量呢？每天在皇帝身边伺候的，只有一些宦官，结果皇帝只好依靠宦官的力量，消除外戚的势力。这样，外戚的权力又转到宦官手里。

　　无论是外戚，还是宦官，都是最腐朽、没落势力的代表。外戚和宦官两大集团互相争夺，轮流把持着朝政，使得东汉的政治越来越腐败。

　　公元125年，东汉第7个皇帝汉顺帝即位，外戚梁家控制了朝政大权。梁冀是顺帝皇后之兄，跋扈专权，骄横无理，鱼肉百姓，欺压群臣。士大夫如张纲等人为了躲避牢狱之灾和杀身之祸，被迫归乡务农。顺帝死后，梁太后抱着他2岁的儿子即皇帝位，定为冲帝。冲帝在位一年便夭折。为了专制东汉王政，梁太后与梁冀密谋，又从皇族中选定一个8岁的孩子，作为政权的象征，是为质帝。

　　汉质帝虽然年纪小，但聪明伶俐。他对梁冀的刁钻蛮横看不惯。有一次，他在朝堂上当着大臣们的面，指着梁冀说："真是个跋扈将军！"

　　梁冀听了，气得七窍生烟，当面又不好发作。暗想：这孩子这么小的年纪就那么厉害，将来必是心腹大患，就暗暗把毒药放在煎饼里，送给质帝吃了。

　　梁冀害死了质帝，又从皇族里挑选了15岁的刘志继承皇位，即桓帝。

　　桓帝即位后，封梁冀3万户，增加梁冀所领大将军府的官属，位至三公；又封梁冀的兄弟和儿子都为万户侯。并封梁冀妻孙寿为襄城君，兼食阳翟租，岁入5000万，加赐赤绂，和长公主同样待遇。梁冀可以"入朝不趋，剑履上殿，谒赞不名"。朝会时，不与三公站在同一席子上，10天到尚书台办公一次。从此以后，不论事情的大小，都要经过梁冀决定，才可执行。不但文武百官的升迁要先到梁府去谢恩，就是皇帝的近侍也是由梁冀派遣，皇帝的起居行止都要报告梁冀。又隔了两年，总计梁冀一门，前后有7个封侯，3个皇后，6个贵人，2个大将军，夫人、女食邑称君者7人，尚公主3人，其余卿将尹校57人。梁冀在位20余年，威行内外，百僚侧目，没有任何人敢违其命。

　　梁冀无法无天地掌了将近20年大权，最后跟汉桓帝也闹起矛盾来。汉桓帝忍无可忍，就秘密联络了单超等5个跟梁冀有怨仇的宦官，趁梁冀没有防备，带领羽林军1000多人，突然包围了梁冀的住宅。

　　梁冀得知情况后，惊慌失措，知道自己活不了了，只好服毒自杀。

　　汉桓帝论功行赏，把单超等五个宦官封了侯，称作"五侯"。从那时起，东汉政权又从外戚手里转到宦官手里了。

　　桓帝依靠宦官的力量击败外戚专权，视宦官为心腹，而宦官的力量剧增，其威风亦不亚于外戚。汉末，士人批评时政。太学生则在太学中进行反宦官政治的组织和宣传，清议之风顿时盛行。再加上中下级官吏的声援，遂掀起了一个不小的反对宦官政治的浪潮。宦官见势不好，进行了凶猛的反攻，于是形成党锢之祸。

党锢之祸

　　党锢之祸是桓帝、灵帝时期，统治集团的内部权势之争。东汉政权自和帝后长期被宦官外戚轮流把持，到桓、灵时期，社会矛盾日益突出，政治腐败黑暗，宦官专权也到达了顶峰。宦官集团把持朝政，谋取私利，排斥异己，陷害忠良，先后制造了两次党锢惨祸。反对宦官的官僚士大夫和太学生受到惩罚，本人以及亲属、门生等或被逮捕，或被流放，或者禁锢终身不得做官。

东汉后期，官吏的任免权被宦官控制，正直的官僚士大夫在朝中不断遭受排挤和打击，而作为官吏后备军的太学生们更是感到仕途无望，于是官僚士大夫和太学生联合起来，形成反对宦官集团的社会政治力量。他们抨击时弊，品评人物，被称为"清议"。有识之士力图通过清议，反对宦官专权，挽救危机四伏的东汉统治。清议之风的盛行，造成很大的舆论影响。

公元153年，宦官赵忠的父亲去世，安葬时葬礼隆重超出常规，刚正严明的朱穆令手下挖掘坟墓，亲自检查，发现有玉匣、木偶等违规葬品。朱穆下令逮捕赵忠家属，赵忠反而向桓帝告状，诬陷朱穆。太学生刘陶等人愤愤不平，联名上书请愿，桓帝迫于舆论压力赦免了朱穆。公元162年，宦官徐璜等向平定羌人叛乱有功的皇甫规敲诈勒索，遭到拒绝。徐璜等反诬告皇甫规私吞军饷。皇甫规被桓帝罚服苦役，太学生张风等人和一些官员联合起来共同上书，使皇甫规获得赦免。这两次以太学生主体的反对宦官的斗争取得了胜利，他们的活动对当权的宦官形成巨大的压力。

公元165年，陈蕃做了太尉，名士李膺做了司隶校尉。他们都是读书做官、操行廉正又看不惯宦官弄权的人，因而太学生都拥护他们。

李膺做司隶校尉的职责是纠察京师百官及附近各郡县官吏。有人向他告发大宦官张让的弟弟张朔做县令时，横行不法，虐杀孕妇，事后逃到张让家躲避罪责。李膺打听到张朔藏在张让家空心柱子中，亲率部下直入张让家中，"破柱取朔"，拉出去正法了。

张让马上向汉桓帝哭诉。桓帝知道张朔的确有罪，也没有责备李膺。

李膺执法公正，刚直不阿，轰动了京师，受到士人和百姓的推崇。

过了一年，有一个和宦官来往密切的方士张成，从宦官侯览那里得知朝廷即将颁布大赦令，就纵容自己的儿子杀人。杀人凶手被逮起来，准备法办。就在这时，大赦令下来了。张成得意地对众人说："有大赦诏书，司隶校尉也不能把我儿子怎么样。"这话传到李膺的耳朵里，李膺怒不可遏。他说："张成预先知道大赦，故意叫儿子杀人，这是藐视王法，大赦轮不到他儿子。"就下令把张成的儿子处决了。

张成哪肯罢休，他与宦官侯览、张让一起商量了一个鬼主意，叫张成的弟子牢修向桓帝诬告李膺和太学生，罪状是"结成一党，诽谤朝廷"。

汉桓帝接到牢修的控告，便下令逮捕党人。除了李膺之外，还有杜密、陈寔和范滂等二百多人，均在党人之列。朝廷通令各地抓捕这些人。李膺和杜密都被关进了监狱。

捉拿人的诏书到达了各郡，各郡的官员都把与党人有牵连的人申报上去，有的多达几百个。

第二年，有个叫贾彪的颍川人，自告奋勇到洛阳替党人申冤叫屈，汉桓帝的岳父窦武也上书要求释放党人。李膺在牢里采取以守为攻的办法，故意招出了好些宦官的子弟，说他们也是党人。宦官害怕，就对汉桓帝说："现在天时不正常，应当施行大赦。"汉桓帝对宦官是唯命是从的，马上宣布大赦，把两百多名党人全部释放了。

党人被释放后，宦官不许他们在京城居留，打发他们一律回家，并把他们的名字向各地通报，罚他们一辈子不得做官。这就是第一次党锢事件。桓帝袒护宦官集团，使社会更加黑暗，而正直的党人们却受到社会各阶层的称赞。党人范滂出狱回家，家乡人迎接他的车多达数千辆。

桓帝死后，灵帝即位，窦太后临朝，大将军窦武和太傅陈蕃辅政。他们起用李膺等被禁锢的党人，企图一举消灭宦官势力。宦官曹节等发动宫廷政变，劫持窦太后、挟制灵帝，窦武兵败自杀，陈蕃也被捕死于狱中。公卿百官中受陈、窦举荐的全部免官禁锢。公元169年，张俭揭发宦官的爪牙为非作歹，反被宦官倒打一耙，并乘机把上次禁锢过的党人牵连进去，李膺等一百多人被捕死于狱中。又过几年，曹鸾上书为党人诉冤，灵帝反而重申党禁，命令抓捕一切与党人有关的人，凡是党人门生、故吏、父子兄弟和亲属，皆免官禁锢，这是第二次党锢事件。直到黄巾起义爆发，灵帝被迫赦免了党人，党锢才结束。

黄巾起义

东汉末年，土地兼并严重，豪强地主势力日益扩张；宦官专权，吏治腐败，统治集团日趋腐朽，社会矛盾日趋激化；而天灾人祸不断，流民颠沛流离。走投无路的农民被迫奋起反抗，终于酿成了东汉中平元年（公元184年）中国历史上第一次有组织、有准备、全国性的农民起义——"黄巾大起义"。

东汉外戚和宦官两大集团的争权夺利，使朝政混乱，吏制腐败。水旱、虫蝗、风雹、地震、牛疫等自然灾害频繁。灵帝时河内、河南地区大饥荒，出现了河内的老婆吃丈夫，河南的丈夫吃老婆的事情。农民起义此起彼伏。安帝时，毕豪率众起义揭开了反对东汉统治的序幕。

巨鹿郡有弟兄3个，老大名叫张角，老二名叫张宝，老三名叫张梁。三个人不仅有本领，还常常帮助老百姓排忧解难。

张角通晓医术，给穷人治病，从来不要钱，深得穷人的拥护。他知道农民只求安安稳稳地过日子，可眼下受地主豪强的压迫和天灾的折磨，多么盼望有一个太平世界啊！于是，他决定利用宗教把群众组织起来，便创立了一个教门叫太平道。

随着他和弟子们的传教广泛深入民间，相信太平道的人越来越多。大约花了10年的时间，太平道传遍了全国。各地的教徒发展到几十万人。

张角和其他组织者商议后，把全国8个州几十万教徒都组织起来，分为36方，大方有一万多人，小方六七千人，每方选出一个首领，由张角统一指挥。

他们秘密约定36方在"甲子"年（公元184年）三月初五那天，京城和全国同时举行起义，口号是："苍天已死，黄天当立；岁在甲子，天下大吉。""苍天"，指的是东汉王朝；"黄天"，指的是太平道。张角还派人在洛阳的寺庙和各州郡的官府大门上，用白粉写上"甲子"两字，作为起义的暗号。

可是，在离起义的时间还有一个多月的紧要关头，情况发生了变化，起义军内部出了叛徒，向东汉朝廷告了密。

面对突然变化的形势，张角当机立断，决定提前一个月举事。36方的起义农民，接到张角的命令后，同时起义。因为起义的农民头上全都裹着黄巾，作为标志，所以称作"黄巾军"。

汉灵帝得到消息后，惊慌失措，忙拜外戚何进为大将军，派出大批军队，由皇甫嵩、朱儁、卢植率领，兵分两路，前去镇压黄巾军。

然而，各地起义军声势浩大，把官府的军队打得望风而逃。起义之初，义军进展顺利：河北黄巾军生擒皇族安平王刘续、甘陵王刘忠；南阳（今河南南阳）黄巾军斩杀太守褚贡，围攻宛城；汝南黄巾军在召陵（今河南漯河市东北）打败太守赵谦军；广阳（今北京市西南）黄巾军攻破蓟县，杀幽州刺史郭勋。

起义军发展壮大后，张角自称天公将军，其弟张宝称地公将军，张梁称人公将军。张角、张梁驻广宗，张宝驻下曲阳，作为农民军中央基地，率部在冀州一带攻城掠地，同时节制各路义军；南阳黄巾军由张曼成率领，在南方扩张势力；汝南黄巾军由波才、彭脱率领，活动于颍川（在今河南禹县）、陈国（在今河南淮阳市）一线，成为黄巾第三大主力。黄巾军从北、东、南三个方向对京师洛阳形成包围之势。

黄巾农民军的"遍地开花"引起了东汉朝廷的恐慌。汉灵帝从温柔乡中醒来，匆忙组织武装镇压。他下令大赦党人，以缓和统治阶级内部矛盾；又下诏令各地严防义军势力渗透，并积极集兵进剿。灵帝命国舅兼大将军何进统率左、右羽林军，加强洛阳防御，拱卫京师；左中郎将皇甫嵩、右中郎将朱儁率4万步骑进攻颍川黄巾军；北中郎将卢植率北军和地方军队进攻河北黄巾军。

张曼成率南阳黄巾军进攻中原战略要地宛城，遭南阳太守秦颉顽抗，张曼成战死。赵弘继为指挥，攻克宛城，部众发展至10余万人。六月，刚刚剿灭颍川义军的朱儁，把屠刀挥向南阳黄巾军，与荆州刺史徐璆、南阳太守秦颉合兵两万余人围攻宛城。黄巾军拼死抵御，坚守两个多月。

朱儁见城坚难攻，遂退兵以诱敌，暗中设伏。赵弘不明虚实，出城追击，遭朱儁伏兵重创，被迫退回城中。但元气大伤的黄巾军已无力守城，余部于十一月向精山（今河南南阳市西北）转移，被官军追上，大部战死。

河南黄巾军被镇压后，东汉朝廷将重点转向河北。因卢植久攻广宗不下，何进改派东中郎将董卓接替卢植，但董卓恃勇轻敌，被张角大败于下曲阳。十月，朝廷再调皇甫嵩进攻广宗，适值张角病死，黄巾军失其主帅，士气受挫。皇甫嵩趁机在夜间发动突袭，义军仓促应战，张梁等3万余人战死。十一月，皇甫嵩移师转攻下曲阳，张宝等10余万人被杀。至此，黄河南北的黄巾军主力先后被官军及地方豪强武装消灭。

公元185年农历四月，波才率部击败朱儁，进围皇甫嵩于长社（今河南长葛东北）。但因缺乏作战经验，依草结营，时值大风，皇甫嵩乘夜顺风纵火，义军大溃；皇甫嵩随即联合朱儁、曹操三军合击黄巾军，斩杀义军数万。官军乘胜进击汝南、陈国黄巾军，阳翟一战（今禹县），波才战死；彭脱的黄巾军也在西华被击溃。八月，东郡（今河南濮阳市西南）黄巾军与官军大战于苍亭，7000余人被屠杀，主将卜己身死。颍川、汝南、东郡三郡黄巾军主力悉数被歼。

黄巾起义虽仅9个月便失败了，但起义的余波却持续了20多年。黄巾起义瓦解了东汉王朝的统治，外戚宦官的黑暗统治也因此结束了。

三国

东汉末年，各地割据势力称霸一方，相互攻伐不止，赤壁之战后，曹操、刘备、孙权三分天下的格局已然形成。之后，曹操之子曹丕称帝建魏，刘备称帝建立蜀汉，孙权称帝立国东吴，魏、蜀、吴三国鼎立。三国建立之初，各自巩固自己的统治，曹魏建立九品中正制，推行屯田制，这些制度均对后世中国影响很大；蜀汉积极发展经济，并将疆土拓展至西南少数民族地区；孙吴立足江南，为原本落后的江南地区带来了先进的生产技术和大量的劳动力，使得这里的社会经济得到了极大的发展。

袁绍拥兵自重

汉灵帝在黄巾军起义的风潮中，一命呜呼了。他死后，年仅 14 岁的皇子刘辩继承皇位，这就是汉少帝。由于少帝年幼，何太后便按惯例临朝，这样一来，朝政大权又落入了外戚、大将军何进的手里。

袁绍，字本初，汝南汝阳（今河南商水西北）人。他出生于一个世代为官的地主家庭，从祖上袁安起，一直到袁绍的父亲袁逢，四代人中出了五个"三公"，人称"四世三公"。

由于何太后不同意消灭宦官，袁绍就劝何进密召驻扎河东的董卓带兵进京，用武力胁迫何太后。不料董卓还没有到达洛阳，宦官已得到消息，提前下手把何进杀死了。袁绍得知消息后，就和他的兄弟袁术带兵进宫，将搜捕到的宦官，全部杀死了。

这时，董卓已率关西军进入洛阳。为了控制住局面，董卓假造声势，收编了何进的部下，独掌了朝政大权。此后，他便想废掉少帝刘辩，但又害怕众人不服，便找袁绍来商量，希望能借重袁绍的影响来控制朝野内外，谁知袁绍表示坚决反对，两人话不投机，拔刀相向。袁绍呆在京师，总担心董卓对他下手，便匆忙离开了京师。

袁绍走后，董卓立即废掉少帝刘辩，另立陈留王刘协为帝，这就是汉献帝。袁、董虽然反目成仇，但袁绍世代为官，是当时声名显赫的世家大族，董卓顾及袁绍势力太大，为了缓和同袁绍的矛盾，就听从一些官员的劝告，任命袁绍为渤海太守。

不久，袁绍号召各地豪强贵族势力反对董卓废立皇帝，董卓因此而杀死袁氏一族在洛阳和长安的 50 多人。董卓残忍地对待袁氏家族，反而使袁绍更具有号召力。在反对董卓的队伍中，有一支不太引人注目的队伍，带领这支队伍的首领，名叫曹操。

枭雄曹孟德

曹操，字孟德，小名阿瞒，沛国谯县（今安徽亳县）人。他父亲夏侯嵩是汉桓帝时大宦官曹腾的养子，随曹腾改姓了曹。

曹操从小就很聪明机警，善于随机应变。当时汝南名士许劭以善于评论人物著称，曹操特地登门拜访，请他品评自己。许劭起初不肯评说，经曹操再三追问，他才说：

"你在治世时，会成为能干的大臣；在乱世里，会成为奸雄。"

曹操在20岁的时候，当了一个叫洛阳北部尉的小官，但是声望很高。

公元190年，曹操和各路讨伐董卓的大军，在陈留附近的酸枣（今河南延津西南）集合，组成一支"反董"联军，大家共同推举袁绍作为联军的盟主。

董卓听说各地起兵的消息，心惊胆战。他不顾大臣们的反对，决定迁都长安。汉献帝被迫离开洛阳后，董卓下令放火焚城。一时间，洛阳成了一片火海，致使洛阳的百姓流离失所，尸骨弃野。

这时，在酸枣附近集结的各路讨董大军都按兵不动，彼此观望。曹操看到这种情形，义愤填膺，带领手下5000人马，向成皋进兵。曹操的人马刚刚到了汴水，便遭到了董卓部将徐荣的攻击。双方力量对比悬殊，一交手，曹操便败下阵来。

曹操损兵折将，回到酸枣。他看到起义讨伐董卓的同盟军不能与他一起成就大事，就单独去了扬州（今安徽准水和江苏长江以南），在那里招兵买马，养精蓄锐。

王允除董卓

董卓到了长安后，就自称太师，要汉献帝尊称他是"尚父"。

他看到朝廷里的大臣们人心涣散，对他没有什么威胁，也就寻欢作乐起来了。他在离长安200多里的地方，建筑了一个城堡，称作郿坞。郿坞的城墙修得又高又厚，他把从百姓那里搜刮得来的金银财宝和粮食都贮藏在那里，单说粮食一项，30年也吃不完。

郿坞筑成以后，董卓得意地对人说"如果大事能成，天下就是我的；如果大事不成，我就在这里安安稳稳度晚年，谁也打不进来。"

董卓有一个心腹，名叫吕布，勇力过人。董卓把吕布收作干儿子，叫吕布随身保护他。他走到哪里，吕布就跟到哪儿。吕布的力气特别大，射箭骑马的武艺，十分高强。那些想刺杀董卓的人，因为害怕吕布的勇猛，就不敢动手了。

司徒王允想除掉董卓。他知道要除掉董卓，必须先打吕布的主意。于是，他就常常请吕布到他家里，一起喝酒聊天。日子久了，吕布觉得王允待他好，也就把他跟董卓的事情向王允透露一些。

原来，董卓性格暴躁，稍不如他的意，就不顾父子关系，向吕布发火。有一次，吕布无意中冲撞了他，董卓竟将身边的戟朝吕布掷去。幸亏吕布眼疾手快，侧身躲过了飞来的戟，没有被刺着。为此，吕布心里很不痛快。王允听了吕布的话，心里挺高兴，就把自己想杀董卓的打算也告诉了吕布。

吕布答应跟王允一起谋反。

公元192年，汉献帝生了一场病，身体痊愈后，在未央宫接见大臣。董卓得到通报从郿坞到长安去。为了提防有人刺杀他，他在朝服里面穿上铁甲，在乘车进宫的大路两旁，派卫兵密密麻麻地排成一条夹道护卫。他还叫吕布带着长矛在身后保卫他。他认为经过这样安排，就万无一失了。

殊不知，王允和吕布早已设好计策。吕布安插了几个心腹勇士扮作卫士混在队伍里，专门在宫门口等候。董卓的坐车刚一进宫门，就有人拿起戟向董卓的胸口刺去。

但是戟扎在董卓胸前铁甲上，刺不进去。

吕布见此情景，立即举起长矛，一下子戳穿了董卓的喉头。随即，吕布从怀里拿出诏书向大家宣布："皇上有令，只杀董卓，别的人一概不追究。"董卓的将士们听了，都高兴地呼喊万岁。

长安的百姓听到奸贼董卓死了，欢声雷动，举杯相庆。可是，过了不久，董卓的部将李傕、郭汜攻入长安，杀死了王允，赶走了吕布，长安又陷入混乱动荡之中。

煮酒论英雄

东汉王朝经历了董卓之乱后，已经名存实亡，各地州郡割据一方，官僚、豪强趁机争城夺地，形成了大大小小的割据势力。

经过几年的苦心经营，曹操的势力渐渐壮大。他打败了攻进兖州（今山东省西南部和河南省东部）的黄巾军，在兖州建立了一个据点。他还将黄巾军的降兵补充到自己的军队中，扩大了武装。后来，他又打败了陶谦和吕布，成为一个强大的割据势力。

公元195年，长安的李傕和郭汜发生火并，互相攻伐。在这种情况下，外戚董承和一批大臣带着献帝逃出长安，回到洛阳。这时的洛阳宫殿，早已被董卓烧光了，到处是瓦砾碎石、残垣断壁、荆棘野草。汉献帝到了洛阳，没有宫殿，就住在一个官员的破旧住房里。一些文武官员，没有地方住，只好搭个简陋的草棚，遮风避雨。这些还不算，最大的难处是没有足够的粮食充饥。

这时候，曹操正驻兵在许城（今河南许昌），听到这个消息，就和手下的谋士商量，把汉献帝迎过去。随后，他派出曹洪带领一支人马到洛阳去迎接汉献帝。

曹操把汉献帝迎到许都的这一年，徐州牧刘备前来投奔他。那时，刘备驻守的徐州被袁术和吕布联军夺了去。

刘备是河北涿郡（今河北涿州市）人，是西汉皇室的宗亲。他从小死了父亲，家境败落，跟他母亲一起靠贩鞋织席过日子。他对读书不太感兴趣，却喜欢结交豪杰。有两个贩马的大商人经过涿郡，很赏识刘备的气度，就出钱帮助他招兵买马。

当时，到涿郡应募的有两个壮士，一个名叫关羽，一个名叫张飞。这两人武艺高强，又跟刘备志同道合，日子一久，3个人的感情真比亲兄弟还密切。

刘备投奔曹操以后，曹操和刘备一起去攻打吕布。吕布兵败被杀。回到许都后，曹操请汉献帝封刘备为左将军，并且非常尊重刘备，走到哪儿，都要刘备陪在他身边。

这时候，汉献帝觉得曹操的权力太大了，又很专横，便要外戚董承设法除掉曹操。他写了一道密诏缝在衣带里，又把这条衣带送给董承。

董承接到密诏，就秘密地找来几个亲信，商量如何除掉曹操。他们觉得自己力量不够，认为刘备是皇室的后代，一定会帮助他们，就秘密与刘备联络。刘备果然同意了。

此后过了不久，曹操邀请刘备去喝酒。两个人一面喝酒，一面说笑，谈得很投机。他们谈着谈着，很自然地谈到天下大事上来了。曹操拿起酒杯，说："您看当今天下，有几个人能算得上英雄呢？"

刘备谦虚地说："我说不清楚。"

曹操笑着对刘备说："我看啊，当今的天下英雄，只有将军和我曹操两个人。"

刘备心里想着跟董承同谋的事，正感觉不安，听到曹操这句话，大吃一惊，身子打了一个寒战，手里的筷子掉在了地上。

正巧在这时，天边闪过一道电光，接着就响起一声惊雷。刘备一面俯下身子捡筷子，一面说："这个响雷真厉害，把我吓成这个样子。"

刘备从曹操府中出来，总觉得曹操这样评价自己，将来会丢了性命，便等待机会离开许都。

事也凑巧，袁绍派他儿子到青州去接应袁术，要路过徐州。曹操认为刘备熟悉那一带的情况，就派他去截击袁术。

刘备一接到曹操命令，就赶紧和关羽、张飞带着人马走了。

刘备打败了袁术，夺取了徐州，决定不回许都去了。

到了第二年春天，董承和刘备在许都合谋反对曹操的事败露了。曹操把董承和他的三个心腹都杀了，并且亲自发兵征讨刘备。

刘备听说曹操亲自带领大军进攻徐州，慌忙派人向袁绍求救，袁绍手下的谋士田丰劝袁绍乘许都兵力空虚的时候偷袭曹操，袁绍没有听从。

曹操大军进攻徐州，刘备兵少将寡，很快就抵挡不住，最后只好放弃徐州，投奔冀州的袁绍。

官渡之战

袁绍看到刘备兵败后，才感到曹操是个强大的敌人，决心进攻许都。

公元200年，袁绍调集了十万精兵，派沮授为监军，从邺城（冀州的治所，在今河北临漳西南）出发，进兵黎阳（今河南浚县）。他先派大将颜良渡过黄河，进攻白马（今河南滑县）。

当时，曹操的部下刘延驻守白马，坚守不出。曹操虽亲率大军驻扎在官渡（今河南中牟县），但是兵力也很少，只有三四万人，没有办法分兵来救。曹操很是着急。谋士荀攸向曹操献计说："我军兵少，面临强敌，正面交锋恐怕不易得手，应该分散袁绍的兵力。曹公您领兵向延津（今河南延津北）推进，摆出要渡黄河进攻袁绍后方的阵势，袁绍一定分兵向西，然后我们用轻骑突袭白马，攻其不备，一定可以擒获颜良。"曹操认为荀攸说得很有道理，便按他说的去做，进军延津。袁绍知道后，十分惊慌，急忙命令黎阳的袁军星夜赶到延津渡口，截住曹军，不让他们过河。曹操见袁绍中计，便立即率领轻骑直扑白马。当时围攻白马的是袁绍的大将颜良、郭图，他们自恃兵多将广，又有黎阳做后盾，麻痹轻敌。曹军到白马后立即发动袭击，颜良、郭图毫无防备，被杀得大败。

袁绍听到这个消息，决定孤注一掷，全军渡河，追击曹军。

沮授一再劝告袁绍，但袁绍向来刚愎自用，不听劝告，率大军渡过黄河朝延津以南而来，并派大将文丑率精兵追击曹军。曹操见袁绍军追来，下令以后军为前军，绕道西进；令徐晃率600多名精锐骑兵在树丛中埋伏起来。文丑率大军追到，见路上扔满车辆物资，士兵们纷纷跳下马抢东西。这时曹军突然杀出，袁军仓促应战，大败而逃。文丑被徐晃一刀砍死，袁军士兵逃降的不计其数。

袁绍一再战败，一心想跟曹操决一死战。沮授经仔细分析，认为袁军新败不宜决战，曹操虽胜，但兵少粮缺，只要与曹长期对峙，曹操必败。袁绍骄傲成性，无人能劝，亲率大军直逼官渡。官渡离许昌不到200里地，是许昌的屏障，也是南北咽喉要道。一旦官渡失守，许昌危在旦夕。这时曹操只有死守官渡。曹军作战勇猛，又占有地利，袁绍攻了好几次，都无功而返，两军处于相持状态。

粮草缺乏的曹军被困官渡已一个多月，再也坚持不下去，曹操决定退守许都。苟彧正在许都留守，知道后便给他来信，让他再坚持一下，事情可能会有转机。在袁绍那里，许攸一眼看破曹操困境，认为曹操兵少，此时又去集中力量与袁军对抗，许都一定空虚；如果派一支精锐轻骑去偷袭许都，一定能攻下，也能把献帝控制在手中，再来讨伐曹操，曹操必被擒。即使许都攻不下，也会造成曹操首尾不能相顾的局面，曹操必败。但袁绍不听从他的建议。

许攸在袁绍手下郁郁不得志，想起曹操是他的老朋友，就连夜投奔了曹操。

曹操在大营里刚脱下靴子，正想入睡，听说许攸来投奔他，高兴得顾不上穿靴子，光着脚板跑出来迎接许攸。他一见许攸的面便说："您来了，真是太好了！我的大事有希望了。"

许攸说："我知道您的情况很危急，特地来给您透露个消息。现在袁绍有一万多车粮食、军械，全都在乌巢放着。那里的守将是淳于琼，他的防备很松。您只要带一支轻骑兵去袭击，把他的粮草全部烧光，三天之内，袁兵就会不战自败。"

曹操得到这个重要情报后，立刻布置好官渡大营防守，自己带领五千骑兵，连夜向乌巢进发。他们打着袁军的旗号，对沿路遇到袁军的岗哨说，他们是袁绍派去增援乌巢的。

曹军顺利地到了乌巢，放起一把火，把1万车粮食，烧了个一干二净。乌巢的守将淳于琼匆忙应战，也被曹军杀了。

乌巢被烧，袁绍决定偷袭曹操大营，切断他的归路，而不派兵去乌巢。张郃、高览被袁绍派去攻打曹军大营。张郃深知，如果粮草被烧，袁军将无法支持，必败无疑，他便去劝袁绍，但没有效果。张郃只好硬着头，同高览领着几万大军攻打官渡曹军大营。他们刚到达官渡，就遇到曹军的顽强抵抗，背后又受到从乌巢得胜回来的曹操的猛攻。张郃见袁绍成不了大事，便与高览率军投降了曹操。

袁绍经此打击，实力大大削弱，袁绍的士兵不攻自乱，曹操率军奋力冲杀，袁军大败。袁军7万多人被杀死，袁绍慌忙带着儿子袁谭和八百骑兵，向北逃窜。官渡之战结束后，曹操继续向袁绍的地区进兵。公元202年，袁绍病死。公元205年，曹操对袁谭发动进攻，袁谭兵败被杀，袁绍的另外两个儿子袁熙和袁尚逃往乌桓。公元206年，曹操攻下了冀、青、幽、并四州，统一了北方。

孙策入主江东

正当曹操经营北方的统一大业时，南方有一支割据势力渐渐壮大起来，这支队伍的首领就是入主江东（今长江下游的江南地区）的孙策、孙权两兄弟。

孙策，字伯符，吴郡富春（今浙江富阳）人，出生于当地一个名家大族。他的父亲孙坚因镇压农民起义有功，朝廷封他为长沙太守。

孙坚后来又参加了讨伐董卓的联军。他到鲁阳（今河南鲁山县）时遇上袁术，被袁术封为破虏将军。在袁术和刘表争夺荆州的战斗中，孙坚打先锋，击败了刘表的大将黄祖，孙坚乘胜追击。不料，在追击途中被黄祖手下一名躲藏在树丛中的士兵用暗箭射死。

孙坚死后，长子孙策接替他的职务，统领部队，继续在袁术手下供职。孙策打起仗来勇猛异常，总是一马当先，当时人们都称他为"孙郎"。

孙策想继承父志，干一番大事业，但总感到在袁术手下难以施展自己的抱负。于是千方百计寻找机会脱离袁术，另寻出路。正巧孙策的舅舅、江东太守吴景，这时被扬州刺史刘繇赶出丹阳，孙策便向袁术请求，去平定江东，替舅舅报仇。

孙策带领袁术拨给他的1000人马到江东去，以此来开辟自己的地盘，他一路上招募兵士，从寿春到达历阳（今安徽和县）时，已招募了五六千人。这时，孙策少年时的好朋友周瑜正在丹阳探亲，听说孙策出兵，就带领一队人马前来接应，帮助他补充了粮食和其他物资。这样，孙策进一步充实了自己的力量，而且增加了一个得力助手。

孙策带领军队，渡过长江，先后几次打败刘繇的军队，最后把刘繇从丹阳赶走，还攻下了吴郡和会稽郡，同时控制了江东大部分地区。

孙策到江东后，军纪严明，不许士兵抢掠百姓财物、侵害百姓利益，深得江东百姓的欢迎。

孙策平时爱好打猎。有一天，他追赶一头鹿，一直追到江边，他的马快，跟从他的人都被远远地甩在后面。这时，原吴郡太守许贡的三个门客正好守在江边。孙策在攻下吴郡时，杀了太守许贡，因此，许贡的门客一直在寻找机会替许贡报仇。他们见机会来了，便一齐向孙策突发冷箭。孙策的面颊中了一箭。

孙策的病情很快恶化，他自知好不了了，便把张昭等谋士请来，对他们说："我们现在依靠吴、越地区的人力资源，长江的险固，可以干一番事业，请你们好好辅佐我的弟弟。"他又把弟弟孙权叫到面前，把自己的官印和系印丝带交给他，说："带领江东的人马，在战场上一决胜负，和天下人争英雄，你不如我；推举和任用贤能的人，使他们尽心竭力，保住现在的江东，我不如你。"当晚，这位纵横江东的"孙郎"便死去了。

孙策死后，孙权接替他的职务，掌管大权。在张昭和周瑜的帮助下，年仅19岁的孙权，继承父兄业绩，担负起巩固发展江东的重任。

三顾茅庐

当曹操扫除北方残余势力的时候，在荆州依附刘表门下的刘备，也正寻找机会实现自己的政治抱负。他四处招请人才，为自己出谋划策。在投奔他的人当中，有个名士叫徐庶，刘备非常赏识他的才智，便拜他为军师。

有一天，徐庶对刘备说道："在襄阳城外20里的隆中，有一位奇士，您为什么不去请他来辅助呢？这位奇士复姓诸葛，名亮，字孔明。此人有经天纬地之才，人称

'卧龙'"。

刘备听到有这样的贤才，非常高兴，便决定亲自去拜访诸葛亮。第二天，刘备带着关羽、张飞启程前往隆中。

刘备一行三人来到隆中卧龙岗，找到了诸葛亮居住的几间茅草房。刘备下马亲自去叩柴门，一位小僮出来开门，刘备自报姓名，说明了来意。小僮告诉他们："先生不在家，一早就出门了。"

几天以后，刘备听说诸葛亮已经回来了，忙让备马，再次前往。时值隆冬，寒风刺骨。他们三人顶风冒雪，非常艰难地走到卧龙岗。当他们来到诸葛亮家，才知道诸葛亮又和朋友们出门了。刘备只好给诸葛亮留下一封信，表达了自己求贤若渴的心情。

刘备回到新野之后，一心想着诸葛亮的事，时常派人去隆中打听消息，准备再去拜谒孔明。三个人第三次去隆中时，为了表示尊敬，刘备离诸葛亮的草房还有半里地就下马步行。到了诸葛亮的家时，碰巧诸葛亮在草堂中醉睡未醒。刘备不愿打扰他，就让关张两人在柴门外等着，自己轻轻入内，恭恭敬敬地站在草堂阶下等候。

诸葛亮被刘备的诚心所打动，他根据自己多年来研究时势政治的心得体会，向刘备详细讲述了自己的政治见解，提出了实现统一的战略方针。他说："现在曹操打败了袁绍，拥有百万兵马，又借天子的名义号令天下，很难用武力与他争胜负了。孙权占据江东，那里地势险要，民心顺服，还有一批有才能的人为他效劳，也不可以与他争胜负，但可以与他结成联盟。"

接着，诸葛亮分析了荆州和益州（今四川、云南和陕西、甘肃、湖北、贵州的一部分地区）的形势，认为如果能占据荆州和益州的地方，对外联合孙权，对内整顿内政，一旦机会成熟，就可以从荆州、益州两路进军，攻击曹操。到那时，功业可成，汉室可兴。

刘备听完诸葛亮的讲述，茅塞顿开。他赶忙站起来，拱手谢道："先生的一席话，让我如拨开云雾而后见青天。"刘备从诸葛亮的分析中看到了自己广阔的政治前景，于是再三拜请诸葛亮出山。诸葛亮见刘备这样真诚地恳求，也就高高兴兴地跟刘备到新野去了。

从那时起，年仅27岁的诸葛亮用他的全部智慧和才能帮助刘备实现政治抱负，建立大业。从此，刘备才真正拉开了称霸一方的序幕。

赤壁之战

曹操统一北方后，于公元208年秋天率兵30万，号称80万，南下攻打荆州。当曹操的军队还没有到达时，刘表就病死了。他的两个儿子——长子刘琦、次子刘琮向来就不和睦，在刘表临终前几个月，刘琦出任江夏太守；刘琮被部下拥戴，继任荆州牧。刘琮是个贪生怕死的人，听说曹操来攻荆州，暗地派人投降，曹操兵不血刃地占领了襄阳，当时刘备和诸葛亮正在与襄阳一水之隔的樊城（今湖北襄樊）操练兵马，他还不知道刘琮已经投降。曹操大军逼近时，单凭自己的力量抵抗曹操已不可能，便与诸葛亮率军向江陵（今湖北江陵）退去。刘备在荆州很有影响，当他撤退时，有10多万百姓纷纷随他南下，辎重数千辆，男女老幼互相搀扶，所以每天走得很慢。曹操看出刘备想退守江陵的意图，亲自率5000骑兵，昼夜急行300多里，直奔江陵。曹军在当阳长坂追上刘备，大败刘备。曹操顺利占据江陵，而刘备却逃到刘琦驻守的夏口。此时刘备的军队除关羽的1万水军和刘琦的1万多步兵外，其余损失殆尽。

曹操席卷荆州的消息传到江东，孙权部下的文武官员都异常震动，有些人主张投降，孙权犹豫不决。在曹操进兵荆州以前，孙权就曾派鲁肃到荆州去探听虚实，鲁肃在当阳劝刘备把军队移驻到长江南岸的樊口（今湖北鄂城），以便和东吴互通声气。刘备乘机派诸葛亮和鲁肃一同前往柴桑（今江西九江）去见孙权，商议联合抗曹的策略。这时候，孙权接到曹操的恐吓信，声称孙权若不投降，他将率80万大军直捣江东。曹操的威势使一些人吓破了胆，长史张昭就是其中之一。他认为只有投降才是上策。针对这种观点，周瑜批驳说："曹操挥师南下，后边有关西马超、韩遂的威胁，后方一定不稳定。再说曹军习于陆战，不习水战，他们与我们较量是舍长就短。另外，现在是寒冬十月，曹操军马粮草不足，北方士兵远涉江湖之间，水土不服，必生疾病。这些都是曹操致命的弱点。曹操号称80万大军，据我观察，曹操带来的军队不过十五六万，已疲惫不堪；从刘表那里所得军队，最多不过七八万，且人心不稳。这二十二三万军队人数虽多，但不堪一击。将军只要给我5万精兵，就足以打败曹操，请将军放心。"一番话说得孙权非常激动，他拔出宝剑，砍掉奏案的一角，厉声说道："诸将吏谁再敢说投降二字，就和这奏案一样！"

于是，孙权以周瑜为左督（总指挥），程普为右督（副总指挥），鲁肃为赞军校尉（参谋长），率精兵3万，与刘备大军一齐进驻长江南岸的赤壁（今湖北蒲圻西北），与江北曹操的军队隔江对峙。

曹操的士兵因来自北方，初到南方个个水土不服，很不习惯南方潮湿的气候，再加上不习惯乘船，没多久就病倒了许多人。曹操见士兵们身体虚弱，只好召集谋士们商量对策。这时，有人献上连环计：将水军的大小战船分别用铁环锁住，十几条船一排，每排船上再铺上宽阔的木板，不仅人可以在上面行走自如，就是马也可以在上面跑起来。曹操听了非常高兴，立即下令：连夜打造连环大钉，锁住大小战船。这样做后，效果果然不错，人在船上走，如履平地，一点也不觉得摇晃。

驻防在长江南岸的孙刘联军，看见曹操的战船连在一起，便想用火攻。正在发愁无法将火种靠近敌船时，周瑜手下的大将黄盖主动要求自己假装投降，以便靠近敌船。

周瑜很赞成黄盖的主意，两人经过商量，派人给曹操送去一封信，表示投降曹操。曹操以为东吴的人看清了形势，害怕兵败身亡，便没怀疑黄盖的假投降。

周瑜在江东将各路人马布置停当，只等东南风起，火攻曹营。

公元208年冬至那天半夜，果然刮起了东南风，而且风势越来越猛。黄盖又给曹操去了一封信，约定当晚带着几十只粮船到北营投降。

当天晚上，黄盖率领20只战船，船上装满干草、芦苇，浇了膏油，上面蒙上油布，严严实实地把船遮盖住。每只船后又拴着3只划动灵活的小船，小船里都埋伏着弓箭手。降船扯满风帆，直向北岸驶去。曹军水寨的官员听说东吴的大将前来投降，都跑到船舷来观看。

黄盖的大船离北岸约2里左右时，只见黄盖大刀一挥，二十几只大船一齐着起火来，火焰腾空而起，二十几条战船像狂舞的火龙，一起撞入曹操的水军中。火趁风势，风助火威，一眨眼的工夫，曹军的水寨成了一片火海。水寨外围都是用铁钉和木板连起来的首尾相接的连环船，一时间拆也无法拆，逃也逃不走，只好眼巴巴地看着大火烧尽战船。黄盖他们则早已跳上小船，不慌不忙地接近北营，向岸上发射火箭。这样一来，不但水寨里的战船被烧，连岸上的营寨也着了火。一时间，江面上火逐风飞，一片通红，漫天彻地。

刘备、周瑜一看北岸火起，马上率水陆两军同时进兵，杀得曹军死伤了一大半，曹操败走华容道。刘备、周瑜水陆并进，乘胜追击，一直追到南郡。曹操在战斗中损兵折将。恰在这时，又传来孙权围攻合肥的消息，必须派兵驰援。曹操只得留下曹仁、徐晃驻守江陵，乐进驻守襄阳，自己率领其余的队伍踏上北归的路途。

赤壁之战，以孙刘联军胜利、曹操大败而告结束。这是三国时期以少胜多，以弱制强的著名军事战役，为三国鼎立奠定了基础。赤壁之战结束后，曹操再也无力南下，统一全国的愿望化成了泡影。孙权稳定江东，并且向岭南地区发展。刘备占据荆州，向益州发展。

刘备入川

赤壁之战以后，周瑜把曹操的人马从荆州赶了出去。在荆州的归属问题上，孙、刘两家发生了分歧。刘备认为，荆州本来是刘表的地盘，他和刘表是本家，刘表不在了，荆州理应由他接管；孙权则认为，荆州是靠东吴的力量打下来的，应该归东吴。后来，周瑜只把长江南岸的土地交给了刘备。刘备认为分给他的土地太少了，很不满意。不久，周瑜病死，鲁肃从战略的角度考虑，认为把荆州借给刘备，可以让他抵挡北方的曹操，东吴便可以借机整顿兵马，图谋大业。为此，他劝说孙权把荆州借给刘备。

借人家地方总不是长远之计，刘备按照诸葛亮的计划，打算向益州发展。正好在这个时候，益州的刘璋派人请刘备入川。

原来，益州牧刘璋手下有两个谋士，一个叫法正，另一个叫张松。两人私交很深，都是很有才能的人。他们认为刘璋是无能之辈，在他手下做事没有出息，想谋个出路。

法正来到荆州后，刘备殷勤地接待了他，同他一起谈论天下形势，谈得十分融洽。法正回到益州后，就和张松秘密商议，想把刘备接到益州，让他做益州的主人。

过了不久，曹操打算夺取汉中（今陕西汉中市东）。这样一来，益州就受到了威胁。张松趁机劝刘璋请刘备来守汉中。刘璋便派法正带了4000人马到荆州去迎接刘备。

刘备见到法正后，对于是否入川还有点犹豫。那时候，庞统已经当了刘备的军师，他坚决主张刘备到益州去。

刘备听从了法正、庞统的劝说，让诸葛亮、关羽留守荆州，自己亲率人马到益州去。

后来，张松做内应的事泄露了。刘璋杀了张松，布置人马准备抵抗刘备。

刘备带领人马攻打到雒城（今四川广汉北）时，受到雒城守军的顽强抵抗，足足打了一年才攻下来，庞统也在战斗中中箭而亡。随后，刘备向成都进攻，诸葛亮也带兵从荆州赶来会师。刘璋坚持不住，只好投降了。

公元 214 年，刘备进入成都，自称益州牧。他认为法正对这次攻进益州立了大功，便把他封为蜀郡太守，致使整个成都都归法正管辖。

诸葛亮帮助刘备治理益州，执法严明，不讲私情，当地有些豪门大族都在背地里吐露怨气。

法正劝告诸葛亮说："从前汉高祖进关，约法三章，废除了秦朝的许多刑罚，百姓都拥护他。您现在刚来到这里，似乎也应该宽容些，这样才合大家心意。"

诸葛亮说："您知道的并不全面。秦朝刑法严酷，百姓怨声载道，高祖废除秦法，约法三章，正是顺了民心。现在的情况与那时完全不同。刘璋平时软弱平庸，法令松弛，蜀地的官吏横行不法。现在我要是不注重法令，地方上是很难安定下来的啊。"

法正听了这番话，对诸葛亮十分佩服。

火烧连营

建安二十五年（公元 220 年），66 岁的曹操病死在洛阳。曹操死后，太子曹丕继袭他的魏王和丞相位，掌握朝廷大权。

同年，曹丕逼迫汉献帝退位，自己称帝，建立魏朝，就是魏文帝。东汉到此也正式结束了。

蜀汉得知曹丕称帝的消息后，大臣们便拥立刘备承继汉家帝位。公元 221 年，汉中王刘备正式在成都即皇位，这就是汉昭烈帝。

由于孙权重用吕蒙，用计袭取了荆州，杀了关羽，使得蜀汉和东吴的矛盾越来越激化。刘备即位之后，便调集 75 万大军，以替关羽复仇为名，进攻东吴。刘备出兵前，张飞的部将叛变，杀了张飞投奔东吴。刘备旧恨未报又添新仇，报仇心切的他命令大军急进。蜀军先锋吴班、冯习很快攻占巫县（今四川巫山）、秭归（今四川秭归）。

东吴君臣吓得要命，赶紧派使者向刘备求和，但都没有效果。孙权正在着急的时候，大臣阚泽以全家担保举荐陆逊为统帅。于是孙权封镇西将军陆逊为大都督，赐给他宝剑印绶，带领 5 万人马抵御蜀军。

第二年正月，刘备到了秭归。蜀军水陆并进，直抵夷陵（今湖北宜昌东南）。刘备率领主力，进驻猇亭（今河北宜都北）。他在长江南岸，沿路扎下营寨，水军也弃舟登陆。从巫峡到夷陵的六七百里山地上，蜀军一连设置了几十处兵营，声势非常浩大。

陆逊看到蜀军士气旺盛，又占据了有利地形，很难攻打，就坚守不出。这时，东吴的安东中郎将孙桓被蜀军包围在夷道（今湖北宜都西北），派人向陆逊求救。陆逊手下的将领，也纷纷要求派兵救援。陆逊对大家说："孙桓很得军心，夷道城池牢固，粮草也很充足，不必忧虑，等我的计谋实现以后，孙桓就自然解围了。"

东吴众将见陆逊既不肯攻击蜀军，又不肯救援孙桓，认为他胆小怕打仗，都在背地里愤愤不平。

刘备在夷陵受阻，从这年（公元 222 年）一月到六月，一直找不到决战的机会。他为了引诱吴军出战，命令吴班带领几千人马，到平地上扎营，摆出挑战的架势。事先在附近山谷里埋伏了 8000 精兵，等候吴军。东吴众将以为机会来了，都想出击。陆逊阻止说："蜀兵在平地里扎营的兵士虽然少，可是周围山谷里一定有伏兵。我们不能上这个当，看看再说。"刘备见陆逊不上当，便把埋伏在山谷中的伏兵撤出。这一来，东吴诸将都佩服陆逊了。

陆逊通过观察，心中已经有数了，于是决定进行反击。陆逊先派一支军队试攻蜀军一处兵营。这一仗，吴军虽然打败了，但陆逊却找到了进攻蜀军的办法。

接着，陆逊命士兵每人拿着一把茅草冲入蜀营，顺风点火，发动火攻。那天晚上，风刮得很大，蜀军的营寨都是连在一起的，一个营起火，便延烧到另一个营。顿时，蜀军的营寨陷入了一片火海之中。陆逊率领大军，乘机反攻，一连攻破蜀军四十余座营寨，杀死蜀将张南、冯习等人。蜀军纷纷逃命，包围夷道的蜀军也都溃逃了。

刘备逃到夷陵西北的马鞍山。陆逊督促大军四面围攻，又杀死蜀军 1 万多人。刘备乘夜冲出重围，逃归白帝城（今四川奉节东）。

这一场大战，蜀军几乎全军覆没，军用物资也全被吴军缴获。历史上把这场战争"夷陵之战"，又称为"猇亭之战"。

后来诸葛亮进行内部整顿，蜀国这才稳定了后方，充实了财政力量，从而可以专心于北方，挥兵北进秦中了。

秋风五丈原

吴王孙权在曹丕、刘备先后称帝后，于公元 229 年农历四月，正式称帝。蜀汉的一些大臣认为孙权称帝是僭位，要求马上同东吴断绝往来。诸葛亮力排众议，认为蜀汉目前的主要敌人是魏国，应继续保持和东吴的联盟，攻伐魏国。

公元 231 年，诸葛亮第 4 次北伐魏国，出兵祁山。魏国派大将司马懿和张郃等一起率领人马开赴祁山。诸葛亮把一部分将士留在祁山，自己率领主力进攻司马懿。

司马懿知道诸葛亮孤军深入，带的军粮也不多，就在险要的地方筑好营垒，坚守不出。后来，魏军将领一再请求出战，并用话来讥刺司马懿。司马懿只好与诸葛亮打了一仗，结果被蜀军打得溃不成军。

诸葛亮几次出兵，往往因为粮食供应不上而退兵，这次又是如此。他接受了这个教训，设计了两种运输工具，叫作"木牛""流马"（两种经过改革的小车），用它们把粮食运到斜谷口（在今陕西眉县西南）囤积起来。

公元 234 年，诸葛亮做好充分准备后，带领 10 万大军北伐魏国。他派使者到东吴，约孙权同时对魏国发起进攻，两面夹击魏国。

诸葛亮大军出了斜谷口，在渭水南岸的五丈原构筑营垒，准备长期作战；另派一部分兵士在五丈原屯田，跟当地老百姓一起耕种。魏明帝派司马懿率领魏军渡过渭水，也筑起营垒防守，和蜀军对峙起来。

孙权接到诸葛亮的信，马上派出三路大军进攻魏国。魏明帝一面亲自率领大军开赴南面抵挡东吴的进攻；一面命令司马懿只许在五丈原坚守，不准出战。

诸葛亮焦急地等待东吴进兵的战况，但是结果令他很失望：孙权的进攻以失败而告终。他想跟魏军决战，但是司马懿始终固守营垒，任凭诸葛亮怎样骂阵，就是坚守不出。双方在那里相持了 100 多天。

诸葛亮在猜测司马懿的心理，司马懿也在探听诸葛亮的情况。有一回，诸葛亮派使者去魏营挑战，司马懿为了了解情况，假意殷勤地接待使者，跟使者聊天，问道："你们丞相公事一定很忙吧，近来身体还好吗！"使者觉得司马懿问的都是些无关大局的话，也就老实回答说："丞相的确很忙，军营里大小事情都亲自过问。他每天早早起来，很晚才睡。只是近来胃口不好，吃得很少。"

使者走了以后，司马懿就跟左右将士说"你们看，诸葛孔明吃得少，又要处理繁重的事务，能支撑得长久吗？"

不出司马懿所料，诸葛亮由于过度操劳，终于病倒在军营里。

诸葛亮

后主刘禅得知诸葛亮生了病，赶快派大臣李福到五丈原来慰问。诸葛亮对李福说："我明白您的意思，您想知道谁来接替我，我看就是蒋琬吧。"

过了几天，年仅 54 岁的诸葛丞相病死在军营里。

按照诸葛亮生前的嘱咐，蜀军将领封锁了他去世的消息。他们把尸体裹着放在车里，布置各路人马有秩序地撤退。

司马懿探听到诸葛亮病死的消息，立刻带领魏军去追蜀军。刚过五丈原，忽然蜀军的旗帜转了方向，一阵战鼓响起，兵士们转身掩杀过来。司马懿大吃一惊，赶快掉转马头，下命令撤退。等魏军离得远了，蜀军将领才不慌不忙地把全部人马撤出五丈原。

诸葛亮虽然没有实现统一中原的愿望，但是他的智慧和品格，一直被后代的人所称颂。

司马懿夺权

诸葛亮死后的一段时期内，蜀国再也没有足够的力量进攻魏国。魏国虽然外部的压力减弱了，但内部却乱了起来。

公元 239 年，司马懿奉命去关中镇守，在前往关中的路上，魏明帝曹叡给司马懿连续下了五道诏书，催他火速赶到洛阳。司马懿赶回洛阳宫中的时候，曹叡已经病势沉重，他握着司马懿的手，看着 8 岁的太子曹芳，说："我等你来，是要把后事托付给你。你要和曹爽辅佐好太子曹芳。"

司马懿说："陛下放心吧，先帝（曹丕）不也是把陛下托付给我的吗？"

曹叡死后，太子曹芳即位，这就是魏少帝。司马懿和大将军曹爽奉曹叡遗诏，共同执掌朝政。司马懿本人才智出众，文武双全。他在曹操执政时期，曾经帮助曹操推行屯田制。曹操儿子曹丕废掉汉献帝，自立为帝，司马懿也帮助出过许多主意，立了大功。因此，他得到曹丕的信任，掌握了军政大权。曹爽这个人没有什么才能，却依仗自己是皇帝宗室，总想排挤司马懿，独揽大权。

曹爽因司马懿德高望重，起初还不敢独断专行，有事总听听司马懿的意见。不久，他任用心腹何晏、邓飏等人掌管枢要，并奏请魏少帝提升司马懿为太傅。司马懿表面上升了官，实际上却被削了权。曹爽又安排自己的弟弟曹羲担任中领军，率领禁兵；曹训任武卫将军，掌管了一些军权。司马懿对曹爽专擅朝政，很是不满。他索性称风痹病复发，不参与政事，但是暗中却自有打算。

曹爽担心司马懿不是真的有病，正巧自己的心腹李胜调任荆州刺史，于是就命李胜到司马懿那里进行探察。李胜到了太傅府，求见司马懿。司马懿装出重病的样子。李胜回去后，把这次相见的情况告诉了曹爽，并说："司马懿已经形神离散，只剩下一口气，活不了多久了。"曹爽满心高兴，从此就不再防备司马懿了。

一转眼就是新年。少帝曹芳按规矩要到高平陵去祭祀。曹爽和他的兄弟曹羲等人也一道前往。

曹爽他们出了南门，浩浩荡荡地直奔高平陵。等他们走远了，司马懿立刻带着他的两个儿子司马师和司马昭，率领自己的兵马，借着皇太后的命令，关上城门，占据武库，接收了曹爽、曹羲的军营。同时假传皇太后的诏令，把曹爽兄弟的职务给撤了。

曹爽接到了司马懿的奏章，不敢交给曹芳，又想不出主意。司马懿又派侍中许允、尚书陈泰来传达命令，让曹爽早些回去，承认自己的过错，交出兵权，那样就不会为难他们。

曹爽乖乖地交出兵权，回到洛阳侯府家中。司马懿把少帝曹芳接到宫里去，当天晚上就派兵包围了曹爽府第，在四角搭上高楼，叫人在楼上察看曹爽兄弟的举动。没过几天，又让人诬告曹爽谋反，派人把曹爽一伙人全部处死了。

曹爽死后，司马懿担任丞相，掌握了魏国的军政大权。

司马昭之心

司马懿杀了曹爽之后，又过了两年，他也死去了。他的儿子司马师接替了他的职位。魏国大权落在司马师和司马昭兄弟两人手里。大臣中有谁敢反对他们，司马师就把他除掉。魏少帝曹芳早就对司马师兄弟的霸道行径极为不满，一直想撤掉司马氏兄弟的兵权。但还没等曹芳动手，司马师已经逼着皇太后，把曹芳废了，另立魏文帝曹丕的一个孙子曹髦即了皇位。

魏国有些地方将领本来就看不惯司马氏的专权行为，司马师废去曹芳后，扬州刺史文钦和镇东将军毌丘俭（毌丘，姓）起兵讨伐司马师。司马师亲自出兵，打败了文钦和毌丘俭。但是在回到许都之后，司马师也得病死了。

司马师一死，司马昭便做了大将军。司马昭比司马师更为专横霸道。

魏帝曹髦实在忍无可忍了。有一天，他把尚书王经等3个大臣召进宫里，气愤地说："司马昭之心，路人皆知，我不能坐着等死。今天，我要同你们一起去诛杀他。"

年轻的曹髦，根本不懂得怎样对付司马昭。他带领了宫内的禁卫军和侍从太监，乱哄哄地从宫里杀了出来。曹髦自己拿了一口宝剑，站在车上指挥。

司马昭的心腹贾充，领了一队兵士赶来，与禁卫军打了起来。曹髦上前大喝一声，挥剑杀过去。贾充的手下兵士见到皇帝亲自动手，都有点害怕，有的准备逃跑了。

贾充的手下有个叫成济的，问贾充怎么办？

贾充厉声说："司马公平时养着你们是干什么的！还用问吗？"

经贾充这么一说，成济胆壮起来了，拿起长矛就往曹髦身上刺去。曹髦来不及躲闪，被成济刺穿了胸膛，当时就死了。

司马昭听说他手下人把皇帝杀了，也有点害怕了，连忙赶到朝堂上，召集大臣们商量。

老臣陈泰说："只有杀了成济，才勉强可以向天下人交代。"

司马昭见没法拖下去，就把杀害皇帝的罪责全都推在成济身上，给成济定了一个大逆不道的罪，把他的一家老少全杀了。

之后，司马昭从曹操的后代中找了一个15岁的曹奂即了皇位，这就是魏元帝。

智出阴平道

魏帝曹髦死后，司马昭的地位更加稳固了。于是，他决定进攻蜀国。

公元263年，司马昭调集了十几万大军，准备一举消灭蜀国。他派邓艾和诸葛绪各自统率3万人马，派钟会带领10万人马，兵分三路进攻蜀国。钟会的军队很快攻取汉中。邓艾的军队也到达沓中，向姜维进攻。姜维得知汉中失守，就将蜀兵集中到剑阁据守，抵御魏军。

钟会兵力虽强，但姜维把剑阁守得牢牢的，一时攻不进去，军粮的供应也发生了困难。钟会正想退兵时，邓艾赶到了。邓艾让钟会在这里与蜀军对峙，自己领兵从阴平小道穿插到蜀国的后方，这样就会攻破蜀国。钟会觉得邓艾的想法根本行不通，但一看邓艾很坚决，也就马马虎虎地应付了几句。

邓艾派自己的儿子邓忠作先锋，每人拿着斧头、凿子，走在最前面，打开小路通道，自己则率领大军紧跟在后。

最后，邓艾他们到了一条绝路上，山高谷深，没法走了。大家一看悬崖深不见底，禁不住抽了一口冷气。好多人打了退堂鼓。邓艾当机立断亲自带头，用毡毯裹住身子先滚下去。将士们不敢落后，照着样子滚下去。士兵们没有毡毯，就用绳子拴住身子，攀着树木，一个一个慢慢地下了山。

邓艾集中了队伍，对将士们说："我们到了这里，已经没有退路了，前面就是江油。打下江油，不但有了活路，而且能立大功。"镇守江油的将军马邈，没料想到邓艾会从背后象天兵一样出现在眼前，吓得他晕头转向，只好竖起白旗，向邓艾投降了。

邓艾占领了江油城，又朝绵竹方向前进。蜀军驻守绵竹的将军是诸葛亮的儿子诸葛瞻。魏军人数太少，双方一交战，就吃了个败仗。

魏军第二次出去跟蜀兵交战时都铁了心，反正打了败仗也不能活着回去。这一仗真非同小可，打得天摇地动。两军杀到天黑，蜀兵死伤惨重，诸葛瞻和他的儿子诸葛尚，都战死在疆场上。魏军胜利地占领了绵竹。

邓艾攻下绵竹，向成都进军。蜀人做梦也没有想到魏兵来得这么快，再要调回姜维的人马也已经来不及了。后主刘禅慌忙召集大臣们商议对策，大臣们你一言我一语，都找不出好的办法，最后大臣谯周提议投降。于是后主刘禅就派侍中张绍等捧着玉玺到邓艾军营里去请求投降。

蜀国就这样灭亡了。这时候，姜维还在剑阁据守，听到蜀国投降的消息后，前思后想，决定向钟会投降。钟会赏识姜维是个好汉，把他当作自己人一样看待。后来，姜维利用钟会和邓艾之间的矛盾，劝钟会告发邓艾谋反，杀掉了邓艾。

邓艾死后，兵权就全都掌握在钟会的手里。于是，钟会就想谋反自立。姜维一心想着复国兴汉，觉着有机可乘，便假意赞同钟会的想法。

后来，有人传言钟会和姜维要杀光北方来的将士，一下引起了兵变。钟会和姜维控制不住局面，被乱军杀死了。

蜀国灭亡的第二年，吴景帝孙休病逝，孙皓即帝位，改年号为元光。吴国朝政从此日益破坏，东吴亦一步一步走向灭亡。

乐不思蜀

蜀汉灭亡以后，后主刘禅还留住在成都。到了钟会、姜维发动兵变，司马昭觉得让刘禅留在成都，说不定还会引起麻烦，就派人把刘禅接到洛阳来。

刘禅是一个昏庸无能的人。当年全靠诸葛亮为他掌管着军政大事时，他还挺谨慎，遇事不敢自作主张。诸葛亮死后，虽然还有蒋琬、费祎、姜维一些文武大臣辅佐他，但是他已经有点不像话了。后来，宦官黄皓得了势，蜀汉的政治就越来越糟了。

到了蜀汉灭亡，姜维被乱军所杀，大臣们死的死，走的走。随他一起到洛阳去的只有地位比较低的官员郤正和刘通两个人。刘禅不懂事理，不知道怎样跟人打交道，一举一动全靠郤正指点。

刘禅到了洛阳，司马昭用魏元帝的名义，把他封为安乐公，还把他的子孙和原来蜀汉的大臣共有50多人封了侯。司马昭之所以这么做，无非是为了笼络人心，稳住对蜀汉地区的统治罢了。但在刘禅看来，却是恩重如山了。

有一回，司马昭请刘禅和原来蜀汉的大臣参加宴会。宴会中，叫一班歌女为他们演出蜀地的歌舞。

一些蜀汉的大臣看了这些歌舞，想起了亡国的痛苦，伤心得几乎落下眼泪。只有刘禅咧开嘴，美滋滋地看着，就像在他自己的宫里观赏歌舞一样。

司马昭暗暗观察着刘禅的神情，宴会后，他对心腹贾充说："刘禅这个人没有心肝到了这个地步，即使诸葛亮活到现在，恐怕也没法使蜀汉维持下去了！"

过了几天，司马昭在接见刘禅的时候，问刘禅："您现在还想念蜀地吗？"

刘禅乐呵呵地回答说："这里挺快活，我不想念蜀地了。"

站在一旁的郤正听了，觉得太不像话。等刘禅回到府里后，郤正说："您不该这样回答晋王（指司马昭）。"

刘禅说："你看我该怎么说呢？"

郤正说："如果晋王以后再问起您，您应该流着眼泪说：'我祖上坟墓都在蜀地，我没有一天不想那边。'这样说，也许我们还有回去的希望。"

刘禅点点头说："你说得很对，我记住了。"

后来，司马昭果然又问起刘禅，说："我们这儿招待您挺周到，您还想念蜀地吗？"

刘禅想起郤正的话，便把郤正教他的话原原本本地背了一遍。他竭力装出悲伤的样子，可就是挤不出眼泪，只好把眼睛闭上。

司马昭看了他这副模样，心里猜出是怎么回事，笑着说："这话好像是郤正说的啊！"

刘禅吃惊地睁开眼睛，傻里傻气地望着司马昭说："没错，没错，正是郤正教我的。"司马昭忍不住笑了，左右侍从也笑出声来。

司马昭这才看清楚刘禅的确是个糊涂透顶的人，不会对自己造成威胁，就没有想杀害他。

刘禅的昏庸无能是出了名的。因刘禅小名"阿斗"，所以后来人们常把那种懦弱无能、没法使他振作的人，称为"扶不起的阿斗"。

晋朝

司马氏原为曹魏之臣，后代魏建西晋，灭亡蜀汉，吞并东吴，重新统一中国。西晋建立初期，也曾有过昙花一现的太康治世，然而统治阶层奢靡腐朽，内部争斗不止，最终酿成了危害甚重的"八王之乱"，使得社会复归混乱，西晋灭亡。此时期，北方少数民族势力趁机南侵，相继在中原及周边地区建立民族政权，史称"五胡十六国"。西晋宗室司马睿南渡江左，在南、北方世家大族的共同支持下建立东晋，偏安一隅。两晋时期是中国历史发展的中衰时期，此时中国的思想、文化和经济的发展都陷入了低潮，然而北方的民族融合及南方的进一步开发，也为中华文明注入了新鲜的血液。

晋武帝"太康之治"

公元265年，司马炎废魏元帝曹奂，建立西晋，改元泰始，是为晋武帝。晋武帝太康元年（280），晋军攻灭东吴，从此统一了全国。晋武帝在位期间，废除民屯，颁行占田课田制。"占田"指严格规定诸侯、品官以及丁男、丁女占田的限额，如丁男一人占田七十亩、丁女一人三十亩；"课田"指按定额田亩征收田租，规定每一丁男课田五十亩，丁女二十亩。晋武帝还颁布了户调式、限田制及荫亲荫客制等，这些制度的颁行有效限制了土地兼并，保证了国家的赋税收入和徭役征发。此外，晋武帝还容纳直言，重视法治，抚恤鳏寡，这一系列举措的实施对西晋恢复和发展社会经济大有裨益。因此在太康年间（280——289），晋朝出现一片繁荣景象，史称"太康之治"。然而，晋武帝为了防止西晋代魏的事情重演，便大封宗室为诸侯，并予他们以地方军政大权，想要以此培植皇族势力，使他们成为维护司马氏政权的可靠力量。但诸侯王实力过于强大，统治集团内部矛盾重重，以及法度缺失，这都为之后的"八王之乱"埋下了伏笔。

门阀士族的形成

门阀士族是地主阶级中的特殊阶层，其形成是以家族为基础、以门第为标准的。其起源可以上溯到先秦时期的宗法制度。东汉以来，地主田庄兴起，世家大族在经济上占据优势地位，进而控制了朝廷的选官制度，造就了累世公卿的显赫家族。九品中正制的实行，更是稳定了这些大家族的地位。曹魏末期，司马氏篡权，就是提前取得了门阀大族的支持。因此，终西晋一朝，门阀大族势力不断壮大，门阀士族制度正式被确立，并且十分稳定。从此，地主阶级士族与庶族的区分就更严格了。门阀士族为了维护既得利益，便竭力拉开与寒门庶族的差距，门阀士族能世代垄断高官要职，寒门庶族却只能充当低级官吏。两个阶层相互之间不往来，不同席而坐，更不得联姻。门阀士族控制政治，垄断国家权力，形成了典型的门阀政治。从西晋到南北朝，门阀制度基本都处于稳定状态。

八王之乱

晋武帝统一全国以后，为了保住司马氏的天下，吸取了曹魏皇权太弱的教训，大封自己的子侄兄弟做王，让他们像众星拱月一样来护卫皇室。然而，晋武帝没有想到，握有兵权的诸王野心越来越大，最终酿成了大祸。

司马衷即位后，军政大权落到杨太后的父亲杨骏手中。杨骏用阴谋权术，排除异己，引起皇后贾南风与晋宗室的强烈不满。

贾皇后不甘心让杨骏掌权，就暗中联系宗室诸王，让他们进京除掉杨骏。诸王早已心怀鬼胎，楚王司马玮一接到诏书，马上进了京城。贾后即以惠帝名义下诏，宣布杨骏谋反，在皇宫卫队的配合下，司马玮杀死了杨骏，并灭了他的三族，其他凡是依附杨家的官员也都掉了脑袋。

贾皇后除掉杨家势力后，为稳定大局，召汝南王司马亮入朝辅政。司马亮也是喜欢抓权的人，暗中谋划着夺取楚王玮的兵权。贾皇后感到诸王难以控制，便生出了除掉诸王的想法。她先让惠帝下诏，派司马玮杀了司马亮全家。接着，贾皇后以司马玮擅杀朝廷重臣的罪名，将司马玮处死。这样，贾后夺得了西晋的全部大权。

可是，贾后没有生儿子，她怕大权将来会落到别人手里，就假装怀孕，暗地里把妹夫韩寿的儿子抱来，说是自己生的。有了这个儿子，贾后就决定废掉太子，并且派人把他毒死，立抱来的孩子做太子。这个消息传出去以后，宗室群情激愤，以贾后篡夺司马氏天下为名义，起兵讨伐贾后。赵王司马伦当即领兵入宫，派齐王司马同废掉贾皇后，接着又将她毒死，之后司马伦废掉晋惠帝，自己称了帝。

在许昌镇守的齐王司马同，听说赵王司马伦当了皇帝，非常不满，他向各处发出讨伐司马伦的檄文，号召大家共同起兵。成都王司马颖、河间王司马颙也有夺取政权的野心，他们和齐王司马冏联合起来，攻杀了司马伦。齐王司马冏进入洛阳后，独揽大权，沉湎酒色。长沙王司马乂乘机起兵发难，司马颖、司马颙互相声援。司马同与司马乂打了几年，兵败被杀。司马乂乘机入朝辅政，控制了朝政大权。司马颙见司马义又独揽了朝政大权，恼羞成怒，随即发大兵讨伐司马义，与司马颖联合，大举进攻洛阳。正当他们打得昏天暗地的时候，在洛阳城里的东海王司马越乘机偷袭了司马义，并把他用火烧死了。司马颖也就乘机进入洛阳，做了丞相，控制了政权。

东海王司马越认为自己杀司马义有功，却没捞到半点好处，很不甘心，就假借惠帝的名义，起兵讨伐司马颖。司马颖挟持着惠帝，到了长安。长安是在河间王司马颙的掌握之中，他看到司马颖兵败势穷，就乘机排挤司马颖，把惠帝控制在自己手里，独揽了朝政大权。

被司马颖打败逃走的东海王司马越，见王浚的势力大，就和王浚联合起来，攻打关中。他打败了司马颙，进入长安。后来，司马越又把惠帝和司马颖、司马颙全都带回到洛阳，把他们全都杀死，然后，立司马炽做皇帝，这就是晋怀帝。晋怀帝把即位的这一年改年号为永嘉元年（公元 307 年）。至此，8 个王围绕皇权的血腥争夺告一段落。

"八王之乱"时间长达 16 年，8 个王中死了 7 个，西晋的力量大大削弱了。此后，北方和西部的少数民族乘乱进攻中原，西晋王朝处在了风雨飘摇之中。

李特起义

八王之乱给百姓带来了无穷无尽的灾难，天灾人祸造成许多地方的农民没有饭吃，被迫离开自己的家乡，成群结队地外出逃荒。这些逃荒的农民叫作"流民"。

公元 298 年，关中地区闹了一场大饥荒，庄稼颗粒无收。略阳（治所在今甘肃天水东北）、天水等六郡十几万流民逃往蜀地。有个氐族人李特和他兄弟李庠、李流，也夹杂在流民队伍中。一路上，李特兄弟常常接济那些挨饿、生病的流民。流民都很感激、敬重李特兄弟。

蜀地的百姓生活比较安定。流民进了蜀地后，就分散在各地，靠给富户人家打长工过活，流民的生活总算稳定了下来。

可是过了不久，益州刺史罗尚要把这批流民赶回关中去。流民们听到消息，想到家乡正在闹饥荒，回去没有活路，人人都发愁叫苦。

李特得知情况后，几次向官府请求放宽遣送流民的限期。并在绵竹设了一个大营，收容流民。不到一个月，流民越聚越多，约莫有 2 万人。

随后，李特又派使者阎彧去见罗尚，再次请求延期遣送流民。阎彧来到罗尚的刺史府，看到那里正在修筑营寨，调动人马，便立即返回绵竹把罗尚那里的情况一五一十地告诉了李特。

李特立刻把流民组织起来，准备好武器，布置阵势，防备晋兵的偷袭。

到了晚上，罗尚果然派部将带了步兵、骑兵 3 万人，向绵竹大营进攻。

3 万晋军刚进了营地，只听得四面八方响起了一阵震耳的锣鼓声。大营里预先埋伏好的流民，手拿长矛大刀，一起杀了出来。这批流民勇猛无比，把晋军杀得丢盔弃甲，四散逃窜。

流民们杀散晋军，知道晋朝统治者不会罢休。大家一商量，一致推举李特为镇北大将军，李流为镇东将军，几个流民首领都被推举为将领。他们整顿兵马，向附近的广汉进攻，赶走了那里的太守。

李特进了广汉，打开了官府的粮仓，救济当地的贫苦百姓。流民组成的军队在李特领导下，纪律严明，军威大振。蜀地的百姓平时受尽晋朝官府的压迫，现在来了李特，生活倒安定起来，都非常高兴。

过了不久，罗尚勾结当地豪强势力，围攻李特。李特在战斗中不幸牺牲，他的儿子李雄继续率领流民与晋军战斗。公元304年，李雄自立为成都王。两年后，又自称皇帝，国号大成。李雄死后，他的侄子李寿即位，改国号为汉。历史上称之为"成汉"。

刘渊反晋

从西汉末年起，有一些匈奴人分散居住在北方边远郡县，他们和汉族人在一起生活久了，接受了汉族的文化。匈奴贵族以前多次跟汉朝和亲，可以说是汉朝皇室的亲戚，后来就改用汉皇帝的刘姓。曹操统一北方后，为了便于管理，把匈奴3万个部落集中起来，分为5个部，每个部都设一个部帅，匈奴贵族刘豹就是其中一个部的部帅。

刘豹死后，他的儿子刘渊继承了他的职位。刘渊自幼读了许多汉族人的书，文才很好，同时武艺也很高强。后来，刘渊在西晋的成都王司马颖（八王之一）部下当将军，留在邺城，专管五部匈奴军队。

公元304年，刘渊回到左国城，匈奴人想借八王混战之机，复国兴邦，便拥戴他做大单于。他集中了5万人马，亲自率军南下，帮助晋军攻打鲜卑兵。有人不解地问他："为什么不趁这个机会灭掉晋朝，反倒去打鲜卑呢？"

刘渊说："晋朝现在已经腐朽透顶了，灭掉它非常容易，但是晋朝的百姓未必会归顺我们。我看汉朝立国的年代最长，在百姓中还很有影响，我们的上代又与汉朝皇室有血缘关系，不如借用汉朝的名义，也许可以得到汉族百姓的支持。"

于是，建国号为汉，刘渊即汉王，尊蜀汉刘禅为孝怀皇帝，建元元熙。刘渊称王建汉后，势力不断增长。石勒造反兵败，率领胡人部众几千人、乌桓部落2000人归顺刘渊，上郡（今陕西北部）四部鲜卑陆逐延、氐酋大单于徵、东莱王弥等也都投奔刘渊，这样形成了一支由匈奴、鲜卑、氐、羌等各族组成的反晋力量，刘渊称帝的意图也渐明显。为给建立帝业做准备，刘渊四处出兵，频繁侵略晋地。永嘉二年（公元308年）冬十月，刘渊正式称帝。公元309年正月，刘渊又根据太史令宣于修建议，正式迁都平阳（今山西临汾西）。因从汾河水中获得治国玉玺，其上面写有"有新保之"，刘渊认为这对自己非常吉祥。永嘉三年（公元309年）三月，晋将军朱诞归降刘渊，刘渊于是任命朱诞为前锋都督，刘景为大都督，起大军攻晋。洛阳的老百姓虽然恨透了腐朽的西晋王朝，但是更不愿受外族人统治。所以刘渊两次进攻，都遭到洛阳军民的顽强抵抗，没有占到一点便宜。

永嘉四年（公元310年），刘渊死，刘聪杀刘和而自立为皇帝后，开始攻打西晋怀南各州郡。永嘉五年（公元311年）六月，各路汉军先后攻陷洛阳，俘司马炽，杀王公士民3万余人，纵兵大掠宫内珍宝、财物和宫女，又烧宫庙、官府和平房，史称"永嘉之乱"。同年，晋怀帝被汉兵俘虏到平阳，刘聪封他为"会稽郡公"，享受三司的礼仪，而且还将小刘贵人嫁给他为妻。

永嘉七年（公元 313 年）年初，刘聪在光极殿大宴群臣，饭饱酒酣时，命令晋怀帝穿上青衣行酒令取乐。这一情景让晋朝的故臣庾珉、王隽悲愤不已，大声痛哭。刘聪十分生气。二月，刘聪就将晋怀帝和晋朝的旧臣 10 多个人全都杀害，怀帝死时才 30 岁。

晋怀帝被害的消息传到长安之后，太子司马邺举哀服丧，并且于四月即皇帝位，即孝愍皇帝，改元建兴。这时他只有 14 岁。当时的长安城里住户不超过一百，公私加起来也只有车 4 辆，文武百官既没有官服，也没有印绶，只有桑版刻上官号罢了，皇帝即位的仪式显得十分凄凉。汉建元二年（公元 316 年），汉军在大司马刘曜的统领下，向长安发起强烈攻势。九月，汉军长安的外城被攻陷。在内无粮草、外无援兵之际，愍帝决定向汉军投降。索琳派自己的儿子去见刘曜，想靠请降来表功，没想到儿子被刘曜杀了。晋愍帝只得自己亲自光着上身，乘着羊车出城向汉军请降。汉帝刘聪降愍帝为光禄大夫，封怀安侯。刘曜被封为大都督，并且大赦天下，改元麟嘉。

至此，西晋共经历司马炎、司马衷、司马炽、司马邺四帝，历时 42 年（公元 265~316 年）而灭亡。

西晋灭亡之后，北方的各族人民（主要是匈奴、鲜卑、羯、氐、羌五个少数民族）纷纷起义，许多人像李雄、刘渊一样建立政权，前前后后一共出现 16 个割据政权，历史上称为"十六国"（旧称五胡十六国，胡是古时候对少数民族的泛称）。

王马共天下

永嘉元年（公元 307 年）七月，朝廷命镇守下邳（今江苏睢宁西北）的琅琊王司马睿移镇建邺（今江苏南京），又任命王衍弟王澄为荆州都督，族弟王敦为扬州刺史。建兴四年（公元 316 年）十一月，愍帝向刘聪投降，西晋灭亡。

建兴五年（公元 317 年）三月，晋愍帝被杀的消息传到建邺，琅琊王的僚属全都上表劝司马睿即皇帝位。司马睿（公元 276~322 年），字景文，司马懿的长孙。十日，司马睿于建康即位称帝，是为晋元帝。东晋王朝正式建立。建邺为了避愍帝司马邺的讳，改称建康。司马睿宣布大赦天下，改元大兴，文武百官都官升二级。

司马睿在西晋皇族中，地位和名望都不太高。晋怀帝的时候，派他去镇守江南。他还带了一批北方的士族官员，其中最有名望的是王导。司马睿把王导看作知心朋友，对他言听计从。

司马睿刚到建康的时候，江南的一些大士族地主嫌他地位低，看不起他，都不来拜见。司马睿为此常常不安，便让王导想想办法。

王导把在扬州做刺史的王敦找来，两人商定了一个主意。

这年三月初三，按照当地的风俗是禊节，百姓和官员都要去江边"求福消灾"。这一天，王导让司马睿坐上华丽的轿子到江边去，前面有仪仗队鸣锣开道，王导、王敦和从北方来的大官、名士，一个个骑着高头大马跟在后面，这个大排场一下轰动了建康城。

江南有名的士族地主顾荣等听到消息，都跑来观看。他们一见王导、王敦这些有声望的人都这样尊敬司马睿，不禁大吃一惊，怕自己怠慢了司马睿，一个接一个地出来排在路旁，拜见司马睿。

从那以后，江南大族纷纷拥护司马睿，司马睿在建康便稳固了地位。

后来，北方战乱不止，一些士族地主便纷纷逃到江南避难。王导劝说司马睿把他们中间有名望的人都吸收到王府来。司马睿听从王导的意见，前后吸收了一百多人在王府里做官。

司马睿在王导的辅助下，拉拢了江南的士族，又吸收了北方的人才，他的地位就日渐巩固了。

公元317年，司马睿在建康即位，这就是晋元帝。在这之后，晋朝的国都一直在建康。为了和司马炎建立的晋朝（西晋）区别开来，历史上把这个朝代称为东晋。

晋元帝总认为他能够得到这个皇位，都是凭借王导、王敦兄弟的帮助，所以，对他们特别尊重。他封王导担任尚书，掌管朝内的大权，又让王敦总管军事，又把王家的子弟封了重要官职。

当时，民间流传着这样一句话．"王与马，共天下。"意思是：东晋的大权，由王氏同皇族司马氏共同掌握。

王敦掌握军权后，便不把晋元帝放在眼里。晋元帝也看出了王敦的骄横，于是渐渐疏远了王氏兄弟，另外重用了大臣刘隗和刁协。这样，刚刚建立的东晋王朝内部，又出现了裂痕。

祖逖中流击楫

东晋在江南建国的时候，北方的黄河流域成为匈奴、羯、鲜卑、氐、羌等五个主要游牧民族争杀的战场。这五个少数民族分别建立了自己的国家，相互争霸，不断有国家成立和灭亡。

自从匈奴兵攻占了长安，结束了西晋统治，中国开始进入了历史上所称的"五胡乱中华"时期，即永嘉之乱的民族大迁徙时期。

在这长达130多年的时间里，先后有前赵（匈奴）、后赵（羯）、前燕（鲜卑）、前凉（汉）、前秦（氐）、后秦（羌）、后燕（鲜卑）、西秦（鲜卑）、后凉（氐）、南凉（鲜卑）、西凉（汉）、北凉（匈奴）、南燕（鲜卑）、北燕（汉）、夏（匈奴）等15个政权，连同西南地区氐族建立的成汉，一共16个国家，历史上称之为"五胡十六国"。这十六国与东晋政权处于长期的对峙状态。

那时，祖逖也夹在汹涌如潮的南逃人群中。在他经过淮泗的路上，他让老人和病人坐在自己家的马车上，自己的粮食、衣物与大家一起享用。遇有劫匪，他总是亲率家丁打退他们。南逃路上的祖逖获得了极好的口碑。

公元317年，琅琊王司马睿在土族王导等人支持下建立了东晋王朝。司马睿早就听说祖逖的声名，又得知他已经到达泗口，便下诏任命他为徐州刺史。后又调任军谘祭酒，驻防京口要隘。祖逖向司马睿进言说："中原大乱，胡人乘机攻进中原，百姓陷入水深火热之中，人人都想起来反抗。只要陛下下令出兵，派一个大将去讨伐乱贼，一定会收复失地。"

司马睿只想偏安东南半壁江山，对于北伐并不抱太大希望，但是听祖逖说得很有道理、就任命祖逖为奋威将军、豫州刺史，发给他 1000 人吃的粮食、3000 匹布，所有甲胄、武器、兵勇，都由祖逖自己解决。

祖逖带着招募的队伍，横渡长江。船到江心的时候，他拿起船桨敲打船舷（文言是"中流击楫"），向大家发誓说："我祖逖如果不能把中原的敌人扫平，就决不返回江南。"

祖逖渡江以后，将队伍驻扎在淮阴，又命人打造兵器，招兵买马，很快聚集了数千人。祖逖见士气旺盛，亲自率领人马进攻谯城，又连续攻破石勒的各地割据武装。至此，祖逖名噪大江南北，北方戎狄贵族闻风丧胆。祖逖乘胜出击，派部下韩潜分兵进驻河南封丘，自己则进驻雍丘，成为犄角之势，黄河以南的土地都回归东晋了。

祖逖北伐得到了中原人民的响应和支持，北伐队伍迅速扩大。祖逖身先士卒，不蓄私产，与将士同甘苦。北伐战争取得一定的成就。

但是，祖逖受到了主张偏安、不思进取的朝人牵制，最后郁郁而亡。

祖逖的北伐事业虽然没有完成，但他中流击楫的气概被后人所称颂。

桓温北伐

桓温是东晋时谯国龙亢人（今安徽怀远）。桓温的父亲叫桓彝，在苏峻之乱中，被苏峻将领韩晃杀了。那一年桓温刚满 15 岁，他得知父亲被人杀害的消息后，悲痛欲绝，发誓要为父报仇。桓温长到 18 岁时，曾参与策划杀他父亲的江播死了，于是他怀揣刀剑大闹灵堂，杀了江播儿子江彪等 6 人。

生长在永嘉乱世中的桓温，青年时代就崭露头角。晋穆帝永和二年（公元 347 年），任职安西将军的桓温奉命率兵讨伐蜀地李势。

两军刚交兵时，形势对晋军极为不利，桓温的部下参军龚护战死，桓温的马也中了箭，桓温慌忙命令撤退。但击鼓士兵误解了桓温的意思，反而擂起了前进的战鼓，三军将士奋勇向前，李势完全没有料到桓温攻势这样猛烈，抵挡不住，连夜逃到葭萌关。后来，又派人求降。桓温大军浩浩荡荡进入成都，成汉王朝就这样灭亡了。桓温因此被提升为征西大将军，封临贺郡公，一时间声震朝野。

桓温灭掉成汉王朝，给东晋立了大功。但是东晋王朝内部矛盾很大，晋穆帝表面上提升了桓温的职位，暗地里却猜忌他。桓温要求北伐，晋穆帝没有同意，另派了殷浩带兵北伐。

殷浩出兵到洛阳，被羌族人打得大败，死伤了 1 万多人马。桓温再次上奏章要求朝廷将殷浩撤职办罪，并再次提出北伐。晋穆帝没办法，只好撤了殷浩的职，同意桓温带兵北伐。

前秦皇始四年（公元 354 年）二月，桓温率 4 万大军从江陵出发，经襄阳，出武关，越秦岭，大军直指关中，讨伐由氐族人苻氏建立的前秦政权。这是桓温第一次北伐。

前秦王苻坚派太子率 5 万大军与晋军对抗。这年四月，晋、秦两军大战于蓝田，秦军大败。桓温率军占领灞上，抵达前秦都城长安的郊区。当地老百姓纷纷牵牛担酒前来犒劳晋军。老人流涕道："不图今日复见官军！"六月，因军中缺粮，桓温被迫从潼关退兵。秦军跟踪追击，晋军损失1万多人。

寿光二年（公元356年）六月，桓温进行第二次北伐，从江陵发兵，向北挺进。八月，桓温挥军渡过伊水，与羌族首领姚襄军二次战于伊水之北，大败姚襄，收复洛阳。桓温在洛阳修复西晋历代皇帝的陵墓，又多次建议东晋迁都洛阳。东晋朝廷对桓温的北伐抱消极态度，只求苟安东南，无意北还，桓温只得退兵南归。到燕前光寿三年（公元359年），中原地区被慕容氏的前燕政权所占领。建熙四年（公元363年），桓温被任命为大司马，都督中外诸军事，录尚书事，第二年又兼扬州刺史。桓温身为宰相，又兼荆扬二州刺史，桓温尽揽东晋大权。

前燕建熙九年（公元369年），桓温利用执政之机，发动了第三次北伐，讨伐前燕政权。这年四月出发，六月到金乡（今山东金乡）。桓温率水军经运河、清水河进入黄河，一直进军至枋头（今河南浚县西南，黄河重要渡口）。前燕王任命慕容垂为大都督，率5万军队前往抵御。这时，桓温犯了一个错误，他下令由水路运粮，结果燕军占领石门渡口，切断了水运粮道，桓温军队面临断粮的威胁。无奈之下，桓温只好命令全军撤退。退兵时，遭到了慕容垂的拦截，等桓温逃到山阳（今江苏淮安）时，手下已经没有多少人马了。

这次北伐的失利，使桓温已升至日中天的威信大大降低了。然而，由于桓温长期掌握东晋的军事大权，他的野心却越来越大。他曾经说："男子汉如果不能流芳百世，也应当遗臭万年。"属下知道他的野心，向他献计，说要提高自己的威信，就先得学西汉霍光的办法，把现在的皇帝废了，自己另立一个皇帝。

当时在位的皇帝是晋废帝司马奕。桓温带兵到建康，把司马奕废了，另立一个司马昱当皇帝，这就是晋简文帝。桓温当了宰相。

桓温改立新帝后，开始陷害一些政见与他不合的皇族和大臣，将殷、庾两大强族的势力削除殆尽。咸安二年（公元372年）六月，简文帝去世。桓温原本指望简文帝司马昱禅位于他，或自己摄理朝政，但大失所望。桓温于是拒绝入朝，直至宁康元年（公元373年）二月才到建康朝见孝武帝，并带兵入朝。群臣惊慌失措。由于侍中王坦之、吏部尚书谢安应付自如，桓温才没有发难，晋朝得以安宁。三月，桓温退兵。七月，桓温在姑孰病死，终年61岁。

扪虱谈天下

桓温第一次北伐时，将军队驻扎在灞上。有一天，有个穿着破旧短衣的读书人来军营求见桓温。桓温很想招揽人才，一听来了个读书人，便马上请他进来相见。

这个读书人叫王猛，他把南北双方的政治军事形势分析得清晰明了，见解也很精辟，桓温听了暗暗佩服。王猛一边谈，一边把手伸进衣襟里抓虱子（文言是"扪虱"）。桓温左右的侍从见了，都忍不住想笑。但是王猛却旁若无人，照样谈笑自若。

桓温看出王猛是一个难得的人才，从关中退兵的时候，他再三邀请王猛跟他一起走，还封他一个比较高的官职。王猛知道东晋王朝的内部不稳定，就拒绝了桓温的邀请，回华阴山隐居去了。

如此一来，王猛却出了名。

后来，前秦的皇帝苻健死了，他的儿子苻生昏庸残暴，很快就被他的堂兄弟苻坚推翻。

苻坚是前秦王朝中一个有作为的皇帝。他在即位以前，有人向他推荐王猛。

苻坚派人把王猛请来相见，两个人一见如故，谈起时事来，见解完全一致。苻坚非常高兴，像刘备得到了诸葛亮一样。

苻坚即位后，自称大秦天王。王猛在他的朝廷里做官，一年里被提升五次，成为他最亲信的大臣。官至吏部尚书、京兆尹等职，主持前秦的政务长达16年。他为政期间对内整顿吏治，压制不法贵族，重视农业生产，增加财政收入，对外加强战备，使得前秦的国力迅速强大，为统一北方奠定了基础。

有了王猛的帮助，苻坚镇压豪强，整顿内政，前秦国力日渐增强。王猛兼任京兆尹的时候，太后的弟弟、光禄大夫强德，强抢人家的财物和妇女。王猛一面逮捕了强德，一面派人报告苻坚。等到苻坚派人来宣布赦免强德时，王猛早已把强德杀了。以后几十天里，长安的权门豪强、皇亲国戚，有20多人被处死、判刑、免官。从此以后，谁也不敢胡作非为了。苻坚赞叹说："我现在才知道国家要有法制啊。"

前秦在苻坚和王猛的治理下，国力越来越强大，在十几年内，前秦先后灭掉了前燕、代国和前凉3个小国，黄河流域地区全成了前秦的地盘了。

公元375年，王猛得了重病。王猛对前来探望他的苻坚说："东晋远在江南，又继承了晋朝的正统，现在内部和睦。我死之后，陛下千万不要去进攻晋国。我们的敌人是鲜卑和羌人，留着他们终归是后患。要保证秦国的安全，就一定要先把他们除掉。"

苻坚一意孤行

王猛活着的时候，苻坚对他言听计从，他励精图治，整饬军政、提倡儒学、广兴学校、鼓励农耕、兴修水利，使得前秦获得了长足的发展。经过多年经营，前秦国力日渐强盛，为统一北方准备了条件。从公元370年开始，苻坚先后攻灭前燕、仇池氐族、前凉和代，统一了北方，并进军西域。其疆域东极沧海，西并龟兹，南包襄阳，北尽沙漠，成为十六国中最强大的政权。但是王猛临死留下的忠告，苻坚却没有听。

王猛把鲜卑人和羌人看成前秦的敌手，但是苻坚却信任从前燕投降来的鲜卑贵族慕容垂和羌族贵族姚苌。王猛劝他不要进攻东晋，但苻坚却一定要进攻东晋，非把它消灭不可。

公元382年，苻坚认为时机成熟，就下决心大举进攻东晋。

苻坚把大臣们都召集来，在皇宫的太极殿里商量出兵的事。苻坚说："我继承王位将近30年了，各地的势力差不多都平定了，只有东南的晋国，还不肯降服。我们现在有97万精兵。我打算亲征晋国，你们认为怎么样？"

大臣们纷纷表示反对。到后来，苻坚不耐烦了，他说："你们都走吧。还是让我来决断这件事。"

大臣们见苻坚发火，谁都不再说话，一个个退出宫殿。最后，只剩下苻坚的弟弟苻融没走。

苻坚把苻融拉到身边，说："自古以来，国家大计总是靠一两个人决定的。今天，大家议论纷纷，没有得出个结论。这件事还是由咱们两人来决定吧。"

符融面露难色地说："我看攻打晋国不是很有把握。再说，我军连年打仗，兵士们疲惫不堪，不想再打了。今天这些反对出兵的，都是忠于陛下的大臣。希望陛下采纳他们的意见。"

符坚没料到符融也反对出兵，马上沉下脸来，说："连你也说这种丧气的话，太叫人失望了。我有百万精兵，兵器、粮草堆积如山，要打下晋国这样的残余敌人，还怕打不赢吗？"

面对一意孤行的符坚，符融苦苦劝告说"现在要打晋国，不但没有必胜的把握，而且京城里还有许许多多鲜卑人、羌人、羯人，都是潜在的隐患。如果他们趁陛下远征的机会起来叛乱，后悔都来不及了。陛下还记得王猛临终前的留言吗！"

此后，还有不少大臣劝符坚不要进攻晋国。符坚一概不理睬。有一次，京兆尹慕容垂进宫求见。符坚让慕容垂谈谈对这件事的看法。慕容垂说："强国灭掉弱国，大国兼并小国，这是自然的道理。像陛下这样英明的君王，手下又有百万雄师，满朝都是良将谋士，要灭掉小小晋国，没有问题。陛下只要自己拿定主意就是，何必去征求别人的意见呢。"

符坚听了慕容垂的话，喜笑颜开，说："看来，能和我一起平定天下的，只有你啦！"

符坚不听大臣们的劝说，决心孤注一掷，进攻东晋。

他派符融、慕容垂当先锋，又封姚苌为龙骧将军，指挥益州、梁州的人马，准备出兵攻晋。

谢安东山再起

公元383年八月，符坚亲自统率97万大军从长安出发。一时间，大路上烟尘滚滚，步兵、骑兵，再加上车辆、马匹、辎重，队伍浩浩荡荡，绵延千里。

一个月后，符坚主力到达项城（在今河南沈丘南）。与此同时，益州的水军也沿江顺流东下，黄河北边来的人马也到了彭城（今江苏徐州市），前秦的军队从东到西拉开一万多里长的战线，水陆并进，直扑江南。

消息传到建康，晋孝武帝和京城的文武百官都乱了手脚。晋朝军民都不愿让江南陷落在前秦手里，大家都盼望宰相谢安拿出对敌策略。

谢安是陈郡阳夏（今河南太康）人，士族出身。年轻的时候，与王羲之十分要好，经常在会稽东山游山玩水，吟诗作赋。他在当时的士大夫阶层中很有名望，大家都认为他是个非常有才干的人。但是他宁愿在东山隐居，不愿出来做官。

谢安到了40多岁的时候，才重新出来做官。因为谢安长期在东山隐居，所以后来把他重新出仕称为"东山再起"。

前秦强大起来以后，经常骚扰东晋北面的边境。为此，谢安把自己的侄儿谢玄推荐给孝武帝。孝武帝封谢玄为将军，镇守广陵（今江苏扬州市），掌管江北的各路人马，防守边境。

谢玄是个文武全才的人。他到了广陵以后，就招兵买马，整顿军队。当时有一批从北方逃难到东晋来的人，纷纷投到谢玄的麾下。他们中间有个彭城人叫刘牢之，武艺高强，打仗也特别勇猛。谢玄派他担任参军，叫他带领一支精锐的部队。后来这支经过谢玄和刘牢之严格训练的人马，成为百战百胜的军队。由于这支军队经常驻扎在京口（今江苏镇江市），京口又叫"北府"，所以人们把它称为"北府兵"。

这次，面对苻坚的百万大军，谢安决定自己在建康坐镇，派弟弟谢石担任征讨总指挥，谢玄担任前锋都督，带领8万军队前往江北抗击秦兵，又派将军胡彬带领5000水军到寿阳（今安徽寿县）去配合作战。

谢玄手下虽然有勇猛的北府兵，但是前秦的兵力比东晋大10倍，敌我兵力对比悬殊，谢玄心里到底有点紧张。出发之前，谢玄特地到谢安家去告别，想让谢安给他出出主意。哪儿知道谢安像没事一样连句嘱咐的话都没有。等了老半天，谢安还是不开腔。

谢玄回到家里，心里总有些忐忑不安。隔了一天，又请他的朋友张玄到谢安家去，托他向谢安探问一下。谢安一见张玄，也不跟他谈什么军事，马上邀请他到自己建在山里的一座别墅去下棋。整整玩了一天，张玄什么也没探听到。

到了晚上，谢安把谢石、谢玄等将领召集到家里来，把每个人的任务一件件、一桩桩都清清楚楚地交代一遍。大家看到谢安这样镇定自若，也增强了信心，都神情振奋地回军营去了。

那时候，在荆州镇守的桓冲，听到形势危急，专门派出3000名精兵到建康来保卫京城。谢安对派来的将士说："这里已经安排好了。你们都回去加强西面的防守吧！"回到荆州的将士向桓冲复命，桓冲忧心忡忡地对将士说："谢公的气度确实令人钦佩，但是不懂得打仗。眼下大敌当前，他还那样悠闲自在；兵力那么少，又派一些没经验的年轻人去指挥。我看我们要大难临头了。"

淝水之战

晋孝武帝太元八年（383），前秦皇帝苻坚率大军南下征伐晋朝，他命苻融率领二十五万步兵和骑兵做前锋，姚苌带领蜀兵沿江东下，他亲自统率六十万步兵、二十七万骑兵南下。东晋任命谢石为征讨大都督，谢玄为前锋都督，率谢琰、桓伊等将军与八万北府兵北上迎击秦军。从军队数量来看，双方众寡悬殊，晋朝无异于以卵击石。然而前秦军连年征战，兵士多厌战。东晋的北府兵则是挑选徐州、兖州的流民组成的精兵，战斗力很强。

十一月，谢玄派遣五千名精兵偷袭驻扎在洛涧（又名洛水，今安徽淮南东淮河支流洛河）的秦军，取得杀敌过万的胜绩。首战告捷，晋军将士大受鼓舞，水陆并进，奔赴淝水东岸。苻坚在寿阳城头望见晋军军容盛大，远望八公山，误以为山上的草木皆是晋军，不由得惊慌失色。谢玄派人和秦军交涉，要求他们稍稍后撤，为晋军留出渡河列阵的空间。苻坚准备趁晋军渡河渡到一半的时候派骑兵截杀他们，便同意后退。但是秦军的阵营太大，号令传递不及，后退之势无法控制。东晋的降将朱序又在秦军中大喊"秦军败了"，结果秦军未战先乱。晋军立即发起强攻，大获全胜。淝水之战的失败，令前秦国力一蹶不振，国内各种势力纷纷自立，北方再次出现割据混战局面。

刘裕代晋建宋

刘裕，字德舆，小字寄奴，彭城绥舆里（今江苏徐州铜山）人，南朝刘宋政权的创立者。他早年贫苦，过着"躬耕""樵渔"的生活，后来参加了北府兵，在孙无终手下做司马，曾在平乱时表现出了杰出的军事才能。在桓玄篡位时，刘裕组织义军打败桓玄，迎晋安帝复位为帝，挽救了东晋政权，由此声名鹊起，没过多久便权倾朝野。义熙五年（409），南燕发生内乱，刘裕乘机攻灭南燕，之后又镇压了卢循之乱，铲除了刘毅、诸葛长民及司马休之等反对势力，坐稳了权臣的位子。义熙十二年（416），刘裕再次北伐，攻打后秦并夺取了洛阳和关中地区。义熙十四年（418），刘裕废黜安帝改立恭帝。元熙元年（419），刘裕被封为宋王。第二年六月，恭帝将帝位"禅让"给刘裕，刘裕建国号为宋，定年号为永初，是为宋武帝。

清谈之风盛行

曹魏末年到两晋时期，玄学成为思想文化领域的主要流派。玄学发端于东汉末年的清议，是对《老子》《庄子》和《周易》的研讨和解说。玄学主要讨论一些形而上的问题，如有与无、生与死、动与静、名教与自然、圣人有情或无情、声有无哀乐、言能否尽意等。玄学家们思想上推崇"自然"而轻视"名教"，政治上主张无为而治，所以常遭到统治者厌弃。

陈寿著《三国志》

陈寿，字承祚，巴西郡安汉县（今四川南充）人，曾在蜀汉政权做过东观秘书郎、观阁令史、散骑黄门侍郎。蜀汉灭亡后，他入晋朝为官，先后担任著作郎、长平太守、治书侍御史等官职。晋太康元年（280），晋灭东吴后，陈寿着手编纂《三国志》。《三国志》是一部主要记载魏、蜀、吴三国鼎立时期历史的纪传体国别史，详细记录了从魏文帝黄初元年（220）到晋武帝太康元年（280）六十年的史实。《三国志》共六十五卷，计有《魏书》三十卷、《蜀书》十五卷、《吴书》二十卷，它尊曹魏为正统，所以曹魏的君主有本纪，而蜀和吴的君主只有列传，不过从感情方面来说，陈寿仍亲近蜀汉。因《三国志》记事简略，所以到南朝刘宋时，裴松之又为《三国志》作注，他参阅大量文献，撰写了数倍于原文的注文，极大地丰富了原书的内容。《三国志》与《三国志注》为后人研究三国时期的历史提供了珍贵的资料。

法显西行

魏晋时期，佛教在中国迅速传播开来，然而僧侣信徒之间对佛教教义有着不同的理解，进而形成不同的宗派，还有很多僧侣万里西行去佛教发源地游学。其中，僧人法显为佛教发展做出了突出贡献。法显，俗家姓龚，是东晋时期有名的高僧和佛经翻译家。晋安帝隆安三年（399），年过花甲的法显从当时的后秦都城长安出发，西行取经。法显西行取经历时十四年，历尽艰难险阻，游历了包括北天竺（范围大致包括今旁遮普、克什米尔、西北境州等地)、狮子国（今斯里兰卡）等二十多个国家，得到了诸如《摩诃僧祇律》《弥沙塞律》《长阿含经》等佛教典籍。义熙八年（412），法显乘船返国，途中遭风暴袭击，流落耶婆提国等地，几经辗转到达青州长广郡牢山（今山东青岛崂山区）南岸，才重归故土。他后来定居于建康，与佛驮跋陀罗合作翻译佛经，译出经、律、论凡六部二十四卷。

田园诗人陶渊明

陶渊明，字元亮，后改名潜（一说名潜，字渊明），浔阳柴桑（今江西九江西南）人，是东晋大司马、荆州牧陶侃的曾孙。陶渊明出生时，其家族已经没落。陶渊明曾做过几年小官，但终因看不惯官场的尔虞我诈、腐朽不堪而辞职，从此隐居不仕。陶渊明归隐后，过着"躬耕自资"的生活，因其居所旁边长着五棵柳树，所以世人又称他为五柳先生。

陶渊明以诗名传世，其诗歌主要反映田园生活，风格平淡自然，表现出安贫乐道、独善其身、怡然自得的意境，拓宽了诗歌创作的领域，引来诸多追随者，开创了新的诗歌流派。他的代表作有《饮酒》《归园田居》《归去来兮辞》等，千百年后犹被后人称道。而他创作的《桃花源诗》及诗序《桃花源记》，虚构了一个与世隔绝、淳朴自然的"世外桃源"，成为中国人共同的精神家园。

画圣顾恺之

顾恺之，字长康，东晋时期晋陵无锡（今江苏无锡）人。他是我国古代画坛卓有声望的大家。他才情奇高，是诗书画全才，尤其擅长人物画。他的画风全然不同于汉魏时期的古朴风格，更注重表现人物的神情，其作品惟妙惟肖、自然天成，被谢安赞誉为"有苍生以来，未之有也"。

书圣王羲之

三国两晋南北朝是中国书法艺术发展的重要时期，这一时期名家辈出，其中最著名的莫过于东晋的王羲之。王羲之出自东晋有名的门阀大族琅琊王氏，东晋丞相王导是他的伯父。因为他做过右军将军，所以被人称作王右军。王羲之少年时跟随当时的书法名家卫夫人学书，后来"兼撮众法，备成一家"。他的书法"天质自然，丰神盖代"，"飘若游云，矫若惊龙"，"龙跳天门，虎卧凤阁"，在书法史上独树一帜，是历代学书者推崇的典范，被后世尊为"书圣"。他的代表作《兰亭序》被誉为"天下第一行书"，可惜真迹今已不传。王羲之的第七子王献之也是中国书法史上有名的书法家，被称为"小圣"，后人将王羲之和王献之合称为"二王"。

裴秀绘制《禹贡地域图》

裴秀，字季彦，河东闻喜（今山西闻喜）人。裴秀少年时便颇有名气，时人赞曰："后进领袖有裴秀。"裴秀青年时期初涉政坛，即得司马昭、司马炎父子赏识，曾受命负责修改魏末晋初的官爵制度，进入西晋以后，升任司空。司空属于地官，裴秀担任司空之职以后，认为《尚书·禹贡》里记载的山川地名，因为年深月久，几经变更，加之注疏多有错讹，令人难辨真伪。因此他详细校勘古籍，删去存疑之论，考证古今地名的更替，重新做了注疏，编成《禹贡地域图》十八篇。《禹贡地域图》是见于文字记载的中国最早的历史地图集，并且其序中提出的绘制地图的制图原理——"制图六体"为中国传统的制图学理论奠定了科学基础。

南北朝

公元 420 年，刘裕代晋建宋，开启了南北朝一百七十年的历史。南北朝是一个大分裂的时期，南北两朝均政治斗争不断，朝代更迭频繁。在南朝，先后出现了宋、齐、梁、陈四个朝代。此时的门阀士族逐渐衰落，寒门庶族势力开始崛起；在北朝。鲜卑人拓跋氏承继五胡十六国，建立胡汉相融的北魏，但六镇起义和宫廷权力斗争使得北魏政权最终四分五裂，先后出现东、西魏并立，北齐、北周对峙的局面。总的说来，南北朝是一个混乱不堪的时代，但是在这一时期，各民族从对立逐渐走向融合，各地区从分裂逐渐走向统一，这为统一的多民族国家的诞生积蓄了力量。

刘宋的兴亡

刘裕称帝未满三年便因病去世，其子刘义符继承帝位。没多久，臣子徐羡等人罢黜刘义符，拥立刘义符的弟弟刘义隆为帝，这便是宋文帝，年号为元嘉。宋文帝继承刘裕的政策，在政治改革的同时，大力发展生产力，多次下令减免百姓的赋税，并开国库救济灾民，故而宋文帝时期，政局稳定，人民安居乐业，生产力有一定发展，历史上将这段时期称为"元嘉之治"。从公元 430 年开始，宋文帝多次出兵北伐，由于军力薄弱以及宋文帝指挥不当，宋军胜少败多，造成了兵丁荒芜，财政单薄的局面，国力变得衰弱。南朝宋能够与北朝相制衡的大将檀道济，也因猜忌而被宋文帝杀掉了。公元 453 年，宋文帝的长子刘劭杀父篡位，从此之后，王室争夺帝位的斗争就没有停止过。帝王暴虐荒淫。朝政日益腐败，国力不堪一击。公元 479 年，宋顺帝刘准将王位禅让给萧道成，至此，南朝宋灭，南朝齐立。

萧道成建齐

南朝齐政权，是魏晋南北朝时期南朝的第二个政权，开国皇帝萧道成原为南朝宋的将领，是宋明帝时期的右将军。刘宋统治者内斗激烈，萧道成趁机发展自己的势力。宋后废帝时期，萧道成平定了江州刺史刘休范的叛乱，地位和威望大增，逐渐掌握了宋的朝政大权。公元 477 年，萧道成杀死后废帝，立刘准为皇帝。公元 479 年，萧道成逼迫刘准禅位，自立为帝，国号齐，史称南朝齐或南齐，萧道成即为齐高帝。南齐是南朝中王室内斗最激烈的朝代，同时也是存活时间最短的一个朝代。王室成员之间的相互残害程度不逊于刘宋。公元 501 年，齐高帝族侄、雍州刺史萧衍杀死东昏侯萧宝卷，另立萧宝融。次年，萧衍迫使萧宝融禅让，代齐建梁，是为梁武帝。

萧衍佞佛

梁武帝萧衍登基之初，也曾励精图治，但随着时间的推移，其性格上的主观固执、骄傲保守等缺点逐渐暴露出来，他对贪婪谄媚的皇室成员和宠臣非常宽容，却又无所不用其极地搜刮民脂民膏。晚年时期的萧衍信仰佛教，并以礼佛为借口大肆搜刮百姓的钱财。他在全国大修佛寺、佛塔和佛像，仅在建康城内外就建有佛寺四百八十座；经常举办各种大规模的斋会和法会，这些斋会、法会动辄便有数万人参加。更有甚者，从公元 527 年到公元 547 年，梁武帝还四次舍身做和尚，而为了赎出他，大臣们花费金钱四万万。梁武帝的佞佛之举加重了百姓的负担，削弱了梁朝的国力，并最终导致侯景之乱。

侯景之乱

东魏将领侯景由于与掌权的高澄之间素有嫌隙，于公元 547 年向南朝梁请降，为了表示诚意，他愿意将河南十三州的土地献出。东魏军队击溃了梁武帝派去接应侯景的军队，并俘获了主将萧渊明。高澄向梁武帝提议用侯景交换萧渊明，梁武帝应允。走投无路的侯景在公元 548 年发动了叛乱，并于 549 年领兵渡江围困建康。由于粮食断绝，建康城中的十万人饿死了十之八九，梁武帝也被侯景活活饿死。萧衍的第七个儿子、湘东王萧绎派遣大将王僧辩领兵讨伐侯景，数次大败侯景之军。同时，梁将领陈霸先领兵从始兴（今广东韶关西南）北上。已是四面楚歌的侯景此时仍然独断独行，他执意称帝，将国号改为汉，之后便开始大肆屠杀萧衍的后代。公元 552 年，王僧辩和陈霸先攻破建康，侯景趁乱逃跑时死于部下之手。至此，侯景之乱才算落下了帷幕。

陈霸先建陈

陈霸先是南朝陈的开国之君。陈霸先，字兴国，吴兴长城（今浙江长兴）人，出身低微，曾在乡里做小吏，后来投军到广州刺史萧映帐下。由于多次立下战功，做过西江都护、高要太守等要职，并负责监督七郡的军事。侯景之乱爆发后，他领兵在建康将侯景打败，拥立萧方智为帝，后被晋封为陈公，后封陈王。公元 557 年，梁敬帝萧方智将帝位禅让给了陈霸先，就这样，陈朝建立，史称南朝陈或陈朝。

陶潜归隐

陶渊明又叫陶潜，浔阳柴桑（今江西九江）人，他祖上世代为官，曾祖父是陶侃，在东晋前期立过大功，曾掌管过八个州的军事，也就是那个每天搬运 100 块砖以锻炼意志的人。不过到了陶渊明的时候，家道已经衰落了。陶渊明小的时候喜欢读书，有"济世救民"的志向，又很仰慕曾祖父陶侃，也想干一番事业。

陶渊明到了 29 岁后，才在别人的推荐下，陆陆续续做了几任"参军"之类的小官。他看不惯官场逢迎拍马那一套，所以在仕途中辗转了 13 年之后，一腔热情便冷了，决心弃官隐居。这里还有一个不为五斗米折腰的故事。

那是陶渊明最后做彭泽（今江西湖口）县令的时候。他上任之后，叫人把衙门的公田全都种上做酒用的糯稻。他说："我只要常常有酒喝就满足了。"他的妻子觉得这样做可不行，吃饭的米总得要有啊，就坚决主张种粳米稻。争执来，争执去，陶渊明让了步：200 亩公田，用 150 亩种糯稻，50 亩种粳米稻。陶渊明原想等收成一次再作打算，不料刚过 80 多天，郡里派督邮了解情况来了。县衙内有一个小吏，凭着多年的经验，深知这事马虎不得，就劝陶渊明准备一下，穿戴整齐，恭恭敬敬去迎接。陶渊明听后叹了口气，说："我不愿为了五斗米的薪俸，就这样低声下气向那号人献殷勤。"他当即脱下官服，交出官印，走出衙门，回老家去了。

陶渊明回家以后，下田干起了农活，起先只是趁着高兴干一点。到后来，经济上的贫困逼得他非把这作为基本谋生手段不可，干得就比较辛苦了。他经常从清早下地，直到天黑才扛着锄头踏着夜露回来。

陶渊明同农民的关系很好，对那些达官贵人却是另一副样子。在他 55 岁那年，他住的那个郡的刺史王弘想结识他，派人来请他到官府里叙谈。陶渊明理都不理他，让他碰了一鼻子灰。后来，王弘想了一个办法，叫陶渊明的一个老熟人在他常走的路上准备好酒菜，等陶渊明经过时把他拦下来喝酒。陶渊明一见酒，果然停了下来。当他们两人喝得兴致正浓的时候，王弘摇摇摆摆地过来了，假装是偶然碰到的，也来加入一起喝酒。这样总算认识了，也没惹陶渊明生气。

几年后，东晋的一代名将檀道济到江州做刺史。他上任不久，就亲自登门拜访陶渊明，劝说陶渊明出去做官，并要送给他酒食，都被陶渊明回绝了。当时在那一带隐居的还有刘遗民、周续之两人。他们同陶渊明合称"浔阳三隐"。事实上，这两个人和陶渊明一点也不一样，他们很有钱，同当官的交往密切。这些人只不过想借"隐居"来找个终南捷径罢了。

在陶渊明看来，真淳的上古之世邈远难求，而现实又如此让人无可奈何，理想的人生社会，只能寄托在文学之中。"一语天然万古新，豪华落尽见真淳。"元好问的评语，精当地点出了陶渊明文学创作的特点。

陶渊明在诗歌、散文、辞赋诸方面都有很高的成就，但对后代影响最大的是诗歌。陶诗现存 126 首，其中四言诗 9 首，五言诗 117 首。他的五言诗沿着汉魏以来文人五言诗的发展方向，进一步向着抒情化、个性化的道路发展。尤其值得指出的是，他把平凡的乡村田园劳动生活引入诗歌的艺术园地，开创了田园诗一派。

陶渊明依恋山水，旷达任真，他说自己"少学琴书，偶爱闲静，开卷有得，便欣然忘食，见树木交荫，时鸟变声，亦复欢然有喜。尝言五六月中，北窗下卧，遇凉风暂至，自谓是羲皇上人。"这样一种贴近自然的天性，赋予他的田园诗以物我浑融的意象和平淡醇美的风格。

他的田园诗主要是组诗《饮酒》《归园田居》《和郭主簿》等。诗人笔下的田园景物，既与其现实生活息息相关，又是诗人寄托情感的对象。且让我们听听在《归园田居》一诗中的夫子自道："少无适俗韵，性本爱丘山。误落尘网中，一去三十年。"这是一个天性热爱自然的人，置身于名利场中，无异于锁向金笼的那只渴望自在啼鸣的鸟。归隐之后又是怎样的呢？同一首诗里他这样描写他的田园：

方宅十余亩，草屋八九间。榆柳荫后檐，桃李罗堂前。暧暧远人村，依依墟里烟。狗吠深巷中，鸡鸣桑树颠。户庭无尘杂，虚室有余闲。

地几亩，屋几间，远处青山隐隐，清溪环绕着村郭。房前屋后桃李春花淡淡地开放，榆柳疏疏落落地挂着新枝。暮霭和着炊烟袅袅升起，村落里东一声西一声的狗吠，透过薄雾传来栖息在树上的鸡的鸣叫。这里，人们日出而作，日入而息，一派宁静安乐的小康景象。在渊明的田园诗里，"自然"这一哲学概念，以美好的形象表现了出来。请看著名的《饮酒》之五：

结庐在人境，而无车马喧。问君何能尔？心远地自偏。采菊东篱下，悠然见南山。山气日夕佳，飞鸟相与还。此中有真意，欲辨已忘言。

由于陶渊明在这首诗里的吟咏，酒和菊已经成了他的精神和人格的象征。古人爱酒的不少，但是能够像陶渊明那样识得酒中三昧并且从中体悟人生真谛的却并不多；他写菊的诗也并不多，但就因"采菊东篱下，悠然见南山"这两句诗太出名了，菊便成了陶渊明的化身，也成了中国诗歌里孤标傲世的高洁意象。

不过，陶渊明毕竟是有高远的人生理想的。当这种理想遭遇现实的棒喝而只能流于空想时，心中的幽愤难平是不可能完全被美酒和秋菊消解的。于是，在田园诗以外，他还写有大量的咏怀咏史的诗。《杂诗》十二首、《读山海经》十三首都属于这一类。在这些诗里，我们分明能够感受到静穆悠远的隐士对现实的憎恶与不安，对人生短促的无限焦虑，和那种强烈压抑的建功立业的渴望。正因如此，荆轲这位敢为知己者死的勇士的失败结局，才在陶渊明的心中激起如此强烈的感慨："惜哉剑术疏，奇功遂不成。其人虽已没，千载有余情！"《山海经》里的刑天和精卫，也让他激动不已：

精卫衔微木，将以填沧海。刑天舞干戚，猛志故常在。同物既无虑，化去不复悔。徒设在昔心，良辰讵可待！

精卫仅是一只小鸟，而有填海之志，刑天被砍了头，却能以乳为目反抗不止，这种不屈服于命运的精神，表明陶渊明虽身在田园，却仍然渴望着有所作为的壮丽人生。

"千秋万岁名，寂寞身后事"用在陶渊明的身上，再恰当不过了。在他生活的当世，他仅仅是作为一位高雅的隐士被人称道的。当时的社会普遍推崇华丽绮靡的文学风格，他的诗歌朴素冲淡，并不合于当时人的口味。所以在他死后的两百年里，他的文学创作没有引起多大的重视。到了唐代，李白、杜甫也并没有对陶渊明表现出特别的尊崇。但是盛唐的山水田园诗派，明显受到了他的巨大影响。600 年后的赵宋王朝，终于出现了一位陶渊明的异代知音，他就是苏轼。在苏轼的心目中，陶渊明在文学史上的地位毫无疑问应该在李杜之上。由于东坡的极力推重，人们终于发现了陶渊明其人其诗的价值。从此陶渊明走出了寂寞的田园。

拓跋珪建北魏

前秦淝水之战被东晋打败后，刚统一不久的北方又陷入分裂局面，拓跋珪趁机复国，他创造出"越过坚城，纵深攻击"的战法，以较小代价换取最大收获；在其子拓跋嗣、孙拓跋焘在位时更得到完善，使北魏逐渐发展壮大。

拓跋珪死后，拓跋嗣取得皇位，当时南朝的宋和西疆的大夏赫连氏是北魏的两大威胁，特别是宋在刘裕时曾攻占长安、洛阳，灭后秦，势力扩展到中原心脏，引起了北方诸政权的不安。拓跋嗣政权巩固后，便决心对抗防御宋了。

拓跋嗣调集军队欲攻打南朝宋的洛阳、虎牢、滑台三处要塞。他以奚斤带两万军队渡过黄河，在滑台东面屯营，准备强攻滑台。名臣崔浩谏道：南人擅长守城，从前秦主苻坚攻襄阳，一年都没打下来，损失惨重。如今大军团受阻于小城市，一旦敌人增援保卫，我军处境就危险了，不如遣铁骑四面分兵出击，直至淮河以北，掠夺粮食钱帛，把洛阳、滑台、虎牢三地分割在后方，成为孤城，隔断它们与宋都建康的联系，那么守军久无支援，必然会沿黄河撤退，三城即唾手可得。

拓跋嗣认为很在理，于是命奚斤依计而行。刚开始，奚斤军占领了滑台周围仓桓等小城，使滑台成为孤城；但这时奚斤没有纵深攻击，而是存侥幸心理，率魏军围攻滑台，结果强攻数日未克，奚斤向平城求援。拓跋嗣见奚斤未按计划作战，以致损兵折将，收效甚微，怒不可遏，即命太子拓跋焘留守平城，自率5万大军去增援奚斤。崔浩又谏言：滑台已被围困多日，既已强攻开了，不如继续攻打，指日可下。于是拓跋嗣令奚斤5日内攻下滑台，将功抵罪；再拿不下，二罪归一，决不宽恕。

奚斤率军冒着飞石流矢猛攻滑台，攻势一浪高过一浪；东晋滑台太守久守孤城，早已力不从心，为了活命，欲举城投降，但手下将士不从，太守只好只身逃跑。城中剩余士兵拒不降魏，奋死抵抗，魏军攻入城内，宋军和敌人展开激烈的巷战，力竭城陷。奚斤乘胜追击，前锋直抵虎牢关。拥有绝对优势的北魏军队相继攻占了虎牢、金墉城、洛阳，当年刘裕打下的河南诸地再次被五胡占去。

拓跋嗣之后，太武帝拓跋焘用此战法攻占大片土地，并于公元439年统一北方。

谢灵运和鲍照

谢灵运是东晋名将谢玄之孙，他袭封祖上的康乐公爵位，世称谢康乐。谢氏家族为东晋功臣，改朝换代之后，受到刘宋王朝的压制。谢灵运本来是一位热心功名的人，但由于他所代表的王、谢家族与当时的统治者之间存在着矛盾，因而一直得不到重用。他心怀忧愤，无处发泄，便把精神寄托在山水之间。

或许谢灵运是中国几千年来最富有的诗人了。他在政治上的失意，并不影响他的高贵的门第。他在一个叫作始宁的地方建有一座很大的庄园，园中修筑江曲桐亭楼、山中精舍和石门别墅，栽种桃梅百里。这里背山临水，茂林修竹，景致幽雅，如同仙境一般。他就在这里流连山水，同时创作山水诗。这些诗作传到京城里，文士雅客们争相传颂，称赞他才华盖世。他却说："天下才为一石，子建（曹植）独得八斗。"剩下两斗呢，天下人共有一斗，另外一斗则非我谢灵运莫属。

但是他的确是中国文学史上第一个大力创作山水诗的人。他的创作，扩大了诗歌题材的领域，丰富了诗歌创作的技巧。

他的创作高潮期是担任永嘉太守以后。离开京城这年夏天，他沿富春江溯流而上，经桐庐转婺江而达金华，然后改由陆路到青田，再顺流而下，直抵永嘉。这一路上景色秀丽，风光明媚，谢灵运诗兴大发，写下《七里濑》《初往新安桐庐口》《夜发石关亭》等著名的诗篇。到永嘉后他不问政事，纵情游玩，踏遍这里的山山水，写下了诸如《登池上楼》《登江中孤屿》这样出色的作品。

要完整地读一篇谢灵运的诗并不容易。他就像是一位火候未青的雕刻者，在诗里处处留下斧痕，不过他的佳句实在不少：

野旷沙岸净，天高秋月明。（《初去郡》）
池塘生春草，园柳变鸣禽。

—— （《登池上楼》）

云日相辉映，空水共澄鲜。

—— （《登江中孤屿》）

这些名句语言工整精练，境界清新自然，犹如一幅幅鲜明的图画，从不同的角度向人们展示着美丽的大自然，给人以清新开朗的美感。尤其是"池塘生春草"两句，由于元好问的极力推崇，更是为人所熟知。

鲍照出身寒微，与谢灵运几乎是两个对立的阶层。他少有才名，曾经担任过秣陵令、中书舍人等官职，后来又担任临海王前军参军，在一次战争中为乱军所杀。鲍照曾经自叹"孤门贱生"，不受人重视，一生受尽了歧视和打击。

鲍照的文学成就是多方面的，诗、赋、骈都有名作，而最能体现其特色的，当数七言乐府诗，尤以《拟行路难》十八首为人称道。鲍照有时直抒胸臆，有时则纯用比兴，大抵以抒写悲愤为主。比如第四首：

泻水置平地，各自东西南北流。人生亦有命，安能行叹复坐愁。酌酒以自宽，举杯断绝歌路难。心非木石岂无感，吞声踯躅不敢言！

全诗突出了一个"愁"字，所叹者愁，酌酒为消愁，悲歌为泻愁，吞声不言则更添愁。第六首中说："对案不能食，拔剑击柱长叹息。丈夫生世能几时，安能蹀躞垂羽翼！"抒发了主人公拔剑击柱，仰天长叹，有志难伸的悲愤情怀。

在《拟行路难》中还有一些诗，写的是游子、思妇以及弃妇的愁苦之情。如第八首写思妇想念远方的征夫："床席生尘明镜垢，纤腰瘦削发蓬乱。"借写室内器物的积满尘垢和女主人的懒于妆饰，来表现相思之苦。

除了《拟行路难》之外，《梅花落》也是鲍照七言乐府诗的名作，诗是这样写的：

中庭杂树多，偏为梅咨嗟。问君何独然。念其霜中能作花，露中能作实。摇荡春风媚春日。念尔零落逐寒风，徒有霜华无霜质。

《梅花落》本是汉乐府笛曲。鲍照借此古题，称赞梅花能在严寒中开放，又叹其风华不能长久，显然是用了比兴的手法，借梅花喻人，曲折地流露出对于社会的不满。

鲍照的诗歌创作对于稍后的沈约、谢脁以及唐代诗人都有很大的影响。

祖冲之创新历

宋孝武帝期间，出了一个杰出的科学家祖冲之。

祖冲之的祖上于西晋末年，为了逃避战乱而迁到江南。他家是科学世家，世代掌管国家的历法。祖冲之在这样的家庭里，从小就读了不少书。他特别喜爱天文学、数学和机械制造，并且常常显示出不凡的才华。到了青年时期，他已经享有博学的名声，受到宋孝武帝的重视，被朝廷聘到学术机关从事研究工作。

在数学上，祖冲之把圆周率数值准确推进到小数点后 7 位，成为世界上最早把圆周率数值推算到 7 位数字的科学家。在圆周率的计算上，我国最早采用周三径一的方法，但祖冲之认为这样得出的数字不准确。所以，在前人的基础上，他进一步算出更精确的圆周率数据。祖冲之得出的圆周率，其盈数为 3.1415927，不足数为 3.1415926，也是兀的数字，小于盈数而大于朒数。同时，祖冲之还确定了兀的两个分数值，其约率为：$\pi = 22/7$，密率为：$\pi = 335/113$。

祖冲之将圆周率准确到小数点后第六位，这是当时世界上最先进的成就。从分子分母不超过百位数的分数来说，密率 335/113 是圆周率值的最佳近分数。为了纪念他这一对数学方面的贡献，人们把圆周率称为"祖率"。直到十五、十六世纪，外国数学家才打破这个记录。

中国当时是以农业立国，有着重视和研究天文历法的传统。祖冲之关心国计民生，极为注重天文历法的研究。当时朝廷采用的是《元嘉历》，它是天文学家何承天编订的。祖冲之对这本《元嘉历》做了深入研究和推算后，发现《元嘉历》仍然不够精密。经过长期的实际观测和仔细的验算，并吸取了历代各家历本的成就，他终于重新制订了一部新的历法——《大明历》。

祖冲之经过长期观察，证实存在岁差，并计算出冬至点每四十五年要回向移动一度，测算出一个太阳年是 365.24281481 日，与近代科学测得的日数，只相差 50 秒，误差只有六十万分之一。

公元 462 年，年方 33 岁的祖冲之把《大明历》送给朝廷，要求颁布实行。宋孝武帝命令懂历法的官员对它进行讨论。随即，爆发了一场革新派和保守派的尖锐斗争。

在这场论战中，祖冲之那精辟透彻、理实交融的分析，折服了许多大臣。

于是宋孝武帝决定在更元时改用新历。可是，还没多久，武帝就死了。直到祖冲之死去 10 年之后，他创制的《大明历》才得以推行。

武帝死后不久，掌管宋朝禁卫军的萧道成灭了宋朝。公元 479 年，萧道成称帝，建立南齐，这就是齐高帝。

孝文帝改革

自从太武帝被宦官杀死后，北魏政治腐败不堪，不断引起北方人民的反抗。公元 471 年，北魏孝文帝拓跋宏即位后，顺应历史潮流，实行了一系列汉化改革。

公元 493 年拓跋宏召集满朝文武商议政事，他提出要动员北魏所有军力，南征南方的齐国。这一提议，无疑是一石击起千重浪，马上就招来了众多大臣的反对。任城王拓跋澄是孝文帝的叔父，在朝廷里有很高的威望。他从国家利益出发，坚决反对此次南征。孝文帝见没有人支持他的建议，非常生气，宣布退朝。

散朝之后，孝文帝在后殿对任城王拓跋澄交了底，他说："您以为我真要南征吗？老实告诉你，我不过是拿它做幌子罢了。我真正的意图是想迁都到洛阳去。我们这里不是用武的地方，不适应改革政治。现在我要移风易俗，非得迁都不可。所以我就想出这个主意，让它生米煮成熟饭再说。"拓跋澄这才恍然大悟，他佩服孝文帝的英明果断，当即赞成孝文帝的决策。

有了任城王的支持，孝文帝的主张就可以施行了。公元493年，北魏正式迁都洛阳，孝文帝在改革的道路上迈进了一大步。

太子拓跋恂阻挠改革，孝文帝竟然派人杀掉了他。就在这一年，穆泰等人联合东陵王拓跋思誉、代郡太守拓跋珍、阳平侯贺赖头等人从平城起兵反叛。孝文帝以快制慢，迅速派任城王拓跋澄率师平叛，自己则率御林军大批捕杀朝中的反对派势力。一时间，反对改革的势力全都被清除了。

孝文帝平定了穆泰等人的政变后，出台了一系列改革措施。孝文改革首先围绕政治、经济制度进行。当时执政的冯太后是孝文帝的祖母，她是颇有才干的女政治家。献文帝死后，10岁的孝文帝继位，她以太皇太后身份临朝称制。从公元484年开始，她颁布了一系列的改革措施。

第一，整顿吏治，实施俸禄制。北魏前期吏治败坏，地方官员不论政绩好坏，任期都是6年。官吏没有俸禄，生活来源靠自行搜刮，巧取豪夺。冯太后针对吏治的混乱，规定官吏任期由政绩优劣决定，并推行班禄制，即给官吏发俸禄，官吏贪污价值一匹绢以上者一律处死。

第二，实行均田制，发展经济。中原地区经过长期战乱，经济受到严重破坏，土地大片荒芜，世家大族乘机兼并土地，国家财政日益困难。北魏太和九年（公元485年）十月，北魏推行均田制。均田制是北魏政权在奴隶制残余这一特殊历史条件下实行的一种土地分配制度，是封建土地所有制的一种补充形式。同时，均田制使游离的劳动力重新和土地结合起来，扩大了自耕农的数量和政府的纳税面，推动了农业生产的发展和北魏政权封建化的进程。均田制的具体内容是：一、政府授给均田农民露田。露田只能种植五谷，不许栽种树木，并不许买卖，农民年满70岁或身死后须将田归还官府。二、初授田的男子另给田20亩作为世业，并可终身拥有，但须在3年内栽种桑树50株，枣树5株，榆树3株。三、给予新迁居而来的农民园宅田，每3口1亩，奴婢每5口1亩。四、地方官吏按品级授给公田，刺史15顷，县令、郡丞6顷，不准买卖。五、老幼残疾者没有受田资格。

第三，建立三长制，加强对地方的控制。冯太后废除了宗主督护制，规定5家立一邻长，5邻立一里长，5里立一党长，这三长负责掌管田产、户口，征发租调徭役，维护地方治安等。三长制的建立确立了户籍制度，巩固了地方统治秩序。冯太后的这些改革措施，推动了北方经济的恢复和发展，加强了中央集权。

冯太后病逝后，孝文帝亲政，继续改革，主要进行的是以"汉化"为中心的文治改革。魏都平城地处边塞，气候严寒，农业生产条件差，交通运输也不便利，而迁都是政治经济发展的必然要求，但总是阻力重重。文帝首先取得任城王的支持，并精心编导了一幕"外示南讨、意在谋迁"的喜剧。公元493年，文帝亲率30万大军渡过黄河，进驻洛阳，准备大举南征。当时正值秋雨绵绵，军队疲惫不堪。众大臣纷纷跪在御马前，叩头哭劝，请求停止讨伐南齐。孝文帝让群臣在南征和迁都之间选择，百官宁愿迁都也不愿冒险南征。公元494年，孝文帝把都城迁到洛阳。迁都洛阳后，孝文帝实行全面汉化政策。从平城迁来的人都得改为洛阳籍，死后也要葬在洛阳。同时，他们都得改穿汉服，学说汉语，并改鲜卑姓为汉姓，号召胡汉通婚。孝文帝改姓为元，并带头娶4个汉姓女子做后妃，又为5个弟弟娶汉人为妻，并把公主们嫁给汉人。

孝文改革是成功的，它缓解了民族矛盾和阶级矛盾，巩固了鲜卑贵族在北方的统治，促进了各民族之间的融合，对中国多民族的统一做出了贡献。

郦道元著《水经注》

在北魏时期，有一本地理学巨著叫《水经注》，他的著者郦道元是我国古代最卓越的地理学家之一。

郦道元（？～527年），字善长，北魏范阳郡涿州市（今河北涿州市）人。

郦道元出生在官僚世家，青少年时代随父亲在山东生活。对当地的风土人情深入了解后，逐渐对地理考察产生兴趣。父亲去世后，道元袭爵永宁侯，在孝文帝身边做官。后来外调，做颍川太守、鲁阳太守和东荆州刺史等职。在辗转各地做官的过程中，他博览群书，并进行实地考察，对当地的地理和历史有了深入的了解和研究。

神龟元年（公元518年），郦道元被免职回到洛阳。在这期间，他感觉以往的地理著作如《山海经》《禹贡》《汉书·地理志》都太过简略，《水经》只有纲领而不详尽。于是，他花费大量心血，广泛参考各类书籍，结合多年的实地考察经验，历时七八年，终于完成地理学名著《水经注》。

郦道元做官时得罪了小人，被他们设下陷阱，派去视察反状已露的雍州刺史萧宝夤的辖区。孝昌三年（公元527年）十月，郦道元在阴盘驿序（今陕西临潼东）时，遭到萧宝夤部队袭击，被残忍杀害。

《水经注》共40卷，约30万字，文字20倍于原书《水经》，共记有1252条河流。

《水经注》这部在当时世界地理文献中无与伦比的著作，成就巨大，主要表现在以下四个方面。

其一，在水文地理方面。《水经注》共记载了1252条大小河流，按一定次序对水文进行了详细的描述。如河流的发源、流程、流向、分布、水量的季节变化以及河水的含沙量和河流的冰期等。在河源的描述上，有陂池、泉水、小溪以及瀑布急流。全书共记载峡谷近300个，瀑布64处，类型名称15个。《水经注》记载了伏流22处，其中有石灰岩地区的地下河和松散沉积孔隙水；记载的湖泊总数超过500个，类型名称13个，其中有淡水湖也有咸水湖；记载了泉水几百处，其中温泉31处。这些为后世研究古今水文变迁提供了重要的参考文献。《水经注》还记载了无水旧河道24条，为寻找地下水提供了线索；记载了井泉的深度，为该地区地下水位变化规律提供了依据和参照。

其二，在生物地理方面。《水经注》记载了大约50种动物种类。不仅明确记载了动物的分布区域，而且记载了各地所特有的动物资料。特别是黄河淡水鱼类的洄游，是世界上该方面现存最早的文献记载。《水经注》还记载了约140种植物种类，描述了各地不同类型的植物群落，尤其注重植被状况。

其三，在地质地貌方面。《水经注》记载了31种地貌类型名称，山近800座；记载了洞穴 46 个，按不同性状结构取不同名称。《水经注》还记载了许多化石，包括古生物残骸化石和遗迹化石；记载了矿物约 20 余种，岩石 19 种；记载了山崩地震约 10 余处。其中关于流水侵蚀、搬运和沉积作用的解释，成为古代最早的流水地貌成因理论。

其四，在人文地理方面。《水经注》中记载的农业地理，包括农田水利、种植业、林业、渔业、畜牧业和狩猎业等；工业地理，包括造纸、纺织、采矿、冶金和食品等；运输地理，包括水上运输和陆上运输以及水陆相连的桥梁、津渡等。《水经注》还记载了地名约 17000 多个，有全面阐释的 2134 个。

《水经注》是一部杰出的地理学巨著，它是对北魏以前的地理学的一次全面总结，为后世地理研究提供了非常详尽的参考文献。

梁武帝出家

梁朝趁北魏内乱之机，曾几次出兵北伐。但梁武帝出师不利，不但没能占到便宜，还死伤了不少军民。此后，双方都无力征伐，彼此相安无事。

萧衍没有当上皇帝之前，对百姓和士兵都挺关心，到了登上皇位后，就换了一副面孔。他对皇亲国戚格外宽容，对百姓却尽情搜刮掠夺。他的臣下更是贪得无厌。有人告发他的弟弟萧宏谋反，库里藏有兵器。梁武帝一听，这还了得。他亲自带人去萧宏家搜查，结果看到萧宏家的库房里堆满了布、绢、丝、棉，还有数以亿计的钱财。萧衍看到没有谋反的迹象，就对萧宏说："阿六呀，你的家当还真不少啊！"

其他的王公侯爷看到萧衍对此一点也不在意，就更加肆无忌惮地搜刮民脂民膏了。

萧衍到了晚年，开始崇信佛教，借佛教名义愚弄百姓，搜刮钱财。他修建了一座规模宏大、富丽堂皇的同泰寺为自己诵经拜佛之用，自己装成一副苦行僧的样子，早晚到寺中朝拜。

有一次，他到同泰寺"舍身"，表示要出家做和尚。他这一出家做和尚，国中无主，大臣们急得像热锅上的蚂蚁，最后只得去寺中劝他回来。他做了四天和尚，大臣们出钱把他从同泰寺中赎了出来。这样的滑稽剧总共演了 4 次，大臣们一共花了 4 亿钱的赎身钱。这笔钱，都转嫁到老百姓身上去了。而且在他最后赎身回宫的那个晚上，竟派人把同泰寺的塔烧了，却说是魔鬼干的。为了压住魔鬼，又下诏要造一座几丈高的高塔来压住，继续叫百官捐钱。

梁朝就这样一天天地衰弱了。

侯景反复无常

梁武帝有一天晚上做了个梦，梦见北朝的刺史、太守都来向南梁王朝投降。这个梦无非是他日思夜想造成的。

20 天后，恰好西魏的大将侯景派人来，说他跟东魏、西魏都有冤仇，打算投降南梁，还表示愿意把他控制的函谷关以东 13 个州都献给南梁。

侯景原来是东魏丞相高欢部下的一员大将，高欢让他带兵在黄河以南镇守。高欢临死的时候，怕侯景叛乱，派人召侯景回洛阳。侯景怕自己去洛阳会被害死，就不接受东魏的命令，带着人马向西魏投降了。

西魏承相宇文泰也不信任侯景，打算解除他的兵权。侯景又转向南梁投降。

梁武帝接受了侯景的投降，把侯景封为大将军、河南王，并且派他的侄儿萧渊明带着5万兵马去接应侯景。

萧渊明带兵北上，受到东魏的进攻。梁军已经很久没有打仗了，人心涣散，被东魏打得几乎全军覆没。萧渊明也被俘虏了。

东魏又向侯景进攻，侯景大败，只带着800多人逃到南梁境内的寿阳。

东魏派使者到南梁讲和，还说愿意把萧渊明送回来。侯景知道了这件事，害怕对自己不利，就决定叛变。

侯景的人马很快就打到了长江北岸，梁武帝急忙派他的侄儿萧正德到长江南岸布防。

侯景派人诱骗萧正德做内应，说推翻了梁武帝后，就拥戴他做皇帝。萧正德利欲熏心，秘密派了几十艘大船，帮助侯景的军队渡过长江，还亲自带领侯景的军队渡过秦淮河。之后，侯景顺利地进入建康，把梁武帝居住的台城包围起来。

台城里的军民奋力抵抗，双方相持了130多天。到了后来，台城里的军民有的在打仗中死去，有的病死饿死，剩下的已不到4000人。

到了这个时候，谁也没法挽回败局。叛军攻进了台城，梁武帝也成了侯景的俘虏。

侯景自封为大都督，掌握了朝廷的生杀大权。他先杀了那个一心想做皇帝的萧正德，然后把梁武帝也软禁起来。最后梁武帝连吃的喝的也没有了，活活饿死在台城里。

梁武帝死后，侯景又先后立了两个傀儡皇帝。公元551年，他自立为皇帝。

侯景当了皇帝后，到处搜刮掠夺，给百姓带来深重的灾难。第二年，梁朝大将陈霸先、王僧辩率领大军从江陵出发，进攻建康，把侯景的叛军打得一败涂地。最后，侯景只带了几十个人出逃，半路上被他的随从杀死了。

南梁王朝经过这场大乱之后，分崩离析。公元557年，陈霸先在建康建立了陈朝，这就是陈武帝。

隋朝

公元581年，北周贵族杨坚代周建隋，公元589年，隋灭陈，至此。分裂了二百七十多年的中国重新统一。隋朝享国三十八年，历三帝。虽说隋朝是个短命的王朝，但其开国之君隋文帝却是中国历史上少有的明君，他总结魏晋南北朝的经验教训，厉行改革，建立三省六部制、制定《开皇律》、首开科举制，等等，这些政策和措施几乎被其后的唐、宋全盘继承和沿袭，并深刻影响了唐、宋之后的中国。隋文帝的继任者隋炀帝本是个有才之人，也曾立下确立科举制、开通大运河这样的历史功绩，然而他性喜奢靡，好大喜功，幸江都、征高丽，最终将隋之大好河山拱手送与他人。

建立三省六部制

隋文帝杨坚建立隋朝后，沿用了前朝的三省制，三省分别为内史省（即唐朝时的中书省）、门下省和尚书省。隋文帝此举意在整顿中央中枢政治体制的混乱。三省中机构最大的为尚书省，下设的政务分部有吏部、礼部、兵部、都官、度支、工部，史称"六部"。三省中的决策机构是内史省，具有决策军国大事和任免朝廷要员的权力，职责是为皇帝起草诏书，内史省的最高决策者是内史令，副决策者是内史侍郎。三省中的审议机构是门下省，主要职责是审核大臣们的奏章，同时对中书诏敕进行复审，并有权将不当者驳回，此为"封驳"，门下省的最高决策者是纳言，副决策者是黄门侍郎（即后来的门下侍郎）。三省中的执行机构是尚书省，负责将中书省和门下省发出的制敕转达给中央各部门和全国各地的州县，以及依据中书省和门下省制敕的精神制定政令，并转达到所有相关部门，其最高决策者是尚书令（一般虚置），副决策者是左仆射和右仆射。尚书省设立在皇宫外面，统领六部。

三省之间分工明确又相互制衡，这样一来，既避免了权力过于集中，又提升了政令的执行效率。

制定《开皇律》

《开皇律》是隋文帝在改革北周刑律弊端的基础上制成的，其基本原则是删繁就简、以轻代重。《开皇律》的制定，同时参照了北齐和北周的律法，共分十二篇，篇目名为：名例、卫禁、职制、户婚、厩库、擅兴、贼盗（亦作盗贼）、斗讼、诈伪、杂律、捕亡、断狱，共有五百条。该律法确立了死刑、流刑、徒刑、杖刑、笞刑五种刑罚（即五刑）和谋反、谋大逆、谋叛、恶逆、不道、大不敬、不孝、不睦、不义、内乱十种不赦的严重犯罪（即十恶），以及贵族和官员等八种人享受的法律特权（即八议）。

此外，《开皇律》还制定了部分对平民有利的诉讼程序，比如说平民遭受了冤枉，可以一级一级往上递诉状，甚至可以递到朝廷。相对而言，《开皇律》在一定程度上减轻了权贵对平民的压迫，里面的很多法律条款，一直为后世沿用。

改革府兵制

府兵制是西魏、北周时期创制的一种兵役制度。按其规定，兵和民分离，兵士的户籍独立，家属随军迁徙，户不属民。开皇十年（596），隋文帝开始着手改革府兵制，规定由军府统一统领所有军士，军士除了军籍之外，还可以与家属一起拥有固定的州县户籍，可以依均田令获得田地耕种，租调免除。军士平日里参与生产，同时依据规定的时间轮流到京城戍卫或参与其他任务。

府兵制的颁布，让原来的兵农分离变成了合二为一，如此一来，不但军队的素质得到了提升，而且也方便了军队的管理和农业生产，大大促进了隋朝军事力量的发展。

"大索貌阅"和"输籍之法"

从两晋到南北朝，战乱不止，人民流离失所，再加上官府赋税过重，致使百姓有的依附势力强大的家族，从国家户籍中脱离；有的谎报年龄，以逃避繁重的赋税，户籍混乱不堪。为了强化国家对人口的控制，增加赋税，隋朝对户口进行了大清查，史称"大索貌阅"，具体的实施措施是依据年龄和体态相貌核查户口。具体的操作方式是：先把城镇居民分编入组，京畿之内的居民五户为保，设保长，五个保为一闾，设有闾正，四闾为一族，设有族正；京畿之外的居民，保之上是里，设有里正，里之上是党，设有党长；"大索貌阅"中的具体事务由三长负责，若是发现其负责的区域中存在户口不实的情况，里正、党正等负责人就会遭受发配远方的惩罚。开皇五年（585），"大索貌阅"开始实行，就在这一年，隋朝的户籍就增加人丁四十四万三千多丁，人口一百六十四万余口。

隋朝还实施了"输籍之法"，这是一种划分户等、制定纳税标准的措施，内容是：地方官每年正月按照标准挨家挨户定等，以此作为征发差役、确定税额等的依据。这样一来，在户籍制度得到完善的同时，那些脱离了户籍的农民也重新加入了户籍，使国家的赋税来源变得更广了。

隋文帝晚年的统治

隋文帝开皇年间，隋文帝采取了一系列与民休息的政策，使得这一时期"君子咸乐其生，小人各安其业，强无凌弱，众不暴寡，人物殷阜，朝野欢娱"，史称"开皇之治"。但是隋文帝统治末期，大量的土地依然掌握在地主和官僚手中，像杨素那样的大贵族，不但拥有与官阶相对应的永业田和职分田，还获得过两次赐田，每次一百三十顷，这导致很多百姓都没有耕种的土地。此外，刑罚也变得比以前严酷了很多，曾有凡盗窃一钱以上者或三人共窃一瓜者判死罪的规定，而且还开了法律之外"决杖（使用木棒抽打）"官员的先河。隋文帝性情"猜忌苛察"，很多有功之臣都死于他的猜忌，导致朝廷中的大臣人人自危。此外，再加上太子杨勇和晋王杨广之间的权力争斗，这一切都激化了统治阶级内部的矛盾和固有的封建社会矛盾。

杨广矫饰夺位

开皇元年（581），隋文帝将长子杨勇立为太子，同时封次子杨广为晋王。杨勇当上太子后，经常在隋文帝的授意下参与朝廷政事。杨勇性格沉稳率直，和善宽厚，不屑小人之道，在处理朝廷政事时意见鲜明，决断正确，深受文帝赏识。后来由于他生活奢侈，宠妃过多，渐为文帝和独孤皇后猜忌。而晋王杨广，仪表堂堂，性格却很狡诈，善用阴谋诡计，为了博取隋文帝的信任，进而登上太子之位，他假装不近女色，对大臣谦谦有礼，不闻钟鼓之声，言语谦卑却又暗含恭维。慢慢地，隋文帝和独孤皇后逐渐偏信于他。开皇二十年（600），隋文帝废去了杨勇的太子之位，并于同年十一月将杨广立为太子。仁寿二年（602），独孤皇后薨。仁寿四年（604），隋文帝病重，

于七月驾崩在大宝殿，杨广即帝位，是为隋炀帝。登上皇位后，杨广假传隋文帝遗诏杀掉了前太子杨勇。杨广的弟弟汉王杨谅借讨伐杨素为由，在并州举兵，杨广命杨素领兵镇压，投降后的杨谅死于幽所。之后不久，杨广又毒死了杨勇的儿女，尽数铲除了对皇位有威胁的因素。

营建东都

为了强化对关东地区和江南地区的控制，隋炀帝在大业元年（605）三月命尚书令杨素营建东都洛阳。杨素为大监，副监是纳言杨达和将作大匠宇文恺。营建工程浩大，每个月耗费两百万人力，历时一年才初步建成。东都建成之后，隋炀帝下令让各州的富商都迁居到东都洛阳，之后，又在洛阳周边建造了大粮仓备用。虽然当时的都城仍然是大兴（即后来的长安），但隋炀帝留在洛阳的时间更多，故而，洛阳慢慢变成了全国的政治、经济、军事和漕运中心。

开凿大运河

大业元年（605），为了加强南北交通，强化朝廷对地方的控制，隋炀帝下令开凿运河。大业六年（610），大运河竣工。这条大运河以洛阳为中心，向北到涿郡（今北京），向南达到余杭（今浙江杭州），分为永济渠、通济渠、邗沟（也叫山阳渎）、江南河四段，全长共两千多千米。大运河是南北交通的大动脉，途经河北、河南、安徽、江苏、浙江五省，连通了海河、黄河、淮河、长江、钱塘江五条河流，为南北方的经济沟通做出了重要的贡献。

确立科举制

隋文帝杨坚建立隋朝之后，为了强化中央集权，维护和扩大地主阶级的利益，遂下令废除九品中正制，将选拔官员的权力收归朝廷，命各州每年向朝廷举荐三个人，标准是文章的华美程度。之后又命五品以上的京官和地方上的总管和刺史等向朝廷举荐人才，依据的标准是"志行修谨"（有才）、"清平干济"（有德）。大业三年（607），隋炀帝下诏，以"孝悌有闻、德行敦厚、节义可称、操履清洁、强毅正直、执宪不挠、学业优敏、文才美秀、才堪将略、膂力骁壮"等十科为标准选用贤能之人，并标注具备其中一科即可录用，无须全数具备。当时，科考主要是秀才科、进士科、明经科，秀才考的是方略，进士考的是时务策，明经考的是经术，级别最高的是明经，其次是进士，这三科组成了一套完备的国家分科选人制度。科举制度确立之后，原本在地方士族手中的选官权力归属中央，豪门贵族的权力被削弱了，中央政府对地方和百姓的控制加强了，这有益于国家的统一和稳定，很大程度上促进了统治阶级对封建统治的强化。也正因为此，科举制度一直为后世各朝沿用。

游幸江都

大业元年（605），通济渠凿通。是年八月，隋炀帝便乘龙舟巡游了江都（今江苏扬州）。当时，除了一二十万的随行人员，还有数千只船，这些船首尾相接起来，足有二百余里，划船的船夫和拉纤的纤夫多达八万人。两岸有骑兵护送，旌旗一眼望不到边，以龙舟经过的所有州县为中心，方圆百里之内都要前来进献美食，吃不完的食物，或被卖掉，或被倾倒进河中。隋炀帝到达江都后，动用二十万工匠为自己制造车辇仪仗，出游的时候，仪仗队伍有二十里长。直到第二年四月，隋炀帝才从江都返回东都。大业六年（610）三月，隋炀帝第二次巡游江都，并下令在江都营建行宫，之后又下令开凿江南河，打算巡游江都之东的会稽（今浙江绍兴）。大业七年（611）二月，隋炀帝从江都乘船沿着大运河北上，直达涿州。大业十二年（616）七月，隋炀帝不顾群臣的谏阻，第三次巡游江南。此时中原起义军蜂起。隋炀帝已经无力控制局势，他一边下令修建丹阳宫（位于今江苏南京），欲将都城南迁，一边命令王世充点选江南佳丽扩充后宫，继续过着醉生梦死的日子。

三征高丽

高丽位于朝鲜半岛北部，又称高句丽。开皇十八年（598），高丽王发兵攻打辽西，营州总管领兵击退。隋文帝曾发兵征伐高丽，因孤军深入，后援难继，最终无功而返。至隋炀帝，曾三次发兵征高丽，并且三次都是御驾亲征。大业八年（612），隋炀帝第一次发兵攻打高丽，军队数量达一百三十万，杨广亲自前往督战。由于战术错误和粮草中断，隋军的这次出征以大败而回收场，兵力折损严重。大业九年（613）春天，隋炀帝第二次发兵征高丽，与上次一样，杨广亲临前线督战。这次出征因杨素的儿子杨玄感在黎阳（今河南浚县东北）举兵反隋而不得不半途而废。大业十年（614）春，隋炀帝亲临涿郡，督师第三次出征高丽。隋将来护儿率领水军直指平壤，高丽王出城投降。长年的征战，双方均损失严重，而此时隋朝国内农民起义蜂起，使隋炀帝不得不从辽东罢兵返朝。三征高丽所耗费的人力、物力极大，使得隋朝的国力开始由盛转衰。

隋末的农民起义

隋炀帝荒淫骄奢，连年征战，使人民生活在水深火热之中，最后，不堪忍受的百姓开始反抗，起义行动此起彼伏。先是大业七年（611）王薄的长白山（位于今山东章丘境内）首义，接着又有杨素之子、礼部尚书杨玄感黎阳起兵。之后，起义烽火遍燃隋朝大地。公元617年左右，反隋的起义军形成了三股主要力量，分别是瓦岗军、河北起义军、江淮起义军。

瓦岗军由翟让和李密统领，是所有起义军中力量最强的。瓦岗军在兴洛仓附近建造了洛口城，以此地为根据地开始进攻洛阳，与其对峙的军队是王世充部。当时，李密的野心也随着瓦岗军势力的不断壮大而膨胀，一心想要独占瓦岗的他居然杀死了翟让。翟让的死对瓦岗军来说是无法弥补的损失。

领导河北起义的是窦建德，当瓦岗被隋军大肆围剿的时候，窦建德南面称王，自号长乐。当起义军队伍壮大到十万人的时候，窦建德将国号定为夏，自封夏王。

江淮东南地区的起义主力军队是江淮起义军，该起义军是由杜伏威和辅公祐领导的。江淮起义军在针对隋朝军队围剿而进行的战争中多次取得了胜利，江淮一带的百姓见起义军声势浩大，纷纷加入，使得江淮起义军的力量得到了壮大。

江都兵变

声势浩大的农民起义运动，使隋朝不断丢城失地，所控制的地区急剧减少，最后竟然仅剩几座孤城可以用来防守。尽管形势危急，国破家亡只在旦夕，但是藏身于江都城内的隋炀帝，仍然终日寻欢作乐。不过，他虽然荒淫无道，却不糊涂，心中明白大势已去。有一天，他一面照镜子，一面对皇后打趣道："我的大好头颅，谁有本事斩下来呢？"公元618年春，隋炀帝的近臣宇文化及和司马德戡等人发动兵变，将隋炀帝杀死，随后又将隋朝宗室一并杀戮。汶次事件，史称"江都兵变"。

农业的发展

隋朝建立之后，在隋文帝休养生息的政策下，人口不断增长。充足的劳动力，带动了农业的繁荣，垦田面积也逐年增加。公元589年，隋朝耕地面积达到一千九百多万顷。到了隋炀帝统治时期，增至五千五百多万顷。在余粮充足的情况下，为了贮藏粮食以应对洪涝灾害和旱灾，隋文帝颁布法令，命令全国各州多建粮仓。粮仓主要有两种，分别是官仓和义仓（又称社仓，是一种由国家兴办、以赈灾为目的的民间粮仓）。官仓的规模都非常大，如隋炀帝在大业初年设置于洛阳的粮仓，"储米粟多者千万石，少者亦不减数百万石"。而义仓一般设在乡间，开仓赈灾比较方便。史料记载，到隋文帝末年，隋朝储备的粮食还可以供应五六十年。

手工业的繁荣

与前代相比，隋朝手工业的组织规模和技术水平有了大幅提高。其中，丝织业、陶瓷业和造船业是最具代表性的产业。丝织品的重要产地有河南、河北、四川以及江南地区，如相州（今河南安阳）的绫纹布做工精致、手感滑润；成都的绫锦精巧细腻、风靡全国。隋朝已经开始广泛使用白瓷，如在陕西西安市郊挖掘出的大业四年（608）李静训墓中，就出土有白瓷。这种白瓷不仅胎质亮白、釉面润泽，而且做工技术非常高超，胎釉几乎看不到白中带黄或泛青等缺陷。这足以说明此时的白瓷制造工艺已经颇为成熟。青瓷在晋朝就已经出现，隋朝时期，青瓷的制造工艺已经有了长足的进步，烧制出来的青瓷硬度已经远远超过了晋朝青瓷。值得一提的是，隋朝的造船业空前繁荣，且技术先进。隋朝攻打南朝的陈国时，大将杨素监督建造有五牙大战船，船高达百余尺，船上有五层阁楼，船头船尾各安置着六支用来撞击敌船的拍竿，每支竿都长达五十尺。史籍记载，隋炀帝巡游江都时造了数千艘各式船只，其中他本人乘坐的龙舟和萧后乘坐的龙螭舟高逾四十尺、宽逾五十尺、长逾两百尺，上下共有四层，有宫室上百间，都装饰得金碧辉煌。

商业的繁盛

隋朝的经济非常发达，商业特别繁盛。由于南北朝货币紊乱，隋文帝为了防止币制混乱扰乱隋朝的商品交换，便命人铸造五铢钱当作流通货币，还严禁旧币流通和私自铸钱，促使商业得到了稳定发展。商业的繁盛也促进了城市的发展。当时，中国乃至世界上规模最大的城市是隋都大兴城（今陕西西安）。大兴城形状为长方形，全城分为宫城、皇城、外郭城三部分，由东向西呈对称分布，平面布局非常规整。大兴城内"俗具五方，人物混淆，华戎杂错"，有东、西两个市场，分别叫作"都会"和"利人"，商业往来十分频繁。除了大兴城，隋朝著名的商业城市还有洛阳、相州、幽州、江都、余杭等。

李春造赵州桥

赵州桥位于河北赵县，贯通洨河两岸，始建于大业元年（605），竣工于大业十一年（616），建成已经近一千四百余年，设计者是隋朝著名工匠李春，该桥曾被宋哲宗赐名安济桥。赵州桥桥身长50.82米，宽度是9.6米，整座桥都是用石料建成的，是目前世界上最早的、保存最完好的大跨度单孔敞肩坦弧石拱桥。赵州桥在建造的过程中运用了很多独创的技术，即便是现代的建筑工程师，在面对它的时候也忍不住赞叹连连。唐玄宗先天八年（720），时任中书令的张嘉贞为赵州桥写了一篇铭文，说隋朝工匠李春建造赵州桥，"制造奇特，人不知其所以为……非夫深智远虑，莫能创是"。

发达的医学

到隋朝时，中国的医学已经很发达了，"分科"的医学教育治疗体系也已经非常完善了。太常寺之下设有太医署，太医署由医学和药学两部分组成。医学划分为医、针、按摩、咒禁四科，医科划分为体疗（内科）、疮肿（外科）、少小（小儿科）、耳目口齿与角法（拔罐）。在当时，各个学科的课程安排和考核制度以及升、降、留、退等，都有一定规范。医学和药学的老师有博士、助教、师、工等不同级别。隋朝最著名的医学家是巢元方，他的代表作是《诸病源候论》。《诸病源候论》是中国第一部详述疾病分类、病因和病理的医学著作。书中还记载有外科手术技术，如用肠吻合手术治疗外伤断肠、血管结扎等，这都说明隋朝时医学已经发展到了很高的水平。

官方修史的开始

在隋朝之前，官方和民间都可以编撰史书。那时民间编写的史书大都思想自由，质量上乘，但是因为很难参阅官方所藏的史料，所以大部分民间史书都只有纪传而没有志书，称不上是完备的国史。开皇十三年（593），隋文帝颁布政令，禁止民间自行撰写国史和评断人物。从那时开始，历代国史都变为官修，虽说官方修史缺乏公正性，但因为都是由专业史官撰写，再加上朝廷提供了非常充足的资料，所以国史的质量也比较有保证。隋唐之后，官方修史正式成为了朝廷专门的事业。

裴矩著《西域图记》

完成南北统一大业之后，隋朝开始将视线转向西域。裴矩见到朝廷对西域很不了解，便于公元 606 年前后编写了三卷《西域图记》。《西域图记》是中国古代研究中西交通的重要资料。隋炀帝命裴矩驻扎在张掖（今甘肃张掖），负责管理通商方面的事务，他通过研究文献资料和访问西域商人，搜集整理了西域四十四个国家的山川、风物、姓氏、民俗，然后整编成书。本书记载非常详细，其中还绘有地图，为后世著作《隋书·西域传》提供了非常重要的资料。《西域图记》原著后来不幸遗失，《隋书·裴矩传》中收录了裴矩的自序，里面记载了从敦煌通向中亚各国直达地中海的三条路线，略微弥补了史籍的缺失。

展子虔的《游春图》

在绘画艺术方面，隋朝跟前代大致相似，内容主要是人物或神仙故事，但山水画已经成为独立画科。当今，有画迹可考的隋代画家只有展子虔一人，他是隋朝最著名的画家，在中国画史上的地位也是举足轻重的。他一生历经了北齐、北周和隋朝三朝，曾在隋朝官居朝散大夫，后来又升任为帐内都督。展子虔丹青妙笔、画技超群，创作范围十分广泛，佛道、人物、鞍马、车舆、宫苑、楼阁、翎毛等无一不精，尤其擅长画山水。据说，中国现存最古老的卷轴山水画，就是展子虔所创作的《游春图》。此画采用勾勒刷法，以大青绿为主色，在布局上注重远近关系和山树人物比例，空间透视相得益彰，能够在咫尺之间传达出千里之景的趣味。这充分说明隋朝的山水画已经摆脱了"人大于山，水不容泛"的空间处理缺陷。《游春图》成为卷轴山水画的代表，元代《画鉴》评点说，《游春图》是山水画真正意义上的始祖。

音韵学的研究

南北朝时期，为了满足文学创作的需要，人们对音韵学的研究也不断深入。隋文帝开皇初年的语言音韵，存在着南北用韵不统一、定韵不标准的问题，颜之推、萧该、陆法言等八人专门对此进行了校正。陆法言集思广益，经多年研究，创作出《切韵》五卷。这部书对书面声韵进行了系统地统一，体现了当时汉语的语音，是中国最早且有据可查的音韵书。《切韵》一书如今已经不传，但是此书吸收了南北音韵的精髓，开创了韵书修撰体例的先河，为音韵学的深入发展打下了基础。

音乐的发展

在北朝胡汉民族音乐和南朝宋、齐、梁音乐的影响下，隋朝的宫廷乐歌中通常夹杂着"胡声"。隋朝灭掉南朝陈之后，设置了清商署管理音乐。隋炀帝时期，设置了九部乐，分别是清乐、西凉、龟兹、天竺、康国、疏勒、安国、高丽、礼毕。当时的乐器全都传自西域，主要有曲项琵琶、竖头箜篌、答腊鼓和羯鼓等。当时已知的音阶达到了七音，而非前代的五音，《隋书·音乐志》有载："先是周武帝时，有龟兹人曰苏祗婆，从突厥皇后入国，善胡琵琶。听其所奏，一均之中间有七声。因而问之，答云：'父在西域，称为知音。代相传习，调有七种。'"

唐朝

公元618年，关陇贵族李渊建立唐朝。唐朝享国二百九十年，历二十一帝（包括女皇武则天）。唐朝的统治分为两个时期，即前期的盛世和中后期的治乱。唐朝前期，唐太宗李世民完善制度，整顿吏治，轻刑简政，与民休息，使得中国迅速从隋末的混乱中走出来，迎来了唐朝的第一个治世——"贞观之治"。之后，唐朝政局也出现短暂动荡。到了唐玄宗开元年间，唐朝国力强大，政治昌明，经济发达，文化繁荣，声威远播，进入第二个治世——"开元盛世"。然而在执政后期，唐玄宗亲任奸臣，政治日益腐败，最终酿成了"安史之乱"，从此唐朝开始走向衰落。纵观中国历史，唐朝可以说是中国封建社会发展的顶峰，此时的中国，社会风气开放，文治武功均为历代最高，国家和人民极度自信，到处呈现出高度的文明气象，在中国乃至世界文明史上都谱写了绚烂的篇章。

李渊起兵

在反隋的割据势力中，李渊父子集团最终扫灭群雄，统一中国。

李渊出生于关陇一个贵族家庭。其祖父原是西魏八柱国之一，北周刚建国时被迫封为唐国公。其父原任北周上柱国大将军。李渊生于周天和元年（公元566年），幼年丧父，7岁袭唐国公爵。隋灭北周后，李渊先后任身侍卫官、太原刺史等职。公元617年，隋炀帝派他到太原去当留守（官名），镇压农民起义。

但是隋炀帝不信任他，于是派王威和高君雅为太原副留守，以监视李渊。

公元616年，突厥侵入北部边境，隋炀帝命李渊和马邑太守王仁恭合力抵抗。结果战事不利，隋炀帝于是派使者押李渊和王仁恭至江都治罪。李渊一方面托词不赴江都，故意纵情声色；另一方面加紧策划。

李渊有四个儿子，其中第二个儿子李世民是个很有胆识的青年，他很喜欢结交朋友。

晋阳（今山西太原）县令刘文静就是李世民非常赏识的一个朋友，他跟李密有亲戚关系，李密参加起义军以后，刘文静受到株连，被革了职，关在晋阳的监牢里。

李世民得知刘文静坐了牢，急忙赶到监牢里去探望。

李世民拉着刘文静的手，一面叙友情，一面请刘文静谈谈对时局的看法。

刘文静早就知道李世民的心思，他说："现在杨广远在江都，李密正进攻东都，到处都有人造反，这正是打天下的好时机。我可以帮您招集十万人马，您父亲手下还有几万人。如果用这支力量起兵，不出半年就可以打进长安、取得天下。"

李世民回到家里，反复想着刘文静的话，觉得很有道理。但是要说服他父亲，却

不是一件容易的事。正好在这个时候，太原北面的突厥（我国古代北方民族之一）可汗向马邑进攻。李渊派兵抵抗，连连打败仗。李渊怕这件事传到隋炀帝那里，要追究他的责任，急得不知怎么办才好。

李世民抓住这个机会，就找李渊劝他起兵反隋。

李世民对李渊说："皇上委派父亲到这里来讨伐反叛的人。可是眼下造反的人越来越多，您能讨伐得了吗？再说，皇上猜忌心很重，就算您立了功，您的处境也将更加危险。唯一的出路，只有起来造反。"

李渊犹豫了许久，才长叹一声，说："我思考你说的话，也有些道理，我只是有些拿不定主意。好吧！从现在起，是家破人亡，还是夺取天下，就凭你啦！"

李渊

李渊把刘文静从晋阳监牢里放了出来。刘文静帮助李世民，分头招兵买马。李渊又派人召回正在河东打仗的另两个儿子李建成和李元吉。

要起兵必须扩大兵力，李渊为太原留守，虽握有重兵，但是仍须招募一支自己的队伍。可是公开招募会引起高君雅、王威的注意。恰在此时，马邑人刘武周杀死了马邑太守王仁恭，占据马邑郡，起兵反隋，且自称皇帝，还勾引突厥直驱太原。于是，这为李渊公开募兵提供了借口。

李渊以讨伐刘武周为托词，召集各位将领商议，提出自己招募兵丁，高君雅和王威迫于当时的形势，只好同意说："公地兼亲贵，同国休戚，若俟奏报，岂及事机；要在平贼，专之可也。"于是，李渊命李世民与刘文静、长孙顺德、刘弘基、窦琮等人去招募士兵。不多久，便募兵近万人。这支队伍由李渊、李世民父子私自控制和直接指挥，是晋阳起兵的主力。

李渊父子大量募兵，毕竟无法完全掩盖其真实的想法，况且其所用将领长孙顺德、刘弘基是为了逃避征辽诏令而逃到太原的，而窦琮也是逃犯。高君雅、王威见此，怀疑李渊有谋反之心，于是就暗中策划利用晋祠祈雨的机会，将李渊父子诱骗来并全部杀死。不料此事被经常出入王、高家的刘文龙得知，于是刘文龙立刻将此事报告给李渊。因此，李渊决定先发制人。

公元617年初夏的一天夜里，李渊命令长孙顺德、赵文恪等人带领500壮士，和李世民的精兵一起埋伏于晋阳宫城外，严密封锁。第二天清晨，李渊与高君雅、王威在留守府大厅议事。按照计划，刘文静召鹰扬府司马刘政会入厅，说"有密状，知人欲反"。李渊故意让王威先看，但是刘政会不给，并说："所告乃副留守事，惟唐公得视之！"李渊接过密状一看，是控告王、高暗引突厥入侵。王、高正待辩解，刘文静与长孙顺德、刘弘基等将王威、高君雅逮捕入狱。事也凑巧，第二天果然有突厥数万人进攻晋阳，民众以为是王、高所致，于是李渊趁机杀掉高君雅、王威。这标志着李渊父子正式开始晋阳起兵。

晋阳起兵后，李渊父子的目标就是乘虚入关，直取长安，以号令天下，建立新的王朝。

在长安（今陕西西安）的统治者听说李渊带兵进攻，忙派大将宋老生和屈突通分别领兵数万，在霍邑与河东抵抗李渊大军。

大业十三年（公元617年）七月，李渊率军进攻宋老生驻守的霍邑，却逢秋雨连绵，无法开战，而且道路泥泞，军粮运输困难。相持数日，眼看军粮将尽，李渊准备退兵，李世民劝阻道："今兵以义动，进战则克，退还则散；众散于前，敌乘于后，死之无日。"听了世民的意见，李渊决定不撤兵。

八月，连日的阴天终于放晴，李渊遂下令攻城，并由李世民率兵诱敌出城，双方展开决战。李世民身先士卒，奋勇冲锋，"砍杀数十人，两刀皆缺，流血满袖"。霍邑一战，李渊大获全胜，斩杀了隋将宋老生，攻下了霍邑。随后，李渊率兵进攻河东郡，虽取得初战的胜利，但是隋将屈突通固守河东郡，李渊久攻不下。后根据李世民建议，李渊留下部分兵力包围和牵制屈突通，自己率主力部队渡过黄河，直取长安。

同时，李渊在关中地区的家属和亲族也纷纷起兵响应，其中有世民的胞妹平阳公主、李渊的从弟李神通，李渊的女婿段纶也在蓝田县聚众万余人。

在这种有利形势下，李渊父子一路上采取收揽人心的办法，废除了隋朝的严刑酷法，还开仓济贫。一面收编关中各地的起义军，一面争取关中地主阶级的支持。数月中，李渊、李世民的军队已达20万人；并于十月开始围攻长安。

十一月，长安城破，李渊率军进入长安宫，立年仅13岁的代王杨侑为帝，是为隋恭帝，并改元义宁，遥尊江都的隋炀帝为太上皇。李渊总揽军政大权，晋封为唐王。李建成为唐王世子，李世民为京兆尹、秦公，李元吉为齐公。

义宁二年（公元618年）三月，隋炀帝在江都被部下杀死，隋朝灭亡。五月，李渊在长安称帝，定国号唐，李渊就是唐高祖，年号为武德。然后立世子建成为皇太子，世民为秦王，元吉为齐王。

统一全国

从公元618年李渊称帝建国到公元624年统一全国，共历时7年之久。从晋阳起兵到长安建国，李渊是起了决定作用的，但是对于建国、镇压各地农民军、消灭地主武装割据，这些任务大部分是由李世民领导完成的。

李渊建都长安后，面临的形势十分严峻，四周强敌遍布：薛举集团占据兰州、天水一带，并时常进攻关中；李轨集团占据武威一带，亦虎视关中；刘武周则占据马邑，并时常勾结突厥南下威胁晋阳；梁师都占据夏州朔方，在北面威胁着关中地区。因此，消灭四周强敌，完全控制关中、陇西地区（今甘肃省），以关中为根据地，再消灭关东群雄，从而建立统一的中央政权，就成为唐朝统治集团的必然选择。

统一战争的第一步，就是消灭实力较强且经常进攻关中的薛举父子。薛举是河东汾阴（今山西万荣西南宝鼎）人，家私巨万，交结豪强，雄于边朔。公元617年，薛举自称秦王，封儿子仁杲为齐公。从公元617年底到公元618年春，唐军曾与薛举进行了两次大战。义宁二年（公元618年）十一月，薛举再次进攻长安，不料在出兵前暴病而死，遂由其长子薛仁杲率军出征，李世民率兵迎敌。

李世民见敌军来势凶猛，便下令坚守，避其锋芒，伺机出战。两军相持60余日，秦军粮食耗尽，军心浮动；况且薛仁杲有勇无谋、残暴成性，其部下已有多人投降世民。至此，李世民认为战机成熟，便以少数部队引开秦军，然后亲领主力从秦军背后袭击。秦军溃败，逃往折墌。于是世民率大军乘胜追击，渡过泾水，围攻折城城。至半夜，守城秦军纷纷投降唐军，薛仁杲走投无路，只好于第二天出城投降。

公元619年，占据河西王郡的大凉皇帝李轨，因内部矛盾重重而分崩离析，户部尚书安修仁与其兄安修贵发动兵变，并俘获李轨，将其押至长安，后处死。

同年，割据马邑的刘武周勾结突厥，向山西发起进攻。数支唐军先后迎战，均被其打败，镇守太原的李元吉闻风趁黑夜逃回长安。刘武周的先锋宋金刚则乘势打到了河东，"关中大骇"。在这种不利形势下，高祖李渊准备放弃河西，固守关西。此时，秦王李世民审时度势，向李渊说道："太原，王业所基，国之根本；河东富实，京邑所盗，若而弃之，臣窃愤恨。愿假臣精兵3万，必冀平殄武周，克复汾、晋。"

于是李渊征调关中全部兵力，由李世民率领由龙门渡过黄河迎战敌军。过黄河后，李世民将大军驻扎在柏壁坚守，与刘武周先锋宋金刚之军队相持。期间，李世民时常离开营阵侦察地形。有一次，世民带领很少的轻骑兵外出侦察敌情。骑兵四散而去，李世民与一名士兵登上一小山丘休息。忽然，敌军从四周包围了山丘，李世民与士兵都没有发觉。恰巧在这个时候，有一条蛇追逐一只田鼠，碰到了士兵的脸。士兵惊醒，发现敌军正在包抄上来，于是赶紧叫李世民上马，眼看就要被敌兵追上。李世民十分镇静，他手取大羽箭，张弓便射，一发就将敌兵的将领射死。敌兵见此，慌忙撤退。

在相持中，李世民派出精兵切断了宋金刚的粮道。两个月后，宋金刚面对强敌无粮草供应，只好撤退。

李世民则率领大军趁机追杀，"一昼夜行二百余里，战数回合"。一直追击到雀鼠谷（今山西介休市西南），终于追上宋金刚部队，"一日八战，皆破之，俘斩数万人。夜，宿于雀鼠谷西南，世民不食二日、不解甲三日矣，军中只有一羊，世民与将士分而食之"。刘武周、宋金刚失败后逃往突厥，均被突厥杀死。公元620年，李世民收复了太原。

公元620年夏，关东地区原有的李密、王世充、宇文化及、窦建德四支强大的军事力量，其中的李密、宇文化及都已失败，只剩下王世充、窦建德两大集团。在消除了来自背后和侧面的威胁后，唐高祖李渊诏令李世民东征，直指河南一带的王世充集团。

王世充，本姓支，字行满，西域胡人。王世充集团本来是隋炀帝派来镇压瓦岗军的军事力量。打败瓦岗军李密后，王世充于618年在洛阳自立为帝，国号郑。

在唐军的猛烈攻击下，王世充原先所属州县的一些官员纷纷降唐。至公元620年底，洛阳城外的王世充所属州县大部分已落入唐军之手，洛阳城处在李世民大军的包围之中。

洛阳城坚壕深、军备充实，但在唐军的长期围困下，王世充在洛阳孤城中危在旦夕。为了解围，王世充向河北的窦建德求援。

窦建德是河北、山东一带势力最强的一支起义军的领袖，他出身农民，于公元618年称帝，定国号夏。他的部下认为，唐朝在消灭了王世充以后，必将会进攻窦建德。因此，窦建德率领10万大军前来救援王世充。

这样，唐军的处境变得极为危险，内部出现了不同的主张：一种是主张退守新安，寻机再战；另一种是进占虎牢关（河南荥阳西北），挡住窦建德前进的道路，然后趁机消灭他，如此一来，洛阳不攻自破。

李世民采用后一种主张，命屈突通等协助齐王元吉围困洛阳，自己率精骑3500百余人急奔虎牢关，挡住窦建德的前进道路。

两军相持三个月。五月一日，李世民渡河，并假装粮草已尽，让士兵牧马于河北以迷惑窦建德，他本人则于当晚返回虎牢关。窦建德果然中计，第二天早晨全军出击，陈兵汜水，长达20里，鸣鼓大喊而进，要与唐军决战。

李世民胸有成竹，决定按兵不动，以逸待劳，等到敌军疲乏后再出击。

果然，到了中午，窦建德的军队饥饿困乏，互争饮水，席地而坐，已无斗志。李世民看准战机，下令攻击，唐军铁骑直冲向窦建德军队的阵地。窦建德仓促应战，不久其阵势大乱，全线崩溃。唐军追杀30多里，俘获敌军5万多人，窦建德本人中枪，退至本口渚时被俘。

虎牢之战后，王世充惊惶不已，准备突围南走襄阳，但是部下一致反对，王世充不得不自缚投降。河南、河北尽归唐朝所有。

同时，割据江淮一带的杜伏威归顺了唐朝。大将李靖平定了长江中游的萧铣。后来窦建德的部将刘黑闼、杜伏威的旧部辅公祐分别再次起兵作乱，都被李世民迅速扑灭。公元624年，江南也被唐朝平定。至此，唐朝完全统一了中国。这一年，李世民24岁。

玄武门之变

自晋阳起兵至攻克长安，建成的战功与世民几乎一样；但是在统一战争的过程中，李世民则更为突出，因而萌生了成为天下之主的心思。据《旧唐书·王远知传》记载，在与王世充作战时，李世民曾与房玄龄微服拜访过一个名叫王远知的道士。王远知一见到他们就问："这里有一圣人，是不是秦王？"于是李世民只好以实情相告。王远知又说："你会成为太平天子，要好好珍惜机会。"李世民听后，一直记在心里。

公元621年，李世民平定王世充、窦建德后大胜而归，高祖李渊认为前代官职皆不足以称之，因此特设天策上将一职，位在王公之上。十月，李世民以天策上将领司徒、陕东道大行台尚书令。

李世民又设立文学馆，收罗四方文士，其中包括杜如晦、房玄龄等18名学士，还从平定天下的战争中网罗了大批武将，如尉迟敬德、秦琼、程知节等。

李世民的声望、地位和权势日增，令太子建成受到威胁。于是在王珪和魏徵的建议下，建成向高祖请求领兵征战。高祖以建成为陕东道大行台及山东道行军之帅，于公元623年率军讨伐刘黑闼、徐圆朗。这是建成在统一大业中立下的唯一重大战功。

建成与世民的矛盾，由于统一战争的结束而迅速激化，形成明争暗斗之势。

在朝廷中，最受高祖李渊宠幸的裴寂支持建成，支持世民的大臣有萧瑀、陈叔达等。在后宫中，秦王李世民曾得罪过高祖的宠妃张婕妤、尹德妃，于是这些人便常常在高祖面前说太子建成的好话，说世民的坏话。如此一来，朝廷和宫中都有人支持建成，形势对建成颇为有利。他们之间的斗争终于因为突厥的进攻而演变成流血事件。

公元626年夏，突厥南下犯边，太子建成为进一步拉拢元吉，于是向高祖建议，让齐王元吉代替世民出征，被高祖采纳。这样，元吉当上了主帅。出发前，元吉请求高祖调秦王府中的大将尉迟敬德、程知节、段志宏、秦叔宝同他一起出征，并从秦王府挑选精锐士兵以补充元吉的军队，此举目的在于为杀害秦王做准备。建成与元吉密谋，在建成和世民为元吉宴别时，安排伏兵，先杀秦王李世民，然后再杀尉迟敬德。建成对元吉许诺，即位后立即封元吉为太弟。有人将建成与元吉的密谋报告给李世民，李世民忙与长孙无忌和尉迟敬德商量对策，决定先动手除掉建成和元吉。

六月三日，太史令傅奕向唐高祖李渊秘密奏报，说太白星再次出现在秦地，"秦王当有天下"。于是唐高祖询问李世民，世民趁机向唐高祖告状，指控太子建成和齐王元吉淫乱后宫，并且设计谋害自己。高祖听后极为惊讶，决定第二天早朝时进行查问。六月四日天还没亮，李世民命长孙无忌、尉迟敬德、侯君集、张公瑾等人率领精兵提前埋伏在宫城北面的玄武门，这是建成和元吉上朝时的必经之地。六月四日清晨，唐高祖李渊上朝，裴寂、萧瑀、陈叔达、宇文化及等均已入朝，只等建成兄弟三人到来。此时，建成、元吉已进入玄武门，一路走来。当二人行至临湖殿时，发觉情况有些异常，于是立即调转马头，准备回府。不料此时世民突然出现，并且在后面呼喊二人，元吉回身张弓搭箭，射杀世民，但是连发三箭，都没能射中。世民的目标是建成，他一箭就将建成射死。就在此时，李世民的部将尉迟敬德带着70多名骑兵赶到，朝建成、元吉射箭，元吉坠马后逃入树林中，世民策马追赶，结果衣服被树枝挂住，也坠马落地。元吉力气很大，这时跑过来夺取了弓箭要射杀世民，恰巧敬德驱马赶到，元吉慌忙放弃世民向成德殿逃跑，结果被尉迟敬德一箭射死。东宫和齐王府的将士听说出事了，于是派兵猛攻玄武门。这时，尉迟敬德提着建成、元吉的人头赶到，东宫与齐王府的将士见主人已死，立即溃散而逃。

唐高祖对玄武门之事已有所耳闻，于是李世民派尉迟敬德进宫担任宿卫。唐高祖李渊见尉迟敬德头戴铁盔，身穿铠甲，手持长矛，大吃一惊，便问："今日乱者谁邪？卿来此何为？"尉迟敬德回答说："秦王以太子、齐王作乱，起兵诛之，恐惊动陛下，遣臣宿卫。"唐高祖李渊这才明白刚才发生的一切，于是转身问裴寂等人的意见。裴寂是太子的支持者，深感不妙，便默不作声。支持秦王李世民的萧瑀、陈叔达则说："建成、元吉没有参加晋阳起兵，以后也没有立下什么功劳，反而妒忌秦王功高望重，共同设计谋害。秦王本来就功勋卓著，而今又诛灭建成、元吉，陛下如果立他为太子，把国事交付给他，天下自然就无事了！"事已至此，高祖李渊只好表示赞同。而此时玄武门外的交战尚未停止，尉迟敬德请高祖下令，命各府将都受秦王指挥。于是李渊派人将敕令向众将士宣读，交战双方才放下兵器。玄武门之变以秦王李世民的胜利而结束。

六月七日，高祖立世民为太子，诏书说："自今军国庶事，无论大小悉委太子处决，然后闻奏。"实际上，唐高祖已把国家的全部权力交给了李世民。两个月后，唐高祖下达诏书，让位给秦王，自己当太上皇。于是李世民在东宫显德殿即位，改元贞观，即中国历史土著名的唐太宗，时年27岁。

贞观之治

从公元627年到公元649年，这段时间是唐太宗统治的时期。在这期间，封建统治较为开明，经济发展迅速，社会秩序稳定，历史上把这段时期称为"贞观之治"。

唐太宗经历了隋末农民战争，目睹了强大的隋朝怎样在农民起义的打击中分崩离析，因此他时时注意以隋朝的灭亡为教训，十分重视人民的力量。他常常说："君好比舟，民好比水，水能载舟，亦能覆舟。"因为有了这种认识，唐统治者为了实现长治久安，不得不对人民做出一些让步。

在经济上，唐太宗继续实行均田制。均田制规定：凡18岁以上的男子，分给口分田80亩，永业田20亩。口分田在农民死后要归还国家，由国家另行分配；永业田则归农民所有，可以买卖或传给子孙。与均田制相适应的赋役制度是租庸调制。租是指每年纳粟二石；庸是指每年服役20天，可以让农民纳绢代役；调是指每年纳绢二丈、棉三两或布二丈五尺、麻三斤。唐太宗对租庸调制没有进行重大改革，但是在即位后他实行了轻徭薄赋的政策，减轻农民的负担。他尽量减少徭役的征发，即使非征不可的徭役也多改在农闲时征发。如公元631年，皇太子承乾年满13岁，需要举行加冠典礼，这样要征发各地的府兵作为仪仗队。唐太宗认为当时正是农忙的季节，不应该影响正常农事，于是下诏将冠礼改在秋后农闲时举行。

唐太宗还很重视兴修水利，朝廷设有专门的官员以"掌天下川渎陂池之政令"，另外还命各地兴修水利。他还经常派使者到各地考察官吏，劝课农桑。他以百姓之忧为忧，其中最典型是他吞食蝗虫。公元628年，长安大旱，发生蝗灾。有一天，唐太宗视察灾情，随手捉住几只正在地里啃食禾苗的蝗虫，说："人以谷为命，而汝食之，是害于百姓。百姓有过，在我一人。尔其有灵，当食我心，无害百姓。"说罢，便要生吃手中的蝗虫，众臣急忙劝阻，唐太宗又说："朕所期望，是移灾于朕，谈什么避免疾病！"于是将蝗虫吞于腹中。

在唐太宗的积极的经济政策带动之下，贞观年间人口增加，生产也不断发展。

在政治上，唐太宗总结了前代的经验教训，对三省六部制进行了适当变革。唐代时的三省是指尚书省、中书省、门下省。尚书省是执行政令的最高行政机关，尚书省下设有吏、户、礼、兵、刑、工六部，尚书省的最高长官是尚书令，因为李世民曾任尚书令，为了避讳，便以左右仆射作为尚书省的最高长官。中书省主要管理军国大事的审议和决定，负责进奏章表、草拟治敕等，因而有"中书出诏令"之说，其最高长官是中书令。门下省的职责是对中书省的决议进行审查，不同意的可以驳回，其长官是侍中。三省六部制的实行巩固了中央集权，行政效率明显提高。也正是因为依靠三省六部制，唐太宗的政令才能畅通。

在地方上，唐实行州县制，设刺史和令为州、县长官。唐太宗十分注重地方官吏的选拔，常把刺史的名字写在寝宫的屏风上，并在每个人的名字下记录他的政绩，以决定奖惩。唐太宗规定，县令须有五品以上的中央官员保举，各州刺史必须由皇帝选拔任命。

为了选拔人才，他还确立了完整的科举制度。科举制度为地主阶级知识分子参与政权提供了机会。唐代科举制已实行分科，其中以进士科最重要。有一次，唐太宗在金殿端门俯视新科进士鱼贯而入的盛况，得意地说："天下英雄，入吾彀中矣。"

在文化教育上，唐太宗尊崇儒学。从贞观二年开始以孔子为先圣，在国学中设置庙堂，以备祀典，并下令各州县都置孔子庙。为培养更多通晓儒学的士人，唐太宗大力兴办学校。在朝廷设国子监、弘文馆、崇文馆，在地方设京都学及府、州、县学。国子监规模很大，曾有 8000 多学生。

唐太宗还十分重视历史的借鉴作用，他曾说："以古为镜，可以知兴替。"因此，在贞观年间，史书编纂取得了重要的成就，编了晋、梁、陈、北齐、北周、隋等朝的史书。除此之外，还开始编修国史。

在个人方面，唐太宗提倡节俭，并以身作则。唐太宗即位后，没有大兴土木，建造新的宫殿，而是住在隋朝时建造的已破旧的宫殿里。公元 628 年秋天，大臣们想为唐太宗建造一座楼阁，但是当年发生了天灾，于是唐太宗就把这件事阻止了。为了减少宫中的费用，唐太宗下诏释放宫女，其中一次就释放了 3000 人。他还严厉禁止厚葬，规定五品以上的官员和勋亲贵族都要严格遵行。在建造自己的陵寝时，唐太宗亲自制定规格：以山为陵，能放得下棺材即可。

经过唐太宗的励精图治，唐朝出了政治清明、社会安定、经济发展、文化繁荣的局面。犯罪的人也大大减少了，有一年，全国仅有 29 人被判死刑。天下百姓路不拾遗、夜不闭户，民风淳朴，呈现出太平盛世的景象。

李靖夜袭阴山

唐太宗刚即位的时候，中原战事基本结束，但边境还经常受到外族的侵扰。特别是东突厥，当时还很强大，常常威胁唐朝的边境。当初，唐高祖一心对付隋朝，只好靠妥协的办法，维持和东突厥的友好关系，但东突厥贵族仍旧不断侵扰唐朝边境，使得北方很不安宁。

唐太宗即位不到 20 天，东突厥的颉利可汗便率领 10 多万人马，一直打到离长安只有 40 里的渭水边。颉利以为唐太宗刚即位，内部不稳，一定无力抵抗，便先派使者进长安城见唐太宗，扬言 100 万突厥兵马上就到。

唐太宗亲自带了房玄龄等六名将领，骑马来到渭水边的桥上，指名要颉利出来对话。

唐太宗隔着渭水对颉利说："我们两家已经订立了盟约，几年来还给你们许多金帛，为什么要背信弃义，带兵进犯？"

颉利觉得理亏，表示愿意讲和。过了两天，双方在便桥上重新订立盟约。接着，颉利就退兵了。从这以后，唐太宗加紧训练将士，每天召集几百名将士在殿前练习弓箭。

第二年，一场大雪覆盖了北方。东突厥死了不少牲畜，大漠以北发生饥荒。颉利可汗加紧压迫其他部族，引起各部族的反抗。颉利派他的堂兄弟突利去镇压，反被打得大败。

唐太宗利用这个机会，派出李靖、徐世勣等4名大将和大军10多万，由李靖统率，分路向突厥攻击。

李靖很快便攻下定襄，得胜还朝。唐太宗十分高兴，说："从前汉朝李陵带领5000兵卒，结果被匈奴所俘虏；现在你以3000轻骑深入敌人后方，攻下定襄，威震北方，这是自古以来少有的成功战例啊！"

颉利逃到阴山以北，担心唐军继续追赶，便派使者到长安求和，还说要亲自前来朝见。唐太宗一面派唐俭到突厥安抚，另一方面又命令李靖带兵前去察看颉利动静。

李靖领兵来到白道（在今内蒙古呼和浩特西北），与在那里的徐世勣会师。两个人商量对付颉利的办法。李靖说："颉利虽然打了败仗，但是手下还有很多人马。如果让他逃跑，以后再要追他，就很困难了。我们只要选1万精兵，带20天的粮，跟踪袭击，把颉利捉住，就可以大获全胜了。"徐世勣表示赞成，两支军队便向阴山进发了。

颉利得知唐军骑兵来到，慌忙上马逃走。李靖指挥唐军追杀，突厥兵没有主帅，全军溃败。唐军歼灭突厥兵1万多，俘获了大批俘虏和牲畜。颉利东奔西逃，最后被他的部下抓住交给唐军，随后被押送到长安。

一度很强大的东突厥就这样灭亡了。唐太宗并没有杀死俘虏，同时，在东突厥原址设立了都督府，让突厥贵族担任都督，并由他们管理各部突厥。

这次胜利，使唐太宗在西北各族中的威信大大提高。这一年，回纥等各族首领一起来到长安，朝见唐太宗，拥护唐太宗为他们的共同首领，尊称他是"天可汗"。

根据温彦博的提议，唐太宗把投降的突厥人安置在幽州至灵州一带，并设6个都督府进行统治。

吐谷浑是鲜卑的一支，生活青海一带，经常入侵唐朝的兰州、凉州。公元635年春天，唐太宗派李靖、侯君集进攻吐谷浑。李靖率唐军深入吐谷浑腹地，连续击败其精锐部队，首领伏允兵败自杀，伏允的儿子慕容顺向唐军投降。唐太宗封慕容顺为西平郡王。

随后，唐太宗又派兵征服高昌、西突厥，天山南路各小国纷纷归附唐朝。唐朝将安西都护府迁至龟兹，统领龟兹、焉耆、于田、疏勒四镇，称"安西四镇"。

对于处理唐与各民族的关系，除了必要的战争手段外，唐太宗更多的是实行开明的民族政策，他曾说："自古毕贵中华，贱夷、狄，朕独爱之如一。"对于各少数民族，不管是主动归附的，还是被征服的，唐太宗都尊重他们的生活方式和风俗习惯，并且任命他们原来的首领担任各级官职以进行管理。西域各族人和亚洲许多国家的人，不断来到长安拜见和观光。在这一时期，我国高僧玄奘也通过西域各国去天竺求取佛经。

女皇武则天

唐高宗是个懦弱平庸的人，他即位以后，把朝政大事交给他的舅父、宰相长孙无忌处理。后来，他又立武则天为皇后，武则天权力欲很强，逐渐掌握了朝政大权，成了中国历史上唯一的女皇帝。

武则天名曌，并州文水（今山西文水）人。她的父亲武士彟原来是一个很有钱的木材商人。隋末时弃商从戎，成了一名府兵制下的鹰扬府队正。李渊起兵反隋，武士彟转而参加了李渊的军队，后来在唐朝廷为官，官至工部尚书，封应国公。武则天九岁时，父亲死去。14 岁时，已经近 40 岁的唐太宗听说她长得很美，便选她入宫，赐号武媚，人称媚娘，后来又封为才人。唐太宗死了以后，她和一些宫女依旧制被送到感业寺去做尼姑。唐高宗李治当太子时曾与她有暧昧关系，于是让她蓄发入宫侍寝，封为昭仪。但武则天心里还不满足，想进一步夺取皇后的位子，于是武则天千方百计想陷害王皇后。

武则天生了一个女儿，有一天，王皇后来探望，爱抚地摸了摸，逗了逗。王皇后走后，武则天竟狠心地把女儿掐死，用被子盖好。当高宗来看时，她便诬陷是王皇后杀了她的女儿，使王皇后有口难辩。唐高宗因此大怒，从此动了废王立武的念头。

到了公元 655 年九月，唐高宗不顾褚遂良、长孙无忌等人的反对，正式提出废王皇后，立武则天为后。

有一天，唐高宗问李勣："我打算立武昭仪做皇后，褚遂良他们坚决反对，你看这事该怎么办呢？"李勣看见高宗废立决心已下，便为武则天说好话，他说："废立皇后，这是陛下的家事，何必一定要得到外人同意呢？"许敬宗也说："乡巴佬多割 10 斛麦子，尚且想换个新媳妇，何况天子富有四海，立新皇后没有什么不可以的！"于是高宗决定，废王皇后为庶人，册封武氏为皇后。

武则天当皇后以后，很快形成了自己的势力集团，参与朝政。她利用高宗与元老重臣之间的矛盾，在短短几年内，就杀了长孙无忌，罢免了 20 多个反对他的重臣。武则天对拥护她的人全都重用，李义府、许敬宗因而青云直上，当了宰相。到了后来，武则天甚至同高宗一起垂帘听政，当时朝臣并称他们为"二圣"，即称高宗为天皇，武后为天后。武则天作威作福，高宗一举一动都受她约束。唐高宗很不满，就秘密把大臣上官仪找来，让他起草废武后的诏书。消息传到武则天那里，武则天怒气冲冲地去见唐高宗。她厉声问高宗说："这是怎么回事？"唐高宗十分害怕，没了主意，就结结巴巴地说："我本来没有这个意思，都是上官仪教我这么干的。"武则天立刻命人杀掉上官仪等人。从此大小政事，都由武则天一人定夺。

唐高宗感到武氏一派的威胁越来越大，担心李家的天下难保，就想趁自己还在世，传位给太子李弘（武则天的长子）。但是，武则天竟用毒酒害死了李弘，立次子李贤做太子。不久，又把李贤废为平民，改立三儿子李显为太子，弄得唐高宗束手无策。

到公元 683 年十二月，唐高宗病死，太子李显即位，就是唐中宗。武则天以皇太后的身份临朝执政。后来，她容忍不了唐中宗重用韦氏家族的人，又废了唐中宗，立她的四儿子李旦为帝，就是唐睿宗。同时，她不许睿宗干预朝政，一切事务由她自己做主。

唐宗室功臣看到武氏家族弄权，人人自危，于是激烈的斗争便公开化了。最先起来反抗的是李唐旧臣徐敬业、唐之奇、骆宾王等人。他们以拥戴中宗为号召，在扬州起兵反对武则天，在朝廷内部获得了宰相裴炎的支持，内外呼应，一时间聚集了10余万人马。骆宾王乘讨武军浩大的气势，慷慨激昂地写了一篇著名的《讨武曌檄》。武则天派出30万大军讨平了徐敬业，杀了倾向徐敬业的宰相裴炎等人。

天授元年（公元690年）九月，武则天登基称帝，改国号唐为周。她通文史，多权谋，开创殿试制度，亲自考核贡生，这是对门阀贵族一个有力的打击。她执政期间，对唐代政治、经济、文化的发展做出了贡献。

自高宗死后，武后临朝听政，并废中宗李显，立睿宗李旦为帝。天授元年（公元690年）七月，武后的亲信法明、怀义和尚等10人献呈《大云经》，内有女主之文，陈符命，说武则天是弥勒下界，应该做人间主。这一切都是为武则天称帝制造理论根据。载初元年（公元690年）九月三日，侍御史傅游艺猜中了武则天的心思，率关中百姓900人上表，请改国号为周，赐皇帝武姓。武则天假装不许，但升傅游艺为给事中。百官及帝室宗戚、百姓、四夷酋长、沙门、道士6万余人又请改唐为周，睿宗皇帝亦不得不上表请改武姓。于是武则天在九月九日宣布改唐为周，改元天授。十二日，武则天受尊号为圣神皇帝，将睿宗皇帝立为皇嗣，赐姓武，以皇太子为皇太孙。十三日，立武氏七庙于神都洛阳，追尊其父王为始祖父皇帝，平王少子武为睿祖康皇帝，又立武承嗣为魏王，武三思为梁王，武氏诸姑姊为长公主。十月，制天下武氏悉免课役。

武则天掌理朝政期间，上承贞观之治，下启开元盛世，经济发展，社会稳定，为唐帝国的全面繁荣奠定了坚实的基础。她重视发展农业，继续推行轻徭薄赋、与民休息的政策；又广开言路，善于纳谏，对符合她意愿的建议她乐意采纳，反对她的意见她在一定程度上也能听取，甚至能容忍对她的人身攻击。

武则天最大的贡献在于改革官制，削弱三省六部制的相权，加强御史台的监督作用；同时打击旧门阀士族，扶植庶族地主出身的官僚，使更多的寒族参与政治。她完善了科举制，为表示对选拔人才的重视，她亲自过问，开创了殿试的先例，并且开设武举，由此培养和选拔了一批文臣武将，如狄仁杰、张柬之等。但武则天任用酷吏、制造冤狱并广开告密之风，形成政治上的恐怖。她生活奢侈，支持佛教，大修宫殿、佛寺，并宠信张易之等小人，朝政日益败坏。

公元705年，武则天病重，宰相张柬之等人发动政变，迫使武则天退位，唐中宗复位。同年，82岁的武则天病死，她生前曾留下"袝庙、归陵，令去帝号，称则天大圣皇后"的遗言，并令人在陵前高高竖起一座无字碑。

药王孙思邈

孙思邈（公元581~682年），京兆华原（今陕西耀州区孙家塬村）人，是我国隋唐时期伟大的医药学家，后世尊之为"药王"。

孙思邈的医学造诣很高，是隋唐时期医药界的佼佼者。宋代林亿称道："唐世孙思邈出，诚一代之良医也。"

孙思邈出生于一个普通的农民家庭。他自幼聪颖好学，敏慧强记，7岁时每天能背诵1000多字，人称神童。

孙思邈幼年多病，家中为他治病几乎倾家荡产。他经常见到老百姓生病没有钱医治而死去，加上自己的切身体会，孙思邈10岁时已决心要当一名医生。他花了整整10年的时间来刻苦攻读医书，钻研医学，20岁时已能给亲朋邻里治病，他本人所患的疾病最后也由自己治愈。

30岁时，孙思邈离开家乡，长途跋涉到太白山隐居，边行医采药，边研究炼丹术。这期间他成功地炼成了太一神精丹（即氧化砷）。孙思邈用它来治疗疟疾，疗效非常好。后来这种方法经阿拉伯传入欧洲，引起较大反响。40岁时，孙思邈在切脉诊候和采药制丹等方面已经卓然成家，医术也日臻成熟。

在民间治病救人的同时，晚年孙思邈主要从事著书立说。70岁时，孙思邈积50年医疗实践之经验，编写了《千金要方》，30年后，又写成《千金翼方》。《千金要方》和《千金翼方》相辅相济，成为中医学史上极有实用价值的医学手册。除此以外，孙思邈还著有《枕中素书》《福禄论》《会三教论》《老子注》《庄子注》《明堂图注》《孙真人丹经》《龟经》《玄女房中经》《摄生真录》《千金食治》《禁经》等。

孙思邈一生淡泊名利，隋文帝、唐太宗、唐高宗多次请他出来做官，他都托病辞而不受。他一生大部分时间生活在农村，为百姓治病。病人来向他求医，不论其贫富贵贱，亲近生疏，他都能做到一视同仁。遇到患传染病的危险病人，他也不顾个人的安危，及时为病人诊治。他高尚的医德颇受世人敬重，当时的大学士宋含文、名士孟诜和初唐四杰之一的卢照邻等均以"师资之礼"待他。擅长针灸的太医令谢季卿，以医方针灸著名的甄权、甄立言兄弟，长于药性的韦慈藏，唐初名臣魏征，都是他的好友。

《千金方》是孙思邈的代表著作。书名取自"人命至贵，有贵千金；一方济之，德逾于此"之义。《千金方》是《千金要方》和《千金翼方》的合称。《千金要方》又称《备急千金要方》，共30卷，分医学总论、妇人、小儿、七窍、诸风、脚气、伤寒、内脏、痈疽、痔漏、解毒、备急诸方、食治、养性、平脉、针灸等法，总计232门，收方5300个。《千金翼方》是对《千金要方》的补编，也是30卷，其中收录了唐代以前本草书中所未有的药物，补充了很多方剂和治疗方法。这两部书，收集了大量的医药资料，是唐代以前医药成就的系统总结，对学习和研究我国传统医学有重要的参考价值。后人称《千金方》为"方书之祖"。

《千金方》首创"复方"形式，是医学史上的重大革新。孙思邈在《千金要方》中发展为一病多方，灵活变通了张仲景《伤寒论》中一病一方的体例。有时两三个经方合成一个"复方"，以增强治疗效果；有时一个经方分成几个单方，以分别治疗某种疾病。

《千金方》把妇科列为临床各科之首，为中医妇科和儿科的发展做出了重要的贡献。

《千金方》在食疗、养生、养老方面也做出了巨大贡献。《千金方》还谈到了系统的养生问题，提出去"五难"（名利、喜怒、声色、滋味、神虑）和"十二少"（思、念、欲、事、语、笑、愁、荣、喜、怒、好、恶），以及按摩、调气、适时饮食等。《千金方》是我国现存最早的一部医学百科全书，在中药学上有很高的价值。

名相狄仁杰

　　武则天对那些反对她的人，进行残酷的迫害；对那些有才能的人，不计较门第出身，破格任用。她手下有许多有才能的大臣，其中最著名的是宰相狄仁杰。

　　狄仁杰，字怀英，太原（今山西太原）人。祖父狄孝绪，贞观年间做过尚书左丞，父亲狄知逊做过夔州长史。狄仁杰在少年时热爱读书。有一次县吏下来询问一桩案情，他周围的人都争着向县吏说出自己的想法，唯独狄仁杰聚精会神地读书，不理不睬。县吏责怪他，狄仁杰说，我正和书中圣贤对话，没有工夫和凡夫俗子搭腔。

　　公元676年初，狄仁杰升任为大理丞。大理丞是负责掌管案件审判的官员。当时积压了许多纠缠不清的案件，狄仁杰以卓越的才能，一年内处理了17000千余件，件件都处理得公平合理，没有一个喊冤叫屈的。

　　唐高宗知道狄仁杰这人不但有胆气，而且有才识，便擢升他为侍御史。

　　侍御史是负责监察弹劾百官的官员。狄仁杰常常置个人安危于不顾，与那些有权有势的贪官进行斗争。

　　狄仁杰对朝事直谏也很出名。高宗执政时，大将军权善才误砍昭陵柏树，高宗要杀他，狄仁杰认为权善才罪不该死，据理力争。高宗终因理屈，将其改为流放。狄仁杰重民生业，力革弊政，在任宁州刺史时，妥善处理与戎夏的关系，颇受尊敬。在任江南巡抚使时，烧毁祭典之外的祠庙1700余所。武则天执政后，想建造大像，需要费钱数百万，狄仁杰认为此举劳民伤财，便直言进谏，于是武则天免了此役。

　　武则天当上皇帝后，更加赏识狄仁杰的才干，不断提升他的官职，最后让他当了宰相。

　　天授二年（公元691年）九月，狄仁杰拜相。有一次，武则天问狄仁杰："卿在汝南（豫州），甚有善政，卿欲知谮者名乎？"狄仁杰回答说："陛下以臣为过，臣请改之；以臣无过，臣之幸也，不愿知谮者名。"武则天被他的宽宏大量所感动，更加重用狄仁杰。

　　公元692年，酷吏来俊臣诬告狄仁杰谋反，狄仁杰被捕下狱。狄仁杰为了不被冤死，等待时机，就承认自己谋反。来俊臣还要逼狄仁杰供出另外一些同谋的大臣。狄仁杰怒不可遏，气愤地把头向柱子撞去，血流满地，以至来俊臣不敢再审问。后来，狄仁杰乘看管松懈，偷偷写成一幅冤状，放在棉衣里转给儿子。儿子接到冤状急忙向武则天上报，引起武则天的注意，武则天亲自召来狄仁杰，问他为什么要造反。狄仁杰回答说："如果不承认造反，我早死在酷刑之下了。"武则天又问他为什么要写谢罪表。狄仁杰说："没有这样的事。"武则天这才知道是来俊臣阴谋陷害他。

　　后来，狄仁杰又恢复了宰相官职。这时，武则天在立李氏为太子还是立武氏为太子的问题上犹豫不决。武则天的侄儿武承嗣、武三思为谋求太子地位，在暗地里频繁地活动，曾多次让人劝说武则天立武氏为太子。他们大肆宣扬自古到今从来没有一个皇帝立异姓为太子的。狄仁杰趁武则天还没有拿定主意，便劝她立李氏为太子。他说："陛下您想想，姑侄的关系和母子的关系哪个亲。陛下立儿子为太子，在千秋万岁之后，配食太庙，享受祭祀，承继无穷；如果立侄儿为太子，就没有听说太庙中供姑姑的!"狄仁杰的这些关键的话触动了武则天的心。

狄仁杰作宰相,善于推举贤才。先后推举的有桓彦范、敬晖、窦怀贞、姚崇等数十人,均官至公卿,有的后来成为宰相。

狄仁杰善于用人,能够让他们发挥各自的才能。就是已经归降的少数民族将领,狄仁杰也能使他们充分发挥作用。如契丹部落的两员大将李楷固和骆务整,骁勇异常,屡次打败唐朝军队,许多唐朝将领死在他们手中。后来,这两个人都来归顺唐朝,大臣们纷纷上书,要求处死它们。最后,武则天接受了狄仁杰的意见,赦免了他们的罪过,派他们到边境驻守。这两人驻守边境,尽忠守职,从此边境平安无事。

狄仁杰晚年的时候,武则天更加敬重他,尊称他为"国老",而不直接叫他的名字。

公元 700 年,狄仁杰病死。武则天非常悲痛,罢朝三日,追封他为梁国公。以后,每有不能决断的大事,武则天就想起狄仁杰,慨叹地说:"老天为什么要那么早夺走国老呢!"言语中,对狄仁杰充满了无限怀念之情。

开元盛世

李隆基(公元 685～762 年),为唐睿宗李旦第 3 子,唐第 7 代皇帝。他性格果断,仪容英武,且多才多艺,尤其擅长音律。他初被封为楚王,后改封为临淄王。

李隆基于景云二年(公元 711 年)和姑母太平公主发动政变,将韦后之余党消灭,拥其父李旦即位。因李隆基除韦后有功,唐睿宗李旦立其为太子。延和元年(公元 712年)七月,西方出现彗星,经轩辕入太微至大角,于是,太平公主遣方士向李旦进言:"彗星是预示当除旧布新之星;彗星一出,帝座也随之变位,这表明太子要为天子了。"他们向李旦进此言的意思是李隆基将要弑君篡位,让李旦赶快将其除掉。李旦不理解他们的意图,说"传位于太子就可避灾,我已经下了决心,传位于他。"李隆基知道后,急忙入宫,叩头道:"我功劳微薄,越诸位兄弟成为太子,已经觉得日夜不安了,如父皇让位于我,会使我更加不安。"李旦说:"我之所以得天下,都是因为你的缘故。现在帝座有灾,传位于你,为的是转祸为福,你怀疑什么?"李隆基仍再三推辞,李旦说:"你是孝子,为什么非要等我死后在枢前即位呢?"太子只好流泪应之。太平公主和其同党也力谏皇帝,认为不可让位,但是李旦主意已决。于是唐睿宗李旦在七月二十五日诏令正式传位于太子。

八月三日,李隆基(玄宗)即位,尊睿宗李旦为太上皇。八月七日,唐玄宗李隆基改元为先天,大赦天下。

玄宗即位之初就重用贤相姚崇和宋璟励精图治。姚崇讲究实际,宋璟坚持原则,守法则正,二人鼎力辅佐朝政,使赋役宽平、刑罚清省、百姓富庶。玄宗不仅重视人才的选拔与任用,而且广开言路,虚心纳谏。姚崇提出的抑制权贵、不接受礼品贡献、接受谏净、不贪边功等建议,玄宗不仅采纳而且严格执行。宋璟敢于犯颜直谏,玄宗对他又敬又怕。为改变当时的奢侈之风,玄宗下诏将皇帝服御和金银器玩销毁,重新造成有用的物品,交给国家使用;把珠玉锦绣在殿前焚毁,并规定后妃以下,不准穿锦绣珠玉。在玄宗的倡导下,节俭成了时尚。对日益扩大的佛教势力,玄宗下令严禁建造佛寺道观、铸造佛像、抄写佛经，禁止百官和僧尼、道士往来，并精简僧尼人数，从而扼制了寺院势力。

开元年间，玄宗采取了一系列措施整顿改革。

为安定皇位，稳定政局，玄宗采取出刺诸王、严禁朝臣交结诸王和抑制功臣等措施。出刺诸王即玄宗解除诸王皇亲国戚的兵权，让他们做外州的刺史并严格限制他们，使他们不能掌握一地的军政大权，从而无法叛乱。而且规定诸王不能同时留居京城，减少他们和京官接触的机会。对那些功臣权势，玄宗或罢免他们的官职或让他们出任地方官。这就消除了动乱的隐患。

为强化皇权，玄宗裁减冗官，加强吏治，革新政治。针对武后以来官吏冗滥的现象，玄宗下令免去员外官、试官、检校官数千人，撤销、合并闲散司、监十余所，从而精简了官僚机构，节约了开支。同时健全监察机构，严格选拔官吏制度，赏罚严明。玄宗对官员实行严格的考核，在开元四年组织的县令考试中，不及格的45人立即被罢免。另外他还鼓励官员外任。

玄宗比较注意发展经济。开元初年，流民人数巨大，玄宗采取检田括户、抑制兼并的措施，下令在全国清查户口和土地，安置逃亡人口，将籍外土地重新分给农民耕种。这样就打击了豪强地主的兼并活动，增加了国库收入。其次大力兴修水利，发展农业，玄宗当政期间，全国共兴建了56项农田水利工程，相当于全唐水利工程总数的20%以上。

玄宗即位后的一系列改革，使政治清明、百姓富庶、国力强盛、社会繁荣昌盛，唐朝达到了全盛时期。开元二十年天下人口786万户、4543万人；开元二十八年，天下人口841万户、4814万人。唐都长安有人口百万，是著名的国际文化中心，也是当时世界上最大的城市。唐代不仅商业发达，而且对外贸易兴旺，往来于唐和波斯、天竺、大食等地的商船络绎不绝。数以万计的外国使节、商人、僧侣和留学生居住在长安。开元五年、二十一年，日本派出的遣唐使均在550人以上。气象万千的长安就是开元盛世的最好写照。

雕版印刷术

印刷术是我国古代四大发明之一。它的发明和推广，推动了社会的进步和人类文明的发展，被称为"文明之母"。

雕版印刷术是印刷术最早的印刷模式，它的出现，标志着印刷术的产生，不愧是人类历史上一项划时代的发明。

关于雕版印刷技术发明的年代，学界有好几种说法，有东汉说、东晋说、魏晋南北朝说、隋朝说、唐朝说、五代说、北宋说。但是根据考古研究，有一点是可以肯定的，那就是雕版印刷技术发明在隋末唐初。在发现的唐代雕版印刷品中，最具代表性的是868年雕印的《金刚经》和韩国发现的武则天时代的《无垢净光大陀罗尼经》。

雕版印刷术的发明有着深刻的历史背景；伴随着物质基础的充裕和技术条件的成熟，雕版印刷术的产生，已成为历史发展的必然。隋唐以前，造字、镂金、制笔、研墨、造纸等奠定了物质基础，制陶、印章、刻石、捶拓、模像、凸版印花等提供了技术条件，这是一个不断积累、由量变到质变逐渐完善的成长过程。

在物质基础方面，主要是指对雕版印刷术发明起决定作用的纸、笔、墨。造纸术发明后，经过蔡伦、左伯和张永等造纸专家的改进和推广，迅速取代了竹帛。到魏晋南北朝时期，发明了帘床抄纸器，造出了匀细的薄纸；采用涂布技术，提高了纸张的吸墨性能；广泛采用染潢技术，使纸的质量不断提高。造笔和制墨技术均发明于先秦，经过近1000年的改进，魏晋时期已经十分成熟。造纸、造笔和制墨技术的成熟，为雕版印刷术的发明奠定了坚实的物质基础。

在技术条件方面，主要是捶拓与石碑拓本技术和镂花模板、刺孔漏印，凸版印花技术，以及印章与佛像模印技术这三种技术方法的成熟。其一，捶拓与石碑拓本这种方法，在印刷术发明以前，是一种较简便的复制文字的方法。具体操作方法是将洇湿的纸平铺于石上，用软刷将纸刷匀，经过捶打使纸紧贴在石面上，然后再用细布包裹棉花做成拓包，蘸上墨汁，在纸面上轻轻拓刷，因为石上的字是凹进石面的，所以有文字的部分受不着墨，把纸揭下来，便成为一件黑底白字的复制品，这就是拓本，也称拓片。其二，镂花模板、刺孔漏印及凸版印花这些方法，是古代纺织业的印染技术。镂版印花，是用两块雕镂成同样花纹的木板或油纸版等，将织物置于两块花版之间，将其夹紧，然后在雕空处注以色浆，印上花纹；刺孔漏印，是在硬纸板上刺孔成像，然后再进行描画或直接从孔透墨印刷；凸版印花，又称木版印花，其花版不镂空，花纹图案呈阳纹凸起状，印花时，将色浆或染料涂在花版的凸纹线条上，然后铺上丝织物加压，织物上便显出花纹。其三，印章与佛像模印。印章是对镂刻甲骨、金石这一传统的继承。印章有阳文和阴文两种，阳文刻的字是凸出来的，阴文刻的字是凹进去的。

雕版印刷是我国古代应用最早的印刷术，其工作原理是：首先把木材锯成一块块的平木板，把要印的字写在薄纸上，反贴到木板上，然后根据每个字的笔画，用刀一笔一笔雕刻咸阳文，使每个字的笔画都凸起在木板上。木板雕好以后，就可以印书了。

印书的时候，先用一把刷子蘸了墨，在雕好的板上刷一下，接着，用白纸覆在板上，另外拿一把干净的刷子在纸背上轻轻刷一下，把纸拿下来，一页书就印好了。一页一页印好以后，装订成册，一本书就做成了。这种在木板上雕字印刷的方法，被称为"雕版印刷"。雕版印刷的版材，古人最初一般选用梓木，所以称刻版为"刻梓"或"付梓"。以后也广泛使用梨木和枣木，故刻版亦被称为"付之梨枣"。

雕版印刷术，具备工艺简单、费用低廉、印刷快捷的显著优点，比之早先的手写传抄要优越百倍，所以一经发明，便受到人们的普遍欢迎，迅速得到推广和传播。

雕版印刷在唐代民间广泛应用于以下三个方面：一、宗教活动。大量佛教、道教经典典籍被印刷出版；二、刻印诗集、音韵书和教学书籍。白居易和元稹的诗集被"模勒"出版，受到百姓喜爱；三、历法、医药等科学书籍的印刷。

雕版印刷术是中国的一项独特的发明，它是无数劳动人民集体智慧和经验的结晶。

唐三彩

瓷器是我国古代独创的一项重大发明。原始瓷器在商周时期已经出现，经历了

1500 多年，制瓷技术到东汉后期已基本成熟，后经三国两晋南北朝进一步成熟和完善，唐代烧制瓷器的技术已达到炉火纯青的地步。

唐三彩样式多样，内容丰富，被誉为唐代社会的"百科全书"。它主要是用黄、绿、白三色釉彩涂胎，故称唐三彩，实际上是唐代彩色釉陶的总称。它有二彩的，也有四彩的，其他的色彩还包括蓝、赭、紫、黑等。它是在继承汉代低温铅釉陶工艺的基础之上，对含有有色金属元素的各种原料有了新的认识之后，经过实践创新烧制而成的。它的制作工艺是：用白色黏土做胎，然后用含有铜、铁、锰、钴等有色金属元素的矿物做釉料着色剂，再在釉料中加入铅作为助熔剂，最后经低温（800℃左右）烧制成功。唐三彩从开始烧制到工艺成熟，经历了一个由粗到精、由少到多的发展过程。

唐三彩

唐三彩的出现受盛唐时期繁盛的经济、文化艺术的发展以及社会风气影响。盛唐时期厚葬之风盛行使这种三彩陶自唐初出现以后在各地迅猛发展，特别是西安、洛阳一带。唐三彩包括俑和器皿两大部分，器物如壶、罐、瓶、尊、碗、盘、杯、钵、枕及文房用具等，几乎包括了社会生活各方面，体现了国力强盛的盛唐气象。唐代中外文化的交流日益广泛，唐三彩受异邦的影响很大。鲁迅先生曾经说过："唐人大有胡气。""胡气"也鲜明地反映在唐三彩的造型上。"安史之乱"以后，唐王朝从盛至衰，国力削弱致使陪葬之风不如从前兴盛，风靡一时的唐三彩也随之滑落。

李白傲权贵

唐玄宗暮年时，宠爱年轻美貌的杨贵妃，并把她的近亲都封了官。

唐玄宗和杨贵妃每天都在宫里饮酒作乐，时间一久，宫里的一些老歌词听腻了，他便派人到宫外去找人来给他填写新词。就这样，贺知章推荐李白进了宫。

李白，字太白，自号青莲居士，又号谪仙人，祖籍陇西成纪，是凉武昭王李暠的后代。李白出生在西域碎叶城（位于今巴尔喀什湖南），五岁的时候，他父亲才千里迢迢拖儿带女回到内地，在绵州昌隆县（今四川省江油市）清廉乡（一作青莲乡）定居下来。

李白的父亲从小就对李白进行严格的教育和培养，所以李白 5 岁时就能诵六甲，10 岁时就读遍了诸子百家的书，连佛经、道书他也拿来读。

20 岁前后，李白游历了蜀中的名胜古迹，并做了《登锦城敬花楼》《白头吟》《登峨眉山》等名诗。雄伟壮丽的山川，开阔了李白的视野，养育了李白广阔的襟怀、豪迈的性格和对祖国无比热爱的思想感情。李白决心像历史上一些杰出人物那样，干一番轰轰烈烈的大事业。但他不愿像当时的读书人那样，走科举入仕的道路，而是希望依靠自己的学问、品德，获得声誉，一举成名。

抱着这种目的，李白在家乡时就开始了"遍访诸侯"的活动。出蜀之后十余年中，李白游历了大半个中国。他的求仕活动未获得成效，他的诗歌却越来越成熟了，而社会的阅历和生活的磨难，更使他洞悉到世态的炎凉。在这期间，李白写下了许多不朽的诗篇，他自己也因而名满天下。后来，贺知章利用唐玄宗找人填写歌词的机会把李白如何有才学、如何想为国出力的情况奏明了唐玄宗。唐玄宗很爱才，对李白的诗也十分欣赏，当即决定召见李白。

公元742年，李白应召进宫。10余年来的愿望终在这一天实现，李白简直有点飘飘然了，于是他口中吟出"仰天大笑出门去，我辈岂是蓬蒿人"的诗句，高高兴兴地面见唐玄宗去了。

李白到长安后，被安置在翰林院，以才华出众经常为皇帝起草诏命，或侍从皇帝出游，写些宫廷题材的诗文；侍从之暇，则在繁华的长安市上游冶饮酒，贺知章金龟换酒的事就发生在这时候。对于他们的宴饮盛况，杜甫在《饮中八仙歌》中有生动的记载，李白的风采最为出众："李白斗酒诗百篇，长安市上酒家眠。天子呼来不上船，自称臣是酒中仙。"

但是由于他本人的桀骜不驯，不但官僚显贵容不得他，连唐玄宗也打消了重用他的念头，把他晾在一边。李白意识到自己的处境，经过一番思索，终于下决心离开。就这样，他怀着怨愤而又眷恋的心情，告别皇帝，告别京城。这时距应诏入京刚好3年。他的名篇《蜀道难》《行路难》《月下独酌》以及一部分《古风》，都写于这个时期。

李白不幸离开长安，却赶上了一个千年的约会。这个意外的相逢，或许是文学史上最美的故事。他出京后，向东到了洛阳，在这里和杜甫相遇。诗仙和诗圣终于会面了，而且还加上了高适。他们三人一同东游梁宋，终日痛饮狂歌，慷慨怀古。这年的秋天，高适一人独自南游，李白和杜甫继续同行，到了齐鲁大地。二人情同手足，"醉眠秋共被，携手日同行"，结下深厚的友谊。

此后李白继续自己的天涯孤旅。他北游燕蓟，南返梁宋，往来于宣城、金陵等地，直到安史之乱爆发，前后一共10年时间。这10年是他创作的高峰期。他或批判现实，或寄情于纵酒求仙；或赞美祖国的大好河山，或怀念真挚的情谊。《梦游天姥吟留别》《将进酒》《梁甫吟》《远别离》《秋浦歌》组诗、《宣州谢朓楼饯别校书叔云》《闻王昌龄左迁龙标遥有此寄》《哭晁卿衡》《赠汪伦》等篇章，就写于这一时期。《宣州谢朓楼饯别校书叔云》写于居留宣城期间。谢朓楼，是南朝谢朓担任宣城太守时修建的楼。李白对谢朓十分钦服，登上他的故楼，自然会有万千感慨：

弃我去者，昨日之日不可留；乱我心者，今日之日多烦忧。长风万里送秋雁，对此可以酣高楼。蓬莱文章建安骨，中间小谢又清发。俱怀逸兴壮思飞，欲上青天揽明月。抽刀断水水更流，举杯销愁愁更愁。人生在世不称意，明朝散发弄扁舟。

李白高傲自负而不能为当世所容，被皇帝以"赐金还山"的名义赶出了长安。

若论感情之奔放激烈，《将进酒》最能代表李白的特色。一开篇，诗人就用两组奔放跳荡的排比长句，如天风海雨迎面扑来：

君不见黄河之水天上来，奔流到海不复回。君不见高堂明镜悲白发，朝如青丝暮成雪。

万里长河是那样的伟大，而生命是如此的渺小脆弱。这是一种惊心动魄的巨人式的悲伤。但是悲伤却不悲观，在诗仙看来，"人生得意须尽欢，莫使金樽空对月"。

全诗笔酣墨饱，由悲转乐、转狂傲，转愤激，如黄河奔流，有气势亦有曲折。感情悲愤而发为狂放，诗句豪纵而不觉其浮嚣。自有一种震动古今的气势与力量。

天宝十四年，安史之乱爆发，安禄山在范阳起兵，洛阳称帝，攻破潼关，玄宗幸蜀，长安沦陷，整个国家陷入混乱之中。

此时李白已年近花甲，他认为当此天下大乱之际，正是壮士立功之秋。他进永王李璘的幕府。玄宗幸蜀，太子即位称帝。安史之乱还未完全平复，皇家兄弟先打起来了。结果永王战败。李白沦为朝廷的囚犯，坐监狱，遭流放，甚至几乎被杀头。李白在狱中，亲人朋友多方营救，但是朝廷还是判处他长流夜郎。亲人相送至浔阳江头，然后他只身西行。他仍旧作诗，喝酒，走到了白帝城。这时候朝廷大赦天下，诗人欣喜的心情无法言表，立即返舟东下，重出三峡：

朝辞白帝彩云间，千里江陵一日还。两岸猿声啼不住，轻舟已过万重山。

遇赦后，他又做了很多诗。如《自汉阳病酒归寄王明府》《豫章行》，都是很感人的诗篇。《庐山谣寄卢侍御虚舟》一诗中，他这样描写庐山："登高壮观天地间，大江茫茫去不还。黄云万里动风色，白波九道流雪山。"一位饱经沧桑的老人，竟然还能写出如此豪壮的诗句，从古到今，能有几人？

李白以不世之才自居，顽强而执着地追求着惊世骇俗的功业，一直到临终，他还写了一首《临路歌》："大鹏飞兮振八裔，中天摧兮力不济。余风激兮万世，游扶桑兮挂左袂。后人得之传此，仲尼亡兮谁为出涕！"

安禄山叛乱

唐玄宗在位期间，为加强边境的防御，在重要的边境地区设立了10个军镇（也就是藩镇），这些军镇的长官叫节度使。节度使的权力很大，不仅带领军队，还兼管行政和财政。按照当时的惯例，节度使立了功，就有被调到朝廷当宰相的可能。

李林甫掌握朝政大权后，不但排挤打击朝廷的文官，还猜忌边境的节度使。担任朔方等四个镇节度使的王忠嗣，立了很多战功，他手下就有著名的将领哥舒翰、李光弼等人。李林甫见王忠嗣的功劳大，威望高，怕他被唐玄宗调回京城当宰相，就派人向唐玄宗诬告王忠嗣想拥戴太子谋反，王忠嗣为此险些丢掉了性命。

当时，边境将领中有一些胡人。李林甫认为胡人文化低，不会威胁到自己的地位，就在唐玄宗面前竭力主张重用胡人。

在这些胡人节度使中，唐玄宗、李林甫特别欣赏平卢（治所在今辽宁朝阳）节度使安禄山。

安禄山经常搜罗奇禽异兽、珍珠宝贝，送到宫廷讨好唐玄宗。他知道唐玄宗喜欢边境将领报战功，就采取许多卑劣的手段，诱骗平卢附近的少数民族首领和将士到军营来赴宴。在酒席上，用药酒灌醉他们，把兵士杀了，又割下他们首领的头，献给朝廷报功。

唐玄宗常常召安禄山到长安朝见。安禄山抓住这个机会，使出他的手段，逢迎拍马讨唐玄宗的喜欢。安禄山长得特别肥胖，又装出一副傻乎乎的样子。唐玄宗一见到他就高兴得不得了。

安禄山得到了唐玄宗和李林甫的信任，做了范阳、平卢两镇及河东（治所在今山西太原）节度使，控制了北方边境的大部分地区。他秘密扩充兵马，提拔了史思明、蔡希德等一批猛将，又任用汉族士人高尚、严庄帮他出谋划策，囤积粮草，磨砺武器。只等唐玄宗一死，他就准备造反。

没过多久，李林甫病死了，杨贵妃的同族哥哥杨国忠借着他的外戚地位，继任了宰相。杨国忠本来是个流氓，安禄山瞧不起他，他也看不惯安禄山，两个人越闹越僵。杨国忠几次三番在唐玄宗面前说安禄山一定要谋反，但是唐玄宗正在宠信安禄山，自然不相信他的话。

公元 755 年农历十月，安禄山作了周密准备以后，决定发动叛乱。这时，正巧有个官员从长安到范阳来。安禄山便假造了一份唐玄宗从长安发来的诏书，向将士们宣布说："接到皇上密令，要我立即带兵进京讨伐杨国忠。"

将士们都觉得事出突然，但是谁也不敢对圣旨表示怀疑。

第二天一早，安禄山就带领叛军出兵南下。15 万步兵、骑兵在河北平原上进发，一时间，道路上烟尘滚滚，鼓声震天。中原一带已经有一百年左右没有发生过战争，老百姓好几代没有看到过打仗。沿路的官员逃的逃，降的降。安禄山叛军一路南下，几乎没有遭到什么抵抗。

范阳叛乱的消息传到长安，唐玄宗开始还不相信，认为是有人造谣，到后来警报一个个传来，他才慌了起来，召集大臣商议对策。满朝官员没有经历过这样的大变乱，个个吓得目瞪口呆，不知所措。只有杨国忠反而得意扬扬地说："我早说安禄山要反，我没说错吧。不过，陛下尽管放心，他的将士不会跟他一起叛乱。10 天之内，一定会有人把安禄山的头献上。"

唐玄宗听了这番话，心情才安稳下来。可是，谁知道叛军在短短的时间内便长驱直入，一直渡过黄河，占领了洛阳。

马嵬驿兵变

潼关形势险要，道路狭窄，是京城长安的门户。封常清与驻屯陕州的大将高仙芝一起退守潼关（今陕西潼关东北）。玄宗听信监军宦官的诬告，杀死高、封两人，起用病重在家的大将哥舒翰统兵赴潼关。叛将崔乾祐在潼关外屯兵半年，没法攻打进去。

叛军攻不进潼关，但是关里的唐王朝内部却生起事端。哥舒翰主张在潼关坚守，等待时机；郭子仪、李光弼也从河北前线给唐玄宗上奏章，请求引兵攻打安禄山的老巢范阳，让潼关守军千万不要出关。但是，宰相杨国忠却反对这样做。他在唐玄宗面前说潼关外的叛军已经不堪一击，哥舒翰守在潼关按兵不动，歼灭叛军的时机会丧失掉。昏庸的唐玄宗听信杨国忠的话，接二连三派使者到潼关，逼哥舒翰带兵出潼关。

哥舒翰明知出关凶多吉少，但是又不敢违抗皇帝的圣旨，只好痛哭一场，带兵出关了。

关外的崔乾祐早已做好准备，只等唐军出关。崔乾祐派精兵埋伏在灵宝（在今河南省西部）西面的山谷里。哥舒翰的20万大军一出关，就中了埋伏，20万大军几乎被叛军打得全军覆没。哥舒翰也被俘虏了。

潼关失守后，关内已无险可守。从潼关到长安之间的一些地方官员和守兵，都纷纷弃城而逃。到了此时，唐玄宗才感到形势危急，他让杨国忠赶紧想办法。杨国忠召集文武百官商量，大家都失魂落魄，谁也想不出一个好主意来。杨国忠知道留在长安已经没有了生路，就劝玄宗逃到蜀地去。当天晚上，唐玄宗、杨国忠带着杨贵妃和一群皇子皇孙，在将军陈玄礼和禁卫军的护卫下，悄悄地打开宫门，逃出了长安。他们事先派了宦官到沿路各地，让官员准备接待。

谁知，派出的宦官早已经自顾逃命了。唐玄宗一伙人走了半天也没有人给他们送饭。

他们走走停停，第三天到了马嵬驿（在今陕西兴平市西）。随行的将士疲惫不堪，饥渴难忍。他们心里越想越气，好好的长安待不住，弄得到处流亡，受尽辛苦。他们认为，这全都是受了奸相杨国忠的拖累，这笔账应该向杨国忠算。

这个时候，有二十几个忍饥受饿的吐蕃使者拦住杨国忠的马，向杨国忠要粮。杨国忠正忙着应付，周围的兵士便嚷起来："杨国忠要造反了！"一面嚷，一面向他射起箭来。

兵士们杀了杨国忠，情绪更加激昂起来，把唐玄宗住的驿馆也包围了。玄宗派高力士找到将军陈玄礼，问兵士们不肯散的原因。陈玄礼回答说："杨国忠谋反，贵妃也不能留下来了。"

玄宗说："贵妃常居深宫中，怎知国忠谋反之事呢？"高力士回答说："贵妃实是无罪，但禁军将士已杀其兄国忠，贵妃陪伴陛下左右，将士心中不安。愿陛下三思，禁军将士安则陛下安。"无奈，唐玄宗为了保住自己的命，只好下了狠心，叫高力士把杨贵妃带出去，用带子勒死了。将士们听到杨贵妃已经被处死，总算除了一口恶气，撤回了军营。

唐玄宗经过这场兵变打算继续西行，老百姓将他拦住，让他留下来还击安禄山。玄宗便分3000人给太子，令太子李亨击破逆贼，收复长安。

天宝十五年（公元756年）七月，李亨（肃宗）于灵武即皇帝位，是为肃宗，尊李隆基（玄宗）为太上皇，改元至德。

草人借箭

唐玄宗匆忙逃出长安不久，安禄山的叛军便攻进了长安。郭子仪、李光弼得到长安失守的消息，不得不放弃河北，李光弼退守太原，郭子仪回到灵武驻守。原来已经收复的河北郡县又重新被叛军占领。

叛军在进入潼关之前，安禄山派唐朝的将领令狐潮去攻打雍丘（今河南杞县）。令狐潮原来是雍丘县令，安禄山占领洛阳的时候，令狐潮就投降了他。雍丘附近有个真源县，县令张巡不愿投降，就招募了1000多个壮士，占领了雍丘。令狐潮带了4万叛军来进攻。张巡和雍丘将士坚守60多天，将士们穿戴着盔甲吃饭，负了伤也不下战场，打退了叛军300多次进攻，叛军死伤无数，终于迫使令狐潮不得不退兵。

不久，令狐潮又集合人马来攻城。

张巡组织兵士在城头上射乱箭把叛军逼回去。但是，日子久了，城里的箭射光了。为了这件事，张巡非常心急！

一天深夜，雍丘城头上一片漆黑，隐隐约约有成百上千个穿着黑衣服的兵士，沿着绳索往墙下爬。这一情况被令狐潮的兵士发现了，报告给了主将。令狐潮断定是张巡派兵偷袭，就命令兵士向城头放箭。直到了天色发白，叛军才看清楚，原来城墙上挂的全是草人。

张巡的兵士们在雍丘城头上高高兴兴地拉起草人。那千把个草人上，密密麻麻插满了箭。兵士们查点了一下，竟有几十万支之多。这样一来，城里的箭就足够用啦！

又过了几天，与前几天夜里一样，城墙上又出现了"草人"。令狐潮的兵士见了又好气，又好笑，以为张巡又来骗他们的箭了。于是，谁也不去理它。

哪知道这一次城上吊下来的并非是草人，而是张巡派出的500名勇士。这500名勇士乘叛军没有准备，向令狐潮的大营发起突然袭击。令狐潮无法组织起有效的抵抗。几万叛军失去指挥，四处乱奔，一直逃到十几里外，才停了下来。

令狐潮连连中计，气得咬牙切齿，又增加了兵力攻城。他屯兵在雍丘北面，不断骚扰张巡的粮道。叛军有几万人之多，张巡的兵士不过1000，但是张巡瞅准机会就出击，总是得胜而回。

过了一年，睢阳（今河南商丘）太守许远派人向张巡告急，说叛军大将尹子奇带领13万大军要来进攻睢阳。张巡接到告急文书，马上带兵去了睢阳。

肃宗至德二年（公元757年）七月六日，叛军大将尹子奇又起兵数万攻打睢阳。睢阳城被围多日，粮食已吃尽，将士每人每天只能以米一盒，杂以茶纸、树皮而食。张巡令部将南霁云率30骑奋杀突围，求救于临淮。但临淮守将惧怕贼兵，拥兵不救。叛军知道临淮守将不来救援的消息后，围攻更急。茶纸被吃光，便杀战马而食；马亦杀光，又罗雀掘鼠而食；雀鼠也尽，张巡忍痛杀己之爱妾，许远也杀其奴，以供士兵之食；然后尽杀城中妇人食之，继之以男子老弱。当时城中人知必死，无一叛者，最后只剩下400余人。十月九日，叛军攻上城头，守城士卒都因病或因饿无力再战。张巡、南霁云、雷万春等36人都被杀害。

张巡临死时毫无惧色，大义凛然。

画圣吴道子

在中国艺术史上，有三位艺术家被戴上"圣"的桂冠：一位是晋代王羲之，被誉为"书圣"；一位是唐代杜甫，被誉为"诗圣"；还有一位被誉为"画圣"，那就是唐代的吴道子。

吴道子，画史尊称他为吴生，又名道玄。他的生卒年代已不可考，只知道他一生主要活动在唐朝开元、天宝年间（公元713～755年）。吴道子出生在阳翟（今河南禹县），幼年失去双亲，生活贫困，他曾跟从张旭、贺知章学习书法，后跟随张僧繇学习。迫于生计，他曾向民间画工和雕匠学习。由于他刻苦好学，才华出众，20 岁时就已经很有名气。唐玄宗把他召入宫中担任宫廷画师，为他改名道玄。吴道子性情豪爽，不拘小节，画画时必须喝酒，因此，他经常是醉中作画。传说他描绘壁画中佛头顶上的圆光时，不用尺规，挥笔而就。在龙兴寺作画的时候，观者水泄不通。他画画速度很快，像一阵旋风，一气呵成。当时的都城长安（今西安）是全国文化中心，汇集了许多著名的文人和书画家。吴道子经常和这些人在一起，这使他的技艺不断提高。

有一次，在洛阳，他同书法老师张旭和善于舞剑的裴将军相遇，吴道子观看裴持剑起舞，左旋右转，神出鬼没，变化万端，很受启发，即兴在天宫寺墙壁上画了一幅壁画，画时笔走如飞，飒飒有声，顷刻而成。随后张旭又在墙壁上做书。这一次使在场数千观众大饱眼福，高兴地赞叹："一日之中，获观三绝！"还有一次，唐玄宗要看嘉陵江的景象，派吴道子去写生。吴道子回来后，让人准备了一匹素绢，用了一天时间，在大同殿上画出嘉陵江 300 余里风光。唐玄宗赞叹不已，认为和李思训用几个月功夫画成的嘉陵山水一样美妙。吴道子是一个多产的画家，他作品的数量很多。吴道子兼擅人物、佛道、神鬼、鸟兽、草木、殿阁、山水等，尤其精于佛道、人物画，长于壁画创作。据记载，他曾在长安、洛阳两地寺观中绘制壁画多达 300 余幅，奇踪怪状，无有雷同，其中尤以《地狱变相》闻名于时。

吴道子的绘画对后世影响极大，他被人们尊为"画圣"，被民间画工尊为"祖师"。苏轼曾称赞他的艺术"出新意于法度之中，寄妙理于豪放之外"。吴道子的绘画无真迹传世，传至今日的《送子天王图》可能为宋代摹本，它所表现的是释迦牟尼降生为净饭王子以后，其父净饭王抱他拜谢天神的佛经故事。从中可见吴道子的基本画风。另外还流传有《宝积宾伽罗佛像》《道子墨宝》等摹本，莫高窟第 103 窟的《维摩经变图》，也被认为是他的画作。

李泌归山

唐肃宗在灵武即位不久，身边的文武官员只有 30 人，这个临时建立的朝廷，什么事都没有秩序。一些武将也不太听指挥。肃宗想平定叛乱，非常需要有个能人来帮助他。

这时，他想起他当太子时的一个好朋友李泌，就派人从颍阳（今河南省境内）把李泌接到灵武来。

李泌原是长安人，从小就很聪明，读了不少书。当时的宰相张九龄看到他写的诗文，对他十分器重，称赞他是个"神童"。肃宗当太子的时候，李泌已经长大了，他向玄宗上奏章，想给李泌一个官职。李泌推说自己年轻，不愿做官，玄宗就让他和太子交上了朋友。后来，他看到政局混乱，索性跑到颍阳隐居了起来。

这一回，唐肃宗来请他，他想到朝廷遭到困难，就到了灵武。唐肃宗看见李泌，高兴得像得到宝贝一样。那时候的临时朝廷，不太讲究礼节。唐肃宗跟李泌就像年轻时候一样，进进出出总在一起，大小事情，全都跟他商量。李泌出的主意，唐肃宗全都听从。

唐肃宗想封他当宰相，李泌坚辞不受。

后来肃宗只好任命李泌为元帅府行军长史（相当于军师）。

那时候，郭子仪也到了灵武。朝廷要指挥全国的战事，军务十分繁忙。四面八方送来的文书，从早到晚没有一刻的间歇。唐肃宗命令把收到的文书，一律要先送给李泌拆看，除非特别紧要的，才直接送给肃宗。宫门的钥匙，由太子李俶和李泌两人掌管。李泌有时忙得连饭也顾不上吃，觉也不能睡安稳。

第二年春天，叛军发生内讧，安禄山的儿子安庆绪杀了安禄山，自己称帝。这本来是个消灭叛军的好机会，但是肃宗急于回长安，不听李泌的计划，让郭子仪的人马从河东回攻长安，结果打了败仗。后来，郭子仪向回纥（我国古代北方民族之一）借精兵，集中了15万人马，才把长安攻了下来。接着，又收复了洛阳。叛军头目安庆绪逃到了河北，不久，史思明也被迫投降。

唐军收复了长安和洛阳，唐肃宗便觉得心满意足起来，用骏马把李泌接到了长安。

一天晚上，唐肃宗请李泌喝酒，并且留他在宫里安睡。李泌趁机对肃宗说："我已经报答了陛下，请让我回家做个闲人吧！"

唐肃宗说："我和先生几年来患难与共，现在正想跟您一起享受安乐，怎么您倒要走了呢？"

无奈李泌一再请求，唐肃宗虽然不愿让李泌离开，最终也只好同意。

李泌到了衡山（在今湖南省），在山上造了个屋子，重新过起了隐居生活。

中兴名将李光弼

李光弼是契丹人，原籍营州柳城（今辽宁朝阳）。父亲李楷洛原本是契丹首领，武则天年间归顺唐朝，被封为左羽林大将军。李光弼从小擅长骑马射箭，为人严肃坚毅，沉着果断，具有雄才大略。早年担任左卫亲府左郎将，后来逐渐晋升为河西节度使王忠嗣的府兵马使，王忠嗣非常赏识他，对他十分优待。

安禄山发动叛乱后，大将军郭子仪知道李光弼是一位了不起的将才，就推荐他为河东节度副使，知节度事、兼云中太守。

李光弼执法严明，言行一致。唐肃宗即位后，李光弼奉命来到灵武，做了户部尚书。当时太原节度使王承业政务松弛，侍御史崔众掌握兵权，号令不行，唐王便命李光弼带兵5000至太原，接过了崔众的兵权。

公元757年，叛将史思明、蔡希德以十万大军围攻太原。当时留守的李光弼军队不足1万人，双方力量相差很大。将士们都主张加固城墙，全力坚守。李光弼认为这是消极防守，应该在防守中积极主动地出击。李光弼动员百姓拆掉房屋做擂石车，叛军靠近则发石攻打。史思明则命令部下建造飞楼，围上帐幕，筑土山接近城墙，李光弼便组织人力挖地道直到土山下，这样，土山便自然倒塌了，然后出其不意派精兵出击。史思明害怕了，留下蔡希德继续攻城，自己先逃走了。李光弼看出叛军力量削弱，军心动摇，便抓住这一时机，组织主力军奋勇出击，史思明军队迅速溃败。

公元760年，史思明杀了安庆绪，改范阳（今北京西南）为燕京，自称为大燕皇帝。不久，史思明整顿人马准备重新攻打洛阳，唐肃宗加封李光弼为太尉、中书令，命令他去攻打叛军。李光弼到了洛阳，当地官员听说叛军势力强大，都很害怕，主张退守潼关。李光弼权衡了一下，认为这个时候官兵决不能退，但可以转移到河阳（今河南孟州市）。史思明率兵进入洛阳后，发现是一座空城，只得率军到河阳南面与唐军对峙。

史思明为了显耀自己兵强马壮，每天把一批批战马牵到河边洗澡。李光弼见状，想出一计。他命令将军中 500 多匹马集中起来，把小马关在厩里，待史思明放马洗澡之时，把母马赶到城外。母马思念小马，便嘶叫起来，而史思明的马听到马群叫声，立即挣脱缰绳，浮水泅过河来。史思明一下子失去了上千匹好马，气得咬牙切齿，立即纠集几百条战船，前面用一条火船开路，准备把唐军浮桥烧掉。李光弼得到消息，命令士兵准备几百条粗长竹竿，用铁甲裹扎竿头。待叛军的船靠近后，唐军几百条竹竿一齐顶住火船，火船无法靠近，很快便烧沉了。唐军又在浮桥上发射擂石机关炮攻击叛军，叛军死伤无数，仓皇逃窜。

不久，李光弼打败了史思明。

李光弼多次扫平叛乱，战功卓著，后来被晋封为临淮郡王。不久，图像悬挂于凌烟阁，赐铁券、予一子以三品衔。后因受宦官牵制，在洛阳北邙山战败。宦官鱼朝恩和程元振屡次在皇帝面前进谗言，蓄意加害李光弼，李光弼也一度被撤了帅职。

后来，史思明被他的儿子史朝义杀死。公元 763 年，史朝义兵败自杀。从安禄山发动叛乱，到史朝义失败，中原地区经历了 8 年的战火浩劫，史称"安史之乱"。

颜真卿就义

颜真卿（公元 709~785 年）字清臣，琅琊临沂（今山东临沂）人，唐代杰出的书法家。范文澜称其为"唐朝新书体的创造者"《祭侄文稿》被称为"天下第二行书"。

唐肃宗之后是唐代宗，后来君位传到了唐德宗手里。公元 782 年，有 5 个藩镇叛乱，尤以淮西节度使李希烈兵势最强。他自封天下都元帅，向唐境进攻。

五镇叛乱，让朝廷大为惊慌。唐德宗找宰相卢杞商量对策。卢杞推荐年老的太师颜真卿，唐德宗马上同意了。

其时，颜真卿已是 70 开外的老人了。听说朝廷派他到叛镇那里去，许多文武官员都为他的安全担心。但是，颜真卿却不在意，带了几个随从就出发了。

听说颜真卿来了，李希烈便想给他一个下马威。于是在见面的时候，叫他的部将和养子 1000 多人围聚在厅堂内外。颜真卿刚刚开始规劝李希烈停止叛乱，那些部将、养子们就冲了上来，个个手里拿着明晃晃的尖刀，围住颜真卿进行谩骂、威胁，摆出要杀他的阵势。颜真卿毫不畏惧，面不改色，对着他们冷笑。

李希烈假惺惺站起来保护颜真卿，让他的养子退下。接着，把颜真卿送进驿馆，想慢慢软化他。

过了几天，4 个藩镇的首脑都派使者来跟李希烈联络，希望李希烈即位称帝。李希烈大摆筵席款待他们，也请颜真卿参加。

叛镇派来的使者看到颜真卿来了，都向李希祝祝贺说："早听说颜太师德高望重。现在元帅将要即位称帝，太师正好来到这里，不是有了现成的宰相吗？"

颜真卿扬起眉毛，对着四个使者骂道："做什么宰相！我快80了，要杀要剐无所谓，难道会受你们的诱惑，怕你们的威胁吗？"

4名使者被颜真卿凛然的神色震住了，缩着脖子不敢说话。

一年以后，李希烈自称楚帝，又派部将逼颜真卿投降。兵士们在囚禁颜真卿的院子里，架起柴火，倒足了油，威胁颜真卿说："再不投降，就把你烧死！"

颜真卿二话没说，纵身就往柴火跳去，叛将们急忙把他挡住，向李希烈禀报。

李希烈想尽办法也没能使颜真卿屈服，就派人逼迫颜真卿自杀了。

永贞革新

唐德宗宠信宦官，贪得无厌的宦官便想尽办法来盘剥百姓，不择手段地掠夺财物。他们设立了"宫市"，派太监专门到宫外采购宫里需要的东西。这些太监看到他们需要的货物，只付给百姓十分之一的价钱，强行购买。后来，索性派了几百个太监在街上瞭望，看中了就抢走，叫作"白望"。

还有一些宦官在长安开设"五坊"。五坊是专门替皇帝养雕、养鹘、养鹞、养鹰、养狗的地方。五坊里当差的太监，叫作五坊小儿。这批人不干正经事，专门向百姓敲诈勒索。

那时候，太子李诵住在东宫，由两位官员——王叔文、王伾陪伴读书。太子读书之余，喜欢下棋写字。而王叔文和王伾，一个是个好棋手，一个写得一笔好字，于是他们俩就经常在东宫陪太子读书下棋。

王叔文是下级官员出身，多少了解一些百姓疾苦。他趁跟太子下棋的机会，向太子反映外面的情况。太子听到宦官借宫市为名在外面胡作非为，大为不满。有一次，几个侍读的官员在东宫议论起这件事，太子气愤地说："我见到父皇，一定要告知这件事。"

王叔文说："我看殿下眼下还是不宜管这些事。如果坏人在皇上面前挑拨离间，说殿下想收买人心，皇上怀疑起来，殿下很难辩白。"

太子猛然醒悟说："没有先生提醒，我很难想到这一点。"

从此，太子对王叔文更加信任。王叔文认为德宗已是暮年，太子接替皇位是迟早的事，就私下替他物色朝廷中有才能的官员，跟他们结交。

没想到过了一年，太子得了中风病，说不出话来。年老的唐德宗为此事急出病来，贞元二十一年（公元805年）正月二十三日，德宗去世，时年64岁。二十六日，太子李诵于太极殿即皇帝位，是为顺宗。

顺宗即位前，已因中风而不能说话，所以不上朝堂处理国事，

唐顺宗不能说话，只得靠原来在东宫伴他读书的官员王叔文、王伾来帮他处理朝政。王叔文明白自己力量不够，不便公开掌握朝政大权，只好请一个老资格的官员韦执谊出来做宰相，自己当一名翰林学士，为顺宗起草诏书。他和韦执谊、王伾相互配合，又起用了刘禹锡、柳宗元等一些有才能的官员，这才把朝政大权抓了过来。

王叔文掌权后，第一件要做的就是整顿宦官欺压百姓的坏风气。他替唐顺宗下了一道诏书，免了一些苛捐杂税，统统取缔了宫市、五坊小儿一类欺负百姓的事。

这个措施一实行，长安百姓个个拍手称快，一些作恶多端的宦官却气歪了脸。

王叔文又对财政制度进行了改革，历史上称为"永贞革新"（"永贞"是唐顺宗的年号）。

王叔文大力度的改革，自然触犯了掌权的宦官。宦官头子俱文珍认为王叔文的权力过大，便以顺宗的名义解除了王叔文翰林学士的职务。

不出一个月，俱文珍又勾结一批拥护他们的老臣，以顺宗病重不能执政为由，由太子李纯监国。又过了一个月，太子正式即位，这就是唐宪宗。

顺宗一退位，俱文珍等一批宦官立刻把王叔文、王伾革职，贬谪到外地去。第二年，又处死了王叔文。"永贞革新"不到一年就全盘失败，那些支持王叔文一起改革的官员也受到了牵连。

韩愈直谏

唐宪宗时，发生了淮西叛乱，裴度、李塑平定了叛乱，唐宪宗觉得脸上光彩，决定立一个记功碑，来纪念这一次胜利功绩。裴度手下有个行军司马韩愈，擅长写文章，又跟随裴度到过淮西，了解淮西的情况。唐宪宗就命令韩愈起草《平淮西碑》。

韩愈（公元768~824年），字退之，郡望为河北昌黎，曾经担任过吏部侍郎，死后朝廷又给了"文"的谥号，所以有"韩昌黎""韩吏部""韩文公"等称谓。他3岁而孤，早年随兄嫂游宦避乱，游离转徙。他7岁读书，13岁能文，后来跟从独孤及和梁肃学习。贞元八年（公元792年）韩愈考上进士，然后又去吏部考试，接连3次失败，于是他不得不去当其他官员的幕僚。几年后被任命为四门博士，总算正式地步入了仕途，历任监察御史、刑部侍郎、潮州刺史、国子监祭酒、兵部侍郎、吏部侍郎等职，有过多次遭贬谪的经历。

宋代的苏轼在《潮州韩文公庙碑》一文中评韩愈说："文起八代之衰，而道济天下之溺；忠犯人主之怒，而勇夺三军之帅。"这通常被视为对韩愈其人最为精当的评价。他的一生，在政治、哲学、文学各方面都有较高的成就，而主要成就又在文学方面。

韩愈在文学方面的最大成就是他的散文。他一生致力于散文创作的实践，写出了许多典范性的散文作品。这些作品形式多样，内容丰富，表现力强，无论是抒情说理还是写人叙事，都有强烈的艺术效果。

韩愈的散文大致可以分为论说文、记叙文、抒情文三大类。其论说文或阐明自己的政治和哲学主张，或议论时政的得失，或是针砭世俗发抒内心的牢骚，或是发表自己的文学主张。《原道》《原毁》《谏迎佛骨表》《师说》《马说》《送孟东野序》《进学解》等等，都是以后文人们写文论道的样板。他在《送孟东野序》的开篇这样写道：

大凡物不得其平则鸣。草木之无声，风挠之鸣。水之无声，风荡之鸣。……金石之无声，或击之鸣。人之于言也亦然。有不得已者而后言，其歌也有思，其哭也有怀。凡出乎口而为声者，其皆有弗平者乎！

韩愈他从自然界的各种天籁得到启发，加以比附，在此基础上鲜明地提出了著名的"不平则鸣"的观点。行文奇偶交错，整齐而富有变化。

韩愈的记叙文，有叙事的，比如《平淮西碑》称颂唐宪宗力排众议平定叛乱的功绩。他写人的文章最多，如《张中丞传后序》记叙张巡、许远、南霁云等英雄，《柳子厚墓志铭》详细记载柳宗元的生平事迹。这些作品记叙十分生动，人物形象非常鲜明。

韩愈的抒情散文，多数见于祭文、书信、赠序。这类文章最能够见出作者真挚的性情，也是韩愈散文中最好读的一类文章。其中有表现骨肉之间深厚感情的，也有表现朋友交往患难情谊的。以《祭十二郎文》为例，作者在追叙兄嫂的抚育之恩以及他与侄儿十二郎幼年时"就食江南，伶仃孤苦，未尝一日相离"的患难与共的经历之后，有这样一段抒情：

> 吾与汝俱少年，以为虽暂相别，终当久与相处，故舍汝而旅食京师，以求斗斛之禄。诚知其如此，虽万乘之公相，吾不以一日辍汝而就也。……呜呼！汝病吾不知时，汝殁吾不知日；生不能相养以共居，殁不得抚汝以尽哀；敛不凭其棺，窆不临其穴。吾行负神明，而使汝夭，不孝不慈，而不得与汝相养以生，相守以死，一在天之涯，一在地之角，生而影不与吾形相依，死而魂不与吾梦相接。吾实为之，其又何尤！彼苍者天，曷其有极！

作者行文朴素，如泣如诉，仿佛是与逝者共话家常，在述说中自然地流露出对于十二郎的怀念与痛悼之情，令人肝肠寸断。

韩愈的古文，气势充沛，纵横捭阖，或诡谲，或严正，如长江大河，浑浩流转。在司马迁之后，他是成就最为显著的散文大家，受到古代文人的高度推崇。后来，人们把他和柳宗元两人称为"古文运动"的倡导人。

韩愈不但文章写得好，还是个直言敢谏的大臣。在他写完《平淮西碑》之后，便做出了一个得罪朝廷的举动。

原来唐宪宗到了晚年，迷信起佛教来。他听说凤翔的法门寺里有一座叫护国真身塔的宝塔，塔里供奉着一根骨头，据说是释迦牟尼佛祖留下来的一节指骨，每30年才能开放一次，让人礼拜瞻仰。人们瞻仰之后，便能够求得风调雨顺，富贵平安。

佛骨崇拜本来就是违背释迦牟尼"四大皆空"的祖训的，但许多寺院为了迎合僧众的迷信需要，就人为制造一些假佛骨（影骨）或假舍利（舍利是火化时修行者体内结石遇高温后的结晶体，假舍利则大多为水晶制品）。唐宪宗对此深信不疑，特地派了30人的队伍，到法门寺把佛骨隆重地迎接到长安。他先把佛骨放置在皇宫里供奉，而后送到寺里，让大家瞻仰。下面的一班王公大臣，也千方百计想得到瞻仰佛骨的机会。

韩愈向来不信佛，对这样铺张浪费来迎接佛骨，很不满意，便给唐宪宗上了一道奏章，劝谏宪宗不要干这种劳民伤财的迷信事。他说，佛法的事，中国古代没有记载，只是在汉明帝以来，才从西域传进来。历史上凡是信佛的王朝，寿命没有长的，可见佛是不可信的。

唐宪宗接到这个奏章，龙颜大怒，立刻把宰相裴度叫了来，说韩愈诽谤朝廷，一定要处死他不可。

裴度连忙替韩愈求情，唐宪宗才慢慢消了气，说："韩愈说我信佛过了头，我还可宽恕他；他竟说信佛的皇帝，寿命都不长，这不是在咒我吗？就凭这一点，我决不能饶了他。"

后来，有很多人替韩愈求情，唐宪宗没杀韩愈，把他降职到潮州去当刺史，一年后才回到了长安，负责国子监（朝廷设立的最高教育机构）的工作。就在这一年（公元820年），唐宪宗死在专权的宦官手里。他的儿子李恒即位，是为唐穆宗。

朋党之争

宦官专权时期，朝廷官员中凡是有反对宦官的，大都受到打击排挤。一些依附宦官的朝官，又分成两个不同的派别。牛党是以牛僧孺、李宗闵为首的官僚集团，李党是以李德裕为首的官僚集团。唐宪宗时，两党政争开始，穆宗时朋党正式形成，历经敬宗朝、文宗朝、武宗朝、宣宗朝，两党此起彼伏，反复较量，持续达半个世纪之久。两党斗争的形式是交替掌权，一党掌权，就积极排挤另一党，把朋党利益置于国家利益之上。两派官员互相攻击，争吵不休，这样闹了40年，历史上把这场政治争斗叫作"朋党之争"。

这场争吵开始于唐宪宗在位之时。有一年，长安举行考试，选拔能够直言敢谏之人。在参加考试的人中，有两个下级官员，一个叫李宗闵，另一个叫牛僧孺。两个人在考卷里都批评了朝政。考官看了卷子后，认为这两个人都符合选拔的条件，就把他们向唐宪宗推荐了。

宰相李吉甫知道了这件事。李吉甫是个士族出身的官员，他本来就对科举出身的官员有想法，现在出身低微的李宗闵、牛僧孺居然对朝政大加指责，揭了他的短处，更加令他生气。于是他在唐宪宗面前说，这两人被推荐，完全是因为跟考官有私人关系。唐宪宗对李吉甫的话深信不疑，就把几个考官降了职，李宗闵和牛僧孺也没有得到提拔。

李吉甫死后，他的儿子李德裕凭借他父亲的地位，做了翰林学士。那时候，李宗闵也在朝做官。李德裕对李宗闵批评他父亲这事件，仍旧记忆犹新。

唐穆宗即位后，又举行了进士考试。有两个大臣因为有熟人应考，就在私下里与考官沟通，但是考官钱徽没卖他们人情。正好李宗闵有个亲戚应考，结果被选中了。这些大臣就向唐穆宗告发钱徽徇私舞弊。唐穆宗问翰林学士，李德裕便谎称有这样的事。唐穆宗于是降了钱徽的职，李宗闵也受到牵连，被贬谪到外地去做官。

李宗闵认为李德裕存心排挤他，恨透了李德裕，而牛僧孺当然同情李宗闵。从这以后，李宗闵、牛僧孺就跟一些科举出身的官员结成一派，李德裕也与士族出身的官员拉帮结派，双方明争暗斗得很厉害。

唐文宗即位之后，李宗闵利用宦官的门路，当上了宰相。李宗闵向文宗推荐牛僧孺，把牛僧孺也提为宰相。这两人一掌权，就合力对李德裕进行打击，把李德裕调出京城，派往四川（治所在今四川成都）做节度使。

唐文宗本人因为受到宦官控制，没有固定的主见。一会儿用李德裕，一会儿用牛僧孺。一派掌了权，另一派就日子不好过。两派势力就像走马灯似的轮流转换，把朝政搞得十分混乱。

牛、李两派为了争权夺利，都向宦官讨好。李德裕做淮南节度使的时候，监军的宦官杨钦义被召回京城，人们传说杨钦义回去必定掌权。临走的时候，李德裕就办酒席请杨钦义，还给他送上一份厚礼。杨钦义回去以后，就在唐武宗面前竭力推荐李

世界传世藏书

历史知识大博览

中国通史

德裕。

到了唐武宗即位以后，李德裕果然当了宰相。他竭力排斥牛僧孺、李宗闵，把他们都贬谪到南方去。

公元846年，唐武宗病死，宦官们立武宗的叔父李忱即位，就是唐宣宗。唐宣宗对武宗时期的大臣全都排斥，即位的第一天，就把李德裕的宰相职务撤了。

李德裕一贬再贬，于848年死于贬所，从此李党瓦解。牛李党争以牛党的胜利告终。宣宗以后，牛李两派的领袖人物相继去世，朋党终于停息。

历经六朝近40年的牛李党争，使官僚集团陷于严重的内耗之中，他们为争夺自身的政治权力而丧失理智，不惜一切，乃至损害国家人民的利益，但两党官员有些还是做出一些政绩的。如李党首领李德裕曾经辅佐朝廷北破回纥，安定边陲；又平定昭义镇叛乱；抑制宦官权力，并裁减冗官、禁断佛教。但他却又不择手段维护自己的同党，陷害敌党，可惜一代名相身陷朋党倾轧中而"功成北阙，骨葬南滇"。

黄巢起义

唐朝末年，经过藩镇混战、宦官专权和朝廷官员中的朋党之争，朝政混乱不堪。尽管唐宣宗是一个比较精明的皇帝，但也不能改变这种局面。唐宣宗死后，先后接替皇位的唐懿宗李漼、僖宗李儇，他们只知寻欢作乐，追求奢侈糜烂的生活，腐朽到了极点。僖宗初年，河南、山东一带连年天灾，庄稼颗粒不收，许多人以草籽、槐树叶充饥，而官府只知向百姓搜刮。于是，唐末大规模的农民起义在这里爆发。

公元874年，也就是唐僖宗即位那一年，濮州（治所在今河南范县）地方有个盐贩首领王仙芝，带领几千农民，在长垣（在今河南）起义。王仙芝称自己为天补平均大将军，发出文告，揭露朝廷造成贫富不等的罪恶。这个号召很快得到贫苦农民的响应。不久，冤句（今山东曹县北）地方的盐贩黄巢也起兵响应。

后来，黄巢和王仙芝两支起义队伍汇合了，继而转战山东、河南一带。

后来，黄巢决定跟王仙芝分两路进军。王仙芝向西，黄巢向东。不久，王仙芝率领的起义军在黄梅（在今湖北）打了败仗，他本人也被唐军杀死了。

王仙芝失败后，剩余的起义军重新与黄巢的队伍会合，大家推黄巢为王，又称冲天大将军。

当时在中原地区的官军力量还比较强，起义军进攻河南的时候，唐王朝在洛阳附近集中大批兵力准备围攻。黄巢看出唐军的企图，决定攻打官军兵力薄弱的地区，于是带兵南下。后来，一直打到广州。

起义军在广州休整后不久，岭南地区发生了瘟疫。黄巢于是决定挥师北上。

公元880年，黄巢统率60万大军开进潼关，声势浩大。

起义军攻下了潼关，唐王朝惊恐万状，唐僖宗和宦官头子田令孜带着妃子，向成都出逃，来不及逃走的唐朝官员全部出城投降。

过了几天，黄巢在长安大明宫称帝，国号叫大齐。经过7年的斗争，起义军终于取得了胜利。

但是，黄巢领导的起义军长期流动作战，攻占过的地方，都没留兵防守。几十万起义军占领长安以后，四周还是官军势力。没过多久，唐王朝便调集各路兵马，把长安围住。长安城里的粮食供应出现了严重困难。

黄巢派出大将朱温在同州（今陕西大荔）驻守。在起义军最困难的时候，朱温竟投降了唐朝。

三月，唐僖宗任用先前因兵败逃往鞑靼部落的李克用父子以攻击黄巢军。李克用率沙陀兵5万讨伐起义军，取得成效，四月，联合忠武、河中、义武等军击溃黄巢军，收复长安。

黄巢带领起义军撤退到河南时，又遭到朱温、李克用的围攻。公元884年，黄巢攻打陈州（今河南淮阳）失利，官军紧紧追赶。最后，黄巢在泰山狼虎谷兵败遇害。

长达10年之久的唐末农民大起义，沉重地打击了唐朝政权，导致统一王朝彻底的大分裂。黄巢虽没有灭亡唐朝，但土崩瓦解的唐王朝已名存实亡。

五代十国

公元907年，朱温灭亡唐朝，建立后梁，中国再一次进入大分裂、大割据时代，这便是五代十国。在北方大地，先后出现了后梁、后唐、后晋、后汉及后周五个朝代，故称五代；在南方大地，则先后并存过吴、南唐、吴越、楚、闽、南汉、前蜀、后蜀、南平这九个国家，加上割据于今山西的北汉势力，共称十国。五代十国时期，是中国历史上最为黑暗的时期之一，这一时期，大小割据势力相互攻伐，兵祸不断，统治者多暴虐腐败，导致民不聊生，社会经济和文化的发展也受到严重影响。但是黑暗中频现光明，五代十国时期．中国的经济中心进一步南移，文化和艺术领域也有所成就。

朱温建后梁

公元907年，朱温代唐建后梁，是为后梁太祖。朱温建国前后，曾对唐后期实行的一些弊政进行了改革，如禁止地方官暴敛，奖励农桑，使得中原农业稍有恢复。可他却继续与河东军阀李克用兵戎相见，四处都弥漫着战火，百姓苦不堪言，而藩镇割据的局面也没有得到实质性的改善。而且，朱温个性残暴，阴晴不定，喜杀戮，生活很是奢侈荒淫，甚至跟儿媳乱伦。后梁乾化二年（912），朱温的第三个儿子朱友珪珪将父亲杀死，在洛阳自立为帝。第二年，朱温的第四个儿子均王朱友贞发动兵变，将朱友珪杀死，自己即帝位，是为梁末帝。末帝在位十年，朝纲混乱，且天灾不断。公元923年，后唐出兵灭掉了后梁，后梁从建立到灭亡，仅存十七年。

后唐的兴衰

后唐的建立者是沙陀人李存勖。李存勖的祖父朱邪赤心因军功被赐名李国昌，父亲李克用因镇压黄巢起义有功而被拜为河东节度使，后又被晋封为晋王。公元923年4月，李存勖称帝，国号唐，史称"后唐"，李存勖即后唐庄宗。李存勖在位初年，励精图治，先后攻灭后梁、前蜀等割据政权。李存勖虽然战功显赫，却缺乏处理政事的能力，灭后梁之后，他不思进取，宠信伶人和宦官，导致朝纲混乱，最终为乱兵所杀。李克用养子李嗣源入洛阳被拥立为帝，即为后唐明宗。明宗在位不足十年，但他革旧布新，发展经济，使得社会出现了短暂的安定局面。明宗死后，统治集团内部争权夺利，互相攻杀，不久即被后晋攻灭。后唐统治只有十四年。

"儿皇帝"石敬瑭建后晋

石敬瑭是沙陀人，原是后唐明宗李嗣源的女婿，深受明宗赏识。明宗末年，石敬瑭已成为握有重兵的藩镇军阀。明宗死后，后唐政局动荡，石敬瑭趁机于清泰三年（936）在太原起兵，为后唐军所围。石敬瑭以割让幽云十六州、尊耶律德光为父皇帝等为条件向契丹求援。同年九月，契丹人入援石敬瑭，解太原之围。十一月，耶律德光册封石敬瑭为大晋皇帝，以太原为都城，是为后晋高祖。同年底，石敬瑭联合契丹军攻灭后唐。之后迁都开封。石敬瑭死后，其侄后晋出帝石重贵即位，他不愿再卑侍契丹，还与契丹人多次作战，欲收复幽云十六州。公元946年，后晋统兵大将杜重威欲自立为帝，便反叛后晋，引契丹人南下。次年，契丹军攻破开封，后晋遂亡。后晋立国十一年。

"短命"的后汉

契丹军进入开封后，留守北京（今山西太原）的后晋河东节度使刘知远采取了静观其变的态度，不跟契丹兵交战，而是趁势占据中原，分派军兵驻守四境。公元947年春天，刘知远在太原称帝，沿袭晋的国号和年号。耶律德光领兵撤退之后，刘知远入主开封，将国号改为汉，这便是历史上的"后汉"。刘知远在位几个月即死，其次子刘承祐继位，是为后汉隐帝。隐帝为人多猜忌，滥杀大臣。公元950年，隐帝命人刺杀枢密使、驻守邺都（今河北大名东北）的郭威和侍卫步军都指挥使王殷。郭威和王殷知道消息后，联手攻破开封，杀掉隐帝，后汉覆亡。后汉享国不及四年。

后周的崛起

郭威是邢州尧山（今河北隆尧）人，幼时家境贫寒，后从军，先后追随石敬瑭、刘知远征战，屡建军功，成为后汉权臣。后汉隐帝为人多猜忌，不信任郭威。公元950年，起兵反汉的郭威攻破开封，杀掉了隐帝，后汉灭亡。第二年年初，郭威在开封称帝，定国号为周，这便是历史上的"后周"，郭威便是周太祖。周太祖虚心纳谏，并以身作则，克勤克俭。同时，周太祖还实行了整顿吏治、奖励生产、废除苛捐杂税等政策，既促进了农业生产，也有利于社会生产的发展。公元954年，郭威因病去世，即位的是其养子柴荣，是为周世宗。周世宗即位后，在周太祖改革积弊的基础上，进一步对吏治进行整顿，同时均定田赋，奖励农耕，整顿禁军。通过这一系列的改革，后周的国力和军力得到了很大的提升。公元959年，周世宗在开封因病去世，即位的是其年仅七岁的幼子柴宗训，是为周恭帝，此后，后周的军政大权旁落到了时任禁军统领的赵匡胤手里。

前蜀与后蜀

公元891年，唐将王建入据西川，此后陆续兼并东川、汉中及秦、凤、成等州。公元903年，唐昭宗封王建为蜀王。唐朝灭亡后，王建于公元907年在成都称帝，国号大蜀，史称前蜀。王建死后，其子王衍继位。王衍荒淫奢侈，民怨沸腾。公元925年，后唐庄宗派兵攻打前蜀。前蜀灭亡后，庄宗任孟知祥为成都尹、剑南西川节度副大使。次年，孟知祥杀后唐监军，割据西川，并击败后唐石敬瑭军。公元932年，孟知祥攻占东川。公元933年，后唐明宗册封孟知祥为蜀王。第二年，孟知祥自立，建国号蜀，定都成都，史称后蜀。是年孟知祥即死，其子孟昶继位，他趁中原混乱之机，将势力扩展至前蜀的全部疆域。孟昶为人穷奢极欲，荒淫无度，不得民心。公元965年，后蜀为北宋所灭。

吴与南唐

吴国的开国者是杨行密，他曾是唐末江淮农民起义中的一员，发迹于军阀混战中。公元902年，唐昭宗下诏封杨行密为吴王。吴的都城是扬州，辖区范围除了现在的江苏、安徽、河南三省中淮河往南的地区，还有湖北东南部和江西全部，是南方所有政权中势力最强大的。杨行密去世之后，政权被徐温和他的养子徐知诰把持。公元937年，徐知诰抢夺了政权，并把都城迁到了金陵（今江苏南京）。徐知诰自诩为唐皇室后裔，改名李昇，国号为唐，史称南唐。南唐在吴国原有的势力基础上进行了扩张。李昇之子李璟出兵向西将楚灭亡，向东将闽灭亡。南唐一直贯彻保境息民的政策，使得社会局势稳定，生产力也得到了一定程度的恢复和发展，是五代时期为数不多的经济文化繁荣的国家。李璟去世后，继位的是他的儿子李煜。李煜在文学方面有着很高的素养，是个很有名的词人，只是他并没有治国的能力，在他的统治下，南唐的国力日渐衰微。公元975年，南唐被北宋开国君主赵匡胤出兵灭亡。

钱镠建吴越国

吴越国的开国者是钱镠，他曾参加过镇压黄巢起义的战争，并由此起家。公元893年，钱镠被唐昭宗任命为镇海节度使，负责驻守杭州。公元896年，因讨伐越州有功，兼任镇海、镇东两军节度使。公元907年，钱镠被后梁封为吴越王。吴越的势力范围内只有十三州的土地，国力弱小，为了抵抗吴国的压制，钱镠不得不向北方小朝廷称臣、纳贡。吴越内部局势稳定，少有战争，农业和手工业发达，经济较为繁盛。公元978年，吴越的第五代王钱俶向北宋表示降服。从钱镠驻守杭州到钱俶降于北宋，吴越共历八十六年。

闽据福建

闽的开国者是王潮、王审知兄弟，他们曾参加过黄巢农民起义。公元886年，王潮因率部众攻下泉州有功，被唐廷任命为泉州刺史。公元 893 年，王潮又因为攻下福州立功，被任命为福建观察使，后升迁为威武军节度使，开始割据一方。公元 897 年，王潮去世，继任他位置的是他的弟弟王审知。公元 909 年，后梁封王审知为闽王，以福州为都城，辖区是现在的福建省。王审知非常节俭，并实施轻徭薄敛、与民休息的政策，使福建地区的经济文化得到了发展。王审知之后的几位继任者都非常暴虐，统治阶级内部不断争斗，内乱不息。公元 945 年，闽的大部分国土被南唐和吴越瓜分，之后，闽王降于南唐。

马殷建楚

公元 896 年，唐昭宗下令封马殷为潭州（今湖南长沙）刺史。不久之后，马殷又升迁为安军节度使。这之后，马殷经过多年征战，最终平定了湖南，并攻下了今广西五州之地。公元 907 年，为了与吴国的杨行密相对抗，马殷向后梁俯首称臣，后梁将其封为楚王，都城为潭州，势力范围内有湖南省的二十余州。公元 927 年，后唐再次将马殷封为楚王。楚国在鼎盛时期，辖区包括今湖南全省、广西的东部及东北大部、贵州东部边境及广东西北一部分。马殷在位期间，实行与民休息的政策，局势较稳定，经济得到了发展。马殷去世后，他的儿子为争夺王位而互相争斗，政局混乱不堪。公元 951 年，南唐出兵把楚灭掉。没多久，楚将刘言带领军队将南唐军队击败，之后继续据有湖南。后来，刘言死于部下之手，湖南先后由周行逢、周保权父子统治。公元 963 年，楚被北宋灭亡。

南平的弱国外交

南平也称荆南，创建者是高季兴。高季兴原为朱温义子的家奴，后来投入朱温军，颇有军功。公元 907 年，后梁封高季兴为荆南节度使。公元 923 年，后唐灭后梁，高季兴投向后唐，得到后唐优待，次年被封为南平王。后唐明宗时，高季兴得归（今湖北秭归）、峡（今湖北宜昌）二州，与荆州（今湖北江陵）合为三州，建南平国，其国为十国中最弱小的一个。南平国小势弱，为了生存，高季兴及其继承人不得不向周边各割据势力称臣以自保。后来为了获取经济利益，高季兴的继承人高从诲还常常掠夺南方各国向中原政权进攻的贡品，还拘禁各国使者，等到受害的国家来质问或发兵征讨时，他又立即将财物和使者归还并求和。诸国瞧不起高从诲不知羞耻的行径，都叫他高赖子。公元 963 年，北宋出兵讨伐割据湖南的周保权，路过江陵的时候，当时的南平国君高继冲纳地投降，南平遂灭。

南汉偏安一隅

唐朝末期，驻守在岭南封州（今广东封开）的刺史刘谦，帐下将士过万，战舰百余艘。刘谦去世后，他的位置由其子刘隐继承。唐昭宗时期，刘隐受朝廷之命，担任清海军节度使。公元 907 年，刘隐被后梁封为彭郡王。公元 909 年，刘隐被改封为南平王，次年又改封为南海王。刘隐去世后，继任南海王爵位的是他的弟弟刘岩（后改名刘龑）。公元917年，刘龑在今广州（称兴王府）称帝，国号为大越。第二年，刘龑以自己是汉朝后裔为由，将国号改为汉，这便是历史上的南汉。刘龑及其继位者都是暴君，《旧五代史》载之曰："一方之民，若据炉火。"南汉统治者在各割据政权中也是最腐败的，但因其地处南部边陲，远离中原，得以偏安一隅。公元971年，北宋兵攻入广州，南汉灭亡。

刘崇建北汉

北汉的建立者刘崇是后汉太祖刘知远的从弟。郭威代汉建周后，留守在太原的刘崇遂自立为帝，改名刘旻，仍以汉为国号，都太原，史称北汉。北汉是十国当中唯一一个割据北方的政权。为了与后周及之后的北宋对抗，刘旻依附契丹人，称"侄皇帝"，在契丹人的协助下多次发兵攻打后周，但均为后周军击败。北汉"土薄民贫，内供军国，外奉契丹，赋繁役重，民不聊生"，国内矛盾十分尖锐。公元979年，宋太宗赵光义御驾亲征，率军征讨北汉，北汉遂灭。北汉享国二十九年，共历四主。

周世宗的南征北战

后周世宗柴荣即位后，对内革除弊政，进行改革，对外则开疆拓土，欲一统江山。显德元年（954）二月，北汉之主刘崇趁柴荣位置还没有坐稳，与契丹兵相互联合，发兵四万围攻后周，周世宗亲自领兵迎战，在高平（位于今山西境内）南大败北汉军队，将政局稳定了下来。战事过后，周世宗整顿军队，裁撤冗员，军威大涨。第二年，周世宗确立了"先南后北"的统一战略。他大败后蜀的孟昶之后，获取秦、凤、成、阶四州，心中恐慌的孟昶匆忙"致书请和"；周世宗还曾先后三次发兵攻打南唐，并且创建了水军，恢复了淮南十四州。显德六年（959）三月，为了收复幽云十六州，世宗亲率水陆大军北上攻打契丹，接连攻下益津关、瓦桥关、莫州、瀛洲等地，后周军士气旺盛，契丹兵闻风而降。同年五月，周世宗在筹谋攻取幽州（今北京）时病倒，只得班师回朝。六月，周世宗去世，享年三十九岁。虽然周世宗没有把统一全国的大业完成，但他所做的努力为后来北宋统一全国创造了条件。

陈桥兵变

周世宗去世之后，即位的是他的小儿子柴宗训，是为周恭帝。周恭帝年幼无法执政，禁军统领赵匡胤逐渐掌握了军政大权。赵匡胤生于军官家庭，很小的时候就参军了，深受郭威、柴荣重用，慢慢地，他培植出了自己的势力。显德七年（960）初，赵匡胤向周恭帝谎称契丹与北汉联合来攻。周恭帝命赵匡胤领军迎战。军队行至开封东北的陈桥驿时，赵匡胤的弟弟赵光义和赵普等人发动了哗变，拥立赵匡胤为皇帝。士兵把黄袍披到赵匡胤身上，然后军队返回开封。周恭帝被迫退位之后，赵匡胤即位称帝，国号宋。五代十国时期到此结束。

"千古词帝"李煜

南唐后主李煜，是南唐元宗李璟的第六子，史载他生来相貌奇异，长有两层门牙，一个眼睛里面有两个瞳仁。李煜身为南唐末主，既无为人君者应有的豪气，又无治国平天下的壮志。但他才华横溢，尤擅填词，是五代十国时期最重要的词人之一，被誉为"千古词帝"。李煜前期创作的词，主要为艳词，内容多描述宫廷生活、男女情事和离愁别绪，格调不甚高；而随着南唐的内忧外患日益加重，他的词中也开始流露出难解的忧愁；南唐亡国后，李煜被囚，他的词遂呈现出另一种不同的风貌——含义深沉，用情真挚，字里行间不现丝毫雕琢痕迹，真实地将他心中的亡国之痛呈现在世人眼前。王国维在《人间词话》中赞曰："词至李后主而眼界始大，感慨遂深，遂变伶工之词而为士大夫之词。"

北宋

公元 960 年，赵匡胤发动"陈桥兵变"，黄袍加身，建立北宋。之后，北宋相继讨平其他割据政权，完成局部统一。北宋享国一百六十七年，历九帝。而与北宋并立的民族政权还有契丹人建立的辽、党项人建立的西夏及之后由女真人建立的金等。北宋建立之初，太祖赵匡胤吸取唐末五代君权衰微、藩镇坐大的经验教训，收兵权、削相权，极大地强化了皇权的统治。但北宋"强干弱枝"的统治思想，也直接导致了两宋积贫积弱局面的出现。虽说北宋在政治和军事上亦贫亦弱，但其在经济、思想、文化、艺术、科技领域中却取得了辉煌的成就：商品经济得到了极大的发展，超越了前代；对中华文明起到重要影响的理学思想也诞生在这个时代；出现了司马光、欧阳修、苏轼、米芾、沈括等一大批杰出人物，等等。

黄袍加身

赵匡胤出生于河南洛阳将门之家，胆识过人，武艺超群。21 岁时投奔郭威，成为郭威帐下的一名士兵。公元 951 年，掌握后汉军权的郭威，谎称契丹入侵，太后命他统军北征。后汉大军渡过黄河，到达澶州时，将士们将黄袍披在郭威身上，拥立郭威为帝。郭威率军掉头南行，回后汉京师开封，建立后周。赵匡胤也逐步升为滑州副指挥。

不久，郭威病逝，其养子柴荣即位，就是周世宗。柴荣有雄才大略，他南征北战，同时励精图治，革新政治。即位之初，北汉勾结契丹大举攻周，柴荣率军亲征。双方在高平大战，世宗亲冒矢石督战，当后周军队形势危急时，禁军将领赵匡胤和张永德拼死保护柴荣。高平大捷后，赵匡胤被提拔为禁军高级将领，负责整编禁卫军。他精心挑选武艺超群的壮士，组成勇敢精锐的殿前诸班，这以后成了后周战斗力最强的队伍。世宗也由此开始了他"十年平定天下"的战略行动。几乎每次征战，赵匡胤都立下汗马功劳，成为周世宗的得力虎将。正当柴荣开拓疆土、北征辽国时，不幸英年早逝。

世宗在征辽途中捡到一块木牌，上写"点检做天子"，心中就有几分猜忌。当时张永德任禁军最高统帅殿前都点检，他又是周太祖郭威的女婿。柴荣担心禁军将帅权势过重会发动政变，就匆匆撤掉了张永德，换上了赵匡胤。但这却使赵匡胤的实力更加雄厚，他做了禁军的最高统帅，掌握了后周军权。

公元 960 年，后周接到边境送来的紧急战报：北汉国主和辽朝联合出兵，攻打后周边境。

赵匡胤得令后，立刻调兵遣将，带了大军从汴京出发。军校苗训自称知天文，找到主帅的门吏楚昭辅说："我看见太阳下边还有一个太阳，而且有一道黑光来回荡漾了好长时间。一日克一日，这是天命啊！"快到夜晚时，部队还没有走出很远，只好在陈桥驿安营扎寨，这时离京城不过 20 里路。当天晚

赵匡胤

上，将领们反复商议，说现在皇帝还小，即使战死他也不知道，不如推赵匡胤为天子，大家可以荣华富贵。他们到军营四处游说，煽风点火，一时军士大哗，都聚集在赵匡胤营前喊着："点检当天子！"

赵匡胤的弟弟赵光义和归德军掌书记赵普知道时机已经成熟，于是连夜派人骑快马回京城，将殿前都指挥使石守信和都虞侯王审琦这两个赵匡胤的心腹叫来，商量办法。天快亮的时候，叫喊着的军士们已经逼近赵匡胤休息的房舍，赵光义和赵普进去，叫起了赵匡胤，走出房门。只见许多军校站在庭院中，手里还拿着武器，一齐叫喊："愿奉点检当天子！"这时早有人从背后给赵匡胤披上黄龙袍，所有在场的都跪倒在地上，高喊着"万岁"，向赵匡胤叩拜。其实这不过是赵匡胤在背后导演的一出闹剧而已。

随即，赵匡胤率大军进入汴京城。文武百官齐集崇元殿，为赵匡胤举行受禅大典。但是到了黄昏时分，还没等到小皇帝的禅位诏书，众人都不知如何是好，幸好翰林学士陶谷早有准备，已经拟好了诏书。于是，就用陶谷起草的禅位诏书举行仪式。宣徽使领着赵匡胤来到龙墀的南面，朝北跪拜，接着，宰相们上前搀扶起赵匡胤登上崇元殿，穿上皇帝行大礼的衮服和冠冕，端坐到龙椅上，接受群臣的拜贺，这就算正式登上了皇位。

赵匡胤因为原来做过归德军节度使，并驻扎在宋州（今河南商兵）所以，他把国号改为宋，并以汴京为京城。后来，他让周朝小皇帝和符太后迁到西宫，并封小皇帝为郑王。

赐给内外百官军士爵位，实行大赦，凡被贬官的都恢复原职，被流放发配的放回

原籍。派官员祭祀天地，报告改朝换代的事，还派出宦官带了诏书向天下人宣告宋朝的建立。

杯酒释兵权

赵普，字则平，幽州蓟县人，是陈桥兵变的关键人物。他多谋善策，读书虽然不多，但对政事有独到的见解。曾经担任赵弘殷的军事判官，对赵弘殷很忠心。据说有一次赵弘殷生病，幸亏赵普日夜伺候，方转危为安。赵弘殷感动之余，便认他作同宗。赵匡胤发现赵普是个人才，见识高远，很想收为己用，便向父亲借调赵普任自己的推官。陈桥兵变时，赵普任掌书记，是赵匡胤的心腹谋士。

赵匡胤母亲杜太后视赵普为自己亲人，平日里总是以"赵书记"称呼他。陈桥兵变中的关键人物就是赵普，所以赵匡胤建宋后论功行赏，授予赵普右谏议大夫、充枢密直学士。公元962年，赵普任掌管全国军事的枢密使，检校太保。后任宰相。赵匡胤与赵普相交甚久，互相了解，关系非同一般，赵匡胤视赵普为智囊和军师，事无巨细都要与他商量，再作最后的决定。

赵匡胤提倡大臣读书，赵普就狠攻《论语》，并以其中所讲用于政事上。他曾经对赵匡胤说："我有一本《论语》，用半部佐助您平定天下，用半部佐助您治理天下。"以致留下了"半部《论语》治天下"的美谈。赵普的脾气很倔强，他曾经上奏推荐一个人任职，赵匡胤不用。第二天，赵普还推荐这个人，赵匡胤还是不用。第三天，赵普又推荐这人，赵匡胤大发脾气，将奏折撕碎扔在地上。赵普也不害怕，不慌不忙地跪下把破碎的奏折粘贴起来，第四天又到朝廷上向赵匡胤上奏举荐。赵匡胤没办法，只好下诏重用这个人。

从一建立宋朝起，如何结束和防止唐末五代军阀割据政局不稳的局面一直是赵匡胤的心结，他经常跟赵普谈起这个话题。陈桥兵变后论功行赏，以石守信为归德军节度使，以王审琦为泰宁军节度使、殿前都指挥使，掌握着国家最精锐和数量近全国总兵额一半的禁军，负责出征和保卫皇帝与都城的任务。又让手握重兵的慕容延钊任殿前都点检，并让韩令坤担任侍卫亲军都指挥使。赵普对此感到很担心，多次在赵匡胤耳边唠叨。赵匡胤说："他们都像我的亲兄弟一样，是靠得住的，不会背叛我。你可能多虑了。"赵普深思后回答赵匡胤："现在他们一定不会反，但是有朝一日，他们被手下有野心的人黄袍加身，到时他们就身不由己了。"他又把赵匡胤与柴荣的关系做了比较，当年柴荣待赵匡胤恩重如山，但赵匡胤还是在部下的鼓动下夺取了后周的政权。生动的事例使赵匡胤如梦初醒。有一天，他主动找来赵普，说："从唐末以来，几十年时间，出了8姓12个君王，僭称皇帝和篡夺政权的事比比皆是，战乱不断。我想要结束天下的战争，开创长治久安的局面，应该用什么方法呢?"赵普说"陛下考虑到这个问题，是天地神人的福气。我看，关键是节度使权力太大，造成尾大不掉的后果，而危及皇权，只要削弱他们的行政权，剥夺他们的兵权，那些节度使就不敢有什么想法了"。赵匡胤恍然大悟，决心依照赵普说的办。

公元961年，为了保证自己地位不受威胁，赵匡胤首先把讨伐李重进回来的大将慕容延钊的殿前都点检职务免去，改任山南东道节度使，免去韩令坤侍卫亲军都指挥使的职务，改任成德节度使。此后不再设殿前都点检一职。接下来，赵匡胤又谋算起他最亲信的老朋友的军权。有一天晚朝以后，赵匡胤将石守信等大将留下来喝酒叙旧。

宋太祖趁酒酣耳热之际，命令身边的太监退出。他拿起一杯酒，请大家喝干之后说："我要不是有你们帮助，也不会有今天这个样子，但是你们哪里知道，做皇帝也有很多难心事，还不如做个节度使自在。不瞒你们说，这一年来，我就没有睡过一夜安稳觉。"

石守信等人听了很吃惊，连忙问这是什么原因。

宋太祖说："这不是明摆着吗？皇帝这个位子，谁不眼红呀？"

石守信等人听宋太祖这么一说，都惊慌失措，跪在地上说："陛下为什么这样说呢？现在天下已经太平无事了，谁还敢对陛下不忠呢？"

宋太祖摆摆手说："你们几位我是信得过的，只怕你们的部下当中，有人贪图富贵，往你们身上披黄袍，你们想不干，恐怕也不行吧？"

石守信等听宋太祖这么说，顿时感到大祸临头，连连磕头，流着泪说："我们都是粗心人，想得不周到，请陛下给我们指引一条出路。"

宋太祖说："我替你们着想，你们不如把兵权交给朝廷，去地方做个闲官，置些田产房屋，给子孙留点家业，平平安安地度个晚年。我和你们结为亲家，彼此毫无猜疑，这样不是很好吗？"

石守信等一齐说："陛下为我们想得太周到啦！"

第二天，石守信等大臣一上朝，每人都递上一份奏章，说自己年老多病，请求辞职。宋太祖马上准许，收回他们的兵权，赏给每人一大笔财物，打发他们到各地去做节度使。历史上把这件事称为"杯酒释兵权"。

在杯酒释兵权解除了石守信等重臣元老的军权后，赵匡胤又采取措施加强禁军，并用各种手段牢牢控制住禁军，使其成为巩固统治最重要的力量，以对抗实力强大的各地方节度使。

同时，他一反五代重武轻文的陋习，重用文人，让文官取得了武官的许多权力，使各地武官的权力大幅缩小，建立起了以皇帝为中心的封建中央集权政治制度，成功解决了军阀割据问题，有利于社会的安定和经济的发展。

开宝九年（公元 976 年）十月，赵匡胤因病逝世，终年 50 岁，谥号英武圣文神德皇帝，庙号太祖。

宋太宗征辽

后晋高祖石敬瑭为感谢契丹助其灭后唐，入主中原，把幽云十六州割给契丹并自称"儿皇帝"。公元 979 年宋灭北汉，以幽云十六州为基地屡扰宋边的辽（契丹）国成了宋王朝北面最大的边患。宋太宗积极部署，欲收回幽云十六州。

公元 979 年农历六月，灭掉北汉的宋太宗踌躇满志，欲北上一举收复幽云十六州。宋太宗亲率大军 10 万出镇州（今河北正定）北进，突破了辽军在拒马河的阻截，进围幽州，击败城北辽军 1 万余。二十六日，太宗命宋渥、崔彦进等四将率军分四面攻城。辽韩德让和耶律学古一面安抚军民，一面据城固守待援。屯驻清沙河（今北京昌平境

内）北的辽将耶律斜轸因宋军势大而不敢冒进，只声援城内辽军。六月二十九日，以耶律沙和耶律休哥为统帅的辽援军赶到，尽管宋军一度登上城垣，但终未能攻入城内，被迫撤退。

七月六日，宋辽两军在高梁河大战。辽军初战不利，稍却。耶律斜轸和耶律休哥及时赶到，分左右横击宋军，城内辽军也杀出参战，宋军大败，赵光义中箭受伤。辽军乘胜反攻，追至涿州，宋军大量军械资粮落入辽军之手，宋朝第一次幽州会战宣告失败。

高梁河落败后，宋辽平静了几年，但宋太宗积极筹划二度北伐，以雪前耻。公元982年辽景宗去世，耶律隆绪继位，是为圣宗，因年幼，其母萧太后摄政。宋雄州守将贺令图以辽帝年幼、内部不稳，建议太宗再攻幽州，太宗心动。参知政事李至以粮草、军械缺乏，准备不充分而反对，但太宗不听，于公元986年农历三月发兵3路攻辽。东路曹彬10万人出雄州，中路田重进出飞狐（今河北涞源），西路潘美、杨业出雁门，三路合围幽州。

宋西路军很快攻下寰、朔、云、应等州，中路攻占灵丘、蔚州等战略要地，东路夺占固安、涿州。辽国获悉宋军北伐，即派耶律抹只率军为先锋，驰援幽州，萧太后偕辽圣宗随后亲往督战。辽军意图是以南京留守耶律休哥抵御宋东路军，耶律斜轸抵制宋西路和中路军，而圣宗、太后率大军进驻幽州，以重兵击溃宋东路，再击退西、中路。由于辽军主攻点不在西、中路，故宋中、西两路捷报频传，东路宋军将士纷纷主动请战，促主帅曹彬北上。曹彬难抑众愿，遂率军北进，一路不断遭到辽军袭扰。时值夏季，天气酷热，宋军体力消耗很大，抵达涿州时，东路军上下均已疲惫不堪。

此时辽圣宗和萧太后所部辽军已从幽州北郊进至涿州东50里的驼罗口，攻占固安，而与曹彬对峙的是辽悍将耶律休哥，他正虎视眈眈，欲伺机攻击宋军。曹彬鉴于敌主力当前，难以固守拒战，而己军又面临粮草将尽的形势，令军队向西南撤退。辽耶律抹只和耶律休哥见时机已到，即令辽军追击宋军。五月三日，宋军在歧沟关被辽军赶上，困乏的宋军抵挡不住锐气正盛的辽军，大败。辽军追至拒马河，宋军四散奔逃，溃不成军，死伤数万，所遗弃的兵甲不计其数。

宋太宗得知东路军惨败，遂令中路军回驻定州，西路军退回代州，并以田重进、张永德等沉稳持重的将领知诸州，以御辽可能发起的进攻。东路宋军已遭重创，而西路战事仍在进行。八月宋西路主帅潘美、监军王侁拒绝副帅杨业的合理建议，迫令其往朔州接应南撤的居民，杨业要求在陈家谷设伏以防御辽军追击；杨业与辽西路主帅耶律斜轸在朔州南激战，因遭辽萧挞览军伏击而败退。杨业按预定计划退到陈家谷，本以为此地有宋军埋伏将截击辽军，哪料潘美、王侁违约，早已率军逃走；杨业愤慨自己被出卖，但仍率孤军力战，终因势单力薄全军覆没。杨业身负重伤后被俘，绝食而死。

北宋朝廷发起的旨存收回幽云十六州的幽州之战，因自身的种种原因以惨败结束。

雍熙北伐

雍熙三年（986）春，为了收复幽云十六州，并一雪高梁河一役之耻，宋太宗再次御驾亲征，率领二十万大军，兵分四路北上征辽，史称"雍熙北伐"。雍熙北伐一开始，宋军四路军皆有战功，收复了不少失地。但随之而来的是西北路军米信部新城会战失败，以及东路军曹彬部败走涿州，并在岐沟关（位于今河北涿州西南）大败于辽将耶律休哥的噩耗。宋太宗见此，赶紧下令让四路大军撤退，同时下令潘美和杨业率领军队护送百姓往南撤退。不料潘美不守信，独自先行撤退，导致杨业孤军被困，最后伤重被俘，三日不食，以身殉国。雍熙北伐遂告失败。雍熙北伐是宋王朝最后一次对周边少数民族政权发动的大规模战略性进攻，这次的失败，让宋朝彻底失去了收复幽云诸州的信心。之后，宋朝开始采取消极的对辽政策，辽兵则转守为攻，经常出兵进攻宋朝。

澶渊之盟

宋真宗景德元年（1004），辽圣宗和萧太后亲自统领二十万大军攻打宋朝。在宰相寇准的坚持下，宋真宗勉强同意御驾亲征。十一月，宋真宗亲自率军出征，军士士气受到鼓舞，大败辽军。辽被迫同意和谈，满心希望辽军撤退的宋真宗也派出了使者求和。不久之后，双方签订合约，约定：宋每年交给辽银十万两，绢二十万匹，此为"岁币"；宋和辽结为兄弟之国，合力维护边境的安定，仍然以白沟河（今河北巨马河）为界，界边由各州负责镇守，双方不得互相进攻，不能收留从地方逃出的"盗贼"。由于这份盟约是在澶州（今河南濮阳西）城下订立的，所以被称为"澶渊之盟"。签订澶渊之盟后，宋和辽之间一百一十七年没有发生过大规模战事，这也促进了双方经济和文化的交流。

宋夏三川口之战

宋仁宗康定元年（1040），西夏王景宗元昊率领大军十万进攻北宋延州（今陕西延安）。开始的时候，西夏军队假装要进攻保安（今陕西志丹）军，将延州军引来救援，然后趁延州兵力不足之机，迅速攻占了延州北面的金明寨，将延州团团围住。延州知州范雍四处调兵救援，宋将刘平、石元孙等人率领数万军马前往救援。为了阻断宋军的救援，西夏军在三川口（今陕西安塞东）设伏，将前来救援的军队包围了。在西夏军的合力夹击下，宋军全面溃败，主将刘平、石元孙等被俘。之后西夏军士气大振，乘势围攻延州，延州开始朝不保夕。几天之后，开始下大雪，御寒衣物不足的西夏军由于耐不住寒冷，军纪开始松动。之后，宋将许德怀偷袭元昊取得胜利，再加上宋朝的援军已经攻打进西夏境内，不得已之下，西夏军队才撤离宋境，延州得以解围。三川口之战，北宋虽然成功抵御了西夏的入侵，但付出的代价却非常大，此后，宋朝甘陕青宁边境的防御开始变得很被动。

庆历和议

康定元年（1040）至庆历二年（1042）间，西夏接连三次对宋发动大规模战争，即三川口之战、好水川之战和定川寨之战。虽然西夏屡次取得胜利，但其从宋掠走的财物却远远比不上先前依照和约及通过榷场贸易所得的物资，西夏境内"饮无茶，衣帛贵"，百姓生活困苦，民怨沸腾。鉴于此，元昊不得已向北宋求和，这是北宋统治者梦寐以求之事。庆历四年（1044，西夏天授礼法延祚七年），宋夏双方达成协议：元昊取消帝号，以西夏国主名义向宋称臣；北宋"岁赐"西夏银七万两千两，绢十五万三千匹，茶三万斤；两国边境重开榷场贸易，两国商贩也恢复往来。历史上将这次和议称为"庆历和议"。合约签订之后，宋和西夏之间二十多年间没有战事。

三冗弊政

北宋中期社会危机和财政危机日益加深，主要表现为"冗官""冗兵""冗费"。景祐元年（1034），宋仁宗下令"试进士诸科，十取其二"，且那些累试不中的大龄考生即使应试不中，也大多以"赐及第"等名义被录用。除了科举录取泛滥外，这一时期的"恩荫"也更加无度，级别较高的官员可以每年"恩荫"一个儿子为官，级别较低的官员也可以每三年"恩荫"一个儿子为官。官僚队伍遂迅速膨胀，到后期甚至有"一官三人共之"的现象出现。官多了，办事效率却极其低下。这就是"冗官"之弊。

宋太祖时开始实行的养兵政策，到了北宋中期也暴露出了弊端。北宋开国初年，禁、厢两军只有二十二万人，到了宋仁宗庆历年间，这个数字就激增到一百二十六万左右。而且因统治者对武将防范甚严，军队缺乏有效管理，士兵的战斗力十分低下，往往一遇强敌便全线溃退。这就是"冗兵"之弊。

庞大的官僚集团及军队需要大量经费来维持，对辽和西夏还要支付大量"岁币"，加上皇室的挥霍无度，这些都使得北宋政府"百年之积，唯存空簿"。这就是"冗费"之弊。

三冗弊政的出现，使北宋政府入不敷出，为了解决这个问题，统治者加重了对平民百姓的剥削，使得社会矛盾更加尖锐，民变四起，江山风雨飘摇。

庆历新政

为了解除北宋日渐严重的社会危机，一些比较有作为的政治家开始建议使用改革的方法改变局势，并提出了改革方案。宋仁宗天圣三年（1025），范仲淹上疏，建议改革，但被驳回。庆历三年（1043）九月，迫于形势，宋仁宗任命范仲淹为参知政事，任命富弼为枢密副使，命他们尽快提出改革的方案。没多久，范仲淹和富弼就向宋仁宗奏上了《答手诏条陈十事》，其中包括十条改革方案，分别是"明黜陟、抑侥幸、精贡举、择官长、均公田、厚农桑、修武备、减徭役、覃恩信、重命令"。宋仁宗对大部分方案都予以了肯定，并下令各州县实施，这便是历史上的"庆历新政"。在富弼、欧阳修等人的帮助下，范仲淹开始实施新政。但是由于变法触犯到了官僚和贵族的既得利益，所以遭到了他们的极力反对和压制，一年之后，范仲淹和富弼等人被朝廷排挤出去，支持他们的人也先后遭到了贬黜。新政即告失败。

王安石变法

治平四年（1067），宋神宗登上皇位，为了改变朝廷积贫积弱的局面，他决定改革。第二年春天，宋神宗将王安石召入京城，任命其为宰相。熙宁二年（1069），宋神宗命王安石为参知政事，施行变法，同时设立了"制置三司条例司"以作为变法的执行机构，该机构由王安石直接领导。王安石变法的主要内容为均输法、青苗法、农田水利法、免行法、市易法、免役法、方田均税法（即保甲法）、将兵法等。

新法实行了近二十年，推行期间积极效果开始显现出来，农业发展开始有起色，国家财政税收也开始增加，兵力也开始变强。然而由于新法触犯了贵族和大官僚的既得利益，因此遭到了他们的反对。此外，由于王安石在实施变法的过程中操之过急，再加上用人不当，致使危害百姓的状况出现。宋神宗驾崩之后，司马光任宰相之职，新法被尽数废除。

元祐更化

由于王安石变法的内容触犯了地主阶级的既得利益，导致了他们的强烈反对，他们极力打压新法，加上革新派内部矛盾重重，使得变法实施的过程异常曲折艰难。熙宁九年（1076），王安石再次被迫辞去宰相职位（熙宁七年，王安石曾被罢相）。元丰八年（1085），宋神宗病逝，神宗幼子赵煦即位，是为宋哲宗。宋哲宗年幼，其祖母高太后垂帘听政，任用保守派首领司马光为宰相。元祐年间（1086—1093），司马光尽数废除了王安石推行的新法，大部分革新派的人被贬黜流放，史称"元祐更化"。

绍圣绍述

元祐占八年（1093），高太后因病去世，宋哲宗亲政。他集结了一些主张变法的人，如章惇、曾布等，以继承宋神宗"遗业"为旨，改元绍圣，再次推行青苗法和免役法等，史称"绍圣绍述"（绍述之意为"继承"）。新法的实施基本依照熙宁、元丰时期的模式进行。与此同时，章惇、曾布等人开始对西夏进行开边活动，停止和谈，出兵迎击，接连击退西夏的进攻，逼迫西夏求和。只是，刚上台的变法派为了站稳位置，互相倾轧，故而绍圣年间实行的新法，效果很不明显。

宋江、方腊起义

哲宗死后，其弟赵佶即位，是为宋徽宗。宋徽宗为人轻浮、骄奢淫逸，为政昏聩、不识忠奸，专宠被时人称为"六贼"的蔡京、梁师成、李彦、童贯、朱勔、王黼等。他为了享乐，大兴土木，甚至在苏州设立了专门为其搜刮奇石的应奉局，这些奇石被称为花石纲，一时间民怨四起。睦州青溪（今浙江淳安）人方腊在宣和二年（1120）十月以"诛朱勔"为名，发动起义，周边的农民纷纷响应，起义军的队伍迅速扩大。起义军以极快的速度攻下了今浙江、安徽、江西三省的很多地区，起义军的人数也暴增到了百万，震动了宋朝东南半壁江山。起义军迅猛的势头使宋廷非常惊讶，宋廷慌

忙将准备攻打辽国的十五万禁军和驻守西北的兵力合在一起南下镇压。由于方腊错误估计了形势，兵力部署分散，没多久就被宋军击败了。宣和三年（1121）四月，因为叛徒的出卖，方腊被俘牺牲。

在方腊起义的那段时间前后，山东和河北等地也爆发了农民起义，其中影响最大的是宋江领导的义军。史料中有这样的记载："宋江以三十六人横行齐魏，官军数万，无敢抗者。"宣和三年夏季，镇压完方腊起义的宋军移师北上，开始镇压宋江起义。战争持续了近一个月，最后以宋江等人战败被杀（一说为被招降）告终。

宋金"海上之盟"

天祚帝统治期间，辽内忧外患交加，此时金开始向南扩张，成了辽的心头大患。北宋的君臣摸清了辽弱金强的局势之后，打算借金的力量收复幽云诸州。从政和七年（1117）开始，北宋多次派遣使者从海路进入金境，商量合军灭辽之事。宣和二年（1120，金天辅四年），双方达成协议：联合出兵攻击辽国，金军负责进攻辽国的中京大定府（今内蒙古宁城西），宋军负责进攻辽国的南京析津府（今北京）和西京大同府（今山西大同）；灭掉辽国之后，燕云诸州归宋，宋将原本献给辽的岁币转献给金，这就是历史上的"海上之盟"。北宋和金国签订盟约之后，金国军队接连攻克辽国上京（临潢府，今内蒙古赤峰附近）、中京和西京，而北宋军队发起的数次进攻皆被辽军击溃。最后，攻破南京的是金军。金人将燕京及其所属六州的财富和二三万户居民尽数掠走，然后把空城留给了宋朝。

靖康之难

宣和七年（1125，金天会三年）十月，金太宗完颜晟出兵攻打北宋。同年十二月，负责驻守燕京的宋将投降，之后金国兵分两路南下，兵锋直指汴京。宋徽宗惊恐不已，慌忙把皇位让给儿子赵恒（即宋钦宗）。宋钦宗个性优柔寡断，在是战还是和的问题上犹豫不决。后来，在无可奈何的状况下启用李纲守卫东京。虽然取得了一系列的胜利，但是金并没有因此死心，靖康元年（1126，金天会四年）八月，金再次南侵。宋钦宗没有准备抵抗到底，而是打算用绢、银和土地向金求和，使他们退兵。同年十一月底，汴京被金军包围。靖康二年（1127）四月，汴京被攻破，汴京城内被洗劫一空，宋徽宗、宋钦宗父子被俘，同时被俘的还有很多赵氏皇族、后宫妃嫔和朝廷重臣，共计三千余人，全部被金军掳掠到了金国。至此，北宋灭亡。

侬智高反宋

侬智高是北宋广源州的壮族首领。庆历元年（1041），侬智高在傥犹州（今广西靖西，当时辖安德等州，不属广源州管辖）建"大历国"，以抗衡交趾（今越南）的李朝。与此同时，侬智高向宋廷请求内附，以期获得统领诸部的职位，抵抗交趾的侵袭，被宋廷拒绝。之后，侬智高便在家乡安德州建立"南天国"，年号景瑞。侬智高多次击溃交趾的侵袭。但屡次请求归服宋朝遭拒。皇祐四年（1052）四月，忍无可忍的侬智高发动反宋之举，五月份，攻破邕州，将国号改为大南，自封仁惠皇帝，年号启历。宋廷多次出兵围剿，皆被其击败。九月份，万般无奈的宋仁宗将驻守西夏交界处的军力撤回，将狄青任命为枢密副使，领兵南下。次年年初，狄青于归仁铺（位于今广西南宁境内）一役中大败侬智高，侬智高流亡大理，后不知其踪（一说为大理国处死）。

与吐蕃的关系

9世纪中期，吐蕃王朝覆灭，不管是吐蕃本部（今西藏），还是曾经受吐蕃管辖的河西、陇右等地区，都陷入了散乱的局势中。每个地区的民众都有自己的首领，相互之间不统属。北宋年间，从建隆二年（961）至开宝六年（973），原吐蕃各部首领相继归服宋朝，并进献当地特产以作纳贡。从那以后，宋廷一直与吐蕃保持着紧密的联系，并且时常借助吐蕃的力量以抵御和牵制西夏。

与大理的关系

大理国辖境与唐时的南诏国基本相同，其政治和经济中心在今云南大理的洱海地区。大理国共有八府、四郡、三十七部，其中八府和四郡直接由大理中央政权管辖，而三十七部则比较独立，由世袭的部长管理。大理的农业、畜牧业和手工业都比较发达，且其冶铁技术也非常先进。乾德三年（965），北宋灭亡后蜀，大理遣使入宋祝贺。此后，大理多次要求与宋通好。太平兴国七年（982），宋太宗命人造大船置于大渡河，以方便大理纳贡。从此，大理展开了与宋朝之间的政治、经济、文化交流。政和七年（1117），北宋正式下诏将段和誉（后改名段正严）册封为大理国王。之后，双方之间的往来开始增多，榷场贸易和民间贸易都比较繁荣。

兴修水利

北宋时期，水利事业有了一定发展。宋太宗在位期间，下令在河北地区修建陂塘，还修筑了长达六百里的堤堰，并设置斗门，将淀泊水引入农田，栽培水稻，获得成功。南方兴修的规模较大的水利工程有浙江的捍海石塘、钱塘江堤、西湖和江北的捍海堰等。宋朝时期，曾多次修筑钱塘江堤坝，最有成效的是宋真宗时期的修复：修筑过程吸取以前的经验，用猪笼装石块，然后堆砌成堤坝，再在堤坝外打上木桩，使堤坝承受海潮冲刷的能力大幅度增加。除此之外，比较有名的水利工程还有位于今福建莆田的木兰陂。木兰陂的大坝高达十米，长度是一百六十多米，宽度达到八十米，不但能拦洪，还能蓄水、排灌，让万亩良田旱涝保收，时至今日仍很坚固。

农具的进步

北宋时期，在农业发展的推动下，新型农具相继出现。宋朝初期，面对耕牛数量过少的问题，人们创造出了用人力推动的踏犁，虽然功效只达耕牛的一半，但是却比纯人力有效率得多。据王祯《农书》记载，湖北的鄂州（今湖北武昌）地区有人创制了秧马，外形像小船，农民骑着它插秧，一天可以插千畦，这种农具在减少了农民弯腰曲背之苦的同时，还提高了工作的效率。除此之外，劳动者们还创制出了能开垦芦苇荡荒地的刀以及可以翻动地的铁搭。灌溉工具方面，使用龙骨车（即翻车）汲水在南方已经普及，此外，为了把山下的水引到山上，人们还创制出了用水力转动的高转筒水车。

外来农作物和经济作物

北宋建立之后，南北交通上的障碍消除了，南北的粮食品种得以交流。大中祥符五年（1012），宋朝引进占城稻（占城位于今越南中南部），宋徽宗亲自对占城稻进行推广，他命人从福建取来三万斛占城稻，然后分给江淮、两浙种植，这是中国历史上第一次大规模引种水稻。政府还曾经劝谕江南人民种植粟、麦、黍、豆等这些原产于北方的粮食品种。同时，经济作物的种植得到了很好的发展。茶树的种植面积逐年递增，在淮南、江南及四川等地，到处都有茶园。除此之外，福建和广东一带开始盛行种植棉花。种桑养蚕和种麻的地区也在扩大。当时甘蔗的主要产区是浙江、福建及四川等地，当地有很多专门种甘蔗制糖的人家，被称为"糖霜户"。

冶矿业的大发展

北宋年间，冶矿业也得到了很大的发展。相比唐朝，铜、铁等重要矿产品的产量都有了大幅度的增长，采矿的规模和冶炼的技术也都得到了突破。胆水浸铜法的发明和推广，大幅提高了铜的产量；冶银的时候在银末中混入铅，可以提炼出高纯度的银。这一时期，煤炭（石炭）开始成为汴京等都市及河东地区城乡百姓日常生活中的重要燃料，史籍记载，汴京居民"数百万家，尽仰石炭，无一爱燃薪者"。当时的煤矿业有着相当大的规模，如河南鹤壁发现的北宋煤矿遗址，竖井的井口直径约2.5米，深度约为46米，并且有着总长共500米的巷道四条，以此推测，当时在此处从事采煤的人数可达百人以上。

发达的造船业

北宋的都城是汴京，所以东南的漕运非常重要，船成了必不可少的运输和交通工具，加之海上贸易繁荣，都加速了造船业的发展。史料显示，北宋的造船业在当时位居世界最前列，最有名的造船基地有虔州（今江西赣州）、明州（今浙江宁波）等。宋太宗时期，全国每年可以制造出三千三百余艘船，远超唐朝。同时，造船的技术也有了很大的提高，能够造出"万石船"。《梦溪笔谈》中有这样的记载："国初，两浙献龙舟，长二十余丈，上为宫室层楼，设御塌以备游幸。"为了检修船只简单快捷，北宋还修建了全世界最早的船坞。熙宁年间，宦官黄怀信在汴京建造了一座干船坞。

纺织业的繁荣

北宋的纺织业主要分为四大类，分别是丝、麻、棉、毛，其中占据核心地位的仍然是丝织业。四川、江浙、河北、京东等地区也依然是丝织品的主要产区。丝织品品类纷繁，如绫分为二十七种、绢分为五十多种。有名的丝织品有四川的蜀锦、定州（今河北曲阳）的缂丝、京东单州（今河南单县）的薄缣等。麻织业则集中于江淮地区，其织麻的技术和所生产的麻布的质量都非常高。棉纺织业原本只盛行于海南岛的黎族聚居区，之后向两广和福建发展，并发展到浙江地区。毛织业集中的地区则是西北党项等游牧民族地区。

五大名窑

宋朝出产的瓷器的精美程度、数量和品种，都远超前代。宋朝年间最有名的窑口有汝州（今河南临汝）的汝窑、汴京的官窑、处州（今浙江丽水）的哥窑、均州（今河南禹州）的钧窑以及定州的定窑。汝窑主要出产青瓷，分为天青、豆青、粉青等多种品类，胎体薄滑，釉质较厚，质感堪比玉石，有"宋瓷之冠"的美誉。官窑主要出产的是青釉瓷器，釉色以月色、粉青、大绿三种颜色为主流，胎体比较厚，釉面有大纹片。哥窑出产的瓷器最主要的特征是：釉面通体被粗深或细浅的纹线交织切割，这种纹路的术语为"冰裂纹"，通俗的叫法是"金丝铁线"。哥窑出产的瓷器釉质光滑有亮泽度，分为油灰色、米色、粉青色三种瓷釉彩。钧窑出产的瓷器需要分两次烧制，第一次只烧制素胎，出窑后挂彩釉，然后入窑进行第二次烧制。钧窑所产的瓷器有着变化无穷的釉色，红、蓝、青、白、紫交融在一起，如云霞一般灿烂，宋朝时期的人们曾用"夕阳紫翠忽成岚"赞美钧窑的瓷器。定窑属于民窑，所产瓷器以白瓷为主，瓷质细腻，质薄有光，釉色润泽如玉。

市镇的兴起

随着手工业的发展，商业活动也更加活跃，城市的周边地区和乡村的交通要道等处相继开设新的贸易场所。在城镇郊外进行商品贸易的市场被称为草市。农村定期开的小市场，北方人称为"集"，南方人称为"墟市"·或"赶场"。集市上交换的商品有农产品、生活用品及生产资料等。贸易额也很大，有些大的市镇年税可达万贯以上。草市和小市属于长期或定期开的交易场所，有些商人和手工业者在这些地方定居下来，进行生产和经营。经营的规模逐渐变大后，定居的人也越来越多，这些草市和小市便由此发展成为新的市镇。有些市镇则在发展中变成了当地的政治和经济中心，成为新的县城。宋朝初期的四十五年间，有三十九个市镇升为县，之后的数量持续增加。

纸币的发行

宋真宗天禧五年（1021），世界上最早的纸币——交子，开始在川陕四路地区出现并开始局部流通。最初的交子，是商人自行印制发行的，作为存款和取款的凭据，不属于货币。随着商品经济的不断发展，交子开始被广泛使用，很多商人联合成立专营发行和兑换交子的店铺，并在各处开设分点。宋仁宗天圣元年（1023），朝廷设置益州交子务，由京官担任监官监督交子的发行，并"置抄纸院，以革伪造之弊"，将印制过程严格化。我国最早由政府发行的纸币——"官交子"诞生了。

与辽夏的贸易

宋朝初期，宋和辽在边境开通互市，并设置了管理边境贸易的官署。太平兴国二年（977）和淳化二年（991），又相继在镇（今河北正定）、易（今河北易县）、雄（今河北雄县），沧（今河北沧州东南）、代（今山西代县）等州开榷场。澶渊之盟后，辽国在涿州等地开榷场，宋辽双方派遣官吏进行监督，并征收榷税。宋朝主要向辽国出口茶、粮食、药材、纺织品、瓷器、香料等物品，然后从辽国进口羊、马、骆驼、马具和皮毛制品等。每年，宋朝可以从宋辽贸易中收取一百五十万贯榷税。宋朝和西夏也有贸易往来，主要的形式也是榷场和互市。景德四年（1007），宋朝在山西保安军（今陕西志丹）开设榷场。后来因为两国之间的战争，榷场和互市经常关闭。庆历四年（1044），宋朝在高平寨（今宁夏固原）开设了榷场。宋朝主要向西夏出口茶、丝织品、粮食、漆器、瓷器、药材等物品，然后从西夏进口羊、牛、马、骆驼和毡毯等。除此之外，北宋还与回部、龟兹、于阗、女真、大理等少数民族及其政权保持着密切的贸易往来。

海外贸易

北宋时期，海上交通线发展为数条，便利的海上交通线让海上贸易变得容易展开。雍熙四年（987），宋太宗派八位内侍沿四条路出发，前往南海诸国招揽商人贸易。北宋时期，与中南半岛、南洋群岛、阿拉伯半岛和东北非洲等几十个国家保持着贸易往来。北宋一般采取两种方式与外国进行贸易，第一种是官方交易，也就是用"朝贡""回赐"的名义，在北宋和外国贡使间进行贸易。用于"贡"和"赐"的货物，都可以免交商业税。第二种是发达的民间贸易，由政府在重要港口设立的市舶司统管。北宋相继在广州、杭州、明州、泉州等港口设置了市舶司。皇祐年间，市舶司的年收入已经突破五十三万贯，到宋英宗时突破六十三万贯。

理学的诞生

北宋时期最出名的理学家有周敦颐和程颢、程颐兄弟等。他们学派的哲学核心观念是"理"。在他们看来，世界万物的本源是"理"，"万物皆只有一个天理""万物皆出于理"，他们认为"理"是永恒的。"理"是确立社会等级秩序的依据，也是"君、臣、父、子"之道，所有人都应该以"理"为规范。所以，他们推崇修身养性，让身心领悟"天理"，剔除人性中的"恶"。理学的本质，其实是一种形式比较新颖的儒学，以儒家思想为核心，兼容佛教和道教的理论，站在世界观的高度，对封建礼教的合理性和永恒性进行了论证。由于理学的思想与封建统治者的需求相吻合，所以慢慢地被纳为官方哲学。

佛教的兴盛

北宋是一个佛教非常盛行的朝代。宋太宗信奉佛教，在他的大力倡导下，佛教有了迅速的发展。宋真宗对佛教非常沉迷，经常大肆赏赐各地的寺院。宋真宗之后的几位帝王实行的也都是保护佛教的政策。宋徽宗即位后，这种佛教盛行的状况才有所改变，这是因为他信奉的是道教。北宋时期，刊印发行的佛教书籍有两种影响力较大，一是《开宝藏》，一是《景德传灯录》。《开宝藏》是中国第一部雕印的佛典总集，太祖开宝四年（971）开始雕版，太宗太平兴国八年（983）才完成。宋真宗景德年间，释道元撰写的禅宗史书《景德传灯录》刊印发行，全书共三十卷，这本书对于研究中国禅宗历史具有很高的价值。

道教的发展

虽然在北宗时期道教没有佛教那么盛行，但也算得上是非常流行了。在宋真宗时期和宋徽宗时期，道教的影响力甚至一度超越佛教。宋真宗曾经伪造天书，鼓吹宣传道教，让道教的声势超越了佛教。宋徽宗也十分信奉道教，曾自封道君皇帝。他非常宠信一个叫林灵素的道士，并且将其奉若神明。他还下令改佛教的"沙门"为道教的"德士"，并且把在《汉书·古今人表》中列在第四位的老子提升到第一。北宋时期，全国的名山大川中都有道观，这充分说明了道教在当时的流行程度。北宋时期刊印的道教书刊《道藏》，内容繁杂，包罗万象，后散佚。金、元时期曾重新刊印过。

司马光编撰《资治通鉴》

由北宋著名史学家司马光主持编撰的《资治通鉴》，是我国最早的编年体通史。司马光对研究历史很有兴趣，他认为皇帝要想治理好国家，一定要知晓历史。他还发现，从上古到五代，历史书名目繁多，皇帝没有那么多时间一一翻看。于是，他决定编写一本史书，能囊括从战国到五代的历史，这便是《资治通鉴》。《资治通鉴》全书共分二百九十四卷，以周威烈王二十三年（前403）三家分晋始，以后周世宗显德六年（959）征淮南结尾，囊括了从战国到五代时期共一千三百六十二年的历史。书名由宋神宗亲自拟定，意思是"鉴于往事，有资于治道"。《资治通鉴》记叙的主要形式是叙事论人，其间融入文化、地理、民族等方面的知识，该书史料翔实、考证严谨、文笔清丽简洁，是一部质量上佳的编年体通史。

四大类书

类书是一种工具书，指的是辑录古籍部分或全部原文的资料，按类或按韵编排，以供人们查考用。宋太宗为了弘扬传统文化，下令整理各类古籍。与此同时，他也非常重视古籍资料的搜集。宋太宗太平兴国年间（976—983），《太平广记》《太平御览》和《文苑英华》三部类书编纂完成，跟宋真宗景德年间编纂完成的《册府元龟》合称四大类书。四大类书的编撰，起到了保存我国古代文化遗产的作用。

宋词的繁盛

宋词是中国文学史上一颗璀璨的明珠。词源自为乐曲配唱的曲子词和歌词，写词其实就是按谱填词，后来逐渐发展成为独立的文体，不再全部是为歌唱而作了。词的源头可追溯至隋朝时期或南朝梁代时期，但是词开始兴起是在唐朝时期。到北宋时期，词开始流行，不管是帝王卿相，还是倡优歌伎，都喜欢填词。北宋前期的词以婉约派为主，代表词人有晏殊、晏几道、范仲淹、张先、欧阳修等，词风有五代之韵，委婉清丽。后来的柳永和苏轼，则是真正把宋词创作推向高峰的人。柳永属于婉约派，他精通音律，擅长铺叙，用语俚俗。下层的平民非常喜欢他的词，甚至达到了"凡有井水饮处，即能歌柳词"的程度。苏轼打破了词专表男女情爱、离愁别绪的界限，他的词笔力雄健、个性鲜明，开豪放一派之先河。

新古文运动

北宋中期，在革新思潮的影响下，文坛也刮起了革新风。当时在文坛最有地位的是欧阳修、王安石、曾巩、苏洵、苏轼、苏辙，他们与唐朝的韩愈和柳宗元合称"唐宋八大家"。欧阳修提倡"文道合一"，主张散文要结合社会现实，并倡导创新精神；王安石也提倡文章要有实用性；曾巩的文学作品，严密周详，语言简洁、含蓄，其留下来的多为书信和杂记；苏洵、苏轼、苏辙文风雄健奔放，名噪一时，使散文的创作进入了新阶段。

绘画的发展

北宋的历代帝王都非常重视绘画的发展，在宫廷设立了翰林图画院与画学（宋代培养绘画人才的学校），并将绘画正式纳入科举考试之中。宋朝的绘画主要分为山水画、人物画、花鸟画三大类。中国的山水画在宋朝开始朝多方向发展，新的流派不断出现，优秀的画家也层出不穷，最著名的当属米芾、米友仁父子。他们成功地把文人画和山水画两种风格融会到一起，并达到了后世难以企及的高度。

宋徽宗本身就是个优秀的画家，擅长花鸟画。北宋时期堪称人物画宗师的是李公麟，他的绘画体裁范围很广，无所不工无所不能。除此之外，北宋时期开始兴起以建筑物比例构图的界画，代表画家为郭忠恕和张择端。

书法四大家

北宋时期的书法倡导尚意，注重体现哲理性、书卷气、风格化与意境，也倡导个性化和独创性。苏轼以"我书意造"为口号，他的笔法外松内紧，险峻多变。北宋时期有书法四大家，分别为苏（苏轼）、黄（黄庭坚）、米（米芾）、蔡（蔡襄，"蔡"原指蔡京，为北宋误国六贼之一，后世以其"人品奸恶"，遂改为蔡襄）。他们改变了唐楷的相貌，并沿袭了晋代行书的风格。不管是天资聪颖的蔡襄和自创书意的苏轼，还是高视古人的黄庭坚和萧散奇险的米芾，都力图在体现自己书法风貌的同时，展现出与众不同的姿态，将学问之气蕴于笔墨间，并向人们传达一种全新的审美意境。

杂剧的诞生

杂剧源自唐朝时期的参军戏。北宋初期，杂剧尚且是"因题设事，杂以谐谑"，情节大都简单、浅白，一般在其他伎艺演出中夹杂着演出一两段。后来，在开封的"勾栏"（剧场）中，开始慢慢出现故事情节复杂的长篇杂剧。每年的七夕至中元节这段时间，勾栏中都会上演如《目连救母》这样的杂剧。北宋中晚期，有些词人开始使用词调谱写多首歌词，然后将这些歌词铺叙成故事。这种用很多曲词串联起来的歌舞剧目，已经开始显现出后代戏剧的模样，是金元时期杂剧的鼻祖。

沈括和《梦溪笔谈》

沈括，字存中，浙江钱塘（今浙江杭州）人，北宋时期著名的科学家。其著作大部分已经失传，比较完整地保存下来的只有他晚年写的《梦溪笔谈》。《梦溪笔谈》属于笔记体，记录的是沈括平生的读书生活和对自然的观察，因在润州（今江苏镇江）梦溪园写成而得名。全书共分二十六卷，后补入三卷《补笔谈》，以及一卷《续笔谈》。现在大家所见的《梦溪笔谈》分故事、辩证、乐律、象数、人事、官政、权智、艺文、书画、技艺、器用、神奇、异事、谬误、讥谑、杂志、药议十七目共六百零九条，内容涉及天文、数学、物理、化学、生物、气象、医药和工程技术等科学领域，还涉及了文学、艺术、历史、政治等人文内容。这本书被看作是"中国科学史上的里程碑"，在我国科技史上有着举足轻重的地位。

毕昇和活字印刷术

北宋仁宗庆历年间（1041—1048），活字印刷术诞生，发明者是平民毕昇，《梦溪笔谈》对其有着翔实的记载。印刷前需要先在胶泥印上刻字，一颗印上刻一个字，然后把胶泥印烧硬，就成了活字；排版之前先在铁框圈起来的铁板上敷一层搀着纸灰的松脂蜡，然后在上面依次排列活字，加热，蜡稍熔化时，用平板按压有字的那面，泥字即可被固定在铁板上，然后便可以如同雕版一般进行印刷了。除了泥活字印刷，毕昇还研究过木活字印刷。使用活字排版印刷，可以大大提高印刷的效率，但是活字印刷在宋朝并没有得到普及。元朝之后，活字印刷术得到了很大的改进，人们在泥活字的基础上研制出了木活字和铜活字。15世纪中叶，欧洲才开始出现活字印刷，整整比中国晚了四百年。

南宋

靖康之难后，宋徽宗之子、康王赵构南渡，建立南宋。南宋享国一百五十二年，历九帝。面对金人的南侵之举，高宗赵构但求苟安，不求复国，任用奸相秦桧，一味打压宗泽、韩世忠、岳飞等抗金名将，最后甚至不惜冤杀岳飞。南宋一朝始终笼罩在金人的军事威胁之下。宋朝，尤其是南宋，是中国人性格发展的转折点，从此时起，中国人的性格由开放变为保守，从尚武转为崇文。

赵构南渡称帝

赵构是宋钦宗的弟弟，是北宋徽宗的第九个儿子，字德基。在即位之前，赵构先后做过广平王、康王。靖康二年（1127）五月，赵构于南京应天府（今河南商丘）正式登基，改年号为建炎，国号仍为宋，史称南宋，赵构即是南宋高宗。绍兴二年（1132）正月，赵构迁居临安（今浙江杭州），并在此定都。

北方军民抗击金军

金朝贵族对宋朝发起战争的目的是掠夺人口和财物，在攻陷一些地方后，金朝统治者不仅让很多欠债者卖身为奴，而且为了获得西夏和蒙古地区的战马，还四处抓壮丁用来交换。这些不人道的行为使民族矛盾进一步加深，宋朝大地上涌现出一批抗击金军的武装力量，其中名气比较大的有八字军、五马山寨义军、红巾军等。

八字军的领袖名叫王彦，之前因为防守西北而被记过战功。建炎元年（1127），七千名将士在王彦的带领下渡过黄河，对金军进行阻截。第二年，抗金将领宗泽将八字军收编，率其南下，后来他们被编入御林军，负责开封的保卫工作。王彦向来反对宋廷向金乞和之事，并因此被削去了兵权。之后，"八字军"在川、陕一带继续抗击金军。绍兴元年（1131），经过金州之战，"八字军"将宋叛将李忠的军队打得落花流水，俘虏一万多人。

北方军民的抗金之举给金人南侵造成了阻碍。不过投降派在宋高宗的带领下，不仅不支持这些抗金义军，还污蔑他们为"盗贼"，甚至对他们百般阻挠。尽管如此，各路义军依然不屈不挠，尽全力打击金军。不过由于双方实力相差太大，各路义军最终还是相继败于金军的围剿。

宗泽抗金

靖康元年（1126）闰十一月，东京汴梁被金军重重围困。宗泽为了切断金军后路，率兵对黄河渡口李固渡（位于今河北魏县西）发动了攻击。他用轻兵夜袭，攻破敌营三十多座，一举击溃金军。建炎元年（1127）六月，宗泽升任东京留守兼开封府尹一职，他广招士兵，储备军粮，修整工事，起用岳飞等一批良将，收编河东与河北义军，多次大败进攻的金军。宗泽在担任东京留守的这段时间里，向宋高宗赵构上书不下二十次，主张还都东京，还拟定了收复中原的方略，但都没被采用。后来，宗泽因为有志难伸，愤懑成疾。建炎二年（1128）七月，宗泽病逝，临终前他还三呼"过河"，可见其赤胆忠心。

黄天荡大捷

建炎三年（1129）六月，金将完颜宗弼（即金兀术）率兵南侵。金军一路南下，如入无人之境，是年冬即渡过长江，攻入江西、湖南，进而攻占杭州、越州、明州等地。为避金军南侵，高宗由应天府南逃，先后逃至扬州（今江苏扬州）、建康（今江苏南京）、临安（今浙江杭州）、台州（今浙江台州）、越州（今浙江绍兴）、明州（今浙江宁波）、温州等地，甚至一度被迫漂流海上避祸。次年二月，金军劫掠江浙后北返。三月，宋朝将领韩世忠带领八千水军在镇江阻截金军，双方在长江中展开一场恶战。韩世忠之妻梁氏亲自擂鼓助威，极大地提升了宋军的士气。金军在黄天荡（位于今江苏南京东北）中被围困了四十天，虽有多次突围，但均以失败告终。完颜宗弼退至建康，本想从建康西北的静安镇渡过长江，不料遭到岳飞率领的岳家军的重创，无奈之下只得渡江北撤。

金人纵秦桧

靖康之难中，北宋徽、钦二帝和一帮官员被金兵掳至北方，御史中丞秦桧也在其中。没过多久，秦桧就暗地里向金帅挞懒（完颜昌）屈膝，说自己愿意回南宋进行劝降。挞懒应允，并将他作为自己的心腹，先让其担任参谋军事一职，没多久又让他兼任随军转运使。建炎四年（1130）十月，金军进攻楚州（今江苏淮安），挞懒趁机释放了秦桧及其妻王氏。回到南宋后，秦桧谎称自己是杀掉监守者逃出来的，还向宋高宗献上了自己写好的《与挞懒求和书》，劝高宗屈膝投降。宋高宗对秦桧颇为赏识，任命他为礼部尚书。绍兴元年（1131），秦桧升迁为参知政事，之后又当上了宰相。后来，由于群臣反对，他曾一度被罢相。绍兴八年（1138），他再次出任宰相一职，在任期间拉帮结伙，排除异己，对抗战派的人污蔑陷害，将军政大权集于一身，极力劝说赵构向金朝妥协。绍兴九年（1139）正月，秦桧代替高宗收下了金国的诏书，对金朝单方面提出的和议条件表示接受，南宋向金朝臣服。

顺昌保卫战

绍兴九年，完颜宗弼发动政变，杀死挞懒等人，得掌金国军政大权。次年五月，完颜宗弼不再遵守与南宋签订的和约，亲领四路大军南下攻宋。金军接连攻破宋朝数座城池，锐不可当。六月初，金军十余万步骑在完颜宗弼的率领下对顺昌（今安徽阜阳）发起进攻。此时宋将刘锜正带领兵马赶往东京接任副留守，正好遇到金兵攻打顺昌，于是决定保卫顺昌。刘锜见金军刚到，还没来得及喘息，便抓紧时机率两万人突袭金军。金军遭遇当头一棒，损失惨重，只好退至开封。顺昌一役，刘锜以少胜多，使金军受到了极大打击。几乎是在同一时间，其他地区的金军也被韩世忠等人击败，金军的全线进攻被宋军遏制。

郾城大捷

绍兴十年（1140），金军攻打顺昌、陕西等地，岳飞奉命驰援顺昌并发兵中原。顺昌之战打胜后，岳家军向河南推进，由于有各地义军相助，连战连捷，先后收复颍昌（今河南许昌）、陈州（今河南淮阳）、郑州、洛阳、永安军（今河南巩义市南）等地。

之后，岳飞派遣义军首领梁兴等回太行山联络各地义军，扰乱金军后方，自己则率兵在郾城（今河南郾城）驻守。七月，完颜宗弼把龙虎大王完颜突合速、盖天大王完颜宗贤和韩常的兵力集中起来，全力打击宋军。岳飞闻听，当即派出儿子岳云领兵迎击。宋军异常勇猛，大败金军，完颜宗弼连夜逃跑。宋军一鼓作气，又追击了金军五十里，于颍昌再次大胜金军。历史上称这次战役为"郾城大捷"。

岳飞遇害

郾城一战取得大胜后，岳飞率军直抵朱仙镇，并向宋高宗请求全线出击，收复开封，进而渡河收复河朔之地。可是宋高宗听信秦桧的谗言，让各路宋军班师，岳家军遂成孤军之势。接着，宋高宗又催促岳飞班师，并且连下十二道金牌，理由是"孤军不可深入"。岳飞无奈，只得按旨意行事。当地百姓见状，纷纷恸哭挽留。岳飞愤慨至极，一边流泪一边说："十年之功，废于一旦！所得诸郡，一朝全休！社稷江山，难以中兴！乾坤世界，无由再复！"岳家军的众位将士无不怆然泣下，却又无计可施。宋军全线班师后，本已收复的土地再次被金人占领。没过多久，岳飞含冤入狱。绍兴十一年（1141）十二月二十九日，秦桧以"莫须有"的罪名将岳飞、其子岳云及部将张宪杀害。岳飞死时年仅三十九岁。岳飞之死使得"天下闻者，无不垂泪；下至三尺之童，皆怨秦桧"。

绍兴和议

赵构和秦桧一方面谋害岳飞，一方面抓紧时间和金人议和。绍兴十一年十一月，南宋与金签订和议，主要内容有：金册封宋主为宋皇帝，宋向金称臣，宋每年要将绢二十五万匹、银二十五万两进贡给金；宋金的界限西为大散关（今陕西宝鸡西南）、东为淮水；宋将唐（今河南唐河）、邓（今河南邓州市）二州及商（今陕西商县）、秦（今甘肃天水）二州之半割让给金；每当金帝生辰及元旦之时，宋必须派出使者朝贺；金将宋徽宗的灵柩和宋高宗母亲韦氏送还。此时，南宋统治者偏安一隅，并无北伐收复失地的雄心壮志；而金朝内部矛盾加深，国力渐渐衰落，故而议和之后，宋金双方南北对峙的局面基本稳定下来。

采石大捷

南宋绍兴十九年（1149，金皇统九年），金朝完颜亮篡位，杀死了金熙宗。绍兴三十一年（1161）九月，完颜亮亲率大军十万，兵分四路南下，打算将宋朝一举消灭。宋高宗闻讯，打算再次"浮海避敌"。右相陈康伯、兵部尚书杨椿等人向宋高宗进言，力主迎战，宋高宗答允了他们的请求，并重新起用抗金老将刘锜等人。刘锜虽身患疾病，但依然进驻镇江，组织开展防卫诸事，没想到驻守淮西的王权临阵脱逃，宋军只得退守长江。金军见有机可乘，便将突破口选在采石（今安徽马鞍山西南）。此地的防务无人执掌，情况危急之下，前来犒师的督视江淮军马府参谋军事虞允文主动挑起重担。在他的指挥下，宋军士气大增，将渡江的金军一举击溃。虞允文还让民兵对金军船队发动攻击，派水兵过长江，焚毁金军舰船，将金军主力彻底消灭。是年十一月，南侵金军发生叛乱，完颜亮被杀，金人此次南侵彻底失败。

隆兴和议

自从完颜亮进犯南宋失败之后，南宋朝野上下要求北伐的呼声越来越高。绍兴三十二年（1162），宋高宗将皇位内禅于养子赵昚，赵昚就是宋孝宗。隆兴元年（1163），南宋名将张浚北伐失败，次年，南宋被迫和金朝签订《隆兴和议》（又名《乾道和议》），约定：南宋不再向金称臣，而改称侄；金改称"诏表"为"国书"；"岁贡"改称"岁币"，数量也减至每年银二十万两、绢二十万匹；两国疆界仍以《绍兴和议》时界定的为准。《隆兴和议》签订后，宋金两国之间再也没有发生过大的战争。

嘉定和议

开禧二年（1206），宋军在宰相韩侂胄的领导下进行北伐，希望能收复宋室失地，却以失败告终，宋金重启议和。开禧三年（1207）十一月，主和派的史弥远经宋宁宗授意，将韩侂胄杀掉，还把他的人头献给金国。经过史弥远的斡旋，南宋满足了金人所提的一切要求，两国正式签订了《嘉定和议》。和议规定，宋朝进献给金朝的"岁币"增加到三十万两，绢增加到三十万匹，除此之外，宋朝还要另外给金军三百万两的犒军银。嘉定和议后，宋朝和金朝的国力都渐渐衰弱，而北方的蒙古国力愈发强盛，不断南下侵扰。

联蒙灭金

绍定五年（1232）十二月，蒙古派出使者与宋朝商讨对金国进行联合夹击之事。因为金国已名存实亡，主力早已被蒙古歼灭，所以宋朝的大臣大都对蒙古的提议表示赞同。宋理宗应允了此事，蒙古也答应事成之后把河南还给宋朝。不过由于此事只有口头约定，并未立字存证，因而留下了后患。金哀宗听到这个消息后，也派人到宋朝分析形势、晓以利害，希望能联合抗击蒙古，宋理宗没有应允。按照宋理宗的旨意，由史嵩之负责灭金相关的事情。绍定六年（1233），宋军攻陷邓州。端平元年（1234）五月，蔡州（今河南汝南）被攻陷，金哀宗自缢身亡，金朝灭亡。南宋将东京开封府、南京应天府、西京河南府（今洛阳东）收入囊中，不过蒙古军队早就把这些城池洗劫一空。蒙古军随后对南宋军用兵，南宋军一败涂地。消灭金国以后，蒙古人将魔掌伸向了南宋。

钓鱼城之战

宝祐占六年（1258），蒙古的蒙哥汗带领大军向四川推进，攻陷了很多城池，其间只有钓鱼城固若金汤，极大地遏制了蒙古军的进攻势头。宝祐七年（1259）二月，蒙哥亲自上阵督战，经过几个月的激战，仍无法撼动该城。六月，蒙古军把前来支援的南宋军击溃，再次加大攻城力度，不仅没有得逞，还损失了先锋大将汪德臣。没过多久，在混战中，蒙哥被宋军的炮石击中，不治身亡，蒙古军只得撤围退去。钓鱼城之战的胜利，使宋军的颓势得以暂时扭转。之后，一直到祥兴二年（1279）正月，钓鱼城才被蒙古军攻陷，不过它已足足坚守了数十年之久。

贾似道误国

就在蒙哥汗围攻钓鱼城之际，忽必烈南下对鄂州展开进攻。当时南宋朝廷派到鄂州督战的是右丞相贾似道，他私下派出使者求和，表示南宋愿意纳贡称臣，并献出长江以北的广大土地。忽必烈应允了贾似道，恰巧此时蒙哥汗死，为了回国夺取汗位，和议还未结束，忽必烈就匆匆率军归国。贾似道隐匿了求和之事，向宋理宗汇报说自己打退了蒙古军，鄂州之围得解。宋理宗不辨是非，对贾似道大为赞赏，愈发信任他。

景定元年（1260），忽必烈登基为汗，派使者郝经出使南宋，要求南宋履行和议条款。贾似道怕事情败露，便将郝经扣留于真州（今江苏仪征），蒙古人便以此为借口大举南侵。几年后，蒙古人攻打军事重镇襄阳和樊城，告急文书接连传来，贾似道却只顾自己享乐，不肯派兵救援。最终襄、樊失守，蒙古大军得以沿江南下。

临安失陷

宋恭帝德祐元年（1275），太皇太后谢氏向贾似道施压，迫其率军南征，然而南宋军在丁家洲（今安徽芜湖鲁港）惨败，宋军兵力消失殆尽。之后，元军攻占建康。次年春，临安失陷，宋恭帝及其祖母太皇太后谢氏向元朝递上了降书。没过多久，元军便把宋恭帝等押至上都（今内蒙古多伦西北）。忽必烈把宋恭帝封为瀛国公，把谢太后封为寿春郡夫人。在临安被攻陷之时，宰相陈宜中侥幸逃出，之后便与张世杰、陆秀夫等在福州推举益王昰为帝，是为宋端宗，改元景炎。此时的南宋王朝已行将就木。

崖山之难

南宋小朝廷内部并不太平，权力斗争不断。景炎元年（1276）十一月，元军向福州进逼，十一月十五日，赵昰和赵昺在朝臣陈宜中、张世杰的护送下乘船南逃，自此之后，南宋小朝廷只能在海上行朝。景炎三年（1278）春，小朝廷到达雷州。四月十五日，因为数日奔波劳累，再加上受到风浪惊吓，小皇帝赵昰驾崩，年仅十一岁。在陆秀夫与众臣的推举下，赵昺即帝位，改元祥兴。宋军难以抵挡元军猛攻，雷州失陷，小朝廷只好迁至崖山（位于今广东江门）。元军将领张弘范紧追不舍，猛烈攻击崖山，宋军不敌。祥兴二年（1279）二月，陆秀夫背着赵昺跳海自杀，赵宋皇族八百多人紧随其后，集体殉国，南宋至此彻底灭亡。

大儒朱熹

朱熹，字元晦，号晦庵，是南宋时期著名的理学家和教育家。朱熹曾受教于"二程"（程颢、程颐）的三传弟子李侗，他不仅继承了"二程"的主要思想，还吸纳了周敦颐、张载及佛道思想，将北宋以来理学之大成集于一身，建立起一个规模宏大的客观唯心主义思想体系，极大地影响了后世。朱熹觉得"理"是物质世界的基础和根源，"理"和"气"互不分离，不过"理在先，气在后"；"天理"和"人欲"是对立面，人欲是万恶之源，应该"去人欲，存天理"。

朱熹从《礼记》中挑出《大学》《中庸》两篇，加上《论语》和《孟子》，合订成"四书"。后来，"四书"与"五经"被合称为"四书五经"。南宋之后，传统儒家"五经"的地位渐渐不及"四书"。"四书"对后世影响极大，元朝时的科举考试中就全部采用朱熹的《四书集注》，朱学由此成为官方哲学。

朱熹还是我国历史上著述最多的儒家学者之一，传世作品有《四书集注》《四书或问》《太极图说解》《通书解》《西铭解》《周易本义》《易学启蒙》等。

郑樵著《通志》

郑樵，字渔仲，兴化军莆田（今福建莆田）人，南宋著名历史学家，因曾筑草堂于莆田附近的夹漈山上，故世称"夹漈先生"。郑樵一生著作颇丰，种类达八十四种，卷数过千，字数达五百多万。郑樵对历史非常精通，对经学、礼乐、天文、地理等方面也多有研究。郑樵的通史著作中，最有价值的当属《通志》，它成书于宋高宗绍兴三十一年（1161），体例与《史记》类似，记录的内容是从上古三皇到隋唐各朝的典章制度。《通志》凡二百卷，另附三卷考证，包括本纪、谱、世家、列传、载记和"二十略"，其中"二十略"最有价值。《四库全书总目提要》评价其曰："其平生之精力，全书之菁华，唯在二十略而已。""二十略"部分乃是郑樵独创，"采摭既已浩博，议论亦多奇辟"，其中如《氏族》《六书》《七音》《都邑》《草木昆虫》等略，都是前朝史书中没有的，有着极高的史料价值。

女词人李清照

李清照，号易安居士，齐州章丘（位于今山东济南）人，是北宋末、南宋初的著名女词人。李清照的词被称为"易安体"，有着鲜明特色：音律讲究，用词朴实而巧妙，婉约中透出豪放之气。李清照的词按时期可分为两种截然不同的风格，在宋室南渡之前，其词的基调轻松欢快，而宋室南渡之后，其词中多表现出消极与伤感之情，这大概与其晚年国家衰亡、自己居无定所有关。李清照为词的发展做出了很大的贡献，其词可称得上是婉约派的正宗。

文天祥与《正气歌》

文天祥，初名云孙，字天祥，吉州庐陵（今江西吉安）人。后来他被选中贡士，将名字改为天祥。文天祥与陆秀夫、张世杰并称"宋末三杰"，其因忠烈而为后世所敬仰。德祐元年（1275），文天祥为元军俘虏，元世祖用高官厚禄引诱他投降，文天祥不为所动，最终英勇就义，其事迹广为后世称道。《正气歌》是文天祥于被俘期间写成的，全诗以"天地有正气"起，到"道义为之根"终，共三十四句，其诗将"正气"的意义阐释得淋漓尽致。诗人在诗歌的后半部分讲述自己的悲惨遭遇，以及乱世之中恪守忠君爱国品质的决心，并且对那些正直和不屈不挠的历史人物进行了热情歌颂，展现出高尚的民族气节和大无畏的伟大精神。

辽朝

辽朝是由契丹人建立的少数民族政权。契丹人勃兴于今东北地区，公元916年，契丹人耶律阿保机建立起以契丹人为主体的契丹国。到了辽太宗耶律德光统治时期，契丹人又占据了幽云十六州，将自己的势力渗透到长城以内。之后辽世宗、萧太后、辽圣宗等人相继掌权，他们重用汉人，辽朝由奴隶制国家逐渐转变为封建制国家，国力也逐渐强盛。辽圣宗死后，辽朝逐渐衰败，最终为女真人建立的金朝所灭。

耶律阿保机建辽

耶律阿保机世代都属契丹遥辇氏部落联盟中的迭剌部，其七世祖当上了迭剌部的夷离堇（也就是军事首领），迭剌部军事大权从此便掌握在阿保机家族手中。唐天复元年（901），经众人推举，阿保机担任夷离堇，开始南征北战，不仅攻打室韦、于厥、奚等族，还对唐之河东、代北进行过攻伐，攻取了九郡。天复三年（903），因军功卓著，阿保机升任于越（史称"总知军国事"，地位仅次于可汗，在中原王朝相当于宰相）。后梁开平元年（907），契丹痕德堇可汗归天，在契丹贵族的拥护下，耶律阿保机登上可汗之位。即可汗位后，他建造城池、发明文字、改革农商，使契丹实力得到进一步增强。后梁贞明二年（916），阿保机自立为皇帝，国号为契丹，都城设在临潢（今内蒙古巴林左旗南波罗城，之后改名为上京），阿保机后被尊为辽太祖。阿保机登基后，让汉族地主阶级知识分子担任要职，如康默记、韩延徽、韩知古等，制定了一批具有封建性质的典章制度，加快了契丹迈向封建化道路的步伐。

世宗即位

后晋开运三年（946），后晋被辽太宗耶律德光所灭。次年，在北归途中，辽太宗因病逝世，此时耶律阿保机的长孙耶律阮在耶律吼等将领的拥护下登基为帝，是为辽世宗。在上京临潢的述律后（耶律阿保机皇后）反对耶律阮继承帝位，她打算让自己的儿子耶律李胡登基。在太后的指派下，耶律李胡在辽南京北部的泰德泉和耶律阮展开激战，耶律阮大胜。后来，经过大臣耶律屋质的斡旋，太后最终承认了耶律阮的皇位。耶律阮登基后，宫中发生了多次政变，辽世宗最终被刺杀。辽世宗虽在位时间短，但他并非平庸之辈，他大力发展汉文化，广泛推行中原制度，使辽国逐渐由奴隶制国家转变为封建制国家。

耶律察割政变

耶律察割是耶律阿保机之弟耶律安端之子，在世宗耶律阮和耶律李胡争位期间，察割是世宗的支持者。世宗即位当年即封察割为泰宁王，多有恩宠。察割为人阴险，且有称帝的野心。辽世宗天禄五年（951），辽世宗不顾众人反对，应允了北汉刘崇合击后周之邀约，率兵南下。察割随军担任宿卫。当辽军行至火神淀（今河北宣化西）时，趁着世宗酒醉酣睡之机，察割领兵冲入世宗帐内，杀死世宗，并自立为帝。之后，辽太宗长子耶律璟和耶律屋质等率兵杀死察割，耶律璟被立为帝，即辽穆宗，改元应历。

穆宗、景宗的统治

辽穆宗耶律璟是历史上有名的昏暴之君，他在位期间"荒耽于酒，畋猎无厌"，"赏罚无章，朝政不视"。他为人残忍，动辄因小事杀人，激起大臣和侍从的不满和愤恨，朝野内外离心离德，经常有大臣叛乱或南逃中原的事情发生。应历十九年（969），穆宗怀州（今内蒙古巴林左旗林东镇）围猎，被近侍小哥等人刺杀。

穆宗死后，世宗次子耶律贤继位，耶律贤即为辽景宗。辽景宗勤于政事，亲近贤臣，他在位期间，辽朝政治清明，社会较为安定。然而景宗因幼时眼见其父世宗遇刺身亡而受到惊吓，体弱多病，所以朝中诸事多由其皇后萧氏协理。乾亨四年（982）秋，辽景宗病逝，其子耶律隆绪继位，是为辽圣宗。

萧太后摄政

辽圣宗登基时只有十二岁，一切军国大事均由其母亲萧氏定夺。萧氏将军政大权集于一身，起用韩德让等汉族地主官僚，改革旧制度，使中央集权统治得以加强，从而保证了统治集团的稳定性；她还广泛听取朝臣意见，严明赏罚，深受群臣爱戴。国内局势稳定下来之后，她多次发兵攻打北宋，著名的"澶渊之盟"就是辽国在她的领导下与宋朝缔结的。统和二十七年（1009），萧氏将军政大权交给辽圣宗，自己不再参与。同年十二月，萧氏在行宫中因病逝世，终年五十七岁。

圣宗盛世

辽圣宗耶律隆绪在位共四十九年，在这段时间里，辽朝的文化和军事实力都达到了前所未有的高度。在文化方面，他对汉族文化十分重视，像宋朝那样进行科举考试，对史书进行编纂和修订，还刊刻了佛教的典籍《大藏经》，使佛教得以发展。在军事方面，自签订澶渊之盟后，辽圣宗主要对东、西文进行攻伐，使周边的一些部族臣服。高句丽也受到攻击，只得向辽称臣献贡。

钦哀之变

太平十一年（1031），辽圣宗驾崩，太子耶律宗真登基，即为辽兴宗。辽圣宗仁德皇后萧菩萨哥没有生育能力，耶律宗真是她的养子，但是她视其如己出。辽兴宗登基后，尊萧菩萨哥为皇太后。辽兴宗的亲生母亲、辽圣宗元妃萧耨斤（也就是钦哀皇后）不服，自封为皇太后。钦哀后不仅干涉朝廷政事，还将仁德皇后逼死。

钦哀后大权独揽后，将辽圣宗时代被裁示永不录用的贪官污吏重新起用，还重用其娘家人。钦哀后并不喜欢辽兴宗，打算将其废除，推举次子耶律重元（亦名耶律宗元）登上皇位。耶律重元将这个消息告诉了辽兴宗，辽兴宗震怒，将钦哀后废除，并逼迫她去"躬守庆陵"，并对其爪牙大肆诛杀。重熙三年（1034）七月，辽兴宗亲理朝政，修建陵墓厚葬仁德皇后。数年后，他将钦哀后接回，不过为了防止遭遇不测，与她的距离总保持在十里范围。

重元之乱

重熙二十四年（1055），辽兴宗去世，其子耶律洪基登基，是为辽道宗。辽道宗登基之后，封耶律重元为皇太叔，让他担任天下兵马大元帅一职。耶律重元的儿子涅鲁古也被封为楚王，后来又担任知南院枢密使事一职。重元父子位高权重，渐生反叛之心。

清宁九年（1063），耶律重元父子、陈国王陈六、同知北院枢密使事萧胡睹等四百人反叛朝廷，但出兵时重元的下属却并不听指挥，有的逃跑，有的归至辽道宗麾下。见大势已去，重元逃亡至大漠，后自尽。

耶律乙辛专权

知北院枢密使事耶律乙辛因为在平定重元之乱时立下大功，官封要职，执掌兵权。耶律乙辛勾结北府宰相张孝杰，总揽朝政大权。而此时，已成年的太子耶律濬就成了他们的心腹大患。

辽大康元年（1075），耶律乙辛等人向辽道宗进言，冤枉太子生母懿德皇后（即萧观音）和戏子赵唯一有私情，辽道宗不辨黑白，逼迫皇后自尽。大康三年（1077），在耶律乙辛的授意下，其同伙诬陷南院大王耶律撒剌、知北院枢密使事萧速撒等人打算拥太子即位，辽道宗让耶律乙辛和张孝杰等负责调查和审理此事。他们将太子囚禁起来，杀了撒剌、萧速撒等人。没过多长时间，他们又将太子杀掉，然后对外宣称太子病逝。之后的时间里，耶律乙辛等人大肆陷害忠臣良将，朝中官员人心惶惶。大康五年（1079），辽道宗察觉到耶律乙辛等人的恶行，便罢免了他们的官职。大康九年（1083），耶律乙辛被处死，理由是暗藏兵刃、妄图造反。

辽朝灭亡

辽朝后期，政治愈发腐败，生产力也大不如前，社会矛盾丛生。公元1114年，完颜阿骨打带领女真人反抗辽朝统治，取得了多次胜利，并于次年称帝（即金太祖），建立大金国。

公元1116年，渤海人高永昌在东京（今辽宁辽阳）自封大渤海皇帝，也举起了反辽大旗。辽天祚帝出兵前去平定，高永昌难以抵挡，便向金国求救。完颜阿骨打借机出兵，从辽军后方发起袭击，打败辽军后，又趁势讨伐高永昌，一举攻陷东京，杀了高永昌，高永昌的地盘全部归金国所有，至此，辽东京等五十四州全部被金占领。

公元1121年底，金军对辽发起猛攻，第二年年初就接连攻陷辽国的中京、西京，辽天祚帝只好避祸至沙漠地带。与此同时，北宋的童贯也在攻打燕京，但不敌辽军，只得与金军相约对燕京两面夹击。十二月，金兵自居庸关一路向南，占领燕京。

公元1123年秋，在返回上京的途中，阿骨打因病逝世，他的弟弟完颜吴乞买登基，吴乞买就是金太宗。公元1125年，金太宗向西发兵，生擒天祚帝，辽朝至此灭亡。

耶律大石建西辽

就在辽朝岌岌可危的时候，皇族耶律大石到北部的沙漠中建立辽政权，历史上称为西辽，他就是西辽德宗。耶律大石后来又向西攻伐，使高昌回鹘王国、东西两部喀喇汗王朝、花剌子模臣服，西辽也因此雄踞中亚。西辽的疆域极其广阔，东起今新疆哈拉和卓，西至今中亚阿姆河流域。西辽一共存在了近百年的时间，直至公元1218年，被蒙古灭亡。

西夏

西夏是由居住于中国西北地区的党项人建立的政权。党项人兴起于唐末五代时期，宋初时向宋称臣。公元1038年，西夏首领元昊正式称帝。西夏的前期，与北宋和辽朝并立，西夏以"联辽抗宋"为国策，与北宋连年交战。辽朝灭亡、南宋建立后，西夏与金朝和南宋并立，又依附于金。公元1227年，西夏为蒙古人攻灭。

党项人割据夏州

党项人原来是羌族的一个分支，在四川松潘高原居住，唐朝时被吐蕃欺凌，便迁居于今陕甘宁地区。唐中和元年（881），在平定黄巢之乱时，党项人拓跋思恭立下了功劳，唐僖宗遂封其为夏州节度使，赐号定难军。后来拓跋思恭又因收复长安有功，被加封为夏国公，赐皇姓李，下辖银州、夏州、绥州、宥州与静州等五州之地，世代雄踞于此。五代和后来的宋朝，都对李氏统治这些区域予以默认。

李氏政权的巩固

宋太祖在位时，党项李氏一度向宋朝纳贡。后来到宋太宗、宋真宗时，党项酋长李继迁摇摆不定，对宋朝采取时叛时降的态度。宋太宗淳化元年（990），辽国册封其为夏国王，李继迁欣然接受。之后，李继迁与辽国互为依靠，与宋朝相抗衡。宋真宗咸平五年（1002），李继迁夺取灵州（今甘肃灵武），改其名为西平府，第二年将其作为都城。李继迁去世后，他的儿子李德明登基。他一方面请求辽国册封，另一方面在真宗景德三年（1006）向宋朝纳贡乞和，为的是增强国力，进一步向西发展。李德明在位这段时间，人民生活比较太平，生产力得到了较大幅度的提高。后来，李德明不

仅将回鹘的甘州（今甘肃张掖）和凉州（今甘肃武威）收入囊中，还在灵州怀远镇（今宁夏银川）修建城池，改其名为兴州。因为河西走廊被纳入了夏国版图，夏国商业贸易发展迅速，实力得到极大提高。

李元昊称帝

宋仁宗天圣九年（1031），李德明因病去世，太子李元昊登基。史书上是这么描述李元昊的："性雄毅，多大略"，"晓浮图学，通蕃汉文字"。他看不惯父亲对宋朝称臣纳贡，觉得"衣皮毛，事畜牧，蕃性所便，英雄之生，当王霸耳，何锦绮为？"为了给称帝做铺垫，他开展了许多变革，如制定服饰、创设文字、简化礼仪等，还把兴州改为兴庆府，对宫城进一步扩建。除此之外，他还下旨所有人必须改用党项姓，将唐、宋的赐姓完全废除。他还与辽通好，共同对付宋朝。宋仁宗宝元元年（1038），李元昊以兴庆府为都城，正式称帝，定国号为大夏，历史上称其为西夏，李元昊就是西夏景宗。

没藏氏专权

元昊的继后没藏氏原本是元昊朝中重臣野利遇乞的妻子，后野利遇乞被元昊冤杀，没藏氏也被元昊看中并迎入宫中。两人私通，生子谅祚，寄养在没藏氏的兄弟没藏讹庞家中。夏天授礼法延祚十一年（1048），元昊废皇后野利氏、太子宁令哥，改立太子的未婚妻没移氏为后。宁令哥不忿，刺杀元昊，元昊伤重而亡。元昊死后，没藏讹庞杀死太子和废后野利氏，立年仅两岁的谅祚为帝，是为夏毅宗，并尊没藏氏为皇太后。皇帝年幼，西夏的军国大权全部都落到了没藏氏一族手中。没藏讹庞为了更好地控制小皇帝，还将自己的女儿嫁给谅祚。眼见讹庞权势熏天，西夏满朝文武都心有不满，但也不敢有半句怨言，讹庞专权西夏十多年。奲都五年（1061），讹庞被谅祚诛杀，没藏氏专权结束。

毅宗的统治

夏毅宗掌权后，便封协助自己诛杀没藏讹庞的汉人梁氏为后，并重用梁氏兄弟梁乙埋与汉人景询等人。除此之外，他还进行了一系列改革。对内废除蕃礼，大力推广汉族文化与礼仪，还在公元1063年以李为姓；整肃军队，使地方上军政分立，文官与武官互为制约。对外和宋朝重新划分疆界，恢复榷场，以保证正常贸易；多次攻打吐蕃，最终使其归附。夏毅宗所施行的这些措施深刻影响了以后各朝。公元1066年，他在与北宋作战时被箭所伤，两年后撒手人寰，他七岁的儿子李秉常登基，就是后来的夏惠宗。

梁氏擅政

毅宗皇后梁氏原为没藏讹庞的儿媳，后与毅宗私通，并告发没藏讹庞父子谋弑。没藏讹庞父子伏诛后，毅宗立梁氏为后。西夏拱化五年（1067）十二月，毅宗驾崩，惠宗即位，梁氏被尊为皇太后。惠宗年幼，梁太后大权在握，让她的弟弟梁乙埋担任国相一职，总揽朝政。梁乙埋任人唯亲，很多重要官职都由他的亲信担任，西夏军国大事因此被梁氏母党操控。梁太后本为汉人，她害怕党项皇族不服，一方面下诏废除汉族礼仪，重新施行番邦之礼，另一方面残害旧臣，铲除异己。从此之后，梁氏一族愈发跋扈。他们喜好征战，经常攻击宋朝边境。宋朝因此废止一切边境贸易，目的是断掉夏国的财路。梁太后便以此为借口向宋朝发动战争，尽管多次大胜宋军，但战事消耗国力，贸易终止也对国内经济形势造成很大影响，人民怨声载道。惠宗死后，其子夏崇宗李乾顺即位，西夏政权又落入小梁太后（惠宗皇后，梁乙埋之女）手中，"梁氏专恣，不许主国事"。后辽道宗派人毒死小梁太后，西夏皇帝得以亲政。

西夏附金

公元 1124 年初，夏崇宗见辽国气数将尽，便向金国递上降书顺表，承认金的宗主国地位，金国把原来辽国的属地（西北阴山以南、吐禄泊以西之地）划分给西夏。公元 1126 年，按照之前与金国的约定，西夏将天德、云内等地占领。之后，趁着宋军应付金军的时机，西夏一举攻占了宋朝边境的震威城、西安州等地。没过多长时间，金国将天德、云内据为己有，西夏进行严正交涉。公元 1127 年，金国为了补偿西夏，把陕北地区割让给夏国。公元 1136 年，金国又把今青海的某些区域割给西夏。西夏向金称臣后，进一步扩大了疆土。

天盛之治

公元 1139 年，西夏仁宗登基。恰逢天灾不断，地震、饥荒接连出现，为了稳定社会局面，仁宗下旨救助受灾群众，放还宋军俘虏，平定各地叛乱，还推行了一系列促进西夏经济发展的改革措施：变革教育，尊崇儒术，通过科举选拔人才；对地租和赋税制度大刀阔斧地进行改革；对于礼乐和法律也进行变革，等等。经过一系列变革和治理，西夏在天盛年间呈现出一片太平盛世的景象。

夏金交恶

金国兴起以后，虽然西夏向其称臣，但双方也爆发过多次冲突。公元 1139 年，金国正集中兵力攻打刘豫齐国，西夏趁机占领金国的府州。次年，金军发兵攻宋，西夏想将陕西全境据为己有，便出兵进攻延安。后来，宋金议和，西夏才撤离延安。从此之后，为了阻止西夏和宋勾结，金朝对西夏边境实施封锁政策。在金朝完颜亮对南宋出兵以前，西夏曾暗中联络宋朝，打算联合攻打金国。公元 1178 年，西夏军将金国的麟州攻陷，洗劫一空后离去。金章宗在位时，西夏对金国的侵扰愈发频繁。公元 1190 年和公元 1191 年，西夏军再次将金国的陕西等地攻占。公元 1209 年，蒙古向西夏发兵，将中兴府（今宁夏银川）团团围住，西夏请求金国援助，金拒绝，两国矛盾更加深化。西夏的危机暂时缓解之后，又频繁向金发兵。面对蒙古的不断侵扰，公元 1225 年，西夏与其议和，之后便成了兄弟国。

蒙古灭夏

西夏末年，政治腐败，掌权者之间争斗不断。公元 1205 年，蒙古第一次进攻西夏，双方各有胜败。西夏王德旺登基后，国势衰落，蒙古军趁机展开了大规模进攻。公元 1226 年，成吉思汗领兵将肃州、甘州等地攻占，之后向东推进，十一月时进兵围攻中兴府。第二年年初，成吉思汗兵分几路，向南攻占积石州、德川州等地。六月，蒙古收到了西夏末帝李睍的降书。七月，成吉思汗在行军途中因病逝世，蒙古军担心西夏方面有变，便杀掉了李睍。西夏至此彻底灭亡。

金朝

女真人兴起于中国东北地区的白山黑水之间，长久以来深受辽朝的压迫和剥削，后来在杰出首领完颜阿骨打的领导之下，女真人建立金国，不断增强自己的实力，最终灭亡辽朝和北宋，并长期与南宋隔江对峙。金朝在与南宋、西夏并立的时期，始终维持着自己的强势地位，使得南宋求和、西夏依附。然而在金朝统治后期，其统治阶级日益腐朽。国内各族人民纷纷举起反抗的起义大旗。而此时，原本臣服于金的蒙古人势力逐渐强大起来，在他们的打击之下，金朝终于在公元 1234 年灭亡。

完颜阿骨打建金反辽

辽天庆三年（1113），女真部落联盟长由完颜阿骨打担任，此时部落联盟十分稳定，他们与辽国的矛盾也愈发突出。甫一上位，阿骨打就加紧兴建堡垒，打造兵器，训练军队，并于次年九月起兵反辽。阿骨打带领女真人连续攻克辽之宁江州（今吉林扶余东）、出河店（今黑龙江肇源西南）、宾州（今吉林农安东北）等地，逐步控制了辽东。天庆五年（1115）初，阿骨打建立大金国，正式称帝，建元收国，定上京会宁府（今黑龙江阿城南）为都城，阿骨打就是后来的金太祖。这年秋季，金军在阿骨打的带领下将辽国重镇黄龙府（今吉林农安）攻陷。辽天祚帝御驾亲征，率军七十万讨伐，但因朝中生变，只好匆忙撤兵，在护步答冈（今黑龙江五常西）大败于金军。经此一役，辽国损失惨重，再也不是金国的对手。

金灭辽、北宋

公元 1120 年，金与北宋结盟，共同抵抗辽兵。辽国尽管实力大不如前，但在与北宋的战争中仍然占据上风，不过对于强悍的金军却无能为力。金兵一路攻城拔寨，将辽的中京、西京和南京收入囊中。至此，金军将辽国的五京全部占据。公元 1123 年，阿骨打驾崩，其弟金太宗完颜晟登基，继续进攻辽国。公元 1125 年，金军抓捕了天祚帝，辽国灭亡。

之后，金太宗向北宋发兵。公元 1126 年初，金军推进至宋都汴京城下。在抗金名臣李纲的带领下，宋朝多次击退金兵，然而宋钦宗奉行投降政策，派人向金卑膝求和。金军暂时退兵。同年八月，金军卷土重来，十一月，汴京城破。次年四月，金人立张邦昌为帝，并将徽宗、钦宗及百官、宗室等共三千余人押回金国境内。北宋遂灭亡。康王赵构南渡，建立南宋，金与南宋时战时和，长期对峙。

天眷新制

金天会十三年（1135），金熙宗完颜亶即位。金熙宗在位时，为了推进金朝的封建化及加强中央集权统治，他推行了一系列改革措施。天眷元年（1138）八月，金熙宗将勃极烈制度废除，全方位仿照辽国和宋国的制度颁行新官制及"换官"的规定，还规定"勋封食邑"，就是根据功劳的大小对臣子赏赐爵位、勋级和食邑。这年十月，金熙宗又正式确立了封国制。贵族大臣被赐予国王的称号，那是一种无上的荣誉，但没有实际权力。辽国还设立了平章政事和参知政事两个职位，他们的地位低于左右丞相和左右丞，其实是宰相和副相的助理。如此一来，宰相的权力更大了。辽国还设置了御史台，负责刑狱和重大案件，平时的工作就是监督众位官员，发现有违法犯罪的就进行处置，目的是使皇权统治得到加强。仿照汉族制度，辽国还建造了都城上京会宁府（今黑龙江阿城白城子）城垣宫殿，施行内外礼仪制度，史称"天眷新制"。

完颜亮弑帝自立

熙宗执政后期，受到权臣及皇后等控制，加之朝中各派势力斗争日趋激烈，使得他心中愤郁难平，便以酒浇愁，以致多疑滥杀，朝野内外人人自危。皇统九年（1149）十二月，金太祖之孙、平章政事完颜亮杀熙宗于寝殿，自立为帝，改元天德，完颜亮即海陵王。完颜亮夺取帝位之后，即派人扩建辽的南京城，使之成为金的新都城——中都燕京，迁都一是为了更好地控制中原和华北地区，一是为了准备南攻南宋。公元1161年，金迁都后八年，完颜亮就举全国之力发兵南下攻宋，妄图一举攻灭南宋，统一天下。然而，采石矶一役使得完颜亮的如意算盘落空，不久他就在兵变中被杀。完颜亮死后，金世宗完颜雍先后降完颜亮为海陵王、海陵庶人，所以后世又称完颜亮为金废帝。

金世宗大定之治

金世宗登基之后，依然以中都为都城，继续采用海陵王当初制定的各种制度，对非皇室的女真人和汉人、契丹人、渤海人予以重用，而且对各族人民的起义采取强制镇压的政策。金世宗在位的这段时间里，打败了南宋的北伐军，并在公元1164年与其达成了《隆兴和议》，使两国在之后的四十年中保持了一种相对稳定的关系。金世宗崇尚儒学，在管理朝政时采用中庸的方式；为了防止贪污并予以激励，他对官员的一些事情查问得相当细致；他在经济方面很务实，将不合理的赋税予以免除。当时很多地方都有起义军，他为了维护自己的统治，获得汉族地主的支持，大力推行科举、学校等制度。如此一来，金朝的经济和文化在一定程度上得以恢复和发展，历史上称之为"大定之治"。但在世宗一朝，民族压迫政策依然大行其道，女真贵族地主强占土地的现象也屡见不鲜，因此此时金朝的民族矛盾和阶级矛盾仍非常尖锐。

金章宗明昌之治

金大定二十九年（1189），金世宗驾崩，其孙完颜璟即位，是为金章宗。章宗是金朝皇帝中文化修养最高的一位，也最重视金朝的文化发展。甫一登基，他便广泛推行汉文化，还倡导女真族和汉族联姻，并且大力发展生产，减免赋税，历史上称这一时期为"明昌之治"。不过金章宗太过重文轻武，并且对外戚予以重用，导致其统治后期政风下滑严重，并且黄河泛滥和改道对人民的生活造成了极大损害，金朝逐渐走上了衰败之路。

蒙金交恶

金章宗承安元年（1196），蒙古乞颜部首领铁木真帮助金国将塔塔儿人打败，金国封其为"札兀惕忽里（有部落官之意）"。自此，蒙古人也与其他被金朝统治的北方民族一样，开始向金国纳贡称臣。在以后的十年时间里，克烈、乃蛮和蔑儿乞等部落先后被铁木真收服。泰和六年（1206），铁木真以成吉思汗（有"天空""海洋"或"强大"的皇帝之意）为号，于斡难河（今鄂嫩河）的源头成立了大蒙古国，一支崭新的强大力量在北方草原上崛起。泰和八年（1208）冬，金章宗驾崩，金世宗子卫王允济登基，他就是卫绍王。大安二年（1210），金卫绍王向蒙古传诏，成吉思汗不从。同一年，成吉思汗向西夏中兴府发起进攻，进行了大肆掠夺后返回。第二年二月，成吉思汗聚集兵力，从克鲁伦河向南对金发起进攻，大规模的蒙金之战正式爆发。

红袄军起义

由于统治黑暗，金国陷入了内忧外患之中，外有蒙古侵略，内有山东、河北地区的人民揭竿而起。这些起义军少则数万，多则数十万，他们的标志就是穿红袄，所以又被称作"红袄军"。其中规模较大的红袄军有山东益都的杨安儿军，潍州（今山东潍坊）的李全军，沂蒙山的刘二祖、郝定军。红袄军对金朝的统治造成了极大的打击，不过某些起义军的首领，如李全、国安用等，反复叛投于宋、金、蒙古三个政权，使红袄军的力量受到了极大损害。

金朝灭亡

金贞祐二年（1214），金宣宗为避蒙古人的兵锋，被迫南迁汴京，只留太子等人镇守中都。宣宗此举严重动摇了河北军民抗蒙的决心。次年五月，中都被蒙古人攻陷。为了扩张金朝的领土，宣宗接连南征南宋、西征西夏，并举兵抗击蒙古，然而此时的金朝内政不举、军力疲弱，已难有作为。宣宗死后，其次子完颜守绪即位，是为金哀宗。哀宗励精图治，想要重振金朝声威，然而为时晚矣。金天兴二年（1233），蒙古人击溃金军，与宋军一起将哀宗围困于蔡州（今河南汝南）。次年正月，金哀宗不愿金朝亡于己手，将皇位传于金将完颜承麟，承麟即为金末帝。后来，蒙宋联军攻陷蔡州，哀宗自缢殉国，完颜承麟死于乱军之中，金朝灭亡。

元朝

蒙古人建立起了中国第一个由少数民族建立的大一统帝国——元朝。元朝是中国历史上最短命的大一统朝代，享国不足百年。统治阶级腐朽不堪且内耗严重、实行极不平等的民族压迫政策等，都是使其成为短命王朝的原因。然而这个短命王朝却在中国历史上占有重要的地位。有元一代，中国的疆域前所未有的广阔，南达南海，北至西伯利亚，西南包括了今天的西藏、云南，西北囊括了今天新疆全境，东北延伸至鄂霍次克海，基本上划定了当今中国的疆域范围；元朝空前的大一统格局、频繁的对外交流以及发达的水陆交通，都促使其经济出现了空前的繁荣：元朝社会具有较强的包容性和务实精神。使得此时期的中国文化发展在一定程度上摆脱了传统的束缚，市民文化得到了极大发展，出现了中国文学艺术史上一朵瑰丽的奇葩——元曲；此外，元朝宗教信仰颇为自由、科学技术水平成就显著，等等，这些都值得后世铭记。

蒙古族的崛起

蒙古族的前身是蒙兀室韦，原本是隋唐以后室韦部落联盟中的一员。9世纪中期左右，蒙古族从今额尔古纳河流域开始往西迁徙，到10世纪时到达鄂嫩、克鲁伦、土拉三河河源一带，并在此游牧。当时，有不少与蒙古族类似的部落活跃在蒙古草原上，它们不相统属，统称为达怛（鞑靼）或阻卜。在12世纪初，蒙古族依旧以游牧为生，与原始部落没什么大的差异。到了12世纪中期，蒙古人有了贫富等级之分，阶级逐渐形成。金朝成立后，由于不堪忍受女真贵族的压迫，蒙古人经常与其爆发冲突，蒙古族的不同部落之间也彼此征战，人民生活在水深火热之中。受到阶级与民族这两座大山的压迫，人们希望全蒙古能统一，希望自己能过上安定的日子。

成吉思汗建立大蒙古国

成吉思汗，名铁木真·孛儿只斤，公元1162年出生于蒙古乞颜部，其祖先世代担任乞颜部的首领。铁木真九岁时，其父也速该被世仇塔塔儿人害死，乞颜部部众离散。铁木真投靠克烈部首领王罕，聚集起父亲的旧部，还与儿时的安答（义兄弟）札答阑部首领札木合联合，并协助金朝击败了塔塔儿人，被金人封为札兀惕忽里，声势更加壮大。之后，铁木真与王罕、札木合决裂，双方兵戎相见。起初，铁木真实力稍弱，不敌王罕和札木合的联军，但他不甘心失败，稍事休整后又集合部众，最终击败了克烈部。后来，铁木真又相继打败了乃蛮部、蔑儿乞部，逐渐统一了蒙古草原。公元1206年，蒙古诸部在斡难河之源召开忽里勒台（即大聚会），铁木真被推举为大汗，尊称成吉思汗，大蒙古国正式建立。

蒙古人的三次西征

大蒙古国建立后不久，就开始了大规模的扩张战争。在北部，征服了生活于今西伯利亚地区的吉利吉思人。在南部和东部，相继攻灭了西夏和金朝。在西部，迫使畏兀儿、哈剌鲁等族归附，并最终灭亡了西辽。此外，蒙古人还进行了三次大规模的西征。

第一次是成吉思汗西征。公元1219年，成吉思汗趁着消灭西辽之余威，亲自领兵西征，于公元1222年消灭了位于阿姆河流域的花剌子模。之后，成吉思汗又派哲别等人带

成吉思汗

领一部分蒙古军越过今高加索山脉，打败斡罗思（今俄罗斯）和钦察联军。公元1225年，第一次西征结束。

第二次是拔都西征。公元1235年，窝阔台汗集合宗族各支及万户以下官员的长子或长孙组成远征军西征（又称长子西征），这次西征由术赤（成吉思汗长子）子拔都任总帅，窝阔台长子贵由、拖雷（成吉思汗幼子）长子蒙哥、察合台长孙不里等均从征。此次西征，蒙古人灭亡了位于今伏尔加河中游的不里阿耳国，降服了钦察诸部、斡罗思诸公国，攻占波兰和匈牙利，兵锋直指威尼斯。公元1241年，窝阔台病逝，西征军遂东返。

第三次是旭烈兀西征。蒙哥即大汗位后，命令其同母弟旭烈兀领兵西征。蒙古军于公元1256年攻灭木剌夷国（位于今伊朗北部），公元1258年攻灭阿拔斯王朝（即黑衣大食，位于今伊拉克），公元1259年进军叙利亚阿尤布王朝，次年为埃及人击败，第三次西征结束。之后，旭烈兀退至波斯地区，建立起伊利汗国（又称伊儿汗国）。

与这三次西征相伴相生的，是鲜血和屠戮，途经地区遭受了极大的灾难。但从客观角度来看，这也使东西方的经济和文化有了交集，西亚及欧洲等国领略了中国四大发明的风采，同时中国人也接触到西方的天文、医学、历算等。从这个角度来说，蒙古西征对中国甚至整个世界都具有很重大的意义。

四大汗国

通过三次规模庞大的西征，蒙古人将四个巨大的藩属汗国建立在本土之外，它们是钦察汗国、察合台汗国、窝阔台汗国及伊利汗国。

钦察汗国也叫作金帐汗国，本来是成吉思汗长子术赤的封地，术赤的次子拔都向西征伐后，其疆域得到了极大扩张。其疆域南起高加索，北抵罗斯，东起额尔齐斯河，西达多瑙河，首都是萨莱城，位于伏尔加河下游。钦察汗国的臣民大多数是突厥人，整个汗国突厥化严重。15世纪，钦察汗国分裂。

世界传世藏书

历史知识大博览

中国历史百科

察合台汗国本来是成吉思汗次子察合台的封地，其疆域为天山南、北路与裕勒都斯河、玛纳斯河流域及今阿姆河、锡尔河之间的中亚河中地区。忽必烈建立元朝之后，多次与察合台汗国爆发冲突。14世纪，察合台汗国走向分裂。

窝阔台汗国本来是成吉思汗三子窝阔台的封地，其疆域为今额尔齐斯河上游和巴尔喀什湖以东地区。公元1309年，窝阔台汗国为察合台后裔怯伯所灭，其地多并入察合台汗国。

伊利汗国由旭烈兀建立，其疆域北起高加索，南达印度洋，东起今阿姆河，西达地中海，是亚欧两洲进行经济文化交流的枢纽之一。四大汗国中，仅伊利汗国承认忽必烈的汗位，与其交好。14世纪中叶始，伊利汗国渐趋瓦解。

四大汗国的最高首领均与成吉思汗存在很近的血缘关系，表面上看它们属于同一个整体，但实际上又彼此独立，关联程度不大。

忽必烈建元称帝

忽必烈为拖雷第四子，其兄蒙哥即汗位后，派他领兵攻打南宋。公元1259年，蒙哥死于钓鱼城，此时正率兵攻打鄂州的忽必烈闻讯，立即与南宋议和，匆忙北归，欲与其弟阿里不哥争夺汗位。第二年年初，忽必烈在开平（今内蒙古多伦西北）登基，改元中统。稍后阿里不哥在和林（今蒙古国境内）称帝（一说阿里不哥称帝在前），并出兵进攻忽必烈。公元1264年，忽必烈胜。公元1263年，忽必烈定开平为上都，次年定燕京（今北京）为中都。公元1271年，忽必烈将国号改为大元，忽必烈即元世祖。第二年，忽必烈改中都为大都，并以其为都城，全国的政治中心自此迁至中原地带。公元1279年，元军灭南宋，给五代以来的分裂局面画上了句号，中国再次统一。

平定诸王叛乱

阿里不哥被忽必烈打败后，窝阔台汗的孙子海都将窝阔台汗国的疆域占领，在至元五年（1268）起兵反叛。忽必烈出兵将其挫败。海都贼心不死，又勾搭上了察合台汗的孙子笃哇，对火州（吐鲁番高昌故城）一带进行骚扰。至元二十四年（1287），东部诸王的后裔乃颜、势都儿等人由于受到海都的教唆，起兵反叛。忽必烈御驾亲征，平定了叛乱。之后，为了限制藩王的权力，忽必烈增设了辽阳行省，还于叛王的封地之内设置了万户府。后来，海都不断在西北地区发动叛乱，忽必烈再次御驾亲征，海都闻风而逃。忽必烈驾崩时，海都被赶到阿尔泰山以北，没多久便兵败而死。公元1306年，海都之子向元朝投降，西北诸王叛乱终于彻底被平定。通过平定诸王叛乱，忽必烈使其中央集权的统治得到了进一步巩固，有利于这个多民族国家的和平安定。

忽必烈的统治

忽必烈登基后，着手制定元朝的各项制度，其中行省制度的施行是一个创举，对明清两代影响极大。另外，他在西藏地区实施僧俗政体，使西藏成为元朝疆域；将成吉思汗时施行的分封制废除，改行赐田制，加速了蒙古贵族朝地主转化的步伐，使王朝政权力量得以增强。在经济方面，忽必烈大力发展农业，广修农田水利工程，颁行了退牧还田的政策，还为了解放生产力，禁止掠人为奴。这些政策的实施，使元朝慢慢强大起来。忽必烈在位后期，变得"嗜利黩武"，"内用聚敛之臣"，如理财大臣阿合马、桑哥等，与民争利；"外兴无名之师"，出兵入侵日本、安南、缅甸、爪哇等地，但败多胜少。

英宗新政

元世祖以后的几名皇帝昏庸无能，做了许多败坏朝纲的事，如宗室内斗、后宫涉政、宠臣专权等。延祐七年（1320），元仁宗驾崩，皇太子硕德八刺即位，是为元英宗。因为有中书右丞相拜住的辅佐，元英宗进行了一系列改革：对汉族知识分子，如张珪、虞集等予以重用；颁行《振举台纲制》，倡导以推举的方式选拔人才；精简官员，罢免了一批行为不端的蒙古色目官员；为了使政令保持统一，颁布《大元通制》；为了减轻徭役而实施助役法，等等。这些新政使得元朝政治清明，一度呈现中兴之势，史称"英宗新政"。

南坡之变

至治三年（1323），元英宗下旨严查权臣铁木迭儿在世时的贪污案，追削其官爵封赠，籍没其家，将牵涉其中的同伙砍头。铁木迭儿的义子、时任御史大夫的铁失极度恐慌，便与同党商议，妄图暗中杀掉元英宗。这年八月初，元英宗和拜住从上都往南走，在上都之南三十里的南坡驻扎歇息。当天夜里，铁失等人与阿速卫里应外合，将元英宗和拜住杀掉，史称"南坡之变"。英宗死后，铁失等人按事前约定，拥立漠北的晋王也孙铁木儿为帝，是为泰定帝。泰定帝即位后不久，就将铁失等人全部诛杀。在元朝中期的几位皇帝中，只有元英宗可以称得上英明，他驾崩后，之前实行的改革也无力再执行下去。

至正新政

至顺四年（1333），妥懽帖睦尔即位，是为元惠宗（明太祖朱元璋给其上谥号"顺"，故又称元顺帝）。元惠宗在位之初，朝政由权臣伯颜把持。伯颜运用手段排挤汉人，如废除科举制度、不允许汉人参政等，这些行为激化了汉蒙两族的矛盾，也令元惠宗十分不满。后来元惠宗在伯颜的侄子脱脱的帮助下，将伯颜罢黜，重掌大权。元惠宗下旨缩减宫廷开支，精简宫女和太监；在至正六年（1346）颁行了《至正条格》；为了增强廉政建设，颁行举荐守令法；为了使人才为国家效力，提倡人们推举隐居的高士；为了查探地方的发展情况和惩治当地不法官员，派出使臣到各处巡视，等等，历史上称之为至正新政。至正新政使社会危机得到了暂时缓解，却无法解决社会的根本矛盾。

红巾军起义

元末，阶级矛盾和民族矛盾都十分尖锐。虽说惠宗和脱脱的至正新政起到了一些安定民心的作用，但却无法解决社会的根本矛盾。当时国库空虚，政府财政赤字十分厉害，脱脱便大肆铸至正通宝、发行交钞，使钞法混乱不堪，民怨沸腾；在治理黄河水患的行动中，朝廷官员又中饱私囊，终致农民起义爆发。

起义军头裹红巾、手举红旗，所以被称为红巾军。至正十一年（1351）五月。河北永年县的义军在韩山童的领导下发动起义，没想到，由于消息泄露，官军杀死了韩山童，其妻杨氏及子韩林儿侥幸逃脱。韩林儿在刘福通等人的拥护下自立为小明王，定国号为大宋，主要在黄河、淮河流域一带活动，被称为"北方红巾军"。徐寿辉在彭莹玉等人的拥护下登基为帝，定国号为天完，主要在长江中上游一带活动，被称为"南方红巾军"。另外，河南一带活跃着邓州王权的起义军，被称为"北琐红巾"。湖北一带活跃着孟海马的起义军，被称为"南琐红巾"。郭子兴所率领的义军在江淮一带活动，也是红巾军的一支。郭子兴去世后，朱元璋取代他的位置，也长时间依附大宋，担任大宋授予的官职。后来，有的红巾军被元军镇压，有的因统治阶层的变化而改变了性质。

朱元璋北伐灭元

朱元璋出身贫寒，因为生活所迫而当过和尚，后来投奔至郭子兴麾下，深受重用。至正十五年（1355），郭子兴去世，朱元璋成了郭军的领导者，小明王韩林儿让他担任左副元帅一职。是年，朱元璋率军过江，第二年攻陷集庆（今江苏南京），改名应天府。朱元璋此时的部众已十万有余，没多长时间就被韩林儿拜为丞相。从这以后，朱元璋便将大本营设置在应天府，着手消灭其余的割据势力。至正二十四年（1364）正月，朱元璋被封为吴王，统领百官，成立了一个完整的封建统治机构。这一年，陈友谅、张士诚先后被其消灭，方国珍也投降归顺。之后朱元璋休整兵马，打算与元朝展开最后的决战。至正二十七年（1367）秋，朱元璋发兵二十五万北伐，征虏大将军和副将军分别由徐达和常遇春担任。这年年末，朱元璋正式登基。公元1368年初，朱元璋定国号为明，改元洪武，以应天府（今江苏南京）为都城。这年年中，徐达在临清与其他将领会合，率军沿运河向北，直达通州。元顺帝带领嫔妃和太子向北逃至上都。没过多长时间，北伐军在徐达的带领下攻入大都。元朝彻底覆灭。

北元建立

明军将大都攻占后，朱元璋下旨将其改名为北平府。当时，有一小股元军还残存在北方。洪武元年（1368）九月，徐达、常遇春向山西发兵，元将扩廓帖木儿惨败后向北逃亡。驻扎在陕西的元将李思齐不堪明军围困，最终投降。北伐军又回军紧逼上都，元顺帝只得再向北退。公元1370年四月，顺帝去世，其子爱猷识礼达腊登基，带领残兵败将在塞外和林附近活动，国号依旧是"元"，历史上称为"北元"。明洪武二十一年（1388），鞑靼取代了北元。

确立行省制

元朝的一级行政区不再是路，而是行省，另外还有与行省同级别的宣政院（初名总制院）辖地、腹里以及和州同级的土司。宣政院辖地的管理对象是吐蕃地区，腹里为中书省直接管辖的路府。各行政区的长官正职由蒙古人担任，汉人担任副职。每省设有一名丞相，丞相下设左右丞、平章，名称和中书省类似。至元二十七年（1290），全国分为十个行省，即岭北、辽阳、河南、陕西、四川、云南、甘肃、江浙、江西、湖广，当然这不包括由中书省直接管辖的山东、山西、河北、内蒙古和由宣政院管辖的西藏地区。行省下的行政级别是路、府、州、县。通常行省权力较独立，与行省中心距离太远的地方设置有宣抚司。行省制加强了中央集权统治，这在中国政治制度史上是一次巨大变革，影响深远。

军事制度

依照亲疏关系的不同，元朝军队共分为四个等级：蒙古军、探马赤军、汉军与新附军。蒙古军的成员主要是蒙古人，大于十五岁小于七十岁的人都要服兵役，其制度是兵民合一的万户制，按十进制编组成十户、百户、千户。探马赤军又名签军，最初由从蒙古各部中抽取的精锐之士组成，后来亦有其他民族士兵加入。汉军是蒙古攻占汉地后发展起来的，大部分成员是金朝女真与契丹降军、早期降蒙的南宋军、汉地的地方汉族武装势力和汉地签发的百姓。新附军的大部分成员是元朝南征南宋时投降的宋军，也叫作新附汉军、南军等。

依照具体职责的不同，元军又可分成侍卫亲军与镇戍军两大系统。侍卫亲军隶属于枢密院，主要职责是维护大都安全。镇戍军也隶属于枢密院，主力是蒙古军和探马赤军，主要职责是维护京畿附近要地的安全。南方地区的驻守军队是蒙古军、汉军和新附军，它们隶属于各行省。

四等人制

在人口数量和经济水平上，汉人比蒙古人占优，元朝统治者似乎感受到了威胁，于是实行民族分化和民族压迫政策，其中比较典型的有四等人制，也就是将全国人民分成蒙古人、色目人、汉人、南人四个等级。蒙古人为第一等，是"国人""自家骨肉"。色目人为第二等，指的是畏兀儿、回回、钦察、康里、吐蕃及唐兀（即党项）等各民族人民。汉人为第三等，指的是原金朝境内的汉族、契丹、女真人和较早归顺的四川、云南人。南人为第四等，指的是南宋遗民，被贬称为蛮子。朝廷一方面赋予蒙古人与色目人特权，一方面给汉人和南人分派繁重的劳役和赋税，十分不公平。虽说在官方文告和档案中很少提及四等人制，但一系列不平等的政策和规定将这种制度体现得淋漓尽致。汉人不可以结社、集会、集体拜神；不允许汉人私藏兵器；汉人打死蒙古人要以命抵命，而蒙古人因争执或醉酒打死汉人仅需"断罚出征，并全征烧埋银"；同样参加科举考试，蒙古人、色目人的题目比汉人、南人的容易许多，等等。

直接管辖西藏

公元 1246 年，藏传佛教萨迦派首领萨班前往凉州，与蒙古宗王阔端（窝阔台次子）会晤，双方在藏区归附蒙古问题上取得了一致意见，历史上称之为"凉州会盟"。萨班写信给吐蕃各僧俗首领，希望他们也能归附蒙古。乌斯藏（前藏）、藏（后藏）、纳里速古鲁孙（阿里地区）等地先后臣服于蒙古。元世祖忽必烈在位时，将萨迦派法王八思巴封为国师，后来又升迁其为帝师。从这以后，每个元朝皇帝都设立了帝师这一职位，帝师不仅在西藏享有政教特权，还是全国佛教的领导者。至元年间（1264—1294），元朝还在西藏地区设立乌斯藏宣慰司，是西藏地区最高地方行政机构。宣慰司下的行政机构有万户府、千户所等。宣慰使、万户长是宣政院或帝师向皇帝推荐的，有僧有俗。元朝政府不止一次在西藏地区普查人口，征收赋税，并派蒙古军和汉军驻防，中央政府正式直接管辖西藏地区。

管理台湾

在元朝之前，澎湖列岛和台湾归泉州晋江市管辖，宋朝一度出兵驻守澎湖。至元年间，为了管辖澎湖和台湾，政府特意成立了澎湖巡检司。元朝末年，曾跟随商船到数十国游历的汪大渊写成了《岛夷志略》，其中对此地区是这么描写的："土商兴贩，以乐其利。地隶泉州晋江市，至元年间，立巡检司，以周岁额办盐课中统钱钞一十锭二十五两，别无科差。"澎湖巡检司的成立，表明中国政府自元朝起就开始对台湾地区实施行政管理。

元朝的外交

元朝疆域广阔，经济发达，文化繁荣，与许多国家和地区都有往来。高句丽的兵制、驿传制度就是依照元朝所设，其还从元朝学习了种植棉花的技术，很重视中国的《农桑辑要》《授时历》等书。除了高句丽，与元朝交往密切的还有安南（今越南北部）、占城、真腊（今柬埔寨）等。在南亚的木剌由（今马来西亚）、阇婆（今爪哇）、狮子国（今斯里兰卡）等地，也经常可以看到元朝的使臣和商船。汪大渊的《岛夷志略》中有对东南亚至东非地区民俗风情的描写，开阔了国人的眼界。在这个时期，摩洛哥的大旅行家伊本·拔图塔也来到中国，游历了杭州、泉州、广州等地，写了许多游记。

马可·波罗游中国

马可·波罗的父亲和叔叔是威尼斯商人，他们在公元 1271 年带着马可·波罗经中亚来到东方，并在公元 1275 年五月到达元上都。马可·波罗深得元世祖忽必烈喜欢，他在元朝生活了十七年之久。在此期间，马可·波罗多次到全国各地游历。公元 1292 年，蒙古公主阔阔真要去伊利汗国成婚，忽必烈委托马可·波罗和其父亲、叔叔一路护送，并允诺他们完成任务后回到自己的国家。公元 1295 年，马可·波罗一家人回到故乡。公元1298年，威尼斯与热那亚爆发战争，马可·波罗参军，后来被捕，被关进牢房。他在牢房中讲述了自己在东方的所见所闻，同狱的鲁思梯谦把这些记录下来，著成《马可·波罗游记》一书。次年，马可·波罗被释放，重返威尼斯。《马可·波罗游记》手法写实，绝大多数内容是马可·波罗在中国各地包括西域、南海等地的见闻，还包括少量与西亚、中亚和东南亚等国家相关的情况。书中涉及面广泛，对元初的政治、战事、宫中秘闻、节日、游猎等都有描写。马可·波罗将东方的富庶和文明淋漓尽致地展现给西方人，使他们更深一步地了解了中国。

黄道婆改进棉纺织技术

元代的棉纺织业可谓异彩纷呈。当时的棉纺织业中心非松江乌泥泾（今上海华泾镇）莫属。黄道婆生活于宋末元初，出身贫寒，十几岁便成为童养媳，婚后常遭受家人虐待，她不堪忍受，遂搭乘黄浦江海船逃至海南岛崖州（今海南三亚崖城镇）。黄道婆在此地向黎族人学习纺织技艺。大约公元1295年，黄道婆回到故乡松江，将纺织技术教给同乡。除此之外，她还对传统的棉纺织工具进行了改进：之前纺纱用的是单绽纺车，她改成三绽纺车；之前弹花用的是小竹弓和手指，她改成大弓椎击法。黄道婆还改进了织染技艺，利用错纱、配色、综线等手段，织成多种漂亮的图案。这些改进使得松江一带的棉纺织业飞速发展，当时有谚语称"松郡棉布，衣被天下"。

全真道的兴盛

全真道是道教的一个支派，由京兆咸阳（今陕西咸阳）人王喆始创于金朝中期。全真道反对喝酒吃肉、结婚繁衍，倡导静心修身、引人向善。蒙古崛起之后，全真道丘处机前去拜会成吉思汗。成吉思汗向他请教如何保养身体和治理国家，丘处机回答说要"修心减欲""少行屠戮""敬天恤民"。成吉思汗遂以"神仙"称呼丘处机。由于成吉思汗与丘处机的会面，全真道在元朝盛极一时。

蒙古文字的创制

之前蒙古族并没有文字，一直停留在刻木或结草纪事的阶段。公元1204年，乃蛮被成吉思汗征服，俘虏中有一个叫作塔塔统阿的掌印官，他是畏兀儿人。成吉思汗便下令让他用畏兀儿文字拼写蒙古语，供蒙古贵族子弟学习。畏兀儿字是拼音文字，起源于粟特字，这种以畏兀儿字拼写的蒙古文被称作蒙古畏兀字。后来蒙古国成立，蒙古畏兀字被广泛使用，不仅在统治者所写的诏令文书中用到，而且还用它来翻译汉文典籍。八思巴受封为国师后，受命创制蒙古文字。八思巴以藏文字母为基础，经过演变而发明了蒙古新字。至元六年（1269），蒙古新字正式成为法定的官方文字。元朝的官方文书大多数都由蒙古新字书写而成。元朝灭亡后，八思巴蒙古字不再流行，而蒙古畏兀字一直流行于民间。如今在中国境内使用的蒙古文就是由蒙古畏兀字发展演变而来的。

山水画"元四家"

元代的山水画画家中，黄公望、吴镇、倪瓒、王蒙四位名望最高，被称为"元四家"。黄公望多以浅绛色入画，气势磅礴；吴镇擅长画山水竹木，笔力遒劲，墨色酣畅，能将山川林木的峥嵘郁茂之气表达得淋漓尽致；倪瓒在画作上加有许多题跋，直抒胸臆；王蒙是书画大家赵孟頫的外甥，吸取各家优点而自成一派。

元四家画法高超，风格新颖，是这一时期山水画发展的主流，宣告了中国山水画一个新阶段的诞生。

书画大家赵孟頫

赵孟頫是宋宗室后裔，祖籍浙江吴兴（今浙江湖州），字子昂，号松雪道人，又号水精宫道人。赵孟頫多才多艺，不仅是书画大家，还通诗文，明经济，精金石，晓律吕，懂鉴赏。赵孟頫的行书和楷书举世闻名，他觉得应该依照古法，首先讲究用笔。他的书法结体严整，笔法圆熟，风格遒媚隽秀，世称"赵体"，主要作品有行书《洛神赋》、小楷《汲黯传》等，赵孟頫的画作并不局限于某一题材，山水、人物、动物、花鸟、竹石均可入画。在用色方面，其前期画作讲究"绚丽之极，仍归自然"，后期基本用淡墨，与白描差别不大。其主要的作品有《鹊华秋色图》《人骑图》《水村图》等。

元曲的勃兴

元曲与唐诗、宋词并称，在中国文学史上占有极高地位。元曲形式上和词相近，运用长短句，但是格律更加自由，词语上多为口语，表达感情直率，均用北方流行的曲调，故又称"北曲"。元曲分为元杂剧和散曲，元杂剧的成就最高，故人们经常将"元曲"作为元杂剧的同义词。元杂剧是在宋杂剧、金院本及诸宫调的基础上逐步形成的，是一种运用北曲风格演唱，将唱、念、科、舞有机结合起来的综合表现完整故事的戏曲形式。元杂剧的结构是一楔子包含四折，以"单人主唱""曲白互生"（唱与说白紧密相连）作为表演形式。另外，元杂剧还有一些特点，如剧本对舞台性很看重、角色分工类型化等。可以说，作为一种戏曲形式，元杂剧是成熟和完整的，戏曲的本质特征它都具备。散曲是用来配合音乐供人演唱的，种类上分小令和套数两种，其表演形式种类很多，有表演唱、舞蹈伴唱、乐器伴唱等。由于元曲的流行，元代开始出现专业剧作家，这也直接推动元曲走向鼎盛。

元曲四大家

元曲四大家分别为关汉卿、白朴、马致远、郑光祖。这四人是元朝时期极具盛名的剧作家，其中又以关汉卿最为有名。关汉卿出生于金元之际，曾任职于元朝太医院。他长期在大都居住，交游范围极广，有文人、剧作家、勾栏里的歌伎、演员等人，加之长期体察社会，使得关汉卿有丰富的创作素材。终其一生，他写过六十多部剧本，现存的有十八部，其中又以《救风尘》《单刀会》《窦娥冤》等最为人们喜爱，人们称誉他为"杂剧班头""梨园领袖"。其他三大家中，白朴的《梧桐雨》、马致远的《汉宫秋》、郑光祖的《倩女离魂》也相当有名。

编修《授时历》

元朝成立之初，使用的是金朝历法，因为形成年代太过久远，极不准确。为了修改历法，元世祖特意设置了太史局（后改称太史院），交由张文谦和张易主持；而具体的组织工作，元世祖下旨让王恂（时任太子赞善）负责，后来让他出任太史令一职。王恂所征调的人不只是大都、临安等地的天文官，还有别的专家，时任工部郎中的郭守敬便是其中之一，他后来担任同知太史院事一职。修历之人分工明确，掌管历法推算的是王恂，掌管仪器和观测的是郭守敬。王恂、郭守敬等人将汉朝之后的四十多家历书一一研究，发明了垛叠招差法（即三次等间距内插法）和近似球面三角的简化公式。他们进行了多年的潜心研究和大量的复杂计算，终于在至元十七年（1280）六月，正式完成了新历《授时历》的编制工作，并于次年将之颁行天下。《授时历》从元朝开始使用，到明朝终止，共使用了三百六十多年，在中国古代，它是使用时间最长的历法，在精密性上也没有其他历法可与之匹敌。

明代

1368 年，明太祖朱元璋建立明朝，开始采取一系列措施，以巩固它的统治。在政治上进一步加强中央集权的专制主义，所有军政大权统归皇帝掌握，使秦汉以来的中央集权制度有了进一步的发展。

朱元璋死后，他的孙子朱允炆即位。燕王朱棣发动了"靖难之变"，夺取了政权。朱棣与蒙古和西域诸部多次作战，继续巩固了北部和西北部的边防。他又派遣太监郑和七下西洋，和亚、非三十多个国家建立了友好往来的关系，在早期世界航运史上写下了光辉的一页。

明朝中叶以后，皇帝昏庸，吏治腐败，朝臣朋党倾轧，宦官乘机揽权，他们作恶多端，任意逮捕臣民，滥杀无辜，搜刮大量的金银珍宝。一些官员也奔走在宦官门下，卑躬屈膝，仰承鼻息，造成了明朝吏治的极端腐败。在经济上，由于豪门大族不断集中土地，封建剥削日益加重，普通百姓生活困难。

面临着吏治腐败，经济萎缩，阶级矛盾日益尖锐的情况，大学士张居正进行改革。他在澄清吏治，增辟财源，整顿军事，提倡务实精神等方面，都做出了一定的贡献。

隆庆、万历年间，商品经济发展，资本主义生产关系的萌芽在江南地区的若干手工业部门中已在酝酿。江苏、浙江、安徽和江西的一部分地区，农产品丰富，手工业发达，苏、杭和江宁的丝绸，景德镇的瓷器，松江的棉布，驰名中外。

1582 年张居正去世后，神宗朱翊钧怠于政事，使得晚明的官僚机构近于瘫痪。与此同时，神宗贪财好货，派出大量矿监、税使，到处横行，敲诈勒索，残杀人命，引起了许多城市居民的反抗。

一些开明的知识分子和腐败势力展开了斗争。他们反对横征暴敛，反对宦官干政，反对贪官污吏，主张改革弊政，减轻人民负担，缓和阶级矛盾。宦官集团嫉恨他们，将他们诬为"东林党"，进行疯狂镇压。

就在明王朝内部矛盾重重的时候，东北地区的满族开始崛起，窥视关内，威胁明王朝的统治。与此同时，西北的连年灾荒引起了农民起义，李自成领导的起义军转战南北，锐不可当，最终于打下了北京，崇祯帝朱由检自缢身亡，明王朝灭亡。

就在明朝灭亡前后，明宁远总兵吴三桂投靠清朝，引导清兵入关。李自成迎战失利，撤出北京，转战西北。清朝为夺取全国统治政权，先后对农民起义军、南明小朝廷和台湾郑氏势力进行军事镇压，最终统一了中国，完成了明清鼎革的过程。

开国皇帝朱元璋

明孝陵建在南京东郊钟山南麓独龙阜玩珠峰下。这是明朝开国皇帝朱元璋的陵墓，也是我国现存最大的帝王陵墓之一。明孝陵始建于 1381 年，第二年葬入马皇后，马皇后谥"慈孝"，故名"孝陵"。

1383 年工程告竣，朱元璋死后葬入。

朱元璋，字国瑞，1328 年（元天历元年）9 月 18 日出生在濠州钟离县（今安徽凤阳县东北）孤庄村一户佃农家里。他家世代都给地主种田，一年忙到头，却总是吃不饱饭。

1344 年（元至正四年），淮北地区大旱，又遭遇蝗灾，颗粒无收，人们只能靠吃树皮革根度日。一场瘟疫又席卷濠州，病魔夺去了朱元璋的父母和大哥的生命，十七岁的朱元璋在走投无路下，邻居帮他出了个主意，要他去孤庄村西南角山坡上的皇觉寺出家当个小和尚混口饭吃。于是，朱元璋在同年九月出家为僧，整天在寺里扫地、上香、打钟。虽然做和尚也免不了受气，但毕竟暂时能吃上点饭。可是好景不长，这年灾情严重，靠收租米过活的皇觉寺，因收不到租米，眼看就要断炊了，师父、师兄们一个个只好出门做游方和尚了。进皇觉寺才五十天的朱元璋，也带着木鱼和钵到淮西一带流浪化缘。

1348 年，朱元璋又回到皇觉寺内。1351 年红巾军起义爆发，朱元璋在寺里不断听到外面传来的消息，一会儿红巾军占领襄阳，一会儿是芝麻李一晚占了徐州。朱元璋很爱听红巾军的事。1352 年二月，郭子兴在濠州起义，自称节制元帅。朱元璋受起义的影响，于 1352 年，离开皇觉寺到濠州去投郭子兴。这时他已经二十五岁，高大的身材，黑黑的脸盘，高高的颧骨，大鼻子，大耳朵，粗眉毛，下巴比上颚长出好几分。样子虽然不雅，却也显得威严而沉着。他很受郭子兴的信任。朱元璋参加起义军以后，作战勇敢，累建战功，深受郭子兴赏识。不久，郭子兴把自己的养女嫁给了他，此女即后来的马皇后。就这样，原来皇觉寺的小和尚，竟然做了郭元帅的门婿。

同年冬天，元将贾鲁围攻濠州，妄图将起义镇压下去。朱元璋领兵突围，攻占了含山县、灵璧县和虹县。1353 年春，贾鲁死，濠州解了围。为了壮大军事力量，朱元璋征得岳父的同意，到老家钟离招募了徐达等七百人。郭子兴大喜，升他为镇抚。一年以后，又升他为总管，1354 年春，朱元璋与徐达等率兵南略定远，计降张家堡驴牌寨"民兵"三千人，又夜袭横涧山"义兵元帅"缪大亨，缪降，朱元璋得其精壮两万人。朱元璋在得到了这支生力军之后，立即重新编制，整顿纪律，加强训练，从而使之成为一支战斗力很强的队伍，声势大振。

在进军途中，有一些知识分子前来投奔朱元璋。其中有冯国用和冯国胜两兄弟，还有李善长等，他们熟读经书，精通兵法，广有谋略。有一次，朱元璋问平定天下的大计，冯国用回答说："金陵龙盘虎踞是历代帝王之都，如能先攻取其作为根据地，然后命将四出征伐，扫除群雄，提倡仁义，以收人心，天下就可以到手了。"还有一次，朱元璋问李善长说："现在全国到处都在打仗，什么时候才能太平呢？"李善长说："秦朝末年，就这样大乱过。汉高祖也是平民出身，因为他气量大，会用人，又不乱杀人，所以只花了五年时间，就统一了天下。现在元朝政治这样混乱，天下土崩瓦解，您何不向汉高祖学习呢？"对于这些意见，朱元璋极为重视，并把他们的话铭记在心。

1355年正月，郭子兴采用朱元璋的计谋，派张天祐等率兵攻取了和州（今安徽和县），郭子兴任命朱元璋为总兵官镇守。二月，刘福通等迎立韩林儿在亳州称帝，号小明王，立国号"宋"。三月，郭子兴病故，五月，韩林儿任命郭子兴之子郭天叙为都元帅，妻弟张天祐为右副元帅，朱元璋为左副元帅。九月，郭天叙与张天祐二帅攻集庆，皆战死，于是子兴所部尽归元璋。这样，朱元璋就成了名副其实的都元帅和小明王麾下的一员大将了。

朱元璋掌握了全军大权以后，把进攻的目标指向集庆。他认为"取集庆必自采石始"，所以在1356年二月，在采石和元将海牙展开了一场大战，战胜了海牙。三月，进攻集庆，在城外屯兵的陈兆先（叛将陈埜先之子）战败投降，朱元璋得其众三万八千人，集庆城破，元守将福寿战死，水寨元帅康茂才和军民五十余万归降。朱元璋入城后告谕父老说："元朝政治腐败，各地都起兵反抗。我带兵来到这里是为民除乱，希望你们安居如故。贤人君子愿意跟我建功立业的，我以礼任用；旧的法令制度有不便于民的，立即改掉；官吏不许贪污，为非作歹和残害百姓。"百姓们听后非常高兴，人心终于得到了安定。于是，朱元璋把集庆路改称为集庆府以表示他起兵造反是上应"天命"的。这一年的七月，小明王升朱元璋为枢密院同金。没过多久，文提升他为江南等处行中书省平章。

应天府位于长江下游的南岸，形势险要。朱元璋占领应天以后，但处境仍是很困难的；东有张士诚，西有徐寿辉，北有元军，三面受敌。朱元璋便派兵陆续攻占应天周围的一些城镇和地区，控制住应天外围的各处战略据点。他还采纳了徽州老儒朱升"高筑墙、广积粮、缓称王"的建议，大兴土木建筑城墙，发展农业生产，兴修水利，扩大开垦，实行屯田，减轻农民负担，因而兵强粮足。同时他还注意招贤纳士，搜罗人才，大批吸收地主阶级的知识分子参与政事。

朱元璋还根据当时的形势，采取了巩固东、西战线，出击东南的战略，然后在鄱阳湖打败了陈友谅。第二年正月，他自立为吴王。二月，攻占武昌，收降陈友谅之子陈理。1366年，他命廖永忠自滁州迎小明王韩林儿至瓜州，韩林儿被扔进了长江，宋终于灭亡。1367年，他消灭了张士诚、方国珍两股割据势力，平定南方。这样，朱元璋占领了长江中下游这片人口众多，物产丰富，文化发达的地区，从而有足够的实力，去统一全国。

1367年十月，朱元璋一方面进攻福建广西，另一方面又任命徐达为征虏大将军，常遇春为副将军，率军二十五万人"北上攻打中原"。在北伐檄文中，他针对元朝统治者的残酷的民族压迫政策，明确提出"驱逐胡虏、恢复中华、立纲陈纪、救济斯民"的口号，并且宣布蒙古、色目人"有能知礼义，原为臣民者，与中夏之民抚养无异"。这对于团结各种反元力量，打击元朝的反动统治，完成北伐事业，有着积极的推动作用。

朱元璋的南征，进展很顺利。到1368年的正月，已经攻占了福建。同年七月，平定了广西，在北伐战场上，则先后攻下了山东和汴梁，然后挥戈潼关，击败李思齐部。第二年五月，朱元璋亲自坐镇汴梁，指挥进军元大都的决战。徐达率军沿运河长驱北上。

1368年七月二十八日，元顺帝率后妃、太子逃遁上都。八月，徐达率北伐军进入大都（今北京），统治中国九十七年的元王朝就此灭亡了。1368年正月，朱元璋当上了皇帝，定国号为明，改元洪武，建都应天，中国历史上又一个新的封建王朝开始了。

朱元璋虽然登上了大明皇帝的宝座，为了巩固明朝的江山，他继续派兵南征北伐，终于在1387年完成全国统一大业。统一全国后他又制定和实施了一系列加强中央集权和发展社会经济的措施。

1376年（洪武九年），朱元璋废除了元朝设置的"行中书省"，在各地陆续建立承宣布政使司、都指挥使司和提刑按察使司，分管行政、军事和司法，三司互相制约，统属于中书省。1380年，他以"图谋不轨"的罪名处死了左丞相胡惟庸，把中书省的权力下放给了吏、户、礼、兵、刑、工六部，六部尚书直接对皇帝负责。这样原来各行省的权力集中于朝廷后，又进而集中于皇帝一身。

1382年，为了进一步行使皇权，加强对官吏及百姓的控制，朱元璋专门设立锦衣卫，作为皇帝侍从的军事机构，他们奉皇帝的命令从军事方面，改大都司，负责军队兵籍和军政，不能直接统率军队。军队的调遣和最高指挥权在皇帝。在司法方面，由都察院负责纠劾，刑部掌刑狱，大理寺主审查，遇大狱由三法司会审。这样，明朝的军、政、司法大权，清楚地分属于几个独立的机构管理，而这些机构，又直接掌握在皇帝的手中。

朱元璋在加强中央集权的同时，还实行了一系列有利于生产发展的措施：首先是，奖励垦荒，轻徭薄赋。针对明初人口锐减，土地荒芜的状况，实行"计民授田"和移民垦荒两种对策。规定，北方郡、县近城的荒地，授给每个开垦户农田15亩，菜园2亩，远郊的荒地，则让人尽量耕种。他还多次把人口稠密地区的农民，迁往地广人稀的地区开垦荒地。不论就地垦荒或移民垦荒，政府都给予优惠条件，除供给耕牛、农具和种子以外，还免税三年。1395年朱元璋又下诏，规定在山东、河南的农民凡是1394年以后新开垦的田地，都不交田赋。在税收方面，也同样采取薄赋的办法，实行商税一律三十取一税法。

朱元璋在建国之初，原准备抽调苏州、松江、嘉兴、湖州四府的农民，到南京去修建城墙。当他得知这四个地区的农民已经承担了为北伐军缝制棉袄的任务以后，他说："百姓的徭役只能用其一，而缓其二，怎能让两件事同时要他们完成呢？"于是下令停止征调他们筑城。后来修建皇宫，为节省民力，也只要求朴素坚固，并不追求华丽。

第二，兴修水利，发展多种经济作物。朱元璋动员了数以万计的农民投入水利的建设。到1395年，全国府县计开塘堰四万零九百八十七处，疏河四千一百六十二条，修陂渠堤岸五千零四十八处。广西的灵渠、四川的都江堰等，在朱元璋在位期间，都先后修复。这些水利工程的兴建，为农业生产的发展提供了有利条件。朱元璋还鼓励农民种植经济作物。他先后下令，凡有田五亩至十亩田地的农户，必种桑、麻、棉各半亩，有十亩地以上加倍，田多的照比例递增。这些措施，为纺织业的发展提供了丰富的原料。

第三，制订"鱼鳞图册""黄册"合理分摊赋税。1381年，朱元璋在全国范围内进行人口普查，将户籍登记在册。它登记各户的籍贯、丁口、姓名、年龄、田宅、资产等，作为征赋派役的依据。

1387年，他又在全国进行土地普查，在丈量土地的基础上绘制的耕地总清册。因图上新绘田亩图挨次排列如鱼鳞，所以被称为"鱼鳞图册"。它以登记田主姓名和土地位置，作为征收田赋的依据。

第四，解放奴婢，改善工匠地位。经过元末农民战争，大部分奴婢恢复了人身自由，提高了社会地位。朱元璋于1372年颁布诏令："……为人奴隶者，即日放还。一般民户不得收养家奴，贵族、功臣使用奴婢最多不得超过二十人。"他还下令由朝廷代为赎还因饥荒而典卖的男女。《明律》规定：不得诱骗和掠卖良人为奴，违者杖一百，流放三千里。

在元代官办的作坊里，有许多世代从事手工业生产的工匠。他们没有自由，实际上是一种工奴。在明朝的初期，这些工匠的地位较过去有所改善。匠户一般分为两种：一种叫"轮班"，每三年为官办作坊服役三个月，其余时间可自由经营；另一种叫"住坐"，每月交罚班银六钱，全部时间可自由经营。

经过二三十年的休养生息之后，明初的社会经济得到了迅速的发展，人口不断增加，耕地扩大，粮食增产，手工业日渐发达，商业逐步繁荣，社会经济欣欣向荣。

在1398年的五月，明代开国皇帝朱元璋，在南京病逝，终年七十一岁。

朱升的九字方针

1357年，经大将邓愈推荐，朱元璋觅得老儒朱升。朱升当面给朱元璋谋划了一个具有历史意义的重大战略。就是："高筑墙，广积粮，缓称王。"

"高筑墙"有两层含义。是指要有一个强大和巩固的战略根据地。积蓄人力、物力，而人力、物力的来源离不开牢固后方的补给。能否建立一个强大、巩固的战略根据地，直接关系到朱元璋能否在元军的包围中站稳脚跟，求得发展。朱元璋听取了朱升的谋略选择应天及其周围的地区作为根据地来"高筑墙"。一是因应天与淮右，唇齿相依连成一气，朱元璋及其主要将领和谋士多是淮右人，下级军官与士卒也大多来自这一地区；立应天、淮右为本，大部分将帅、士卒为保卫家乡而战，对稳定军心很有好处。同时，朱元璋的大军与江淮民众是血肉关系，能够取得百姓的支持，这对军队人员的补充十分有利。二是应天临江依山，周围多丘陵，地形十分险要，是东南地区的军事重镇，是为兵家必争之地。三是应天和周围地区经济发达，物产丰富，有利于战争。四是朱元璋立足应天，避开了元军主力，而且兵源广大，可以迅速发展壮大起来。

"高筑墙"的另一个含义，是指建立一支强大的武装力量。这支力量，不仅仅用来防卫，而且也能用来进攻。事实上，朱元璋欲图大计、平定天下的远大抱负早已有之。战略与朱元璋的长远大计完全吻合。

"高筑墙"的战略，事实上使朱元璋有了一个稳定、巩固的战略根据地。

朱元璋之所以成为明朝的开国皇帝，从某种意义上讲，正是朱元璋采纳朱升提出的这一战略。

朱元璋的"广积粮"战略，已超越了一般意义上的重视粮秣，它有着鲜明的针对性，其意义是远大的。

朱元璋盘踞在江淮一带，是著名的"鱼米之乡"，按理说粮食不成问题。但朱元璋仍然要把"广积粮"作为大战略的三大要素之一。

这其中有两个非常重要的意义：第一，元末的江淮自然灾害十分严重，而且极为频繁，持续时间又长。许多百姓连自己的温饱问题都解决不了，哪里还有粮食拿出来支持朱元璋的起义军呢？第二，朱元璋曾有明令："凡入敌境，听从捎粮。"所谓捎粮，就是说军队的粮草都要取之于民。当时战火纷乱，青壮年都去参军打仗了，农村缺乏劳力，严重影响了农作物的耕种，同时，由于战乱带来的破坏，堤坝年久失修，耕牛被宰，粮食产量下降，当时起义军占领的大多数地区，百姓的情绪尚未稳定下来，要想捎粮，是不太可能的。

朱元璋有两个大将，一个叫胡大海，一个叫常遇春，这二人对此早有察觉。他们认为一味靠捎粮，百姓承受不了，会反对，这对起义军和老百姓都是非常不利的。事实也正是这样，仅靠捎粮，老百姓有限的粮食如何养得了朱元璋的几十万起义大军？而且，朱元璋从和州进军江南，正是因为缺粮所迫。虽然到江南后得到了很多的粮食，但由于起义军迅速扩大，很快就消耗干净。稍稍吃了几天饱饭的起义军，又重新为肚皮问题所困扰。

"广积粮"虽不是长远大战略，而是十分迫切的现实问题了。

"水可载舟，亦可覆舟。"出身于农民的朱元璋，比任何人更明白这个道理。"捎粮"的实质，就是"取之于民"，而这个"取"，是朱元璋一厢情愿的，换言之，老百姓并不是自愿"给"的，只是出于无奈，才不得不让朱元璋"取"。所以长期下去，肯定会遭到百姓的反对，恐怕老百姓会像他朱元璋一样又要造自己的反了。

既然靠"捎粮"无济于事，那只有寻找新路子了。且战且耕的制度正是在这一背景下产生的。

朱元璋任命元军降将康茂才为都水营田使，由他负责兴修水利，要求做到高地不怕旱，洼地不怕涝。接着，他又下令各部队都要在驻地开垦荒地，种植粮食，并且立下章程，规定以产量的多少来决定赏罚，要求各部队除了供给自身的需要外，还要做到有存粮。同时，又建立了管领民兵的万户府，主要职责是将民间的部分壮丁编为民兵，农时耕种，闲时练兵。

于是一场轰轰烈烈的"大生产运动"开始了！

这一举措十分有效。当年，康茂才所部就产粮一万五千万石，余粮七千石。朱元璋感到非常满意，他立即下令褒奖，同时不失时机地谕令全军，指出要解决粮食不足的困难，强兵足食，还必须做好屯田工作。

在后来的几年里，朱元璋的粮食完全可以保障部队自给自足了。到1360年五月，朱元璋明令禁止征收寨粮。曾经给百姓带来沉重负担的"捎粮"政策的取消，得到了当地百姓的拥护。

"广积粮"的战略，使朱元璋迅速从缺粮的窘境中解脱出来，再也用不着为粮草问题而发愁了。

"缓称王"作为朱元璋"高筑墙、广积粮、缓称王"大战略的最后一个环节，实际上也是最重要的一个环节。

兵强粮足的朱元璋依然十分冷静。他明白"谁笑在最后，谁才是真正的胜利者"这个道理。所以，他坚定地采纳了"缓称王"的建议。朱元璋始终不为"王""帝"所动，直到元至正二十四年（1364年），朱元璋才称为吴王。至于称帝，那已是元至正二十八年（1368年）的事情了。此时，天下局势已明朗，也就是说，朱元璋即便不称帝，也快是事实上的"帝"了。

和其他各路起义军迫不及待地称王称帝的做法相比较，朱元璋的"缓称王"之战略可谓非常高明。"缓称王"的根本目的，是在于最大限度地降低元朝对自己的关注程度，避免或大大减少过早与元军主力和强劲诸侯军队决战的可能。这样一来，就有利于朱元璋保存实力、积蓄力量，从而求得迅速稳步发展。

在天下大乱的封建时代，起兵割据并不是说就和中央朝廷形成了势不两立的局面。但是一旦称王称帝，那就标志着这股势力与中央针锋相对了。因此，谁称王，朝廷必定要派大军前去镇压谁。徐寿辉称帝的第二年，元朝大军就对天完政权发起大规模的进攻。同样的道理，张士诚、刘福通等人，都遭到了元军的围剿。

只有朱元璋，一直到大举北伐南征前，都未受到元军主力进攻。

"缓称王"关键在于一个"缓"字。一旦时机成熟，朱元璋自然当仁不让。元至正二十四年（1364年），军事形势对朱元璋十分有利：北面的宋政权已经名存实亡，东面的张士诚已成为惊弓之鸟，四川的明玉珍安于现状，没有远图，对朱元璋构不成什么威胁；而元军在与宋军的决战中大伤元气，且又陷入内战之中，无力南进。在这样的大好形势下，朱元璋凭借自己的强大的军队和广阔的地盘，不失时机地公开表明了自己的政治主张，自立为王，天下非朱元璋莫属了。

刘基论人

元至正二十四年（1364年），在李善长、徐达等劝谏之下，朱元璋自立为吴王，以李善长为右相国，徐达为左相国，刘基为太史令。刘基精通天文地理，任太史令之后，曾以元代《授时历》为基础修订了历法，制定了《大统历》，于吴王元年（1367

年）颁行，成为明朝的历法，因为次年是戊申年，史称《戊申大统历》。

这时，朱元璋所建立的政权已经产生了质变，朱元璋已经从农民阶级的代表，变为了封建地主阶级的代表。当朱元璋为梦象所感，打算杀一批囚犯破梦的时候，刘基从缓和阶级矛盾着眼，假借梦劝说元璋停刑，不要滥杀无辜，说这梦是"得士得众之象"，不久，海宁州来降，朱元璋认作是梦的应验，因此又把犯人交刘基审理，而刘基释放了所有犯人。

在龙凤年间，朱元璋的军队不断扩大，编制也不统一，将校称呼也很混乱。朱元璋称吴王后曾下令按指挥、千户、百户、总旗、小旗统编军队，收到了增强战斗力的效果。洪武元年（1368 年）在此基础上刘基又"奏立军卫法"，在军事重地设卫，次要的地方设所，"自京师达于郡县皆立卫所"，以每五千六百人为一卫，统领卫的长官称指挥使；以一千一百二十人为一千户所，统领所的长官称千户，千户所下设百户所，设总旗、小旗，以都指挥使司为地方上的最高军事机构；以大都督府为中央最高军事机构。从而加强和巩固了明朝封建皇权的统治。

朱元璋为了惩罚苏松嘉湖地区的百姓对张士诚的支持，下令这一地区的田税"视宋制犹亩加五合"，同时，又下令刘基老家青田县不加，说这样会"使伯温乡里世世为善谈也"。

洪武元年（1368 年）夏历四月，占领了山东、河南之后，朱元璋从应天（南京）到了汴梁（开封），会见北伐诸将，研究战局和部署夺取元大都的步骤，让刘基和李善长做南京留守，刘基这时的官职是御史中丞，是御史台的佐贰长官，领导监察御史纠弹各级官吏的非法违禁行为。刘基认为宋、元两朝末期，由于纲纪不严以致丢失天下，所以他要求各御史官对违禁行为，要认真查处，不管犯禁的人权势有多大、官职有多高。那些宿卫朝廷的宦侍近臣如果犯法，他总是先报告皇太子然后对其绳之以法，人们都害怕他执法严明，不敢轻易违禁。

就在这时，李善长的亲信、中书省都事李彬犯了死罪，李善长出面为他求情，刘基铁面无私，没有理睬李善长的说情，由于事关重大，刘基向朱元璋做了书面报告，经批准后立刻杀了李彬。

李善长原是朱元璋称吴王时的右相国，称帝后的左丞相，在朝廷中一直是位列第一的。杀李彬后，李善长蓄意报复。在朱元璋从开封回到南京之后，李善长便极力诽谤刘基。这年天旱，说刘基在祈雨坛下杀李彬，是对上天的大不恭敬，以致天怒，祈雨不灵，另外一些对刘基不满的人也纷纷落井下石，说刘基的坏话。朱元璋按照迷信说法察纠天旱原因。问到刘基时，他对朱元璋说："在战争中死了那么多战士，他们的妻子家属或别葬，或寡居，没有什么抚恤和照顾，几万人阴气郁结，怨气冲天，这是第一；大批工匠死后骨骸暴露野外，无人掩埋，这是第二；江浙官吏投降的人都编入军户，让他们一家人世代充军，住在固定的卫所，足干和气，这是第三。有此三条，人怨天怒，以致不雨，希望陛下善为处理。"朱元璋接受了刘基的这种说法，采取了一些应急措施。但是十几天过去了，天仍然不雨，朱元璋很生气，在这种情况下，刘基感到很尴尬，恰巧他的妻子在这时死了，刘基便以丧妻为借口告老回家了。

这时候，徐达攻陷了元都（今日北京，明初改为北平），朱元璋本想以他的故乡凤阳做中都，设中都留守司。同时，也正计划集中兵力消灭元军统帅扩廓帖木儿（沈丘人，今属河南临泉，元将察罕帖木儿义子，本名王保保）。刘基临行前对朱元璋提出两条建议，说"凤阳虽是陛下的故乡，但这里地理条件不好，不宜在此建都，元军虽被打败，但王保保还是元军的一个潜在势力，对他用兵应该采取审慎态度，万不可轻视。"刘基走后不久，朱元璋深感刘基对他的无限忠诚，又亲自下令表彰刘基的功勋，把刘基召回南京。

朱元璋也很讨厌李善长的跋扈，有意撤换他的丞相职权，曾向刘基征求关于丞相人选的意见。刘基对朱元璋说："善长是对建国有大功的元勋，他能调和诸将。"朱元璋说，"他几次要谋害你，你怎么还会替他说好话？我看还是让你来当丞相吧。"刘基知道在李善长等淮西集团当权的情况下，他是站不住脚的，所以，连连辞谢说，换顶梁柱须要用大木，如若捆起一束细木代替，那会立刻被压垮的。朱元璋又问杨宪、汪广洋和胡惟庸等人如何？杨宪是刘基的好朋友，但是，刘基却说，杨宪虽有相才，但器量不够，当宰相须要"持心如水，以义理为权衡"，不能意气用事，说汪广洋心地"褊浅"怕比杨宪还厉害。说胡惟庸像一匹驾辕的马，就怕它中途扑倒。数来数去，朱元璋说："吾之相，诚无逾先生。"但刘基却一再表露自己有缺点，说他嫉恶如仇，脾气过于急躁，对繁杂的事情缺少耐心，深恐有负了皇上众望。说目前这几个人，的确没有很合适的，天下之大，何患无才，认真找一下也会有的。

洪武三年（1370），刘基授弘文馆学士，历史上弘文馆是藏有大量文献图书的地方，弘文馆学士掌校正图籍，教授皇家贵族子弟经史。在朱元璋给刘基的诰命中，回顾刘基建国前的政治影响时是这样说的："朕亲临浙右之初，尔基慕义；及朕归京师，即亲来赴。当是时，括苍（处州）之民尚未深信，尔老卿一至，山越清宁。"希望刘基在弘文馆中进一步发挥他的政治影响。这一年的十一月，朱元璋因统一了中国的北方，大封功臣，刘基被封为诚意伯，授开国翊运守正文臣、资善大夫、上护军。朱元璋给予刘基很高的荣誉。

朱元璋杀戮功臣

从凤阳的穷山恶水走出来的托钵僧朱元璋，赤手空拳打天下，最后竟然成为一代开国之君，那丰功伟绩的确令人仰慕，但他大肆屠戮功臣的残暴行为，也一直被后世所非议。

第一次的大屠杀是在1380年（即他称帝后的第十三年）的丞相胡惟庸一案，遭株连而被杀的达三万余人，第二次是在1393年大将蓝玉一案，诛杀人数为一万五千人，其他还有所谓"空印案""盗官粮案"，每次杀戮都在万人以上。到他去世之前，那些帮他夺得天下的文臣武将，全都被斩尽杀绝，其残忍实在是千古所未有。

对于以这样血腥的手段对待功臣，他的继承人、太子朱标很不理解，也很不同意，为此，朱元璋决定教训教训儿子。一天，他命人取来一根长满利刺的棘杖，叫太子去拿，太子感到无处下手而面有难色。朱元璋见状，挥剑一阵猛削，很快将所有利刺全都削去，棘杖变得十分光滑，握起来自然不会有什么困难了，朱元璋乘机说道："如今我所诛杀的，都是天下一些险恶之徒，就好比这根棘杖上的利刺，我把他们除掉后，再把木杖交给你，难道还有比这再好的吗?"

不料太子却很不以为然，回答道:"上有尧舜之君，则下有尧舜之民。"这无疑是指责父亲不是尧舜之君，朱元璋勃然大怒，抓起椅子向太子砸去，太子吓得赶快跑开。

不过朱元璋的这番话倒是道出了他诛杀功臣的心迹。他虽然四十一岁当上了皇帝，天下大定时，他已是六十岁左右的人了，他自感来日无多，太子朱标又仁弱，跟他起事的那些文臣武将，哪一个不是足智多谋，武艺超群。他担心他死后，太子驾驭不了这些人，为了他朱氏的江山能千秋万代地传下去，他才要不择手段地两兴大狱，一网打尽。

李善长、刘基、徐达，是大明王朝的三大开国功臣，被朱元璋比之为西汉三杰:萧何、张良、韩信，可这三大功臣都无一幸免地全都被朱元璋杀害了，在这一点上，朱元璋比刘邦可是青出于蓝了。

李善长是朱元璋的淮西老乡，他比朱元璋大了十几岁，在朱元璋还寄人篱下的时候，他便看出了这个年青的将领气度非凡，是汉高祖刘邦一类的人物，毅然投奔其麾下，在早期那松松散散、军纪不严的义军队伍中，他协调诸将、整顿军纪，为增强义军的团结，提高其战斗力，做了许多卓有成效的工作，但他更大的贡献还是在筹饷、理财、供应等后勤工作方面。在那些战乱频繁、饥荒连年的时代，他以其杰出的理财能力、管理能力和组织能力，将粮饷和兵员源源不断地输送到前方，使部队总是保持着充沛的战斗力，对朱元璋的胜利起了决定性的作用。而当大局已定，又是他带头劝进，请求朱元璋及时称帝，并主持了登基大典。

朱元璋对李善长的评价是相当的高的，他说:"李善长虽无汗马之劳，然事朕年久，给足军食，功劳甚大。"又说:"朕起自草莽间，提三尺剑，率众数千，在群雄的夹缝中奋斗，此时善长就来谒军门，倾心协谋，一齐渡过大江，定居南京。一二年间，集兵数十万，东征西伐，善长留守国中，转运粮储，供给器仗，从未缺乏。又治理后方，和睦军民，使上下相安。这是上天将此人授朕。他的功劳，朕独知之，其他人未必尽知。当年萧何有馈饷之功，千载之下，人人传颂，与善长相比，萧何未必过也。"

朱元璋在策封功臣时，李善长名列第一，封为银青荣禄大夫、上柱国、录军国重事、中书左丞相、宣国公，成为开国的第一位首相。后来，又将自己的大女儿临安公主下嫁给善长的儿子李祺，这是朱元璋的第一个女婿。二人在君臣关系之外，又成了一对亲家翁。

几乎就在这同时，朱元璋已对李善长戒备起来，原因很简单，善长的种种能力、本事，在打天下时固然可以为我所用，而在自己坐天下以后，却可能是一种威胁，因此，在当上皇帝后的第三年，他便毫不顾情面地将善长从丞相的位置上拉了下来，赶回了凤阳，从此再也没有给他任何实权。可是，李善长老而不死，这不能不使朱元璋忧虑，于是，在胡惟庸一案已经过去十年以后，却以李善长是胡惟庸一党的罪名，将这个已经七十七岁的老战友逮捕入狱，同时被株连的还有妻女弟侄七十余人。临刑的那一天，李善长手捧皇帝在开国之初赐给他的免死铁券悲愤地高呼:"免死! 免死! 谋逆，谋逆! 欲加之罪，何患无辞!"

刘基，字伯温，这是一个在民间传说中带有很大传奇色彩的人物，说他能前知八

历史知识大博览

百年，后知八百载。他是一个大学者，而且满腹韬略，治军治民都有出色的成绩，在元朝末年，是一位闻名全国的人物，朱元璋自然也早已知道他的大名。

他投奔朱元璋时已经五十岁了，对于他的到来，朱元璋真是大喜过望。据说二人见面时，朱元璋问道："先生能作诗吗？"

刘基说："儒者的小技，何谓不能。"

朱元璋当时正在用饭，便指着眼前的一双湘妃竹筷子说："即以此为题。"

刘基略加思索，便吟道："一双湘江玉并看，二妃曾洒泪痕斑。"

朱元璋摇了摇头，笑着说："秀才气味。"

刘基说："且听。"又接着吟道："汉家四百年天下，尽在张良一借间。"

当年楚汉相争时，张良曾以筷子作筹，向刘邦一项一项地陈述兴汉灭秦的谋策，刘基分明是要张良自比了，而朱元璋此时正是急需这样的王佐之才，便立刻虚心求教，询问平定天下的大策。刘基成竹在胸，当场陈献了十八条大政方略。经过他的条分缕析，当时纷乱的局势一下子就显得明朗起来，使朱元璋明确了战略的主攻方向。朱元璋真是相见恨晚。

听从了刘基的战略构想，朱元璋的事业得到了快速的发展，并终于取得了最后的胜利。当明王朝建立以后，营建首都南京，制定各项立国的法律制度，全都由刘基主持，明清两代的八股文科举考试制度，便是由刘基一手制定的。

刘基以张良自命，朱元璋也的确将他视为自己的张良。如果就智谋而论，刘基不比张良逊色，但是，他缺乏张良功成身退的勇气与远见，他还想为新建的王朝尽忠效力。可是，朱元璋已经不需要他了，就在朱元璋登上了帝位半年多以后，便将他打发回到浙江青田的老家，此后处处对他加以防范和侦察，最后还是利用他和丞相胡惟庸的矛盾，借胡惟庸之手将他毒死，这距大明王朝的建立刚刚十年。

徐达，被视为朱元璋的韩信。就军事指挥才能、就战功，他与韩信完全可以相提并论，但就与帝王的关系而言，韩信可就不能望其项背了。

他不像韩信中途入伙，他是朱元璋的同乡邻居，童年伙伴，小时候一块放牛、做游戏。与朱元璋同时投身义军，真可谓情同手足，异姓兄弟。关于他的战功，实在难以一一备述，他几乎参加了朱元璋义军所有重大战役，从江南打到漠北，元朝的末代皇帝是被他逼逃的，元朝的首都大都（北京）是被他收复的，元军的主力是被他最后消灭的，绵亘在祖国大地上的万里长城，是在他的督建之下，才变得像今天所见到的那样坚固和宏伟的。

他不但战功卓绝，而且品德高尚，平时，他与士卒同甘共苦，打起仗来，冲锋在前，他不贪财，不贪色，沉稳大度，少言寡语，一心一意指挥打仗，对军中朝中大事，从来也不说长道短，更不参与大臣之中的派系之争。朱元璋对他十分赞赏，说："受命而出，成功而旋，不矜不伐，妇女无所爱，财宝无所取，中正无疵，昭明乎日月，大将军一人而已。"

像这样的大功臣，想找一个杀害的借口都不好找，但朱元璋依然不放过他，1385年，一辈子鞍马劳顿的徐达背上长了脓疮，这也是由于他常年衣不解甲，皮肤磨破，汗水浸渍所致，只要敷药调养，并不难好。可当朱元璋得知这个消息以后，却命令正驻防北京的徐达立刻回南京就医。试想千里迢迢，舟船车马，风餐露宿，对一个有病在身的人有什么好处呢？可是，徐达不能不遵旨，待回到南京后，病更加重了。

据说得了这种背疮的人，最怕吃蒸鹅，一吃蒸鹅必死。可朱元璋偏偏赐给徐达一只蒸鹅，并命他立刻吃下。徐达知道，这是皇帝对自己在下毒手，可他不能不吃，否则会给家人带来更大的灾难。于是他含泪谢恩，食鹅而死。

朱元璋就以这样卑劣的手段，杀害了他的童年伙伴，开国功臣。

徐达夹起尾巴做人

朱元璋能从一个不起眼的村夫而成为一代王朝的开国皇帝，除了很多内外环境因素的影响和朱元璋本人超群出众的智谋韬略外，其次他的谋臣刘基和徐达这两个人同样是功不可没的。

徐达是个"指挥皆上将，谈笑半儒生"，出生于濠州（今安徽凤阳）一个农家，曾与朱元璋一起放过牛，在其戎马一生中，有勇有谋，用兵如神，为明朝的创建和中国的统一立下汗马功劳，是中国历史上一个智勇双全的谋将帅才，他深得朱元璋宠爱。

但是，就是这样一位战功赫赫的人，他却从来不骄傲。徐达每年春天挂帅出征，到了冬季才回来。回来后立即将帅印交还，他回到家里却过着非常勤俭的生活。按道理说，像他这样一位儿时就与朱元璋一起放过牛的至交，且战功赫赫，而且朱元璋还将自己的次女许配给他的儿子，完全可以"享清福"。朱元璋也在私下对他说："徐达兄创建了盖世奇功，从来没有很好的享受一番，我把我曾经住过的旧宅邸赐给你，让你好好享几年清福吧。"朱元璋的这所旧宅邸，是他登基前当吴王时居住的府所，可徐达就是不肯接受。实在想不出办法的朱元璋，只好请徐达到这所府邸饮酒，将他灌醉，然后蒙上被子，自己亲自将他扶到床上睡下。徐达半夜酒醒后问周围的人自己住的是什么地方，内侍说："这是旧内。"徐达大吃一惊，连忙跳下床，俯在地上说自己已犯了死罪。朱元璋见他如此谦恭，心里十分高兴，连忙命令有关部门在此旧邸前修建一所宅第，门前立一牌坊，并亲书"大功"二字。

徐达战功赫赫，但并不骄傲，还表现在他好学不倦，对自己严格要求。放牛娃出身的徐达，少年时没有读书机会。但他好学亲儒，虚心求教，每次出征前都携带大量书籍，一有时间便仔细研读，这样他掌握了渊博的军事理论。因此在每次作战指挥时，料敌如神，进退有据，而且每战必胜，令人心服口服。

身为统帅的徐达，从不摆出统帅的架子，能与士卒同甘共苦。遇到军粮不济，士卒吃不饱，他也不饮不食；扎营未定，他也不进帐休息；士卒伤残有病，他亲自慰问，给药治疗。如遇上士卒牺牲，他更是重视而筹棺木葬之。将士对他有说不尽的感激，而且非常尊敬他。

本来可以声色犬马的徐达，却平生没有喝酒的习惯，也不好色，对钱财更是无所谓，"中正无所疵，昭明平日月"。朱元璋赠给他一块沙洲，因为他是农民水路必经之地，家里通过他可以谋点私利，徐达知道后，立即将此地上缴官府，"其无私欲，持大节类如此"。

1385 年，徐达病逝于南京。朱元璋为之辍朝，悲恸不已，追封为中山王，并将其肖像陈列于功臣庙第一位，称之为"开国功臣第一。"

徐达之所以能这样功高不骄，除了他个人良好的修养，还有更深层次的原因。每一个皇权的确立，没有一个不依靠文武百官运筹帷幄决胜千里。但有功的臣子很容易成为有权的臣子。在中国历史上，功臣成了皇帝独掌大权最有威胁性的人物，或挟天子以令诸侯的，或者自己当上皇帝的例子也不鲜见。所以，历代皇帝总是在政权到手后，视功臣为最大威胁，于是他千方百计收回其权力。"杯酒释兵权"已经算是非常"客气"了。"狡兔死，走狗烹；飞鸟尽，良弓藏；敌国破，谋臣亡"成为皇权统治下残酷的事实，这是历史上必然的规律。

在事实上，朱元璋登基后，从1380年至1390年，因清洗丞相胡惟庸，牵连被杀的功臣、官僚共达三万人；1393年，有着赫赫战功的将领蓝玉和他有关的人士均被杀，先后牵连被杀的竟有一万五千多人；洪武十五年的空印案、洪武十八年的郭桓案，被杀者更多达八万之众。徐达这样夹起尾巴做人，既是个人良好品德的表现，更是保全自己的良策。

蓝玉祸从口出

凉国公蓝玉，是一位著名的武将，也是明朝的开国功臣，但其为人桀骜不驯。蓝玉与太子朱标虽然是间接的亲戚，但是彼此之间的来往甚为亲密。蓝玉在北征时看到燕王朱棣的亲密表现，自己感到很不安，回来后对太子说："我看燕王在他的地盘里有点太威风了，他的所作所为和皇帝差不多。我还听说燕王有天子气，请殿下细心防备，免生不测。"太子为人生性忠厚，不愿生事，就对蓝玉说："燕王对我十分恭敬和顺从，绝不会有这样的事。"蓝玉见太子不相信这些，只好自找台阶说："我蒙受殿下的恩惠，所以才秘密地告诉你涉及利害的大事。但愿不被我言中。"

不久，太子病死，朱元璋觉得燕王朱棣为人阴鸷沉稳，有些地方很像自己，就想立他为太子，但朝中的一些大臣反对，觉得从古到今都不合情理，也对其他皇子无法交代，朱元璋只有让朱标的儿子做皇太孙。燕王朱棣见太子已死，没有人替蓝玉说话，在入朝奏事的时候就对朱元璋说："在朝诸公，有人纵恣不法，如果不加以惩治，将来恐成尾大不掉之势。"这时的他虽然没有明确指出来蓝玉，但大家心里都清楚，蓝玉曾在太子面前说过朱棣，朱棣现在要施行报复了，再加上"纵恣不法"四字，更是确指蓝玉。

在这种情况下，蓝玉还是为所欲为，在生活上一点也不约束自己。他出征西番，擒得逃寇，且捉住了建昌卫的叛帅，他自以为功劳更大了，愈觉意气扬扬，本以为回朝后定会大有封赏，没想到朱元璋根本就不理他，到册立皇太孙时，他满以为会让自己做太子太师，当时他却没想到自己还是太子太傅，反倒让冯胜、傅有德两人做了太子太师。蓝玉十分愤怒，扯着袖子大喊道："难道我连做做太子太师的资格都没有吗？"他这一番闹腾弄得朱元璋更不高兴。自此以后，蓝玉上朝奏事，没有一件能够获准，但蓝玉不仅不知收敛，也更加狂妄，即使陪皇上吃饭，也出言不逊。一次，他见朱元璋乘舆远远经过，便指着说："那个乘舆的人已经怀疑我了！"

此语一出口，大祸即来。其实，蓝玉并未像胡惟庸那样谋逆，只是"祸从口出"

罢了。锦衣听到了这句话，立即告诉朱元璋，并说他与鹤庆侯张翼、普定侯陈垣、景川侯曹震、舳舻侯朱寿、东莞伯河荣、吏部尚书詹徽、户部侍郎傅友文准备谋反，欲劫皇上车驾，朱元璋听了，正想杀人而找不到借口，便不问青红皂白，一齐拿到朝廷，并亲自审问，再由刑部锻炼成狱，乱假成真，全部将他们杀死。

就这样还嫌不够，凡与蓝玉偶通讯问之人，也不使漏网，四面构陷，八方株连，朝廷中的勋旧，几乎一扫而空。此次前后共杀一万五千余人，与胡惟庸案杀人并算，共计近五万人。

至此还不罢休，蓝党之狱过后年余颍国公傅友德，奏请土地，不仅不准，反予赐死。宋国公冯胜，在缸上设板，用打稻谷，以作打谷场，他的声音传得远了一些，一些和他有仇的人状告冯胜私藏兵器，朱元璋把他召入宫廷内，赐以酒食，说是决不相信别人的谣言。冯胜非常高兴，谁知刚刚回到家里，即毒发而死。定远侯王弼，在家里曾叹息说："皇上春秋日高，喜怒无常，我辈恐怕很难活下去了！"这一句话，不知道什么时候被特务告密，立即赐死。

这样一来，开国功臣现在已经没剩几个了，即便有几个，也早已远离朝廷，不涉政事了。徐达、常遇春、李文忠、汤和、邓愈、沐英六人得保首领，死皆封王，但徐、常、李、邓四人都死在"胡、蓝大狱"之前，沐英镇守云南，总算偏远无事，只有汤和绝顶聪明，他洁身远隐、解甲归田，绝口不谈政事，享年七十多岁，得以寿终正寝。

高启拒官

1374 年（洪武七年）九月，元明两代最为杰出的诗人高启，被处以腰斩的酷刑，终年仅三十九岁。

据说他的死，是由于他写的一首《题宫女图》：

女奴扶醉踏苍苔，明月西园侍宴回。

小犬隔花空吠影，夜深宫禁有谁来？

朱元璋以为该诗是揭露、讥讽了他的淫佚生活，因而将诗人杀害。

其实这是不确的，高启的死别有原因。他生活在元明易代之际，黑暗纷乱的社会，残酷的皇权争夺战争，使他对政治、对权势敬而远之，他不愿做官，而愿意在山明水秀的江南故乡，做一个诗人。可朱元璋夺取政权以后，这个要饭出身的皇帝，立刻下诏求贤："天下刚刚安定，我愿意与诸位读书人共同来研究商讨治理国家的道理，凡是能辅佐我救助百姓的人，当地政府要恭敬地遣送至朝廷。"

的确是求贤若渴，但却不问贤才自己愿不愿意来，分明有点强迫的意思。接着，朱元璋又两次派出大臣，分为十路，巡行天下，访求贤哲隐逸之士。即使有人对新政权采取不肯合作的态度，想要躲起来做隐士也是不行的。当时确实有些顽固派不肯应征的，有的甚至砍断了自己的手指，以表示决不出山为官的决心，朱元璋对这种人采取了严厉措施，杀头了事。

高启以其广博的学识和卓越的文才，自然也在被征召的范围之中。他和许多被召的人一起被指派去编写《元史》，这项工作只用了半年的时间也即完成，高启却被留在了南京，授以翰林院编修，陪侍皇太子，教授王爷子弟读经，朱元璋赋诗，高启也依韵和作。

在热衷仕途的人看来，这真是一个谋求升迁的大好机会，只要肯于按照朱元璋的旨意行事，很有可能飞黄腾达的。然而，高启对做官却没有兴趣，很难适应官场中那种明争暗斗，尔虞我诈。他的心情郁郁寡欢，一直在渴望能重新回到田园生活中去。"不如早上乞归疏，一蓑归钓江南村。"他终于这么作了，当朱元璋决定授予他以户部侍郎之职时，他便以年纪轻，不能治理天下财赋为由，坚决辞谢。

朱元璋是一个猜疑心极重的人，他认为这是读书人看不起他这个大老粗，心中十分恼怒，但表面上却不动声色，很痛快地答应了他的请求，并赐给白金一镒，看上去恩礼有加，但他的心头已经动了杀机。

高启回到了苏州故乡，正当他陶醉于"旧宅一架书、荒园数丛菊""杯深午醉重、被暖朝眠熟"的闲散自在的田园隐居生涯时，大祸临头了，朱元璋以他在为朋友新修官衙写的《郡治上梁文》中，有对朝廷大不敬之语为借口，而将他逮捕入京，处以极刑。

朱棣装疯

明成祖朱棣，原本为燕王，靠装疯这一招赢得了时间，到后来发动了叛乱，打败了建文帝，登上了皇位，成为中国历史上著名的君主。

明朝的开国皇帝朱元璋有许多儿子，其中朱棣为人阴鸷老辣，很像朱元璋，在太子朱标病死以后，朱元璋也曾想立朱棣为太子，在当时有很多大臣们都出来反对，理由有二：一是如果立朱棣为太子，对朱棣的兄弟则无法交代，二是不适合当时的传统。朱元璋无奈，只得立朱标的次子（长子已病死）为皇太孙，朱元璋死后，皇太孙即位，是为建文。

建文帝年龄幼小，而且又生性仁慈懦弱，他的叔叔们各霸一方，并没有把他看在眼里。原来，朱元璋把自己的子侄们都分到各处，称作藩王，其目的是为了监视各地带兵将军的动静，从而防止他们叛乱，后来就分封各地，成为藩王。就这样，许多藩王就拥有重兵，如宁王拥有八万精兵，燕王朱棣的军队更为强悍了。这样一来，建文帝的皇权受到了严重的威胁，在这种情况下朝中的文武百官给他提出建议，建文帝开始削藩。在削藩的过程中，他们杀了许多亲王，其中当然也有冤杀者，燕王朱棣听了，十分着急。

好在燕王朱棣被封在燕地，离当时的都城金陵很远，地区广、兵又多，一时尚可无虞。僧人道衍是朱棣的谋士，他对朱棣说："我第一眼看见殿下您，便知当为天子。"相士袁珙也对朱棣说："殿下已年近四十了，一过四十，长须过脐，必为天子，如有不准，愿刺双目。"在这些人的怂恿下，朱棣便积极操练兵马。

道衍唯恐练兵走漏风声，就在殿中挖了一个地道，通往后苑，修筑地下室，周围围绕重墙，在内督造兵器，又在墙外的室中养了无数的鹅鸭，日夕鸣叫，声浪如潮，以不使外人听到里面的声音。

但这个消息还是走漏出去了，很快就传到朝廷，大臣齐泰、黄子澄他们两人都十分重视此事，黄子澄主张立即征讨燕王，齐泰却以为应先密布兵马，除掉他们周围的人，最后再进军征讨他们。建文帝听从了齐泰的建议，便命工部侍郎张爵为北平布政使，都指挥谢贵、张信，掌北平都司事，又命都督宋忠屯开平，再命其他各路兵马守山海关、保卫金陵。待他们安排好了以后，建文帝便又分封诸王。

朱棣知道建文帝已对他十分怀疑，为了打消他的疑忌，便派自己的三个儿子高炽、高煦和高燧前往金陵，祭奠太祖朱元璋，此时的建文帝正在疑惑不定，忽然报告三人前来，就立即召见，在交谈之中，建文帝觉得除朱高煦有骄矜之色外，其他两人执礼甚恭，开始有些放心了。等祭奠完了朱元璋，建文帝便想把这三人留下，作为人质。正当他迟疑不决之际，朱棣早已料到这一着，飞马来报，说朱棣病危，要三子速归。建文帝无奈，只得放三人归去。魏国公徐辉祖听说了这件事，连忙来见，要建文帝留下朱高煦，原来，徐辉祖是徐达之子，是朱棣三子的亲舅舅。他对建文帝说："臣的三个外甥之中，其中高煦最为勇悍无赖，他不但不忠，可能还要背叛父亲，将来他是后患，不如留在京中，以免日后胡行。"建文帝仍迟疑不决，再问别的人，别人都替朱高煦担保，于是，建文帝决定放行。

朱棣

朱高煦深恐建文帝后悔，临行时偷了徐辉祖的一匹名马，加鞭而去。一路上杀了许多驿丞官吏，返见朱棣。朱棣见高煦归来，十分高兴，对他们说："我们父子四人今又重逢，真是天助我也！"

过了几天，建文帝的朝旨到来，他对朱高煦沿路杀人痛加斥责，命令朱棣把他交出来，朱棣当然置之不理。又过了几天，朱棣的得力校尉于谅、周铎两人被建文帝派来监视朱棣的北平都司张昺、谢贵用计谋骗去，送往京师处斩了。两人被斩以后，建文帝又发朝旨，非常严厉地责备朱棣，说朱棣私练兵马，图谋不轨。朱棣看见事情很紧迫，自己有好多事情还没有来得及准备，就想出了一条缓兵之计：装疯。

朱棣披散着头发，在大街上发疯狂跑，大喊大叫。有时在街头上夺取别人的食物，狼吞虎咽，有时又昏沉沉地躺在街边的沟渠之中，数日不起。张昺、谢贵听说朱棣病了，准备看看究竟。当时正值盛夏时节，烈日炎炎，酷热难耐，但见燕王府内摆着一座火炉，烈火熊熊，朱棣坐在旁边，身穿羊羔皮袄，还冻得瑟瑟发抖，他还在大声呼叫着喊冷。两人与他交谈时，朱棣更是满口胡言，让人不知所以。张、谢二人见状，相互对视了一下，就告辞了。

张昺和谢贵把这些情况暗暗地报告给了朝廷，建文帝有些相信，于是他就放弃了对付燕国的目的。但朱棣的长史葛诚与张、谢二人关系极好，告诉他们燕王是诈疯，要小心在意，张、谢二人还不大相信。

就这样过了许久，燕王派了一个叫邓庸的百户到朝廷去汇报一些事情，大臣齐泰便把他抓了起来，严加拷问，邓庸终于熬不住酷刑，于是把朱棣谋反的事从头至尾说了一遍，这时的建文帝知道后大惊，便立即发符遣使，去逮捕燕王的官吏，并密令张、谢二人设法图燕，再命原为朱棣亲信的北平都指挥张信设法逮捕朱棣。

这时的张信犹豫不决，回到家中把事情告诉母亲，母亲说："这件事不能这样办，我听说燕王应当据有天下，王者不死，难道是你一人所能逮捕的吗？"张信便不再想法逮捕朱棣，可朝廷的密旨又到了，催他行事，张信举棋不定，就来见朱棣，想看个究竟。

但朱棣托病不见，三请三辞，张信无奈，换了一套服装，说有很重要的事求见，朱棣才召见了他。

进了燕王府，但见朱棣躺在床上，他就拜倒在床下。朱棣以手指口，吃吃而言，不知所云。

张信便说："殿下不必如此，有事尽可以告诉我。"

朱棣问道："你说什么？"

张信说："我现在有心跟着您，殿下却瞒着我，这样令我很不理解。我实话告诉你，朝廷密旨让我逮你入京，假如你确实有病，我就把你逮送入京，皇上也不会把你怎么样；如果你是无病装病，我看你还要早做打算为好。"

朱棣一听这样的话，猛然起床下拜道："恩张恩张！我一家的生命全靠着您了。"

张信见朱棣果然是装病，心里非常高兴，便密与商议。朱棣又召来道衍、袁珙等人，一起谋划这件事，觉得事不宜迟，可以起事了。这时，天忽然刮起了大风，下起了大雨，殿檐上的一片瓦被吹落下来，朱棣看见后心里很不愉快。道衍进言说："这是上天示瑞，殿下为何不高兴呢？"

道衍又说道："飞龙在天，哪得不有风雨？檐瓦交堕，就是将易黄屋的预兆，为什么说不祥呢？"

朱棣听了，转怒为喜。

于是，朱棣设下圈套杀死了张昺、谢贵两人，打败了指挥使彭二的军马，安定了北平城，改用洪武三十二年的年号，部署官吏，建制法令，竟公然造反了。经过三年的反复苦战，朱棣终于打败了建文帝，登上皇位，并迁都北京，成为中国历史上较有作为的皇帝。

神秘的和尚

姚广孝（1334—1418），长洲人。他的祖上以行医为生，在他三十四岁以前，是在阶级矛盾尖锐的元朝统治下度过的。他十四岁的时候，出家为僧，法名道衍，字斯道。他虽身为和尚，却拜道士席应真为师，向他学习阴阳术数学。姚广孝自少年即十分好学，又极聪明。善于写诗，与王宾、高启、杨孟载等人交往甚密。宋濂、苏伯衡等对他十分赞许。

明朝洪武年间，朝廷下诏，命精通儒术的名僧集于礼部考试。姚广孝被选送应试。由于他的才学出类拔萃，名列前茅。本应授予官职，但姚广孝不愿受官封，仅接受僧服之赐。返回途中，经过北固山，凭吊古迹，缅怀古贤，感慨不已。遂赋诗成篇，高声吟诵辞藻斐然，闻者无不称赞，同行的伙伴宗泐问他："此诗虽好，不过这岂是释门偈语?"道衍笑而不答。宗泐认为此诗词语与释门大相径庭。看来没有佛家的意趣,这北固山怀古之作,可能是抒发了他的某种政抬抱负。

洪武十五年（1382年）八月,皇后马氏死了以后,明太祖朱元璋命令选拔高僧侍奉诸王,为诸王诵经荐福。这时宗泐已成为左善世,他对老朋友道衍的才学很钦佩,便向明廷举荐。明太祖第四子朱棣召见道衍,交谈之后,对他极为赏识。

朱棣于洪武三年被封为燕王,洪武十三年（1380年）就藩北平。"貌奇伟美髭髯,智勇有大略。"正是道衍暗中寻觅的有为之主。朱棣和道衍都有远大的政治抱负,一拍即合,相见恨晚。朱棣请他出山相助,道衍毫不犹豫,欣然应诺。于是,跟随燕王北上,来到北平。为了交往方便,又可遮人耳目。朱棣就请他主持庆寿寺。朱棣和道衍紧张、频繁而诡秘地谋划,表明未来夺权的准备和酝酿已经开始。

洪武三十一年（1398年）五月,明太祖朱元璋死后。皇太孙朱允炆继位,史称建文帝。这时诸王拥重兵,多行不法。建文帝惧,便接受了齐泰、黄子澄之谋,准备削除诸王。因燕王朱棣兵力强大,不敢先对他开刀,先废除了岷王朱楩,企图牵连燕王,取得口实,再行废除。

燕王朱棣和道衍,对形势十分敏感,看穿了建文帝的用心。他密劝燕王起兵夺取全国政权。但燕王顾虑重重,犹豫不决。这时建文帝继位不久,颇想有一番作为,引起朝野士庶的注目。史称建文帝:"天资仁厚。践祚之初,亲贤好学,又除军卫单丁,减苏松重赋,皆惠民之大者。"

燕王忧心忡忡地问道衍:"民心在彼不在我,如何是好?"道衍则借助神秘而具有无上威严的"天道"来解除燕王的顾忌。他说:"我只知天道,天意在大王,何论民心。"

燕王觉得有道理。

为了进一步坚定燕王起兵的决心。道衍煞费苦心地把占卜人金忠和相士袁珙推荐给燕王,以求利用这些迷信活动来坚定燕王的信念。

金忠一直在北平沿街算命,"市人传以为神",颇有一些名气。燕王假托病重,召金忠入燕王府占卜。得到"铸印乘轩之卦"。金忠向燕王说:"此卦贵不可言。"自此经常出入燕王府,"常以所占劝举大事,成祖（即朱棣）深信之"。

袁珙也是一个很有名气的相士。自于嵩山寺为姚广孝相面后,两人交往很深。姚广孝把他推荐给燕王之后,燕王把他召至北平。为了验证他的相术是否灵验,朱棣选了九位和自己相貌相似的卫士。燕王混杂其间,同操弓矢饮于肆中。让袁珙以相术来分辨。袁珙立即分辨出燕王,上前跪拜。九人故意笑其认错人,他却认定是燕王殿下。燕王大喜,当即起身召袁珙到宫中相见。袁珙注目谛视良久,诡秘地说:"殿下龙行虎步,口角插天,必为太平天子。年四十,须过脐,即可登大宝。"一席话说得燕王心中大喜。袁珙见了藩邸诸校卒,皆以公侯将帅相许,极力诱发他的政治野心。他说得如此露骨,连燕王都感到害怕。"虑语泄,遣之还。"他的儿子袁忠彻也精于相求之道。跟随他的父亲谒见燕王。适逢燕王宴请北平诸文武官。燕王让他相面。袁忠彻对其父的用意心领神会,略相一相,即马上说,朝廷所派的布政使张昺、都指挥使谢贵等人"于法皆当刑死,（燕）王大喜,起兵意益决"。

姚广孝用很巧妙的办法以相面、占卜的办法诱导燕王起兵。燕王果真相信天意在自己身上，于是下定了夺取天下的决心。

这时的建文帝正在大刀阔斧地削藩。湘王、代王、齐王、岷王均被朝廷废除了。燕王"内自危，佯狂称疾"，暗中加紧起兵的准备工作。

这时的燕王，抛弃了一切犹豫和顾虑，决心起兵。在决策起兵的全过程中，姚广孝所起的作用十分重要。

燕王虽然有着较强的势力，但和朝廷相比，兵力毕竟少得多。于是夜以继日地组织军事力量，作起兵的准备。尽管这样，当时能投入战斗的军队仍然很少。从朱棣起兵后"二旬众至数万"的记载来看，起兵之前，燕王的兵力大大少于这个数字。而朝廷的兵力达三十万之众。双方的兵力相差甚远。要取得对朝廷的军事胜利，燕王必须大大提高军队的战斗力。姚广孝作为燕王的主要辅佐和谋士，不但以自己的谋略佐助燕王当机立断，决意起事。而且要做各方面的准备。其中练兵和铸造军器尤为重要。

在当时的情况下，大规模地练兵和铸造兵器终有暴露的可能。燕王很担心。又是姚广孝想到一条妙计。他下令大量畜养鸭鹅。众人对他的闲情雅趣迷惑不解，且耐心地看他作何用处。待养起成群的鸭鹅之后，燕王府廊终日鹅鸣鸭叫不止，一片嘈杂之声，练兵和铸造兵器发出的声响，就完全淹没在鹅鸭的鸣叫声之中了。人们这才恍然大悟。都很佩服姚广孝的机智。朱棣才得以放心。

这时，朝廷对燕王十分疑忌。齐泰、黄子澄密劝建文帝当机立断，废除燕王，建文帝因惧怕燕王势力强大，犹豫不决。建文元年六月，燕山百户倪琼告变，燕王准备起兵的秘密暴露了，周铎等人被杀。建文帝下诏斥责燕王，并派中官前往逮捕燕王府僚佐，燕王遂假称病危，朝廷所派的都指挥使谢贵、布政使张昺，派兵把守燕王府第，不准可疑的人出入，以防其密谋应变。

而道衍和尚未被怀疑，可以出入燕王府。谢贵等人都没想到这位和尚正是燕王的第一谋臣。

姚广孝与燕王密商之后，由燕王的亲信张玉、朱能纠集勇士八百人潜入燕王府守卫。准备发动起事。就在这个时候，忽遇急风暴雨天气，风势迅猛，拔树掀屋。连燕王府的雄伟殿堂亦檐瓦坠地。朱棣以为这表明天意不助起兵，十分惧怕。姚广孝看出燕王的心思，遂大言道：

"飞龙在天，风雨从之，大王将起事，天降风雨，实为吉祥之兆，大王勿忧。"燕王听了这巧妙的解释，才放下心来，继续暗中谋划起事。

这年七月，一切都准备停当。便将壮士藏匿于端礼门。然后骗都指挥使谢贵、布政使张昺进去。壮士跃出，将他俩杀死。于是很快占领了九门。然后上书建文帝，指名齐泰、黄子澄等为奸臣，援引祖训说：朝无正臣，奸恶当道，则亲王可训兵待命。建文帝忙密诏诸王，统领镇兵，讨伐燕王。燕王立即举兵发难。燕王委派姚广孝辅佐世子留守北平。自率大军攻打居庸关，破怀来，取密云，攻克遵化，占领了永平。仅二十余日，就拥兵数万。所到之处，势如破竹。终于推翻了建文帝。姚广孝实为这次政变的核心人物，对历史的改变起了极大的作用。

东厂、西厂与锦衣卫

锦衣卫与东、西厂，都是明代的特务机构。

明代的特务数量之多、势威权重、残酷猖獗，为其他朝代所不及。这一方面说明专制皇权的加强，一方面也说明统治的乏力。上者仁治，中者法治，下者才不得不依靠特务统治。中国走到明代，已经成熟到各种条条框框只能束缚自己却无法求发展求变通的地步，因此，故步自封，丧失自我调节机能的明王朝，只能期望以对被统治者的高压，来稳固自己的地位。

于是，特务政治，构成了明代统治格局的最大、最显著的特征。

锦衣卫，其源头是朱元璋做吴王时的拱卫司，后于洪武二年（1369 年）改为亲军都尉府，兼管仪鸾司卤薄仪仗的事务。洪武十五年改现名，为所谓"上十二卫"之一，其实也就是皇帝的贴身卫队。

锦衣卫之被授予外廷法司不得干预的刑名诏狱大权，起因主要是明太祖惧怕功臣篡位的疑心，及其江山永固的愿望。他需要一批可靠的耳目，对手下勋戚实行水银泻地无孔不入的全面监督，所以，锦衣卫便获得了横行无忌的特权。

按照《明史·职官志》上的规定，锦衣卫"掌侍卫缉捕刑狱之事，凡盗贼奸宄、街涂沟洫，密缉而时省之"。后来，功臣几乎杀尽，它的职能也算已经尽到，故此，洪武二十年（1389 年），太祖下令焚毁锦衣卫刑具，把他们关押的囚徒全部转到刑部。二十六年，又解除锦衣卫的典诏狱权，诏内外狱毋得上锦衣卫。嘉靖初年再行裁汰，明令"专察不轨妖言人命强盗重事"。锦衣卫的最高长官叫指挥使，因位置重要，故"恒以勋戚都督领之"，又下设同知、金事、南北镇抚司镇抚等官，领十七个所，属官千百户、总旗、小旗等，辖"缇骑"若干（初为五百人，后多至数万，"仰度支"者更多，凡十五六万人）。

明成祖即位后，因为是庶子僭位，朱棣为了巩固自己的统治，于永乐十八年八月，在北京东安门北，又设东厂。

东厂是有明一朝专门负责侦缉刑狱的、最大的特务机关，直至明亡，前后共存在了二百二十多年。它由皇帝直接指挥，凡事也有权向皇帝直接封奏，因此，皇帝多以最亲信的心腹宦官去主持，称"钦差总督东厂官校办事太监"，简称"提督东厂"。东厂的权限很大，除皇帝以外，任何人均在他的侦察范围之内，权力更在锦衣卫之上。

正因为东厂拥有了随意生杀予夺的大权，所以他们滥施淫威、罗织冤狱，所作所为多骇人听闻，令人发指。到魏忠贤专权时，便衣特务更是多如牛毛、遍地皆是。《明史》中说了这样一件事。一次，有四个人在密室之中深夜饮酒，其中一个酒酣耳热，禁不住破口大骂魏忠贤，另外三个听了不敢作声。骂声还未停止，便有几个东厂番役闯入，把四个人抓进魏忠贤的住所，当即把大骂魏忠贤的人活活剥了皮，剩下的三人赏钱放还，结果把这三人吓得魂飞魄散，动都不能动了。

当时的人们就是日夜生活在这样恐怖的社会环境之中，稍有不慎，便随时都有死于非命的可能。

成化年间，奸宦汪直用事。在他的策划下，成化十三年（1477 年）正月，于东厂之外，宪宗又在旧灰厂增设另一特务机构——西厂，以"伺察阴私"，汪直自任提督。西厂的权力更在锦衣卫、东厂之上，自经设立，屡兴大狱，更是无法无天，闹得"士大夫不安其职，商贾不安于途，庶民不安于业"。其规模之大、威焰之盛，也是东厂无法比拟的。

也许正是因为西厂太过张扬，危害太大，所以，不到五个月，以大学士商辂、兵部尚书项忠为首的一班朝臣便连续上奏，交相弹劾，迫使宪宗下旨罢革西厂。但一个月后，宪宗再次下诏重设西厂，直至成化十八年（1482 年）汪直失宠时，西厂才被诏罢。

武宗正德初年，刘瑾擅政，第二次设立西厂，以八虎之一的谷大用为提督。后来刘瑾被杀，西厂也便停办。所以，西厂存在的时间，前后共有十年左右。

刘瑾用事时的另外一个发明，是他又设立了一个内行厂，地址在当时的荣府旧仓地，目的主要是以此来监督稽查东西两厂的特务活动。但不久，该厂便也随着刘瑾的被碟于市而撤销。

东、西厂与锦衣卫，因其性质相近，关系密切，在历史上常被合称厂卫。

厂卫作为自成体系、完整严密的特务机关，其在侦缉、审理、行刑、系狱等诸方面，有着一整套奇特残忍、莫名其妙的行为法则，其陷害忠良的不择手段，廷杖用刑的残酷不堪，诏狱的黑暗可怖，均非正常人所能想象。它不但是专制统治者打击敌对势力的鹰犬，而且更是鱼肉人民、为害百姓的虎狼。

但是，用这种极端手段维护统治，只能说明这个统治集团的无能，说明这种政治文化的日暮途穷。

功德圆满

燕王朱棣造反起兵后，一路上打破关卡取得城堡，来势凶猛，举国震动。建文帝忙派耿炳文为征虏大将军，率军三十万讨伐，先头部队十三万率先进发。燕王与张玉、谭渊等夹击，大破耿炳文大军。建文帝知道此事后非常着急，急忙以曹国公李景隆为征虏大将军，取而代之了耿炳文领其军。建文元年十月，燕王亲自率领军队进军大宁。李景隆乘机包围北平，筑垒于九门。

在人数居多的大军包围之下，谋士姚广孝却以捉襟见肘的少数兵力，将北平防守得如铁桶一般坚固。但姚广孝考虑到敌人的强大自己的弱小，这样固守在这里，是不能长久的。必须采取以攻为守，这样才能保北平的安全。于是乘其围城筑垒松懈无备，夜缒壮士出城。出其不意地猛攻围城明军。敌军惊扰不知虚实，自相践踏，多被杀伤。燕王功拔大宁后，率领军队来救北平。援军来到后，内外夹击，将包围北平的李景隆军打得大败而遁，逃奔德州。姚广孝对保卫北平、保全燕王的创业基地做出了重要贡献。而且大大削弱了朝廷的军事实力。

建文二年（1400 年）五月，燕王攻入德州，李景隆败走济南。燕王乘胜追击。李景隆军队在济南被燕军打败了，仓皇往南逃跑，但铁铉、盛庸坚守济南城，燕军用了三个月没有攻下。姚广孝担忧屯兵坚城，贻误战机，将导致全局之败，遂急忙作书驰报燕王，说："现在我军已经很疲惫了，请速班师。"燕王得书，恍然大悟。八月，急忙撤离济南而还北平。九月，朝廷以盛庸代替李景隆统军，将收复德州。十二月，燕王率领军队攻打东昌时，被盛庸战败，大将张玉战死。

燕王于建文三年（1401年）正月回到了北平，他的意思是想稍微做一下调整。姚广孝以为，这时是成败关键的时间，不可功亏一篑。此时休兵，如果朝廷得以重整兵马，后患无穷。在他力促之下，燕王招募勇士再战。终于败盛庸，破房昭西水寨。

燕王兴兵已经三年，亲战阵，冒矢石，以身先士卒。常乘胜追击，然而也屡屡濒于危亡。所攻克的城邑，撤兵以后接着又被朝廷的军队占领。燕王仅据有北平、保定、永平三府。

燕王兴兵三年，身经百战，他与朝廷各有胜负，但没有突破性的进展。只不过仅仅保住了北平、保定、永平三府。如果这样下去，燕王生死存亡是很难预料的，而对统治着很大部分疆域、且具有中央政府资格的朝廷十分有好处的。此时，燕王急于得到能以劣势兵力迅速夺取战略性根本胜利的奇谋密策，就如同危在旦夕的病人盼望灵丹妙药，如同大旱之望云霓一样。这样的奇谋密策，在一般人的眼里，是根本不存的，是没有任何希望的。但是，具有神机妙算非凡之才的姚广孝，竟提出了这样的奇谋密策，这就是："毋下城邑，疾趋京师。京师单弱，势必举。"

这是在深刻认识和分析当时的政治、军事形势，总结三年用兵的经验教训，抓住当时的机遇而制定的最优方略。

姚广孝把这一谋略提出后，燕王听完后如同绝处逢生，大喜过望。真是"山穷水尽疑无路，柳暗花明又一村"。这样光明的前景使他产生了信心和勇气。于是坚决地说："频年用兵，何时已乎，要当临江一决，不复返顾矣。"

于是，就在当年的十二月破釜沉舟，率领军队准备远袭京师。第二年（建文四年，1402年）正月，由馆陶渡黄河徇徐州。三月在伏湘河大败平安军。五月攻下泗州。攻克盱眙，趋扬州，迅速到达长江北岸。姚广孝的这一谋略是建文帝致命之失。他把主力兵力派往北方进攻燕军，没有部署足够的兵力保卫京师，没有重视预防其远来突袭。

燕王按照姚广孝的计谋，甩掉朝廷部署在北方的重兵，插入了其兵力薄弱地带。兵贵神速，竟然在短短四五个月中攻到长江北岸，与京师仅有一江之隔。由此，建文帝惊恐失措，无计可施。只得要求用土地来讲和。燕王已经稳操胜券，要攻取京师只在旦夕，对建文帝的求和自然置之不理。六月，即挥师自瓜州渡长江。盛庸以海船迎战而败。燕军攻下镇江，次龙潭，至金川门。在重兵临城，建文帝政权大势已去的情况下，谷王朱橞、大将李景隆等开门献城迎接燕军，京城已经陷落。宫中四处火起，建文帝不知所终。燕王朱棣进入京师，即皇帝位，是为明成祖。朱棣大开杀戒，以此来发泄。将齐泰、黄子澄、方孝孺等处死，并夷灭其族，株连被杀者甚众。

在燕王朱棣夺取政权的过程中，姚广孝以其超人的智谋，建立了赫赫勋劳，起了重要作用。史称：

帝在藩邸，所接触的都是武人。独道衍定策起兵。及帝转战山东、河北，率领军队攻打三年，或者得胜或者失败，战守机事皆决于道衍。道衍未尝临战阵，然帝用兵有天下，道衍力为多，论功以为第一。

姚广孝既功为第一，故成祖即位后，位势显赫，非常受其宠爱。先授道衍僧录司左善世。永乐二年（1404年）四月拜资善大夫太子少师。复其姓，赐名广孝，成祖与语，称少师而不呼其名，以示尊崇，命他蓄发，姚广孝不肯；给予府第及两位美女，姚广孝没有接受，而仍然常常居住僧寺。虽冠带而朝，但退朝后，仍着缁衣。成为历史上少见的功高巍巍、权倾当世的和尚。

姚广孝的一生与袈裟结下了不解之缘，这是大有奥妙的。他从十四岁穿起袈裟当和尚，但一生积极从事政治活动和佛事活动。交接王侯，策划密室，运筹帷幄，决胜千里。这种积极用世的行动与佛家的宗旨是不大一样的。他口念佛经却关心着时政，身为和尚，又从师道士。从他的思想和行动看，完全不像个和尚。他不过是身披袈裟的政治活动家、谋略家。但他当和尚的决心在某些程度上很大，是不可动摇的。他在夺取政权以前当和尚，借此来掩盖他的政治野心，自然十分方便，而又完全必要。夺取政权后，政治上飞黄腾达了，他仍然坚持当和尚。甚至成祖命他蓄发而不肯，赐其府第美女而不受。俨然是一位虔诚的和尚。这与他一生的政治活动岂不矛盾？

在我们大家看来其实并不矛盾。因为姚广孝终生当和尚，也只不过是他不能终止的高明策略而已，是和尚遁入空门、超脱尘世的形象，这使他辅佐燕王起兵夺权的一系列计谋和政治军事活动，就这样得到最有效的隐蔽和伪装，得以顺利而安全地进行。在燕王夺权成功以后，姚广孝作为功高盖世的元勋，他的位置是十分微妙的。姚广孝具有清醒的政治头脑，不能让自己的聪明才华使自己的主子恐惧。明太祖朱元璋曾大杀功臣，以巩固皇权。明成祖会不会效法其父，姚广孝不得而知。他不能不未雨绸缪。姚广孝坚持不脱袈裟，其中的奥妙就在于此。这正表现了他超人的智谋。他继续当和尚，表明对权势的超脱和没有政治野心，使他的权势反而更牢固，又能安度晚年，何乐而不为呢？

姚广孝在成为达官贵人之后，除了继续当和尚，还有一点高明之处，就是不为自己谋钱财。他曾经因公事回到家乡，乃将朝廷所赐金帛财物散予宗族乡人，自己不留积蓄。这与历来巧取豪夺、营治家产的封建官僚不啻有天壤之别。

姚广孝不立家室，不营产业，他把精力转向文化事业，并做出了建树。明成祖下令重修太祖实录，即以姚广孝为监修，他又与解缙等纂修《永乐大典》，书成，大受成祖褒美。《永乐大典》是珍贵的古代文献，这本书是世界上最早和最大的一部百科全书。前后有两三千人参加编撰，用了六年时间方才完成，共有两万两千九百三十七卷，分装成一万一千零九十五册，字数达三亿七千万。现存仅七百一十四卷，大部遗失。姚广孝参加纂修《永乐大典》，对我国古代文化事业，做出了不朽的贡献。

姚广孝在学术思想上颇有胆识，史称他："晚著道余录，颇毁先儒。"这样召来了很多人的鄙视，回家乡长洲时，他去看望同一个母亲的姊姊，不仅不接纳他，反将他大骂一通。去访老朋友王宾，王宾不见，却谤语四飞："和尚误矣，和尚误矣。"在儒家思想统治和禁锢着人们头脑的明代，像姚广孝这样敢于诋毁批判儒家的人是不多见的。

姚广孝以谋略才智成功地保护了自己，终于受到了皇帝的宠爱和信任。成祖往来两都，出塞北征，皆以姚广孝留辅太子，住在北京。永乐五年（1407年）四月，皇长孙就学于姚广孝。姚广孝八十四岁时病重，不能会见人了，仍居于庆寿寺。成祖多次亲往看视，赐予金唾壶。问他有什么要求，姚广孝请求赦免久系于狱的建文帝主录僧溥洽。成祖进入南京城时，有人说建文帝为僧遁去，溥洽知情。甚至有人说他把建文帝藏了起来。虽然"上穷碧落下黄泉"，始终找不到建文帝的踪影，还是将溥洽囚禁了十余年。成祖听了姚广孝这唯一的请求后，立即命令释放溥洽。姚广孝向成祖顿首致谢。旋即死去。成祖十分悲痛，停止视朝二日以示哀悼。赐葬房山县东北，命以僧礼隆重安葬。追赠推诚辅国协谋宣力文臣，特进荣禄大夫、上柱国、荣国公，谥恭靖。成祖亲制神道碑志其功。

土木之变

明英宗正统十四年（1449 年），明朝北方的边界上崛起了一支强大的蒙古人部族，这支部族号称瓦刺族，族里的首领叫脱欢，被明王朝封为顺宁王。

脱欢在位的时候，瓦刺部族跟明王朝的关系还比较好，等到他的儿子也先继承了王位，双方就开始发生摩擦。明朝的权臣太监王振，本来也想讨好也先，但由于贸易方面的冲突，激化了双方本就不协调的关系，战争终于爆发了。

这一年，也先派了两千多人跟明朝做买卖，为了多得一点赏赐，也先谎报了贸易的人数。这件事给王振知道了，便说也先欺骗朝廷，单方面削了价，只给也先五分之二的钱，还下令礼部不给来贸易的人吃饭。也先本就找不到发兵的理由，现在终于有了口实。他立即发兵攻打山西的大同，打得明朝的守军节节败退，紧急军情很快传到了北京。

明王朝本来已经派了驸马都尉井源率兵四万去增援大同了，但是王振却还想扩大这次冲突。他的家乡就在大同附近，害怕瓦刺人侵占自己在家乡的田庄，又想趁这个机会，到家乡人面前抖威风，顺便建立奇功，巩固自己的地位，便竭力劝明英宗御驾亲征。

虽说这一年明英宗朱祁镇已经二十三岁了，但他依然像当小王子的时候一样，什么事都听王振这位"先生"的。王振说要亲征，并说瓦刺人不堪一击，他立即信以为真，下令三天后立即出征。朝中官员听到圣旨，吓得在午门外跪了一大片，都说御驾亲征不是儿戏，三个月能不能准备好还成问题，要英宗收回成命。可是，这位似乎永远长不大的皇帝只信王振的，根本不管大臣们的建议，一意孤行地要按原来的命令行事。

七月十七日，明英宗和王振带着五十万临时拼凑起来的队伍出发了。出发前只把北京交给弟弟朱祁钰留守，也不管敌情如何，也不商量作战方略，连后勤保障都没安排好，简直把亲征当成小孩子玩游戏一般。

大军出了居庸关，从怀来往宣化进发。几天来，风雨不断，道路泥泞，人马困乏，军粮不足，明朝士兵成批成批生起病来，尸体抛了一路。一同随行的将军们，一再上表乞求停下休整，劝明英宗别再冒进。可是，王振却执意不肯，一定要按时赶到大同，谁再上表，就把谁绑起来在军营里示众。

疲惫不堪的明军好不容易挨到了大同，全军上下都想喘一口气，好好休整一番，可是命令传来，还要北进。大臣们急了，找王振去理论，王振却一翻双眼，公然说：

"再北上打了败仗，也是天意。"根本不听别人一句话。

这时候，前方却传来不幸的消息：也先采取诱敌深入的战略，在大同城北伏击先锋井源的部队，朱瑛和朱冕率兵去救援，也中了也先的埋伏，只杀了半天，两支明军全军覆没，大同城已经暴露在瓦剌军的攻击矛头之下。

听到这消息，明英宗当然惊恐万分，就是方才还气壮如牛的王振，顿时也变得六神无主，立刻从主张继续北进，变成下令迅速撤退。这次撤退，跟出兵一样，根本没有什么准备，一开始就变成了无秩序的溃败。

明军的大同总兵郭登在退兵前建议改道从紫荆关回军，这本来是最安全的路线，可是王振偏不听，逼着大军从原路撤回，还想顺道回到自己家乡去夸耀一番。谁知刚撤到狼山附近，也先的骑兵就尾随着追上来了。

王振慌忙派成国公朱勇率领三万骑兵断后，自己和皇帝仓皇南逃。明英宗的銮驾跑得神速，傍晚时候就到了离怀来县二十里的土木堡。大臣们看到土木堡无险可守，又缺乏水源，劝明英宗进怀来县城，以便防守。可是，这时候王振拖在后面，还没有赶到。缺了王振就少了主心骨的明英宗执意不肯进怀来县城，偏要等到王振来了，才肯动身。王振到了土木堡，却不想连夜赶路，拒绝了兵部尚书邝埜的正确建议，居然决定在土木堡扎营过夜。

也先深知兵贵神速的道理，第一天在狼山消灭了朱勇大队伍之后，连夜奔袭，迅速杀到了土木堡附近。第二天一早，明英宗正想拔营启程，也先的骑兵已经漫山遍野杀了上来，把明军团团围困在土木堡。

内无粮草，外无救兵，明军被也先的部队围了三天，只得拼命往南突围。突围令一下，明军已经毫无阵法，人人只想争先逃命。也先早已在路旁埋伏了骁勇的骑兵，见明军队伍一拉长，立刻从两侧发动了猛攻。

伴随着暴风雨般的马蹄声，也先的士兵一齐高声喊道："解了甲，扔下枪的不杀！"明军士兵早已失去斗志，听了这话，好多人居然解甲下马。也先的士兵又是一声大喊，如雨般的箭矢立刻射向毫无防卫的明军，大部分明军都被当场射死，有的尸体插满了箭，简直像个卷曲的刺猬。

在震天动地的喊杀声中，跟随明英宗出征的大小官员数百人一个个死于乱军之中。罪魁祸首王振正想夺路逃走，护卫将军樊忠气愤不过，冲近王振，大喝一声："我为天下人杀这个奸贼！"手起锤落，只一下就击碎了王振的脑袋。接着挥舞双锤，与也先骑兵展开殊死搏斗，杀了数十名敌兵，最后力竭而死。

只有那位明英宗，在卫士们的护卫之中，一点没有受伤。等到身边只剩下一个太监的时候，他才知无法脱身，便慌忙翻身下马，找了个灌木树丛躲了进去。

也先大获全胜，吩咐瓦剌士兵打扫战场。除了缴获明军大量军械甲胄之外，还意外地抓住了躲在灌木丛里的明英宗。一位瓦剌士兵看到明英宗穿的盔甲特别好，走上前喝令他把衣甲脱下来。明英宗虽然害怕，却想保住皇帝的面子，不肯脱。那位瓦剌士兵正要动手杀人，一旁的士兵见英宗不似常人，就押着他去见也先。

也先让见过英宗的瓦剌人来相认，知道抓的果然是大明皇帝，高兴得就像捡了个宝贝，立即把英宗看押起来。也先以为，有了英宗在手，就可以大大地敲明王朝一记竹杠了。于是他带着英宗这个人质，带兵南下，包围了北京城。

英宗复辟

英宗被俘后，也先对待英宗很客气，没有折磨他，而是把他软禁起来，好吃好喝好招待。也先对英宗如此，主要是想把英宗当作人质从而从明朝取得领土和赔款。

但是也先想错了，明朝中不乏有识之士，他们早已看穿了也先的计谋。为了断绝也先的想法，许多大臣纷纷主张英宗的弟弟朱祁钰继位。但是朱祁钰也有自己的想法：兄长只是也先的人质，如果我仓促继位，兄长回来之后，我是否让位呢？还有如果我在兄长有危险之时，不是前去营救兄长，而是登基，会不会有人不服呢？考虑到这些，朱祁钰一再推辞，不继位。

后来，朝中大臣于谦联合一些要臣联名上书给皇太后，陈述道："国不可一日无君，也先掠走皇帝，无非是想从我大明朝捞取好处，为了断绝其野心，应早立皇帝。臣等愿意为郕王效忠。"皇太后也是明事理的人，她看过奏折后，心想：也只有先让朱祁钰继位，才是上策，也先也未必敢加害于英宗。于是皇太后传旨，朱祁钰做了皇帝。

朱祁钰做了皇帝后，有的大臣主张，应该立即出兵，攻打也先，报土木堡之仇。但是遭到许多大臣的反对，他们认为也先刚刚取胜，士气正旺。如果带兵前去攻打，以疲劳之师与敌人交战，处于劣势，不如养精蓄锐，等待时机。朱祁钰也同意后者，他想：我刚一继位，如果即刻出兵，万一打了败仗，不仅我的尊严全无，而且我明室江山也难保啊！

也先万万没有想到明朝竟然没有派使臣前来交涉，他还想在英宗身上捞取好处呢，没想到英宗成了一个毫无价值的皇帝。也先想杀了英宗，但被手下的大臣劝阻，这位大臣说道："朱祁镇，现在毫无价值，杀了他也没有意义。明朝既然没有派使臣前来，证明朱祁镇对他们来说已经不太重要了，即使杀了他，也不会引诱明军前来作战。我们倒不如退一步，把朱祁镇放了。我们可以想象一下，一国有两位国君，必然会产生矛盾，而朝中一些大臣也各有所向。这样，朝中一定会起内乱，到时候，我们可以乘机攻打明朝领土，夺取他们的江山，那岂不更好！"

也先听后，非常高兴，便派人把朱祁镇带到殿上。也先对他说道："你率大军伐我瓦剌，我们也是不得已而为之，还望你多多谅解，不要因此事而伤了我们的关系。为了表示我的诚意，你可以写一封信，我派使者给你们朝廷送去，让他们亲自来接你回皇宫。"

朱祁镇简直不敢相信自己的耳朵，他做梦也没有想到也先会放自己回去，立刻给自己的兄弟写了一封信。

也先派使者把信送给了朱祁钰。朱祁钰看完之后，他呆呆地愣住了。自己当初的为难之事出现了：如果把自己的哥哥接回来，自己是让哥哥做皇帝，还是不让呢？如果让他重新做皇帝，自己脸面无处放，而且这种"唯我独尊"的生活也一去不复返。如果不让哥哥做皇帝，自己也没有理由可说。朱祁钰左右为难，他的母亲看出了他的心事，对他说道："皇儿，你们毕竟是兄弟，应以国体为重，不能让别人看笑话，还是先把你的兄长接回来再说吧！"朱祁钰点头答应了母后。

朱祁钰派人去迎接自己的哥哥回宫，但他已下定决心，哥哥回宫之后，不让位，而是把他软禁起来。

朱祁镇见到自己朝中来人了，非常高兴，他没有想到自己还可以活着回去。他高兴极了，但是他也想到了，一个国家有两个皇帝，弟弟会让位给自己吗？如果弟弟不让位，我该怎么办呢？

英宗正想着，不知不觉来到了紫禁城的东门，朱祁钰亲自迎接哥哥，二人互跪行礼。朱祁钰早已吩咐好了，吩咐轿夫把轿子抬到南宫。朱祁镇一愣，便说道："我在外已一年多，我想去见一见母后。"朱祁钰答道："兄长远道而来，还是先到南宫去安歇，待养足精神之后，再去拜望母后也不迟。"说完，向轿夫一挥手，便把朱祁镇抬进了南宫。

朱祁镇心想：南宫是皇子们读书的地方，平时无人居住，你让我住这儿，也未免太过分了吧，明日我见到母后，一定向她当面说明。

朱祁镇也确实很疲劳，睡了一个长觉，睁开眼一看，天已大亮。他想出宫，去看望母后和自己的妻儿，可守门的士兵不让他出去。朱祁镇大怒道："你们心里还有没有我这个太上皇？"士兵回答道："我们做臣子的也没有办法，皇上有命令，不允许您出宫，否则会杀了小人的！"朱祁镇听后十分伤心，他没有想到弟弟会如此对待自己。不要说见到母后、妻儿了，除了那几个士兵外，其他任何人都见不到。朱祁镇只好寂寞地住在南宫，整天无所事事，而且没有一点人身自由，他感觉到度日如年的滋味。自己在瓦剌做了一年多人质，而此时回到宫中，却依然被软禁，真是生不如死啊！

朱祁钰为了防止自己的兄长夺去自己的皇位，便派心腹大臣去把守南宫，不让任何人接近朱祁镇。

朱祁钰对待自己的哥哥有些残酷，但是他做皇帝比朱祁镇要强得多。他把朝中的奸臣一一除掉，重用那些有才能的忠臣。在朱祁钰统治的几年里，国势开始有所回升，但是朱祁钰的身体经常生病，而且越来越重。

景泰七年，朱祁钰病情又有所加重，一连好几日都卧床不起。朝中大臣都议论纷纷，有的认为：朱祁钰没有儿子，应立太上皇之子朱见深为皇帝。有的则认为：太上皇朱祁镇回宫之后，朱祁钰就应该让位，如果朱祁钰一死，应该让太上皇重新做皇帝才合理。

众臣心里都有自己的想法，武清侯石亨心里也早有打算。石亨是一个投机分子，他想借此机会捞到好处。

石亨想：现在皇上身体病得厉害，我何不把太上皇朱祁镇从南宫接出来，让他重新做皇帝，我不就是有功之臣了吗？石亨知道单靠自己是不行的，于是又找来两个密友：都督张軏和监军太监曹吉祥。石亨说道："二位贤弟，如今皇上卧床不起，我想他没有几天了，我们何不趁此机会把太上皇接出来呢？皇上即使知道了，他也没有办法，他正病重，根本无心顾及此事，而太上皇在南宫度日如年，如果我们把他保出，他一定会感激我们，我们也可以从中得到许多好处，不知二位贤弟意下如何？不过事关重大，你们不管做与不做，千万不要对别人说，否则我的脑袋可就得搬家啊！"

这二位也都是投机分子，也都是武将，头脑简单，四肢发达，二人立即表示愿意一起干。曹吉祥说道："我还想拉上一个人，此人足智多谋，一定会帮我们出谋划策，他就是徐有贞。"

石亨问道："这个人我有所了解，但是不知可靠吗？"

曹吉祥说道："此人和我关系密切，而且我也十分了解他。他是一个贪图享受的人，是想得功名又不想出力的投机分子，一定会与我们一起干的。"

三个人商议好后，便让曹吉祥去找徐有贞，徐有贞一听有这等美事，立即答应了，而且出了主意，先去南宫接太上皇，随后准备武装力量。

软禁朱祁镇已经七年了，朱祁钰又病重，所以很少有人再过问此事，对朱祁镇的看管也不如开始那么严了。曹吉祥一边掏钱，一边向南宫走去，有钱能使鬼推磨，曹吉祥没有遇到麻烦，就见到了朱祁镇，把事情对太上皇都一五一十地讲了一遍。朱祁镇一听，高兴极了，他早就想离开这里，这里简直是地狱。他生性贪玩，而这里却没有任何可玩的地方，朱祁镇答应下来，曹吉祥起身告辞。

到了夜里，曹吉祥、石亨、张轨、徐有贞等人带着亲兵抬着轿子又来到南宫，南宫的士兵已经睡着了。石亨一把抓住那个把门的士兵，把刀压在他的脖子上，说道："快把门打开，否则你小命就没了！"这个士兵从梦中惊醒，迷迷糊糊地把眼睛睁开，一看这么多人，吓了一跳，立刻把门打开了。朱祁镇坐上轿，向皇宫行去。

到了东华门，守卫的禁卫军喝道："站住，半夜三更的，干什么去？"朱祁镇把轿帘打开，说道："大胆奴才，连我太上皇也敢阻拦不成？"那个士兵一看真是太上皇，吓得立即放行。

朱祁镇在夜里到了皇宫，又坐上了久别多年的宝座，他心中感慨万分，有一种心酸的滋味。历史上把英宗复辟这件事称为"夺门之变"。

徐有贞命手下的亲兵去敲景阳钟，钟声一响表示皇上上朝。文武百官心里还在想：今天怎么这么早？等来到殿上，一下都愣了，原来是太上皇坐在宝座上。徐有贞大喝一声："太上皇复位，你们还不快快下拜！"众人跪倒拜贺，朱祁镇又夺回了皇位。

朱祁钰也知道了情况，他没有说什么，因为身体病得厉害，他知道如今斗不过哥哥了。没过多久，朱祁钰病逝，朱祁镇又稳稳当当地做上了皇帝。

于谦与朱瞻基

于谦是杭州人，他从小聪明好学，而且很有文采，出口成章，在杭州一带小有名气。

朱瞻基还是太子时，就十分爱惜人才，他四处访查，只要是他认为德才兼备的人，不管你家境如何，不管你官位大小，他都给予重用。

有一次朱瞻基出宫去巡游，路过杭州，听说杭州有一个才子，名叫于谦。他便亲自登门拜访，由于朱瞻基是微服私访，所以已做了小官的于谦没有认出来。朱瞻基一看于谦的书房上挂着两幅字，一幅是岳飞的《满江红》，一幅是文天祥的《过零丁洋》。朱瞻基说自己也是一个爱好诗词的人，得知于谦很有文采，特意前来拜会。于谦也没有多想，因为平时，确实有许多文人墨客前来拜访。于谦便对朱瞻基说道："我最佩服的人就是岳飞和文天祥，岳飞忠心耿耿，精忠报国，文天祥'零丁洋里叹零丁'，誓死不降。我觉得作为臣子的，就应该有这种品质，我写了一首诗，请先生过目。"

朱瞻基接过来一看，是一首七言绝句《石灰吟》：

千锤万凿出深山，烈火焚烧若等闲。

粉身碎骨浑不怕，要留清白在人间。

朱瞻基看后，非常佩服于谦，认为此人不仅忠心耿耿，而且很有骨气。于是，朱瞻基便和父皇说了此事。

朱高炽也是一位明君，礼贤下士，爱惜人才。他也很喜爱自己的皇儿朱瞻基，认为他很有治国之志，而且也有治国之道。朱瞻基四处访贤，每次都和父亲述说情况，朱高炽不仅不认为朱瞻基过早参与朝政，反而认为儿子很有抱负，将来一定会是一位有才有德的明君。朱高炽又派人去考查于谦，得知于谦确实像儿子所说的那样有才有德，而且忠心不二，便破格提拔他做了御史。

于谦这才认识了朱瞻基，连忙谢罪，朱瞻基道："你何罪之有，不知之不为过也。"从此二人的关系更加密切。

朱高炽只做了十个月的皇帝，便去世了，朱瞻基继承了皇位。他像他父亲那样，礼贤下士，重用贤才，而且不拘一格。对于谦更是器重，把于谦升为侍郎。于谦为皇帝出谋划策，呕心沥血。朱瞻基看到朝中有些奢侈，便和于谦商议如何压一压这种风气。于谦建议皇帝亲自到田间体会一下，便可知如何去做了。

朱瞻基并没有生气，而是在扫墓途中，亲自带领文武百官去耕地，一同体会到了农夫的艰辛。

回到宫中，朱瞻基累得腰酸背痛。这时内监给朱瞻基送来了晚餐，饭菜十分丰盛，朱瞻基只吃了一点，剩下许多。朱瞻基刚吃完一会儿，于谦便来求见皇上。于谦对朱瞻基说道："陛下，您和文武百官都已体会到农夫的艰辛，您不如明日盛情宴请满朝文武，我已经调查好了，不仅宫中如此浪费，那些大臣每顿饭也都是好几个菜，甚至还有十几个菜的，明日您给每人十盘菜，让他们都吃掉。"朱瞻基大悦，说道："好主意，好主意！"

第二天中午，朱瞻基宴请百官，这次宴请很特别，每人面前放了十盘菜，还有一碗饭，这十盘菜都很贵重，有燕窝、银耳、鹿肉、雁肉等。

朱瞻基说道："昨日，我们到农间去劳作，各位想必会很劳累吧，但是农民却要成年地劳作，他们也一定很累。可是他们却吃不到这样的好东西，所以说，我们应该对得起老百姓，不能浪费。来，我们开始进餐，我命令大家把这十盘菜都吃掉。"

满朝文武百官你看看我，我看看你，都没有人动菜，朱瞻基带头吃菜。文武百官一想：既然皇帝有令，那就吃吧！于是便开始大吃。

吃了一个多小时了，大臣们实在吃不下去了，朱瞻基也吃得饱饱的。朱瞻基看到大臣们面露苦色但还在往下吞咽，便说道："既然吃不了，就不要再吃了。"话一说完，大臣们都放下了筷子。朱瞻基又说道："大家看一看，自己还剩下多少菜，总共加起来，饭量大的，两盘也就足够，剩下的可就浪费了。农夫们一日复一日地劳作，辛苦是很自然的，我们也都知道。可是我们却如此铺张浪费，我们对得起养我们的百姓吗？我下令：大臣一日三餐不得超过五个菜，一天之中五个菜你可以自己调配，如果有谁敢违背，一定严惩不贷！"

　　这一办法很有效，把奢侈之风煞住了，朱瞻基得到了天下百姓的拥护，他更加信任和重用于谦了。不久，于谦升为兵部尚书，他仍是兢兢业业，一丝不苟。于谦虽然得到皇帝重用，但他待人谦和，从不颐指气使，因此受到大臣们的敬佩。百姓也都知道于谦处处为他们着想，也都很敬仰这位好官。

　　朱瞻基是一位好皇帝，正如他父亲所预料的那样，朱瞻基是一位有理想、有才智的明君，但是朱瞻基身体也不好，早早去世。他的长子朱祁镇继位，就是英宗。

　　英宗被瓦剌人俘虏这件事，就是于谦悲剧的根源。他在英宗被俘之后，主张立英宗之弟为帝，就是代宗，可是英宗又被瓦剌人放回来了，英宗在做了七年的太上皇之后，复辟登位。他怀恨于谦，再加上朝中一些小人早就看于谦不顺眼，一心要将他除掉。

　　于谦被判为弃市，要在街头暴尸三天，妻子、子女发戍边疆，连家人也被流放。

　　于谦行刑那天，街市都站满了人，有百姓，有朝中的大臣，于谦以"意欲"的罪名被处斩。百姓和文武大臣都眼含热泪，老天似乎长了眼，天降大雨，为于谦哭泣。

　　后来，都督同知陈逵为于谦收尸，于谦的女婿将于谦的灵柩运回杭州，埋葬在杭州西子湖畔，与忠臣岳飞的坟墓相距不远。

　　两位忠臣，都被害死，至今人们仍经常到坟前祭奠。

奸相严嵩

　　明朝有一位奸相叫严嵩，他四十八岁时才进入朝廷，这时他连给皇帝一个可以提供"参考"的机会也没有。他每当想起自己的年龄，强烈的"紧迫感"促使严嵩决定加快入阁的进程。

　　如果要想进入内阁，确实不是一件很容易的事情。严嵩曾经仔细地研究过他的竞争对手，研究着主宰着他政治命运的主子：皇帝。嘉靖皇帝看起来并不是好惹的，是一个很有主见的皇帝。嘉靖继承帝位那天，礼部要求他用皇太子即位礼，可是他本不是正德帝亲生，于是便坚决反对，而是他按照自己的意见在奉天殿宣布即位。同时，以最快的速度逮捕杀掉了不可一世的钱宁和江彬。这年，嘉靖帝不过只有十五岁，他果断的处理，虽出于人指点，但还可以看出他的过人之处。继位当年，他不顾朝廷官员反对，尊生身父母兴献王朱佑杬和蒋氏为兴献帝、兴献后，然后他又更定生母蒋氏尊号为"圣母奉圣皇太后"。他为了镇压众臣的反对，迫使大学士杨廷和辞职，逮捕了一百三十四名朝臣，廷杖一百八十多人，打死十七人。直到最后，佑杬神主进了北京观德殿，当上了"皇考恭穆献皇帝"，并特别建了"献皇帝庙"。这时他的年龄仅仅有二十岁，但是他足以能和世代暴君相比。不过知道了这些，严嵩反而十分高兴。他知道，有主见、爱面子的皇帝并不可怕，因为柔能克刚，这正好可以施展自己惯用的伎俩去应付，绝不发生正面的冲突，利用皇帝吃软不吃硬的脾气出奇制胜，而且还可以借此除掉对手。

　　嘉靖帝有一个非常特殊的弱点，这就是他爱方术、崇敬道教。他少年即位，政事、女色使他的身体健康大受影响。只因为身体有很多病，所以才想长寿，嘉靖帝一边服长生药，一边利用斋醮祈祷鬼神赐寿的方法，于是方士道士常出入帝王宫殿，宫内也设牌立位，到处道气仙风。嘉靖三年，龙虎山上清宫道士邵元节还被征入京城，尊为"致一真人"，建真人府，而且还赐彩蟒道服，以随时准备斋醮祈祷之时随请随到。像这样斋醮的活动，还需要焚化一篇青丝红字的骈俪体表章，而且他们奏报"玉皇大帝"叫作"青词"。"青词"既要表现对玉皇大帝的奉承景仰，同时还要表明祈求愿望，这些东西多出自大学士之手，所以不少人因此取得了皇帝的恩宠。张璁从翰林到入阁也只不过六年；桂萼竟打破"故事"，完全不按以前的规矩来提拔，以"礼部尚书兼翰林学士"入内阁，固然有主张尊崇朱佑杬的原因，也和"青词"的写作大有关联；顾鼎臣只因七章"步虚词"就特受恩眷，连升连提。

严嵩

皇帝的"胃口"被严嵩瞧准了。这时他经常想尽办法把自己写的"青词"奉给嘉靖帝，一次不成功再来下一次，直到成功为止。终于，嘉靖帝被感动了，召见了严嵩，看着这位年老古稀的老头儿，嘉靖帝觉得自己找到了一匹温顺恭谨的老马，肯干，朴诚。于是嘉靖帝给了他一个礼部右侍郎的名衔，并"开恩"地委派他代表自己去祭告父亲的显陵。

严嵩自然知道不能丢掉这次很好机会。他大张旗鼓地"隆重"了一番，还觉不够，居然撒起弥天大谎，回朝后对皇帝有声有色的汇报："祭祖那天，天上开始下着细雨，上天都替陛下落下了眼泪。待到臣恭上宝册奉安神床时，忽然晴空万里。臣在枣阳采来的碑石，多少年来一直群鹳绕飞护持，这样可以看出它是块灵宝。果真，载碑石的船进入汉江，水势突然骤涨，真真百神护佑。此皆陛下考恩、显陵圣德所致。请令辅臣撰文刻石，记载上天的恩眷。"

嘉靖帝听完，真是肝舒脾泰，他果真证实了自己认准的人是对的。高兴之后，自然少不了提升封赏，而且传口谕提严嵩为吏部左侍郎，再一次进南京礼部尚书，没过了多久，改南京吏部尚书。严嵩一次大谎，竟在自己的前途上迈了三大步。那时，吏、户、礼、兵、刑、工六部加上都御史号为七卿，而当时的内阁实际上是最高行政机构，阁臣一般由吏、礼两部尚书中选任。严嵩已经离阁臣没有多大距离，如果能到京师，那就只等别人卸任、贬谪了。

为了"再进一步，到京师去"，严嵩更进一步施展了奴颜婢膝、俯首帖耳的"功夫"。按当时的官场风气他们通常是论资排辈而且十分讲究，而在内阁做事的一些老人们一般的资格都不如严嵩；张敬正德十六年中进士，桂萼正德六年进士，夏言正德十二年中进士，严嵩却是三朝（弘治、正德、嘉靖）翰林，比桂萼尚早六年，只有方献夫与之同年中进士。但严嵩却不顾自己资格的深浅，处处低头摇尾，丝毫没有羞惭之色。"嵩与言同乡，事言甚谨"，"言以门客畜之，嵩心恨甚"，表面上却比门客还低气。他给夏言演戏；邀请夏言到家喝酒，夏言拒绝，这时的他便亲到夏言家门口跪着高声朗读请柬。夏言这时觉得严嵩才是真正尊重自己，便兴高采烈地喝酒去了。这件事一传开，人们都觉得严嵩真是个恭谨顺从的好人，所以再也没有人说他的坏话了。

1536 年，严嵩以祝贺皇帝寿辰的名义到了京城，夏言为报答他曾经请跪的情谊，以首辅的身份向嘉靖皇帝说了严嵩一大堆好话，就这样给严嵩谋得了一个更高的职位，使其进入了和内阁基本上不分上下的权力机构。

明朝的内阁是永乐以后的政治枢纽。其实当时内阁大学士只不过是皇帝的"秘书"，首辅大学士也只不过是"秘书长"，但由于这些"秘书"们经常在皇帝左右，再加上皇帝们并不关心朝政，由"秘书"们代办处理的特别多，结果政令常由内阁出，政治大权也落在阁臣之手。尤其是首辅，处于"秘书"们的领袖地位，有权草拟诏书，最容易替皇帝拿主意。弘治年间的刘瑾甚至是独揽大权。正德年间的钱宁和江彬亦可借天子以草菅天下臣民。所以，七卿的地位和首辅虽然等同，官品可能还要高，但他们却都在内阁的手心里，任由其摆弄。严嵩早已窥破其中隐秘，当然要向内阁、向首辅的职位"冲刺"。而他这个人在官场上一路走来的最好运用的法宝就是拍马屁。谁的马屁都拍，不过也差不多都是很有效的。包括一些正人君子在内，也是都吃"拍"的。其实这真是一个悲剧。

徐阶除奸

明朝在严嵩当政二十多年里，"无他才略，唯一意媚上窃权罔利"，"帝以刚，嵩以柔；帝以骄，嵩以谨；帝以英察，嵩以朴诚；帝以独断，嵩以孤立"。与昏庸的嘉靖帝"竟能鱼水"。

严嵩之所以能够当政长达二十余年，与嘉靖帝的昏庸是分不开的。明世宗即位时只有十五岁，还是一个孩子。加上他不学无术，在位四十五年，竟有二十多年住在西苑，从不回宫处理朝政。正因为这样，才使得奸臣有机可乘。在任何一个国家的任何朝代，昏君之下必有奸臣，这已经是一个规律了。

虽然严嵩入阁时已年过六十，老朽糊涂。但其子严世蕃却奸猾机灵。他晓畅时务，精通国典，很得世宗欢心。所以在当时有"大丞相、小丞相"的说法。严嵩当政的二十多年里，朝中官员升迁贬谪，全凭贿赂多寡而定。所以很多忠臣都被严嵩父子加害致死。

为了反对严嵩弊政，不少爱国志士为此进行了前仆后继、不屈不挠的斗争，不少志士因此献出了生命。在和严嵩父子的斗争中，徐阶起到了决定性的作用。徐阶在起初始终深藏不露，处理朝政既光明磊落，又善施权术。应该说，在官场角逐中既能韬光养晦，又会出奇制胜，是一位很有弹性的谋略家。他的圆滑，被刚直的海瑞批评为"甘草国老"。虽然他"调事随和"，但仍与严嵩积怨日深。在形势对徐阶尚不利时，徐阶一方面对皇帝更加恭谨，"以冀上怜而宽之"。另一方面，对严嵩"阳柔附之，而阴倾之"，虽然心藏仇恨，但表面上却做出与严嵩"同心"之姿态。为了打消严嵩的疑虑，徐阶甚至不惜把自己的孙女嫁给了严嵩的孙子。

嘉靖四十年十一月二十五日夜时机终于来了。嘉靖皇帝居住近二十年的西苑永寿宫着了一场大火。大火过后，皇帝暂住潮湿的玉熙殿。工部尚书雷礼提出永寿宫"王气攸钟"，应及时修复；而众公卿却主张迁回大内，这样既省钱，又可恢复朝政。皇帝问严嵩的意见。严嵩提出皇帝应暂住南宫，可这是明英宗被蒙古瓦剌部俘虏放回后，被软禁的地方。嘉靖当然不愿意住在这样一个"不吉利"的地方。严嵩的这个建议铸成了导致他失宠于嘉靖皇帝并最终垮台的大错。

徐阶终于得到了这样一个千载难逢的好机会，他当然不会轻易放过。他表现出了十分忠诚的样子，提出尽快修复永寿宫，并制定具体规划。次年三月，工程如期竣工，皇帝非常高兴，从此就将宠爱转移到徐阶身上。

徐阶为了达到置严嵩于死地的目的，他还利用皇帝信奉道教的特点，设法表明罢黜严嵩是神仙玉帝的旨意。他把来自山东的道士蓝道行推荐给皇帝，为皇帝预告吉凶祸福。没过多久，便借助蓝道行伪造的乩语，让皇帝罢了严嵩的官，严世蕃也落了个被斩的结局。

古人告诫说："居安思危，思则有备，有备无患。"这意思是说，安居的时候，要随时想到可能发生的不幸。要保持警惕，才能有备无患。才能避免突然降临的灾难。

奸臣宰相严嵩，曾经是一人之下，万人之上，甚至连皇上也要惧他三分。按说，生活在他的手下，是很舒心和安全了。有一位严府的仆人，不但为此不安，而且巧妙安排日后事宜。

一年正月十八。正好是严嵩的生日。有个亭州人叫刘巨塘在宜春任县令，来到京城拜见皇帝后，就跟随众人到严府为严嵩祝寿。收过寿礼后，严嵩疲倦了，其子严世蕃命人关上大门，禁止出入，以便严嵩好好休息。刘巨塘因来不及出门，被关在严府内。一直关到中午，刘巨塘饥渴难忍，可严府大门紧闭，刘巨塘急得团团转。就在这时，一个叫严辛的人，自称为严家仆人。他把刘巨塘从一条小路领到自己的住处，并准备了丰盛的菜肴，请刘巨塘享用。饭后，严辛对刘巨塘说："请台下日后多多关照。"

刘巨塘很奇怪，问严辛说："你的主人正是显赫昌隆的时候，我能帮你什么忙呢？"

"太阳也不会总是当午时分。"严辛情真意切地望着刘巨塘，"但望台下不忘我今日的托付！"

没过几年果然应了严辛所说的话，严嵩破败了，严世蕃被杀，仆人严辛则因为窝赃两万两银子被关押在狱中。此时的刘巨塘，恰好在袁州当政。想到旧日严辛的善举和托付，刘巨塘为其减轻罪行，改判为发配边疆。严辛总算死里逃生，避免了杀身之祸。

夏言就戮

1548年（明嘉靖二十七年）十月，在北京的菜市口，一位六十多岁的老人引颈就戮，这就是明朝嘉靖年间的名臣夏言，而置他于死地的，却是他一手提拔上来的严嵩。

夏言与严嵩是江西同乡，年龄比严嵩小两岁，考中进士比严嵩晚了十二年，名次也低了许多，可在仕途的升迁上却比严嵩快了许多，当他入阁拜相时，年近花甲的严嵩还在南京担任一名没什么实权的闲差，只是由于他需要个帮手，才将他这个年长的同乡调至京师北京，提拔为礼部尚书。

对于提拔自己的夏言，严嵩表现出了奴仆般的柔顺，言听计从，媚态可掬，赢得了夏言的好感。可严嵩是一个政治野心极大的人，他怎么会满足于一个礼部尚书？他要当首相，要位极人臣，而要达到这个目的，必须首先搬开夏言。他是一个城府极深、手段极为狡诈的人，当他对着夏言胁肩谄笑的时候，已悄悄开始了一场扳倒夏言的活动。

他学问没有夏言大，本领没有夏言强，在这场权力的角逐中，他凭什么取胜呢？原来，他具备了一种夏言所不具备的功夫，这便是柔佞。夏言这个人，刚直得近乎傲慢，凡是他不赞同的，他绝不屈从，哪怕对皇帝也不例外。嘉靖皇帝迷信道教，曾制作了一批道士似的服装分赐大臣，要他们穿着这个上朝，夏言就是不穿，惹得皇帝老大的不快。而严嵩却完全相反，他在皇帝面前表现得极为柔媚、谦卑、忠勤，对皇帝嘱办之事，他废寝忘食，一定要办得让皇帝满意；当皇帝的一些主张在夏言这里得不到支持的时候，他便倾心竭力表示拥护。这样，皇帝渐渐疏远了夏言，并先后三次免去了夏言首辅大臣之职，而对严嵩眷顾日隆，最后入阁拜相，成了与夏言平起平坐的阁臣。

嘉靖二十五年，第四次入阁为首辅的夏言，在收复被蒙古人占领的河套地区这个问题上，同出尔反尔的嘉靖皇帝产生了尖锐的冲突，严嵩看出，打倒夏言的最后时机到了，他上书皇帝，诬称夏言与好大喜功的边将相勾结，虚报战功，隐败为胜，骗取粮饷，中饱私囊，终于将夏言问成了死罪。柔佞战胜了刚直。

传说有一种鸟，当它的母亲将它生育养大以后，它便要将母亲吃掉，严嵩之流的奸邪便是这种人。

夏言的枉死，在朝野引起巨大的震惊，人们通过各种方式表示自己的愤慨。当时流传着这样的民谣：

可恨严介溪（即严嵩），作事忒心欺，常将冷眼观螃蟹，看你横行到几时？

可恨严介溪，作事忒心欺，善恶到头终有报，只争来早与来迟。

"千古一人" 王阳明

王守仁（1472—1528），心学的集大成者。字伯安，余姚（今属浙江）人。曾筑室故乡阳明洞中，世称阳明先生。与心学创始人陆九渊并称"陆王"，故"陆王之学"也就是心学的同义词。

王守仁出生于明代中期一个官宦之家，父亲曾出任南京吏部尚书。王守仁的少年时代，正值程朱理学的一统天下，他也深受影响，立下了"读书学圣贤"的志向。据说，他曾对朱熹佩服得五体投地，遍求朱熹遗书阅读，并按照朱熹"格物致知，即物穷理"的教诲，去"格"屋外的竹子，在竹林里苦思冥想了三天，竹子的道理没有格出来，他反而大病一场。这一病，使他对程朱理学的圣贤之道产生了迷惑，甚至怀疑自己与圣贤是否有缘，于是转向辞章之学，同时也留心武事，学习兵法。

弘治十二年（1499 年），二十七岁的王守仁通过科举考试，获得进士资格，成为兵部的官员。三十四岁时，年少贪玩的武宗即位，宦官刘瑾专权，南京有几位官员联名上书皇帝，弹劾刘瑾，结果遭到逮捕监禁。王守仁出于正义感，上疏相救，结果被廷杖四十，贬谪到贵州荒僻的龙场驿去做驿丞（驿站站长）。

龙场地处深山丛林，毒虫瘴气，比起北京来，自然是天上地下。但王守仁并未消沉，远离政治漩涡，倒给了他冷静思考的机会。就在贬谪贵州的五年之中，王守仁完成了从程朱理学到陆九渊心学的思想转变。

据他后来回忆说，他在龙场"日夜端居澄默，以求静一"，有一天，突然悟出了"格物致知"的真谛，原来"圣人之道，就在我心中，过去求理于外在事物中的做法是错误的"。他由此得出"心外无物"的结论。

王守仁曾同朋友到山中游览，朋友指着路旁花树问："你说天下无心外之物，这些花树在深山自开自落，与我的心有何相关？"王守仁回答说："你未看此花时，此花与你同归沉寂；你来看此花时，则此花颜色一时明白起来，便知此花不在你的心外。"

正德五年（1510年），年届不惑的王守仁结束了贬谪生活，到江西任知县，数年间就被提升为南京鸿胪寺卿。在此期间，他开始著书立说，招收弟子，与程朱理学彻底分道扬镳。由于程朱理学是钦定的官学，王守仁不便公开宣称朱熹不对，就将朱熹文章中和自己主张相同的某些片段摘录出来，编成了一篇《朱子晚年定论》。意思是告诉读者，朱熹晚年也修正了自己早年的观点。这种偷梁换柱的手法无非是为了给自己的异端思想争取到"合法"地位。正德十一年，他奉朝廷之命，以都察院左佥都史（正四品）的身份，巡抚南赣、汀、漳等地，平定了当地民间的叛乱，并在各地兴办社学，实施儒家的道德教化。

正德十四年，宁王朱宸濠在南昌发动叛乱．全国震动，王守仁率军攻克南昌，生擒朱宸濠，被封为伯爵，并出任南京兵部尚书。由于他在政治上的地位，其影响也迅速扩大。他继承宋代陆九渊的心学，提出"致良知"的思想，宣称这才是"孔门正法眼藏"，是"孔孟圣传一点骨血"。这个"良知"，就是孟子所说的"人皆有之"的"是非之心"，"不待虑而知，不待学而能"。而所谓"格物致知"，就是格去物欲而求得"良知"，这与朱熹"即物穷理"而获得知识的主张是完全不同的。他因此被正统儒家视为"病狂丧心之人"，王学也被斥为"伪学"。但王守仁的主张令人耳目一新，在当时的思想界刮起了"反传统"的旋风，促成了明代中后期的个性解放浪潮。

阳明心学不仅在中国有很大影响，还流传到了日本。近代著名学者章太炎说："日本维新，亦由王学为其先导。"梁启超也说："日本维新之治，心学之为用也。"1906年，蒋介石留学日本，亲眼看见日本军官几乎人手一本《传习录》。他也买了大量有关王学的书刊（这些在当时的中国都是买不到的），进行研究。

阳明心学是日本反对德川幕府朱子学的思想武器，是明治维新的指导思想武器，对日本近代变革维新、迅速崛起起了极大的推动作用。

海瑞顺水推舟

海瑞任浙江淳安知县期间，总督是奸臣严嵩的亲信胡宗宪。

淳安是土地贫瘠的山区，老百姓都很穷，山上的好田地都被大族霸占了，老百姓连饭都吃不上。这个县又处在新安江下游，是水陆交通的枢纽，朝廷使臣，来往官僚过客，都要地方接待。就是经过一个普通官吏，也要用银二三十两；经过巡盐御史、巡按御史等监察官员，要用银一二百两；巡抚出巡，则要用银三四百两。这都要百姓来出，这使百姓加重了很多的负担。

有一次，胡宗宪的儿子经过淳安，仗着他是总督公子，作威作福，嫌驿站的马匹不称心，大发脾气，喝令随从把驿令捆了，倒挂在树上，驿站的人都很害怕，跑到县衙告知了海瑞。海瑞不慌不忙，带人来到驿站，鲜衣华服的胡公子还在指手画脚地骂着吊在树上的驿令，一看海瑞来了，正要分说。海瑞不理会，径自进驿站去，一看胡公子带的大箱子小箱子几十个，都贴着总督衙的封条，就有了主意，立刻变了脸色，叫人把箱子打开，都沉甸甸的，原来那些箱子里装着好几千两银子。

海瑞对着众人说："这个恶棍，竟敢假冒总督家里人，坏总督的官声，上次总督出来巡查时，再三布告，叫地方上不要铺张，不要浪费。你们看这恶棍带着这么多行李，这么多银子，怎么会是胡总督大人之子，一定是假冒的，要严办！"把几千两银子都充了公，交给国库，写一封信把情况说了，请人带行李一并送交胡宗宪。胡宗宪看了，气得说不出一句话来，又怕海瑞把事情闹大，自己理亏，只得罢手，自不敢声张。

海知县拿办总督公子的新闻轰动了淳安，传遍了东南。百姓人人称快，贵族官僚子弟个个害怕。

还有一件更让人高兴称快的事：海瑞曾经挡了都御史的驾，不让他入境。这在当时可是件了不得的大事。

嘉靖三十五年（1556年）左副都御史鄢懋卿出京来总理两浙、两淮盐政。都察院左副都御史是朝廷最高级的监察官员之一，此次出巡地方，为皇帝的钦差，掌握着进退升降官吏的大权。他总理盐政是名目，实质上是皇帝要钱用，叫他从产盐、卖盐上打点主意，多搞些钱。

鄢懋卿以钦差大臣的身份，再加上有严家父子当靠山，一到地方，就利用职权，收受贿赂，给钱的就是好官，多给的便答应升官，少给的便受到刁难。总之，不管官大官小，非给他钱不可。打算做官就得给钱。

有一天，轮到要巡查严州（今浙江建德）了，要路过淳安。淳安全县的人都很焦急，不知怎么办才好。钦差、监察官、地方长官到地方巡查，照例都发一套条约或告示，说明来意和地方应注意的事项，并且大体上也都按照老规矩，照前任的抄一遍。告示内少不得要说些力戒铺张、务从节俭等冠冕堂皇的话。海瑞研究了好久，就以其人之话还治其人之身。他便对差官说，淳安地方很小，百姓很穷，容不下都老爷的大驾，请从别处走吧，省得百姓为难。他亲自写一封信给鄢懋卿，信上说："细读您的布告，知道您一向喜欢简朴，不喜欢逢迎。您说'凡饮食供应，都应俭朴，不要过分奢侈，浪费百姓钱财。'您又说：'现在百姓艰辛，宽一分，百姓就得一分好处，一定要体谅。'您的种种恳切的教导，说得很多。我相信您的话是为国为民，是从心里说出来的，绝非空话。"

"但是，您奉命南下之后，各处都办酒席，每席要花三四百两银子，平常伙食都是山禽野味，不易弄到的东西。供应极为奢华，连便壶都用银子做的。这种排场，是和您颁行的布告大相违背的。"

"都察院长官出来检查盐政，是少有的事。正因为少有，所以百姓有疾苦的要来告状，有贪酷行为的官要改心，百姓也会得到少有的好处。现在州县怕接待不周到，慢待了都察院长官，极力买办。百姓为出钱伤脑筋，怨声载道。百姓没有得到少有的好处，反而苦于少有的破费。这可能是地方官属奉承您，以为您喜欢巴结、都不说实话，揣摩错了您的真正用心吧。"

"盐法弊病，我晓得一些，没有全盘研究，不敢乱说。只有这一件事，是我耳闻目睹的。您如果来了，东西准备了，纵使您一概不受，但是东西既然买了，必然要用许多钱，百姓怨恨，谁当得起？地方官吏以今时俗例来猜测您，我又很怕您将来会因为地方官吏的这种做法，不利于执守礼法，而后悔不及。这个害比盐法不通还要大，所以才敢把这些意见一一告诉您。"

鄢懋卿看了这封信之后，气得浑身发抖，想寻事革掉他的官，但他是清官，名声好，革不得。就此过去，又气不过。只好放在心中，把这封信藏起来，批"照布告办"，严州也不去了。

严州知府正忙着准备迎接都察院长官，听说都老爷忽然不来了，正在心里纳闷，怕出了什么岔子。后来方知道是海知县写了信，惹了祸。怕连累自己，大怒，海瑞一进来，就拍桌子大骂："你多大的官儿，敢这样！"他骂不停口。海瑞没说一句话，等他骂完了，气稍平了一些之后，作了一个揖就走，以后也不再说什么。等到鄢懋卿巡查完走了之后，严州府上下官员一个也没出事，知府这方放了心，过意不去，见到海瑞时连说："好了淳安百姓，难为了你，难为了你！"

谭纶用将

《明史》中对谭纶有如此的称赞"终始兵事垂三十年，积首功二万一千五百"。在史书中有这样详细历数将领战功者，还不多见，这也证明谭纶战功之大、战绩显著。那么，谭纶是怎样取得如此奇功大勋呢？史书上说："善用俞（大猷）、戚（继光）而建大勋。"这话虽有失偏颇，但从侧面道出了谭纶知人善任的非凡的用兵才能。

明世宗嘉靖四十二年（1563年），东南沿海倭患剧烈，倭寇非常猖獗，久剿不灭，朝廷命令谭纶为福建巡抚，总督福建的军务，由他统一指挥福建的抗倭战争。这个时候，正在家中为父服孝的谭纶，接到命令立即赴任。途中，谭纶想，要打败倭寇，保国卫民，关键的问题是用将，即"为官者择人也"。只要因地择材，因才授事，就无不胜之理。于是，谭纶将驰骋在东南沿海抗倭战场上的名臣宿将进行了一番分析，量才录用。

谭纶第一个想到的是戚继光。继光曾在谭纶麾下任副总兵，领兵抗倭数年，屡败倭寇，显露出足智多谋、骁勇善战的特长。他管辖的军队军纪严明，被誉为"戚家军"。谭纶深感戚继光"忠诚懋著，文武兼长，貌虽不逾中人，才则可胜十万南北将官，号为节制之师"。所以他在平定浙江倭患之后，上奏朝廷，推荐戚继光为福建总兵。戚继光率领浙兵赴闽，在平海卫大战中担任中路军，英勇拼搏，首入敌巢，斩倭甚众，乘胜收复兴化城。戚家军所向披靡，倭寇闻讯，纷纷丢盔弃甲，狼狈逃窜。这之后，谭纶奉命调往北方，镇守军事重镇蓟州，为了训练出一支抗击蒙古精骑的边塞新军，他又荐拔治军有道、练兵有方的戚继光为蓟州总督，专管训练士卒。在戚继光的精心训育和严格要求下，一支军容威严、纪律严明、武艺高强的北方劲旅出现在了千里的边塞上。蒙古军望而生畏，不敢贸然入侵。

谭纶想到的另一员战将是俞大猷。谭纶和俞大猷相处多年共同抚倭，他深知俞大猷喜读兵书，熟悉兵法，深厚老成，足智多谋。曾任浙江、福建总兵官，转战江浙闽抗倭战场，每战先计，屡摧大敌，所部武艺精熟，军纪严明，号称"俞家军"。然而竟遭奸贼诬陷，革职入狱，发配大同。在发配期间，俞大猷潜心钻研车战之法，创制独轮兵车。经大同巡抚李文进用于战阵，皆获大胜。想到这里，谭纶急遣信使奔赴福建，令总兵俞大猷抓紧时间整治营内，疏浚河道，扼守海口，断敌退路，待机围歼。平海卫大战中，谭纶又命俞大猷为右路大将军，与中军戚继光和左路大将军刘显同心协力，一举捣毁敌巢。后来，谭纶守北边，组建车战营，想到"车战之法实唯俞大猷一人"，便上奏朝廷，调俞大猷赴北方专练车战。俞大猷和戚继光相互配合，为训练边塞军队、守卫北疆建立了奇功。

最为难能可贵的是，谭纶勇于为被革职将领奏功摆好。前任福建巡抚游震得，抗倭不力被革职。在谭纶接任之后，已革职的游震得，一面和谭纶交接军务，一面不忘效国尽力，协助谭纶谋划歼敌战略。谭纶感触很深，不顾朝廷的命令，冒险上疏，称赞"游震得将德可贵，革职不怨，效国有心，不在官位，却谋军事，为捣毁平海卫倭巢指授方略，战绩卓著，请求朝廷不可以昔日之过，尽掩今日之功"。朝廷鉴于游震得在革职后，仍能为国效力，不失为忠臣良将，遂将功赎罪，从宽处理。对此，游震得非常感动。部将得悉谭纶有功不伐，正确对待被革职将领，都很敬佩。

谭纶用人知人善任，培养了一大批英勇善战的名将。当谭纶逝世噩耗传出，诸将皆泣不成声，为其送葬的队伍数十里，有的泣表三年，深表哀悼和怀念之情。

名相张居正

张居正的父亲张文明，号观澜，是一个穷书生，二十岁补府学生，久试不中，都名落孙山，不得不困守乡里。张居正自幼聪慧机灵。据说张居正在两岁的时候，他的堂叔父抱他在膝上，他就认识《孟子》书中的"王曰"两个字，被乡里誉为神童。张居正五岁开始从师接受启蒙教育，自幼勤奋好学，十岁时就通六经大义。

张居正十二岁时到荆州府参加考试，知府李士翱很赏识他的才学，把他介绍给湖广学政田项。田项面试张居正，出题《南郡奇童赋》，他挥毫即成，让田项十分惊讶，不久就补府学生。

张居正十三岁时到武昌参加乡试。考试期间，他在游览楚王孙园亭时，写过《咏竹》绝句。其中"凤毛丛劲竹，直上劲头竿"两句张居正借竹自喻，显示出了他少年时代的远大抱负。就在这一年，张居正本来可以考中举人的。但当时的湖广巡抚、金陵才子顾磷，看到这个少年才学出众，不同凡响，怕他一旦中了举人之后，会得意忘形，骄傲狂妄，停步不前。顾磷就和监试的冯御史商量，故意使张居正落选，让他受些挫折，激发他更加勤奋读书。

　　三年之后，张居正再度参加乡试，一举成名，当时他才十六岁，成为最年轻有为的举人。顾璘知道后非常高兴，在接见张居正时，当场赠以犀带，并鼓励他不断努力，日后成为腰围玉带的辅国英才。

　　1547年，张居正二十三岁入京参加会试，考中了进士。接着，张居正被选入翰林院为庶吉士，相当于见习翰林，从此他踏上了政治舞台。在明朝，自明太祖朱元璋杀了几个宰相后，担心大权旁落他人之手，就不再设宰相职位。改由内阁大学士作为皇帝的咨询班子，这样内阁大臣实际上行使了宰相的职权。庶吉士虽职位不高，但它是入阁的必经之途，内阁大学士必须具备的资历，因此为世人所瞩目。

　　当时在翰林院中人才荟萃，藏有丰富的图书资料。张居正怀着忧国忧民之心，无意享受悠闲自得的生活。在同僚们沉醉于歌台舞榭，忘情于吟风弄月的时候，张居正却埋头攻读历朝典章，剖析政务，探索救国兴邦之道。张居正远大的政治抱负和刻苦学习的精神，深得内阁大臣、翰林学士徐阶的赏识。三年之后，张居正当上了翰林院编修之职。

　　明世宗昏庸无能，使奸臣有机可乘。奸佞之臣严嵩凭着阿谀奉承讨好世宗的本事，步步高升。嘉靖二十一年（1542年），严嵩以礼部尚书兼武英殿大学士的身份入阁，掌握了重权，后又升任为首辅，先后控制朝政达二十年之久。

　　严嵩当道，儿子严世蕃仗着父亲的权势，官至工部侍郎。父子二人结党营私，招财纳贿，官员的升迁贬谪，不是根据本人的才能和政绩，而是看是不是给严嵩父子送银子，由贿赂的多少来决定。

　　明世宗不理朝政，严嵩一手遮天。明朝嘉靖年间政治黑暗，财政危机，外寇入侵，民怨沸腾。张居正目睹了这一切之后思想比较悲观，认为世上即使有一个"磊落奇伟"之人，也不一定有人能够了解他，即使了解他，也未必肯起用他。因此，他郁郁不得志，感到怀才不遇，无法施展自己的抱负。张居正在翰林院工作七年后，1554年就称病辞官回归故里。临行前，他上书内阁大臣徐阶，批评徐阶见利忘义，恳求老师应敢作敢为，起来和严嵩公开斗争。

　　张居正回江陵老家闲居了三年，自己种了半亩竹子，成天闭门读书。张居正表面上悠闲自在，实际上内心波澜起伏。他很担心国家的内忧外患，为朝中奸臣弄权、自己无用武之地而愤愤不平。

　　到了1557年，张居正再度进京为官，任国子监司业，决心投入朝廷的政治斗争之中去。1562年，朝廷内部的政治斗争已见分晓。严嵩和方士蓝道行有矛盾。蓝道行受到明世宗的宠幸，他就利用扶乩（古时迷信的人占卜问疑）的机会，以仙人的身份说严嵩父子是奸臣。对方士的话，明世宗是言听计从，于是开始怀疑严氏父子。徐阶知道这个消息后，他就支持御史邹应龙上疏揭发严嵩父子的罪行。这样，明世宗就下诏罢了严嵩的官，把严世蕃谪戍雷州，三年之后又下令把严世蕃逮捕进京，斩首示众。

　　罢免严嵩之后，徐阶当上了首辅。徐阶很器重张居正，因此他的官职稳步上升。

　　1566年，明世宗病逝，他的第三子朱载垕即位，第二年改元隆庆，这就是明穆宗。徐阶和张居正两人一起商量，起草了明世宗的遗诏，革除嘉靖年间的种种弊政。1567年2月，张居正升任吏部左侍郎兼东阁大学士，正式入阁，成为明朝统治阶级的重要人物之一。

这时的张居正原认为可以施展才能，实现自己的政治抱负了，可以建功立业了。于是第二年，张居正就针对嘉靖以来的各种弊端向明穆宗上了《陈六事疏》，指出当时朝政积习已深，弊端百出，颓废不振，他以为如不及早改革，势必积重难返。张居正向穆宗提出了实行改革的六个方面：1. 省议论，反对说空话，务求讲实效。2. "振纪纲"，申明法纪，做到赏罚分明，公正无私。3. "重诏令"，执行皇帝诏令要坚决迅速，文书奏报要及时。4. "覆名实"，严格对各级官吏的考勤考绩，不使毁誉失实。5. "固邦本"，提倡节约开支，爱护百姓，抑制豪强兼并，清理赋役不均。6. "饬武备"，申严军政，严格训练，巩固国防。

张居正的这些政治主张切中时弊，是富有远见卓识的。他为了写这份奏疏，付出了很多心血，也表现了他革新政治的满腔热情。但是，奏疏呈给明穆宗后，却遭到冷落。

穆宗和世宗一样，醉心于挥霍浪费，吃喝玩乐。在这期间，大臣之间争夺首辅的权力更加激烈，穆宗在位六年，首辅先后换了三个人，先是徐阶，后是李春芳，最后是高拱，足见斗争是多么剧烈。

1571 年末，内阁中只剩下首辅高拱和次辅张居正两个人了。

嘉靖年间，高拱和张居正曾一起任职国子监，因而关系很好。起初，两人合作得还可以。但是，因为高拱和张居正两人能力都很强，一山不容二虎，不久就发生了矛盾。高拱深恨徐阶，连徐阶的几个儿子都不放过。张居正与徐阶关系十分密切，想方设法保护徐阶的几个儿子，为他们说情。这时，高拱手下的人就造谣中伤说张居正收受了徐家的贿赂。因此，两人关系日益恶化。

1572 年 5 月，明穆宗病逝。穆宗第三子朱翊钧十岁当上了皇上，他就是明神宗，穆宗遗诏命高拱、张居正和高仪三位大学士为顾命大臣，共同辅佐十岁的幼主。高拱是首辅，为人十分骄横，心胸狭窄，在他看来，张居正是他的下属，高仪年老有病，都不是自己的对手。因此，高拱唯我独尊，不仅管政府，还要插手内廷的人事安排。

按照明代的规矩，朝廷发布的诏令，由内阁来起草，司礼监盖印章，使内外廷互相牵制。所以，内阁和司礼监就产生了权力上的对立。明神宗接位后，按照母后的意图，授宦官头目冯保为司礼监掌印太监兼管特务机构，这就扩大了司礼监的特权。这件事，使高拱很恼火。高拱想把权力夺回来，就授意御史、言官轮番上奏，弹劾冯保。冯保也不示弱，就利用职务上的方便，在太后面前竭力诽谤高拱，说他蔑视幼主。双方斗争异常激烈，你死我活。这个时候的张居正坐山观虎斗，表面上不偏不倚，实际上则支持冯保，和高拱对抗。

1573 年 6 月 16 日，明神宗在神极门召见群臣，高拱以为一定是要罢免冯保，就快步上朝。可是高拱一抬头，却见小皇帝身边站着神气活现的冯保，知道情况不妙。很快，冯保高声宣读了太后和皇帝的谕旨，历数了高拱的罪状，并撤去一切职务贬为庶民，勒令回乡闲住。

高拱被罢官之后，张居正顺理成章当上了首辅，实现了他多年来执掌朝政、改革政治的夙愿。

张居正当上首辅之后。把工作的重点放在教育小皇帝上。他真的像老师教育学生那样，辅导年仅十岁的明神宗。为此，他特意编了一本图文并茂的历史故事书，叫《帝鉴图说》，每天耐心细致地给小皇帝讲解。明神宗对这本书爱不释手，每天总是兴致勃勃地听张居正讲课。

张居正讲课不仅循循善诱，深入浅出，而且不断提问启发。有一次，张居正讲到汉文帝在细柳营劳军的故事，就说："陛下应当注意武备。明代立国以来太平日子久了，就轻视了武备，应该及时加强武备才对。"明神宗听了之后，连连点头称是；还有一次，张居正讲完宋仁宗不爱用珠玉装饰的故事之后，就问小皇帝听懂没有？神宗回答说："听明白了，做君王的应该把贤臣当作宝贝才是，珠玉珍宝有什么用呢？"张居正听了神宗的回答后，心里非常高兴，就进一步启发说："英明的君王重视粮食，轻视珠玉。因为普天下的老百姓都靠粮食生活，至于珠玉这类东西是饿了不能充饥，冷了不能御寒的。"

张居正对小皇帝的要求也是十分严格的，神宗也把他当严师看待。有一次，神宗朗读《论语》时，把"色勃如也"错读成"色背如也"，张居正立即严厉地纠正说："读错了，应读作'勃'字。"这使小皇帝既对他尊敬，又畏惧。张居正在教育小皇帝的同时，还竭力讨好穆宗之妻陈皇后和神宗生母李贵妃，得到李贵妃的信任。张居正还笼络宦官冯保，也取得他的支持。至此，张居正地位得到了巩固，独揽了朝政，国家大事几乎全由他一人决策。

张居正是一个干练的政治家，他当机立断，开始实行改革。张居正的新政前后十年（1573—1582），主要内容如下：

整顿吏治　伸张法纪

明朝的后期政治腐败，民不聊生。主要原因是"吏治不清"。张居正要求各级官吏为官必须清廉，治政清平，让百姓生活安定，为了进一步加强对各级官吏的控制，张居正改变内阁不能干预六部权力的旧体制，竭力提高内阁的权威，使权力集中于首辅，加强了中央集权以号令天下。

他对鱼肉乡民、横行一方的不法权贵，敢于碰硬和动真的，以取信于天下。

在万历初年，最有权势的宦官冯保的侄子叫冯邦宁，仗势欺人，殴打平民，触犯了法律。这是一起非常引人注目的事件，因为张居正能当上首辅，曾得到冯保的支持，人们都在看他能不能秉公执法。张居正铁面无私，执法严正，下令把冯邦宁革职，杖打四十大板，并嘱告冯保严厉管教自己的侄儿。

他不仅执法公正，而且严于律己。他对自己的家属要求很严格，从不准许儿子与朝廷高级官员来往，防范暗通关节。

张居正很重视考察官吏的政绩，制订了考成法，严格考核各级官吏。官吏办事要定好完成的期限，不得拖拉。以官吏的考勤考绩，作为他们升迁和奖惩的依据，真正做到有功受赏，犯过惩罚，赏罚分明。由于实行了考成法，各级官员都不敢玩忽职守，大大提高了各级衙门的办事效率。

在官吏的选拔和任用方面，张居正提倡"唯才是用"，不拘一格、不受资历、毁誉、亲疏的限制和影响，只要有才能，就委以重任。

实行开源节流的经济改革

张居正当政时期明朝财政面临崩溃的危机，所以理财成了改革的重点。

张居正裁减冗官冗费，紧缩皇室的开支。有一次，明神宗决定开馆纂修《穆宗实录》，按惯例，皇帝要钦赐酒宴，宴请监修的官员，然后入馆纂修。为了减少开支，张居正上疏神宗，请求免于赐宴。

明朝中期以后，豪绅地主大量兼并农民的土地，隐瞒自己的田产，逃避赋税。农民失去土地之后，还要交纳田赋，不得不流亡他乡。赋役负担不均，加剧了社会矛盾。张居正为了打击豪门，增加政府的财政收入，于1577年清丈全国的土地，查出了豪绅地主隐瞒的土地近三百万顷。

在清丈土地的基础上，张居正大刀阔斧地进行了赋役制度的改革，制定了"一条鞭法"。把各种名目的赋税和劳役合并起来，折合成银两征收。经过这次税收改革，防止官吏和豪绅地主互相勾结，营私作弊，增加了国库的收入。农民的负担也有一定程度的减轻，促进了生产的恢复和发展。

革除弊政　整顿驿递

在明代，从北京到各省的交通要道都设有驿站，负责供应过往官员的食、宿、夫役和车马等交通工具，都由当地老百姓分摊这种负担。明初使用驿站有严格的规定，只有执行政务和军务的官员，才发给印信，可以乘驿。到了明朝后期，政治腐败，这些规定都名存而实亡了。兵部和各省抚按都随意签发印信送人情，因此假公济私，任意乘驿，加重了百姓的负担，驿递成了一项苛政。1575年，张居正颁发通令，规定任何官员若不因军政公务，一概不准领取乘驿的印信。同时又大力削减驿站的供应，有的减去十分之六七。他对于违章的官员，严加惩处。

张居正作为首辅，身体力行执行这项制度。他儿子张嗣修回江陵参加考试，自己出钱雇车驰往；他父亲过生日的时候，他命令家人背寿礼骑毛驴返乡祝贺。整顿驿递，革除了弊政，减轻了人民的负担，得到了人民的拥护。

整饬军备　加强边防

张居正要求驻边的将领抓紧练兵备战，整修边防要塞。同时命令边防军队一边耕种一边备战，一边戍守，一边屯垦，真正做到兵精粮足，战守有备。

张居正选任边将，知人善任，不拘一格。在蓟州一带，他任用戚继光来镇守。戚继光治军有方，练成了守边的精兵，修筑了边防线，保卫了东起山海关，西至居庸关长城一带的边防。在辽东，张居正任用李成梁，保卫了东北边境的安宁。他还选派王崇古带兵防备北方俺答部落的入侵，王崇古一面备战，一面采取安抚睦邻政策，双方通好互市。当时朝中有些大臣非难王崇古的政策，张居正力排众议，支持王崇古，使北方边关多年相安无事。

兴修水利　发展农业

嘉靖、万历年间，黄、淮年久失修。洪水时有泛滥，水灾不断，百姓受苦遭殃。农业生产受到的严重破坏，甚至影响运河漕运。

张居正任用潘季驯，整治黄河水患。潘季驯提出了治理黄河，保护运河，同时治好淮河的积极治河方针。他采用堵塞决口，加固堤防，"束水归漕"，使黄淮水流汇合成急流，把河水夹带的泥沙冲刷入海。这样，黄河、淮河的水患得到了遏制，两岸的百姓生活安定了，促进了农业生产的发展。

整顿学校　改进学风

自宋明以来，理学被视为儒学的正宗，是统治阶级的官方思想。至明朝后期，一批文人学士则以说空话、说大话为时尚，鄙薄国事民生。各府、州、县学，广增生员，浪费国家资财，培养无用之人。

1575年，张居正下令整顿各级学校，核减生员，削除学霸。要求所有当官和做学问的人，走出衙门和书斋，面向实际，把治学理政和解决国计民生结合起来。

张居正是明代杰出的政治家、改革家。他用了十年时间，对当时明朝的政治和经济制度进行了大胆的改革，使国家财政收入增加，政治有了转机，仓库存粮充足，改善了百姓的生活。为恢复和发展生产起了积极的推动作用。但张居正的改革触犯了豪门贵族的利益，他们表面上不得不服从张居正，背地里对他恨之入骨。

在1577年的秋天，张居正的父亲张文明死了，按照封建礼教的惯例，他必须离职居丧守孝三年。当时明神宗还很年轻，国家政务离不开张居正，张居正也不甘心因丁忧而中断正在进行的改革。因此，在明神宗和一些大臣的挽留之下，张居正让儿子代他去奔丧，自己留在京师继续实行改革。反对改革的官僚们抓住张居正父死不奔丧的事，纷纷向明神宗上书弹劾张居正，指责张居正贪恋利禄，违背"伦理纲常"，要朝廷罢他的官。还有人在京城的大街上张贴告白攻击张居正，闹得满城风雨。后来，明神宗不得不下诏书，无论是谁再反对张居正留任一律处死，这才把这场风波平息下来。然而，斗争并没有结束。

1582年，张居正病故，明神宗亲理朝政。明神宗在宦官的引诱下，生活日渐放荡，想起昔日张居正对自己的约束，便对他产生了反感和仇恨。这时，反对改革的官僚再次攻击张居正专横跋扈。

1583年的3月，张居正尸骨未寒，明神宗下诏彻底革除张居正的全部官爵，抄没了张居正的家产，并残酷地诛杀了他的九族。

万历年间的援朝战争

明神宗即位以来的二十年间，与周邻各国大体保持着安静的局面，并无大的战事。万历二十年（1592年）日本出兵侵略朝鲜，明廷援助朝鲜，展开了抵抗日本侵略的大战。

万历年间的这场战争源于日本权臣丰臣秀吉的野心。16世纪后半期，日本还是大名割据的战国时代，丰臣秀吉是尾张（今爱知县）大名织田信长的部下，原来叫羽柴秀吉。织田信长死后，丰臣成了这一股势力的顶梁柱，逐步征服盘踞关东的德川家康等部。1585年迫使朝廷授予他"关白"（参与一切政务的重要官员，皇帝的辅佐大臣）之职，1586年天皇赐姓其"丰臣"。至1590年前后日本完成统一，丰臣成了日本的实际统治者。

但小小岛国不能让丰臣满足。在出任关白后，他有"一统天下"的野心。1590年冬天，他公开致信朝鲜国王，宣称要"长驱直入大明国"，威逼朝鲜臣服，企图"假道入明"，进攻中国。万历二十年（1592年）三月，丰臣秀吉派小西行长、加藤清正、黑田长政等率领二十万大军出征朝鲜，在釜山登陆后迅速向北进攻。朝鲜李氏王朝已经二百多年没有战争了，陆上战备早已松弛，日军如入无人之境，两个月就占领了京城（汉城）、开城、平壤三大城市。朝鲜国王吓得从京城逃到义州，没办法，只好向明朝求援。

明廷得报，不知军情虚实，只派副总兵祖承训、辽东游击史儒统兵三千余去朝鲜作战，史儒战死，祖承训只身逃回。

败报传来，朝野震动。神宗任命李如松为提督蓟辽等处防海御倭总兵官，前往支援。李如松原籍朝鲜，高祖英迁居辽东，任为铁岭卫指挥佥事。其父就是大名鼎鼎的李成梁，镇辽二十二年，战功显赫。十一月，李如松自宁夏来到东征军中，部署军事。十二月二十五日，率四万余人，誓师渡鸭绿江。次年一月六日，抵达平壤城外。

平壤东南临江，西枕山徒立，迤北牡丹台高耸，地形险要，易守难攻，日军筑设炮台，有鸟铳等新式火器。李如松指挥攻城，城上日军炮矢如雨。明前锋军士稍有退却，李如松手斩一人，挺身直前。李如松坐骑被击毙，换马再战。李如松弟如柏被铅丸击中盔顶，仍继续奋战。部将吴惟中被铅丸击中，鲜血流淌，也仍然奋呼督战。经过激烈战斗，明军终于从平壤小西门、大西门突入，日军退保风月楼，夜半渡大同江南逃。

明军与朝军收复平壤后，乘胜追击，一月十九日，李如柏收复开城。继而收复平安、黄海、京畿、江源四道。日军大部退屯王京。

李如松连战皆捷，产生轻敌思想，二十七日以轻骑趋碧蹄馆，离王京三十里，突然遭到数倍于己的日军围攻，损失士兵几百名。明军退回开城。李如松探听到日军在龙山仓积储军粮数十万，就密令部将查大受选勇士深入敌后纵火烧粮。

日军连战皆败，军粮被焚，又染疾病，士气低落，无法再战，便提出议和，应明军要求，日军于四月十八日撤出王京，退到釜山一带。于是汉江以南千余里的朝鲜故土都被收复。

清廷没有"痛打落水狗"，只留刘綎的川兵进行防守，其他各镇兵全部撤回国内。

丰臣秀吉以和议为缓兵之计，留驻朝鲜釜山的日军始终未撤。万历二十五年（1597年）正月又发动水陆军十四万余人，再次侵入朝鲜。

明朝因日本毁约大为震怒，也认识到日本的危险性，调动了川、陕、浙、蓟、辽的陆军和福建、吴淞的水军共十四万，再度增援朝鲜。联军经过侦察，决定先进攻只有两万人的蔚山。十二月二十三日午夜，明军三路直捣蔚山，李如松交战后佯退。正在监督西生浦的加藤清正连忙返回蔚山，亲自守城。明军连续四天猛烈强攻，仍旧没有攻下城池，期间加藤清正也难以支撑，就送信给明军乞求讲和，被拒绝。双方僵持之时，西生浦一万三千多日军赶来增援。明军屡攻不下，被迫撤退。

蔚山战役后，双方都调整了战略。秀吉眼见反攻无望，只得继续确保防线，在朝鲜南部站稳之后再蚕食朝鲜。而明军虽经蔚山惨败，但主力未损，而且国内又派陈璘和邓子龙的水军前来助阵。朝鲜水军也得到了加强。统帅邢玠当机立断，逮捕内奸沈惟敬，大会诸将，分兵三路，同时进攻三座要塞：蔚山、泗川、粟林。而明水军和李舜臣的联合舰队合力应战，控制了南朝鲜海的控制权，切断了日军的退路。迫使日军退守朝鲜半岛的南端岛山。

这时日军盘踞朝鲜半岛已经有七年之久，在沿海分布三处，战线长达千余里，士兵疲于奔命，供应不足，屡败厌战，士气低落。日军与明军交战往往"举阵惊骇奔散"，投降者愈来愈众。是时，日本国内普遍怨恨丰臣秀吉，八月十八日，征战一生的丰臣秀吉因为朝鲜战争的失利，羞愤积郁，终于在伏见城死去。临死前遗命退兵。这对朝鲜的日军无疑是雪上加霜。小西行长进退不能，再次提出和谈，并再度遭拒，只能坚守城堡，等待援军。

到了十一月，日军的承受能力已经达到极限，小西行长再次准备厚礼送至李舜臣营中，希望和谈，还是遭到拒绝。绝望的小西行长向岛津义弘求救，岛津于是集结近五百艘船，企图冲破联军防线，打通回国的通路。

中、朝军队英勇追击，断其归路。在东南海岸露梁海战中，李舜臣统率的水军截住了五百多艘企图从朝鲜运走残余部队的日本军舰，朝中水军与侵略者展开激战，击沉日舰四百五十艘，歼灭日军一万多人，日军彻底战败。

在这次战斗中，李舜臣亲自驾船擂鼓，率龟船冲入敌阵，被日军包围。明将陈璘舍身救援，七十岁的明朝老将邓子龙，率领壮士二百人，跃上朝鲜战船奋战，所驾战船不幸起火，壮烈牺牲。李舜臣、陈璘杀出重围，赶来救援，李舜臣不幸身中流弹，伤重垂危，他叮嘱不许声张，把军旗交部下代为发号施令，继续战斗，直到胜利。

此次海战，中朝军队大获全胜，击沉敌舰数百艘，全歼日本水军。日本陆军完全孤立，仓皇逃窜，勉强地撤回了日本。援朝抗日战争取得了彻底胜利。

万历援朝战争奠定了东亚三百年的格局，推迟了日本的侵华野心，《明史》称之为"东洋之捷，万世大功"。当然，长期的远征也是明朝的沉重负担，分散了它的精力，不久女真族首领努尔哈赤就在关外起兵了。

权阉魏忠贤

在中国世代历史上，宦官有着极其特殊的地位。

在长期的封建制度下，因为宫廷内需要很多杂役，所以设置很多宦官，而其中一部分宦官他们和皇帝朝夕相伴，摸透了皇帝的脾气，甚至成了皇帝的亲信。历代宦官中也有许多对百姓做了好事的典型，其中也有不少作恶多端的宦官。他们这些人有一个共同的特点，就是对皇帝非常顺从、迎合和善于控制各种政治势力，直到最终大权独揽。

明熹宗朱由校是一个非常典型的昏君。熹宗幼年丧母，由奶妈客氏抚养长大。朱由校继承皇位后，于是就称客氏为"奉圣夫人"，同时他提拔与客氏有暧昧关系的魏忠贤为司礼监秉笔太监。魏忠贤于是勾结外廷官员，与各种依附势力结成同盟，在当时他们形成一股强大的邪恶势力，史称"阉党"。

当年朱由校十六岁当上皇帝后，他放不下自己少年时代的癖好木工活，常常整天忙于自己动手劈、锯、刨或油漆木器。而魏忠贤则经常在朱由校制作木工器具正高兴的时候，马上拿出一大堆奏章请他审议，这是他有意惹烦熹宗。兴致勃勃的朱由校哪里还有心思关心国事？便赶魏忠贤快快离开："我都知道了，你看着办吧，怎么都行。"

就这样一来二去，朝廷里的大事小事，这个时候都由魏忠贤说了算，因为皇上已吩咐"怎么都行"，而这正是魏忠贤所期望的。于是，明熹宗时期，朝廷的大权就这样一步步掌握到魏忠贤手里。朝中无论大事小事，都必须先请示魏忠贤。此外，他还掌握着皇家特务指挥大权，只要有人说魏忠贤一句坏话，被暗探听到马上就会遭到残杀。

作为当时朝廷中的大奸臣，魏忠贤的做法一直为人们所不齿。但是，就他故意惹烦皇帝而自己又借机乘虚而入，从而一步步地掌握大权来说，还是发人深思的。

闯王李自成

1644 年（崇祯十七年）3 月 19 日，皇宫内乱成一团，皇上不知去了哪里，宫女、太监们纷纷逃命。宫外来了一队人马簇拥着一位头戴毡笠、腰挎战刀、坐乌骓马的首领，威风凛凛，从承天门（天安门）向皇宫走来。这位首领不是别人，正是统帅农民起义军打败明廷官军推翻明王朝的农民革命领袖——李自成。

李自成生活在明朝末年。这时的政府正处于腐败专政时期，有权有势之人强占田地。失去土地或拥有少量土地的广大农民依然要交纳种种苛捐杂税。明政府向百姓强行索要出兵辽东后金汗国所耗的巨额军费，称之"辽饷"，以后又追加镇压人民起义的"剿饷""练饷"，合称三饷。穷困潦倒的农民没有能力交税，或饿死，或逃往异乡。

有时遇上灾年，农民更加悲惨。1628 年（崇祯元年），陕西、山西、河南诸地发生灾荒。陕西地瘠灾重，百姓吃草根、树皮、白石粉，甚至人食人。官府不顾人民死活，照旧逼税催租。饥民走投无路，王二率众首先在陕北澄县起事，高迎祥、张献忠等积极响应，明末农民战争拉开了序幕。

李自成，号"鸿基"，乳名"闯儿"。1606 年（万历三十四年）出生在陕西延安府米脂县李继迁寨。他家几辈都以种田为生，父亲李守忠承担着官家"养马"差事，长年辛劳，全家仍吃不饱、穿不暖。少年时代的李自成就被迫出家为僧，后来又为地主放羊牧马。父母去世后他向艾姓地主借债，二十一岁应募到银川当驿卒。地主强行逼债，将李自成打入死牢。苦难的生活，刻骨的仇恨，造就了他坚强不屈的性格。最后他在一狱卒的帮助下，越狱杀了仇人，带侄儿李过赴甘肃当兵去了。

1629 年冬，后金汗国派兵打进锦州，明政府急忙调集各路援军。这时已升为小军官"总旗"的李自成随参将王国带兵开往北京，途经金县（今甘肃榆中县）发生兵变，李自成带头杀死克扣军饷、责打士兵的王国。1630 年李自成联合士兵参加了农民起义军，投入闯王高迎祥部下，号称"闯将"，从此走上了农民革命之路。

这时，黄河流域各地起义军都在山西会合，结成三十六营，共有二十多万人。李自成自然是三十六营首领之一。他为配合其他农民军战斗采取避开实力、专击虚弱点的战略方针，带领官兵从汾河以西打到汾河以东，一举攻克晋东南军事要地辽州城。这一战役充分显示了李自成卓越的军事才能，初步体现了农民协同作战的优点。

1635 年 1 月，李自成率领各路农民军几十万人迅速转移到河南。这时的明朝马上派兵部尚书洪承畴带兵围剿。共同议论如何讨伐的对策，起义军十三家七十二营首领在荥阳集会。在大会上他们争论的十分激烈，意见分歧。李自成依据农民军力量超过官军数倍的事实，提出统一步调，各定所向，分兵迎击，同心协力，一致对敌的主张，受到各部首领赞同，从此他的声望越来越高。

起义军由三十六营协同作战到荥阳大会十三家七十二营统一部署，分兵行动，这说明了他们的军事斗争水平的提高，这样他们克服了过去分散作战的弱点，从而聚积壮大了农民武装力量，在这里李自成起了重大的作用。

按照李自成的建议，农民起义军这时兵分五路，西南北三路实行防御；另一路往来策应；李自成、高迎祥、张献忠则率东征主力军，如利剑一般，由河南直插安徽，攻克明朝发迹之地凤阳，焚烧明太祖朱元璋的祖坟，这表现了起义农民对封建统治者的无比仇恨和推翻明朝腐败统治的坚强决心。

凤阳失守，明朝皇帝大为震惊，皇帝赶忙增加兵马进行救援。然而高迎祥、李自成早已远走河南，向陕西进发了。此时，高迎祥、李自成各有兵众七万，全系精骑劲旅，力量很强大，已经成为敌人重点进攻对象。1636年秋，高迎祥在盩厔（陕西周至）战斗中，被陕西巡抚孙传庭官军俘获，押至京师杀害。李自成接受大家推举，继承"闯王"名号。此后，李自成部和张献忠部便成为农民军两大主力，在陕西、甘肃、河南、四川、湖北一带和明军们进行周旋。

1637—1639年这一时期是农民起义军极其困难的时期。明朝政府已经有了怎样镇压起义军的作战计划，轮番实行"十面张网"的军事围剿和"招抚纳降"两种手段。加上给养困难，军粮奇缺，这时有些农民起义军暂时烽烟平息，而且还有少数农民军领袖出于各种目的投降了明朝。继续坚持战斗的李自成农民军被敌人死死困守在陕西商县、洛南一带，他们在那里经受着严峻的考验。李自成教育部下不向敌人投降，要学刘邦百折不挠打败项羽的精神。他一面总结经验，一面同大家一起操练，以迎接更艰苦的武装斗争。

闯王李自成在这样极其艰苦的环境中，他能与士兵同甘苦、共患难，他对自己所创造的军队的前途充满了胜利的信心，自始至终坚持斗争，这就表现了农民英雄的伟大气概。

1640年，中原腹地河南，这时候出现了严重的旱灾，而且土地特别集中，赋役尤为沉重。就在这种条件下，李自成认为此地战略位置重要，农民基础好，更容易发展革命力量。他随即提出"据河洛、取天下"的战略目标和我们为的是百姓的利益，所以才起义反明朝政府的宗旨，同年12月率军出山进入河南。起义军到了那里，非常有纪律，囊金、杀民、踏青苗者皆斩。农民军秋毫无犯，人民群众热烈拥护。而后在李岩的帮助下又推行了一系列深得民心的政策，诸如种田的免去税收的土地政策和"平买平卖"的商业政策。农民军每到一地，杀死权贵地主，没收其田产家业分给农民，减免农民钱粮差徭，商人公平交易。这些政策的提出和实施，深得民心，而且有利于生产的恢复和发展，缓解了农民的一些疾苦。

在当时有这样一首歌谣："朝求升，暮求合，近来贫汉难存活，早早开门拜闯王，管叫大小都欢悦！""杀牛羊，备酒浆，开了城门迎闯王，闯王来时不纳粮！"通过这首歌谣可见群众对闯王的爱戴非同一般。由于人心归向，革命形势迅猛发展。李自成乘势在军事上开展了一系列进攻。先攻占福王朱常洵封藩之地洛阳城，杀死福王，焚烧王府，发钱粮，解救民众。又三打开封城，逐渐控制了河南全境和湖北大片地区，完成战略目标第一步。1643 年起义军渡汉水占领襄阳城，并改名襄京。在这里，李自成称"新顺王"，初定官制，整顿军队，设置五营，拥有精兵约六万，加上随从兵，已进入百万，从而为下一步军事行动提供了重要条件。

1643 年夏天，李自成在襄京召集各部下共商进兵计划。顾君恩"先取关中建国立业，后攻山西，北伐京师"的主张，受到李自成和其他各起义军首领赞同。当时陕西潼关屯集着明朝劲旅孙传庭兵马十万，他们在这里筑城修堡，制造战车，准备随时迎战。李自成决定引诱他们出了城再进行歼灭。于是精心选择豫西襄城、郏县之间有利地形，让农民军先锋在洛阳虚晃一枪，孙传庭果然中计，带全部人马出关，与农民军主力在郏县相遇。战斗刚一打响。李自成派一部分士兵迷惑敌军，弃盔甲、武器于道，佯装败退。这时的孙兵军纪败坏，相互争抢着东西。义军部将罗汝才突然从旁杀出，与李自成前后夹击。敌人晕头转向，逃往郏县以东。农民军乘胜追击，抢占粮道汝州（河南临汝县），逼敌哗变。又猛攻郏县县城，敌军死伤四万多人。同时击毙孙传庭，截夺大量武器和物资。

郏县之役是明末农民战争中具有决定性的战役，经过这一仗，他们摧垮了明朝主力军，为农民军将来攻打长安打下了基础。在同年 11 月，李自成率领的农民军已经包围了西安，守城堡的士兵打开城门投降。1644 年正月，李自成改西安为西京，定国号大顺，年号"永昌"，颁布《甲申历》，建立农民革命政权。

不久，李自成率领的农民起义军从西京出发，横渡黄河往东征讨，他们兵分两路：南路偏师由将领刘芳亮带领，从黄河的北边进军，进入河南怀庆府、彰德府和河北大名府，取道邯郸、邢台、河间，直抵京畿重镇保定。这样就能把他们的援军给牵制住，截住了明朝皇室南逃之路。李自成亲自率领北路主力军，遣刘宗敏、李过率前锋部队渡黄河入山西、克平阳。紧跟着李自成率大军挺进汾州，包围了太原，攻武关，然后继续北上，攻克大同、宣化，直趋京师北大门居庸关。李自成离开太原后，主力军的另一部在大将任继荣的带领之下，东出固关，直捣真定、保定。农民军边走边宣传"均田免粮"的政策，重申不淫、不杀、不掠三项纪律，并委托其他官员代管地区，百姓非常欢迎大顺王，敌人望风而逃。3 月 16 日李自成已到昌平，两路大军形成对明都包围之势，次日会师北京。

京师急报："远尘冲天，大兵将到。"城内明朝守军长期缺饷，卧地厌战，鞭打不起。崇祯帝深居宫内，已经是坐立不安了。他想放弃北京南逃，又恐惧路途危险，想和大臣们商量突围的办法，大臣却借故逃命去了。军队已经不保明朝了，军队已经不服从天子了，至高无上的天子像泄了气的皮球瘫作一团。18 日夜，李自成已攻进东直门，崇祯帝彻底绝望了。这时的他发疯般地操起宝剑砍伤几名妃嫔、公主，逼死皇后，独自携带太监王承恩，披头散发，跌跌撞撞逃至煤山（今景山）寿皇亭老槐树下，自缢而亡。19 日，李自成率大顺军浩浩荡荡开进紫禁城，统治了二百七十七年的朱家明王朝终于被强大的农民起义军推翻了。

进驻北京后，李自成开始安定民心，劝说商人开始营业、开始考核明朝的官员。一再申明纪律，追赃助饷，严打贪官污吏。同时沿袭明制，变更了大顺军的官职。但他们在胜利面前，农民军并没有保持清醒头脑，骄傲自满，贪图享乐，军队的纪律也不如从前严格了。而京师内外残敌的反扑愈来愈猖狂，特别是东北边关的形势更加复杂化了。镇守山海关的前明辽总兵吴三桂，拥有自己的军队，介于清军与大顺军之间，看风使舵。他先前慑于农民军的强大威力有意投降，尔后视各地反动势力猖獗和清军执意破关，便借口爱妾陈圆圆被抢，向"清军借兵"，进攻李自成镇守山海关的将士。

李自成一心想争取吴三桂归顺，却没有想到他与清军勾结的可能，在听说吴三桂投降清军，义愤填膺，下令讨伐。4 月 13 日，率兵二十万，亲征叛贼，八天后到达目的地，自己率领军队讨伐，在作战上却是十分仓促，在清吴联军夹击下失败。吴三桂引清兵入关，直指北京。

退回北京的李自成，29 日速即大顺帝位。次日离京师向陕西撤退，在撤退的路上受到满汉地主追击。在西安还没有站稳脚跟，因潼关兵败，又忍痛放弃。1645 年正月，李自成和将士三十万人，别西安，经商洛、襄阳，4 月抵武昌，准备直取南京。他们为甩开追敌，5 月又折入湖北通山县，扎营于距县城九十里外的九宫山。一天，李自成带随从二十八人到山上巡查，行至牛迹岭（今湖北通山县高湖乡），突然遭到当地地主武装的袭击，英勇牺牲，年仅三十九岁。

李自成领导明末农民战争，英勇奋战十五载，转战十几省区，功勋卓著，堪称农民革命英杰。他那坚强的意志，打击了当时封建腐朽势力的锐气，彻底推翻明朝统治的壮举，挽救众民于水深火热之中的思想与措施，严密的军事部署和灵活机动的战术，都是中国封建社会历代农民斗争精神的发扬光大，为后人所敬仰。

崇祯皇帝与袁崇焕

明代像宋代一样，信任文官而不信武官，因为皇帝害怕武官权力大了要造反，由此派文官指挥战役，然后加上多方面的因素，所以他们经常失败。

袁崇焕任兵部主事不久，正碰上王化贞大败而归。一段时间，朝廷惊慌失措，京城谣言四起，整天人心惶惶。袁崇焕曾经悄悄地骑了一匹马，孤身一人出山海关考察军情。不久他回到北京，向上司详细报告了山海关外的形势，并说："只要有兵马粮饷，我看一个人就能把守山海关了。"

这些话虽说有些书生意气，但朝廷还是升任袁崇焕为兵备佥事。

袁崇焕到山海关后，起初做辽东经略王在晋的下属，在关内办事。当时王在晋切意防守山海关。袁崇焕认为，为了保住山海关，应该将防守北移，在宁远筑城驻守。朝廷中的大臣大都加以反对，认为那里太远，不容易防守，但他们却不知道，假如以山海关为国界，就好像以北京的城墙为国界一样，一旦外围失去了屏障，山海关如果被重兵攻破，其后果不堪设想。如在宁远建造一座城墙，则可建立一片战场，取得一片巩固的根据地。在这片广阔的战场上阻击乃至消灭后金军队，比依长城而守，实在牢靠得多。

大学士孙承宗并没有轻易发表意见，他曾经亲自往关外视察，支持袁崇焕的意见。不久，朝廷派孙承宗代替王在晋，做了辽东主帅，他令袁崇焕和副将满桂驻守宁远。

1622 年，袁崇焕到达宁远，就立即着手修造。宁远离山海关二百多里远，如果能将此建好，就等于砸下了一颗钉子。于是他订下城墙规格：城墙要高三丈二尺，城雉再高六尺，城墙墙址广三丈。袁崇焕和将士同甘共苦，他们建设时齐心协力，第二年宁远城墙就筑成了。宁远城高墙厚，成为关外抗击清军的最主要的防御工事之一。袁崇焕由筑此城开始，他经营辽东防务几达二十年，在袁崇焕未被杀死以前，清军虽然多次绕道进袭包括北京城在内的一些城镇，但他们始终未能真正跨过宁远城一步。

经过袁崇焕和孙承宗几年的苦心经营，明朝的边防力量大大增强，这时的明军开始主动出击，陆陆续续地收复了一些曾经失去的土地，并把防线向北推进了几百里。面对已经取得的战果和宏伟计划的逐渐实现，袁崇焕内心充满了喜悦之情。袁崇焕也因功连连升官，先升为兵备副使，再升为右参政，主帅孙承宗也对他青睐有加。

边界虽逐渐稳固下来，但朝廷内部却日渐腐败下去，魏忠贤的专横跋扈引起了一些正直朝臣尤其是东林党人的义愤，纷纷上书弹劾魏忠贤，魏忠贤这个时候就采取极端的手段，杀害了杨涟等六人，史称"前六君子"，并把抗清立有大功的熊廷弼也一并处死。在清除了这些反对派以后，魏忠贤的气焰更为嚣张，自称"九千岁"，肆意勒索贿赂。孙承宗对魏忠贤不买账。魏忠贤就派了一个叫高第的亲信去代替孙承宗做辽东主帅。

袁崇焕

高第只会吹牛拍马，没有什么长处，他到任后，胆子和老鼠一样小，不敢驻守宁远城，胡说宁远战不可战，守又不可守，而且还命令立即撤退。作为广东人，袁崇焕有一股"蛮劲"，他坚决不服从，认为军事上有进无退，宁远一撤，全线即刻崩溃。高第虽是袁崇焕的上级，但因他胆小，况且也是文官出身，竟对袁崇焕无可奈何，只好下令把锦州及其他几个防守据点的兵马撤到了山海关。这样一来，宁远城就好像旷野里的一株枯树，完全暴露在寒风之中了。

这个时候努尔哈赤等待的机会终于到来了。1626 年（明天启六年），努尔哈赤亲率大军十三万，号称二十万，进攻宁远城，那位魏忠贤派来的高第就坐在那里，以隔岸观火的悠闲心态，幸灾乐祸地看着宁远城的覆灭和袁崇焕的败亡。但是袁崇焕英勇镇静，一点不慌，披上盔甲，和战士们一起运石补墙。在这次战役中，他负伤数处，却挡住了敌人的进攻，就在敌人退却时，他又组织敢死队，缒下城墙，追杀敌人，并捡回箭枝十余万支。这次战役，杀死后金统率三百名士兵的牛录十多人。

二十一日，努尔哈赤再次趁夜出击，仍然没有成功，只好于二十六日撤围而去。

敌人撤退后，袁崇焕还表现出一副儒者的风度，派使者送信对努尔哈赤说："老将纵横数十年，没有被打败的时候，今败于小事之手，这恐怕是天意啊！"努尔哈赤也很

中国通史

客气地致书袁崇焕，而且还给以马匹，"约期再战"。

努尔哈赤在攻城时受了炮伤，只得躺在车中郁郁而回。他对诸贝勒说："我自二十五岁打仗以来，每次都能打胜、没有攻不下来的，历时四十三年，独不克宁远一座孤城。"抑郁中背上又生了毒疮，伤病交加，数月后死于沈阳以西四十里的瑷鸡堡。

从此以后，清军对袁崇焕既尊敬又畏惧。

宁远大捷的消息传到京城，朝野上下喜出望外，一片欢呼。高第因没有援救宁远而被免职，由兵部尚书王之臣取代，袁崇焕升为四品右佥都御史。随即袁崇焕主动出击，又陆续收复了高第所放弃的土地。

努尔哈赤死后，他的儿子皇太极继位，建立了清朝。皇太极是中国历史上少有的一位具有雄才大略的皇帝，他采取正确的战略，暂时放弃宁远，转而攻打朝鲜。就在当时对明清而言，对方都需要调整，以便实行各自的作战计划。明朝需要筑城、练兵，清方则需要进攻朝鲜，掠夺财富，以此巩固统治。就在这样的情况下，袁崇焕提出与皇太极和谈，皇太极表示赞同，但明皇帝和许多大臣坚决反对，娘人从来都是附庸国，皇太极不够谈判对手的资格。

袁崇焕和皇太极商议和谈时，皇太极利用这个机会打败了朝鲜，就这样朝廷开始怀疑袁崇焕。

过了两年后，清兵绕过袁崇焕防守的宁西，从西路直奔北京，明军战败。清军攻克遵化。巡抚王元雅自杀，山海关总兵赵率教也战死遵化城下。清军在攻下遵化后，直接扑向京师。这时袁崇焕率兵，火速来援，并沿途留下军队以截断清军退路。袁崇焕于十一月十日抵蓟州，但清军绕过蓟州西进，接连攻下三河、香河等城，袁崇焕听到消息后又急忙带兵去保卫京师，驻兵于北京广渠门外。

在清军的猛烈进攻下，崇祯早已吓得魂飞魄散，这时的京城一片慌乱。现在袁崇焕来了，崇祯心神略定，对他赞赏备至。袁崇焕认为这时部队疲劳，要求入城休息，但崇祯心中十分疑忌，借故推托不许其部队入城。袁崇焕又要求屯兵外城，崇祯也没有答应。只是催促他快与清军接战。

袁崇焕以两昼夜三百余里的速度紧急增援京师，此时他们已是人困马乏，但在崇祯的催促之下，又不得不与清军接战。这场仗打得非常艰苦，两军相持了很久，袁崇焕身穿铠甲，冲锋陷阵，两胁下受了几处箭伤。后来清军终于不支，退到南海子边休整。

崇祯见清军并没有退远，便急不可耐地催促袁崇焕追击，他甚至主张围歼敌人。这时虽然明军来了几路人马，袁崇焕也统一了指挥权，但他觉得这时决战，时机很不成熟。如果万一出城决战，清军以置之死地而后生的态度来与明军拼命，明军很有可能溃退。如果发生了这种情况，到那时北京城就保不住了。因此，袁崇焕的坚守不战是正确的。

但崇祯却又开始怀疑袁崇焕了，认为他是拥兵自重，要挟制自己，甚至有心要谋权篡位。至少也是要强迫自己采用他一贯与清议和的主张。这么一想，崇祯那颗刚愎自用而又傲慢的心就受到了很大的损伤。

此时，清军在城外大肆烧杀抢掠，使得京城外的百姓大受其害，且崇祯身边的太监也多在京都置有田产，他们都深痛自己大破其财。想来想去，这怨愤就发在了袁崇焕的身上，他们说清兵是袁崇焕引来的，是想要挟皇上与清人议和的。在这一段时间，这些舆论不知为什么就漫天而起，有些人甚至大骂袁崇焕是"汉奸"，弄得人心惶惶，真假不分。竟有人站在北京城的城墙上往城下袁崇焕士兵的头上扔石头，一边扔一边骂"汉奸兵"，石头还把士兵砸死砸伤。

崇祯知道了这一消息，疑心更大，恐慌起来。恰在这时，皇太极依照《三国演义》上的"群英会蒋干中计"一节，这时他却使起反间计来。

就在这以前，清军曾经抓到过两名明宫派在城外负责养马的太监，一个叫杨春，一个叫王成德。在撤回途中，皇太极派副将高鸿中，参将鲍承先、宁完成等人监守。这三个是降清的汉人。到了晚上，鲍承先与宁完成二人依照皇太极所授的秘计，大声"耳语"道："这次撤兵，并不是我们打了败仗，那是皇上的妙计，你在这里看到了没有？独自骑马去敌处。敌军中有两名军官过来参见皇上，他们说了好多的话，那两个军官就回去了，皇上和袁崇焕已有密约，过不了多久，大事就可成功了。"两名太监正躺在旁边，把这些话听得十分清楚。第二天，姓杨的太监见敌人撤退时十分慌乱，便趁敌人的"疏忽"逃奔而归，并马上把这些话报告了崇祯。

崇祯听了这些话，由于他那多疑而又尖刻的性格，当然是马上相信了。他立刻召袁崇焕进宫，立即将他逮捕下狱。袁崇焕的部将祖大寿等人见状，惊慌莫名，只好出城等候。三天之后，圣旨到来，说袁崇焕以通敌谋反罪被捕，只问袁崇焕一人，余者不问，将士闻讯大哭，还有的将士破口大骂，顿足而号。假如在这个时候有人倡议，说不定真会反了。

祖大寿知道后当然极为悲愤，他当即率军回锦州，在中途遇见驰援的袁军主力，了解了北京的情况后，也立刻掉头而回。

祖大寿掉头而回，崇祯非常害怕，他生怕清军再来攻城，连忙派人去让袁崇焕写信，召回祖大寿。这是个非常奇怪的逻辑，既不肯正式下诏让袁崇焕写信，又派文武百官前往劝说。袁崇焕先是不肯写，认为这种做法于情理不通，既然不奉明诏，于狱中写信召兵回京，只不过是私人行为，但崇祯无论如何不肯向袁崇焕认错，在群臣的劝说之下，袁崇焕"以国家为重"，写信召回祖大寿。祖大寿把崇祯派的使者看作敌人，当看见了袁崇焕的亲笔信，迟疑不决。这时，祖大寿的母亲说："如果您不回军，只能加重袁督师的罪名，如果您回去打败了清军，或许能救袁督师出狱。"祖大寿听了母亲的话，率领部队返了回来，沿途攻陷了清军占领的两座城池，也就是断了清军的两条归路。

皇太极听说袁崇焕下狱，心里非常高兴。他本来已攻克了北京以南二十一公里处的良乡，立刻回师卢沟桥，破了所谓的"车军"，又大破明军四万多人，擒获和斩杀了一些明军的高级将领，京师大震。但听说祖大寿率兵返回，害怕自己的路被截，便写了几封议和信，领兵从山海关缓缓而退。

清兵一退，崇祯又感心中大定。就在这个时候，朝野、军队之中替袁崇焕辩冤求情的人非常多，纷纷上书，连孙承宗也写诗说："东江千古英雄乎，泪洒黄龙半不平。"还有许多人心甘情愿以身代之。袁崇焕也在狱中写信，让部下安心抗敌，半年之后，明军把清军赶出了长城。

这半年之中，袁崇焕再有什么样的罪行也该调查清楚了，也该做出决定了。可是，早不杀袁崇焕，晚不杀袁崇焕，清兵退出长城以后就杀袁崇焕。袁崇焕功高招忌，忠而见诛，又是一件千古奇冤，刑前，他口占一绝：

一生事业总成空，
半世功名在梦中。
死后不愁无勇将，
忠魂依旧守辽东。

表达了这位令八旗铁军胆寒的名将最后的遗憾和眷恋。

一般认为，袁崇焕之死是礼部尚书兼东阁大学士温体仁收买袁崇焕部将谢尚文伪造通敌证据而致，但当你仔细的推测起来，恐怕并不是这么简单。崇祯刚愎自用，没有什么授意给他，一个小小的温体仁纵有天大的胆子也不敢妄杀袁崇焕。这根本的原因在于崇祯刚愎自用，不承认错误，不肯做服输的表示吧！

刚愎之君，崇祯至为典型，后来在同李自成的反复较量中，表现得尤为突出，他虽宵衣旰食，表面上给人一种绝无昏庸淫乐之君的样子，倒是显出一副明君的派头，如果当你细细想来，决断多数出于他的猜测而已，且不听人言，心胸极其狭窄，国家命运前途事小，他的判断、他的"尊严"事大。纵使亡国，又有何惧？在杀袁崇焕十五年后，崇祯自缢身死，岂非自寻灭亡？

举足轻重的吴三桂

吴三桂，字长白，明辽东（今辽阳）人，生于1612年，死于1678年。武举出身，他承袭父职，明末时期为辽东总兵，封平西伯，驻防山海关。李自成攻克北京之后，曾招他归顺。他引清兵入关之后，受封平西王，奉命镇守云南。1673年，吴举兵叛乱，自立为周王。1678年又在湖南衡阳称帝，不久病死。

1644年，闯王李自成亲率大军，东渡黄河，兵分两路向北京进发。三月，起义军攻进北京。明朝最后一个皇帝崇祯眼看大势已去，在煤山（即景山）一棵古槐上自缢而死，在中国统治了277年的朱明王朝就此灭亡了。

起义军攻占北京后，朝官吴襄被起义军逮捕，家产也被抄没充公。起义军逼迫吴襄给他做辽东总兵的儿子吴三桂写信，劝他投降起义军。吴三桂见起义军来势很猛，有心向李自成投降，但又对起义军不放心，便带亲兵到滦州探听消息。吴三桂从逃亡的明朝贵族皇亲口中得知其父被缚，家产被抄，明朝灭亡，他心爱的宠妾陈圆圆被起义军抓去，非常气愤，下决心和起义军血战到底。为了笼络人心，他披麻戴孝，为亡明啼泣，用"忠孝节义"的信条去激发将士，暗中却派遣使者与清兵勾结。清兵早有进关之意，吴三桂来请，辅政亲王多尔衮当即带领十几万清兵马不停蹄地冲向山海关，与吴三桂会师。

吴三桂拜倒在了多尔衮的脚下，他信誓旦旦地要效忠于清，做清军入关的开路先锋。

起义军重要军政要员牛金星、宋献策、刘宗敏等人一进入北京城就享乐腐化起来。

山海关有那么强大的敌人，却只派降将唐通去镇守。而李自成也志得意满，以为功成名就，没把吴三桂放在眼里。

不想当吴三桂谋反的消息传来的时候，李自成带二十万大军亲征，却在清兵和吴三桂军队的夹击下惨败。起义军曾挟明太子，永、定两王及吴三桂的父亲吴襄，逼吴三桂就范。但发誓"既不能为忠臣，亦不能为孝子"的吴三桂，死死咬住起义军不放，一心要夺回陈圆圆。等到起义军把吴襄头割掉，高悬于城门之上，吴三桂家三十八口被戮时，吴三桂更是死心与起义军为敌。拔取八寨时，他一次就杀掉起义军将士两万人。

李自成率众且战且退，最后不得不撤出北京。不久，多尔衮由吴三桂导引，进入北京。1644 年十月，顺治帝由沈阳迁都北京，中国历史上最后一个封建王朝又登上了历史的舞台，二百六十八年的清朝统治开始了。

吴三桂投降清军也不仅仅是为了一个陈圆圆，他的反动阶级立场、过分强烈的官欲则是根本的原因。

才高命蹇柳如是

柳如是身材矮小，容貌秀丽，性格机警，富有胆略。她能诗能画，开头的时候，常常驾一叶小舟，跟一些当时有名的文人到处游山玩水，吟诗作画。

柳如是后来嫁给了宋辕文。宋辕文是云间一带的孝廉，但宋辕文的母亲并不喜欢柳如是，于是两人结婚不久便分手了。她与宋辕文分手后，倒是一点不感到后悔。因为她最初选择的对象并不是宋辕文，而是陈子龙。陈子龙，崇祯年间进士出身，是明末的抗清将领和文学家。柳如是刚到云间的时候，曾经一身读书人的打扮，前去拜访他。她递上了名片，名片上自称"女弟"。陈子龙是个神态严峻、一般人不容易接近的人，看过名片，很不高兴，便不予回答。柳如是大为恼火，登门骂陈子龙说："你活在这个世界上却不明道理，哪里称得上什么'天下名士'！"柳、陈的这段姻缘刚开始就宣告结束。但日后两人却成了意气相投的朋友，柳如是的诗词作品集《戊寅草》，便是陈子龙作的序。

一个出身低微的女性，竟敢蔑视"男尊女卑"的封建礼法，理直气壮地与士大夫称兄道弟、平起平坐，这在当时确实算得一件非同小可的事情。一时，舆论大哗。然而，柳如是才不管呢，她继续物色对象，最后，终于选中了明末身为"东林领袖"的钱谦益。钱谦益是万历年间的进士，崇祯年间官做到礼部侍郎，诗、文的名气很大。新婚伊始，两人的感情十分相投，常常在一起研究学问，或者以诗词唱和，有时，还彼此开玩笑取乐。

一次，钱谦益的一个门生准备了丰厚的礼物，派了能干的仆人，远道而来给恩师递上一封信，信中列出了古书中几十个疑难问题，请求老师解答。钱谦益几乎不假思索地逐条解释了疑难，只是其中的"惜惜盐"三个字的出处，一时想不起来，不由得顿了一顿。柳如是在旁边见了，笑着说："你这位'太史公'，肚皮里的万卷书也有叫不够的时候呀？告诉你，这是出于古乐府诗。'惜惜盐'是歌行体的一种，'盐'应该读作'行'，想来是发音不标准造成了错误。"钱谦益听了柳如是的话，也笑了起来，说："我年纪大了，所以健忘。如果也像你这般年纪，还用得着你来帮我的忙吗？"

遗憾的是，在钱谦益、柳如是长达三十多年的婚姻史中，真正心心相印、和谐协调的时间才不过几年。要说那原因，则全归于钱谦益。钱谦益有才无德，从他的一生历史来分析，确确实实是个贪富贵、轻名节的文人。1610 年，他跟韩敬争状元失败，只得了探花，他深深地感到不快；1628 年，他与温体仁、周延儒争宰相又失败，被革职，更使他终身愤恨。清兵攻占北京后，福王在南方建立南明政权，他居然向福王上疏为奸臣马士英歌功颂德，并且接受马士英的引荐，当了礼部尚书。他原先是东林党的重要成员，这时候为了谋得一官半职，竟与东林党的死敌阉党魏忠贤的爪牙阮大铖及马士英一伙同流合污。1645 年农历五月，清军攻打福王朱由崧的都城南京（即所谓"乙酉五月之变"），福王逃走了，钱谦益和其他三十名大臣却将城市献给敌人，向清军投降。事后，他还做了清朝的礼部侍郎。

正是出于这些缘故，使得柳如是越来越看不起钱谦益，昔日的那种亲密无间也就一去不复返了。"乙酉五月之变"时，柳如是曾经劝钱谦益投水自杀，为明朝殉节；钱谦益怕死，不想那么做，却伸手往池水里一探，说："这水冷极了，下不去呀，怎么办呢？"柳如是二话不说便往池塘里跳，偏被人拉住了，死不成。接着，柳如是又为钱谦益准备了刀子和绳子，让他要么自刎、要么自缢，两种死法任选一种，以保住"忠臣烈士"的名节。但是，钱谦益照样不干。后来有一次，两人同游拂水山庄，看到那里石涧流泉清澈可爱，钱谦益脱去鞋袜就想洗脚，柳如是站在一边冷笑着说："这沟渠水，莫非是秦淮河（秦淮河在南京）吗？"

清兵南下之后，那些投降的大臣们的妻子都要跟随丈夫北行，可就是柳如是不肯同钱谦益一起上北京。而钱谦益呢，他本以为自己领头向清朝投降，一定官运亨通，不料只在礼部充任副职（正职是尚书），事后想想，实在没啥味道，就借口有病告老还乡。他的学生们在城郊迎接，有人讽刺他说："老大人好久不见了，到底不觉老！"那时候，口语里"觉"与"阁"同音，"不阁老"的意思是没能当上内阁大臣。钱谦益听了这话，一声不吭。过了些日子，他对学生们说："我的衣衫领口学前朝（明朝），取它的宽松；袖子按现下的样子，为了方便。"有人听了开玩笑说："这可就算得'两朝领袖'了！"钱谦益在明朝没能登宰相位，投降清朝后仍不得为"阁老"，最终竟成为人们的笑料，真是可耻可悲。

他的晚年也确实很不得意，常常悔恨地说："我要去死！我要去死！"每逢这种时候，柳如是总是毫不客气地当面斥责他："您不死于乙酉，而死于今天，不是太晚了吗！"就在这时候，倒是发生了一件险些真的让钱谦益掉脑袋的事。事情的始末经过是这样的：

江阴人黄毓琪是一位反清爱国志士。他在将要起义的时候，曾经派遣同乡人徐瘅送信给钱谦益，向钱谦益借五千两银子，那信上盖着起义军的官印。钱谦益预料黄毓琪的起义一定失败，没有借给他钱，徐瘅只得空着手回去。徐瘅有个朋友江纯一，是徽州人，他以为徐瘅回来时一定带着很多钱，自己如果向清朝政府告发钱谦益"通逆"一定能得到重赏，于是真那么做了。皇帝命令两江总督马国柱执行逮捕和审讯。1648年农历四月，钱谦益被抓到江宁（即南京）受审。他可怜巴巴地向主审官请求开脱，说："我以前在内阁任职，受到皇帝陛下的很大恩遇，还来不及报答；况且我年纪都七十岁了，气息奄奄，走路也要别人扶持，哪里还能生二心呢！"

最后，钱谦益总算免于一死，被释放了。而这个救了他性命的人，就是"乙酉五月之变"劝他自杀的柳如是。有人以为柳如是为了救丈夫曾经北上燕京（北京），用重金贿赂当权者，钱数足有三十万两，才使钱谦益免罪的。这种说法并不确实。因为当时的钱家经济情况很糟，根本不可能拿出那么多银子来。按照钱谦益的女儿的说法是："吾父归田之后，卖文为活；茕茕女子，蓄积几何！"钱谦益本人也说："生平有二债，一文债，一钱债。"又说："岁行尽矣，有两穷为苦。手穷欠钱债多，腹穷欠文债多。"

然而穷于钱财的柳如是却富有智能与文才。她是梁清远老母吴太夫人的好朋友，而梁清远又是马国柱的幕僚，还与清朝重臣洪承畴同为万历年间的乡试举人，很有私交。正是凭借着这一层关系，柳如是几经周旋，终于让钱谦益平安地回了家。老头子真是感激不尽，不但把柳如是称作"贤妻"（柳如是的正式身份是妾，当时钱谦益尚有夫人陈氏在），还吟出了"从行赴难有贤妻"的诗句。

1664年，钱谦益老死。就在这同一年，柳如是也去世了。她是自杀的。她死得很惨。原来钱谦益死后，家族中当即爆发了抢夺遗产的纷争，这就是所谓的"钱氏家难"。钱家族人钱曾、钱谦光等人在恶霸豪绅钱朝鼎的指使下，向柳如是要田地、要钱财，甚至当面凌辱她，还扬言要把她的唯一女儿以及入赘女婿赵管赶出门去。柳如是在钱家二十五年，一直执掌大权，从来不曾受人之气，哪里经得住这些委屈呢！在进退无门，可痛可恨却无人可诉的情势下，她对那些前来敲诈勒索的钱家族人说："你们稍等片刻，我写好账单就来。"然后她带上纸、笔，独自登楼，紧闭房门，写完遗嘱，就上吊死了。在遗嘱里，她对后事作了妥当的安排，打发长子钱孙爱和女儿、女婿等上衙门告状申冤，并要女儿"事兄嫂，如事父母"。那帮逼死人命的钱家族人一看苗头不对，便仓皇逃窜，但最后都被逮捕治罪。

柳如是以她的死，实现了对封建统治的最后一战！

柳如是的传世著作，除了《戊寅草》，还有《湖上草》和《尺牍》等；此外，她还编辑了《古今名媛诗词选》。她写的诗历来很受人推崇，以为是"情辞婉丽"，"脱尽红闺脂粉气"。在填词和书法方面，柳如是都有超越钱谦益的地方。已故的陈寅恪教授说："不仅诗余，河东君之书法，复非牧斋所能及。倘取钱柳以方赵管，则牧斋殊有愧子昂矣。"这段话的意思是：不光是写诗等等，柳如是的书法功力，也不是钱谦益能够达到的；如果拿钱谦益、柳如是与赵孟頫、管道升做比较，那么，同样是丈夫，钱谦益的才能比赵孟頫差得远了。

至于人格与气节，被陈寅恪誉为"女侠名姝"的柳如是跟贪生怕死的钱谦益更有天上、地下之分。让我们用清代著名评论家兼作家袁枚的《题柳如是画像》诗，作为本篇的结束罢：

> 一朝九庙烟尘起，手握刀绳劝公死。
>
> 百年此际盍归乎，万论从今都定矣。
>
> 可惜尚书寿正长，丹青让与柳枝娘。

爱国志士王夫之

明朝末年，强悍的八旗兵，金戈铁马，以横扫千军如卷席的磅礴气势颠覆了明永历政权。从此朝纲改辙，江山易主，三百年的朱明天下一夜间变成了满清贵族王朝。但是，朝野仍有许多不甘当亡国奴的仁人志士，始终以反清复明为己任，谱写了一曲曲悲壮的爱国篇章，王夫之就是其中的一个。

王夫之生于明神宗万历四十七年（1619年），卒于清圣祖康熙三十一年（1692年），字而农，号姜斋。王夫之，出生和成长在湖南衡阳县城南回雁峰的王衙坪的一个官僚地主家庭。他从小颖悟过人，四岁就与二哥入私塾，从长兄介之读书。七岁读完了《十三经》，八岁私塾肄业。十岁从父亲读《五经》经义，广泛地阅读古代经史子集著作。十四岁入县学，小有名气，赢得了乡里父老的称赞。在县学读书期间，他饱览县学的藏书，专心致志钻研学问。十五岁赴武昌乡试未第，回县继续学习。十六岁开始致力于四声音韵之学，凡《诗经》《离骚》《汉魏乐府》，以及晋宋齐梁陈和唐人的诗集都在他的研读之列。十八岁复应试武昌，再次下第。

考试落第对他来讲无疑是一种精神打击，然而国家的命运更令他担忧。当时高迎祥、张献忠等农民起义军直捣中都凤阳，朝野震动。明王朝不顾清贵族的威逼侵扰，急忙从辽东抽回主力，镇压农民起义。崇祯十一年（1638年），清贵族乘虚而入，大举进关，接连攻陷山东、河北七十余城，明王朝内外交困。年轻气盛的王夫之，忧虑国事，苦于报国无门，常与一帮朋友一起借酒浇愁，作诗泄愤。次年又于武昌赴乡试，第三次落第。科举道路的坎坷，国家民族的危急，更使他意识到救国的责任。于是以"东林""复社"为楷模，与一些志同道合的青年人组织"匡社"。这时他还是急迫希望能通过科举之途跻身于国家政权，争取报效国家的机会，终于在二十四岁时中举。可是这时的明王朝已是病入膏肓，会试无从顾及，王夫之只好从中途折回湖南老家。是年他将自己的诗作编成一部《滗涛园集》。不久，李自成进入北京城，旋北京被清军占领。王夫之听到国变消息，悲愤欲绝，绝食数日。

由于清兵入关，民族矛盾迅速上升为主要矛盾，王夫之在这瞬息万变的"天崩地裂"之际，毅然决然地参加抗清复明斗争，为之奔走呼号。在组织联合农民起义军与湖南、湖北明军共同抗清方面做了许多艰苦的工作。从此后他投身于抗清的武装斗争。兵荒马乱之际，他的父兄和妻子相继死去，国破家亡，更坚定了抗清斗志。顺治五年（1648年）八月，由明朝遗臣凤将瞿式耜、何腾蛟、严起恒及李自成部将李赤心等拥立的永历政权由浔州迁到肇庆，出现了抗清高潮。在这种有利形势下，王夫之和他的"匡社"知己管嗣裘在衡阳举兵起义。终因力量单薄和缺乏必要的支援，而战败军溃，从此他隐姓埋名，改易衣冠，颠沛流离在零陵、常宁的荒山野岭之间，自称徭人，居徭洞，过着艰难困苦的隐匿生活。三年之后的夏天，他终于潜返到家乡衡阳莲花峰下的续梦庵。

王夫之面对这"天崩地裂"的历史转折，惊恐、惶惑、悲观、失望，忧愤难平。他看到南明永历朝廷彻底覆亡了，深感亡国破家切肤之痛，但又大势已去，无力回天，既非所能为，只好"退伏幽栖，俟曙而鸣"，决心以笔作刀，总结明亡的教训，展开思想、文化、教育领域的抗清斗争。

他想到这些，又再一次端详着墨迹未干的诗文，顿时浑身热血沸腾，陡然添了气力。于是挪动脚步，走回包裹处的石墩旁坐了下来。他想，明朝灭亡和十余年抗清斗争惨败，其失败原因固然归于政治腐败，政府无能，然而它们的根本原因又在何处呢？

十余年的武装抗清斗争失败了，王夫之从总结明王朝灭亡的教训中深刻认识到，教育在国家政治生活中具有至关重要的地位与作用。他认为，二千余年的国家兴亡史，实际上是政教兴亡史，因为治理国家最基本的措施无非是政治与教育两大端。这两大端的关系处理得当国家就安定富强，否则就内忧外患接踵而来，亡国之日不远矣。如秦国用商鞅则强，始皇帝死后人才无继，这就是秦不重教育的结果。蜀国之所以短命而亡，也是因为统治者不关心培养人才的教育事业，失其人才培养乃是国家灭亡的重要原因。那么，宋代是很重视教育的，为什么却国家积贫积弱呢？王夫之指出这是因为宋代的教育空疏无用，"理学"与"心学"盛行，而"新学"与"实学""信从者寡"，致使学校虽存而培养出来的人多是无益于世的庸才废物。明王朝灭亡，其教育是负有责任的。明代教育名存实亡，教化日衰，到了国家危亡之时，读书、做官之人却还在那里袖手空谈心性，而无半点方策扶危济难。国亡家丧，只有愚忠君主，"临危一死报君王"，结果锦绣河山让清贵族唾手而得。

王夫之以强烈的义愤检讨和批判了明代教育的弊病。他指出程朱理学盛行，严重地禁锢了读书人的聪明才智和抑制了整个民族的性格，几百年来一代又一代地"蚀其心思"，荒其日用，到明季就积重难返，病入膏肓，无可救药了。其次，明代教育学风不正，学习"锢蔽于腐诗文中"不能自拔，追名逐利，鼠目寸光。读书人只知富贵利禄，终日揣摩八股空文，不务实事，于国家利害而不顾，麻木不仁。因此这种学风只能导致天下教育尽培养一些无心无耳无目无口的俗儒和势利之徒，祸国殃民。这还其次，更可恨者是这一恶果恶性循环，他们这些无耻之徒，其穷时，以教以锢人之子弟；显达时，以势而误人之国家。虽然其中间或有一些士子不满空谈心性和八股时文之教，然而他们却又流于"愚教"，闭门专经保残，记诵辞章，考训名物度数，非但不面对现实，积极进取，反而复古崇经，遗弃世事，尽管读书万卷，却终不能启发民智，经世致用。这种越学越对时政大事糊涂无知的教育，最多也只能培养出一些于国家治乱无补的"愚儒"。他指出明代教育是"师道贱，而教无术"，以无术之人充任国家权臣和各级政府官吏，乃至"贻祸无穷"。

针对明代教育弊病，王夫之提出了改革教育的措施：一、国家教育大权应当掌握在"以公天下之心"的最高统治者手里，而不能落在阉党手中。学校是取舍人才的场所，而管理学校的大权旁落于阉党，势必"机变日增而才能日减"。二、教育要学用结合，经世致用。要尽废古今虚渺学说，使教育内容彻底摆脱程朱陆王之学和八股时文牵制，返归到实学教育的轨道上来。然后，天下学子学习天下治乱、礼乐、兵刑、农桑、学校、律历、吏治之理，一扫浮辞靡调之风气，通过实学教育培养出实用人才。同时要改革科场弊病，使真正的实用人才能见用于国家。三、教育要文武结合。课程安排上要文武并重。既教之以文，又教之以战。读书人既能作学者，又能事农工商。王夫之以为教育是国家政治的重要组成部分，教育改革必须依赖于政治改革，"政立而后教可施"，政立而后学校兴。国家教育的弊病，其根源在于政治，因此，改革国家政治极为关键。

王夫之指出，改革政治的关键又在于改变传统的政治目的，传统政治目的只为少数人的利益，为一家一姓的幸福，而理想的政治应当为所有的百姓利益而实施，改变人们的物质生活条件，按照自然人性来发展人们的物质生活欲望和生产能力，满足人们的合理生活要求。程朱理学主张禁欲主义，使人们在现实生活中失去了人生意义，所以有明一代人民精神总是萎靡不振，麻木不仁。王夫之大声疾呼：天理即在人欲之中，私欲是合理的，"若无私欲，即无圣学"。"私欲之中，天理所寓。"

长期以来，王夫之在极端艰苦的生活条件和极端险恶的政治环境下从事教学实践和教育研究工作。他从不屈服于清统治者的统治，隐身居住在食禽过而不栖的荒山野岭间，在这里自筑土屋栖身，著书讲学。清朝官吏常常派暗探监视他的活动，在这样随时都有被捕的危险日子中，王夫之常常是坐卧不安，终夜不能入寐。有时为了探望同时遇难的弟兄，只得乘夜间带弟子陪行。日常生活更是十分艰难，他经常亲自上山砍柴，粮食没有了只好以野果野菜充饥。衣服破烂不堪，寒冬腊月，"短襟自寒，朔风摇缸"，饥寒交迫，苦不堪言。据《王船山先生传》载：因他家太贫，著书笔札，多取给于故有门人家。书成，因以授之，不自收拾，藏于家的文字没有什么。尽管条件如此艰苦，王夫之却依然意志弥坚。到了晚年，体弱多病，腕不胜砚，指不胜笔，就是这样，他还是将纸墨放置在卧床之旁，竭尽全力著作以教诸生。

由于他以开《六经》为生面，"劝进学于来兹"为己任，所以他一边教学，一边著述，先后完成了《周易外传》《老子衍》《庄子通》《读四书大全说》《思问录》《张子正蒙注》《读通鉴论》等一百多种，近四百卷、八百余万言的学术巨著。在许多著作中，他全面而系统地清算和总结了我国古代各家学说，阐发了自己的见解，开辟了许多学术研究的新天地，把我国古代学术思想特别是哲学、经学、史学、教育理论等发展到一个新的历史阶段，提高到前所未有的水平。

王夫之自顺治七年（1650年）脱离南明政权以后，就开始授徒讲学，他的学术研究总是与教学活动结合在一起的。把自己的研究成果作为教学的重要内容，也有的是先口授，然后再整理成书的。如《礼记章句》《周易内传》《春秋家说》《四书训义》等等具有新颖独到见解的著作，都是作为教学的讲义。对待传统的教学资料，王夫之总是以审慎的批判精神，通过自己理解后再教给学生。他不仅自己不迷信古人，而且还教导学生不要泥古，更不要死记前人章句。他以为各家学说要通过分析与比较，然后才有所鉴别。在教学过程中他经常为学生剖析学术源流，从而使学生明白各家学术要旨。他特别指出要辨明朱陆异同、儒佛道三家旨趣和心学的谬误，发扬传统文化中优秀的部分和扬弃糟粕的东西，要使学生在批判继承中去发展、创立新的学说，开创学术新局面。

正因王夫之始终把教学作为"濯愚""启智"的斗争手段，所以他对教学是鞠躬尽瘁的，表现了一代名师的高尚人格和献身精神。在饥寒交迫的隐居生活中，他为诸生传道授业，往往夜以继日地教学讲读。有一冬夜，王夫之与从游诸生讲注《礼记》，夜谈至鸡鸣，北风呼啸，寒冷异常，时有盗贼至其土屋，"窃听而异之，相戒无犯焉"，可想其教学时的情形。

到晚年，王夫之身染重病，形枯气索，不能为弟子口授讲说，于是他就在病床上操觚作注，提要钩玄，焚膏继晷，手不停批百家之编，希望自己有生之年能使自己的知识学问传授给门生。在他门下就学的弟子很多，直到六十九岁时，咳喘病日重，从游者才见少。可是，这位不屈不挠的教育家，在七十二岁病危之际，仍吟诵不辍。由于他后来移居在石船山下，他自称"船山病叟"，并为刘思肯给他画的肖像下题诗道："把镜相看认不来，问人云此是姜斋。龟于朽后随人卜，梦未圆时莫浪猜。谁笔仗，此形骸，闲愁输汝两眉开。铅华未落君还在，我自从夫乞活埋。"仍然表现出当年那种宁折不弯、百折不挠、抗清复明的坚强意志和战斗精神。康熙三十一年（1692年）正月初二日，北风呼啸，万象凄凉，七十四岁的王夫之，贫病交加，"伤心无泪"，带着那一腔遗憾和民族仇恨，在荒凉的船山脚下的湘西草堂里告别了人间。

明宫三大案

三案是指梃击案、红丸案和移宫案，它是明朝末年党争中的一个焦点。

明神宗四十三年五月初四的傍晚，有一个不知道姓名的男子，手里拿着一个枣木棍，闯进了太子朱常洛居住的慈庆宫，打伤守门的太监，一直到大殿的檐下才被内侍们擒住。当时一个属于浙党的巡城御史刘廷元审问后向皇帝奏称：这个犯人叫张差，蓟州人，说话语无伦次，可能有疯癫病。后来又经过两个浙党里的官员审问，结果和初审完全一样。于是，就准备按疯癫来结案。但当时朝廷内外的多数官员都怀疑是郑贵妃和他的弟弟郑国泰支使张差谋害太子，为了朱常洵夺得太子的地位。而且浙党的魁首方从哲向来是靠交通外来巩固他的地位，所以人们对浙党官员的两次审讯结果表示怀疑。

当时任刑部主事的王之寀私下偷偷探询张差的口气，查出张差确实是受人指使，从蓟州来到京城，被一个太监带进宫里作案的。王之寀把所查到这一情况报告神宗，并且说，张差既不癫也不狂，而是很有胆略和心计，就要求举行朝审或者会审。这时，浙党就起来攻击王之寀，说他胡说八道，坚持认为张差是疯癫，并且要求立即把张差处决。

后来，刑部会同十三司官员举行会审，张差供认说是太监庞保、刘成二人指使他打进慈庆宫的，并且告诉他，如果他能打死太子，就有吃有穿的。而庞保和刘成这两个人都是郑贵妃宫中的内侍。至此，真相大白，一时议论纷纷。神宗恐怕进一步追查会牵涉到郑贵妃，就下令把张差凌迟处死了，把庞保和刘成也秘密地在内廷里处决。这个案件就这样草草地了结了，这就是所说的"梃击案"。

又过了几年，神宗病死了，太子朱常洛就在那年的八月初一继承了帝位，就这是明光宗。光宗还是做太子时，就已经有了妃子和许多宫女，其中有两个被挑选出来侍候太子的姓李的选侍最得宠，称为东、西李，而西李之宠又在东李之上。朱常洛当了皇帝以后，郑贵妃怕他记恨前仇，就选了四个美女进献给他，以此来讨好光宗。这下子，美女们便要了他的命。光宗整天起居没有节制，沉溺在女色之中，由于过度淫欲，即位没几天就得了病。内医太监崔文升给他开了一服泻药，光宗服后，腹泻不止，一天要拉三四十次。后来，鸿胪寺丞李可灼给他献上一颗红丸，称它是粒仙丹，光宗服后，觉得很舒服。过了半天，李可灼又给他献上一颗，光宗服了，睡到第二天凌晨就死了。这样，光宗只当了二十九天的皇帝，是明朝在位时间最短的皇帝。这就是"红丸案"。

光宗死后，内外官员都归咎于李可灼，可是内阁首辅方从哲却用光宗的遗诏名义，拟赏李可灼五十两银子。于是，群情大哗，纷纷上疏弹劾李可灼和方从哲。迫于这种压力，方从哲才把李可灼的赏银改为罚俸一年。但是，事情并没有这样就了结，弹劾的奏章还是接二连三地送上来，指责内医崔文升是郑贵妃的心腹，故意用泻药，使光宗元气不能恢复，他的罪不在张差之下，又指责李可灼进献红丸致光宗死亡，这是罪不容诛的，同时又弹劾方从哲有十大罪状，应该杀掉。方从哲在许多官员的指责下，只好辞官了。又过了两年，东林党人礼部尚书孙慎行又再次追究李可灼和方从哲的罪状，指斥方从哲是弑君，大逆不道。这时，又有许多官员都要求办方从哲的罪。方从哲上疏力辩，同党的官僚们也极力为他辩护，争吵了好久，结果只是李可灼被充军，崔文升被贬放到南京，而方从哲还是无事。

选侍西李，在光宗没死的时候曾恃宠谋取了皇后的地位，光宗死后，又企图借皇长子的缘故，掌握大权。她要下面的官员把奏章先交给她看，然后才转给皇长子。而且，光宗死后，她还是住在乾清宫里，没有搬出来的意思。本来，按照封建礼仪制度，只有皇帝和皇后才有资格配住在乾清宫。而西李仅是个选侍，住进乾清宫是倚仗光宗的宠爱。光宗死了以后，按照当时的规矩她必须搬出去，让新任的皇帝搬进来。这样，一些大臣在光宗死后的第二天就合着上疏请西李移宫。其中御史左光斗的言论最为激烈，他说，西李既不是嫡母，又不是生母，却以正宫的姿态自居，而让皇长子居住在慈庆宫，名分倒置。他还说，如不及早采取措施，而让西李借着这种抚养的名分，独行专断，那么西李的灾祸也就为期不远了。奏疏上去以后，西李还是没有移宫的意思。过了三天，给事中杨涟再次上疏，极力促使西李移宫。就这样在群臣的催促下，西李不得不搬出乾清宫，移居到仁寿宫，这就是"移宫案"。

西李移宫后，这时与东林党作对的官员又上书责备力促移宫的杨涟和左光斗，说西李是光宗的遗爱，光宗尸骨未寒，就对她限时驱逼，未免有些太过分了。这样，两派的官僚们围绕着移宫的是非展开了一场激烈的争吵。后来，新登基的熹宗传出一道谕旨，痛数了西李的几条罪状后，就下令叫西李搬出仁寿宫，到宫女养老的哕鸾宫去住。熹宗并且指责为西李说话的官员是"党庇"，这样以后，争吵才逐渐稍为缓和。

"三案"的争议，只不过是不同派系的官僚集团为了在最高统治阶层寻找自己的靠山，争取最高统治者的倚重和宠幸，谋求自身的权力和地位而进行的派系争斗。"三案"发生的当时，东林党在斗争中占了上风，到后来阉党专政时，"三案"又被彻底翻过去了，成了魏忠贤迫害东林党人的口实了。

皇太极招降祖大寿

皇太极为了实现他的统一大业，大胆的改变父王努尔哈赤所制定的"诛戮汉人，抚养满洲"的国策，提出"满汉一体"的思想，并积极招徕汉民为官。重用汉民中的有才之人。他先后用了十余年时间招降汉将祖大寿，就是有力的证明。

祖大寿是明朝镇守关外的一个很重要的将领，以能守善战而著称。皇太极知道祖大寿在明将中是个很重要的人物，早就筹划要招降到他，让他为自己效力。

1630 年的春天，后金军攻克了永平（今河北卢龙）之后，皇太极得知祖大寿的族人住在永平三十里村，就让人把祖大寿的两个儿子、一个侄子及其他亲属接进城来，照顾得非常周到，并赐予金银等物。

后来，祖大寿督兵防守大凌河城（今辽宁凌海市西南），皇太极率军环城围困了两月有余，并致书祖大寿，声称愿意与明朝议和，祖大寿置之不理。皇太极料定他是守城待援，于是命令士卒在城外十里处发射火炮，张起了明朝的旗帜，骤马扬尘，阵势真好像是明朝的救兵从锦州而来。祖大寿信以为真，中了皇太极的引兵出城之计，他得知中计之后，急忙收兵入城。从此闭城不出。

皇太极又派明朝降将前去劝降，祖大寿在城外和这些人见面，他慷慨陈词道："我是堂堂明朝将领，岂能归降满洲？我宁死于此，决不投降！"不久，在大凌河城内粮草已尽，待援无望，兵民和战马多因饥病而死，街市上出现了出卖人肉的情况，祖大寿想突围又不能之时，万般无奈，祖大寿决定施用"投降"之计。

皇太极闻讯，立即派遣将领入城谈判。祖大寿对来使说："人安得不死？今不能忠于国，也要全身保妻啊！我妻子在锦州，皇太极将有什么办法能让我和妻子相见？"清将回禀后，皇太极听出祖大寿言语中之奥秘，再次派使前往，探听祖大寿的计谋。祖大寿对清使坦然地说道："我降后欲率从者诈逃进入锦，然后伺机献城。"使者将这个话传回，皇太极思虑再三，想到人各有志，不能勉强，于是便决定将计就计，慷慨放行。

皇太极为表示自己的诚意，亲自会见祖大寿，与之密谈，还送给了他一匹白马。

祖大寿率随从二十六人回到锦州，除派人向皇太极传过一次话外，再也没有了音信，而在战场上又与皇太极兵戎相见。皇太极没有因为祖大寿负恩背约所气愤，仍然是一如既往，友好的对待他，并致书道："自大凌河别后，今已数载，朕不惮辛苦而来，冀（希望）与将军相见。至于去留，终不相强。将军虽屡与我兵相角，为将固应尔，朕决不以此介意。将军勿自疑。"

皇太极对祖大寿真可以说是情真意切，然而祖大寿始终避而不见。

皇太极在耐心争取祖大寿的同时，并没有因为祖大寿的反复无常，而使降清的祖大寿的子侄和将领们受株连。在生活上，对他们宽厚备至；在政治上，对他们和其他汉官一样重用，并授祖大寿侄子祖泽润三等昂邦章京，子祖泽洪、养子祖可法一等梅勒章京。设都察院和六部时，满、汉、蒙各设承政，其中汉承政都授给了汉人的降将。祖可法等八位要员皆授为都察院、吏、户、礼、兵、刑、工部承政。后更定部院官制，诸降将又改授左右参政之职。

1640 年，清军和硕睿亲王多尔衮等率重兵围困锦州。皇太极命令祖泽润等联名修书诱劝祖大寿投降，他还亲自派人到锦州去说服祖大寿的妻子，让她开导祖大寿向清投降。此时，祖大寿是明军前锋总兵官，据城固守，使清军屡攻不克，对皇太极的招降不予理睬，但终因长期被围困，军粮奇缺，军心浮动。明崇祯皇帝得知锦州告急的消息，命令洪承畴率领十三万人马火速支援锦州。皇太极得知后，急得"忧愤呕血"，但他不顾病体劳顿，亲自率军赶往锦州前线指挥决战。清军士气大振。很快皇太极打败了明朝的援军，擒降洪承畴等人。此时，清军攻破锦州已指日可待，但皇太极又将祖大寿之弟祖大成送入锦州城中，再次劝说祖大寿投降。祖大寿此时"战守计穷"，只好献城投降。

皇太极非常高兴，立即召见了祖大寿。想到前番诈降那回事，祖大寿叩见皇太极时，自觉脸面无光，惶恐请罪。而皇太极则恳切地加以慰勉说："你违约与我，是为了你的明主，为了你的妻子和宗室，我经常与内院诸臣谈及这件事情，祖大寿肯定不会死的，以后再降，我也决不难为于他。往事已毕，今后能竭力相助就是。"

此后，将祖大寿隶属于清朝的正黄旗，仍为总兵之职。

清初谋臣范文程

范文程是清王朝的开国元勋，清初著名的政治家、谋略家。研究他的谋略活动，对了解清初的历史，对启发人们的智慧，是很有益处的。

行反间计

范文程出身仕宦之家，曾祖范锐，是明朝正德年间进士，官至兵部尚书。祖父范沈，曾任明沈阳卫指挥同知。范文程自少好读书，十分聪颖机敏。十八岁为沈阳县学秀才。这时，努尔哈赤统一了女真各部，即位称汗，国号大金，建元天命，史称后金。他将进攻的矛头指向明朝政权。天命三年（1618年）攻陷抚顺。范文程"仗剑谒军门"，前往投靠。但并未受到努尔哈赤的重视。天命十一年（1626年）九月，皇太极继承汗位，作为汉人知识分子的范文程，开始得到重用。天聪三年（1629年），皇太极"欲以历代帝王得失为鉴，并以记己躬之得失"，为此，建立了文馆，范文程被选入馆，得以崭露头角。天聪三年冬，皇太极由龙井关，洪山口逾长城，向北京进攻。明朝宁远巡抚袁崇焕、锦州总兵祖大寿率师回救，与清军激战于北京城郊，双方相持不下。足智多谋的范文程向皇太极献反间之计。皇太极大喜，依计而行。

范文程的反间计，使猜忌多疑的明崇祯皇帝，误以为袁崇焕与皇太极有密约，遂不辨真伪，将袁崇焕逮捕下狱，不久处死。祖大寿对此惊骇丧胆，慌忙带兵逃回锦州。皇太极遂得以从容地退出关外。

反间计是战争中的重要计谋，古代军事家们十分重视。《孙子十家注》中说："用间有五。有因间，有内间，有反间，有死间，有生间。"

杜牧解释反间计说："敌有间来窥我，我必先知之。……或佯为不觉，示以伪情而纵之，则敌人之间，反为我用也。"

萧世诚在解释死间时说："所获敌人……故为贷免，相救勿泄，佯不秘密，令敌间窃闻之，吾因纵之使亡，亡必归敌，必信焉，往必死，故早死间。"

范文程设计的反间计，巧妙地运用了《孙子兵法》所讲的用间的计谋。利用俘虏的明朝宦官，故意让他得知假情报。再将他放走，由他传信，对大臣疑虑重重的崇祯皇帝自会信之不疑，就轻而易举地除去了可以抗击皇太极的劲敌袁崇焕。赢得了以千军万马从战场上不能获得的便宜。使双方之间的军事形势，产生了不利于明政府的急骤变化："崇焕既缚，大寿溃而去……自崇焕死，边事益无人，明亡征决矣。"

由此可见，范文程的反间计取得了巨大的成功。

巧用议和

天聪六年（1632年），皇太极率满洲八旗和蒙古各部，越过兴安岭，远征察哈尔。察哈尔的林丹汗预先得报，已驱富民及牲畜，渡过黄河，弃其本土西逃。皇太极率众到归化（今呼和浩特），一无所获。继续追击林丹汗，已远远不及；若原路退回关外，沿途民穷，无所掳掠。千里而来，空空而去，如何是好！全军上下，皆欲一不做二不休，乘势深入明境，抢掠一番。皇太极与范文程、宁完我、马国柱等人商量办法。范文程等上疏说："察我军情状，志皆在深入……若计所从之惟雁门为便，道既无阻，道旁居民富庶，可资以为粮。上如虑师无名，当显谕其民：察哈尔汗远遁，所部归于我，道远不可以徒行。来与尔国议和，假尔马以济我新附之众。和议成，偿马值……此所谓堂堂正正之师也。"

为此，范文程等建议："作书抵近边诸将吏，使以议和请于其主，为期决进止，彼朝臣内挠，边将外诱，迁延逾所期，我师即乘衅而入。"

范文程等人的这个以议和作幌子，争取口实，以掳掠明边境的策略，极合皇太极的心意，立即被采纳。皇太极遂致书明大同、阳和、宣府等地官员，故作姿态，要求议和，但仅给十日之限。明边地官员，尚不及回复上报，皇太极即挥师直扑宣府、张家口，纵兵大掠一通，满载而返。范文程的"议和"之谋，又一次使皇太极获得成功，大受其益。

以范文程为主要谋臣的皇太极，在处置与明的关系中，玩弄"议和"的把戏屡见不鲜。礼亲王昭梿曾说："天聪己巳（二年），文皇帝（皇太极）欲伐明，先与明巡抚书，申讲和议。（袁）崇焕信其言，故对庄烈帝（崇祯）有'五载复辽'之语，实受文皇绐也。"

天聪二年，皇太极曾经"议和"的花招骗过袁崇焕和崇祯皇帝。天聪六年，范文程谋划假议和又获得成功。

天聪七年（1633年），皇太极与诸将商讨对明用兵，仍以"讲和"为借口。皇太极长子豪格建议对明纵火攻略，再作书颁示明民众："告以我愿和而彼不肯和之意，仍传谕各城。彼处人民，虽被疮痍，将自怨其主，无尤于我。"

皇太极接受了这个建议，还进一步装模作样地致书朝鲜国王李倧，煞有介事地表示愿与明讲和，要朝鲜"介绍其间"。朝鲜人识破了他们的诡计，认为："虏书所言，乃金、元愚宋之计，似非革心臣事之意。"

以议和为诱饵，麻痹明廷，欺骗舆论，制造进攻和掳掠的借口，此谋略虽非范文程所独创，但他是极善于运用的。故而皇太极把它作为与明廷斗争的重要手段，屡试不爽，花样翻新，起了重要的作用。

"拂衣"知降

范文程以其智慧和谋略，日益受到皇太极的器重和宠信。天聪七年（1633年），皇太极建汉军，关于范文程可否任固山额真一职，曾有一番有趣的讨论，从中可见皇太极对他宠信之深："旗制既定，设固山额真，诸臣议，首推文程，上曰：'范章京，才诚胜此。然固山职一军耳。朕方资为心膂，其别议之。'"

皇太极认为，固山额真一职，对范文程是大材小用。他已将范文程作为谋划军国大计的左膀右臂。

崇德元年（1636年），皇太极改文馆为内三院。即任命范文程为内秘书院大学士，进世职二等甲喇章京。内秘书院的职责为："撰与外国往来书札；掌管各衙门奏疏及辩冤词状；皇上敕谕文武各官敕书，并告祭文庙，谕祭文武各官。"

但范文程的实际执掌，远远超越这个范围。他虽不在议政大臣之列，但实际上，却能参与几乎所有重大机密决策：

文程所典皆机密事，每入对，必漏下数十刻始出，或未及食息复召入。上重文程，每议政，必曰"范章京知否？"脱有未当，曰："何不与范章京议之！"众曰："范亦云尔。"上辄署可。文程尝以疾在告，庶务填委，命待范章京病已裁决。

由此可见，范文程已成为皇太极须臾不可或离的重要人物。

范文程也确实不负皇太极的器重和信赖。他计谋深远，办事干练，知人善任。在处理内外大政，制定方针政策，完善国家机构，选拔任命官员等方面，都发挥了重要作用。处处符合皇太极的心意。例如："抚谕各国书敕，皆文程视草。初，上犹省览，后乃不复详审，曰：'汝当无谬也。'"

范文程特别重视延揽人才。尤其致力于为皇太极网罗汉族人才。他有身为汉人的特殊条件和重才爱才之心，以及说转铁石心肠的特别才干，故而善于劝降明朝将官。早在天聪五年（1631年）大凌河之役时，他就因招降明将而立功："时明别将壁西山之巅，独负险坚守未下。文程单骑抵其垒，谕以利害，乃请降。上悦，以降人尽赐文程。"

天聪七、八年间，明将孔有德、耿仲明、尚可喜等航海来降，皇太极特派范文程前往联络和安抚。

崇德七年（1642年），明朝大将洪承畴在松山战败被俘。清人极力劝其投降，但洪承畴誓死不降，骂不绝口，表示只求早死。皇太极无可奈何，只得再烦劳范文程前往劝降。

范文程去看望洪承畴，且不提起劝降之事，只是天南海北、说古道今地随便闲谈，从中察言观色。说话中，梁上积尘落在洪承畴衣襟上，"洪屡拂拭之"。这个下意识的动作，他人当不会留意，却逃不脱明察秋毫的范文程的目光。他由此判定洪承畴必可说降。他向皇太极蛮有把握地报告说："承畴不死矣，其敝衣犹爱惜若此，况其身耶？"

皇太极闻报十分欣喜。事情果然不出范文程所料。又经巧妙而耐心地劝说，一向信誓旦旦表示要以死报国的洪承畴终于乖乖就范，俯首帖耳地投降了皇太极。范文程观察入微，料事如神，善于把握劝说对象的心理活动规律，真达到了绝妙的程度。

定策入关

崇德八年八月（1643年9月），皇太极在沈阳突然病死。满洲贵族围绕着帝位的继承问题，展开了激烈的争夺。皇太极的长子肃亲王豪格和皇太极的弟弟睿亲王多尔衮，是帝位的主要竞争者。后各派政治势力达成妥协，由皇太极第九子、未满六岁的福临继承帝位。由福临的两位叔叔济尔哈朗和多尔衮辅政。崇德八年八月二十六日（1643年10月8日），福临在沈阳即帝位，翌年改元顺治。

顺治元年（1644年）三月底四月初，清王朝决定以多尔衮、阿济格、多铎统兵伐明。这时，李自成领导的大顺农民起义军，已于三月十九日攻占北京。明朝崇祯皇帝在煤山自缢身死，大明政权已在农民起义的烈火中毁灭。但远在沈阳的清廷尚未得到确报，范文程虽然不知明朝已亡，但他敏锐地把握着形势的变化，判定清军应不失时机地挺进中原抢夺天下：

皇太极

睿亲王多尔衮率师伐明，文程上书言：中原百姓饥离丧乱，备极荼毒，思择令主，以图乐业。曩者弃遵化，屠永平，两次深入而复返，彼必以我为无大志，惟金帛子女是图，因怀疑贰。今当申严纪律，秋毫勿犯。宣谕进取中原之意。官仍其职，民复其业。录贤能，恤无告。大河以北，可传檄定也。

在这份上书中，范文程明确提出了占领中原，夺取明朝天下的决策建议。要求放弃和结束以往"伐明"中"惟金帛子女是图"而"无大志"的政策。具有这种政治谋略家远大目光的人，在当时的清廷中，除范文程，再没有第二人。

李自成攻破明都的消息传来后，范文程正在盖州汤泉养病。清廷急召他返回沈阳决策。范文程于四月四日赶赴沈阳，即刻上书多尔衮、济尔哈朗，提出要立即挥师入关，向李自成大军发起进攻。他看到李自成的某些失策和弱点，断言"可一战破也"，极力鼓动说："我国上下同心，兵甲选练，声罪以临之，恤其士夫，拯其黎庶，兵以义动，何功不成。"

为实现夺取天下的大业，他特别提出要实行策略的转变，他说："古未有嗜杀而得天下者……若将统一区夏，非义安百姓不可。"

正是在范文程振聋发聩般的敦促下，清廷确定了入关大策。立即下令连日急聚兵马，男丁七十以下，十岁以上，无不从军。四月九日，多尔衮统率大军向山海关进发，范文程抱病随行。二十二日，在山海关大败李自成军。四月三十日，李自成的大顺军被迫撤出北京。五月二日多尔衮率清军进入北京城，清廷的定策入关取得决定性的胜利。

历史事实证明，虽不能说清廷定策入关是范文程个人的功劳，但可以说，他起了极其重要的作用，这是别人不能比拟的。在定策入关中，显示了他高超的谋略才能。

他抓住了明朝已亡、李自成农民军立足未稳这样一个千载难逢、稍纵即逝的机会，当机立断，果敢地提出了清兵入关夺取全国政权的决策。为了实现这个战略目标，他又提出了必须实行根本的策略转变，即放弃传统的一味掳掠、嗜杀，一变而为"申严纪律、秋毫无犯""安抚百姓"的策略。为了配合入关的军事行动，他还提出和制定了一系列争取民心的具体政策和措施，保证了入关入京，夺取政权的胜利。

清朝康熙年间的内阁学士韩菼推崇范文程说："公佐命兴朝，首倡入关廓开大计，所谓运筹帷幄之中，决胜千里之外者。厥后皆如公策。而我国之大业以成，万世之丕基以定。"

从他的话可以看出，清人对范文程定策入关的功绩和谋略，评价是极高的。

发丧安民

在清军入关时，范文程带病随军，谋划军机。他亲自起草檄文，提出了为大明百姓"复君父仇"的口号。进北京后，由他提议而为崇祯帝发丧，表现了他的高超的谋略思想。史载范文程：

> 草檄谕明吏民，言义师为尔复君父仇，非杀尔百姓，今所诛者惟闯贼。吏来归复其位，民来归复其业，师行以律，必不汝害。檄皆署文。

> 程官阶姓氏。既克明都，百度草创，用文程议，为明庄烈愍皇帝发丧。

从后金至大清，从努尔哈赤到皇太极，均以大明为敌，必欲取而代之。但范文程的檄文，却俨然以大明忠诚的朋友自居，明明是掳掠嗜杀成性的军队，却自称为"义师"；明明是兴兵来夺天下，却打出为大明臣民"复君父仇"的旗帜。范文程本人作为大清的高级谋臣，早已成为大明的叛逆，这时却利用身为汉人的条件，侈谈"我大明骨，大清肉耳"，这些看来十分滑稽的行径，恰恰说明，范文程善于顺应形势的发展，提出最合时宜的策略。由于崇祯的自杀，大明的灭亡，明朝作为进攻的目标，已失去现实的意义。所以，他把大清一贯对明作战的矛头，调转过来，指向了李自成农民军。这固然是他的地主阶级立场的表现，同时也是夺权斗争的需要。顺治元年（1644年）正月二十六日，清廷曾以大清国皇帝名义致书李自成的大顺军诸帅："欲与诸公协谋同力，并取中原，倘能混一区宇，富贵共之矣！不知尊意如何耳？"

仅仅时过两个多月后，信誓旦旦的甜言蜜语被抛到九霄云外，原作为盟军的农民军被当成攻击和声讨的目标。之所以要这样做，是因为范文程清楚地认识到，"复君父仇"和声讨李自成，能为大清入关找到最堂皇的借口，能最大限度地减少大明军民的抵抗。这些政策和措施能发挥的力量，可以抵得上千军万马。它使清军得以顺利地攻占北京，并迅速地控制了局势。

清军入京后，范文程"安抚孑遗，举用废官，搜求隐逸，甄考文献，更定律令，广开言路"，为进一步争取地主阶级的支持和合作，为确立大清的统治，而殚精竭虑，苦心经营。为了争取民心，他本人时时处处表现出"颇爱百姓"的姿态。有人乘乱将皇宫中锦缎服饰掠出叫卖，引得清兵"艳而争鬻之"。范文程生气地说："甚矣！尔民之愚也。我于王前极言京师百姓之穷苦，严禁抢劫。而今炫耀若此，既动其贪，复启其疑，后言安得入乎！且我惧兵士扰民，各给两月饷而来，今尽以市诸锦绮，向后无食，能无抢夺乎！"于是"亟出令止之"，以防止清兵由争买锦缎服饰而发展到逞凶抢劫。

故明尚书倪元璐的家人投牒范文程，请允许扶丧南归，范文程热心相助：

立遣骑持令箭送至张湾，于是殉难诸臣之丧，多次第南归。

范文程此举赢得许多亡明官僚家属的感激。

为安抚民心，稳定局势，范文程襄助多尔衮实行了许多重要的有效的政策和措施，特别是开科取士，赢得士人的欢欣。

（顺治）二年，江南既定，文程上疏，言治天下在得民心，士为秀民，

士心得则民心得矣。请再行乡会试，广其登进，从之。

范文程不仅首倡恢复开科取士，而且本人还多次亲任会试主考官，以示重视。这对争取汉人地主知识分子对新政权的拥护、支持，起到重大的作用。

安身避祸

在后金和大清统治集团中，存在着对汉人的猜忌和歧视，民族矛盾复杂而尖锐。身为谋士的汉人知识分子范文程，其处境自然十分险峻，但他依靠自己的智慧，能够应付裕如，化险为夷，遇难呈祥，使自己安如磐石。范文程自天命三年（1618 年）即投奔努尔哈赤，但努尔哈赤的政策是“诛戮汉人，抚养满洲”，对前来投靠的汉族知识分子满腹疑忌、十分鄙薄而不屑一顾。范文程不但长期不被重用，还要处处小心，以防招致杀身之祸。他在此时，采取安于微贱、养志待时的策略。到皇太极继承汗位，范文程才时来运转，崭露头角，脱颖而出，得以发挥安邦定国之才、运筹帷幄之智，赢得皇太极特殊的信赖和恩宠。

崇德八年八月（1643 年 9 月），皇太极病死。满洲贵族内部爆发了争夺帝位的尖锐斗争，不少人被黜被杀，但范文程却明智地超然置身于斗争的漩涡之外。待幼童福临即帝位，逐鹿帝位的斗争才暂告休止。第二年改元顺治，福临的两位叔父多尔衮和济尔哈朗共同辅政。但不久，多尔衮即甩开济尔哈朗，独专朝政。顺治元年（1644 年）四月，多尔衮接受范文程的建议，率兵入关，占领北京，夺取全国政权。这期间，范文程从大局出发，顺应政局的变化，与多尔衮配合默契，同建大功。

但是，范文程的功绩和声望，同野心勃勃、大权独揽的多尔衮，不能不产生矛盾。顺治三年（1646 年）二月，多尔衮即以“今国家一应事务，各有专属”为借口，以范文程“素有疾，毋过劳”为幌子，限制、削弱范文程的权力。八月，因甘肃巡抚黄图安呈请终养，以范文程“擅自关白”辅政王济尔哈朗为口实，小题大做，将范文下法司勘问。范文程因此更加小心翼翼，免遭多尔衮的毒手。顺治五年（1648 年），多尔衮革去济尔哈朗亲王的爵位，幽毙了皇太极的长子、肃亲王豪格。范文程凭借其机智和谨慎，总算安然无恙。多尔衮甚至还让他同其亲信、大学士刚林、祁充格一起删改太祖实录。范文程对炙手可热、权势熏天的多尔衮的这项安排不敢不从，但又深知此事关系重大，一旦政局有变，将有杀头之祸，遂以养病为由，闭门不出。多尔衮亦不便加罪，他自己又不致更深地陷入删改太祖实录的活动。顺治七年（1650 年）十一月，多尔衮猎于边外，十二月死于喀喇城。多尔衮死后两个月，顺治八年（1651 年）二月十五日，苏克萨哈詹岱告发他“谋篡夺位”。于是郑亲王济尔哈朗等上疏，要求对多尔衮“重加处治”。皇帝下诏“削爵撤庙享”，追论其罪。当然多尔衮命人删改太祖

实录的罪行也被揭发。

（顺治）八年大学士刚林、祁充格以附睿亲王妄改太祖实录坐死。文程

与同官当连坐，上以文程不附睿亲王，命但夺官论赎，是岁即复官。

范文程以先见之明和巧妙的对策，安全地度过了这场灾厄，而且因祸得福。加官晋爵，于"（顺治）九年，遇恩诏复进世职一等"。

范文程为人深自谦退，不矜伐其功，以避"功高震主"之嫌。他一生所进奏章，多关系国家大政。他在纂修太宗实录时"悉焚其草，即实录史册，亦仅载什一"。

顺治十一年（1654年）八月，朝廷特加范文程少保兼太子太保，但他以年老多病，不恋高位，"自陈衰病乞休，九月，上降温谕，进太傅兼太子太师致仕"。

范文程致仕后，"辟东皋为别业，稍构亭馆，植卉木，引半故，徜徉其中"，安度晚年。至康熙五年（1666年）八月，七十岁时病死。清廷对范文程之死，深为痛惜，极尽哀荣。

上（康熙帝）亲为文，遣礼部侍郎黄机谕祭，赐葬怀柔红螺山，立碑纪

绩，谥文肃。御书祠额曰"元辅高风"？

对范文程一生的功绩给予极高的评价。

清代

清王朝是一个一言难尽的王朝，是一个前期让国人骄傲、后期让国人痛苦的王朝。

从1644年福临幼年即位，到1912年溥仪幼年退位，清王朝统治中国共二百六十八个年头。这二百六十八年的统治，以1840年为界，分为前后两段。

清朝前期的统治者总结前代的统治经验，采取了有利于社会安定和经济发展的积极措施，从而在康熙、雍正、乾隆三朝逐步达到鼎盛，由此出现了一个国家统一、政权巩固、社会安定、经济富庶、文化繁荣的时期，这就是历史上的"康乾盛世"。到乾隆中期，全国的耕地面积超过了明代最高数字，达到七百三十五万余顷；人口空前增长，达到三亿以上；商品经济也有长足的发展，国内城市随之发展起来。由于经济的繁荣和文化自身的发展，清朝前期在思想学术和文学艺术方面也取得了巨大的成就。

到了乾隆末期，所谓歌舞升平的"盛世"已经宣告结束。在六十年漫长的"盛世"之后，是成倍增长的人口压力和尖锐的民族矛盾及阶级矛盾，以及统治集团的彻底腐败。清王朝已经像即将倾颓的大厦势难支撑，而英国殖民主义者的炮舰却正在"隆隆"地驶近，中国的历史，即将翻开令人痛心疾首的一页。

1840年，中国社会发生急剧转变。6月，英国悍然挑起鸦片战争，武力强行打开关闭已久的中国大门。不堪一击的清政府被迫于1842年与英国侵略者签订了丧权辱国的《南京条约》。紧接着1856年的第二次鸦片战争，1884年的中法战争，1894年的中日甲午战争和1900年的八国联军侵华战争，彼此间隔的时间越来越短，通过不平等条约强加给中国的战败条件也越来越苛刻，短短半个世纪，使中国渐渐沦为一个半殖民地半封建社会。

中国的有识之士为中华民族的复兴而努力着，康有为、梁启超、孙中山都做出了卓越的贡献，尽管有历史的局限，但他们推动了历史的发展。

中华民族在经历痛苦的反思和变革，在漫漫长路上不懈地求索。

雄才大略康熙帝

"欲致海宇升平，人民乐业，孜孜汲汲，小心谨慎，夙夜不遑，未尝稍懈。数十年来，专竭力，如一日，此岂仅劳苦二字所能概括的呢！"这是我国封建社会在位时间最长的清代康熙皇帝对自己曾经怎样管理朝政的自我概述之语。正因他一生勤勉，从而在文治武功方面建树了辉煌的业绩，成为康乾盛世的开创者，被誉为清代最英明的君主，也是我国封建社会最杰出的英主之一。

康熙帝，姓爱新觉罗，名玄烨，生于 1654 年（顺治十一年）。八岁时，其父顺治帝福临去世，而后他继承皇位，第二年改年号为康熙。玄烨年幼，由索尼、苏克萨哈、遏必隆、鳌拜四个辅政大臣代理国政。1667 年（康熙六年）宣布亲政，但他仍然没有实权，大权仍掌握在飞扬跋扈、妄图篡权的鳌拜手中。少年的玄烨聪慧好学，练文习武，素有壮志。他一心想做一番事业，使他自己有所作为。但是鳌拜却"欺朕专权，恣意妄为"，在宫中经常"施威震众，高声喝问"，欺负年轻的康熙帝。玄烨决心搬掉这块绊脚石，可是没有办法，独断专行的鳌拜位高权重。于是，玄烨每日佯装与一群少年侍卫练习摔跤，嬉戏玩耍，从来不过问朝政。一天，鳌拜仍大摇大摆地走入皇宫时，玄烨突然命少年侍卫们捉拿鳌拜，鳌拜大吵大闹，企图挥拳顽抗，结果被摔跤少年们一拥而上，结结实实地捆了起来。然后，宣布了鳌拜的三十条罪状，把这个老奸巨猾的权臣革职软禁了。一个十六岁的少年，利用自己的大智大勇，干净利索地清除了亲政后最大的政治障碍，表现出了他出色的才智和胆略。权臣铲除，朝政刷新，玄烨开始用他自己的想法治理国家了。

康熙是清代最有政治远见的君主，在这一时期他为了维护国家的统一，进行了长期不懈的斗争。以他奋发有为的政治气概和非凡的军事才能，在祖国的西南、东南、东北和西北的边陲大舞台上，创造出了一幕幕惊心动魄、雄奇壮丽的历史。

1673 年（康熙十二年），二十岁的玄烨就已经开始了平定三藩叛乱的斗争。三藩是指平西王吴三桂（坐镇云南）、定南王尚可喜（坐镇广东）、靖南王耿精忠（坐镇福建）。在当时他们各霸一方，拥有自己的重兵，横行霸道，形成了一股跟朝廷直接对立的势力。在这一年，尚可喜上疏想归老辽东，以其儿子尚之信袭爵。吴三桂、耿精忠也上书试探朝旨。康熙这时已经抓住机会，决定三藩俱撤，吴三桂见偷鸡不成，首先公开举起叛旗，耿精忠、尚之信等纷纷相继啸众而起，在这一段时间里，他们在江南诸省点燃了战火。他们破坏了祖国的统一，违背了满汉各族人民和平共处的愿望。康熙力排众议，决定平叛。在军事上他审时度势，谨慎筹划，严格军纪，爱惜兵丁，重用汉将，信赏必罚，把握时机，乘隙插足，采取摧坚解体、打击元凶的策略；在政治上他刚柔相济，剿抚并用，广示招徕，瓦解叛军，伐其情以移其志，施展了高超的政治策略。在康熙的正确指挥下，经过八年奋战，平定了三藩之乱，获取全胜。二十八岁的康熙感慨万千，欣然命笔，写了《滇平》一诗庆贺：

洱海昆池道路难，捷书夜半到长安。

未矜干羽三苗格，乍喜征输六诏宽。

天末远收金马隘，军中新解铁衣寒。

回思几载焦劳意，此日方同万国欢。

康熙执政时进行统一的第二件大事就是着手解决台湾问题。1661 年民族英雄郑成功驱逐了荷兰侵略者后便开始经营台湾，他在那里设立府县，整治了一些贪官污吏，实行了土地改革，奖励开垦，发展经济。但不幸宏图未展，第二年他就病逝了。之后，其子郑经建立了割据自立的政权。康熙对郑氏及其官兵一直抱着"循于招抚，不事轻剿"的态度，而且多次遣使去台湾同郑经谈判议和，郑经却妄图继续割据自立，要求像朝鲜、琉球一样保持藩属关系，结果这些谈判不能进行下去。康熙认为台湾皆闽人，不能和其他地区相比，坚决不允许台湾独立，这显示出康熙在政治上能高瞻远瞩，有雄才大略。1681 年（康熙二十年），郑经死去，他的几个儿子为争夺权位在那里发生了内乱。这时康熙认为收复台湾时机已到，遂派施琅到福建担任水师提督，和福建总督姚启圣相互配合统一台湾。1683 年，施琅率兵出发，经澎湖一战。顺利地开进台湾，郑克塽表示愿意归附。康熙批准了郑的归顺，"授克塽公爵，隶汉军正红旗"一对郑氏家族均妥善安置，授职有差。当统一台湾的捷报传到北京时，正值中秋佳节，康熙望眼长空皎月，喜于全国各族团聚，挥毫写下《中秋日闻海上捷音》一诗：

万里扶桑早挂弓，水犀军指岛门空。

来庭岂为修文德，柔远初非黩武功。

牙帐受降秋色外，羽林奏捷月明中。

海隅久念苍生困，耕凿从今九壤同。

康熙在统一台湾后，关于台湾弃留问题，在清政府内部发生激烈争论。康熙摒弃了决定要迁走人员，留着此地区等荒谬主张，决定划台湾为一府三县，让福建省来管辖它。康熙的正确决策，维护了祖国领土的完整和统一，促进和加强了台湾与大陆的联系和台湾经济、文化的迅速发展。

正当康熙用兵平定三藩、统一台湾的时候，野心勃勃的沙俄侵略者以加倍的疯狂，接二连三侵扰我国东北黑龙江流域一带。他们在雅克萨一带建立自己所谓的统治政权，他们想把中国领土并入沙俄版图。三十而立的康熙决心着手解决东北问题，他在养心殿里开始研究学习俄国的地理和语言，而且还亲自去东北巡视，观察边防情况。1682 年，康熙派副都统郎坦等报以打猎为名，到雅克萨城下进行了侦察。1683 年，又任命萨布素为黑龙江将军，到瑷珲等地进行军事防御。1685 年命都统彭春、副都统郎坦、班达尔沙、黑龙江将军萨布素等统兵，分水陆两路进攻雅克萨。沙俄侵略者在走投无路的情况下被迫投降。不久，沙俄趁清军主动撤回之际，立即从莫斯科调来大炮，在图尔布青率领下准备偷偷开进雅克萨城，他们想要长期占领中国土地。面对侵略者的这种行为，康熙再次派萨布素等人统率清军，于 1686 年春向雅克萨进发。这年夏季，经过三个月激战，歼灭了沙俄侵略头目图尔布青，迫使沙俄不得不放下武器，同清政府谈判。1689 年（康熙二十八年）七月，在清政府做了让步的情况下，双方签订了《尼布楚条约》。这个条约在法律上确定了中俄东段的边界，明确了黑龙江和乌苏里江流域包括库页岛在内的广大地区都是中国的领土。中国收回了被沙俄侵占的一部分领土，制止了沙俄对黑龙江流域的进一步侵略，使东北边疆获得了相对比较安全的边境。

沙俄在东段的侵略不断失利，他们又把矛头对准了中俄边界的中西段地区。他们这时进行了一系列收买少数民族上层分子、策划分裂叛乱的阴谋活动。在沙俄的支持下，准噶尔部的噶尔丹发动了叛乱。面对这些问题要不要平叛，这时在清廷内部又发生了激烈的争论。一时间，反对康熙出征的人在朝廷内形成了多数。康熙清醒地认识到平叛对巩固国家统一的影响与作用，他没有听大家的意见，指出只有捣其巢穴，方是百年上策。1690 年（康熙二十九年），康熙亲自率军出长城去平叛。九月，在离古北口四百余里的乌兰布通，清军与噶尔丹相遇，噶尔丹用万头骆驼俯伏于地，在驼背上搭上箱垛，盖上湿毡，摆成"驼城"防线，进行顽强的抵抗。清军用火炮击破驼城，噶尔丹一败涂地，宣告投降。其败逃后仍贼心不死，又妄图勾引沙俄军队进攻中国。1696 年（康熙三十五年）康熙决定再次亲征噶尔丹，率军十万，分三路北上。康熙率军"往来行走四月有余，一天吃一次饭，五更起行，到了晚上才休息，遇沙地则下马步行"，先后追赶了几千里地。朝廷中有人用军粮将尽来胁迫康熙回军，康熙断然痛斥，并表示："粮虽尽朕必啮雪穷追，断不回师！"为了维护国家统一，他不顾艰辛，决心全歼噶尔丹集团。在茫茫沙漠、荒荒戈壁中康熙率清军艰难地跋涉着，他写下《瀚海》一诗，记述其行军过程：

四月天山路，今朝瀚海行。

积沙流绝塞，落日度连营。

战伐因声罪，驰驱为息兵。

敢云黄屋重，辛苦事亲征。

六月，康熙率清军到达克鲁伦河，与噶尔丹叛军相遇，他们刚一作战，叛军就仓皇逃走了。康熙率军穷追不舍近五日，迫使叛军向西逃窜到昭莫多，又被费扬古率领的西路清军所堵截。清军在昭莫多取得了战争中决定性的胜利，噶尔丹仅带几十名残兵狼狈逃走。1697 年，康熙第三次亲率大军从宁夏出塞外讨伐噶尔丹，噶尔丹在清军重重包围下，被迫服毒自杀，彻底失败。此后，沙俄又扶植策旺阿拉布坦和西藏反动奴隶主勾结叛乱，也被康熙派兵击败了。至此，中国各民族要求统一和安定的愿望终于实现了。中国疆域辽阔的版图就在这个时期基本奠定了，康熙为中华民族做出了历史性的贡献！

在进行统一斗争的同时，康熙还积极谋划恢复和发展生产，并取得了很大的成功。在发展社会经济方面，康熙采取了一系列适应当时年代的措施。

1669 年，康熙清除鳌拜后下诏停止满贵族的圈地活动，规定当时所圈土地，立即归还农民。同时又采取了奖励垦荒的措施，如要求地方官五年之内垦完境内荒田；招徕流民开垦，起税时间由三年延至六年到十年之间，而且还规定新开土地不准圈占，由国家"给以印信，永准为业"。对中小地主垦荒成绩大的授予官职。康熙还发布命令，承认部分中小地主和农民对明代废藩土地的所有权，即改为"更名田"，自己开垦的土地归自己所有。康熙还十分注意边远地区的开垦，例如派人到蒙古地区督教蒙古族人民耕种，还招徕愿意垦荒的人到云南、四川、贵州一带指定地区雇工开荒，同时并借给雇工银两。在新疆和黑龙江流域一带大兴屯田。在康熙奖励垦荒政策的推动下，在他统治期间，全国耕地由五百二十七万顷增加到八百五十一万顷。

康熙恢复发展农业经济的另一项主要措施就是兴修水利，治理黄河、淮河和运河。黄河自明末以来，由于经常打仗，有许多年没有修建了，到康熙初年造成了巨大灾患。黄、淮二河又互相冲击，波及运河，漕运受阻。康熙任命靳辅等为河道总督，用疏通和筑堤相结合的办法治理黄河，恢复黄淮故道，使黄、淮一带在此后较长一段时间内，免除了水患的威胁。康熙本人对水利和测量学也特别钻研，他说："我以修河工作为重要工作，只要有关河务的书信，我都要批阅。"三十年的治河过程中，他曾六次南巡，视察河工，勤奋好学和多年的实践，使康熙成为一名治河专家。从第三次南巡后，治理黄河的工程基本上是由他自己设计施工的。他还亲自召开现场会议，总结治水经验，正确纠正地方官员中欺骗上级的错误治水计划。康熙身体力行，他亲自调查和研究治河的做法，无疑对治河工程的迅速竣工起了推动作用。

康熙在治河的同时，还实行了轻徭薄赋、减免钱粮、救济灾民的措施。康熙年间，减免钱粮的次数和数量大大超过了前代。他下令减免全国或局部地区全部或部分赋税总计达五百次之多。1712 年（康熙五十一年），他宣布全国赋税以康熙五十年为准，以后所增人口不再多征，称为"盛世滋丁，永不加赋"。康熙末年，在四川、广东等省又实行"摊丁入亩""丁随地起"的办法，后来推广到全国。

在恢复发展生产的同时，康熙还采取了惩治贪污、厉行节约的政治措施。他说："如果犯别的错误可以宽恕，如果是贪官坚决不能轻饶。""治天下以惩贪奖廉为要。"在他执政期间，惩治了很多贪官，对操守廉洁的清官则予以奖励和提拔。他本人生活简单朴素，这就成为清代诸帝的楷模。他要求政府机构压缩开支，如康熙四十九年上谕："理藩院向来每年赏赐供应外藩宾客，用银八十万两。今裁减浮费，一年只需八万两矣。"对开支制度实行严格的检查，命令户、工两部所用钱粮"十日一次奏闻"。但对于治河修桥诸事，即使开支数百万两巨资，也从不吝惜。

康熙既是一位雄才大略的政治家，还是一位博学多才的科学家。他是封建社会中历代君主中最注重科学、尊重科技人才的帝王。他本人在自然科学上的成就与贡献，与各代帝王相比，也可以说是前无古人，后无来者。他认真地学习了代数学、几何学、地理学、地震学、天文学、医学、解剖学、农学、气象学等自然科学知识，并重视科技的推广与应用。

康熙二十年，他在巡视丰泽园稻田时发现了一株水稻高出众稻之上，而且已经结粒，当时是六月下旬，在当时是应该成熟的时候。于是，他就把这株稻种收藏起来留作第二年试种，结果第二年这种稻子又于六月份早熟了。这种稻"其米色微红而粒长，气香而味腴"。康熙开始组织人在北京、承德试种，种子积累越来越多，而且这一优良稻种被称为"御稻米"。于是，他让人把这个早熟的稻种引进承德，使这个从来没有种稻谷的地区从此有了稻田。经过三十多年的试验和培育，他又开始向江南推广，他认为："南方气候暖和，可能成熟的比北方还要快。当夏秋之交，麦禾不接，得此早稻，非常有利于农民。"于是把推广御稻种的任务交给了苏州织造李煦等人。江南稻作再熟，古已有之，但连作之双季稻，可能以康熙亲自培育的御稻为最早。农业大事，治水灭蝗为头等大事。康熙在下力治河的同时还亲自到灾区去调查总结灭蝗经验，他根据蝗虫在成长过程中的生活特点，提出了灭捕具体办法，并且写了《捕蝗说》。

康熙还十分注重学习地理学和进行地理调查。在治河的过程中，他多次外出勘察地形，并利用欧洲的自然科学知识和先进的技术。在第三次南巡的时候，他亲自登堤上岸用水平仪测量水势。他每到一地，都亲自调查当地地貌、地质、水利、农业、生物等情况，并记录下来。他使用仪器在新疆和宁夏亲自测量北极。他在今内蒙古和东北还发现了许多木化石和动物化石，并详细地记录下来。他还多次进行地磁偏角的测试。在平定三藩叛乱、平息噶尔丹叛乱的时候，康熙亲自指挥，深感需要一份准确性较高的地图。于是，他组织了一支测绘队伍走遍了全国各地，前后用十多年时间，终于绘成了著名的《皇舆全览图》，成为中国地理学史上的一项重大成果，也是世界地理学史上的一件大事。

当时康熙很想把西欧的全部先进科学引入中国来，能在全国各地得到普及。他把养心殿改为学习自然科学的教室。除了自己向欧洲人学数学外，还十分注意团结培养中国自己的数学人才，他常常把著名数学家梅文鼎、梅谷成、陈原耀、何国宗、明安图等人召来一起探讨数学问题。并亲自向大臣们讲授代数的借根法。他团结这批数学家经过十年努力，编纂了一部集当时乐律、天文、数学之大成的巨著《律历渊源》。

康熙是中国最早学习西方代数学的人，这使中国数学史上失传的天元术又复活了。为解决新旧历法无休止的争论，他经过二十年的认真学习，成了天文学的行家。为了发展农业，他研究了园艺学和气象学，并下诏在北京设立若干气象站，命令各省逐日逐月作气象记录，续写清楚，向他报告。他写的研究地震的文章，在科学史上具有重要的史料价值。

康熙是一位勤奋的君王，他一生勤于读书，勤于理政。除了国家喜庆日子和身体有病外，他每日三更起床，听政于乾清宫。他的为人作风也很有可贵之处。他曾说："满招损，谦受益"，反对虚夸浮言。有一次，命臣下撰拟谕旨，见其中有"海宇升平"等语句，便告诫说："自后谕旨中，凡此矜张盈满之言，勿复拟入。"

康熙五十六年（六十四岁）时，他说："朕之生也，并无灵异；及其长也，亦无非常。"他认为，"虽古圣人岂有生来即无所不能者？凡事俱由学习而成。"在统一斗争中每次取得胜利，大臣们都请上尊号，都被他拒绝了。他说："天视天听，视于民生。后人自有公论。如果自己夸耀自己的功德，以取一时的虚名，大非朕意，不必敷陈。"他在出巡的时候，有很多官员为讨好皇上，敬献美女，他反对这种诱惑和腐蚀，就冷眼对待，并把这些官员予以惩办。他的这些做法，在封建社会的帝王中，确实是罕见的。

康熙在位六十一年，为了巩固封建国家的统一，恢复和发展社会经济做出了杰出的贡献。他能够顺应时代潮流，顺应民意，创造了封建社会后期中政治安定统一和经济繁荣昌盛的空前局面，是"康乾盛世"的奠基者。为国家、为民族做出了重要的贡献。

郑成功收复台湾

郑成功（1624—1662），原名森，字大木，福建南安（今福建泉州市南安平镇）

人。父亲郑芝龙是海商，母亲田川氏是日本人。1624 年（明天启四年），郑成功出生在日本平户千里滨，七岁从日本回国。

郑成功自幼聪慧机敏，喜读史书与兵书，又擅长骑射。1644 年（崇祯十七年），二十二岁的郑成功进入南京国子监，成为太学生，倍受名家器重。就是在这一年，李自成攻入北京，崇祯皇帝朱由检在煤山自缢，明朝灭亡了。

不久，吴三桂引清兵入关，占领了北京。消息传到南京，南京群臣拥立福王朱由崧为帝，改元弘光。次年，清军又攻入南京，弘光政权覆亡。这年，郑芝龙等在福州拥立唐王朱聿键为帝，建元隆武。八月，郑成功随父朝见唐王，唐王见他少年英俊，十分器重，当即封他为忠孝伯，赐姓朱，改名成功，所以又号为"国姓爷"。

郑成功血气方刚，耳闻目睹清军南侵的种种暴行，心头燃起了复仇的火焰，积极投入了抗清的斗争。

1646 年，清军越过"一夫当关万夫莫开"的仙霞关，长驱直入，进逼福州。郑芝龙早有降清的意思，这时满怀升官的欲望，投降了清军。郑成功鄙视其父的丑恶行径，带领一支队伍，退守金门，此后又夺取了厦门，和清兵进行了一次又一次的交锋。他曾多次北伐和东征，其中以 1659 年（顺治十六年）的北伐，声势最大。这年六月，经过精心准备，郑成功亲自率十万大军北伐，矛头直指南京。兵临城下，清军几不可守。后因郑成功麻痹轻敌，贻误战机，使清军得以从容调配力量，突然袭击。郑成功仓促应战，全军溃败，最后退回金门、厦门。

清政府因一时没有消灭郑成功这一支抗清队伍，就想通过郑芝龙劝郑成功投降。哪知郑成功毫不理睬，令清政府大失所望。事隔半年，清廷又派两位使臣持招降书来见郑成功，并且还带来了他的弟弟郑渡、郑荫，企图通过手足之情打动郑成功的心。然而，国家的危亡，民族的苦难，父亲的背叛，慈母的惨死，像一把把利刃袭向他年轻的心，复仇的火焰更激励着他的爱国豪情。他严肃地对弟弟们说："你们年轻，还不知人情世故，自古改朝换代，降者都没有好结果。父亲已误于前，我怎能重蹈于后呢？……勿须多言！"此后，清廷虽然曾多次招降，均宣告失败。当郑成功 1659 年的北伐遭受失败后，清政府下令沿海居民内迁三十里，禁止舟船出海，以切断百姓和郑成功的联系。这确实给郑成功带来很大困难。为了扭转战局，走出困境，郑成功决定改变战略，挥师东渡，驱逐荷兰殖民者，收复台湾。

郑成功雕像

台湾自古以来就是我国的神圣领土。明朝末年，荷兰殖民者趁明政府腐败无能之机，霸占了台湾，修建城堡，向台湾人民勒索苛捐杂税。台湾人民不断反抗，遭到荷兰侵略者的血腥镇压。因此，郑成功出兵收复台湾，驱逐荷兰殖民者，完全符合台湾各族人民的迫切愿望。

就在郑成功修造船只，筹集粮草，准备渡海作战的时候，曾在荷兰军队中当过翻译的何廷斌，赶到厦门劝郑成功收复台湾。他还送给郑成功一张台湾地图，并详述荷兰在台湾的军事部署。郑成功获悉并验证了这些可靠的情报，收复台湾的信心与决心也就更大了。

1661 年四月的一天．阴霾密布，郑成功命令冒风雨开船。顷刻之间，载有两万多将士的三百多艘兵船，排着整齐的队形，浩浩荡荡开始横渡波涛汹涌的台湾海峡。

在四月二十九日黎明，郑成功的船队到达了台湾的鹿耳门港口。郑成功令何廷斌领航，利用海水涨潮的时机，驶入港内，登上了台湾岛。这时，数千名台湾百姓成群结队，前来迎接亲人。躲在城堡里的荷兰侵略军头目气急败坏，派了二百多名士兵冲来。郑成功一声号令，把敌军紧紧围住，一举歼敌一百八十名，其余溃散。郑成功随即包围赤嵌城，要求敌人立即投降，退出台湾。他说："台湾本来就是中国的领土，我们收回这块地方，是理所当然的事，你们如果赖着不走，我们就把你们赶出去！"侵略者贼心不死，负隅顽抗。郑成功指挥军队发动猛攻；他还堵塞该城的水源，迫使赤嵌城的敌人在第三天献城投降。

收复赤嵌城之后，郑成功挥师围攻台湾城。这座城是侵略军总部所在地，曾苦心经营多年。盘踞在这里的敌人凭借坚固的工事，企图顽抗，等待救兵。郑成功采取长期围困的战略，逼迫他们投降。在围困八个多月以后，敌人疲惫不堪，郑成功决定转入全面进攻。1662 年正月二十五日晨，郑军用二十八门巨炮，对台湾城进行猛轰。猛烈的炮火，使城内变成一片火海，荷兰殖民者死伤很多，陷入了绝境。1662 年二月一日，荷兰殖民长官带着残兵败将，向郑成功脱帽行礼，递上降书，随即灰溜溜地离开了台湾。被荷兰殖民者霸占了三十八年之久的中国领土台湾，终于重新回到了祖国的怀抱。

郑成功收复台湾之后，摆在他面前的一个重大的问题，就是如何治理这个经历了多年殖民掠夺、长期战乱而变得残破不堪的土地。十六年的戎马生涯，使这位英杰，既练就一身军事指挥本领，也积累了丰富的安邦治国的经验。他立即开始有条不紊地实施了各项政策，来建设台湾。

郑成功在台湾首先设置行政机构。他改赤嵌为东都明京，设一府二县，府为承天府，县为天兴县、万年县。这之后又改台湾为安平镇。从此，台湾和祖国大陆一样，有了地方行政管理机构。郑成功还大力发展农业生产。他组织士兵进行屯田，奖励各族人民垦荒，对大陆迁往台湾的居民，也一视同仁。那时，高山族还不会使用铁制工具，郑成功接受部下杨英的建议，为高山族的各个番社，派去汉族农民一名，给耕牛一头，铁犁、耙、锄各一副，将铁犁牛耕等生产技术教给高山族人民，迅速发展了台湾农业经济。

郑成功利用台湾四面环海的有利条件，大力发展海外贸易。这里出产蔗糖、白鹿皮，他将这些特产远销日本、东南亚各国，换回所需要的刀剑、盔甲和生活日用品。台湾海外贸易的发展，活跃了商品经济，大大增加了郑成功的财政收入。

郑成功十分重视政权的建设，注意取信于民，注重保护台湾民众的利益。他严于治军，立法严明。他说："立国之初，法贵于严，不留弊端，后人守业自然容易。"

郑成功还大力兴办教育，提高台湾人民的文化水平。

郑成功建设台湾，加强了汉族和高山族人民之间的血肉联系，促进了台湾经济和文化的迅速发展，使之成为一个更加美丽、富庶的宝岛。

郑成功为了收复台湾、开发宝岛历尽千辛万苦，他仍念念不忘率兵出击，恢复大明江山。然而不幸的消息传来了：永历帝在昆明被吴三桂杀害，父亲郑芝龙和住在京师的十一名子孙全部遇害；儿子郑经拥兵叛父，福建祖坟被挖。郑成功悲愤交集，重病缠身。他在患病期间，非常思念故乡，有时勉强登上城堡，面向辽阔的大海，久久地眺望着祖国大陆。

1662 年（康熙元年）五月八日，郑成功悲愤而死，终年三十九岁。

郑成功死后，就葬在了台湾。康熙帝因其矢志忠于明王朝，对他很赞赏，曾说："郑成功系明室遗臣，非朕之乱臣贼。"就派遣官员和郑氏后代，护送郑成功的灵柩归葬南安，建立了祠堂。1875 年（光绪元年），清政府在台湾为之建立延平郡王祠，谥"忠节"，每年春秋举行祭奠。

康熙废太子

1708 年（康熙四十七年）九月四日，在从塞外通往北京的布尔哈苏台，康熙皇帝的行宫前，一列列穿戴着各色官服、顶戴的皇子贝勒、满汉大臣、文武侍从恭敬地肃立着，在黄罗宝伞下的御座上端坐着的，是年已五十五岁的康熙皇帝，他今天的神色显现得少有的严厉，呵斥一声："允礽跪下！"

站在众皇子前列的皇太子允礽大为震惊，但他还是出列跪下，其他在场的人也都交换着惊疑的目光。只听康熙喝问道："昨夜逼近我的御营，向帐幕中窥伺的可是你？你意欲何为？莫非想要行刺吗？"

允礽急忙申辩："皇阿玛（满语"皇父"之意），儿臣……"

康熙没让他说下去，继续说："近几日以来，我一直感到你形迹可疑，每夜逼近我的御帐窥伺，白天监视着我的一举一动，使我昼夜不宁，不知是今日被毒，还是明日被害！"接着他沉痛地说道："你自两岁被立为皇太子，到今年已经三十三岁了，头十几年，年龄尚幼，学文习武，倒也知上进，自从成人之后，你肆恶虐众，暴戾淫乱，凌辱大臣，恣意鞭挞，挥霍无度，奢侈贪婪，干预朝政，交接大臣……"

康熙一口气说出了允礽一大堆罪状，越说越激动，最后声音颤抖着说："二十年前，我率兵出征，中途生病，你来探病，见我病体未宁，形容消瘦，你毫无忧戚之意，反而喜形于色，由此可见，你绝无忠君爱父之心，我包容你达二十年之久，不料你毫无悔改，反而聚众结党，图谋逆弑，像你这种不仁不孝之人，一旦为君，必致败坏我国家，残害我万民，我已决心将你废黜，我岂愿如此，我不得已也……"

说到这里，康熙已是老泪纵横，痛哭仆地。

这真是晴天霹雳，已经册立了三十多年的皇太子，就这么废掉了。可这是朝廷头等的大事，皇帝又在盛怒之中，谁敢多言，只有叩头流涕，称皇上所见，至圣至明。

三十三岁的允礽，刚刚还像太子一样昂首阔步，转眼之间，披枷带锁，成了一名囚徒。

其实，康熙给皇太子加的罪名，有许多是诬陷不实之词，这一点，康熙自己不久也感觉到了，因此，才过了半年，他又让允礽复位，不过，父子间的隔阂已经加深了，允礽担心自己一有不慎，触怒父皇，重被废黜，不禁口吐怨言说："古今天下，岂有四十年的太子？"

康熙看出来，随着自己的年事日高，大臣们虽然表面上还在敷衍他，但暗暗地已向未来的皇帝靠拢了，他的权力在分散，这是他最不能容忍的，他将大臣们招集起来，厉声斥问："如今朝廷的大臣中，有同皇太子拉帮结党之人，你们这些人，都是由我一手提拔的，受了我五十年的大恩，现在反而投靠皇太子，你们是何心肝？"

他严惩了一批太子党，但父子的矛盾终于未能调和，于是，在1712年九月，又一次将太子废黜，从此再也未立太子。

雍正赐匾

这是发生在清朝雍正年间的一桩有名的文字狱案。

钱名世是康熙时代的一名进士，殿试时取得了一甲第三名（俗称"探花"）的优异成绩，一帆风顺地步入了仕途。他和当时极为烜赫的年羹尧有一定的情谊。雍正上台后的第二年，年羹尧奉诏进京，钱名世赠诗迎颂，其实这本是官僚之间应景的一种礼貌，偏偏他的诗中有"钟鼎名勒山河誓，番藏宜刊第二碑"之句，犯了雍正的大忌。这两句诗的意思是，年羹尧安定边疆的大功，应当树碑立传，名刻金石。千不该，万不该，他不该用了"第二碑"三个字，既然年羹尧的大功，只能名列第二，那么，第一碑该是何人呢？原来，康熙末年，雍正一母同胞的亲弟弟，也是他夺取皇位中最为强劲的政敌、皇十四子允禵曾受命出征青海、西藏，康熙曾亲自为他立碑记功，这便是所谓第一碑。钱名世的诗无异在给此时已遭圈禁的允禵歌功颂德，自然为雍正所不容。

年羹尧后来犯了案，在抄家时，发现了钱名世的诗，雍正十分震怒，说钱名世"曲尽谄媚，颂扬奸恶"，"诗语悖逆"。但他对钱名世的处理却别出心裁，既不杀，也不流放，只是革职逐回原籍，但却亲笔题写了"名教罪人"四个大字，命当地地方官制成匾额，挂在钱家大门上面。

所谓"名教"，就是封建礼教，它是封建社会立国的指导思想，是一切人都应该奉行和恪守的教条，试想，将这么一块匾挂在门上，让钱名世如何做人？这可真是变成了当时社会的"臭狗屎"了，而且让他的子孙后代也难于抬头，倒真达到了"永世不得翻身"的目的。为了防止钱家私自摘匾，雍正皇帝还派了地方官每月初一、十五去检查。

雍正皇帝的阴毒还不只如此，当钱名世离京回家时，他还命令京城的官僚作诗为钱名世"赠行"，当然那诗都是对钱名世的口诛笔伐，这颇有点后世的大批判了。写诗的人数多达三百八十五人之多，鼎鼎大名的散文作家方苞也被拉进了这场大批判之中，以他那老道的笔墨写了首批判诗，头两句是"名教贻辱世共嗤，此生空负圣明时"，翻译成现代话便是钱名世玷污了名教的纯洁性，因而遭到社会的一致谴责，他辜负了伟大的时代。雍正还将这些诗交给钱名世辑成专集刊行出版，集名便是《名教罪人诗》，并颁发给全国学校，让普天下的读书人以这个反面教员作为借鉴，对读书人击一猛掌，使他们警醒。

雍正灭亲

雍正是康熙皇帝的第四个儿子，而康熙的本意是要传皇位于雍正一母同胞的亲兄弟、排行第十四的允禵，并于临终前亲笔写下遗诏："传位十四子"，后来雍正将遗诏中的"十"字改为"于"，成了"传位于四子"，他便登上了帝位，他能够将帝位弄到手，得力于两个人，一个是年羹尧，一个是隆科多。

年羹尧是雍正的妻兄，他的妹妹是雍正的侧福晋（亲王妃）。他在这一场政变中的作用在于扼制雍正的劲敌允禵。当时允禵任抚远将军，驻军甘肃，对西北少数民族用兵。他手握几十万大军，如果他要率兵回朝争夺皇位，那对雍正将是天大的麻烦。而年羹尧当时任川陕总督，允禵要从甘肃进军北京，必须要从他的防区通过，只要年羹尧发兵阻挠，而且截断允禵军队的粮饷和武器的供给，允禵只有束手待毙，因此，他没敢轻举妄动。

隆科多是雍正的舅舅，他的功劳在于防止留居北京的众皇子作乱，康熙的儿子众多，这些人各树党羽，而在反对雍正继位的问题上又都联合起来了，雍正当时在北京十分孤立。隆科多此时任步兵统领，俗称"九门提督"，辖兵一万多人，负责保卫皇帝，维护京城治安，他是拥戴雍正的，由于他手中这一支部队的威慑、弹压，那众多的兄弟才没敢兴风作浪。而那个被改动的假遗诏，便是由他宣布的。

外得力于年羹尧，内得力于隆科多，雍正便顺顺当当地登上了大清皇帝的宝座。即位之初，他对年、隆二人褒奖有加，宠信异常。年羹尧被任命为抚远大将军，掌握了整个西北地区的边防大权以及人事、财政大权，还直接参与朝中重大政务的决策。雍正甚至不顾君臣关系体统，称年羹尧是自己的"恩人"，说什么"不但朕心倚眷嘉奖，朕世世子孙及天下臣民当共倾心感悦，若稍有负心，便非朕之子孙也，稍有异心，便非我朝臣民也。"竟然以对年羹尧的态度，作为判断子孙臣民忠孝的标准。隆科多被任命为总理事务大臣，参预处理重大事务，是雍正在中央的左右手，雍正夸他是"圣祖皇帝（康熙）忠臣，朕之功臣，国家良臣，真正当代第一超群拔类之稀有大臣也"。

可是好景不长，仅仅过了两年左右，雍正便变脸了，说什么"近日年羹尧擅作威福，逞奸纳贿，朕甚恶之。"并直接向年羹尧发出警告："凡人臣图功易，成功难；成功易，守功难；守功易，终功难。"明显地暗示他不会有好下场。果然，不久便命令年羹尧交出抚远大将军印，调任杭州将军。并威胁说："你若负朕，不知上苍如何发落你也。"虽然年羹尧并没有"负"他，他却还是不依不饶，撤了他的官，接着便公布了他的九十二条大罪，并说凭这九十二条罪状，可以将年羹尧处死三十余次，但他法外开恩，令其"自裁"（自杀）。曾经风光一时的年大将军，最后落得这样的下场。

在整治年羹尧的同时，雍正也向隆科多下了手，说"隆科多亦如年羹尧一般贪诈负恩，揽权树党，擅作威福"。在处死年羹尧之后，又公布了隆科多的四十一条大罪，接着雍正便命令将其高墙圈禁。不久，隆科多死于住所。

而这一切，距雍正的登基才不过四年。

文学巨匠曹雪芹

关于曹雪芹生年，有一种说法认为，小说家蒲松龄谢世的那年（1715 年，清康熙五十四年），正是曹雪芹出生之年。但这种说法并无确凿的材料，一般认为，可能不会太早于此，也不会太晚于此。其祖上原为汉人，远祖曹锡远曾任明代沈阳中卫的地方官，后成为努尔哈赤的俘虏、奴隶，其子曹振彦编入旗籍，1634 年（崇祯七年）转入多尔衮统率的满洲正白旗，任军中"佐领"。后随清军入关，护驾有功，成为直接为皇帝服务的内务府正白旗包衣。这在清初，是只有经过长期考验的最忠实的奴仆才能享有的殊荣，对一个汉族出身的人来说，尤其如此。也正因此，雪芹的曾祖父曹玺的夫人才有可能被选入宫中，当幼年康熙的保姆，康熙第三次南巡时见到这位当年的保姆，"色喜且劳之曰：'此吾家老人也。'常赉甚渥。会庭中萱花盛开，遂御'萱瑞堂'三字以赐。"其子曹寅给幼年康熙当伴读。康熙登基后，立即委曹玺以重任，派他督理江宁织造，而且此职从此后不再三年一换，成了曹家世袭的官位，玺死寅承，寅死颙承，颙死頫承。织造是清代特殊官职，由皇帝亲自派出，直接对皇帝负责，向宫廷供奉绸缎、衣饰、果品，更重要的是，凡属吏治、民情、风俗、习惯、晴雨、丰歉等社会动态，都必须及时向最高统治者秘密奏报，实为皇帝的耳目亲信。能与皇帝密折往还，关系自不寻常，无论朝野都对曹寅刮目相看。曹寅为人宽和，文化素养高，富收藏，擅词曲，喜交游，不仅奏报地方见闻及时，还为皇帝做了大量的"统战工作"，安抚、缓解了当时江南一带知识分子的强烈的反清情绪。康熙对他极为信任，加官至正三品，"诰授通议大夫，妻封淑人，封赠三代，诰命三轴。"许多细节都表明，康熙与他亲如一家。这既给他的家族带来了"烈火烹油，鲜花簇锦之盛"，也为后来败落埋下祸根。这如同《红楼梦》中之甄家，"哎哟哟，好势派！独他家接驾四次，……别讲银子成了土泥，凭是世上所有的，没有不是堆山塞海的，'罪过可惜'四个字竟顾不得了。"曹寅四次接驾，造成了巨额亏空，累计可能上百万。寅死后，康熙特恩准寅之妻兄李煦代管盐政一年，将所得五十八万六千两"余银"全部用来弥补亏空，康熙以为如此"得以清了，此母子一家之幸"。哪知，还有许多债务，为雍正留下整治曹家的口实："江宁织造曹頫，行为不端，织造款项亏空甚多……伊不但不感恩图报，反而将家中财物暗移他处，企图隐蔽，有违朕恩，甚属可恶。"其实是为了清洗父党，整治政敌。曹寅之妻兄李煦家产在 1725 年（雍正三年）被抄没，1727 年因交通皇八子允禩而被流放，也是这一年，即雍正五年，雍正罢曹頫职，查封其家产。这一年曹雪芹十三岁。他未生时，生父曹颙死在江宁织造任上，在康熙授意下过继曹荃子曹頫为曹寅次子，继任江宁织造，頫本是雪芹叔父，现在成了"家父"了。

雪芹从小没得到过父爱，这该是对他的性格很有影响的事情。所谓的"父亲人格"实质上成为传统的别名。雪芹未承父爱，也少承受传统的压抑，这对他那叛逆心性的养成实在是第一功。叔父对雪芹当然要"客气"些，碍于种种因素，一般说来是不会大加鞭挞的。曹頫是个殷勤好客之人，且与英国商人有直接往来，有一英商菲利普就应曹頫约请为他的工厂传授纺织工艺，并在曹家宣教《圣经》，纵谈莎剧，虽不敢说雪芹直接受了什么影响，但这种家庭气氛对开拓他的视野当不会不无作用。他祖父曹寅"尝集书十余万卷"，是主持江南风雅的人，曾主持编刊过《全唐诗》《佩文韵府》等，"四方之士多归之"。这个"家底"对颖慧异常的雪芹来说，真是"天助"。雪芹受祖母李氏的疼爱，与宝玉得之于贾母者相差无几，母亲马氏则比小说中王夫人更娇宠儿子。被奶奶、妈妈奉若掌上明珠的小雪芹，是否便因此而培植起女性崇拜心理？温柔之乡中的锦衣玉食的生活和雍正上台后政敌带给家族的阴影，是否成就了雪芹言情言政的心理素质？情也不是市民情，政也不是乡村政，起点就是"贵族"的。

抄家，对于一个"钟鸣鼎食"的大家族来说，那简直等于全军覆灭。其生活境遇不是一落千丈，而是一落九千丈。曹家在南京的财产赏给了新任织造隋赫德，人丁也随即疏散，只有少数人口到了北京，其中男人大概只有曹頫和雪芹，余皆为女眷，而曹頫又因罪被下狱治罪，雪芹这个男子汉却还尚未成年。好在皇家还在北京崇文门外蒜市口一带拨给他们一些住房，得以赡养度日。雍正七年，曹頫才从枷号中放出来。由于怡亲王胤祥等人的"援手"，他们总算撑持住了一个普通旧家的架子，聊以安身。到乾隆初年，曹家又遭逢一次更大的变故，便彻底一蹶不振了。差不多可以说是一夜之间，雪芹敏感的心灵经历了天上人间的巨大变迁，从"锦衣纨绔""饫甘餍肥"的豪华奢靡的王孙公子，天翻地覆为北京城里的破落旗人子弟，这怎能不使他产生镜花水月的梦幻意识？事实上《红楼梦》中的那"由色悟空"的情调，正来源于现实生活的这种变故。

这位世界一流文学大师是否入过正式学校，已难确知。要是入过学校也是在十三岁前上家塾，到了北京之后，家塾恐怕没有了，等二十来岁时，他就开始为生计奔波了，当过小吏、侍卫、教师，以至舍夫。他对封建社会已不抱幻想：即使挣得祖上般的富贵，也会在一夜之间沦为赤贫。他对仕途的蔑视程度，是没有经历幻灭的其他文人无法望其项背的。他唯一不改的是吟诗作画、饮酒听曲的嗜好，甚至"杂优伶中，以串戏为乐"。

曹雪芹的物质生活虽然凄楚悲凉，但气质上兀傲的豪气却是各类人中均少见的。他既没有那些当鸟吏鳖官者的奴气，也没有粗鄙无文者的野气或贱气。他倜傥不群，感情舒展，人格的光彩反而因这种特殊的经历而愈发自由闪烁。他不想再得到什么，他也不怕再失去什么了。对于有他这种心性和才智的人来说，家世的衰败反而给了他自由。

曹雪芹疏朗诙谐，雄辩健谈，傲骨嶙峋。他成年之后稍微称心一点的职业就是当教书匠了。这种地方也依然不能改变他那狂傲的个性："接䍦倒箸容君傲，高谈雄辩虱手扪。"他最亲近的朋友是皇室贵胄的飘零子弟敦敏、敦诚弟兄和村塾先生张宜泉。敦敏、敦诚兄弟本是清太祖努尔哈赤第十二子英亲王阿济格的五世孙，阿济格在顺治初年被抄家、赐死。他们是比曹雪芹更登高跌重之人，对人间诸事的体会当是心心相印的。他们三人都很欣赏魏晋文士的风格，尤其推崇阮籍，曹雪芹一字"梦阮"即是明证。敦诚亦有诗"懒过嵇中散，狂于阮步兵"，"司业青钱留客醉，步兵白眼向人斜"，屡借阮籍故事来描绘曹雪芹的性情和作风。雪芹嗜饮，有一次敦诚在槐园遇到他，正赶上"风雨淋涔，朝寒袭袂"，此时"雪芹酒渴如狂"，敦诚便解下佩刀去换酒喝，使得"雪芹欢甚"，写下一首长诗，此诗当然无从看到，敦诚答诗留下了当时情境："曹子大笑称快哉，击石作歌声琅琅"，"君才抑塞倘欲拔，不妨斫地歌王郎"。曹雪芹豪气凌云又满腹抑郁的心态于此可见。

他能诗善画。他的诗和画也和他的人一样。敦敏有首《题芹圃画石》诗，开首就说："傲骨如君世已奇，嶙峋更见此支离"，最后两句说，"醉余奋扫如椽笔，写出胸中块垒时"。看来画中之嶙峋怪石显然是作家胸中块垒的物化，我们完全可以想象胸怀旷世之奇情、奇才的曹雪芹，胸中有多少说不出的抑塞愤懑！那说不出的便挤成一股"奇气"。敦诚称赞曹雪芹的诗："爱君诗笔有奇气，直追昌谷破篱樊。"（唐代诗人昌谷李贺是有名的"鬼才"，与诗仙李白、诗圣杜甫并列，人称诗鬼，其诗立意奇拔诡怪。）曹雪芹的朋友们都认为他的诗"新奇"，这是理固宜然的，而且从《红楼梦》的各种韵文中，我们也看到他还是一个众体兼备的圣手。

乾隆皇帝下江南

乾隆六次南巡，前四次都是奉太后巡幸，第六次巡幸江南时，乾隆已七十六岁高龄。表面上看，他是奉母览胜，其根本原因则是政治性的，是为巩固和发展"全盛之势"而南巡的。据乾隆十八年记载，江苏省有民田六十八万余顷，征赋银三百三十七万余两，粮食二百一十五万余石；浙江省有民田四十五万余顷，征赋银二百八十一万余两，粮食一百一十三万余石。两省田地赋银赋粮总数，分别占全国田地、赋银、赋粮数百分之十六、百分之二十九、百分之三十八。在每年运京供宫廷食用的四百万石漕粮中，江浙竟占了二百五十七万石，为漕粮总数的百分之六十四。仅此几个数字，就足以证明江浙两地在全国经济总量上的特殊地位。其次，江浙人文荟萃，文化发达，仅以科举为例，江浙两省的状元最多。顺康雍乾四朝六十一名状元，江浙两省竟占五十一名之多。再其次，江浙又是明末遗民活动中心，反清思想和反清活动一直延续不断。当年南明弘光朝廷就以江浙为统治中心。所以，乾隆要巩固大清江山，就必须控制这两省。

历次南巡一般都是在正月十五前后从北京动身，陆路经直隶，山东到江苏的清口渡黄河，乘船沿运河南下，经扬州、镇江、丹阳、常州、苏州进入浙江境内，再由嘉兴、石门抵杭州。回銮时，绕道江宁（今南京），祭明太祖陵，检阅军队，大概四月底或五月初返回北京。整个南巡，水陆行程约六千里。

为了供皇帝车马行走，专门修筑了御道。御道要求路必须笔直。为此，许多民居被拆，坟墓被挖掘，良田被毁坏。凡是石板、石桥，都要用黄土铺垫。皇帝车仗经过之前，一律泼水清尘。途中建行宫三十处，除行宫外，有些地方还搭盖黄布城和蒙古包帐篷以供住宿。每隔二三十里，设尖营，供小憩打尖用。进入江南后。主要是水路。共有船一千艘，皇帝和后妃乘坐的船名"安福舻"和"翔凤艇"，动用拉纤的河兵三千六百人，分作六班，每班六百人。整个南巡队伍上至王公大臣，下至章京侍卫，多达二千五百多人，另有夫役万人。队伍在陆上行进，浩浩荡荡，迤逦百里；在河上行驶，舳舻相接，旌旗蔽空。每到一地"圣驾入境前一日"地方官员便专程出境迎接，并准备大量美食佳肴。乾隆的生活条件和设施与在宫中无大差别：每天早晚照样鸣钟奏乐。茶房所用乳牛，多达七十五头，膳房用羊一千头、牛三百头都是从北京提前运到镇江、宿迁等地，随时宰用。乾隆在饮水多有讲究，在避暑山庄，一定要用荷叶上的露水烹茶。在南巡途中，饮用水都是远道运来，在直隶境内，用香山静宜园的泉水；到德州，用济南珍珠泉水；过红花埠入江苏境，用镇江金山泉水；到浙江，用虎跑泉水。饮水都如此讲究，其他就可想而知了。

为了迎接圣驾，地方上也是大肆糜费，竞相攀比。首先沿途搭建彩棚、牌楼、景点、香亭。那些彩棚富丽精工，无与伦比。如直隶保定长芦隘口搭起的各种各样的彩棚，有的像楼阁，有的像亭台，各自争奇斗妍，绵延几十里。其次是大肆修建园林，著名的苏州园林、狮子林、扬州九峰园，就是为供御览改扩建的。九峰园中无数奇石，尤以九个最高奇石，个个像苍颜白发老人，乾隆见了喜不自胜，竟选中其中两个，命人搬到北京御苑中去了。扬州平山堂本无梅花，盐商捐资植梅万株，以备乾隆御览。乾隆南巡多在元宵节前后开始。第五次南巡时，临近镇江，只见运河南岸立着一个硕大无比的仙桃，用绿叶映衬，鲜嫩可爱。当御舟驶近，忽然烟火迸射，那颗仙桃妾然裂开，中间原来是一个巨大的舞台，上面有几百人，正串演寿山福海的新戏。这是镇江盐商为讨乾隆欢喜，挖空心思设计的。

乾隆如此地长于安乐骄奢，喜游山水，纵恣声色，铺张浪费，而各地方官争相效尤，花费了国库和地方数不清的钱财，造成了极大的浪费。同时南巡还对社会风气的败坏，起了推波助澜的作用，使献媚取宠、曲意逢迎成为一种时尚。所以乾隆中叶之后，贪污腐化风起盛行，乾隆自己也说："朕六次南巡，皆劳民伤财矣！"而这种结果，则是为清朝的最后垮台埋下了伏笔。

当然，乾隆毕竟还是一个有作为的皇帝，有人称他游乐而不废政务。比如，在南巡途中，他带着处理政务的班子，各地奏报直接送沿途驻跸行宫，乾隆往往随时审批。第二次南巡时，正值平定准噶尔部战争，乾隆一边巡幸，一边阅读前方奏报，指示方略，发布命令。他还利用召见地方官机会，考察吏治，江西巡抚郝硕，就是在考察中就地免职的。其次是视察河务海塘工程。乾隆二次南巡时，视察了徐州治河情形，命令将土堤改筑为石堤。他大力表彰治河功臣，如裘日修等。他两次视察了浙江海宁的海塘工程，命令修筑了柴塘与石塘两道塘坝，对于抗御海潮侵袭，起了重要作用。此外，他利用南巡机会，从政治、思想、文化诸方面做了笼络东南士人的工作。他到江宁，目的是祭明太祖陵。他喜欢吟诗作画，又善书法，江南名士沈德潜致仕在家，乾隆南巡曾与他诗歌唱和。某次游西湖，恰逢天降瑞雪，乾隆诗兴大发，吟道："一片一片又一片，三片四片五六片，七片八片九十片……"可是到第四句时，文思滞塞，怎么续也续不下去。还是沈德潜从容为乾隆皇帝解了围，他续道："飞入梅花都不见"，清纯之诗意，跃然纸上，乾隆当时大喜，把身上的貂皮大衣脱下赏给了他。有关乾隆南巡的野史轶闻还有许多，都在说明，作为一个封建社会的杰出政治家，他的南巡对于巩固康乾盛世的成果，是起到部分的作用。这也是我们要用辩证法的观点看待乾隆功过的地方。

熟读《三国演义》成名将

清朝乾隆年间，著名大将军、超勇公海兰察部下有个侍卫官叫额勒登保，他每次作战都是一马当先，屡立战功，故而被授予"和隆阿巴图鲁"（巴图鲁，满语勇士）称号。然而由于额勒登保勇有余而谋不足，也经常打败仗。有一次，海兰察对他说："亦将才可造，须略知古兵法。"还说："我有一本'兵书'，敦你熟读，他日自然会成为名将。"海兰察所说的"兵书"，就是清太祖努尔哈赤倡导翻译的一本满文的《三国演义》，这是海兰察藏身数十年的枕中秘本，他自己也就是通过读了它，而成为熟谙兵法、勇略过人的名将的。

额勒登保自小爱听别人讲《三国演义》的故事，老早就想找一本来自己读一读。因为他不识汉文，满文译本的《三国演义》又找不到，就一直未能如愿以偿。眼下他得到海兰察的赠书，真是如获至宝，爱不释手，便如饥似渴地读了起来。书中描述的扣人心弦的作战场面和斗智斗勇的故事情节，常使他废寝忘食。这样，在短短的时间里，额勒登保就从"宴桃园豪杰三结义"，到"降孙皓三分归一统"，将《三国演义》从头到尾读了个烂熟。

海兰察得知额勒登保研读《三国演义》的情况后，很是高兴。有一天，他把额勒登保叫来，提出了一些《三国演义》里的问题，检查一下其读书的收效。海兰察提出的问题有：吕布火烧濮阳和诸葛亮火烧新野，为何结果相异？老黄忠屯兵于山，能斩夏侯渊，马谡屯兵于山，为何不能退司马懿？曹操善疑，而诸葛亮却能以疑兵（虚设的兵阵）胜曹，而司马懿善断，为何不能识破诸葛亮的空城计？等等。额勒登保对这些问题，似懂非懂，说不出所以然。海兰察笑着说："看来你读书是只看热闹，而不看门道。"就启发他说："读此书，一定要细细揣摩战例、联想作战实际、在用兵的道理上边下功夫。"

额勒登保经海兰察的指点，心中豁然开朗。从此，就按照海兰察教给的方法，将《三国演义》又从头读了起来。这次，他读书的进度慢了，单是"赤壁之战"的五六回书，就读了个把月。半年以后，海兰察第二次检查额勒登保的读书效果，询问一些有关用兵原则，诸如："出其不意，攻其无备"；"示之以柔、迎之以刚"；"避实击虚、因敌制胜，主不可怒而兴师、将不可愠而致战"等等的含意。额勒登保通过对诸葛亮、周瑜、曹操等昕指挥的著名战例的反复琢磨，已掌握了古代兵法的一些基本常识，因此对海兰察提出的问题，稍加思索，就能答个八九不离十，海兰察见其很有长进，十分满意。同时又告诉他："善用人者不以言，善用兵者不在书。马谡之所以失败，因其只顾背诵兵法，生搬硬套，而不知水因地而制流、兵因敌而制胜的道理，故读书虽多，致用则误。"额勒登保对海兰察的教诲，深为感激。

乾隆五十六年，海兰察率领军队参加了反击廓尔喀入侵的战争。大军至前藏宗喀，额勒登保率兵三千去攻克要塞擦木。额勒登保面对地势险要、易守难攻的擦木，决计以声东击西，设伏击敌。不料擦木守军头目是行伍出身，懂得一些用兵之法，且有数次遭受伏击的教训，因此，当额勒登保以数百骑攻寨时，就来了个将计就计，使额勒登保伏击扑空，却遭了个反伏击，额勒登保自己差点丧命。

海兰察闻知额勒登保受挫，立即召他进账了解情况。额勒登保把这次所用战法和失败经过，做了详细叙述。海兰察听后沉思了片刻就说："兵书有云'凡用计之难不在首次，而在第二次'。敌军已尝伏击之苦，你仍以前法施之，何能成功。"额勒登保这才恍然大悟，悔之莫及。事后，认真吸取了教训，再攻擦木，灵活的运用战略战术，获得七战七捷，反击廓尔喀的战役结束之后，额勒登保被列为前十五名功臣之一，并绘像于紫光阁。

额勒登保在反击廓尔喀作战中，深感自己对古兵法还不能运用自如，决心再读《三国演义》。从此，他也像海兰察那样，把《三国演义》作为枕中秘本，有空就看，边读边想，揣摩要义。又经过数年，额勒登保成了通晓战事、有勇有谋的战将。在以后多次的战事中，常以变幻莫测的战法，屡立战功。被嘉庆皇帝嘉称"运筹决策，悉中机宜，厥功最伟"。

额勒登保通过熟读《三国演义》成为名将，也为后人所借鉴。

贪官和珅的倒台

1795 年（乾隆六十年），八十六岁的乾隆宣布退位，由他的第十五个儿子颙琰继承帝位，史称嘉庆皇帝。但乾隆退位而不放权，凡军国大事及重大的人事安排，他还是要亲自过问，他毕竟太老了，早已力不从心，便更加重了对和珅的依赖。

嘉庆的地位十分尴尬，他已经三十多岁了，完全有能力亲政了，可什么事都不敢做主，否则，触怒了太上皇，随时都有被废黜的可能。他少言寡语，喜怒不形于色，完全看着乾隆的脸色行事。

和珅此时的地位真是显要，他成了乾隆的代言人，乾隆为了加重他的权势，在退位以后还自作主张，任命他为首辅大臣，凡是乾隆的旨意诏命，全都由他一手办理。此时乾隆说话已经口齿不清，语无伦次，连嘉庆都听不明白他说的是什么，和珅却能应答自如，代替乾隆向嘉庆传达旨意，嘉庆难辨真假，只好唯命是从。因此，人们称和珅为"二皇帝"。

这位"二皇帝"一面向嘉庆讨好，以图保住自己的地位，一面却又在乾隆面前说嘉庆的坏话，企图将嘉庆攻倒，另换上一位自己控制得了的新皇帝。有一次，乾隆拟任命嘉庆原来的老师、现任两广总督的朱珪为大学士，通知已经发出，嘉庆便写诗向老师祝贺，和珅窃取了尚未誊清的诗稿对乾隆说："新皇帝将太上皇对朱珪的大恩记在自己身上。"乾隆勃然大怒，不过倒没有因为这件事而废黜嘉庆，倒霉的是朱珪，不只被降了职，并且宣布永远不得到京师任职。

嘉庆对和珅的这些做法似乎浑然不觉，还故意做出一副巴结和珅的姿态，每当有事需要奏闻太上皇，总是委托和珅代为转达，以表示对他的尊重。有些官员对他的这种做法不解，提出了异议，嘉庆说："我正想依靠和相国来治理国家，你们怎么能轻视他呢？"

大臣们哪里知道，嘉庆行的是韬晦之计，其实，他对和珅的种种祸国殃民的罪恶勾当以及其给国家带来的巨大灾害，早已了然于胸，指出朝政的种种腐败现象"皆为和珅一人"，只是碍于乾隆，他不便对和珅采取措施罢了！

1799年（嘉庆四年）正月初三，乾隆病逝，第二天，嘉庆便向和珅发难，免去了他的军机大臣、九门提督等职，夺取了他手中的兵权，并命他留在宫中守灵，实际上是将他软禁起来；正月初五，发动大臣弹劾和珅；正月初八，将和珅逮捕入狱；正月十五，公布了和珅的二十条罪状；正月十八，宣布将和珅处死，由于是在乾隆丧期，不便行刑，令赐其自尽。

一个专权二十余年的天下第一权臣，"二皇帝"，只短短的十几天，便灰飞烟灭了。

马戛尔尼朝觐乾隆帝

乾隆皇帝（1711——1799）作为清朝入关、定鼎中原后的第四代皇帝，顺顺当当地继承了祖父、父亲为他奠定的稳固基业，他在位六十年，可以说是国力强盛，四海升平，经济富庶，文化发达。他以强大的武功平定西北，保护西藏，加强了国家的统一，确立了中华的版图。即使到了乾隆晚期，各种社会矛盾已经相当激化，清政府还能全面控制内外的形势，维持强大的外貌，屹立于亚洲的东部。

但是，在这盛世的背后，也孕育着清朝的衰亡，特别是来自西洋各国的威胁，越来越严重了。然而，乾隆未能找到与西洋各国打交道的有效对策，在决定关系未来中国命运的战略决策上，暮年的乾隆越来越趋向僵化和保守了，特别反映在英国特使马戛尔尼访华这件事情的处理上。

乾隆五十七年（1792年）的一个夏日，在地球的另一端，一个由政治、军事官员以及医生、技师、测绘员、艺术家组成的英国使团，分乘两艘军舰，横渡大洋，开始了前往东方古国——中国的漫长航行。这一年，乾隆八十三岁。使团打着为乾隆皇帝补祝八旬万寿的旗号，随船带来了六百箱经过精心选择的各种贵重礼物。而他们肩负的实际使命是希望能扩大对中国的贸易。

大约在马戛尔尼使团启程两个月后，乾隆从广东方面获悉了这一情况。他非常兴奋，马上下令一定要悉心妥善接待好这个"初次观光上国"的英国使团。为了把接待英国贡使的场面搞得盛大热烈，乾隆决定让马戛尔尼一行参加在承德避暑山庄举行的八十三岁万寿庆典。

马戛尔尼在天津的大沽口登陆后，受到钦差大臣征瑞的隆重欢迎。然而，英使马戛尔尼还没到北京就在进觐皇帝的礼仪上发生了争执。

原来，中国周边的藩属国的使臣在觐见大皇帝时，必须按照中国规矩，向皇帝行三跪九叩的大礼。乾隆十八年（1753年）葡萄牙的使臣巴哲格来华朝觐，就是按这个规矩行的礼。

乾隆给征瑞发了一道密旨，让他培训马戛尔尼行三跪九叩的大礼。乾隆这样做，是怕马戛尔尼在朝觐时失仪出丑，所以让他做好充分的演习。

征瑞把这一要求提出来。马戛尔尼毫无思想准备，当下啼笑皆非，说："征大人，我这次出使，不是我个人的行动，而是代表我们整个大英帝国的。任何一国的臣民对他们君主所行的礼节，绝不能要求外国代表也照样做，前者表示屈服和顺从，后者表示尊敬和友谊，这二者是有区别的。"

马戛尔尼也不想因为礼仪问题而搞得太僵，以致还没见到乾隆皇帝，外交使命便夭折了。他提出了一个折中的办法：假如中国方面坚持要他向皇帝下跪叩头，他同意可以下跪来表示对皇帝的尊敬，但这样做要有一个先决条件，那就是必须有一个跟他同一等级的中国官员，穿戴正式的礼服向英王陛下的御像行同样的磕头礼。

马戛尔尼提出的要求，无非是要中国把英国当作平等的国家对待。可对于征瑞来说，这一要求实在太强硬了，太狂妄了。他怕惹乾隆生气，没有汇报就断然拒绝了这种做法。

马戛尔尼一行到了承德，直到大学士和珅亲自出面，在避暑山庄与英使最后落实觐见礼节时，才发现英方竟然不同意三跪九叩。乾隆很快了解到了实情，他指示征瑞再压一下，如果不行，可以询问英国方面有什么主张。

征瑞又一次来访英使。马戛尔尼做出让步，提出他可以按照谒见英王陛下的礼节——"一足跪地，一手轻轻握着国王的手而以嘴吻之"——来觐见中国皇帝。征瑞听了，很满意，告辞而去。

不久，征瑞带着皇帝的使命又来拜访，对马戛尔尼说："皇上做了最后决定，觐见时特使可以行英国之礼"，说到这里，征大人稍微停顿了一下，接着说道："不过，照中国风俗来说，拉着皇帝陛下的手来亲个嘴，总不是个道理。请务必免去此礼，不如改为双足跪下为好。"马戛尔尼表示难以从命。

征瑞只得说："算了！双足、单足下跪且不去管他，只是拉手亲嘴的举动免去才是。"

马戛尔尼回答："悉听尊便。"

马戛尔尼就按照英国礼节觐见了乾隆。乾隆本想借英吉利使臣的觐见这一不可多得的机会来向臣民和藩属各国显示天朝上国的威严，现在希望全部落空，十分扫兴。

万寿节庆祝活动刚刚结束，英国使团就被打发回了北京。乾隆认为他们来华祝寿、进贡的使命已经完成了，哪知道马戛尔尼以为他的真正使命还没开始呢！

马戛尔尼回到北京，根据本国政府的训令，对当时的第一大臣和珅说："此次前来，我国国王热切希望在贵国设立使馆，还想请贵国增加通商口岸。请你们让我们在北京建立银行，还要……"

"还要干什么？"

"请你们在广州划出一块土地，让我们的商人居住。对我们的人员出入和税收，也请多多照顾。"

"你们不是来给我们的皇帝祝寿的吗？怎么还有这么多事呀？"和珅很不高兴地说。

和珅把英国特使的所有要求报告给了乾隆皇帝。乾隆则把这所有一切要求，合理的与不合理的，平等友好的和侵犯中国主权的，一概断然拒绝。

这样，马戛尔尼一行一无所获，只好乘坐军舰从广州黄埔启碇，非常失望地离开了中国。

48年以后，当乾隆皇帝的爱孙道光皇帝在位时，英国的军舰又驶向了广州，但这次他们不是朝拜中华帝国君主的和平使者，而是要用大炮轰开紧紧关闭的中国大门。

如果在英国把中国当成一个强大的、独立的主权国家给以足够的尊重，期望通过和平的外交途径打开中国大门的时候，乾隆皇帝能够开明一点；如果乾隆皇帝不是那样的在乎觐见的礼仪，而是对英国平等相待……那以后的中国历史又当如何书写呢？

纪晓岚与《四库全书》

乾隆皇帝在位期间，在好古尚文这一点上，比起康熙、雍正这两朝帝王，做得更为出色。他是一位汉化很深的满清皇帝。

明代时，出过一本较大的类书，这就是明成祖朱棣下令编修的《永乐大典》。康熙在位时，也挺重视文化建设，组织文人编辑《古今图书集成》。书没编完，康熙帝就死了，雍正皇帝接着做下去，于雍正三年（1725年）把这部书编完。

乾隆帝是个好大喜功的人，在他的统治下，国家富庶，实力雄厚，他总想干出几件超过前人的大事情。于是，组织起一帮文人，编出了中国封建时代空前绝后的一部大书，这就是《四库全书》。

被乾隆皇帝任命为修纂《四库全书》总负责人的便是乾隆时期著名的大臣——纪晓岚。

纪晓岚，名昀，号石云，1724年出生于河北献县。纪晓岚自幼就聪明异常，才思敏捷。据说有一次，他与几个小孩在街边玩球，正遇太守路过，球误入太守轿中。衙役厉声呵斥，孩子们吓得四散而逃，唯有纪晓岚挺身上前要球。太守见他可爱，故意刁难他说："你如能对出我的对联，就将球还你。"晓岚天真地点头同意。

太守说："童子六七人，惟汝狡！"

晓岚脱口对道："太守二千石，独公廉！"

太守见他答得很对题，听了很舒服，就摸摸他的头，要他好好读书，将球还了他。

二十四岁时，纪晓岚在乡试中高中第一名解元。乾隆十九年（1754年），又考中了进士，进入翰林院，到了皇帝身边。

1773年，纪晓岚被任命负责编修刚刚启动的《四库全书》，从此，纪晓岚的学识更为乾隆所欣赏，为此几次获得提升，成为当时显赫一时的大臣。

《四库全书》的编纂参考了明朝的《永乐大典》，但后者不论在内容上还是体例上都超出前者许多。《四库全书》一共收书三千四百六十一种，装订成三万六千二百七十五册；存目六千七百九十三种，九万三千五百五十一卷；抄写人员共有一千五百多人。这部丛书，把中的学术文化典籍，几乎包揽殆尽，完全可以说是汗牛充栋，洋洋大观。

编纂《四库全书》是件非常苦的差事，整天在昏暗的屋子里看书、抄写、编辑，时间一长是十分难受的。传说纪晓岚为此还差点得罪了皇帝。

事情是这样的，一年夏天北京特别热，纪晓岚又有点胖，怕热，在屋子里编写《四库全书》时虽然有人不停地摇着扇子可还是汗如雨下。他热得实在受不了了，索性将身上的官服给脱了，打着赤膊干活，这一下就舒服多了。可就在这个时候，乾隆皇帝来看他们工作得如何。由于皇帝进大门时没让人惊动他们这些在里屋进行编写的人，因而当皇帝走到屋门口时他们才发现皇帝来了。这时纪晓岚已经来不及穿上官服，光着上身见皇帝又是大不敬，情急之下纪晓岚干脆躲到自己的书桌下，用帘子一遮，倒也看不见。

乾隆进屋后跟大伙聊了一会儿就让大家各干各的去了，而他自己则随便找来几本书翻阅，屋内很快恢复了平静。不一会儿，闷在书桌下的纪晓岚实在受不了了，可又不知道皇帝走没走，就悄悄地伸出半个脑袋问道："各位，老头子还在吗？"大伙儿一听纪晓岚当着皇帝面叫他老头子，都吓得不敢说话，而乾隆正坐在纪晓岚书桌边看书，突然有个声音传来，先吓了他一跳，再一看纪晓岚那样，又不觉好笑。但他听纪晓岚称自己是"老头子"，很不高兴，便问："纪晓岚，你为什么叫我老头子，不尊重皇上可是要杀头的。"

纪晓岚知道今天闯祸了，但他脑子一转便有了对付的方法，说："皇上，这'老头子'是对您尊敬的称呼呀！"乾隆没听过"老头子"也是尊称，便让纪晓岚讲个明白。纪晓岚不紧不慢地说："'老'是年纪大、威望高，中国人常说'尊老爱幼'，这老便是说您威望高受人尊重。这'头'就是首，也就是第一。您是大清朝皇帝您不是第一谁是第一？这'子'更是尊称了。中国古代把有学问有德行的人都叫作子，像孔子、孟子什么的，我这是说皇上学问好德行高。这样一来，您不就是'老头子'了吗？"

乾隆一听不由开怀大笑，纪晓岚不由得松了口气。乾隆虽知这是纪晓岚乱拍马屁，但心里仍听得舒服，也就忘了刚才的事，不仅没追究纪晓岚还拨了专款给他们，让他们多买一点防暑降温用品以抵御酷热。

乾隆皇帝为了存放《四库全书》，效仿著名的藏书楼"天一阁"建造了南北七阁。乾隆四十六年（1781年）十二月，第一部《四库全书》终于抄写完毕并装潢进呈。接着又用了将近三年的时间，抄完第二、三、四部，分贮文渊阁、文溯阁、文源阁、文津阁、珍藏，这就是所谓"北四阁"。从乾隆四十七年（1782年）七月到乾隆五十二年（1787年）又抄了三部，分贮江南文宗阁，文汇阁和文澜阁珍藏，这就是所谓"南三阁"。每部《四库全书》装订为三万六千三百册，六千七百五十二函。七阁之书都钤有玺印。

《四库全书》修成二百多年来，饱经沧桑。七部之中，文源阁本、文宗阁本和文汇阁本已荡然无存，只有文渊阁本、文津阁本、文溯阁本和文澜阁本传世至今。文渊阁本今藏台湾省，文津阁本今藏北京图书馆，文溯阁本今藏甘肃省图书馆。文澜阁本在战火中多所残阙，后来递经补抄，基本补齐，今藏浙江省图书馆。

《四库全书》对于保存古代典籍，传播历史文化，推动学术研究起了积极作用。但由于乾隆出于加强统治需要，在修书过程中销毁、删改的书籍数量也是惊人的，对古代文化造成了一定程度的破坏。但不管怎样，从此纪晓岚的名字便与《四库全书》联系在一起并永存于史册中。

陈端生与《再生缘》

成书于清朝中晚期的讲唱文学杰作弹词小说《再生缘》在中国文学史上的地位，无可争议。它的作者陈端生是一位才华横溢而又经历坎坷的女作家。

《再生缘》的故事情节发生在云南昆明的三大家族之间。卸职还乡的龙图阁大学士孟士元有个女儿叫孟丽君，才貌双全，尚未出嫁。湖北江陵人皇甫敬，当时任云南总督，与夫人尹良贞、女儿长华和儿子少华，一同住在昆明。皇甫敬听说孟丽君的事，就派人说媒，希望孟丽君做他的儿媳。事有凑巧，恰好这时国丈刘捷的第二个儿子刘奎璧，也说得他母亲顾氏动了心，派遣媒人到孟家提亲。

面对两家的媒人，孟士元左右为难，不知答应哪家为好。最后决定让皇甫少华与刘奎璧比箭，结果皇甫少华得胜，被选定为孟家女婿。但是，刘奎璧不甘心失败，就千方百计陷害皇甫少华。有一次他劝诱皇甫少华在刘家留宿，想放火将皇甫少华烧死，不料却被刘奎璧同父异母的妹妹刘燕玉放走，刘燕玉还同皇甫少华私订终身大事。刘奎璧阴谋没有得逞，只好向皇甫长华求婚，又遭到拒绝。于是，他便写信给在京城做官的刘捷，想办法谋害皇甫一家。当时，正好有一外族侵犯山东，刘捷推荐皇甫敬挂帅出征。皇甫敬打了败仗被俘，同时被俘的还有总兵卫焕。刘捷乘机诬陷皇甫敬叛国投敌，皇帝元成宗下旨满门抄斩。尹良贞在湖北得到消息，让皇甫少华逃走，自己和女儿皇甫长华则被押解进京。途经浙江吹台山，被山上的义军劫持。义军头领韦勇达实际上是卫焕的女儿卫勇娥女扮男装的，她认尹良贞为义母。

皇甫家既然已经被查抄，刘奎璧便通过在做皇后的姐姐刘燕珠使元成宗下旨，将孟丽君配他为妻。孟丽君被迫逃走，却让她奶妈的女儿苏映雪代嫁。苏映雪偷偷爱着皇甫少华，就在出嫁时行刺刘奎璧，但没有成功，跳进昆明池自杀，又被文华殿大学士梁鉴的夫人景氏救起，并认她为义女，改名梁素华。孟丽君则女扮男装，改名郦君玉，潜逃途中被商人康信仁收为义子。郦君玉参加科举考试，连中三元，被梁鉴招为女婿，与梁素华也就是苏映雪做了假夫妻。这时，刘奎璧又想追求皇甫长华，就领兵出征吹台，被义军活捉，招出阴谋。他的姐姐刘皇后因为难产死去，皇太后忧伤过度得病，也险些送命。恰好郦君玉学过医道，竟被她医好了，于是官拜兵部尚书。为了抵抗外国侵略，同时也为了使皇甫家有出头之日，她悬榜招贤，希望皇甫少华前来应募。

皇甫少华果然应募得中，主考就是郦君玉。皇甫少华被拜为征东元帅，经请求获准，招安了吹台义军。后来又打败外国，救回皇甫敬和卫焕，并且缴获了刘捷里通外国的证据。皇甫父子都被封王，皇甫长华做了皇后，刘家则被定为满门抄斩。皇甫少华不忘刘燕玉柏救之恩，请朝廷赦免刘家，只让刘奎璧一人自杀。元成宗命刘燕玉与皇甫少华成婚，皇甫少华心中只爱着孟丽君，婚后三年不同房。

郦君玉升为保和殿大学士，虽然与父兄翁婿同朝为大臣，却不愿相认。后来她母亲韩氏来京城，带着她出逃时留下的自画像，皇甫少华见了，才知道孟丽君没有死，并且怀疑郦君玉就是孟丽君。可是孟丽君铁石心肠，坚决不承认。使事情更加复杂的是，皇帝见了孟丽君真容也动了心，想纳她为妃。正好这时先后有两名女子冒名孟丽君来京认亲，皇帝便逼令皇甫少华与其中一个限期结婚。皇甫少华因为忧闷得病，母亲尹良贞进宫向女儿求援，与皇太后共同设计将孟丽君灌醉，让宫女脱靴验出女子真相。

故事发展到此，似乎可以了结，谁知又生波澜。脱靴宫女被皇帝半道劫持，威胁她不许向皇后透露真情。第二天，皇帝换了便装，冒雨走访郦君玉，不许她承认是孟丽君，以便进宫为妃。孟丽君不肯屈服，答应三天之后上本说明一切……就在矛盾发展到这样尖锐激烈的时候，作家却停下了她那出神入化的彩笔！

什么原因呢？如果我们了解《再生缘》前十七卷作者陈端生的生平，就不难明白了。

清乾隆十六年（1751 年），陈端生出生于浙江杭州。她的祖父陈兆仑被京师士大夫奉为文章宗匠，在当时相当有名望。她的父亲陈玉敦历任内阁中书、山东登州府同知、云南临安府同知等职。陈端生自小随同祖父和父亲走过不少地方，这从她的作品中也可以看出来。陈端生的母亲汪氏也很有文学修养，对她的学习和创作都曾经给予不少帮助。在《再生缘》第十七卷卷首，历记作者自己的身世遭际时，陈端生写过这样的话："侍父宦游游且壮"，"慈母解颐频指教"。这就说明，"侍父宦游"和"慈母指教"对她的创作是有很大关系的。其实，《再生缘》大部分都作于闺房之中。陈端生开始写《再生缘》那一年才十八岁，在北京，到二十岁已完成十六卷，那时在山东。这一年秋天，她的母亲因病逝世，这对她的强烈的创作欲望是一个沉重的打击，以致在此后的许多年里极少动笔。

陈端生于二十三岁那年出嫁，丈夫是会稽（绍兴）人范菼，字秋塘。婚后，夫妻关系倒是不差，但这位范秋塘的人品、学问却未必值得称道。范秋塘应顺天（北京）乡试，由于在科举考场请人代做诗文，受到了处分，被充军发配到新疆伊犁，给种地的兵丁当奴仆。这是又一次沉重的打击！陈端生身心受到极大的刺激，情绪变得异常凄楚，正如她后来在作品中所写的："搔首呼天欲问天，问天天道可能还？尽尝世上酸辛味，追忆闺中幼稚年。"因此，尽管当时有知音者"谆谆屡嘱全终始"，她也还是过了四年才着手继续往下写的。第十七卷不过四回，却整整用了一年的时间，而且就此搁笔，再也不写了。

1796 年，皇帝颁诏大赦天下，范秋塘这才得以回家。然而，陈端生没等到夫妻相会那天就因病去世，终年四十六岁。

对于《再生缘》的内容，我们在前面花了那么多笔墨，仍然只是一个极简略的概括，可见那故事是怎样地跌宕起伏、曲折复杂了。整个情节的发展，布局完整，结构严密，层次清楚，繁简得当。却出自那样一个年轻的旧时女子之手，确实令人惊异。

通行的刻本《再生缘》，共八十回，二十卷。这后三卷是梁德绳于道光年间续补的；稍后，又由侯芝在此基础上，"删繁撮要"，加以修改印行。非常有意思的是，梁德绳和侯芝也是女子。

梁德绳（1771—1847），字楚生，晚年号古春老人，她出身于官宦之家，也是钱塘人，诗写得很好。她的续书三卷，写了一个大团圆的结局：三天后，孟丽君上本说明实情；元成宗准备治她的罪，皇太后下旨赦免，并认她为干女儿。最后，有情人都成眷属，刘捷也改恶从善，官复原职。

侯芝（约 1768——1830），字香叶，号香叶阁主人、修月阁主人，江苏上元（今南京）人，她是清代散文家梅曾亮的母亲。《再生缘》起初以抄本流传，直到道光元年（1821 年）才由侯芝改而作序，并于第二年由宝宁堂刊行。

值得一提的是，《再生缘》的原作者与续作者，二人因为处境不同，性格与作风亦各异。陈端生是高傲的，她说："不愿付刊经俗眼，唯将存稿见闺仪。"而梁德绳是谦和的，她说："如遇知音能改削，竟当一字拜为师。"而《再生缘》全书，陈端生草创于前，梁德绳续成在后，继而又经侯芝手订，才得以大功告成、传之于世，这在文学史上实在称得上"佳话"。

民族英雄林则徐

林则徐是福建省侯官（今属福州市）人，二十岁时，参加了乡试，嘉庆十六年（1811年）参加会试，进士及第，被选为翰林院庶吉士，后又授为编修。曾先后主管过江西、云南的乡试，分校会试。又被任用为御史、浙江盐运使，升任为江苏按察使，主管诉讼法令狱政，都很严明。署理为布政使、两淮盐政和陕西按察使等职。

道光十一年，提升为河东河道总督。林则徐上书陈述修筑河堤的稽料是治河工程中弊病的第一个渊源所在，并亲自奔赴各厅察验；又说碎石确实可以作为治河工程的辅助材料，应随着适宜的情况适当地施用。道光十二年，调任为江苏巡抚。当时吴中这个地方连续发生饥荒，林则徐上奏章，请求免去老百姓拖欠的赋税，同时筹措钱粮进行抚恤。他先前任布政使时，议定过的赈灾事务的章程，实行后很有成效，到这里后就仍然按着那办法进行，原来的弊病一下肃清。赈灾事务结束，就筹划积聚谷物以备度荒。考核下属官吏时，上疏说："考核下属官吏，不如先对自己进行考察，一定要将所属部门的大小政务，一一检查，求得完全尽心尽力，然后才去检验下属群吏对于政务是不是尽心尽力。如果大官吏都事先未贯彻这一点，怎么能查清下属官吏的真伪？我只是用自己这不敢不尽心尽力的想法，事事要求僚属，让他们在实际中也这样去做。"皇帝下令表彰他，鼓励这种身体力行的做法。

在这之前，总督陶澍上奏章，请求疏通三江，林则徐当时为提刑按察使，总管那事务，不久因母亲去世离开这事务。到现在，黄浦江、吴淞江的工程已经结束，林则徐努力担负起其他未完成的工程，其中刘河工程最重要，上边拨下府库的帑银十六万五千两之多；白茆河工程次之，官绅们集资捐款十一万两，两个工程同时疏通，以出工浚河代替了赈灾。两河过去都通往大海，容易淤塞，并且开凿河流的工程也非常巨大。疏濬后改为清水长河，同黄浦江、吴淞江交汇在一起，得以畅流。在每条河各自的入海处，修建闸门和堤坝，使潮汐带来的泥沙不能壅塞进入内河河道，内河的水涨，就由坝泄出水流，使之流归大海。又就着原来的河道，遇上河流转弯处就尽量将它取直，这样一来，节省了工程费用三万多两，用这笔钱疏通刘河附近的七浦河、白茆河附近的徐六泾、东西护塘河，又疏濬了丹徒、丹阳附近的运河，宝带桥附近的泖湖、澱湖各项工程，都按着次序一一动工举治，使吴中一带数十年都得到它的好处。两次署理两江总督。

道光十七年，提升为湖广总督。荆州、襄阳地区年年遭水灾，林则徐主持大修堤坝，那水患才平息下来。整顿盐税，以减价来抵制私卖盐，没有成效。于是专门严格申明缉拿私卖盐的命令，这样官盐的销售量就大大地增加了。湖南镇算这个地方，兵士强悍蛮横，多次制造事端，林则徐巡视驻军，抚驭他们，同时秘密推荐总兵杨芳，提升他为提督，将部队调防，移驻到辰州，谨慎地加强对苗人住地的屯防。

道光十八年，鸿胪寺卿黄爵滋上书，请求严禁吸卖鸦片烟。皇帝把他的奏章送交到朝廷内外的大臣、督抚、将军中去议论。林则徐请求用重法制裁，说："这个祸患不除去的话，十年之后，不但没有可以筹集到的兵饷，而且没有可以使用的军队。"道光皇帝认为他的看法很对，命令林则徐入宫进见，召他来对策十九次，授予他为钦差大臣，到广东去查办鸦片。

道光十九年春天，林则徐到达广东。总督邓廷桢已经严肃地反复申明了禁烟令，捕拿烟犯。英国商人查顿事先躲避，回了英国伦敦。林则徐知道水师提督关天培是个忠贞勇敢、可以大胆使用的人才，就命令他整顿好部队，严阵以待。同时发出檄文，诏谕英国领事义律，要求搜查收缴烟土，驱逐了装有烟土的待卸船只。洋人交出烟土两万多箱。林则徐亲自到虎门，查验了这些收缴来的鸦片，在海边把这些鸦片全部焚烧了，四十多天才烧尽。林则徐又请求清廷将夹带鸦片的人定罪，依照国外有关的犯罪条例，人就地正法，货物充官，并责令他们写下如有违犯甘愿受罚的字据保证。其他国家的洋商洋人都听从了命令，只有义律支支吾吾地不服从。于是林则徐巡查检阅沿海的炮台，以虎门为第一门户，横档山、武山为第二门户，大小虎山为第三门户。海上的航道到横档山分为两条，右边的海道多暗沙，左边的经过武山前，水很深，洋人的船从这里出入。关天培创议在这里设置木排和铁链两道防线，又增建了虎门的河角沙炮台，后到的英国商船不敢进港。义律请求让他们到澳门去装货，希望在那里囤积鸦片私自贩卖，遭到林则徐严厉地斥责和拒绝，于是将商船偷偷地停泊在尖沙咀外洋。

这时正好有英国人打死华工的事件，而且他们拒不交出凶犯。于是林则徐下令断绝他们的食物，撤销他们的买办和工人，用这个办法围困他们。七月，义律以到外边索取食物为借口，用货船装运来英军，侵犯我九龙山的炮台，参将赖恩爵率部奋起还击，打跑了他们。打了胜仗的奏章送到朝廷，皇帝很高兴，回复口谕说："既然有这样可嘉的举动，不能再让洋人看我们软弱可欺。我不担心你们鲁莽，只担心你们畏惧不前。"

御史步际桐说，让洋人交保证书，那也是一纸空文。林则徐却认为，这些洋人重视诺言，他们不肯交保证书，就愈发不能不向他们索取保证，持这种看法和做法更加坚决。不久，义律请托在澳门的洋人长官从中周旋，希望能让他们装载鸦片的船回国，货船听凭官府查验。九月，商船已交出保证书进海口，义律派兵船前来阻止他们，开炮来进攻。关天培率领游击将军麦廷章英勇顽强地打败了英军。十月，英军又侵犯虎门的官涌，清朝的军队分五路向他们进攻，结果六战六捷。道光皇帝下令停止同英国人的贸易，宣布并昭示他们的罪状，下令福建、浙江、江苏严密地防守各海口。在这之前，已授任林则徐为两江总督，这时又调补到两广。府尹曾望颜奏请停止同各国的通商，禁止渔船出海。林则徐上疏说："自从断绝同英国人的贸易，别的国家很高兴。这些国家得到了好处，那些国家受到损失，正可以利用洋人去制服洋人。如果一概同他们断绝贸易，恐怕他们转而联合为一体。广东的百姓以海为生，如果一律禁止他们出海，那种形势也不能长久的维持下去。"当时，英国的烟船停泊在外洋，他们以利益诱惑奸猾贪利的小民接济自己，偷偷地销售鸦片烟。

道光二十年春天，林则徐命令关天培秘密地装好炮械，雇来渔船疍户出洋，设下埋伏，等到夜里起风，顺着风势放火，焚毁了依附洋人的匪船，接济洋人偷销鸦片的活动才停止。五月，又在磨刀洋焚毁洋人的烟船。派出去侦察的人了解到刚来的敌船扬帆向北驶去，林则徐上疏朝廷请沿海各省严加戒备。疏上还说，洋人性情奸诈，诡计多端，如果他们一直奔赴天津，请求互通贸易，请皇帝向他们优示怀柔政策，依照嘉庆年间的惯例，将递词人由内地送到广东。

六月，英国的战船到达厦门，被闽浙总督邓廷桢所抗拒。进犯浙江的英军攻陷了定海，抢掠了宁波。林则徐自己上疏请求皇上治他的罪，同时用密折陈述用兵之事不能中止，大意是说，英人所恨的就在广东，但他们却在浙江滋事骚扰，尽管他们这种变动出于我们意料之外，但他们的穷途困顿之情实在我们的意料之中。只是他们虚骄成性，越在穷途困顿之时，愈要显示他们的桀骜不驯，想试着恫吓我们，甚至还将另外生出什么诡秘的阴谋，希望兜售他们的奸计；如果一切都不能实现，他们仍然一定会俯首帖耳。我现在只怕议论的人认为内地的船炮不能与洋人的炮舰相对抗，与其旷日持久地对峙下去，不如设法联络洋人。可是，要知道洋人的贪欲是没有满足的，得寸进尺，假如我们不能打掉他们嚣张的气焰，祸患就会无穷无尽。其他国家也会纷纷效尤，这些情况不能不加以考虑。于是林则徐请求戴罪到浙江，随着军队效力抵罪。七月，义律到了天津，给直隶总督琦善送去一信，信中说广东烧鸦片烟的事，是由林则徐、邓廷桢二人引起的，英人要的价钱他们不同意，又遭到诟侮和驱逐，因此越过广东海境，前来天津呈诉。琦善根据义律的谎言上报皇上，道光皇帝的心意开始动摇。

当时英国的船只在广东一带偷偷观察，又接连在莲花峰下和龙穴洲被清军打败。报捷的书信还未来得及送到皇帝那儿。九月，道光皇帝下诏书说："鸦片流毒到内地，特派林则徐会同邓廷桢查办，原来期待他们能肃清内地的烟毒，并断绝其来源，随时随地，妥善处理。没想到自从他们查办以来，在内地，对奸民犯法不能全部干净地处理，在外边，不能断绝贩卖鸦片的来源，沿海各省的军队纷纷被征调，损耗军饷，辛劳军队。这些都是林则徐等办理禁烟事宜不善造成的。"于是将林则徐下交到有关的司法部门严加议处，命令他立即来京，任用琦善，代理林则徐的政务。不久，议定革除林则徐的职务，命令他仍然回到广东，以备查询责问事情的原委。琦善一到广东，义律就要求赔偿烟价，要求厦门、福州开埠通商。道光皇帝大怒，又命令准许对英作战。

道光二十一年春天，授予林则徐四品卿衔，让他到浙江镇海协助防卫。当时琦善虽然因为擅自将香港割让给英国人而遭到逮捕法治，但对英国是战还是议和仍无定局。五月，皇帝下诏斥责林则徐在广东没能够德威并用，夺去了他的职衔，发配到新疆伊犁去戍边。前往新疆途中，正赶上黄河决口于开封，中途奉朝廷命令帮助办理堵塞黄河决口的事宜。道光二十二年，堵决口工程结束，林则徐仍然得前去伊犁戍边。而浙江、江南的清军屡战屡败，这年的秋天，终于同英国人议和了。

道光二十四年，新疆兴办屯田，将军布彦泰请求朝廷让林则徐总管这件事。林则徐走遍了南疆八个县城，疏濬水源，开辟沟渠，开垦田地三万七千多顷，请求官府把这些田给当地的回民耕种，改屯兵制为操防制。清政府按着林则徐的建议——实行了。

道光二十五年，皇上召他回京，按着四五品京官让他候补。不久，让他署理陕甘总督。

道光二十六年，授任他为陕西巡抚，让他先留在甘肃，同布彦泰一起，治理背叛朝廷的番人，擒拿了他们的头领。

道光二十七年，任命林则徐为云贵总督。云南汉人和回人之间互相争斗焚杀，已有十多年之久。这时正好保山地方的回民到京城控告汉民，汉民就掠夺侵犯，烧毁官府，拆掉澜沧江大桥来抗拒清朝的官兵，镇道都不能制止。林则徐主张只区分好人和坏人，不分汉人和回民。道光二十八年，林则徐亲自督统军队前往进剿。道上听说弥渡那儿的客回滋事骚乱，就调转军队进攻他们的老巢，歼灭叛匪数百人。保山的百姓听到这风声都非常害怕，捆绑了犯人去迎接清军，林则徐下令杀掉其中的首要分子，遣散了那些胁从人员，又召集汉族回族的父老，把皇帝的恩德诚信告诉他们。接着又搜捕永昌、顺宁、云州、姚州一带历年以来残杀官吏官军的各个重要犯人，林则徐的威望仁德震动了四方，边境这才安定下来。皇帝加他为太子太保，赐给他花翎。

道光二十九年，云南腾冲边境外开化较晚的异族，滋事骚扰，林则徐调遣军队平息了他们。因为身体有病，乞求回归故里。第二年，清文宗继位，多次下诏令宣召他，林则徐还未到京城，由于广西太平天国的领袖洪秀全起义反清，授任林则徐为钦差大臣，督率军队进行剿灭，并署理为广西巡抚。部队行走到潮州，他因病去世。林则徐的威望德惠在南方很久以来就被人闻知、叹服，他半路上突然病故，天下人都为之惋惜。遗疏奏上，皇帝特别优待他，下令赐予优厚的抚恤，赠太子太傅，谥号文忠。云南、江苏都祭祀这一代名宦，陕西请求为他建立专祠。

关天培血战虎门

关天培出生于一个职位低微的行伍家庭。他幼年熟读经史，深受古代爱国志士品德情操的熏陶；他爱好骑射，练就一身武艺，由行伍考取武庠生（俗称武秀才），授漕营右营把总。于1834年被任命为广东水师提督，成为广东水师的最高军事长官。

当时，正值英国殖民者大量向我国贩运鸦片，企图以此打开中国市场的大门。而原广东海关和水师又腐败不堪，炮台失修，武备废弛，贪污贿赂成风。据清朝官方文件透露，当时"巡船通同作弊，按股分赃，包庇行私，其弊尤甚。"这种情况，更使外国侵略者有机可乘，地方贪官则依赖洋人的侵略而发国难财。就在关天培就任前不久，英国军舰公然违抗清政府的法令，闯入内河，直抵黄浦，原广东水师提督因疏于防守而被革职。时局如此，更使关天培深感任重而道远。故于赴任途中，即颁发了《入境告示》，要求下属清除旧习，振奋精神，整顿海防，强化武备。他到任以后，更是不辞劳苦，身体力行。为了整顿和加强海防，他对海防前哨虎门进行了实地考察，指出虎门是"外洋至省城中路咽喉"，必须重点设防。为此，他制定了增建改建炮台、扩充编制、加强训练、严肃军纪等一整套措施，并坚决贯彻执行，在局部起了内惩腐败外抗侵略的作用。

虎门原有大角、沙角、镇远、南山（即威远）、横档、大虎、新涌、蕉门等八座炮台，但因年久失修，设备陈旧，难以承担防守重任。1835年，关天培将这八个炮台重新整顿，又增建了永安、巩固两座炮台，并称"虎门十台"。为了增强炮台的火力，他添铸六千斤和八千斤的大炮各二十门，"酌派各台应用"。为了有效地防御敌人的进攻，他把沙角、大角两炮台定为第一道门户，南山、镇远、横档三炮台定为第二道门户，大虎炮台为第三道门户，用以防御主航道，其他炮台则分守叉道。次年，他又督铸了三千斤的大炮九门，配给永安、蕉门、巩固等炮台，并在横档至南山的海面安装一道木排铁链，在横档至巩固水下钉插暗桩，以便拦阻和打击闯入内河的敌舰。在加强炮台建设的同时，关天培又奏增添巡洋兵舰与巡洋兵丁，并亲自督促水师官兵，在各个炮台加紧训练。为了使将士能掌握海防情况及战斗知识，他将有关筹议海防、整饬营伍、训练军队的奏稿、资料、画图，辑录成《筹海初集》四卷。卷首有广州虎门各炮台图十幅，卷末附有秋涛浴铁图、中流击楫图、伏波洗甲图等，颇有参考价值。正是在关天培等人的努力下，广东海防面貌为之一新。1835 年，八艘英舰驶近虎门海面，图谋不轨，后见戒备森严，只好转舵离去。1838 年，三艘敌舰前来窥探虎门，关天培严阵以待，使敌人无机可乘，失败而回。"六载固金汤"，这是民族英雄林则徐赞美关天培整顿海防、建设虎门要塞卓有成效的诗句。这对于支持禁烟斗争和反击外国武装侵略，发挥了重要作用。

由于英国资产阶级向我国大量倾销鸦片的罪恶行径，激起广大人民的强烈反对。清政府迫于人民群众抗烟怒潮的压力，同时也为了解决由于鸦片输入、白银外流而造成的财政危机等问题，遂于 1839 年任命林则徐为钦差大臣，前往广州，查禁鸦片。对于鸦片贸易，关天培坚决反对。所以当林则徐到达广州后，他立即成为林则徐禁烟斗争的一位得力助手，协助收缴鸦片二万零二百八十三箱，二百三十七万多斤，在虎门外沙滩当众全部销毁，人心大快。

对于林则徐所采取的禁烟行动，外国侵略者既怕又恨，伺机报复。为了防御敌人的武装侵犯，关天培在协助收缴鸦片和销毁鸦片的时候，又遵照林则徐的意见，在军事上积极做好战斗的准备。他在虎门附近新建及修理炮台，调整炮位，增购和仿制西洋炮近三百门，新造兵船六十多艘，火船小船百余条，又雇请了福建泉州等地的民船来充实防卫力量，并在各水陆要口，增派军队防守。他还在威远山与上横档之间，增设一道木排铁链；在两道排链中间，增建了一座靖远炮台，以加强防御。

在此期间，广东沿海群众，为了保卫家乡，抵抗侵略，也纷纷组织起来，投入战斗。林则徐与关天培意识到"民心可用"，遂以积极的态度支持群众的爱国行动。他们招募淀民、疍户（住在船上的城市贫民）丁壮五千人，编为水勇，教以夜袭、火攻和刺探敌情之法，配合水师作战。一时民心振奋，个个欲杀敌立功。

1839 年 7 月 7 日，英国水手在九龙尖沙咀肇事行凶，打伤村民多人，其中林维喜重伤致死。林则徐严令英国在华南商务总督义律交出凶犯抵罪，义律横蛮拒绝。为了维护国家尊严，保护群众利益，林则徐于 8 月 15 日决定断绝对英国人柴米食物的供应，撤回在他们那里工作的中国人。这一严正的决定得到广大人民的拥护，而义律却多次在广东沿海进行武装挑衅。关天培指挥水师，奋勇抗击，屡败英军。同年 11 月 3 日，当一艘英国商船将要进口，中国水师正要前往领航时，义律派出兵舰两艘，横加阻拦，并首先发炮攻击中国水师，从而挑起了激烈的穿鼻洋海战。关天培手执佩刀挺立桅前，指挥水师英勇回击。战斗中，他不幸负伤，但仍奋不顾身，坚持战斗，最后将敌人打败。义律在穿鼻洋海战失败后，贼心不死，从 11 月 4 日至 13 日，又连续六次在珠江口、官涌一带武装寻衅。在群众的有力支持和关天培的直接指挥下，中国水师分别给侵略者以沉重打击，使之以惨败而告终。

英国军舰长期漂泊于中国海面，其给养主要靠汉奸提供。为惩办汉奸、断绝敌舰的给养来源，关天培将虎门的渔民、盐民和其他船民组织起来，成立"突击队"，与水师配合，采取各种形式，打击汉奸及英国侵略军。在关天培的指挥下，1840年1月长沙湾一战，烧毁大小敌舰船二十三艘，篷寮六座，烧死、溺死不少敌人，活捉汉奸烟贩十名。同年6月，关天培又率领兵勇，袭击停泊在磨刀洋外的夷船，烧英舰一艘、菲船十一艘、篷寮九座，捉获汉奸十三名。上述斗争的胜利，使敌人给养困难，不得不"以帆布兜接雨水"，"每日东漂西泊"，狼狈不堪，大大地鼓舞了沿海民众抗击侵略者的斗志。

1839年8月，中国禁烟的消息传到伦敦，英国资产阶级立即发出一片狂热的战争叫嚣。6月下旬，侵华英军总司令和全权代表乔治·义律率领英国军舰四十八艘，载炮五百四十门和四千名士兵，驶抵广东海面。6月28日，英国侵略军封锁珠江口，鸦片战争正式爆发。面对强敌，关天培无所畏惧。他与林则徐认真讨论了御敌之策。决定争取"以守为战，以逸待劳"的方针，加强防御，坚决歼灭敢于来犯之敌。

当英军封锁珠江口的时候，他们面对的是严整的水师，坚固的炮台，横亘千寻的铁链木排，以及不可胜数的乡勇、团练和自动持刀守卫边疆的民众。义律见无隙可乘，遂于1840年7月初，率领军舰北扰闽浙，攻占定海，将全城洗劫一空。接着，又于8月21日窜到天津海口，威胁北京，并向清政府投递照会，提出鸦片贸易合法化、赔款、割地等一系列侵略要求。道光皇帝惊恐万状，随即派投降派头子、直隶总督琦善前往天津海口与英军谈判。谈判中，琦善奴颜婢膝，把一切责任推给林则徐，并私下许诺只要英军退回广州，一切问题都可在广州谈判中获得满意的解决。经过一番秘密交易，英军于同年9月中旬开始南撤。昏庸的道光皇帝竟认为琦善退敌有功，于9月17日任命他为钦差大臣，到广州继续与英军谈判；又以"办理不善"的莫须有罪名，于10月3日把林则徐、邓廷桢撤职查办。

琦善是个卖国贼。他于1840年11月底到达广州后，抱定"一切力反前任所为"，求得"外洋欢心"的方针，下令拆毁虎门的木排铁链和江底暗桩等海防设施，裁减掉一多半兵舰，驱散全部水勇，甚至允许英国人前来察看地形、探测内河。这样，关天培苦心经营多年的海防设施，几乎被琦善全部破坏了。国难当头，关天培顾不得个人安危，多次据理力争，要求琦善重建海防，增兵虎门，但琦善置之不理，琦善的卖国活动，助长了英国侵略者的嚣张气焰。1841年1月7日，英军炮舰二十余艘、士兵二千余人进攻虎门外的沙角、大角炮台，三江协副将陈连升率领守军六百余人英勇抗击，最后全部壮烈牺牲。消息传来，关天培悲痛万分。他在坚守虎门的同时，将自己的几颗落齿、几件旧衣、一缕头发，用木盒密封，托人送回家乡，以此来向家乡父老和亲人表达自己以身报国、血战到底的决心。

英军在攻占沙角、大角两炮台，突破虎门第一道防线后，于同年2月25日，又进逼第二道防线的威远、靖远、镇远等炮台，而以靖远炮台作为主攻目标。当时驻虎门的仅有将士四百余名，形势十分危急。为此，关天培曾多次派人向握有数万大军的琦善告急，请出兵援助，但琦善坐视不理，致使关天培孤军作战。在此危难之际，关天培亲自坐镇靖远炮台，指挥战斗。他以六十二岁的高龄，当众宣誓"人在炮台在，不离炮台半步"，极大地鼓舞了守台将士誓死卫国的斗志。大家浴血奋战，多次击退敌人发起的进攻。次日下午二时许，南风大作，英军乘风开炮猛攻靖远炮台，守军死伤大半。关天培负伤十余处，血流如注，仍镇定指挥。炮手牺牲后，天培亲自燃放大炮，后因火门被雨水淋湿，炮不得发。英军从台后上来，天培挥军与敌人搏斗，亲手格杀数人，后不幸中弹，伤重力竭，壮烈殉国。四百余名守台将士也全部壮烈牺牲。

关天培为国捐躯的消息传出，激起人们无限悲恸。林则徐挥笔为"关忠节公祠"写下了"我不如你"四个大字，表达他对挚友的敬意。他还写下了一副长达三十八字的挽联："六载固金汤，问何人忽坏长城？孤注空教躬尽瘁；双忠同坎壈，闻异类亦钦伟节，归魂相送面如生。"这正是对关天培抗敌保国的业绩和气节的高度赞扬和概括。

陈化成临危受命

陈化成祖籍福建同安人，是与关天培齐名的民族英雄，以其英勇善战和清廉秉公赢得所属官兵及百姓们的爱戴称颂。陈化成早年从军，卓有战功，由外委、把总擢拔为参将。鸦片战争爆发前，调任江南水师提督，扼守吴淞口。陈受任危难之际，虽年近七十，但深知责任重大。一赴任，就风尘仆仆地巡视吴淞、上海各营，赶修炮台，添设炮位，赶铸八千斤大炮六十门，赶制火药，加强吴淞防务。他还抓紧演练守军，巧妙部署伏兵，从福建水师物色骁勇将士调至江南水师。在任二年，他枕戈炮台，不避风雨寒暑。

1841年9至10月间，英军连犯定海，葛云飞等三总兵壮烈殉国，陈化成闻讯极为悲恸，他挥泪泣血对士兵说："武士死于疆场，幸也！汝曹勉之！"在他的率领和激励下，将士扼守炮台，奋勇还击，迫使敌人多次溃退，由于他一贯爱护部下，且正直廉洁，平时总是笑嘻嘻的一副慈祥模样，官兵称他为陈老佛。

1842年6月，英国舰队直入长江，他们先在两舷摆上木制假人，以探中国守军的虚实。足智多谋的陈化成，早已识破敌人的奸计，沉着应战，随机应变，箭在弦上，引而不发。敌舰对陈兵摸不着头脑，只好悻悻而退。敌人以木牌浮书约战，两江总督牛鉴和徐州镇总兵王志远怯阵惧敌，意欲后退，当即遭陈化成严厉斥责。当英军大队人马虎狼般猛扑两炮台时，陈化成首当其冲，阵前指挥。他为了最大限度地打击敌人，命令炮手待敌舰靠近时再打，很快击毁敌舰三艘。牛鉴多次派人劝说陈化成退兵，均被呵退，牛鉴便弃炮台而逃，使东炮台落入敌手，于是敌人全力进攻西炮台。参将周世荣畏敌如虎，也劝主帅陈化成后撤，受到陈的仗剑呵斥。周乘陈不备，仓皇遁逃。此时，陈化成外无援兵，内有降将，大批将士战死受伤，处境十分危急。但他依然毫无退意。他右肋受伤，鲜血染红衣裤，仍亲自安装炸药燃放大炮，活着的将士感奋不已，也奋勇与敌人血战。敌人的炸弹击中陈化成胸口，他以身仆地，口喷鲜血不止，殉职疆场。随即吴淞炮台陷落。

装殓陈化成遗体时，吴淞及上海数万人拥道痛哭，呼天号地，十里可闻。

"养兵千日，用兵一时"。国家民族危难之时，作为国家的保卫者，贪生怕死，临阵脱逃，就是民族的罪人。陈化成以年近七十之躯，平日枕戈炮台，百倍警惕；战时身先士卒，以身殉国，不肯退让一寸土地，此乃真正的军人！

火烧圆明园

1840 年以后，清政府与外国侵略者签订了许多丧权辱国的不平等条约，中国人民备受着西方侵略者的欺凌。但是，以英法为首的列强对获得的权益仍不满足，他们想方设法地寻找借口，企图逼迫清朝政府签订新的条约，以获取更多的好处。不久，机会终于来了。

咸丰六年，法国天主教神父马赖违背《南京条约》《黄埔条约》中不允许外国传教士到中国内地传教的约定，公然闯入广西西林县境内进行传教。他招收了一伙地痞流氓，名为传教，实际上抢劫财物，强奸妇女，无恶不作。西林县令张鸣凤将马赖及随从逮捕，并将马赖和两个民愤极大的教徒斩首示众，法国得知这一消息以后，恼羞成怒，硬说马赖无辜被害，便立即通知英国，要派远征军到中国，英政府心领神会，也想找个向中国挑衅的借口。

同年秋天，广州水师搜查了停在黄埔港的中国船只"亚罗"号。"亚罗"号是中国人肖成贩卖私盐的走私商船。肖成雇用了一个爱尔兰人当船长。水手全是中国人，其中有曾做过海盗的李明太和梁建富等。广州水师发现这个情况，把李明太、梁建富和嫌疑犯十二人逮了起来，押在水师巡逻艇上。英国领事巴夏礼得知这一情况后，以"亚罗"号在香港登记过，领过通航证，挂过英国国旗，是英国船为借口，说中国人没有上船捕人的权力，要求水师军官梁定国释放被逮水手，遭到梁的严厉拒绝。

巴夏礼气急败坏地向两广总督叶名琛提出最后通牒，要求立即释放被捕的人，并要出面道歉。同时，巴夏礼还威胁叶名琛，要在二十四小时内给予答复，否则英国海军就要攻打广州。叶名琛害怕得罪英国人，吓得赶紧派人把所逮的十二人全部送交给了巴夏礼。但是，成心找麻烦的巴夏礼却嫌所派的人官职太小，而拒绝接收。英国海军就以这为借口，发动了侵略中国的第二次鸦片战争。

战争刚开始，叶名琛不战而逃，英军很快攻入广州，由于人民的奋起反抗，英军才被迫退到虎门。在美国和俄国的支持下，英法联盟再次攻打广州，叶名琛不做丝毫抵抗，并且还拒绝了部将添兵设防、以备迎敌的主张，英法联军很快便攻陷广州城，俘虏了叶名琛。英法联军在广州烧杀抢掠一番后，又北上到天津大沽口，攻陷了大沽炮台，随后沿白河直攻到天津城下，扬言攻克天津后再进攻北京。清政府惊慌失措，急忙派人去天津议和，与英、法、俄、美分别签订了丧权辱国的《天津条约》。《天津条约》又一次丧失了中国许多权益，激起了中国人民的强烈不满。但是英法政府对由此获得的利益仍不满足，他们决定再使用武力，逼迫清政府进一步让步。

咸丰九年五月（1859 年 6 月），英法侵略军炮击大沽炮台，守卫炮台的爱国将士英勇抵抗，英法联军遭到惨败，退出大沽口。次年春天，英法两国调集了两万多人再次攻占大沽，又占领了天津，向北京东边的通州推进。咸丰皇帝带着皇后、贵妃和大批官员仓皇逃到承德，只留下其弟恭亲王奕䜣在北京与侵略者谈判。

英法联军攻到北京后，以为咸丰皇帝还住在圆明园，便绕过安定门和德胜门，占领海淀区，向圆明园进兵。

圆明园位于海淀以北两里的地方，包括圆明、万春、长春三园，康熙年间开始修建，雍正时进行了扩建。圆内有乾隆皇帝从江南运来的奇峰异石，有能工巧匠们巧夺天工的杰作，圆明园方圆二十华里，占地五千多亩，四周有澄怀园、蔚秀园、承泽园、朗润园、勺园、近春园、熙春园、一亩园、自得园、清漪园、静明园等巨大的园林建筑群。圆内有弯弯曲曲的流水，高高低低的假山，湖如明镜，山似叠翠。圆内有美妙奇物，不拘常套的宫殿建筑；有别具一格的"西洋楼"；有无数名贵的奇花异木；有数不清的珠宝玉器。圆明园堪称是世界上独一无二的。

英法侵略军闯进圆明园，看见如此多的珍贵文物和金银珠宝，就像饿狼一样，疯狂地抢夺起来。能拿走的尽量拿走，拿不走的就用枪托或棍棒砸毁，一连几天，侵略军把圆明园洗劫一空。

英国公使额尔金发表声明说："圆明园是中国皇帝最喜爱的行宫，为了给中国皇帝极大的震动，警告他一下，使他今后不敢再在我们面前妄自尊大，应该把他这个老窝烧毁。"英国陆军司令格兰特支持额尔金的声明，说："为了给中国政府留下深刻印象，知道我们的厉害，有必要烧毁圆明园。"他们命令米启尔骑兵团到圆明园分头同时放火。

霎时间，圆明园到处火焰冲天，浓烟滚滚，遮天蔽日，庄严华贵的宫殿和优美玲珑的亭台楼阁被大火吞没，一座座的倒塌下去。园内奇花异草也都被践踏烧毁。整个圆明园顷刻间变成一片焦土和瓦砾，世界上最辉煌壮丽的建筑群就这样从此消失了！

烧毁圆明园后，侵略者又抢掠和烧毁了畅春园和海淀镇，把圆明园的附属园苑万寿山的延寿寺、静明园的十六景、静宜园的二十八景等地也洗劫一空，然后放火烧毁。

之后，英法侵略者又欲攻打北京，并扬言要烧毁皇宫，这可吓坏了清政府，在英国武力恫吓和俄国的诱逼下，恭亲王被迫与英法签订了更加屈辱的《北京条约》。从此，中国人民遭受的灾难更加深重了。

天王洪秀全

洪秀全出身客家，不是广东的土著。他的远祖据说是从江西迁来的。后来，因不堪富豪的侮辱和压迫，洪家从潮州迁居嬴应州（今梅县）；到曾祖洪英纶，又由嘉应州迁居花县城北的福源水，而他的父亲洪镜扬再由福源水迁居县城西南的官禄。官禄是一个约莫四百人的小村。村东沙溪潺潺南流，汇入珠江；村北和村西是绵延起伏的丫髻岭、芙蓉幛和独秀峰诸丘陵；村南为肥沃的珠江平原。官禄离广州城不过九十华里，当天高气爽之日，极目南望，遥遥可见广州城郊的白云山。这个南中国的小村落就是日后太平天国的领袖长大成人的地方。洪秀全的父亲洪镜扬，为人正直。母亲王氏，早年病故，继母李氏。他有两个哥哥，名仁发、仁达，一个姐姐，名辛英，还有一个妹妹，叫宣娇。由于家境清寒，父兄都靠种田为生。七岁那年，他被送入私塾读书。这个少年不几年就熟读了《四书》《五经》《孝经》以及其他许多古文名篇和史籍，聪明过人，博得了人们的赞许。有几位塾师自愿免收学费——束脩，以资鼓励；他的亲族主动捐赠衣服，给予物质方面的支持；老父洪镜扬自然更加爱怜少子，他不顾家境之艰难，勉力维持洪秀全的学业，渴望他的爱子能够通过科举考试而夺得功名。

1828 年，年方十六岁的洪秀全第一次应试。清朝的科举考试共有三级，第一级为童生考秀才，曰童试；第二级为秀才考举人，曰乡试；第三级为举人考进士，曰会试和殿试。当时洪秀全是童生应考秀才，要依次经过县考、府考和院考三个阶段的考试。他在大约有五百人参加的花县县考中，名列前茅；但是，接着在赴广州参加府考和院考中，却名落孙山。然而，洪秀全品格坦直，性情活泼豪爽，才能出众而善于思想。他曾写过一首歌词，抒发过自己的心怀："有德青年，浪游河海。救其朋友，杀其仇人。"这样的青年显然最不适宜做人云亦云的八股文。看来，当时的洪秀全还见不及此，他把失败归之于自己的学业不深。尽管家庭经济上的拮据已经不能继续供他求学，必须弃书从农；幸而有一同窗学友邀请他伴读一年；到十八岁时，又有族人聘请他担任本村塾师。这样，洪秀全才得以在授课之余发奋自学，把希望寄托在再一次的科场拼搏。

经过七年潜心攻读，1836 年，洪秀全第二次去广州赴考，结果仍然名落孙山。七年攻读换来了如此结果，对热衷功名的洪秀全无疑是沉重的当头一棒。不过，第二次应试也有意外的收获。有一天，他遇见了一位身穿明朝服装的西方传教士带了一名翻译进行传教活动，当时叫作"讲街书"。第二次，他又在龙藏街再遇这二人，并且得到一部对洪秀全一生发生了极大影响的书籍——《劝世良言》。

《劝世良言》的启示

《劝世良言》的作者是梁发，是基督教的第一个华人牧师。梁发在接受教职之后，曾根据马礼逊翻译的《圣经》（当时的译名叫《神天圣书》）和他写的其他著作，编撰过多种传教小册子。1832 年在广州出版的《劝世良言》（共九本）就是其中之一。洪秀全正是通过这本书才接触到了前所未闻的西方事物，在自己的头脑中对基督教义产生了若干新鲜的见解。

1837 年春，洪秀全第三次赴广州赴考。而这次离第二次仅一年，这表明，洪秀全对第二次的失败是很不甘心的。考生中有些是同乡，平时就互相了解究竟有多高水平，外乡的考生，聚集在广州应试，也常在一起谈论诗文。洪秀全分明觉得自己的学业绝不比他们低，然而第三次应试照旧名落孙山。失败使洪秀全羞愧、愤慨，他顿时觉得自己头重脚轻，四肢无力，好像得了重病。

回家以后，竟卧床不起，觉得自己似乎已不久人世。面对殷切期望他夺得功名的父母和亲人，他悔愧交加，无地容身。洪秀全当时痛苦地说出了绝命辞："我的日子短了，我的命不久了。父亲、母亲啊！我不能报大恩了！我将不能一举成名以显扬父母了！"说完这些话之后，他即闭上双目，失去了知觉。

但是，不久在洪秀全的头脑中却产生了一系列幻觉。他发现自己被隆重地迎接到另外一个华丽而光明的新世界，由一些古代的圣贤用刀剖开他的身体，取出心肝五脏，另换了一副新的。接着，洪秀全的幻觉又来到一所大而华美的宫殿，一位身着黑袍的金须老人坐于宝座之上。老人一见洪秀全就痛心地说道："世界人类皆我所生，我所养，食我粮，服我衣，但无一人具有心肝来纪念我和尊敬我，尤其恶者，则竟以我赐之物品去拜事魔鬼。人有意忤我，而令我恼怒，你勿要效法他们。"然后，老人即授给他一柄宝剑，嘱他用以"除魔鬼，但令其慎勿妄杀兄弟姊妹"。洪秀全骇然走出卧室，向他的父亲宣告："天上至尊的老人，已令全世之人归向我，世间万宝皆归我有的了。"他曾不止一次地自称"已被救封为中国之皇帝。"

洪秀全在重病中所经历的精神危机前后约四十日。到了五月中旬，他的父亲在门柱的缝隙中发现了张纸，上有七个红色的字："天王大道君王全"。

洪秀全原名火秀，从此，他就改名秀全。为什么要改名秀全呢？因为根据当时的《圣经》译本，上帝耶和华被译为"爷火华"，在洪秀全看来，他原名中的火字恰好与上帝之名相同，触犯了忌讳。因此，假托上帝之名，宣称他应改名秀全，同时授命他为统治中国的天王。后来洪秀全自己也说："自是志度恢宏，与前（回）不相同。"从此变得态度严肃，深沉寡言，步履端庄，待人接物也有了明确的标准，使"恶人畏而避之，而忠诚者趋与交游也"。

斩妖剑和咏剑诗

1843 年三十一岁时，洪秀全第四次，也是最后一次赴广州应试，尽管又一次名落孙山，然而，这一次失败给洪秀全带来的既不是失望，甚至也不是精神危机，而是"气愤填膺，怨恨谩骂，尽将书籍掷弃地上，悻悻然，愤愤然，破口大叫曰：'等我自己来开科取士吧！'"1843 年六月，正在莲花塘书塾执教的洪秀全，在与他的中表兄李敬芳再一次认真地研究了《劝世良言》之后，决定改变信仰，开始敬拜上帝，并按书中所述仪式，自行洗礼。这样，洪秀全就踏上了新生活的道路，开始了创建拜上帝会的活动。

拜上帝会最早的信徒是冯云山和洪仁玕。洪仁玕是洪秀全的族弟，也是一名乡村塾师。冯云山家住官禄北面的禾落地，不仅与洪秀全是居地毗连的乡邻，自幼同窗共砚，而且同属客家，且是兼有中表亲谊的朋友。冯云山的家境比洪秀全要富裕些；本人有谋略，能文章，德才兼备，堪称杰出之士；然而，在腐朽的清朝统治下，同样不能有所作为。1843 年 6 月间，当洪秀全在莲花塘决心创建拜上帝会后，七月初八日，就赶回官禄，向云山和仁玕进行宣传，并且立刻得到了热烈的响应。于是，洪秀全先在冯云山的书塾为他们进行了入会的洗礼仪式。不久，这三位亲密的朋友又跳进附近的石角潭进行了洗礼。

历史上任何革命组织初生之时，都不免是幼稚的。拜上帝会既然发迹于一部不是革命的，而是反对革命的书籍——《劝世良言》，由于先天营养不良，当其初生之时，需要做一番神秘的宣传和掩饰。于是，洪秀全说："自己得到的这几本书实为上天特赐予我，所以证实我往时经历之真确。如我徒得此书而无前时之病状，则断不敢信书中所言而反对世上之陋俗。然而若徒有前时之病而无此书，则又不能再次证实吾病中所历为真确，亦不过为病狂时幻想的结果而已。"无非是为了赋予他以特殊使命，把新生的拜上帝会神圣化。《劝世良言》所引述的有些《圣经》文句，词意明显，象"声闻全世"，洪秀全却解释为"秀全的世界"；象"全然公义"，解释为"秀全是公义"；只要词意符合这种要求的文句，即使带有"汝""他"等代名词，洪秀全也一概说是指他本人。诸如此类的望文生义，当然还是为了同一目的。至于读到若干包含着某种积极意义的《圣经》文句，象"神乃选世界所以为狂者，以愧智；迹选世界之弱者，以愧强；又选世界之卑贱轻忽者，且为无者，以败为有者"，自然更深深地震撼了洪秀全、洪仁玕、冯云山等人的心弦，使这些被当时社会所轻视的狂者、弱者、卑贱和没有财富的乡村塾师，自以为得到了必然战胜智者、强者和富贵者的启示，并且立刻干出了一系列大胆的行动。从此，他们和其他几个新信徒都公然只拜上帝而不拜一切神仙偶像；洪氏兄弟作为塾师竟公然撤走了每个书塾最神圣的标志——孔子的牌位；他们甚至公然违抗父老之命，拒绝为道光二十四年春节期间举行的迎神灯会撰写歌颂偶像的诗文和对联；洪秀全还特地为自己打制了一柄寒光闪闪的"斩妖剑"，并写出了一首气势咄咄逼人的咏剑诗：

> 手持三尺定山河，四海为家共饮和。
> 擒尽妖邪投地网，收残奸宄落天罗。
> 东南西北孰（？，疑作敦）皇极，日月星辰奏凯歌。
> 虎啸龙吟光世界，太平一统乐如何！

《原道救世歌》

在这些刚觉醒的青年看来，清朝及其统治者，既已被斥为"妖邪"，那么只要他们手持三尺斩妖剑，以上帝的名义登高一呼，上帝的子女就会从东西南北四方奋起，汇成拜上帝会，然后高唱凯歌，去庆祝太平一统的胜利。殊不知清朝虽是"妖邪"，却还有强大的力量；"太平一统"尽管可期，但绝非伸手可得。现实在一切方面都要比他们热情的想象复杂得多。少数拜上帝会的信徒们，刚刚在本乡迈出第一步，讥笑、抵制和打击立刻就纷至沓来。仅仅由于撤走了孔子的牌位，学童就哄然离开了书塾，家长们纷纷发出了责难，洪仁玕遭到了父兄的责骂和殴打，洪秀全和冯云山则失去了借以谋生的教席。尽管洪秀全和冯云山具有我国农民的那种最可贵的坚韧不拔的个性，没有在挫折面前折腰，毅然决定离开本乡故土，到异地去谋求创建拜上帝会的出路。

1844年4月2日，洪秀全、冯云山和冯瑞嵩、冯瑞珍一行四人，离花县出游。起初南行经广州到达顺德县，然后回头，从南海县再经广州城所在的番禺县，东游增城县。从这里，他们又折而北行，经花县东面的从化县抵达清远县，再由清远县逆北江而上，途经英德县到达曲江县。然后又折而西行，经阳山县，沿北江的支流湟水，5月5日来到粤桂湘三省交界处——连山县的白虎坪。洪秀全一行四人在三十三天的时间内，风尘仆仆，跋涉了广东境内十一个县，然而只在清远县才接收了李姓几名信徒，收获甚微。在前景暗淡的情况下，冯瑞嵩、冯瑞珍兄弟二人动摇了。他们已经太倦远行，决意返回家乡。只有冯云山仍不畏艰苦，甘愿与洪秀全继续前行。于是他们进入了崇山峻岭、人烟稀少的八排瑶族居住区。瑶族与汉人风俗相异，语言不同；这里显然不可能是创建拜上帝会的地方。二人又只得出山，沿浔江继续西行。5月21日，两位百折不挠的青年塾师终于来到了广西贵县的赐谷村（今长谷村）。

赐谷村在贵县的东北方，离县城七十余里。广西是壮族集中的地方。赐谷村却是一个由广东迁来的客家人为主的村落。洪秀全的生母王氏一家就居住在这里。他的外祖父、舅父早已去世了，不过还有王盛均等五位表兄在。此外，先前被洪秀全在家乡吸收入会的洪仁球、洪仁恤兄弟二人，当时也在赐谷村。于是，这四位花县的拜上帝会员，就以洪秀全的表兄王盛均家为基地，重新开始了创会活动。他们希望在赐谷村实现自己的目标，建成拜上帝会。当时，主要的活动是分头赠送洪秀全书写的宣传读物，劝人信仰天父皇上帝。象《劝世真文》《百正歌》和《改邪归正》等多篇文章，就是洪秀全在赐谷村为此目的而写成的。为了造成影响，他们还采取了一些攻击神像的活动，来扩大宣传效果。但是所有这些活动在群众中仍然没有引出预期的效果。

11月，洪秀全返回故乡，仍以塾师为业，开始埋头长达二年的文字工作，写出了《原道救世歌》《原道醒世训》等名篇，《原道觉世训》似乎是稍后几年写成的。这几篇论文，为拜上帝会和日后整个的革命运动奠定了理论基础。而这二年中，远在广西的冯云山，却独自完成了创建上帝会的工作。

一个革命组织必须有自己的革命理论。洪秀全虽然从《劝世良言》中吸取了独一尊神的上帝观，并用来否定了中国的政治权威——清王朝，思想权威——多神信仰和孔子；然而，这个上帝刚刚从西方舶来，是一般的中国人所陌生的，不易理解的。何况，宣传上帝的西方殖民者，当时正用卑鄙的鸦片贸易，用罪恶的鸦片战争，毒害和屠杀我国人民，强占我国的领土，迫使清朝签订丧权辱国的条约。因此，如果不把从西方吸收来的上帝观进行改造，加进比较深刻的内容，使之中国化，就不可能为我国广大农民所接受，变成有力的思想武器。洪秀全显然从广东、广西之行的失败中看到了这个关键问题，因而，1845年以后写的著作，就与过去的《百正歌》不同，出现了把上帝观中国化的新内容，并从各方面加以论证。《原道救世歌》说："盘古以下至三代，君民一体敬皇天。其时狂（王）者崇上帝，诸侯士庶亦皆然。"这就是说，上帝是我国上古至夏商周三代从君王至一般老百姓共同信奉的独一尊神，并不是外国特有的。既然拜上帝是我国古代传统的信仰，那么，为什么后代的中国反而不知上帝，却信奉佛道神仙和各种泥塑偶像了呢？关于这个问题，《原道觉世训》列举了秦始皇嬴政和汉武帝刘彻求仙、汉明帝求佛、汉桓帝祠黄老道、唐宪宗迎佛骨、宋徽宗尊称佛祖为玉皇大帝等一系列历史事实，指出历代帝王崇奉神仙佛道的行为，是使"自宋徽宗至今历六七百年，则天下多惘然不识皇上帝，悍然不畏皇上帝"的根源。

洪秀全把《圣经》中的上帝中国化，并用以否定了秦始皇以来的历代封建帝王，这种全盘否定封建统治的观点，无疑具有思想上的创造性，历史的进步性和社会的合理性。经过改造的上帝观，不仅可以堵塞那种把拜上帝会诬蔑为"从番"的谰调，而且将成为广大农民用以向封建统治者抗争的思想武器。

两广之行，还使洪秀全进一步看到了中国当时存在着一系列错综复杂的社会矛盾。一类是"以此国而憎彼国，以彼国而憎此国"的国际性矛盾。另一类是国内矛盾，其表现是"以此省、此府、此县而憎彼省、彼府、彼县，以彼省、彼府、彼县而憎此省、此府、此县"，"更甚至同省、府、县，以此乡、此里、此姓而憎彼乡、彼里、彼姓，以彼乡、彼里、彼姓而憎此乡、此里、此姓"。

有一次，他曾痛切地对族弟洪仁玕指出："中土十八省之大，受制于满洲狗之三省，以五万万兆之花（华）人，受制于数百万之鞑妖，诚是为耻为辱之甚者。"这就是说，把占人口多数的"华人"的思想水平加以提高，团结起来反抗清朝，始终是他最为关心的问题。更加难能可贵的是，我国农民苦难重重的遭遇，使他具有极其深厚的民主本能，提出了以"强不犯弱，众不暴寡，智不诈愚，勇不苦怯"为准则的"量大"学说，去解决国际、国内各种力量之间"相凌相夺、相斗相杀"的尖锐的矛盾。洪秀全指出，所谓"量大"就是要认清"天下凡间，分言之则有万国，统言之则实一家。皇上帝天下凡间大共之父也，近而中国是皇上帝主宰化理，远而番国亦然。……天下多男人，尽是兄弟之辈；天下多女子，尽是姊妹之群。何得存此疆彼界之私？何可起尔吞我并之念？"当西方殖民者通过鸦片战争，已经把奴役性的中英《南京条约》、中美《望厦条约》、中法《黄埔条约》强加给中国的时候，洪秀全揭示天下万国实一家的口号，不失为一种高尚的憧憬，在当时的历史条件下，只有这种学说才能使广大的农民突破狭隘的地方和种族圈子，把思想提高到"天下多男人，尽是兄弟之辈；天下多女子，尽是姊妹之群"的高度；只有这种学说，才能把广大农民从一家一户的分散状态之中凝聚为一股强大的力量，从而出现一个真正的革命组织——拜上帝会。后来的事实表明，"量大"学说的提出，在中国农民中确实起到了巨大作用，而划时代的历史文献——《天朝田亩制度》，则是这种学说的进步的发展和结晶。

金田暴动

随着革命形势日益成熟，洪秀全加紧起义的各项准备工作，首先建立了领导核心。他与冯云山等人结为异姓兄弟，奉上帝为天父，耶稣为长兄，然后以洪秀全为次兄，冯云山为老三，杨秀清为老四，肖朝贵为老五，韦昌辉为老六，石达开为老七。这种以天父天兄为名而形成的胞兄弟关系，体现了拜上帝会领导集团的团结和兄弟之间的平等关系。与此同时他还选拔和培养了一大批骨干，如秦日纲、胡以晃、林凤祥、李开芳、蒙得恩、卢贤拔、何震川等。其次是加紧制造武器。1848年冯云山出狱后，即与韦昌辉密谋，在金田村开炉铸铁，制造兵械。除金田以外，胡以晃在罗寿乡田垌心村，石达开在桂平县沙墟等地都秘密开炉铸炮，而且壮、瑶等少数民族的会众也在深山密林里制造土枪土炮。与此同时，洪秀全还派人到各地广泛联络会党和武装力量，以壮大革命队伍。

1850年7月，洪秀全发布了武装起义的总动员令，命令各地拜上帝会众于11月赶赴金田团营。从而揭开了拜上帝会武装斗争的序幕。团营的命令传到各地，广大会众都纷纷响应，立即向金田集中。金田村在桂平县紫荆山南麓，村南是一片蔓延二十多里的平原，土地肥沃，村落稠密，粮食丰足；西北靠犀牛岭，岭北松林密布，溪涧纵横，是屯兵扎营最适宜的地方。先后来金田村集中的除紫荆山区的基本会众外，还有桂平、贵县、平南、武宣、象州以及陆川、博白等地的拜上帝会员及其眷属两万多人。

要把这些平素缺乏训练而习惯过分散生活的拜上帝会农民群众，组成一支坚强的革命大军，首先碰到的是生活供给问题。因为前来参加团营的会众，多把田产房屋变卖，携带全家来到金田。如果允许有私有财产，必然存在贫富不均的现象，这既不符合拜上帝教"天下一家，人人平等"的教义，而且难免发生各顾私财，甚至贪污抢掠，败坏军纪等现象，从而破坏团结，影响战斗力。因此，洪秀全在团营时，按照"万物归公"的原则，建立了"圣库"制度，而且宣布："凡拜上帝者团聚一处，同食同衣，有不遵者即依例逐也。"命令会众把变卖家产所得的现金及其他全部物品都缴"圣库"，人人不得藏有私财，衣食全由"圣库"领取，官兵一律平均。这是一种带有军事共产主义性质的供给制度。它反映了广大农民追求平等平均的愿望，是洪秀全实现拜上帝教教义的一项重大措施。它的现实意义在于不仅保证了起义队伍生活上、军事上的需要，维护了内部的团结和严明的纪律，而且对于衣食无着的破产农民和失业的手工业工人，具有极大的吸引力。"圣库"制度的建立，是把习惯于分散生活的农民群众组成一支强大的革命军的一项重大措施。

其次是编制队伍，把广大会众严密地组织起来，形成一支得以统一指挥的革命军。洪秀全按照事先规划好的军事体制，把到金田团营的会众，分别男女编营，虽是夫妻也不同居一室，即所谓"别男行女行"。

1851年1月11日，洪秀全三十八岁诞辰这天，金田村"万众欢腾"，拜上帝会众齐集村外犀牛岭营盘，营盘旁旗杆石上举义大旗迎风飘扬，洪秀全站在营盘中间的高台上，庄严宣布武装起义，定国号为"太平天国"，改咸丰元年为太平天国元年，起义军定名太平军。一场震撼世界的伟大农民起义，在洪秀全领导下，在广西桂平县金田村正式爆发了。

永安封王

金田起义后，刚刚到任不久的钦差大臣李星沅即调兵遣将向起义军的中心地区逼来。1851年3月中旬，太平军占领了武宣县的东乡一带，在东西长七十里的土地上安营扎寨。这里是该县比较富庶的地方，太平军的粮饷军需很快就得到补充，军威为之一振。

3月23日，洪秀全在东乡正式称"天王"，他的儿子洪天贵被封为幼天王。他还根据太平天国领导核心成员在拜上帝会中的宗教地位，在天王下设立了"五军主将"，封杨秀清为左辅正军师中军主将，肖朝贵为右弼又正军师前军主将，冯云山为前导副军师后军主将，韦昌辉为后护又副军师右军主将，石达开为左军主将；同时又授予秦日纲、胡以晃、赖汉英、蒙得恩、卢贤拔、何震川、李开芳、林凤祥等分别为丞相、检点、指挥、侍卫、将军、总制等职。五军主将制度是近代太平天国农民革命独有的特点，它是带有一定民主色彩的军政组织形式，为太平天国以后的政权建设奠定了基础。其中五军主将的名分，是拜上帝会中平等的兄弟关系在政权建设中的再现。

1851年12月17日，洪秀全在永安颁令封王。

1853年正月太平天国起义军攻克的第一个省府武昌。洪秀全一方面采取放狱囚、焚庙宇、镇压反革命，并在城内筑高台、鸣锣集众"讲道理"等办法宣传革命，动员群众；另一方面又特别注意严整军律，秋毫无犯。因而武昌的广大群众纷纷争献钱米，出现了"红巾复首众皆狂"的参军热潮。至此，太平军已从金田起义时的两万人发展成为一支拥有五十多万人的革命大军，而太平天国革命也已由局部的地方性革命运动转变为一个带有全国性的革命运动了。

为了实现袭取金陵，据为根本，然后进而夺取整个中国的战略目标，天王洪秀全及其将领没有留恋武汉的繁华。在做了必要的物资准备之后，1853年2月9日，天王毅然放弃武汉。3月19日攻破南京城，擒斩钦差大臣、两江总督陆建瀛。太平军攻克南京以后，原先争论过的战略问题又提到日程上来了。天王欲"分军镇守江南"，派主力军北上"取河南为业"。但后来一老年水手向当时掌握军政大权的东王杨秀清建议说："河南河水小而无粮，敌困不能救解。尔今得江南，有长江之殪（险），又有舟只万千，又何必往河南？"东王接受了这一水手的建议，遂商得天王同意，移驾入城。不久即将南京改名天京，定为太平天国的都城。

太平天国奠都天京，使当时的中国出现了两个政治中心，一个是以咸丰皇帝为首的清朝封建政权，一个是以天王洪秀全为首的太平天国农民革命政权，南北遥相对峙。

天朝田亩制度

太平军占领南京后，军事进攻并没有停顿下来，除乘胜派兵夺取镇江、扬州以外，1853年5月，派林凤祥、李开芳率两万余人出师北伐，企图直捣清朝的巢穴——北京；接着又派胡以晃、救汉英率军西征，夺取长江上游重要据点安庆、九江、武汉等地，以建立鄂皖赣根据地，切断清王朝与它的主要财源地——江南各省的联系。在太平天国革命形势胜利发展的影响下，全国各地各族人民纷纷起义响应，北方的捻军，南方的天地会、小刀会，西南、西北的苗、彝、回等族人民都掀起了武装抗清斗争，革命怒潮风起云涌，如火如荼。一个以太平天国为中心，包含各个民族，席卷全国的革命高潮正在迅速形成。如果说过去太平军为了保存和发展自身的力量，必须处在不断的流动作战的状态之中的话，那么，如今则情况已发生了很大的变化，只有巩固自己所已占领的地区，才能把革命运动向前推进。这并不是说流动作战已经过时，更不是说军事斗争已经失去了它的重要性，而仅仅只是说，新的形势已经提出要求，流动作战的效果和军事斗争的结局将首先取决于政权建设的成败。

天王洪秀全显然已经看到了客观形势发展提出的这个新问题。他沉默寡言，却十分擅长于分析和探索，具有同时代人中罕见的理论思维能力。早在进军的途中，他就已逐渐把日常军政指挥大权移交给杨秀清，在定都天京之后，他更专心致志地研究并制定政权建设的蓝图和措施，以便巩固革命成果并进而实现建立"地上天国"的革命理想。

他指出："天国是总天上地下而言，天上有天国，地下有天国，天上地下，同是神父天国，勿误认单指天上天国。故太兄（耶稣）预诏云：'天国迩来'，盖天国来在凡间，今日天父天兄下凡创开天国是也。"正是根据这个基本指导思想，天王洪秀全结合太平天国金田起义后的革命实践，绘制了一幅地上天国的美丽蓝图——《天朝田亩制度》，于1853年底加以颁布。

无论什么社会，它的首要根本的问题都是财产的所有及其分配问题。《天朝田亩制度》处理财产所有及其分配的基本原则是"人人不受私，物物归上主"。按照这个基原则，全国土地属于上帝所有，每一个中国人作为上帝的子女，都有权平均分配一份土地。"凡分田，照人口，不论男妇，算其家口多寡，人多则分多，人寡则分寡，杂以九等"，所有这些规定显示出，这是一种农业社会主义者所设计出来的理想图案：全社会每人都可以分配一份相等的土地，都要从事农业并兼做副业；劳动所得除留足自己的口粮之外，其余都得归公，以满足婚丧嫁娶之需，以供养鳏寡孤独。《天朝田亩制度》所设计的是一个人人各得其所的、平等的农民社会。

关于地上天国的社会结构，《天朝田亩制度》是按照亦兵亦农，军政合一的原则来设计的。根据这个原则，全国人民都像士兵一样，被组织在一个严密的军事体制之中。这是一种仿照古代寓兵于农的做法而设计出来的社会组织，其目的主要在于使整个社会都能够亦兵亦农，军政合一。"有警则首领统之为兵，杀敌捕贼；无事则首领督之为农，耕田奉尚（上）。"不仅如此，在天京革命秩序建立起来以后，天王洪秀全还曾一度打破封建宗法性的家庭结构，按照军、师、族、卒、两、伍的军事编制，将天京全城居民（除参军外）以职业技能的不同分别编入各种营、馆，从事各种生产劳动。老年男子和男童则编入"牌尾馆"，参加一些力所能及的劳动或其他辅助性工作。病人则入"能人馆"予以治疗。将私有的房屋、地产、金银、粮食、货物一律归公有，入天朝圣库，实行平均主义的供给制度，上自天王，下至伍卒平民，一律不发俸钱，衣食日用所需，概由圣库供应，只是在生活标准上有别而已。天王洪秀全企图通过以上这个以废除封建土地所有制为中心的包括政治、经济、军事、文化教育以及社会各方面的改革方案，来建立"有田同耕，有粮同食，有衣同穿，有钱同使，无处不均匀，无人不饱暖"的"天下一家"的地上天国。

《天朝田亩制度》是太平军"圣库制度"和其他一系列政策条例的总结和发展，是洪秀全"量大"学说的结晶。尽管它带有很大的主观幻想成分，但它的出现，在中国农民战争史上，仍是一个破天荒有伟大创举，它的诞生，标志着太平天国把农民革命推到了一个新高峰。

天京事变

建都天京以后，天王洪秀全不仅在经济上遇到了理想与现实之间无法解决的矛盾，而且在政治上也遇到了集中与分散的矛盾。

天王下的五王制，这是把农民的民主主义和封建君主制结合在一起的一种特殊的国家政体，它以天王为国家元首，以军师为政府首脑，天王临朝而不理政，实际权力掌握在军师手里。这种特殊的国家政体，是农民领袖洪秀全的伟大创造，也是农民阶级在政权建设上所能达到的最高水平。但是，这样一来，在政治生活中不可避免的就产生了农民的民主制与封建君主专制之间不可调和的矛盾。最后终于导致了天国的分裂，造成了严重的挫折。

定都天京以后，在政权建设时期，农民的民主主义与封建君主专制之间的矛盾便逐渐尖锐起来。各王之间都醉心于扩大和经营自己的小山头，在天京城内，除了代表天国政治中心的天王府以外，诸王府第也相继建立起来，而且各成体系。如东、西王府，各设六部尚书办理政务，每部十二人，两府各七十二人。又每府置左、右承宣各十二人，共计二十四人，掌发号施令。总计东、西府属下各类官员各三千五百六十四人。北王府属下的尚书、承宣、仆射、参护、典舆等，也有千人之多。同时，按照天国军政合一的体制，各王下，都有自己直接指挥的庞大军队，形成一股一股强大的力量。因而，在天王府下又出现了几个各自分立的小朝廷。

天王洪秀全在政权建设时期，如前所述，集中主要精力制定和修改各种规章制度，天国一切大事交由东王杨秀清决定，然后报告天王，取旨办理，东王府成为处理天国政务的中枢，实际上已成为天朝以外的"天朝"。杨秀清逐渐骄傲起来，他自恃功高，"威风张扬，不知自忌，一朝之大，是首一人"。最突出的表现便是利用他代天父传言的特殊地位，对天王洪秀全和首义元勋肆意打击，抬高自己，权欲观恶性膨胀，"君臣不别，东欲专尊"，后来竟发展为借天父下凡斥责甚至杖责天王洪秀全，严重地破坏了天国领导集团之间的团结。

洪秀全对此采取了缓和矛盾的解决办法，他虽然不满意杨秀清借天父名义对他的欺凌，但从维护天国统一团结的大局出发，他宽恕了杨秀清，并且破例在金龙殿设宴款待他，以示对他的恩典。

天王洪秀全这些做法，并没有达到维护天国统一的目的，相反地却更加助长了杨秀清的骄傲思想，使他的权威更带有神圣的色彩。尽管他加封给杨秀清的这些特殊的称号都是至尊至贵的，但这毕竟是宗教的概念，而掩藏在宗教外衣下面的现实利益才是人们所真正追求的。为了取得更大的实际权力，杨秀清不仅肆意打击和贬低天王洪秀全的作用，同时对其他诸王，更是任意折辱打击。

北伐西征取得胜利后，杨秀清被胜利冲昏了头脑，把太平天国的胜利完全记在自己的功劳簿上，更加居功自恃，再也不愿忍受九千岁的地位，企图也称万岁，洪杨矛盾空前激化。杨秀清先将北王韦昌辉、翼王石达开借故调出天京城，接着，便发动了逼封万岁的严重事件。

1856年8月中旬，东王杨秀清又假借天父下凡召天王洪秀全到东王府，以天父的口气问曰："尔与东王均为我子，东王有咁（广东方言，如此，这样之意）大功劳，何止称九千岁？"洪秀全回答说："东王打江山，亦当是万岁。"杨秀清又说："东王世子岂止是千岁？"洪秀全回答说："东王既是万岁，世子亦便是万岁，且世代皆万岁。"杨秀清才"伪为天父喜而曰：'我回天矣'。"万岁只能是一个人，洪秀全绝不容许杨秀清也称万岁。于是，他表面上佯允于9月23日东王生辰时正式封典，而暗中又立即密诏北王韦昌辉等回京。

早就在等待时机的野心家韦昌辉接到洪秀全的密诏后，立即带领三千多人从江西迅驰回京。9月1日深夜，他打着圣诏的名义，顺利地进入天京城，以迅雷般地行动占领城内各通衢要道，包围东王府。9月2日凌晨，杀死东王和他的妻小及东王府全体侍从人员，并用木箱装上东王头呈送天王。韦昌辉大肆搜杀东王部众达两月之久，总计杀死太平天国重要领导及骨干分子二万多人。韦昌辉的血腥屠杀，给太平天国革命事业造成了严重的损失。翼王石达开听到南京事变的消息后，于9月中旬赶回天京，责备韦昌辉杀人太多，劝其息兵止杀。韦昌辉不仅不听其劝告，反起杀石达开之心，石达开得知消息后，当天夜里缒城逃出，返回安徽军营。韦昌辉深夜包围翼王府，杀死石达开的妻、子及全部在京属员。天王洪秀全知道这件事后，非常气愤，严厉地谴责韦昌辉说："汝不听达开言斯已矣，戮其妻孥，不亦虐哉！"韦昌辉不服，借搜捕石达开，反戈包围天王府，妄图加害天王洪秀全。韦昌辉滥杀无辜官兵，早已引起天京城内广大军民的极大愤怒，包围天王府后，勤王的真相大白，天王洪秀全号召天京城内军民讨伐韦昌辉，与此同时翼王石达开也兴师讨韦，韦昌辉战败，逃出天京，至江浦被东王杨秀清余部拿获，解往天京被诛，同时韦党骨干秦日纲也被处斩。

天京变乱后，首义六王除天王外，只剩下翼王石达开一个，被迎回京，天国军民皆大欢喜，合朝同举他主持国家大事，洪秀全封他为"电师通军主将义正"。石达开是太平天国开国元勋之一，他文武兼备，谋略深远，不仅在西征中建立了赫赫战功，而且对太平天国政权建设有巨大贡献，是太平天国的卓越军事家和第一流政治家。东、北二王死后，总理天国军政的巨任理所当然地落在他的肩上，论他的才干也有能力使天国复振。翼王总理朝政后，天国领导集团之间的矛盾并未解决，天王洪秀全经过这场触目惊心的天京变乱后，已被杨秀清的专权和韦的野心弄怕，他诚恐大权旁落，重蹈东王专权的局面，对石达开很不放心，所以错误地封他的两个哥哥洪仁发、洪仁达为安王、福王，以"挟制翼王"。石达开虽然担负了总理天国政务的重任，但内心里却对安、福二王的挟制存在很深的戒心，同安、福二王的关系愈来愈紧张，他害怕刚刚发生过的天京变乱重演。他既不肯图谋不轨，篡权夺位，又不愿受洪氏集团的挟制，因此，愤而出走，远离天国。1857年5月底，石达开率领太平天国精锐部队十多万人，脱离太平天国单独行动。

杨秀清的被杀，韦昌辉的屠杀，石达开的出走，使太平天国的革命事业遭到了严重的挫折。

拨乱反正

天京变乱后，太平天国在军事上全线退却，清军卷土重来。

太平天国内部经过天京变乱，领导核心遭到严重破坏。东、北、燕诸王被杀，变乱后，翼王又负气出走，首义诸王只剩下天王洪秀全一人，中央政权瘫痪，政治上呈现出严重的混乱状态。同时太平军的力量大大削弱，东王、北王、翼王所属部队瓦解、离散，天国出现了"朝中无将，国内无人"的局面。天京变乱在广大革命群众中特别是在太平军的将领中还引起了严重的思想混乱，过去奉为至高无上的"天父天兄"和奉天命斩邪留正、拯救世人的"真命主""天王"以及具有巨大权威代天父传言的"赎病主""圣神风""劝慰师"的威灵大大降低，人们对"永享天父大福"的政治诺言和在地上建立幸福天堂的理想怀疑动摇。

要打破敌人的反扑，重振天国，百废待举，但当务之急是重建新的领导核心。洪秀全首先采取了争取翼王石达开回朝辅政的最佳方案，因为石达开是地位仅次于天王洪秀全的最有才能、最有威望的领导人，当然由他继续来主持政务是最合适的了。为此他接受批评、改正错误，1857年8月取消了他的两个哥哥洪仁发、洪仁达安王、福王的封爵。欢迎翼王回朝辅政，但是，石达开对洪秀全的诏令置之不理，不愿同洪秀全合作。他转战江西、浙江、福建、湖南、四川等地，最后在大渡河被清军围困，石达开企图"舍命以全三军"，自投清营，结果不但他本人被杀害，而且全军被歼灭。

争取翼王石达开回师辅政失败后，洪秀全决定起用和提拔一批年轻将领组成一个新的领导班子。1857年10月，洪秀全封蒙得恩为正掌率，陈玉成为又正掌率，李秀成为副掌率，代替安、福二王掌理朝中军政大事。洪秀全自任军师，亲自处理朝内外重大事务。自任军师，一方面是在当时新的领导软弱的情况下，克服政治混乱的非常措施；另一方面是为了纠正过去权力分散的缺点，把权力集中起来。

1857年4月22日，正当天国危难之际，洪仁玕冲破敌人重重封锁到达天京。洪仁玕是洪秀全的族弟，最早的拜上帝会会员之一，洪仁玕回到天京后，洪秀全立即封他为干天福，又晋封为义爵加主将，"开朝精忠军师顶天扶朝纲干王"，总理天国军政大事。

洪秀全在重建新的领导核心的同时，为求得政治上的集中统一和加强团结，实行了"崇杨贬韦"的重要政策。

"崇杨贬韦"是天京变乱后太平天国一项重大政策，也是天王洪秀全对天京事变做出的正确结论。事实上崇杨贬韦政策推行的结果，统一了广大军民对天京变乱的看法，加强了团结，坚定了革命信心，特别是争取、团结了杨秀清的部众。

1860年，颁布了《王长次兄亲目耳共证福音书》，以王长次兄亲眼所见，亲耳所闻，记述了丁酉年（1837年）三月一日（4月5日），洪秀全死去两日后复苏的事实，再次证明洪秀全确是上天受命、下凡拯救世人的太平天国真命主。宣传中强调对上帝的信仰和洪秀全真命主的地位，目的是为了统一思想，坚定革命信仰和信心，弥补天京变乱在思想上造成的严重创伤。这些宣传尽管带有宗教色彩，但在当时，却起着重新动员群众的作用，不能仅仅把它完全看成是一种令人迷惘的、纯粹的宗教宣传。

洪秀全在稳定天京政治局势的同时，又积极争取尽快地摆脱天国军事上的不利局面。1856年清军乘天国内部分裂，长驱直入，向太平军发动攻势，在西战场上，已逼近天京上游的军事重镇安庆；在东战场上，又包围了天京。太平天国要摆脱这种困境，必须先解除清军江南、江北大营对天京的围困，稳定天京形势。

太平军浦口、三河两大战役的胜利，使天京、安庆转危为安，基本上遏止了清军长驱直入的进攻，军事上的危局才有所扭转。

天王洪秀全所采取的重振天国的这些措施收到了显著的效果，使太平天国初步出现了一个比较稳定的局面，但同建国初期比较起来，是不能同日而语的了。

《资政新篇》

天京事变后，洪秀全经过两三年艰苦卓绝的努力，采取了一系列拨乱反正的措施，虽然使天国出现了一个比较稳定的局面，但以小生产者绝对平均主义描绘的理想天国的方案——《天朝田亩制度》以及与之相适应的各项政策，在实践中愈来愈行不通，因而在政治上，经济上，思想上的混乱也就无法根本克服，以致"人心改变，政事不一，各有一心"，革命锐气大减。严酷的现实斗争，迫使革命领袖洪秀全不得不进行新的探索。一八五九年颁布的《资政新篇》，就是天王洪秀全开辟"新天新地新世界"的新纲领。

《资政新篇》是洪仁玕给天王洪秀全的一份关于改革内政和建设天国的建议书，是他向太平天国设计的一幅用资本主义方式进行社会政治经济改革的蓝图。

怎样向西方学习？洪仁玕认为治理国家最关键的是"用人"和"设法"两条。所谓"用人"是指使用和提拔干部的政策；所谓"设法"是指经济政策和政治措施。"用人"和"设法"二者相辅相成，"用人不当，适足以坏法，设法不当，适足以害人"。从这两点出发，洪仁玕在《资政新篇》中提出了一整套崭新的建设天国的政策。

关于改革内政方面，提出了"禁朋党之弊"，使天国达到政治上的集中统一。

地方行政的改革，洪仁玕提出由群众推举产生乡官，"公议者司其任"。并设立士民公会（民众团体），举办各种社会福利事业，协助政府"拯困扶危"。

以上这些政治上的资本主义改革，是针对天国政治上的分散主义、宗派主义提出来的，在表面上看来是集中与分散的矛盾，实际上是君主专制与民主的矛盾。洪秀全认为，只要禁止了结盟联党现象，天国就可以达到集中统一，他不可能认识到这种朋党之弊的根源是农民小生产者本身的保守性和分散性，农民阶级既然不能解决专制与民主的矛盾，当然也就不可能解决集中与分散的矛盾。

在经济改革方面，洪仁玕主张效仿西方资本主义国家的经济制度，发展近代工矿交通事业。

这是一个根本的社会经济改革方案，它是以新的生产方式代替旧的生产方式，以新的生产关系代替旧的生产关系，其前景是在中国发展资本主义。

在法制方面，《资政新篇》中洪仁玕主张废除封建主义的严刑峻法，对判处死刑的重罪犯，实行绞刑，废除"点天灯""五马分尸"等酷刑。实行"善待轻犯"的政策，主张采取"修街、渠、道路"等监劳动的办法，使其悔过自新。主张把宗教和刑法分开来，他指出："十款天条，治人心恶之未形者，制于萌念之始"，是属于思想教育范畴；刑法"治人身恶之既形者"，是为了制裁犯罪行为。这是一种资产阶级的法制观点。

在文化教育方面，洪仁玕提出了一些反映资产阶级文化思想的主张。主张兴办学校，创办新闻报纸，反对浮文，提倡文以纪实。主张发展社会福利事业，如成立士民公会和慈善团体，设立医院、跛聋哑院、鳏寡孤独院等等。反对封建迷信，在对外政策方面，主张学习西方，引进西方国家先进的科学技术，反对"全体闭塞，血脉不通"的闭关政策；主张各国之间平等地交往和进行贸易，反对鸦片输入；主张"与番人并雄"，和西方国家进行竞争。

洪仁玕提出的这些改革措施，都得到了洪秀全的赞同。他们在开创新天新地新世界中，勇于同旧的文化思想决裂，在对外政策上，坚决抛弃妄自尊大，以天朝自居的愚昧思想，主张积极地与外国在平等基础上往来。特别是他们对外开放、引进西方先进科学技术、在竞争中发展自己国家的思想，在当时来说，是最有远见卓识的思想，成为早期改良主义思想的先导。

从《资政新篇》的基本内容来看，它是太平天国进行全面改革的新纲领，它的目的是要用发展资本主义来改变天国的衰败局面，以便把中国建设成为一个能与西方各国并雄的资本主义国家。

《资政新篇》是同《天朝田亩制度》性质完全不同的政治纲领。《天朝田亩制度》是以土地问题为中心内容，主张废除封建土地所有制，把土地平均分配给农民耕种，它所设想的理想天国是一个生产力很低的没有私有财产、没有商品货币的绝对平等平均的社会，这实质上是一种空想的农业社会主义，是小农经济的产物。《资政新篇》抛弃了这种不切实际的空想，以西方资本主义国家为榜样，提出了一个发展近代工业生产，实行资本主义经济制度的建设新天国的方案。两个纲领无论是思想内容和阶级基础都截然不同。洪秀全从制定《天朝田亩制度》到完全赞成和颁布《资政新篇》，从"人人不受私，物物归上主"彻底消灭私有制到保护私有财产，鼓励发展资本主义，这是他政治思想上的一个大转变。这一转变是和太平天国后期的社会历史分不开的，是他解决理想与现实之间矛盾的重大思想突破。

洪秀全之死

1861年8月，咸丰皇帝病死热河，六岁的儿子载淳继位。载淳的生母西太后控制了清政府，她把太平天国看成"心腹之患"，不惜出卖国家主权以换取外国侵略者的支持，在"借师助剿"的口号下，与外国侵略者勾结起来，实行军事合作，共同镇压太平天国革命。外国侵略者向清朝政府出售军火，帮助清政府建立军事工厂，训练新式军队。在中外反动势力的巢穴上海，它们设立"中外会防局"。为了加强上海的防务力量，英国把珍珠号军舰由天津调至上海，法国增加了驻上海的侵略军。沙俄也派兵来华，并赠给清政府洋枪一万余支。同时，它们还把华尔的"洋枪队"扩编改名为"常胜军"。在苏浙地区，中外反动派相继组织起中外混合军"常捷军""常安军""定胜军"等，加紧围剿太平军。

1862年初，清政府又授予曾国藩协办大学士头衔，并令其统辖江苏、安徽、江西、浙江四省军务，节制巡抚、提督以下文武官员。曾国藩坐镇安庆，在英法美等国侵略者密切配合下，分兵三路向天京和苏浙地区疯狂反扑。5月30日直抵南京城下，占领雨花台。中外反动派从东西两线同时发动进攻，太平天国革命政权面临着严重的危机。

洪秀全为了摆脱这种困境，决定集中优势兵力，在天京城外同湘军主力决战，命令太平军各路部队迅速回救天京当时围困天京的湘军，水陆仅二三万人，孤军深入，后方空虚，因此，打败围困天京的湘军是有可能的。

李秀成拒绝立即回援天京，直接破坏了天王洪秀全的战略方针，这种公开抵制天王诏旨的行为，是太平天国后期政治上集中与分散的矛盾的继续。安庆失陷后，太平天国内部的混乱和分裂发展到了一个新高峰。在这种情况下，洪秀全为了削弱个别将领权力过于集中、向中央闹独立性和激励其他将领奋勇作战，采取了多封王号的措施。安庆失守前，虽然天国已经发生了乱封官爵的现象，但天国的王号洪秀全还不肯轻易授人。安庆失守后，在严重挫折和失败面前，洪秀全于1861年封陈玉成部的赖文光为遵王，陈得才为扶王，梁成富为启王，蓝成春为祐王，陈仕荣为导王等，从此，开了滥封王号的恶例。

封王号，本来是洪秀全采取的解决分散与集中的矛盾、团结广大将士的一项措施，但滥封的结果，严重地破坏了天国的干部政策，受封者多非有才能和有功勋的人，而是一些庸碌之辈。如李秀成所说："无功偷闲之人，各有封王，外带兵之将，日夜勤劳之人，观之不忿，力少从戎，人心不服，战守各不争雄。"同时，军事将领多封为王，他们各有守土，各保实力，互不救援，本位主义反而更严重了。因此，不仅没有达到集中的目的，相反地却进一步扩大了分裂。

苏州失陷，苏浙根据地濒于瓦解，天京孤立，形势万分危急。李秀成向天王洪秀全建议"让城别走"！遭到了洪秀全的斥责。在敌强我弱，大军压境，天京外无援兵，内无粮弹，孤城难守的情况下，李秀成"让城别走"的主张并不是不可取的。洪秀全既不愿"让城别走"，又找不到别的出路，为了稳定局势，坚定人心，不得不再一次加强宗教宣传，强调宣传上帝全能，他能帮助天国军民挽回失去的一切，自己开创的天国事业，是永存不灭的，太平天国会"一统江山万年万万年"。洪秀全虽然是叱咤风云的英雄，但在残酷的现实斗争面前，他提不出先进的理论指导革命取得胜利。和以平均主义为核心的其他各项政策一样，宗教宣传，在革命初期，曾经起过很大作用，但经过严酷的斗争实践以后，人们已经认识到，上帝的权能征服不了反动派的枪炮，洪秀全标榜的地上天国，也未必会给他们带来幸福，人们愈来愈面对现实。因此，这时的宗教宣传，已经不能在群众中起多大作用了，所以天国后期思想混乱的状况越来越严重。

由于长期劳累，5月下旬，天王洪秀全身患重病，但他仍然关心着革命事业，临终前，还要求军民坚定胜利信心，努力杀敌，保卫天京。1864年6月1日，洪秀全病逝了。

忠王李秀成

李秀成是一位天才军事家，是太平天国重要的将领和后期主要统帅，被封为忠王。1853年太平天国定都南京后，李秀成为杨秀清所识拔，举为右四军帅，旋升后四监军，后升殿右二十指挥、二十二检点、地官副丞相、地官正丞相、合天侯。石达开离京出走，他封副掌率、合天义，与陈玉成共掌军政，旋升后军主将。他与捻军相呼应，多次与清兵交战，解除了清兵对天京的围攻。1858 年与陈玉成部会师，进占浦口，再破江北大营。1860 年 5 月，调集数路人马，又破江南大营，乘胜攻克丹阳、常州、无锡、苏州等地，直逼上海，后奉命西征，转战湖北，不久又回江浙一带，与清驻军及西方几国组织的"常胜军"作战，在敌强我弱的情况下，屡挫敌人，建立奇功。

曾国藩（因杀人如麻，得诨号曾剃头）率湘军屡犯天京，李秀成率部英勇抵抗，多次击破湘军，直捣湘军老巢祁门。曾国藩一向坐镇指挥，从不上前线，在李秀成的强大攻势面前，不得已到阵前指挥。有一次，曾固守祁门无望，便给妻子留下遗书，准备一死了之。

李秀成治军严格，所到之处，秋毫无犯。他打到苏州时，百姓箪食壶浆，夹道欢迎，店铺民房门首都贴上红字标语。洪氏家族对李秀成的威严十分惧怕，只要他在京，洪氏便"不敢逼人，不敢强欺城中百姓，不敢欺逼官兵"，李秀成一离开，洪氏就"逢屋查过米银等物，任其挥霍"，使全城不得安宁。洪氏老幼千方百计在天王面前诽谤中伤李秀成。洪秀全明知李秀成有治国治民安邦平天下的才能，但又对其猜忌，怕他拥权自重产生逆心，对其百般限制，百般防范。

1862 年，曾国藩、曾国荃兄弟在美、英、法组成的"常胜军"的支持下，率湘军倾巢而出，围攻南京。时李秀成正在奉贤、南江、川沙与中外反动派交战。因天京形势吃紧，洪秀全便严诏催促回援天京。李秀成率部三十万众，返京进攻围城湘军。他的军队没带御冬寒衣，粮草供养断绝，但将士奋勇杀敌。洪秀全一方面命令李秀成冒雪前进，从长江上游解救南京，另一方面又从李秀成部调走部将，削弱他的力量。李秀成奉命前进，江浙留守军却无人调度，呈混乱状态。李秀成孤军奋战江北，竭尽全力攻敌石垒，坚持四十余天。洪秀全又诏令回京，李秀成只得将军队再分，战死、病死、饿死及掉队者达十余万人。在形势极为不利的情况下，李秀成向天王提出"让城别走"的建议，在当时是一条求生之路，洪严辞拒绝，但死也不放李出京，他只能固守危城，坐以待亡。

1864 年 7 月天京陷落。李秀成护送幼主洪天贵福以数百骑乘夜色从太平门断墙缺口处突围南走，途中为追兵冲散，幼主逃往湖州，李秀成藏匿民间，因奸人告密，被曾国荃捕获。曾国藩亲自审问李秀成，李谈吐从容，毫无惧色。他要敌人给他纸笔，他要写一份自述。自述分析了太平天国兴亡成败的原因，直陈天王及主要决策者的过错。李秀成写完自述的当天夜里，即被"凌迟处死"，断了他复燃天国烟火的一线希望。

左宗棠收复新疆

第二次鸦片战争中，沙皇俄国趁火打劫，抢占了中国一百多万平方公里的土地。但是，沙皇仍不满足，又把贪婪的目光转向中国的新疆。

1864 年（清同治三年），早有分裂野心的新疆封建主金相印与中亚浩罕汗国相勾结，在新疆南部分土割据。浩罕摄政王派遣阿古柏于次年侵入新疆。几年间，阿古柏完全掌握了南疆的统治权，建立了所谓的"哲德沙尔汗国"，自称"毕条勒特汗"，并将势力扩张到了天山以北的乌鲁木齐、玛纳斯等地，在各城开征地税，还命令回、汉人民一律遵照中亚安集延（今乌兹别克斯坦费尔干纳盆地东部境内）的风俗习惯，"光顶圆领"，剪去辫发，改变服饰装束，妄图把新疆从中国版图中完全分裂出去。在对内残酷奴役各族人民的同时，他还向英、俄大肆出卖新疆权益，以求取列强对他的"承认"和支持。

1871 年 7 月（同治十年五月），野心勃勃的沙皇俄国并不满足于间接侵略，悍然派兵入侵，强占了新疆西北的伊犁地区，为其鲸吞整个新疆夺取了一个重要的桥头堡。新疆形势危在旦夕！

可是，在要不要出兵收复新疆这个问题上，腐朽的清朝政府却一直举棋不定。当时日本正侵犯台湾，东南海疆频频告急。以李鸿章为代表的"海防"论者，公开提出停兵撤饷，暂罢西征，说什么"新疆不复，于肢体之元气无伤"。对此，左宗棠据理力争。他从全局出发，主张海防与塞防并重，指出新疆是我国西北屏障，一旦放弃，必将导致"我退寸而寇进尺"，后患无穷。

1875 年 5 月（光绪元年三月），清廷终于采纳了左宗棠的意见，任命他"以钦差大臣督办新疆军务"，授予他指挥关外一切军事的全权。

左宗棠早就做好了收复失土的准备。他在兰州南关创办了兰州机械局，制造了进军需要的枪炮装备；他整顿了陕甘地区的官员和部队，根据"关塞用兵宜精不宜多"的原则，留下了健壮的自愿出征的兵丁，汰除了一批吃空饷的不称职的大员。他认为，新疆一战，由于路途遥远，取胜的关键在于运送粮食，为此，他准备好了适合在沙漠地区运输粮食和作战物资的队伍，保证运输的畅通。

出发之前，左宗棠详细分析了新疆地区的情况。他认为，新疆地区北高南低，防守北疆重镇乌鲁木齐的是投降了阿古柏的中国回族人白彦虎，白彦虎部队力量较弱，与阿古柏也有矛盾，如果攻打乌鲁木齐，南疆的阿古柏肯定不会增援；打下了乌鲁木齐，清军便居高临下，占据了有利地形；而且初战胜利，也会鼓舞入疆大军的士气。于是左宗棠首先攻打北疆的乌鲁木齐。

白彦虎知道左宗棠首攻的目标是乌鲁木齐，便把自己的主力部队安排在左牧地，下令死守这个乌鲁木齐的外围重镇。左宗棠的猛将刘锦棠来到左牧地前，不待筑营休整，立即趁白彦虎的军队夜间睡觉的机会发动了猛攻。白彦虎那批乌合之众哪是清军的对手，双方一接触，叛军立即败下阵去。白彦虎闻讯大惊，连夜从乌鲁木齐逃走了。清军初战告捷，乘胜追击，不久便收复了北疆大部分地区，只剩下伊犁地区还在沙俄的控制之下。新疆的军民，几年来受叛军的欺凌，看到清军进疆后，军纪严明，纷纷起来响应清军的进驻，热切盼望清军能很快进军南疆，把阿古柏赶出去。

左宗棠的胜利震惊了沙俄和英国。英国立即借口自己与阿古柏订有通商条约，威胁清政府，声称再继续交战，就会引起国际争端，并为阿古柏求情，要清政府允许阿古柏投降清朝，在南疆建立国中之国。李鸿章趁机发难，又发动了对左宗棠的攻击。他这种卖国求和的态度激怒了左宗棠，左宗棠在攻下乌鲁木齐后不久，立刻下令进攻南疆，决心把入侵者阿古柏从新疆赶出去。

阿古柏在南疆部署了抵抗清军的防线，分别派人守住托克逊和达坂城，还让从北疆溃退的白彦虎守住吐鲁番。他想凭借南疆多沙漠，运输困难的条件做拼死的顽抗。

光绪三年（1877年），刘锦棠率兵二十余营，攻打南疆的门户达坂城。清军用开花炮弹猛轰达坂城，一炮击中叛军的火药库，引起了城内弹药不断爆炸。叛军死伤千余人，只得撤出了达坂。收复达坂以后，刘锦棠又乘胜进攻托克逊，托克逊叛军抵挡不住，清军又收复了这座战略要地。另一支清军在张曜的率领下，从侧面攻击吐鲁番。把白彦虎赶出了吐鲁番城，于是，整个南疆门户洞开，再也无法阻挡清军长驱直入了。

英国人再次充当说客，请求清政府割出南八城给阿古柏作为安身"立国"之处。左宗棠大怒，斥责英国人说："阿古柏是浩罕汗国人，如无立足之处，英人何不割印度之地让他立国，为何非要到中国来割地？拿别人的国土做人情，道理何在？"他坚决拒绝了英国的无理要求。

当时沙皇和英国正在土耳其争夺殖民地，一时无力顾及中国的新疆。阿古柏没有后台做倚靠，失望之余服毒身亡。他的两个儿子为争权发生了争斗，伯克胡里杀死了兄弟海古拉。伯克胡里众叛亲离，再也无法守住阿古柏最初建立的哲德沙尔国。光绪四年（1878年）八月，左宗棠率领清军在六天六夜中奔袭九百里，连克南八城，到十二月，终于收复了喀什噶尔。这座被外国匪帮占领了十二年的边疆古城，终于回到了祖国的怀抱。伯克胡里和白彦虎逃到了俄国，从此再也不敢踏进中国国土一步。

到了这时候，中国的领土只有伊犁一地尚在沙皇俄国的占领之下，其余各地都已收复。左宗棠陈兵北疆，矛头直指伊犁，下决心收复全部失地。他的目的，照理说是完全有可能实现的，沙俄在新疆驻兵不多，所以不敢支援阿古柏，采取的是坐山观虎斗的姿态。

北京的朝廷，却怕左宗棠进攻伊犁会引起两国冲突，下令左宗棠急返北京就职，负责兵部工作，这一釜底抽薪的做法断送了左宗棠十年征战的成果。光绪七年（1881年），中俄两国签订了《伊犁条约》，中国虽然收回了伊犁城，却把霍尔果斯河以西的部分领土送给了俄国。俄国人用唆使别人入侵的阴谋，让别人替他火中取栗，又在中国捞到了不少好处。

新疆平定后，左宗棠建议新疆设省，并提出浚河渠、建城堡、清丈地亩、厘正赋税和分设义塾等项主张，以促进新疆地区经济和文化的发展。

左宗棠在镇压太平军时是毫不留情的，但他在捍卫领土完整上做出了重大贡献。据说新疆各地广泛种植的柳树被称为"左公柳"，那是他率大军入疆时命人沿途栽种的。

黑旗英雄刘永福

刘永福祖籍广西博白县，生于广西钦州古森峒小峰乡（今广西防城那良）。八岁时跟随父母流浪到广西上思县，靠替人帮工和砍柴度日，家里一贫如洗。十五岁时膂力如成人，跟父亲、叔父习拳棒，"武艺绝伦"；及壮，又受雇为游艇的水手、舟师，饱受剥削压迫之苦。广西是太平天国的发祥地，洪秀全的革命思想对他有过一定影响。在太平天国革命时期，广西各地农民起义风起云涌。1857 年（咸丰七年），刘永福与同乡邓阿富等六人前往投奔农民起义军吴凌云部。行前他感慨地说："大丈夫不能为数百万生灵造福，已觉可羞；况日夕啖稀饭以充饥，尚不能继，又焉可郁久居此乎！"此后，他转战于归顺（今靖西）、太平一带。太平天国革命失败后，刘永福于 1865 年，率领二百余人前往归顺安德墟，投奔天地会首领吴亚终（亦作吴亚忠，吴凌云之子），同来的二百余人皆由永福统率。永福既为"旗头"，照例要有旗帜。他见安德北帝庙中，有奉水神的七星黑旗一面，就仿制为大纛，卜吉牲祭，与诸兄弟歃血为盟。就这样，刘永福在安德创建了黑旗军。

当此之时，清政府加紧了对各地农民起义军的镇压。1866 年，王士林、黄思宏应镇安府之征，各率数千人开往安德，妄图一举消失吴亚终。在刘永福的帮助下，吴亚终把王、黄二部打得大败。不久，清军督办马某，复调兵向王亚终进剿，在归顺城激战经旬。城内粮食告匮，吴亚终只顾供给自己所部，黑旗军士兵皆不得温饱。农秀业乃建议突围前往波斗。一则该地与越南毗连，事急可退入越南；再则当时越南有数州遭白苗袭击，越兵屡为所败。黑旗军如能进驻越南，相机助越平乱，则前途未可限量。刘永福采纳了他的意见，率部乘夜突围出走。到波斗后略加休整，又继续前进，于1867 年在越南六安州建立了"中和团黑旗军"。1870 年，刘永福率部进据滇越交界的保胜（今老街），以此为根据地，开山辟林，聚众耕牧，设卡纳税，除霸安民，颇得越民信赖。钦州、防城一带的穷苦百姓，也千里跋涉，投奔刘永福，从而使黑旗军很快发展到三千多人，成为一支纪律严明、战斗力很强的队伍。

越南是中国西南邻邦，与中国唇齿相依。侵占越南并以此作为侵略中国的桥头堡，是法国蓄谋已久的战略计划。1873 年，法国海军少将安邺乘兵舰侵入红河，于 11 月 5 日攻占北圻首府河内，越总督阮之芳战死，形势万分危急。越南阮朝政府派人请黑旗军出兵援助。刘永福慨然答应，亲自率领一千多名黑旗军将士，"绕越宣光大岭，驰赴河内"。在河内郊外，与越军一万多人会合，列阵对敌。安邺闻讯，于 12 月 21 日，率所部出河内西门临桥挑战。谁知黑旗军早已在桥下设伏，此时全军猝起，冲过大桥，扑向法军前锋。刘永福亲自上阵，指挥将士奋勇冲杀，法军大溃，仓皇逃到西门城下，城门卫士还来不及打开城门，黑旗军已经追至，安邺欲举枪射击，但枪腔已无子弹，被黑旗军先锋吴凤典一刀结果了性命。是役，法军被打死打伤者约数百人，被迫退出河内。越南阮朝政府为表彰刘永福的战功，任命他为三宣副提督，驻防宣光、山西、兴化三省，控制着法军企图入侵中国的通道——红河上游。

1882年，法军又入侵越南北部。4月，法国西贡总督派遣交趾支那海军舰队司令、海军上校李威利率领海陆军再次攻占河内。次年3月，法军攻占南定。越南北圻总督邀请黑旗军援助。1883年5月10日，刘永福率黑旗军将士在河内城外慷慨誓师，决心"为越南削平敌寇"，"为中国捍蔽边疆"并向李威利投下战书，约他在十天内决战。李威利得知清政府已派兵增援，妄图孤注一掷，于5月19日，率四百余人进攻纸桥（在河内西二里处）以西的黑旗军阵地。刘永福部署先锋管带杨著恩、左营管带吴凤典、前营管带黄守忠等部列阵，自率亲兵在府城外指挥战斗。法军在大炮掩护下分两路冲过纸桥，右翼杨著恩奋勇迎敌，旋佯退至上安决村。待法军进入该村时，黄守忠、吴凤典部突起夹击，激战了三小时，击毙法军官三十余人、士兵二百多人，连李威利也丧了命。安南王闻讯大喜道："永福先机克敌，深谋制胜，真不愧为安南的擎天柱啊！"纸桥大捷后，越南阮朝政府晋升刘永福为"一等义良男""三宣正提督"。

1883年12月，法国侵略军在孤拔的率领下，向接受越南政府的邀请驻扎的山西地区协助防御的清军及黑旗军发起进攻，从而挑起了中法战争。山西地区的战斗分东西两路进行。在东路，清军由于执行李鸿章的妥协方针，以致节节败退；在西路，刘永福率领黑旗军与越南人民密切配合，英勇抗击法军。他们作战勇敢，不怕牺牲，有的身负重伤，还用枪托把敌人的头骨打碎。连法军也惊呼："这些人的英雄气概，实在是神奇！"经过五天激战，歼敌三百余人。后因众寡悬殊，难以坚守，遂于12月16日，撤离山西地区，转战各地。

从1884年，刘永福接受了清政府授予的"记名提督"的官衔，成为清朝的一名官员。从12月上旬开始，刘永福领导的黑旗军和西线的清军联合起来，向法军发起进攻。有一次，他们将宣光城围困长达两个多月，城内的法军弹尽粮绝，只得把一封封求救信装在一个个竹筒里，上面插上小旗，写明"有谁拾得此信，报上法国全权大臣者，赏银二十元"，投入红河，让它顺水漂流，向河内法军告急。黑旗军预料河内会出兵解围，故在离宣光不远的地方，埋下两万斤炸药。1885年3月2日，大批法国援军到达，黑旗军将他们诱入埋火药处，当场炸死炸伤法国军官二十五名、士兵四百余名，其余也被黑旗军用火箭烧得焦头烂额，逃往河内。接着，黑旗军又同云南的农民军及越南军民并肩战斗，在临洮再次大败法军，连克十余个州县。同月23日至25日，爱国老将冯子材在镇南关又大败法军，击毙法国军官数十名、士兵二千余人，还缴获了大批枪支弹药和其他战利品。其后，又相继收复文渊、谅山等重地。中越军民抗法斗争的巨大胜利，给法国侵略者以沉重打击，迫使法国内阁垮台。

在这样的大好形势下，清政府反而向法军妥协，于1895年4月下诏宣布停战，与法国签订了丧权辱国的《中法会订越南条约》。接着又连下九道命令，胁迫刘永福于同年9月率所部三千人撤回国内，接受改编。旧时股肱，裁减殆尽，所余者仅二百人。次年，清政府任命他为广东南澳镇总兵。

1894年，日本发动了对中国的侵略战争。8月，刘永福被调往台湾帮办军务。1895年，中国在中日甲午战争中失败。同年4月，李鸿章代表清政府和日本订立了屈辱的《马关条约》，规定把台湾割让给日本。消息传来，激起全国人民的极大愤慨。台湾人民更是义愤填膺，纷纷鸣锣罢市，坚决表示："愿人人战死而失台，决不拱手而让台。"但当 1895 年夏，日军在台湾基隆附近登陆的时候，台湾巡抚唐景崧却按照清政府的指令，不战而撤，最后逃回大陆。台湾人民纷纷组织抗日义军。当时，率领黑旗军驻守台南的刘永福被台湾军民推举为首领，主持抗日。刘永福激于义愤，毅然接受推举，公开表示："自问年将六十，万死不辞。"此后，他与义军首领徐骧等密切合作，领导台湾军民，进行了五个多月的抗日斗争。

特别是当战事由台北转入台中以后，刘永福所部军队在与民众义军的共同作战中发挥了显著作用。为了保卫台中重镇彰化，刘永福派吴彭年率领黑旗军的一部与徐骧等领导的义军合作，于 8 月 22 日在大甲溪一带伏击敌人。吴彭年的军队预先埋伏在甲溪南岸，等日军接近，突然出击。日军往北溃退，慌忙渡河，刚渡过一半，徐骧又率领另一支伏兵冲杀过来，打得日军丧魂落魄，纷纷落水，死伤惨重。次日，因知县忠满率领的援军畏葸不前，大甲溪为日军所占。吴彭年与徐骧率军退守彰化，刘永福派七星队前往增援。28 日，他们与日军在彰化东门外的八卦山展开一场大规模的肉搏战，给敌人以严厉惩罚，日军遗尸遍山。在这次战役中，吴彭年英勇牺牲，徐骧率余部退往台南。在彰化之役战事紧急之时，日本驻台湾总督桦山资纪曾通过英国领事给刘永福捎来劝降书。刘永福当即驳了回去，他说："要我们投降，没有这样容易的事，打过再讲。"又说："佢扯"（粤语"佢"即他，"扯"即滚开之意）。他还明确表示："余奉命驻防台湾，义当与台湾共存亡。"

彰化失陷后，10 月上旬，战事转入台南地区。这时，黑旗军和义军粮饷、弹药奇缺。刘永福派人到内地求援，得到广大群众的响应，各地人士上书请求清廷派兵援助台湾军民抗战，有的还准备亲自赴台参战。但是，卖国的清政府不但不予以援助，反而封锁海口，严禁各省支援台湾军民，甚至连群众募集的捐款也横加扣留。在内无粮草、外无援兵的艰难环境中，台湾军民仍坚持抗战。10 月中旬，日军进攻嘉义，黑旗军与义军在城外大量埋设地雷，炸死日军七百余人，日本近卫师团中将也重伤毙命。12 日，嘉义失守，刘永福和义军退守曾文溪。日寇以重兵进攻，激战中，徐骧英勇阵亡，刘永福所部七星队也全部壮烈牺牲。曾文溪失陷后，日军从水陆两路加紧进攻台南，部属请求刘永福接济，但他已无能为力，不禁仰天长叹："内地诸公误我，我误台民！"15 日，日军进攻台南城，当时各军都已饥饿得不能起立。刘永福忍饥驻守安平炮台，策应台南城中守军。17 日，日军攻安平炮台，刘永福亲自发炮，歼敌数十人。18 日，台南城中绝粮，守军溃散。19 日，刘永福化装乘英轮返回厦门。21 日，台南失守，台湾全境沦陷。为了保卫祖国的神圣领土，刘永福与台湾军民在极端困难的条件下，面对五万多拥有优势装备的敌人，坚持斗争长达五个月之久，曾给日本侵略者以沉重打击。据资料统计，日军被打死、打伤和因病遣返回国的达三万余人，占侵台日军总数的四分之三以上。

辛亥革命胜利后，刘永福曾出任广东民团总长，不久因粮饷不继，乃辞职回到钦州。1915 年，他反对袁世凯和日本签订的《二十一条》，倡议组织义勇队抗日。1917 年 1 月 6 日，刘永福与世长辞，享年八十岁。他生前坚持反抗外国侵略的爱国事迹，为国人世代传颂。

辛酉政变

咸丰十年（1860 年）对于清政府是一个多事之秋，南方的太平天国叛乱还没有平定，北方的英法联军已经打到帝国的首都北京城附近。

帝国的年轻统治者咸丰皇帝只好以狩猎的名义，仓皇逃到了河北承德的避暑山庄。不久，传来英法联军火烧圆明园的消息，咸丰又急又气，不久便病倒在了床上。随着割地赔款的条约越来越多，他的身体也越来越衰弱。

一天晚上，咸丰派人叫来承德的八位大臣：肃顺、端华、载垣、景寿、穆荫、匡源、杜翰、焦佑瀛。咸丰勉强从床上撑起身，有气无力地说："我的身体越来越差，恐怕活不了多久了。我的儿子刚六岁，还不能处理国事。我现在封你们为顾命八大臣。在我死后，你们要尽心竭力地辅佐他。"

八位大臣一听咸丰这么说，便连忙跪下磕头。肃顺说："皇上只管保养您的身体吧，我们绝不敢辜负皇上的希望。"

"还有，"咸丰皇帝刚躺下，又挣扎起来对八大臣说："懿贵妃这个人你们今后必须加以注意，她阴险狠毒……"不久，咸丰皇帝就死了。

咸丰临死前叮嘱肃顺等人提防的懿贵妃，姓叶赫那拉，小名叫兰儿，十六岁被选入皇宫。皇宫里大大小小的妻妾很多，兰儿刚进宫时，地位很低，没有什么机会和皇帝亲近。有一天，她看到咸丰皇帝在圆明园散步，就躲进树林里，故意娇滴滴地唱起歌来。咸丰皇帝被这歌声吸引住了。他把兰儿叫了出来，发现兰儿长得比她的歌声还美。从此，兰儿就再也没有离开过咸丰的身边。过了几年，她生了皇子载淳。咸丰虽然妻妾很多，但还没有一个给他生过儿子，于是，兰儿更加得到咸丰的喜欢，并被封为懿贵妃，地位仅比皇后低。懿贵妃为人机灵，聪明能干，咸丰经常生病，不能料理国事，她就代笔批阅奏折。时间一长，懿贵妃渐渐有了一定权力，谁也不敢得罪她。皇后是个老实忠厚的人，什么事都让着她，她也就越来越有些骄横了。所以，咸丰临死前才表示出对她的不放心，让八大臣多加注意。

皇上死了，八大臣拥立载淳为皇帝，尊皇后为慈安太后，尊皇帝的生母懿贵妃为慈禧太后，然而，慈禧对这些一点儿也不感到满足。她真正的目的是要掌握国家的一切大权，所以拥有这些权力的八大臣就引起了她的不满，被她看成了眼中钉。而八大臣也对她怀有戒心，不让她干涉朝政。慈禧为了争权，便暗中与在北京的恭亲王奕䜣取得了联系。

奕䜣是咸丰的弟弟，因为排行老六，常被称为"鬼子六"，当时正在北京跟英法联军议和，控制着北京的局势。当他看到咸丰死时没有任命自己辅政，心中十分恼火。正在这时，慈禧给他写来一封信。他打开一看，顿时喜出望外，觉得夺取大权的机会来了。经过一番紧张的准备，他便快马加鞭地赶到了承德，一到承德，他顾不上休息就单独和慈禧进行了长时间的密谈。

"这八个人太可恨了，"慈禧咬牙切齿地说，"尤其是那个肃顺，根本不把咱们看在眼里。"

"他们猖狂不了多久了，"奕䜣也恨恨地说，"不过，要除掉他们也不容易。"

"我倒有一个办法。"慈禧压低了声音，把她的阴谋告诉了奕䜣，然后又问："不知道外国人对此有什么看法？"

"我经常和外国人打交道，这方面的事就交给我了。"奕䜣一拍胸脯，显出非常自信的样子。

奕䜣在承德只待了一天，就连忙赶回北京了。不久，八大臣接到了御史董元淳的一个奏折。奏折上说，皇帝还小，不能料理国家大事，应该让皇太后暂时负责。这个奏折使肃顺等人非常生气，他们马上以皇帝的名义，要对董元淳治罪。其实董元淳这个奏折是奕䜣回到北京后，按慈禧的意图安排的。第二天，慈禧便把肃顺等人找来，吵了一架。

"现在朝中的大臣们都希望由两位太后料理国事，你们为什么不同意呢？"慈禧一开口，便直截了当地讲了自己的意图。

"大清朝从来没有皇太后参与国政的先例，"肃顺对慈禧进行了坚决的回击，他说："而且是先皇的遗嘱，皇太后怎能随便更改。"

"难道你们连皇太后的话也不听吗？"慈禧说话非常骄横。

"我们是根据先皇的遗嘱办事，不能听太后的！"肃顺也毫不示弱。

于是双方越吵越凶，慈禧是又哭又闹，屋子里的气氛十分紧张，六岁的小皇上躲在慈安的怀里，吓得缩成了一团，最后竟"哇哇"大哭起来。慈安见小皇上都被吓哭了，也气得发起火来，大喊："都给我滚出去。"肃顺等人平时非常尊敬慈安，见到事情弄成了这样。便只好退了出去。

慈禧在承德与八大臣闹翻，恭亲王奕䜣在北京也没闲着，他把掌握兵权的胜保拉拢过来，完全控制了北京的军队。等奕䜣把北京的一切安排好以后，慈禧便催促八大臣早点动身，把咸丰皇帝的遗体送回北京。她对肃顺说："我和慈安太后、皇上由载垣、端华他们七个人陪着，从小路先走。你带领军队护送皇上遗体，从大路走。我们先到北京，好率领文武官员迎接你们。"这一次，狡猾的肃顺上了当。他不知道慈禧这样做，实际上是把他这个核心人物与其他七个人拆开了。这样就有利于慈禧、奕䜣除掉他们。

慈禧他们走小路，先到了北京。这时候，奕䜣早把政变的准备做好了。就在当天晚上，胜保等一大批官员就纷纷要求由太后料理国家大事。他们声称，如不这样的话，就没办法安定人心，维持统治，然而，慈禧造的这些声势，没能引起载垣、端华等人应有的注意。

第二天一大早，文武大臣们都到皇宫去给小皇上请安。大伙给皇上磕完头后，退到了宫殿两侧。这时候奕䜣突然站出来，双手高举早已用小皇帝名义写好的圣旨，大声念道："将载垣、端华、肃顺等人立即捉拿。"大臣们一听，都惊呆了。还没等他们明白是怎么回事，武士们已经冲上去，把端华、载垣等七个人抓起来。然后，奕䜣又命令醇亲王奕譞领人去逮捕肃顺。

这时候，肃顺护送咸丰的遗体已到了密云县。奕譞赶到后，对肃顺说："大人辛苦了，皇上命我来迎接大人。"肃顺对此并没有在意，可是晚上他刚刚躺下，就听到外面大乱起来。他刚要问是怎么回事，十几名武士已经闯了进来，把他从床上拖下捆起了双手。肃顺拼命挣扎，大声叫骂："你们竟敢抓顾命八大臣，难道不想活啦!"可是再喊也没用了，倒是他自己连性命也保不住了。

慈禧把八大臣全部抓获后，下令将肃顺杀头，命令载垣和端华自杀，其余五人全部被撤职。除掉了八大臣，慈禧一步登天，掌握了国家大权。她宣布，由她自己和慈安太后垂帘听政。慈禧给小皇帝起了个年号，叫"同治"。而实际上，国家一切权力都掌握在她一个人的手中。因为这一年是夏历辛酉年，这次政变也叫"辛酉政变"。

慈禧太后从1861年发动政变上台，到1908年病死，在这漫长的四十七年中，她一直操纵着中国的命运。

罪恶昭彰的李莲英

清代太监李莲英原先是清宫梳头房的一个小太监，他一直在寻找暴发机会，他深深知道，这样一天天地熬下去，是无论如何也出不了头的。有一天，机会终于来了。一次，慈禧想改变发型，弄来弄去不满意，一连几天，梳头的太监挨骂受罚，无计可施，回到房里成天垂头丧气。李莲英一听，计上心来，立即跑出宫去，钻入妓院。妓院原是他过去经常去的地方，但此次前来，他绝非为了贪图妓院风光，而是因为妓女们最会打扮，也是最赶时髦的女人。他在妓院里刻苦学了三天，掌握了几种最新最漂亮的发型。

回宫之后，他恳求专门替慈禧梳头的大太监向慈禧推荐自己。开始，梳头太监怕再挨罚，不敢推荐，经李莲英再三恳求，并亲自做了示范表演，梳头太监这才敢向慈禧报告，再加上李莲英的老乡沈兰玉也向慈禧吹风说李莲英心灵手巧，慈禧就同意让他来试一试。

李莲英知道，今后的半生全在这次梳头上了，这一宝如果押得好，就能飞黄腾达，如果押不好，就会鸡飞蛋打。他使出了浑身的解数，把从妓院里学来的本领全用在了慈禧的头上，给她梳了一个当时妓女中最流行的发式。梳完以后，慈禧左照照，右照照，十分满意，心情好了起来。一高兴，就让李莲英当了贴身梳头太监。

李莲英知道，仅靠第一步成功是远远不够的。还必须继续努力，尤其是必须取得慈禧的信任，成了她的心腹之后，才能长期受宠。他无时无刻不在寻找这样的机会。咸丰皇帝知道慈禧十分能干，又有权力野心，怕自己去世以后慈禧有可能会专权。于是，他跟当时的权臣肃顺商议，把她比作汉武帝的钩弋夫人，准备把她废掉后处死。

钩弋夫人是汉武帝最为宠爱的妃子，是汉昭帝刘弗陵的生母，武帝临终前，怕自己死后立弗陵为帝，钩弋夫人母以子贵，再加上十分年轻，容易干政专权，就把她处死了。咸丰皇帝想借鉴前朝古事，其用意是十分明确的。

这可真是天赐良机，咸丰皇帝的这些话，被李莲英偷听到了。他便连夜出宫，跑去告诉了慈禧的妹妹。慈禧的妹妹是一位亲王的老婆，听了这一消息，吓得瘫软在地上站都站不起来了，第二天一早，她就赶进宫中，把这件事报告了慈禧。

慈禧经过一番周密的策划以后，使用各种手段，调动各种力量，对咸丰皇帝施加影响。真可谓动之以情，晓之以理，咸丰皇帝终于把处置慈禧的事搁下来了。

咸丰死后，同治皇帝即位，当时他只有五岁。慈禧太后搞了一次政变，杀掉了咸丰临死时指定的三个"顾命大臣"，罢免了其他"顾命大臣"的职务，掌握了宫廷权力。从此，慈禧开始了长达几十年的统治生涯，李莲英由于这次告密被慈禧太后视为心腹之人，并逐渐取得了慈禧的信任。

但李莲英从始至终都贯彻他的四字方针：一是谨慎，二是奉迎。一次，慈禧出宫，路过李莲英的府第，李莲英的府门上挂着"总管李寓"的匾额，慈禧凝望了片刻。李莲英虽是太监总管，但挂上这种牌匾，未免招摇。李莲英没有忽视慈禧这瞬间的表情，回宫之后，即刻向慈禧请假回到家中，摘下了匾额之后，到慈禧面前说："奴才不常回去，小太监不知好歹，居然在我家门上写了'总管李寓'的匾额，我这是头一回看见。我刚才回家一趟，摘下了匾额，撕了金字，把那个混账小太监狠打一顿，送内务府查办了。"慈禧心里本来有点不高兴，听他这么一说，便烟消云散了，还让他放了那个小太监，不必送内务府查办。

还有一次，一位大臣买了一件西洋钟，想献给慈禧，又怕不中慈禧的意，就请来李莲英，让他先看看这钟到底如何。原来，这是一件做工精巧、价值昂贵的自鸣钟，每当报时之时，钟内神龛会自动开启，走出一个小人，小人展开条幅，条幅上写有"万寿无疆"四字。这种设计，真可谓极尽巧妙了。可李莲英思索了一会，还觉不妥。便说："万一这机器出点毛病，小人手里的条幅只展开了三个字，成了'万寿无'字样，你身家性命就难保了。"那个大臣一听，吓出了一身的冷汗，连忙去退了自鸣钟。

后来，李莲英又把自鸣钟弄了回来，把小人手中条幅上的字换成"寿寿寿寿"四字，即使发生任何故障，也不会出现"万寿无"的字样了。

在中国历史上，似乎还没有那个太监能够像李莲英这样奉迎有术的。他当了梳头太监以后，不久就把慈禧的好恶摸清楚了，往往不待慈禧开口，他就能事先替她安排好，弄得慈禧十分高兴。在李莲英休假时，别的太监服侍慈禧，受够了责罚，以至许多太监跪请李莲英不要休假，那些对李莲英有怨恨的太监，见除了李莲英实在无人能使慈禧满意，也就不再想扳倒他了。

慈禧有时也到太监值班的屋子去坐一会，在慈禧走了以后，李莲英就把她曾坐过的凳子用黄缎子布包起来，从此再也无人敢用屁股去沾一沾这凳子。日子一长，屋子里的十二把凳子竟有八把包上了黄布，慈禧太后见了，觉得李莲英真是又细心又忠诚。

最具传奇色彩的是两次放生。慈禧喜欢别人称她"老佛爷"，她当然也要做做不爱杀生、行善积德的样子给人看看。特别是六十大寿之际，更要做出一番"功德"来，好让天下世人都知她慈禧有好生之德。

这一下李莲英又找到了拍马的机会，他绞尽脑汁地想出一些绝招来奉承慈禧，这些"招"在今天看来都还有些难解之处。

在慈禧六十大寿这一天，按预先安排好的计划，在颐和园的佛香阁下放鸟，一笼笼的鸟摆在那里，慈禧亲自抽开鸟笼，让鸟儿自由飞出。李莲英让小太监搬出最后一批鸟笼后，慈禧抽开笼门，鸟儿纷纷飞出，但这些鸟儿在空中盘旋了一阵，又叽叽喳喳地叫着飞回了笼中。

慈禧很纳闷，便问李莲英："小李子，这些鸟儿怎么又飞回来了？"李莲英跪下叩头道："奴才回老佛爷，这是老佛爷德感天地，泽及禽兽，鸟儿也不愿飞走。这是祥瑞之兆，老佛爷一定万寿无疆！"

李莲英的马屁可谓拍得极有水平，但这次拍马屁却拍到了驴屁股上，慈禧太后虽觉拍得舒服，但又怕别人笑话她昏昧，要显示一下她的"英明"，于是怒斥李莲英："大胆的奴才，竟敢拿驯熟了的鸟儿来骗我！"

李莲英很明白慈禧不会把他怎样，可别人都十分害怕，他有应变之才，不慌不忙。他躬腰禀道："奴才不敢欺骗老佛爷，这实在是老佛爷德感天地所致。如果我敢骗了老佛爷，就请老佛爷按欺君之罪杀了我。老佛爷在降罪之前，请先答应我一个请求。"

在场的人一听大惊失色，李莲英在这个时候竟敢讨价还价，吓得脸都白了，都不敢出声了。大家知道，慈禧虽号为老佛爷，其实是一个杀人不眨眼的刽子手，许多因服侍不周或出言犯忌的人都被她处死，没有像李莲英这样大胆的。慈禧听了这话，脸色铁青，说："你这奴才还有什么请求？"

李莲英说："天下只有驯熟的鸟儿，没听说有驯熟的鱼儿，如果老佛爷不信自己德感天地，泽及鱼鸟禽兽，就请把湖畔的百桶鲤鱼放入湖中，来测天心佛意，鱼儿也一定会不肯游走。如果我说错了，就让老佛爷一并治我的罪。"

慈禧也有些疑惑了，便来到湖边，下令把鲤鱼倒入昆明湖里。真也奇了，那些鲤鱼游了一圈之后，竟又纷纷游回岸边，排成一排，远远望去，仿佛朝拜一般。这一下，不仅众人惊呆了，连慈禧也有些迷惑。她知道这是李莲英在糊弄自己，但至于用了什么法子，她却一时也猜不透。

李莲英见时机已到，便跪在慈禧面前说："老佛爷真是德配天地，如此看来，天心佛意都是一样，由不得老佛爷谦辞了。这鸟儿不飞去，鱼儿不游走，那是有目共睹的事，哪是奴才敢蒙骗老佛爷。今天这赏，奴才是讨定了。"

李莲英说完，立刻口呼万岁，舞拜起来，随行的太监、宫女、大臣，哪个不来凑趣？一齐跪倒，真乃人、鱼、鸟共贺。这时的慈禧太后满心欢喜，把脖子上挂的念珠赏给了李莲英。

据后人回忆说，李莲英先把鱼虫放在了纱笼里，固定在岸边的水中，鱼虫慢慢地从纱笼网眼里钻出来，便在岸边布满了一溜，鲤鱼要吃鱼虫，当然就会游到岸边来了。

众所周知，颐和园的修建耗资三千万两黄金，这些巨款，是从哪里来的呢？自从中法之战中国在马江失败之后，福建水师就丧失殆尽，清政府决定大办水师，由李鸿章主持，但李鸿章接连奏请朝廷，筹集军费，却总不能获准。

李鸿章无奈，只得亲自到朝中打探消息。李莲英便传出话来，对李鸿章说："太后近年，老想找个地方静居，要造个园子，只愁没有款项，时常感到烦躁，所以遇到各省筹款的奏折，往往不许。"李鸿章听了这话，知道李莲英的意思，两人就密商起来。

他们两人定议，借建海军筹款的名目，责成各省每年定期定额向朝廷输款，从中提出一半，做筹建颐和园的经费。慈禧太后听说了这个消息，十分高兴，连连夸奖李莲英。

李莲英也深深地知道，慈禧如果失去了权势，自己就自身难保了。于是，他开始经营"三窟"。他见光绪帝即位，气象不凡，便想把自己的妹妹献给他，光绪帝看透了李莲英的用心，不理睬他，但慈禧却非常高兴，称她为"大姑娘"，后来，李莲英又巴结上了光绪帝的隆裕皇后，在光绪帝要处置他时，隆裕皇后从中劝阻，终于使李莲英老死在家中。

李莲英可以说无恶不作，他干预军政大权，做了许多祸国殃民之事，他公开买卖官职，肆意收受贿赂，积累了一笔巨大的财富。在他死后，很多人为侵吞他的财富而争得你死我活，后来被隆裕皇后据为私有。他历年来搜刮的财富，宫内宫外加起来，达上千万两银子之多。

李莲英还是一个"成功"的太监，他既有权、有钱，罪恶昭彰，又能得以善终，在中国历代太监中，是少见的。其实，他的秘诀就在谨慎和奉迎两个方面。奉迎让他发迹，谨慎让他长保富贵，尤其在经营退路上，他和以往的权珰都不相同。李莲英实在是一个在宫廷内外能够游刃有余的人。

洋务大师张之洞

张之洞的家庭"三世为州县官"，从小就受到严格的家庭教育。少时博览群书，过目不忘。十六岁时，以乡试第一名中举人。二十六岁中进士，任翰林院编修。早年以攻讦时政而成为"清流"派的重要代表。三十岁时被派任浙江乡试副考官，接着督办湖北学政，开始主管一省的教育。继之任四川学政和国子监司业。三十四岁起担任山西巡抚，继升为两广总督、两江总督，成为最高地方长官。光绪十五年（1889年）调任湖广总督，担任此职一直到光绪三十三年（1907年）。其间除1895—1896年和1902—1903年两次临时代理两江总督以及入京厘定学制外，他在鄂长达三十七余年，是清代总督中在一个地方任期最久的封疆大吏。在地方供职期间，他除了兴办洋务，设枪炮厂、开矿务局、置军舰和训练军兵外，尤重教育事业建设。他创办了一批著名的书院和洋务学堂，并大力提倡留学教育。晚年跻身于军机枢要，于光绪二十九年（1903年）主持制定了我国第一个近代学制即癸卯学制。光绪三十一年（1905年）积极参与废除科举制度的教育改革，供职中枢，主管学部。在四十余年的仕宦生涯中，张之洞勤理学政，关心教育，不仅有丰富的办学实践经验，而且有系统的教育思想理论，在我国近代教育史上占有十分重要的地位。

中国近代史，是旧中国在帝国主义列强铁蹄的蹂躏下，由腐朽的垂死的封建帝国向半封建半殖民地社会过渡的痛苦历史。从封建官僚集团中分化出来的洋务派为了挽救清王朝的命运，奋起兴办现代军事工业，学习西方现代军事技术和工业制造技术，于是以传授这些技术知识为职责的洋务学堂应运而生。张之洞作为从顽固派营垒中转化出来的新洋务派首领，与早期洋务派曾国藩、李鸿章相比，虽然他的教育活动后起，但是他更加重视人才的培养和学校教育，对教育目的与作用有更深刻的认识，同时对待中西文化与教育的看法也有更理论化、系统化的论述，它的核心就是"中体西用"的教育救国论。

张之洞的教育活动大致可以"中法战争"和"戊戌变法"为界限分为早、中、晚三个阶段。

张之洞

早期，即他十载学官和出任山西巡抚时期。这一时期他属于顽固派营垒的旧学捍卫者，其办学目的在于"通经为世用，明道守儒珍"，使学校培养"出为名臣，处为名儒"的人才。他创办了湖北经心书院、四川尊经书院和山西令德书院等。教学内容主要是传授纲常名教的"通经学古之学"。张之洞作为学官，主持过浙江乡试，所取多朴学之士。做湖北学政时鉴于士风败坏，强调"以根柢之学砥砺诸生"，并以"端品行、务实学两义反复训勉"。在四川任学政时大力整顿科举积弊，并亲自讲学于尊经书院，著《輶轩语》《书目答问》二书。前者将科举考试注意事项逐条列出，对考生加以指导，实为科举考试指南。后者列举经、史、子、集要目，实为旧学入门。这一时期他所取用和培养的代表人物有袁昶、许景澄、陶模、孙诒让、张祥龄、范溶、宋育仁、杨锐等。

中期，即中法战争后到戊戌变法前督粤、湖广和暂署两江期间。这一时期张之洞从清流派转化成洋务派，为了适应清末洋务活动的需要，调整了早期洋务派旧学与新学和中学与西学的关系，修正了他早期的办学宗旨，着重培养用传统纲常名教武装头脑而又能从事洋务的各种专门人才。在教学内容上除了坚持传统的旧学为基础外，提倡增添传授西文、西艺的新学。同时他逐渐将过去所兴办的旧式书院改革为新式学堂。他说书院"必须正其名曰学，乃可鼓舞人心，涤除习气。如谓学堂之名不古，似可即名曰学校，既合古制，且以名实相符"。这一时期，张之洞对教育改革是有保留的，其主旨仍在"变器不变道"，即主张学习西方某些近代艺能，但必须保存中国的封建政治、伦理的传统。在张之洞的影响下，湖北经心书院初期学习课目为经解、史论、辞赋之类，光绪二十一年（1895 年）书院又添设外文、天文、格致、制造四门西学内容。光绪十六年（1890 年）五月，张之洞在湖北武昌建两湖书院，课目分经学、史学、理学、文学、算学、经济学六门；又以新学方兴，书院课程还开设天文、地理、数学、测量、化学、博物学、兵法、史略学以及兵操等学科。在管理方面，改旧世积分法为"日课"，即仿效学堂按日上堂教习，类似现代教育的班级授课制。张之洞对书院体制与教学内容、方法与管理的改革，已体现了他那"中学为体西学为用"的办学思想，他培养人才的目标是"既免迂陋无用之讥，亦杜离经叛道之弊"。"总期体用兼备，令守道之儒兼为识时之俊。"

光绪二十一年（1895 年）初，张之洞暂署两江，由于身处文化发达的经济地区，与外部世界联系扩大，加上中日战争的刺激，他兴办了一系列新式学堂。如在南京创办储才学堂，在原有的英、法文课目外，添设德文，恢复水师学堂。兴办陆军学堂，并在该学堂内附设铁路专门学堂。在江西高安办蚕桑学堂。此外还大力倡导出国留学教育，选派学生和政府官员留学或游历英、法、德等西欧国家，主动接受西方文化与教育。

光绪二十二年（1896 年）初，张之洞从两江返回湖广本任，开始大规模地兴办学堂和派遣出国留学生以及创办文化设施。这时期张之洞雄心勃勃，决心在教育上大干一番事业。他着力于军事教育、实业教育、留学教育、师范教育、普通教育等。

在军事教育方面，张之洞是十分注意的。早先在广东时他就创办了水陆师学堂，这是当时一所规模较大的洋务学堂，以培养海陆军事官员为主要目标，水师聘英国人做教官，陆师由德国人做教官。光绪二十一年（1895 年）他在南京创办了江南陆军学堂。光绪二十三年（1897 年）他创办了湖北武备学堂，他说："此堂之设，意不在充兵勇之用，而在于储将领之材。"

在实业教育方面，他提出要"振兴农工商各项实业，为富国裕民之利"。他在湖北创办的实业学堂有矿业学堂和工业学堂、湖北自强学堂、湖北方言学堂、湖北方言商务学堂、湖北算术学堂、湖北农务学堂、湖北工艺学堂、湖北驻东铁路学堂等。这些实业学堂都是零星创办的，并无系统规划，大抵此期办学之宗旨，专注重实用。同时他还在湖北铁政洋务局内附设化学学堂和矿学学堂等。招收和培养了一大批我国近现代各方面的技术人才。

普通学堂，张之洞更是创办了不少。在湖北有初等小学堂、湖北五路小学堂、湖北文普通中学堂、湖北文高等学堂、湖北存古学堂等等。张之洞主张小学由民间自办自主；中学教育培养方向有二：一是"不仕者从事于各项实业"，二是"进取者升入各高等专门学堂"。课目十二门：伦理、温经、中文、外语、历史、地理、数学、博物、理化、法制、图画、体操。教学方法仍以讲诵为主，同时兼用西方教育实验、观察等方法。大学堂的宗旨他规定为造就通才，"以各项学术艺能之人才足供任用为成效。"他选择两湖、经心、江汉三书院的优等生入湖北文高等学堂学习经学（道德学、文学附）、中外史学（国朝掌故学附）、中外地理（测绘学附）、算学（天文学附）、理化学、法律学、财政学、兵事学。后四门课均为西学，延聘东西各国教习讲授。学生四年结业后再派往东西各国游历一年。以后文高等学堂的学生来源主要由普通中学堂的毕业生升入，三年学制年限，毕业后亦出国游历一年。这样，张之洞就把普通教育初步系统化和制度化了。同时他又把高等教育与出国留学教育衔接起来，这就使得中国教育成为留学教育的预备教育，表现出半殖民地的性质。

张之洞极其重视外国语教育和留学教育。认为学习外文是学习外国的必要准备。他说："知中不知外，谓之聋瞽。""自强之道，贵乎周知情伪，取人所长。若非精晓洋文，即不能自读西书，必无从会通博采。"自强学堂就是一所外语专科学校，设有英、法、俄、德、日语种课目。在办外语学堂的同时，他还极力提倡编译西方书籍，后来他在两江和湖广地区合设江楚编译局。张之洞还认为，在国内读洋文书还不如出国留学，留学一年胜于国内读洋文五年。所以，他大力提倡留学教育。他曾遣派工人到比利时学炼钢铁。派学生分赴英、德、法国留学军事和制造技术。后来他进一步认识到学习日本比去西欧留学更便利，于是选派大批学生留学日本。近代在日本的中国留学生人数中湖北籍学生就占有八分之一强。张之洞提倡留学教育要培养多方面的实用人才，如语言文字、技术、军事、管理、师范等等，并且他力图把留学教育纳入封建教育的轨道。

在兴办各类教育的过程中，张之洞认识到师范教育尤为关键。他说："查各国中小学教员咸取材于师范学堂，故认为师范学堂为教师造端之地，关系至重。"他先后在湖北创办了一批师范学堂，如湖北师范学堂，课程除普通学科外另设教育学、卫生学、教授法、学校管理法等科目。又如两湖总师范学堂，规模大，学生多，内设附属小学，当时李四光、闻一多就是该师范学校的学生。此外，他还创办了湖北师范传习所、支郡（即各府）师范学堂，建立了全省师范教育网。对师范教育张之洞有三点看法：一是主张把师范分优、初两级，与普通教育的高等学堂和中等学堂相并列，即纳入学制体系；二是主张国民教育要依赖师范教育的发展而发展，中小学教员应当接受师范教育，除正规师范教育外，还应当设立简易师范科、师范传习所、实业教员养成所等；三是以为师范教育发达与否是关系到一个国家和民族的教育的独立性和自主权问题。学校教育的主导作用主要体现在教员身上，聘请洋教习本是文化和教育落后的国家赶追先进国家的一种途径，但是如果一国教育之权实际上操纵于外国教习手里，那么该国的文化与教育将无法体现自主权，也无法赶上外国的发展步伐。所以，他十分注重师范教育和对外国教员限定权限并予以监督节制。

张之洞对妇女教育和儿童教育也予以一定的重视。他先后在湖北兴办了一些妇幼学堂。如湖北敬节学堂，是当时的幼儿师范学校。湖北育婴学堂相当于今日的保育员学校。湖北女学堂，此为湖北近代女学之始。他创办的湖北幼稚园，乃是我国最早的幼儿园。此外，张之洞还在湖北创办了图书馆、《湖北商务报》《汉报》《楚报》《湖北日报》《湖北官报》等。他在湖北任职期间，对湖北文教事业的建设确实做出了卓越的贡献。

戊戌变法以后，张之洞的教育活动进入了晚期。在这一时期，张之洞的教育思想日臻成熟，一方面他发表了代表作《劝学篇》，另一方面他积极参与和主持厘定癸卯学制。

《劝学篇》集洋务教育思想之大成，它对中国近代史上中体西用的政治、文化、教育思潮作了理论上的总结。张之洞是一个复杂的多重性的政治人物，戊戌变法之前他是支持康有为和梁启超的变法主张的，后来他审时度势，特别是新旧两派斗争进入白热化的关键时刻，他觉得新派势力大有失败的趋势，于是赶紧撰写了《劝学篇》，表面上采取中立公允的态度，既批评顽固派"守旧""不知道"，也批评维新派"菲薄名教""不知本"，实际上他所攻击的对象主要是康梁维新理论，企图在顽固派和维新派之间寻求第三条出路。

《劝学篇》凡四万余字，共二十四篇：内篇九，讲中学；外篇十五，讲西学。"内篇务本，以正人心；外篇务通，以开风气"。所谓"本"就是有关世道人心的封建纲常名教，这是不能动摇的；所谓"通"，乃是指工商学校报馆诸事，可以变通举办。"中学为体，西学为用"是《劝学篇》的一贯精神，主张在维护封建制度和封建纲常名教的原则下谨慎地接受西方资本主义社会的技艺，以此技艺来补救清王朝封建制度和学术文化之"阙"，"起"清廷统治之"疾"，以达到维护腐朽的封建制度的目的。张之洞"西学为用"的目的在于富强，"借富强以保中国，保中国即以保名教"。张之洞晚期形成的教育思想越来越暴露洋务教育的反动性一面，他害怕资产阶级利用西学特别是西方政治、哲学、思想等作为反对专制统治的革命武器，所以他禁止私学教习政治法律与兵操，查禁宣传反对封建名教的资产阶级革命家创办的报刊杂志，乃至残酷杀害革命党人，恢复已改制的旧书院和旧学教育，走向复古守旧。

但是，张之洞晚期也有进步的地方，这就是他顺应时代潮流积极参与废除科举制度和拟定癸卯学制。癸卯学制亦称《奏定学堂章程》，这是我国第一个正式颁行的近代学制，对于科举制度的废除和促使中国教育走向现代起了重要的作用。癸卯学制包括二十个文件，其中主要是"学务纲要一册，管理学校通则一册，实业学堂一册，请讲学生章程一册"。这个学制的教育宗旨是"中体西用"，主张以"忠孝为本"，提倡中小学堂都要注重读经，具有浓厚的封建色彩。尽管如此，癸卯学制比起旧教育制度来毕竟是一种历史进步，它具有资本主义国家教育制度的形式，明确规定了各级学校的学习年限与学习目标，采用新的教育内容与方法。在这个学制的推动下，光绪三十一年（1905 年）彻底废除了中国封建社会自隋唐以来的科举考试制度，新学堂也得到了很快的发展。在光绪二十九年（1903 年）以前，全国官办学校为数甚少，新学制推行后不到八年的工夫，全国新学堂发展到五万二千多所，学生人数达一百五十多万人。它为资产阶级辛亥革命和教育改革创造了客观条件。

甲午海战

　　1894 年发生的中日甲午战争，是一场最具关键性的海上战役。北洋舰队的全军覆没，大清帝国敌不过小日本，从此改写了中国的近代历史。

　　甲午战前，在李鸿章的主持下，北洋水师是大清帝国拥有的一支相当可观的海军。它拥有装甲十四英寸、配备十二英寸巨炮的七千吨主力舰两艘（即定远舰和镇远舰，日本最惧怕此二舰），和各式巡洋舰、鱼雷艇数十条。每次操演起来，摆出"船阵"，樯橹如云，旌旗蔽空，气势非凡呢！据当时世界军事年鉴的统计，大清帝国的海军实力居世界海军的第八位，排名仅次于英美俄德法西意七大列强。而在甲午前夕，日本海军的全部吨位、炮位及海战潜力，在世界排名仅为第十六位。

　　在甲午战争的前夕，英国新近下水世界最快、时速二十三海里的四千吨巡洋舰，主管海军的北洋大臣李鸿章打算买来扩充中国舰队的实力。可是，为了给慈禧太后做六十大寿筹款，主管部门却宣布海军停购舰艇两年。结果这条船被日本买去，变成日本的"吉野"号，后来把北洋舰队冲得落花流水。日本是怎样买"吉野"号的呢？他们的银子不够，明治皇后就把仅有的首饰全都捐献出来，才凑足了钱。

　　由于日本极力争夺朝鲜，1894 年 9 月 17 日的下午，我国第一支、高踞当时世界第八位的现代海军——北洋舰队，在黄海之上的大东沟洋面，与日本第一支现代化海军——联合舰队，发生了遭遇战……

　　在海军提督丁汝昌的带领下，北洋海军护送完运兵船到朝鲜后正返回中国。全军将士用完午餐，警报说前面出现了一支舰队。丁汝昌急忙走上舰桥，举起望远镜朝远处看去。只见东南方有十二艘军舰朝这边开过来。仔细一看，才发现军舰上悬挂的原来是美国星条旗。丁汝昌有些奇怪，美国军队来干什么？正当他犹豫的时候，十二艘军舰已经开近中国舰队。再一看，这些星条旗换成了日本的太阳旗。丁汝昌立刻命令各军舰做好作战准备。这时候，敌舰已经安排好阵势猛扑过来。

　　丁汝昌立即下命令向日本军舰开火。只见海上升起黑色的浓烟、红色的火光和白色的水柱。丁汝昌指挥旗舰"定远"号冲在最前面。日本军舰看"定远"号挂着帅旗，便将密集的炮弹对准它。"定远"号的甲板和桅杆都被击中，帅旗也被打落了。丁汝昌站在舰桥上非常镇定。任凭炮弹在身边飞来飞去，它仍然从容不迫地指挥。忽然，有一颗炮弹飞来，正好落在了丁汝昌的身边，"轰"的一声巨响，舰桥被炸断了。丁汝昌一下子从舰桥上摔倒在甲板上，口吐黄水，腿也折了。船员想抬他入舱包扎，他坚决拒绝，于是坐在甲板的过道上督战到底。总兵刘步蟾立即爬上摇摇晃晃的舰桥，代替丁汝昌指挥。

　　与此同时，在邓世昌的率领下，"致远""经远"两舰向"吉野"号猛攻。这时候，日舰"西京"号突然闯过来阻拦。邓世昌命令"致远"号连发几炮，打折了"西京"号的舵机。"西京"号狼狈逃跑后，六七艘日本军舰纷纷向"致远"号包围过来。邓世昌指挥"致远"号在包围中灵活穿插，一会儿左，一会儿右，死死咬住"吉野"

号不放。"吉野"号终于被"致远"号打得起了火。邓世昌高兴地叫道："打得好！追上去，把它打沉！"起火后的"吉野"号拼命逃窜，"致远"号紧跟在后面不停地开炮。一发发炮弹呼啸着飞向"吉野"号，在它的甲板、船尾上爆炸。眼看"吉野"号就要支持不住了，"致远"号的大炮突然哑巴了。"怎么回事！"邓世昌急忙问炮手。炮手失望地说："剩下的炮弹都打不响。"邓世昌急得满头大汗，可是实在没有办法。这时候，"吉野"号又乘机返回头，向"致远"号扑来。

在这危急的时刻，邓世昌脑子里突然闪出一个大胆的念头：撞沉"吉野"号。于是他看了看船上的官兵，大声说："我们的炮弹都打光了，现在怎么办？难道也逃跑吗？"

"不，我们宁可死在黄海，也决不逃跑！"官兵们激动地大喊起来。

"好！那我们就冲过去，把'吉野'号撞沉！"邓世昌挥起拳头命令道："弟兄们，开足马力，对准'吉野'号，冲！"

"致远"号像一条火龙，朝"吉野"号猛扑过去。"吉野"号吓得慌了神，一边调过头逃跑，一边胡乱地朝"致远"号发射鱼雷。"致远"号的官兵们瞪眼注视这飞来的火舌，没有一个惊慌害怕。邓世昌不顾顺着额头淌下的鲜血，仇恨的目光死死盯着"吉野"号，双手紧紧握住舵轮。

离"吉野"号越来越近了！就在两船的同沉势在不免时，突然"轰"的一声巨响，"致远"号被敌方炮弹击中了要害，锅炉爆炸，壮举成空。

当"致远"号沉没时，邓世昌与全船战士二百五十人同时坠海。部下把救生木扔给邓世昌，邓世昌推开了。当他下沉的时候，爱犬叼起他的肩膀，想搭救他，邓世昌却抱着爱犬一同下沉了。

"为邓世昌报仇！"北洋海军的官兵们激动地大喊起来。在"致远"号英雄壮举的鼓舞下，各军舰与敌人展开了激战。刘步蟾指挥主力舰"镇远"号击中了"松岛"号。林永升指挥负重伤的"经远"号，打中了"赤城"号后，全船战士壮烈牺牲……天色渐渐暗下来，日军不敢再打了，于是收队逃跑。悲壮的黄海海战结束了。

甲午海战爆发后不出数周，大清帝国的陆海军一败涂地，北洋舰队在自己的家门口全军覆没。堂堂七千吨主力舰被俘房后，竟被拖去日本，充当海边码头上的商用"趸船"。

李鸿章筹划海防十多年，竟一战而尽付东流。朝廷解除了他直隶总督一职，以王文韶代理，而命李鸿章前往日本议和。

光绪二十一年（1895 年）二月，年过七旬的李鸿章到达日本马关，与日方全权大臣伊藤博文、陆奥宗光谈判。日本多方要挟，国内极端分子竟然刺杀李鸿章，伤其面部，鲜血直流。但他谈吐自如，理直气壮。日本天皇派人看望他，向他谢罪。

后来，李鸿章出面跟日本签订了《马关条约》，赔款两亿两白银，割让台湾才平息了这场战争。

自此，有识之士认识到单纯地进行洋务运动、学习西方的科技，还不能挽救中国亡国灭种的命运，政治现代化的任务迫在眉睫了。海军教官出身的严复开始翻译介绍西方优秀的政治学说，试图为中国的发展寻找一条新的出路。

百日维新失败

1898 年的百日维新是一场由资产阶级改良主义者领导的自上而下的改革，6 月 15 日，当"明定国是"的诏书颁发才四天，慈禧太后就逼迫光绪皇帝下令将翁同龢革职，赶出北京。翁同龢是光绪皇帝的亲信大臣，在帝党和维新派之间起着桥梁的作用。将他革职，当然大大削弱了变法维新的力量。接着又规定，凡是授给二品以上的大臣新职，都要到太后面前谢恩。这实际上是控制光绪帝的人事任免权，防止维新派获得高级官职。6 月 23 日，慈禧太后又逼迫光绪任命荣禄为直隶总督兼北洋通商大臣，统率北洋三军，这实际上是控制了北京。慈禧太后又用光绪帝的名义，宣布 10 月 19 日往天津检阅军队，准备到时发动政变，逼迫光绪帝退位。同时，慈禧太后还派出大批亲信太监，暗中监视光绪帝，把守内廷各处宫门，盘查出入人员。维新派和帝党，已经落进了慈禧太后布置的天罗地网之中。

荣禄

维新派既没有掌握军政实权，也得不到人民群众的支持。他们对待人民群众的态度，从来都是十分错误的。他们把当时各地进行斗争的人民群众视作"盗匪"，命令官员查办、镇压。在这危急的时刻，他们当然没有可以依靠的力量。他们反复商量，唯一能想到的办法，就是托庇于袁世凯的军事力量。

袁世凯早年曾在天津小站督练新建陆军，这时是荣禄的部下，是北洋三军中的重要将领，他的军队就驻扎在天津附近。当变法维新高涨的时候，他曾投机参加强学会，一度表示过赞成变法。康有为想，如能把袁世凯争取过来作为变法主力，事情就好办了，因此，他建议光绪帝重用袁世凯"以备不测"。光绪帝发出上谕召袁世凯来京，并于 9 月 16 日、17 两日接连召见，给他侍郎衔，命令他专办练兵。袁世凯其实一到北京就遍访了权贵，早已摸透了内情，只是不动声色罢了。

这件事，很快被后党知道了。荣禄马上抽调一支军队到天津，沿着天津到北京的路上布防，防止袁世凯的军事调动；又抽掉一支军队到北京，驻扎在城外，加强京城的警卫。这时候，光绪帝的一举一动都受到监视，完全失去行动自由，心里非常焦急。他在 17 日托林旭带密诏给康有为，告诉他大祸临头，皇位不保，要他赶快设法解救。康有为第二天接到密诏，立即在南海会馆召集梁启超、康广仁等商讨应付办法。可是大家面面相觑，束手无策，急得抱头大哭。最后，还是谭嗣同挺身而出，表示愿意冒险去找袁世凯，说服他出兵帮忙。

当天深夜，谭嗣同独自到了袁世凯的寓所，几句寒暄之后，就试探着问："你对皇上的看法如何？"袁世凯早已猜透了谭嗣同的来意，假意回答："那还用说，皇上是当代的圣主！"谭嗣同又问："天津阅兵的阴谋，你知道吗？""嗯，听到过一点传闻。"袁世凯点点头。谭嗣同这时拿光绪帝的密诏，给他看过，将维新派的全部计划也和盘托出，要他扶持光绪皇帝诛杀荣禄，消灭"后党"。谭嗣同激昂慷慨地说："今天只有你能救皇上。如果你愿意，就请全力救护；如果你贪图富贵，就请到颐和园告密把我杀了，你可以升官发财！"袁世凯正颜厉色地说："你把我袁某看成什么人了！皇上是我们共事的圣主，救驾的责任，你有，我也有！"谭嗣同被袁世凯的慷慨激昂感动了，于是请他在阅兵时杀掉荣禄，保护光绪帝脱险；还提醒他："荣禄这个人非常狡诈，恐怕不好对付。"袁世凯瞪着大眼睛说："杀荣禄就同杀条狗一样！"后来，他又郑重其事地说："此事关系重大，我得立即返回天津，调换几名军官，贮备一些弹药。"谭嗣同信以为真，以为策划已经成功，再叮嘱一番，才起身告辞。

20日，光绪帝又一次召见袁世凯，要他保护新政。退朝之后，袁世凯匆匆赶回天津，一到天津，就去向荣禄告密。荣禄得报后，连夜乘专车进京，赶往颐和园去向慈禧太后报告。袁世凯由于这一叛卖行动，从此飞黄腾达起来，他用维新派的血，染红了自己的顶戴，而将变法维新运动陷于困顿之中。

9月21日凌晨，光绪皇帝还到颐和园去请安，慈禧太后却已经由间道从颐和园赶到紫禁城，带人闯进光绪帝卧室，拿走了全部的文件，又把光绪召来，恶狠狠地吆喝道："我抚养你二十多年，你竟然听信小人的话，要谋害我！"光绪结结巴巴地说："我没……没那个意思。"慈禧太后眼一瞪，骂道："蠢东西！今天没有我，明天还会有你吗？"接着命令把光绪帝囚禁在中南海的瀛台。对外则宣布光绪帝生病，不能亲理政务，从21日起由慈禧太后"临朝训政"。同时，下令大肆搜捕维新派和倾向维新派的官员。百日维新期间推行的全部新政，除了京师大学堂等少数几项措施以外，都被废除。这一年是甲子纪年的戊戌年，所以这场政变通常称为戊戌政变。

康有为在20日已经离开北京，第二天从天津搭乘英国轮船逃往香港，没有被抓到，他的弟弟康广仁被抓去，梁启超当天得到日本使馆的保护，化装逃往日本。其余没有来得及逃走的都被革职，监禁或充军。只有谭嗣同还在到处活动，想要营救光绪帝。有人对他说，这样太危险了，劝他赶快逃走。他回答说："各国变法，没有不流血而能成功的，中国今天没有人为变法流过血，所以国家不能昌盛，现在就从我开始流血吧！"他已抱定了为变法牺牲的决心，因此他沉着等着逮捕。入狱后，他在狱中墙上题诗一首，留下了广为传诵的名句："我自横刀向天笑！"

9月28日，慈禧太后下令杀死谭嗣同、康广仁、刘光第、林旭、杨锐、杨深秀六人。他们被称为"戊戌六君子"。

临刑时，到北京宣武门外菜市口刑场观看的有上万人。谭嗣同神色从容，毫不畏惧。当屠刀举起时，他挺胸昂首高呼："有心杀贼，无力回天。死得其所，快哉！快哉！"他为了拯救国家民族，甘愿流血牺牲，这种视死如归的精神，是十分感人的。但是，维新派要求变法维新，发展资本主义，却不敢从根本上触动封建制度，光想依靠一个没有实权的皇帝，实现自上而下的改革。事实说明，这只是一种幻想。谭嗣同临死前"无力回天"的呼喊，表明了他们幻想的破灭。

资产阶级改良主义运动戊戌变法，至此彻底失败了。

八国联军占领北京

天津陷落后，1900 年 8 月 4 日，八国联军两万人自天津沿河两岸向北京进犯。当时，北京和京津间清军达十万人，其中"勤王师"三万人，驻京武卫军、甘军、虎神营等三万人，从天津撤退的宋庆、马玉昆部一万多人，加上直隶练军等共二百余营。5 日，义和团和马玉昆部在北仓阻击联军，打死打伤日军四百多人、英军一百二十人。血战多时，北仓失守，直隶总督裕禄败走杨村。

6 月联军攻杨村，清军正处于"溃勇未集，无以战守"之状，刚一交锋，便溃阵而逃，宋庆、马玉昆旋即北逃通州。此时，裕禄仅率少数随从，驻扎于杨村附近的蔡村，"见事不可为，口呼智穷力竟，辜负国恩"而自杀。

同日，帮办武卫军事务大臣李秉衡临危受命，率几个幕僚和数百义和团出京御敌，名为节制四军（张春发、万本华、夏辛酉、陈泽霖），实无一兵应命。7 日，李秉衡行抵马头，会夏辛酉军，随即进驻河西务。9 日，马玉昆部逃到河西务，声言敌众我寡，势不可挡，李秉衡劝其同抗敌，"并力堵御"，马玉昆没有听从，继续向南苑逃去。张春发、万本华两军已抵河西务，联军尾随马玉昆攻河西务，李秉衡急督军阻击。张春发未见敌即逃，万本华、夏辛酉军战败，河西务失陷，李秉衡退至马头。时宋庆、马玉昆等败军数万汹涌溃退，充塞道路，难以阻遏。陈泽霖军不战自溃，逃至济宁；万本华军溃而北逃向山西；夏辛酉军溃而南，逃向山东。

10 月，李秉衡退至通州张家湾。11 日，联军逼近张家湾，李秉衡自尽殉国，张家湾为联军所占。12 日，联军侵占通州，宋庆闻风而逃。

俄军曾与各军约定 15 日会攻北京，但为抢"首功"，13 日夜，俄军背约首先进攻北京东便门，遭到甘军和团民坚强抵抗，战斗"猛烈殊常"，14 日两点，俄军攻占东便门城门，随即进攻内城建国门，甘军在城墙上向俄军猛烈开火，击毙、击伤俄军甚多，击毙团长安丘科夫上校，重伤直隶司令官华西里耶夫斯基将军。激战到下午，俄军才攻入内城。俄军抢先进攻后，日军立即攻打朝阳门、东直门，在朝阳门遭到甘军顽强抵抗，从清晨打到黄昏，日军才攻占朝阳门。英军在俄、日两军进攻之后，攻广渠门，守兵先已溃逃，英军乃于下午两点首先侵入北京城，并从水洞爬进东交民巷使馆区。法、美等国军队也相继侵入北京城。荣禄率领的武卫中军及神机、虎神等营清兵数万早做鸟兽散。义和团与旗兵在宫门外联合抗击侵略军。

15 日凌晨，西太后挟光绪帝，带着溥仪等微服出德胜门西逃，随行者仅载漪、刚毅等十余人，护卫清军一百人。16 日，紫禁城失陷。

在联军司令官议定由美、俄、日、法等国军队分别驻守紫禁城各城门后，围绕着如何对待紫禁城的问题，各国公使与联军司令官又进行了几次磋商。有人力主占领紫禁城，以免中国人误会真有神灵在保佑这片圣地，以致联军不敢进驻。但也有人认为，还是以不占领紫禁城为好。因为洋人如果攻进紫禁城，将会进一步激怒中国军民，也势必激化列强与逃离北京的清政府的矛盾。这样就会影响和平谈判，影响偿付赔款，甚至会导致中国被瓜分。几经辩论，在前一种意见略占优势的情况下，他们决定用盛大的阅兵游行来亵渎紫禁城，以此来庆贺联军攻占北京，并表示对大清帝国的羞辱。

根据公使团和联军司令官联席会议的决定，八国联军于8月28日上午在大清门前举行了阅兵式。按事先的协议由八百名俄军作为领队，其后的队伍是由八百名日军、四百名英军、四百名美军、四百名法军、二百五十名德军、六十名意大利军和六十名奥军组成。各国使节和司令官都参加了这一活动。俄国的利涅维奇中将因军衔最高，代表联军检阅了部队。阅兵完毕，各国侵略军按列队的顺序开始到紫禁城游行，依次由大清门进入，经过各门和各大殿，过左内门，出神武门。一路鼓乐齐鸣，好不威风。游行结束后，紫禁城的所有大门又都关闭了。

这次阅兵和游行，是八国联军对北京的一场象征性的摧毁。

八国联军占领北京后，对北京居民进行了残暴的屠杀和抢劫。侵略军日夜包围各坛口，搜捕屠杀义和团，仅庄王府一处，就杀死烧死一千七百多团民。侵略军不仅在大街小巷"逢人即发枪毙之"，且闯进民宅乱杀乱砍。11国使馆成员也参加了屠杀，并以杀人数目互相炫耀。京内尸积遍地，腐肉白骨纵横。联军在京到处烧房，凡设过拳坛的王公府邸、寺院和民宅，"皆举火焚之"。大批珍贵图书档案被焚毁，在第二次鸦片战争中被英法联军劫余的《永乐大典》，又失去三百零七册，珍贵图书被毁者数以万计。清中央部门的档案文稿，皆集中"在长安门内付之一炬"。许多重要档案资料被随意丢弃，长安门附近"满街破纸，皆印文公牍"。联军还到处奸淫妇女，屠杀幼童。联军占领北京之后，曾特许军队公开抢劫三日，后又以捕拿义和团搜查军械为名继续行抢。传教士、使馆官员也趁火打劫，大发横财。于是，皇宫、官衙、王府、官邸、商店、当铺、钱庄、民户皆被洗劫一空。法军统帅佛尔雷一人就劫掠珍宝四十箱，天主教北京大主教樊国梁自己承认的抢劫数字是"二十万三千零四十七两银又五十枚"；日本侵略者掠取户部所存之银"其数在百万镑以上"。北京"自元明以来之积蓄，上自典章文物，下至国宝奇珍，扫地遂尽"，所失"已数十万万不止。"

10月4日，《清议报》根据一个日本归国军人所述，报道了北京战后的惨状，往日巍然耸立的屋宇楼阁，几乎全被联军所辟击烧弃，再也找不到数百年来的庄严美观，留存仅有一二。街市被毁去十分之二三，居民们无法在京城居住，多四面逃避，以致兄弟妻子离散。一片凄凉惨淡。财物则任人掠夺，妇女则任人凌辱，不能自保。进入北京的八国联军，将校率军士，军士则同辈相约，光天化日之下大肆成群抢掠。官宦富豪之家，无一幸免此难。掠夺的什物，除金银珠宝外，还有书画、古董、衣服以及马匹车辆等所有值钱的东西。由于军人们不方便将抢来的东西都带走，于是他们便低价转售，因此京城里操奇之人一时颇多。此外，盗贼横行，粮食匮缺，偶尔有小贩出来，也免不了被兵士劫夺一空。所以，中国人连白天也不敢在街上单独行走。

11月17日，联军总司令瓦德西抵京。12月10日，联军设立"北京管理委员会"，在北京实行军事殖民统治。

义和团抗击八国联军

张德成，直隶（今河北省）新城县赵张村人，自幼以操船为业，经常行船于大清河上新城至天津之间，与沿岸各村镇水手、脚行、船户、渔民颇多往来。他广交朋友，为人仗义，且足智多谋，在群众中有较高的威信。在19世纪末期，由于帝国主义的加紧侵略，以及近代交通业的不断发展，使旧式运输业日趋衰落，运河、大清河两岸的船工水手生计维艰，张德成也未能摆脱此种厄运，陷于半失业状态。自身的境遇，同胞的苦难，以及耳闻目睹帝国主义侵略者及天主教徒的横行不法，使他对外国侵略势力的愤恨之情与日俱增。

1898年（清光绪二十四年）义和团运动在直鲁交界地区兴起后，1899年（清光绪二十五年）波及天津、静海一带。静海县的独流镇在大师兄刘连胜等人领导下开始设坛练拳，张德成此时即与义和团有所联系。其后他回到家乡，在山东义和团的影响下开始组织坎卦义和团。大约在这个时期，张德成还在新城一带张贴揭帖，在揭帖中指斥清政府与外国签订和约是"羽翼洋人"，各级官吏更是趋炎附势，肆虐同群，上行下效，使民冤不伸。他把斗争的矛头指向外国侵略势力和封建统治阶级。

1900年（清光绪二十六年）4、5月间，义和团的斗争烈火燃遍直隶各地，张德成也率领义和团众开进了独流镇，在大师兄刘连胜等人的积极支持下，建立起北坛、中坛、南坛三个义和团坛口，其中北坛成立最早，建于独流镇北的老君庙，号称"义和神团天下第一坛"。张德成联合了静海县令，在他的支持下壮大义和团队伍，使"天下第一团"迅速发展到数千人，声名远扬，张德成也因此而成了静海一带著名的义和团首领。

6月初，张德成领导的义和团开始同侵略者交战，在独流镇阻击由天津开来的沙俄侵略军，使他们仓皇逃回天津。随后，张德成即率义和团开进天津。他的义和团入津以前，"津匪肆行无忌，商民敢怒而不敢言"。他率义和团开进天津后，将总坛口设于北门里小宜门刘宅，注意约束团众严守纪律，并分派团众昼夜巡逻，查办"黑团"，惩处奸细和不法之人，使天津城的社会秩序开始好转，"街巷间无复向日之纷扰矣"。

1900年（清光绪二十六年）6月15日夜，在天津城的火神庙里，义和团首领张德成头戴红巾、身着红衣裤站在台阶上，用他那洪亮的嗓音正在给义和团战士作战前动员："今夜我们要用神拳狠揍洋鬼子。几十年来洋鬼子为了吸尽我们的血，把他们的铁路像把刀子一样伸进我们的土地。几十年来他们侵吞了我们的田地，窃取了金银财宝，把魔爪伸进胶州、旅顺口和威海卫。现在他们的铁路已经给毁掉了，电线杆也被拔掉了……我们今天就要把到这儿来的外国军队消灭掉，不让它跟被包围在廊坊的洋鬼子会合……今天我们先从白河岸上的大天主教堂下手，把它烧光……"在他的鼓动下，几百名义和团战士群情激愤，通往天主教大教堂的路被红灯笼的火光照亮了，白河岸边的天主教堂遂被付之一炬。

在6月15日夜晚的演说中，张德成还着重指出："要是清朝廷不再帮我们，不站在我们一边，那我们就推翻朝廷，拯救中华黎民，免遭洋鬼子蹂躏。"他鼓励义和团成员要坚如磐石，勇如猛虎，在反侵略的战场上取得胜利。

6月17日，各国侵略军攻占大沽炮台后，迅速增兵天津并开始进攻天津城，清政府于21日向各国宣战，命令各省督抚招集义和团以御外侮。驻守津城的直隶总督裕禄在各国侵略军大兵压境、首开战衅的情况下，执行了清廷"急招义勇，固结民心，帮助官兵节节防护抵御"的命令，公开招抚义和团，对义和团首领也优加礼遇。当张德成求见时，裕禄衣冠出迎，待之如上宾，并赏以绿呢大轿供其乘坐，6月30日，他在给清廷的奏折中称赞张德成"年力正强，志趣向上"，又打开军械库，给义和团发放武器，同时提供必要的粮饷。他还召集张德成、曹福田会同直隶提督、武卫前军统帅聂士成、浙江提督、武卫左军统帅马玉昆共商战守事宜，决定由张德成、夏士成主攻紫竹林租界，曹福田、马玉昆主攻老龙头火车站。由于裕禄执行了招抚政策，张德成、曹福田所部义和团与驻守天津的清军相配合，参加了抗击八国联军的天津保卫战并发挥了重要作用。

6月28日，张德成与曹福田联名发布告示，宣布次日攻打侵略军盘踞的火车站，动员兴隆街至老龙头一带的住户、铺面从速搬迁，以免遭受损失。29日，张德成、曹福田率领义和团联合向老龙头火车站发动了进攻。其后，张德成部义和团主要参加了进攻紫竹林租界的战斗。紫竹林租界位于天津旧城东南，各国的领事馆和洋行大多设置在这里，是各国侵华势力在天津的大本营。7月1日，张德成率义和团从马家口向紫竹林租界进攻，2日和4日又相继发起攻势，取得了一定战果。

7月6日晚，盘踞租界的侵略军企图偷袭驻扎在紫竹林租界边缘的"天下第一团"张德成侦知敌人的阴谋后，率数千团众与淮军蒋顺发等部相配合，采取诱敌深入的战术，埋伏于马家口附近，待侵略军进入伏击圈后，枪弹齐发，迎头痛击，使侵略军扔下许多尸体狼狈溃逃。张德成又率义和团与清军乘胜追击，直打到紫竹林租界边缘，歼敌过半，并将附近洋楼烧毁。

张德成还采用巧妙的战术进攻租界。侵略军为了阻止义和团的进攻，在租界前沿埋设了大量地雷。为打破地雷封锁，减少义和团众的伤亡，张德成大摆"火牛阵"，在几十头牛的尾巴上缠上油絮，点燃后把牛赶向租界。火牛在地雷区横冲直撞，将地雷踏毁，并冲向租界，引起洋房起火。当火势蔓延、侵略军惊慌失措之际，义和团乘机发起冲锋，大败侵略军，焚毁了一些洋行。在义和团的进攻下，侵略军经常龟缩在租界的建筑物里不敢露头。义和团和清军爱国官兵的斗争得到了天津人民的大力支持，他们纷纷送来"得胜饼"、绿豆汤等以示慰劳。

7月初以后，各国从大沽炮台不断向租界增兵，义和团和清军则得不到补充和休整，天津保卫战进入最艰苦的阶段。宋玉、马玉昆所部清军又不断袭击义和团，使义和团腹背受敌，损失惨重。7月13日，侵略军大举进攻，张德成率义和团参加了守卫南门的战斗，顽强地抵抗敌人的进攻，但清军将领马玉昆却对他开枪射击，使他臂受枪伤。14日，天津失陷，张德成率余部从北门撤出天津城。

撤出天津后，张德成率部来到津西杨柳青镇，在这里又设立了坛场。其后又率部回到义和团的根据地独流镇，积极组织力量，准备收复天津城。在他的倡导下，独流镇一带的义和团又得到一定程度的发展。约在8、9月间，张德成率部分团众去独流镇附近的王家口向富户索粮，在归途中遭到反动势力纠集的百余人的袭击，张德成与团众奋力抵抗，因众寡悬殊，被害身亡。

张德成牺牲后，义和团众又推举其弟张三为老师，在独流镇重整天下第一团，新城等地义和团也在宋福衡等首领的领导下继续坚持着斗争，打击了各国侵略势力。各国侵略军为了对中国人民施以报复，天津都统衙门这个侵略机构曾于9月初发出布告，以独流镇曾为义和团的聚集之所，下令"将该村剿除净尽，俾他处村庄知儆"。随后，独流镇周围数里被野蛮成性的侵略军"一炬焚之，……其毒焰直及镇南静海县，生命财产，损失不胜计"。新城县白沟河等地也因此而遭侵略军焚烧屠戮，"顿成赤地"，他们对中国人民又犯下了新的侵略罪行。

张德成及其所领导的义和团虽然失败了。但他们的斗争打击了外国侵华势力，又一次表现了中国人民不甘屈服于帝国主义及其走狗的顽强的反抗精神。

慈禧太后西逃

光绪二十六年（1900年）五月一日晚，义和团焚烧丰台火车站的消息与京津铁路轨道被拆毁的谣言传到外国公使居住的东交民巷。各国公使感到形势紧急，立即举行会议，全体同意调军队保护各国使馆。次日，驶抵大沽口外的外国舰队先后接到进京的电报，并很快派出陆战队，由海河乘船抵达天津，准备向北京进犯。五月上旬，进入天津租界的各国军队已达2000人。五月十三日，各国驻津领事和海军统帅在英国领事贾礼士的提议下举行会议。在美国领事的鼓动下，会议决定将在津的八国现有兵力组成联军进军北京，由在津军队中级别最高的英国人西摩尔中将为统帅，美国人麦卡加拉上校为副统帅，八国联军正式组成。光绪二十六年（1900年）五月二十一日，八国联军攻打大沽炮台，当天义和团和清军就联合攻打紫竹林租界，天津战役爆发。五月二十五日，清政府宣布对各国开战。7月19日夜里，炮声急促起来，慈禧不敢入睡，坐在养心殿听取军情报告。忽然载漪慌慌张张地跑了进来，喊道："老佛爷，洋鬼子打进来了！"接着，军机大臣荣禄也惊慌失措地报告沙俄哥萨克骑兵已经攻入天坛。

慈禧慌忙召集王室亲贵和军机大臣，紧急商议撤离京师避难事宜。

7月21日凌晨，慈禧与光绪皇帝等皇室人员，换便衣乘马车仓皇逃离京城。当时东直门、齐化门已被洋人攻下，慈禧一行从神武门出宫，经景山西街，出地安门西街向西跑。当队伍到德胜门时，难民涌来。慈禧的哥哥桂祥率八旗护军横冲直撞一阵，才开出一条道来。

队伍在上午像潮水一般到达颐和园，两宫人员纷纷下车进入仁寿殿休息了一会。随后，慈禧下令马上出发。由皇室成员和一千多护驾人员组成的队伍，马不停蹄地一路向西急行军。

慈禧一行，历尽了颠沛之苦。沿途只能夜宿土炕，既无被褥，又无更换的衣服，更谈不上御膳享用，仅以小米稀粥充饥。

一直到了西安后，安全和供应才有了保障。这时候，慈禧又开始摆起太后的架子了。同时，为了能早日"体面"地回京，她命令庆亲王奕劻回京会同直隶总督李鸿章与各国交涉议和。

虽然国家已经面临亡国的危险，但慈禧仍然要求地方官员供应她奢侈的贪欲。为了满足慈禧一行在西安浩繁的开支，各省京饷纷纷解到，漕粮也改道由汉口经汉水、丹江运往陕西。据档案文献统计，截止光绪二十七年二月初，解往西安的饷银就高达五百万两，粮食一百万石。

就御膳而言，仍分荤局、素局、饭局、茶局、点心局等，每局设管事太监一人，厨师数人至十余人不等，统一由总管大臣继禄管理。每天选菜谱百余种，以致每天要花掉银子 200 两。

为了讨好列强，慈禧不断发布上谕：这次中国变乱，事出意外，以致得罪友邦，并不是朝廷的意思；对于那些挑起祸乱的人，清朝政府一定全力肃清，决不姑息。这些话完全表明她要丢卒保帅，不惜一切代价讨好列强。

慈禧为尽量满足列强的心愿，还以光绪的名义下罪己诏，奴颜十足地说："量中华之物力，结与国之欢心。"

1901 年 8 月 15 日，《辛丑条约》签订，中国赔款白银 4.5 亿两，这笔费用相当于清政府 12 年的收入总和。《辛丑条约》的签订，标志中国完全沦为半殖民地半封建社会。

"议和"告成，慈禧一行便于同年 8 月 24 日踏上返京的路途。这次归返京城与逃出京城的情形可大不一样了。从西安启程时，百姓"伏地屏息""各设彩灯"欢送，数万人马按照京城銮仪卫之制列队行进，慈禧乘坐八人抬大轿，轿前有御前大臣及侍卫，后面是 3000 多辆官车，装着慈禧及王公大臣的行装及土特产，浩浩荡荡如同打胜仗般凯旋。

同年 11 月 28 日，慈禧、光绪帝等人回到了北京，京城地方官动用了大量财力和人力，将御道装饰一新。但入城的气氛叫人感到压抑，沿途大街上除了乱哄哄的八国联军官兵围观外，跪迎慈禧回銮的官员百姓没有几个。经历浩劫的京城已经再也打不起精神，来迎接这个祸国殃民的国贼了。

末代皇帝

光绪在位三十四年，最终抑郁而死。他"驾崩"两个时辰后，醇亲王载沣被宣入中南海，跪在西太后的帏帐前。

慈禧开口说："载沣，你得了两个儿子，这是值得喜庆的事。光绪晏驾，我又在病重之中。现国家有难，朝廷不可一日无君，我决定立你的长子溥仪为嗣，继承皇位，赐你为监国摄政王！"向来懦弱的载沣，听了这番话，如五雷轰顶，手足无措，不知该怎么办才好，只是反复念叨说："溥仪仅仅3岁，溥仪仅仅3岁……"慈禧马上劝慰说："这是神意，也是列祖列宗牌位前卜卦请准了的！明天，你将溥仪带进宫，举行登基仪式。"他们一商量，决定由载沣抱着"皇帝"，带着乳母一起去中南海。

1908年10月，一群太监将溥仪带入皇宫，又过了半个多月，也就是12月2日，清廷举行了隆重的皇帝登基大典。

登基大典开始时，不满3周岁的溥仪，坐在皇帝的龙床宝座上，竟哇哇地大哭起来。他父亲载沣侧身坐在龙床上，双手扶着他，叫他不要再哭闹。

根本还不懂事的溥仪，见那些文武百官不断地磕头，高呼："万岁、万岁、万万岁"，加之山崩地裂般的锣声、鼓声、钟声，更加害怕，哭声也更大了。载沣觉得在这样的盛典上，皇帝却哭闹不止，太不像话，心中一急，不由脱口而出，叫道："就快完了！就快完了！马上回老家了！一完就回老家了！"

话一出口，文武官员们不由得窃窃私语起来："怎么说是'快完了'呢？说要'回老家'是什么意思呢？"回满族老家？不就是结束270年的满人统治吗？

载沣这一番话，竟不幸得到了应验。到了1911年，溥仪当皇帝不到三年，辛亥革命就爆发了，在重重压力下，隆裕皇太后不得不替溥仪宣布退位，大清帝国就此宣告灭亡了。

民主革命

中国同盟会的成立

革命形势的迅速发展和爱国运动的广泛开展，使革命党人深切意识到有必要把分散的革命力量联合起来，建立一个全国性的统一革命组织和政党来领导革命运动。孙中山敏锐地觉察到中国已处于革命高潮的前夕。为联合各种革命力量，从1902年到1905年，他做了一次环球旅行，致力于在各地宣传革命思想、组织革命团体，进一步扩大革命的影响。

1905年夏，孙中山从欧洲到达中国留学生集中的日本东京，同留日革命团体领导人黄兴、宋教仁、陈天华等会晤，商议筹建统一的革命政党。7月，来自各省的革命志士70多人在东京召开筹备会议。会上，孙中山发表演说，阐明革命的原因、形势及联合组织、统一团体的必要性。孙中山提议该团体定名为中国革命同盟会，经过反复讨论，最后定名为"中国同盟会"，简称"同盟会"，并以孙中山提出的"驱除鞑虏，恢复中华，创立民国，平均地权"16字为政治纲领。为进一步扩大革命影响，由黄兴和宋教仁发起，在东京召开了中国留学生和华侨欢迎孙中山的集会。孙中山当场发表激动人心的演说，给与会者以巨大鼓舞，革命热情迅速高涨。

8月，孙中山和黄兴等联合兴中会、华兴会和光复会等革命团体的成员，在东京正式举行了中国同盟会成立大会。大会通过了黄兴等人起草的同盟会章程，确定16字纲领为同盟会宗旨，推举孙中山为总理、黄兴等人为执行部干事。章程规定同盟会本部设于东京，本部机构在总理之下设执行、评议、司法3部；在国内设东、西、南、北、中5个支部，国外设南洋、欧洲、美洲、檀香山4个支部，支部以下按地区、国别设立分会。同盟会是中国第一个全国性的，具有比较明确的政治纲领的资产阶级政党。它成立后，海内外革命者纷纷加入，革命队伍日益壮大，为资产阶级革命运动的全面高涨奠定了基础。

辛亥革命

同盟会成立后，以孙中山为首的革命派积极宣传革命思想，夺取思想阵地的领导权，为推翻清朝做舆论准备。与此同时，革命派组织和发动了一系列武装起义，由于群众基础薄弱，这些起义都相继失败了，但它有力地冲击了清朝的反动统治，扩大了革命影响，激发了全国人民的斗志，鼓舞了更多的志士仁人投身于反清斗争。

武汉地处长江中游，号称"九省通衢"，是当时的水陆交通中心，又是帝国主义侵略中国的重要据点和清朝统治的一个重心，也是资产阶级革命党人活动非常活跃的地区。1904年，武汉成立了第一个革命团体科学补习所，随后又成立了日知会、文学社和共进会等革命团体。革命党人在武汉长期进行革命宣传和组织工作，大批青年学生、群众加入革命队伍。革命党人深入新军中进行宣传，把反革命武装变为革命武装。到武昌起义前夕，新军中已有1/3的士兵参加了革命组织，成为武昌起义的主力军。1911年的广州起义和四川保路风潮，推动了革命形势的迅速发展，尤其是四川保路运动爆发后，清朝调湖北军入川镇压，统治者在武汉的兵力减弱，武昌起义的时机成熟。9月，在同盟会中部总会的推动下，文学社和共进会在武昌召开联席会议，成立了起义临时总指挥部，推举文学社领导人蒋翊武为总指挥，共进会领导人孙武为参谋长，并制定了起义计划，预定在中秋节起义。同时，拟定文件，绘制旗帜，制造炸弹，为起义做准备。

起义前夕，孙武在汉口俄租界赶制炸弹时不慎爆炸受伤，革命机关遭到破坏，革命的旗帜、文告及党人名册全被搜走，起义计划暴露。起义总指挥部及其他机关也被破坏，起义领导人大批被捕或逃亡。革命党人和新军中的革命士兵见事态紧急，决定自行秘密联络，提前发动武装起义。

10月10日晚，武昌城内新军工程第八营的革命党人和广大士兵在熊秉坤率领下，首先发难，打响了武昌起义的第一枪。他们杀死镇压起义的反革命军官，冲出营房，占领楚望台军械库。各处响应的起义士兵齐集楚望台，并临时推举吴兆麟担任指挥，向总督衙门发动进攻。湖广总督吓得惊魂丧胆、走投无路，急忙从总督署后围墙上打开一个洞逃之夭夭。各起义部队在统一指挥下，经过一夜激战，攻占了总督衙门，占领了武昌，武昌起义胜利了。随后，起义军又占领了汉阳和汉口，革命军在武汉三镇取得胜利。

武昌起义胜利后，由于同盟会主要领导人孙中山、黄兴等均不在武汉，革命党人便推举新军协统黎元洪为都督。湖北军政府成立后，宣布国号为"中华民国"，废除大清年号。同时，号召各地发动起义，共同推翻清朝的统治，建立共和制。

辛亥革命是以孙中山为首的资产阶级革命派领导起义以来第一次取得的胜利。它在中国历史上第一次竖起民主共和国的旗帜，是一次完整意义上的资产阶级民主革命。作为反帝反封建的伟大革命，辛亥革命极大地影响了各国的民族解放运动，掀起了各国人民反抗压迫的民族解放热潮。

中华民国成立

武昌起义后，革命风暴席卷全国。在不到两个月的时间内，全国半数以上的省区已经宣布独立。各省的起义和独立，汇合成巨大的革命洪流，清朝的统治土崩瓦解。全国革命的迅速发展，迫切要求建立统一的革命政权，改变各省独自为政的状态，巩固和发展已经取得的胜利成果。

在建立中央政权的过程中，各派势力展开了激烈的争夺，形成了首义地区武汉和同盟会中部总部所在地上海等地方集团。1911 年 11 月，武汉和上海两地分别致电各省，要求派代表商议组织临时中央政府。后经反复协商，才决定各省代表会议在武汉举行。就在湖北和江浙两大集团为会议地点展开争论时，清政府加强了对武汉的进攻，革命军作战连连失利。

12 月底，长期在国外领导反清革命的孙中山回到上海。由于孙中山的崇高声望，各省革命党人大都主张推举孙中山为临时大总统，立宪派和旧官僚也认为孙中山堪称总统的最佳人选。12 月 29 日，各省代表在南京举行会议，正式选举孙中山为中华民国临时大总统。

1912 年 1 月 1 日，孙中山从上海乘专列到南京赴任。当晚，孙中山宣誓就职；中华民国临时政府成立，以 1912 年为民国元年；选举黎元洪为副总统；通过孙中山提出的各部总长名单；成立临时参议院作为立法机关；规定南京为中华民国临时政府所在地。中华民国临时政府的成立，标志着中国历史上第一个资产阶级共和国的诞生。

南京临时政府成立后，在短短的 3 个月内，颁布了许多改革法令，推动了中国社会的进步和发展。在政治方面，临时政府颁布了《中华民国临时约法》，这是中国历史上第一部资产阶级民主宪法。约法明确规定中华民国的主权属于全体国民，实行三权分立的政治体制；宣布中华民国公民一律平等，公民享有选举、参政等政治权利和居住、信仰、集会、出版、言论等自由。在经济方面，保护工商业；废除清朝苛捐杂税，鼓励人民兴办农业；奖励华侨在国内投资。在文化教育方面，提倡以自由平等博爱为主要内容的公民道德教育；禁用清政府颁行的教科书；提倡男女同校，奖励女校等。在社会习俗方面，废除历代沿用的跪拜和"大人""老爷"等称呼；规定男女一律剪辫，妇女禁止缠足；严禁种植、吸食鸦片和赌博。在对外政策上，主张关税自主；为换取各国对中华民国的承认，避免列强干涉，主动承担过去的外债和赔款，承认清政府和各国签订的一切不平等条约。这些措施有利于维护民主政治和发展经济，但临时政府没有提出明确的反帝纲领，也未有触动封建土地所有制。

中华民国成立后，遭到了反动势力的联合进攻。袁世凯在帝国主义的支持下，采用武力威胁和政治欺骗的两面手法，迫使革命派交出政权。孙中山在内外压力下被迫妥协，让位给袁世凯。袁世凯就任临时大总统，开始了北洋军阀的独裁统治。辛亥革命的胜利果实，最终落到了北洋军阀官僚集团手中。但是，中华民国的历史功勋是不可磨灭的，它的成立标志着清王朝的灭亡；标志着中国持续2000多年的封建帝制的结束，有力地打击了帝国主义和封建势力，使共和体制深入人心，鼓舞人们前仆后继地争取自身的解放。

袁世凯称帝

南京临时政府成立后，袁世凯窃取了革命果实，当上了大总统。但是他还不满足，做起了皇帝梦。

袁世凯，河南项城人，生在一个地位显赫的家族里。他出生后，白白胖胖，天庭饱满，头圆鼻隆。他的家人专门从城内请来几个相士，给他算命。几个相士都断言这个小孩必将前途无量，大富大贵。

袁世凯长大后，一直相信术数和术士。这不仅影响了他的生活，甚至影响其军政决策。他从小就不喜欢苦读书本，而是纵马飞驰，游山玩水，只靠"命运"来博取日后的前程和功名。

1911年，武昌起义的第二天，正是袁世凯的52岁寿辰，袁乃宽、赵秉钧、梁士诒等云集袁世凯府上，为他祝寿。这些人知道有算命先生说他今年将有福相和吉运，纷纷奉承拍马，劝他称帝。1912年2月13日，袁世凯通电赞成共和。同时，孙中山向临时参议院提出辞职。15日，参议院选举袁世凯为临时大总统。

1913年10月6日，国会召开总统选举会，王家襄为主席。袁世凯命令京师警察厅和拱卫军联合派出军警"保卫"国会。除此以外，便衣军警千余人，自称"公民团"，将国会团团围住，所有入场的人只能进不能出。

根据《总统选举法》规定：候选人一定要获得四分之三的绝对多数票才能当选。袁世凯两次落选后，强迫参议院议员选自己。议员们被迫无奈，终于在晚上9点钟推选袁世凯为大总统。10月10日，袁世凯正式就任大总统。

1915年，袁世凯政府机关报《亚细亚日报》发表了宪法顾问古德诺的《论共和与君主》，公开宣传中国应实行帝制。8月14日，杨度串联刘师培、严复等6人组织"筹安会"，为袁世凯称帝充当先锋。

10月25日，全国各地开始选举国民代表，从28日起先后举行国体投票。会场内外布满军警，名为保护。票面印"君主立宪"四字，令投票人写上"赞成"或"反对"字样，然后签上自己的姓名。投票前每个代表发大洋500元，作为"川资或公费"。

国体投票开始后，袁世凯收到各省将军、巡按使的许多呈报和密电，报告各地选举投票情形，内容全部是要求袁氏"俯顺民情，早登大位"。袁世凯平步青云，真有点飘飘然了，认为自己确有神助，做了"第一人"之后，就要做九五之尊的皇帝了。

为了顺顺当当做皇帝，袁世凯找了一个赫赫有名的叫无非子的术士，为他算卦。这一卦，无非子整整算了 21 天。他算定袁世凯只有称帝一条路可走，而且必须要在当年举行庆典。因为当年是卯年，大吉，而且对钟鼎的讲究，龙衣的忌讳，都一一做了交代。最后，无非子大笔一挥，秘授袁世凯一方红纸，上写两个大字：九九。

从此，袁世凯觉得天意让他登基做皇帝，已是水到渠成、顺理成章的事。不久，杨度、孙毓筠、严复、刘师培、胡瑛、李燮和等所谓的当世名流之首，组织筹安会，号称筹安六君子，为他称帝大肆鼓吹。他的儿子袁克定为当太子，也竭力从旁进言，劝他父亲称帝。

在这期间，袁世凯的亲信冯国璋听说他要称帝，特意从南京赶来劝阻他。袁世凯对他说："我的身体不太好，几个儿子又都不成器，我哪里有这门心思呢。"但是，冯国璋一走，袁世凯便骂道："岂有此理！岂有此理！"

1916 年元旦，袁世凯正式称帝，改元"洪宪"。这一来，招来全国一致反对，连他的弟弟、妹妹也因此与他断绝了关系。冯国璋、靳云鹏、李纯、朱瑞、汤芗铭五位将军，原是袁世凯手下的 5 员大将，他们也反对袁世凯称帝，联名致电各省，加入讨袁护国军。袁世凯一见自己苦心培植的嫡系将领不仅不替自己出力，反要拆台，他真是绝望了，无限悲哀地说："完了，一切都完了！"

就这样，袁世凯众叛亲离，违背历史潮流，在革命党和护国军乃至全国人民的压力下，不得不于 3 月 23 日宣布废止洪宪年号。连头带尾做了 83 天皇帝，去了头尾，恰好 81 天，与无非子批字"九九"即八十一刚好相合。

几个月后，袁世凯在全国人民的唾骂声中咽了气。在死的那一天，他把袁克定叫到里屋去，对他说："这个事我做错了，你以后不要再上那几个人的当！"随后还大呼"上当"不止，过了半小时就死了。

新文化运动

袁世凯在窃取了辛亥革命的成果后，实行专制独裁统治，在思想文化领域掀起了一股尊孔复古的逆流，公开下令祭天祀孔、尊孔读经。在社会上，孔教会等各种组织纷纷出现，他们主张定孔教为国教，公开宣扬鬼神迷信。为了捍卫共和、反对倒退，中国思想文化界发动了一场旨在救国救民的新文化运动。

1915 年 9 月，陈独秀在上海创办《青年杂志》（1916 年改名为《新青年》，编辑部也迁往北京），标志着新文化运动的兴起。陈独秀早年留学日本，积极接受西方思想文化。辛亥革命前，他就积极从事反清斗争，曾在日本组织爱国团体，倡导民主革命。辛亥革命后，参加了反袁的"二次革命"，失败后流亡日本。1915 年回上海，1916 年应北京大学校长蔡元培的聘请，任北京大学文科学长。此后，他以《新青年》为主要阵地，介绍西方的先进思想和文化，猛烈地抨击中国的封建思想文化，成为新文化运动的倡导者和旗手，被称为"思想界的明星"。在《新青年》的影响下，宣传新思想、新文化的刊物大量涌现。北京大学和《新青年》编辑部成为新文化运动的主要阵地，李大钊、胡适、鲁迅和周作人等先后加入编辑部，成为《新青年》的主要撰稿人和新文化运动的主要倡导者。新文化运动的旗帜是民主和科学，它的主要内容有.

袁世凯

首先，宣传民主和科学。陈独秀在《青年杂志》创刊号上，鲜明地提出了"人权"和"科学"的口号。提倡民主，就是提倡资产阶级民主政治，建立资产阶级民主共和国，反对君主专制和军阀独裁。提倡科学就是提倡自然科学和科学的思维方式，反对蒙昧主义和封建迷信。陈独秀抨击君主专制的腐败，指出中国必须抛弃延续数千年的专制的个人政治，实行自由自治的国民政治。在科学的旗帜下，《新青年》上登载了许多介绍著名科学家发明创造的事迹和关于医学、物理学、生理学等方面的知识。

其次，提倡新道德、反对旧道德。他们针对尊孔复古逆流，把批判的锋芒直接指向维护封建统治的思想支柱儒家学说，高举"打倒孔家店"的大旗。陈独秀认为以儒家学说为代表的封建伦理道德是阻碍中国人民觉醒的最大敌人。倡导者们还以进化论阐明孔子学说已不适应现代社会生活，它与民权、平等的民主共和思想是背道而驰的。与此同时，他们大力提倡资产阶级的新道德，强调个性解放。

第三，提出"提倡白话文，反对文言文，提倡新文学、反对旧文学"的口号，开展了一场文学革命。胡适提出文学改良的口号，主张以白话文代替文言文。陈独秀提出文学革命的口号，要求从形式到内容对文学进行改革。白话文写作由此成为一种具有广泛社会影响的运动。鲁迅从1918年起，陆续发表《狂人日记》《孔乙己》等小说和多篇杂文，出色地把反封建的革命内容和白话文的表现形式结合起来，树立了新文学的典范。

新文化运动是一批激进的民主主义知识分子倡导的思想启蒙运动，是辛亥革命在文化思想领域的延续。它解放了人们的思想，鼓舞人们打破传统束缚，寻求救国救民的真理，促进了中国人民的进一步觉醒，并为马克思主义在中国的传播创造了有利条件。由于历史条件的局限和运动倡导者们的思想局限，新文化运动也存在着明显的缺点，主要是运动的参加者局限在知识分子的圈子里，没有同广大群众结合；采用形式主义的态度分析问题，在对待文化上存在着片面性等，这对以后的历史发展产生了消极的影响。

中国共产党诞生

1921 年，中国历史上发生了一件开天辟地的大事，这就是中国共产党的诞生。

自从 1919 年开展的"五四"新文化运动以后，马克思主义在中国得到了广泛的传播，许多革命社团和进步刊物如雨后春笋般涌现出来，一大批具有初步共产主义思想的先进知识分子，以极大的热情研究和传播马克思主义和俄国十月社会主义革命的经验。当时最负盛名的人物是"南陈北李"。"南陈"指陈独秀，是安徽人；"北李"指李大钊，是河北人。他们撰写文章、创办刊物、抨击时政，扩大了马克思主义在中国的传播。

中国革命形势的发展，引起了俄国共产党的注意，共产国际决定帮助中国的马克思主义者建立共产党组织。

1921 年 6 月 3 日，共产国际首任驻华代表马林，乘坐"阿切拉号"轮船到达上海。不久，阿尔斯基也来到上海，他们很快与李达、李汉俊等人建立了联系，在分析了中国革命的形势以后，他们建议召开党的代表大会，正式成立党的组织。

1921 年 7 月，中国共产党第一次全国代表大会在上海法租界贝勒路树德里三号（现兴业路76 号）开幕，出席大会的代表共 13 人，他们是上海代表李达、李汉俊；北京的张国焘、刘仁静；湖南的毛泽东、何叔衡；湖北的董必武、陈潭秋；山东的王烬美、邓恩铭；广东的陈公博及日本的中国留学生代表周佛海。陈独秀、李大钊因故没有参加。

会议由张国焘主持，毛泽东与周佛海做记录，会议开始进行得比较顺利，然而，一个突发事件使后来的会议被迫中断。

这一天，会议开始不久，一名穿灰色长衫的中年男子，突然闯入会场。陌生人的出现引起了大家的警觉，当人们询问这个不速之客时，他含含糊糊地说："我找联社的王主席。"随即又说："对不起，我找错了地方。"然后急忙退了出去。这件突如其来的事，引起了大家的怀疑，马林当机立断，建议会议立即停止。在场的人先后离去，只留下陈公博、李汉俊两人。

果然，10 分钟后，法租界巡捕便包围了会场，闯进室内，进行了搜查。他们发现了一些介绍和宣传社会主义的书籍，但这没使他们产生怀疑，当时的党纲就放在抽屉里，巡警们看它是一张改得一塌糊涂的薄纸，认为是一张废纸，连看都没看。

巡捕们找不到证据，便快快离去。

为了使代表大会继续开下去，代表们只好转移会址，分两批离开上海去嘉兴。马林、尼科尔斯基、陈公博 3 人因故没去。

后来，代表们到达了嘉兴，租了一条游船，为了会议的安全，他们带着乐器、麻将牌，船的中舱桌上还摆着酒菜，以游客身份作掩护。这天，小雨连绵不断，湖上游人稀少，四周一片寂静，清风徐来，水波荡漾。大会讨论通过了中国共产党的纲领等决议，选举了党的中央机构，由陈独秀、李达、张国焘三人组成中央局，陈独秀为中央局书记，李达为宣传主任，张国焘任组织主任。下午 6 时左右，大会胜利闭幕。

中国共产党的成立，是中国历史上一件开天辟地的大事。从此，在中国出现了一个完全新式的，以共产主义为奋斗目标，以马克思列宁主义为行动指南的统一的工人阶级政党，它改变了中国的革命方向，加速了革命胜利的进程。

毛泽东说："自从有了中国共产党，中国革命的面貌就焕然一新了。"

孙中山绝处逢生

1921年，孙中山南下广州进行第二次护法运动。不久，孙中山就任非常大总统。他任命陈炯明为内政总长兼陆军总长、粤军总司令和省长。

广西叛乱平定后，孙中山决定出师北伐，但陈炯明想占据两广，反对北伐。同时，还勾结驻洛阳的吴佩孚，驻长沙的赵恒惕，对孙中山准备北伐的活动多次进行破坏，指使湖南督军赵恒惕拒绝北伐军过境。孙中山迫不得已，于1922年4月21日，免去陈炯明的内务总长、粤军总司令、广东省长三项职务。陈炯明不思反悔，继续操纵他的爪牙蓄谋叛变。

6月14日这一天，不断有人到总统府报告陈炯明谋反的消息，但孙中山不相信陈炯明会真的背叛他。

6月16日深夜，坐落在广州观音山的越秀楼总统官邸，还像往常一样发出明亮的灯光。孙中山仍未入眠，他端坐在堆着厚厚卷宗的办公台前，时而伏案疾书，时而起身查看挂在墙上的北伐进军地图。

大约2点左右，孙中山刚刚躺下，寂静的夜空中，便隐隐约约传来一阵阵军号声，还夹杂着稀疏的枪炮声，陈炯明果然下手了。

侍卫们来到孙中山的卧室外，等候命令。这时候孙中山决然表示："我断不能值此危难关头，离弃职守！"后来，经过大家反复苦求，孙中山才勉强答应与宋庆龄一块转移。但宋庆龄深明大义，她知道若和孙中山一起走，会带来许多麻烦，请求孙中山先走，自己只身留下。

枪炮声越来越近，子弹不时从总统府上空呼啸而过。孙中山还在犹豫不决，大家一时顾不得许多，便七手八脚为他乔装易服，秘书林直勉找来一块白布，裹住孙中山的公文包，便和另一位参军强扶孙中山迅速出了总统府。

经越秀街时，3人正疾步快走，猛听背后一阵吆喝："站住！干什么的？不站住，就开枪啦！"

原来遇上了陈炯明的部队，林秘书急中生智，说："报告长官，在下老母生急病，兄弟俩连夜来请这位医生前往就诊。"

叛军觉得孙中山长相斯文，俨然一副医生的样子，加上灯光昏暗，看不清楚，也就放他们3人走了。

孙中山后来到了永丰舰上，指挥海军与叛军对抗。患难之时，孙中山想起了蒋介石，而这时，蒋介石正在浙江为他母亲逝世一周年做祭奠。孙中山命人发出急电："事急，盼即来此。"

蒋介石接到电报后，认为乘此机会可以捞到更多的政治资本，决定冒险赴广州。

中国通史

几天后，蒋介石乘快艇登上了永丰舰。

蒋介石登舰后，表现积极，一面坐镇舵楼，指挥作战，一面和水手们一起从事洗涮甲板的劳动，以鼓舞士气。

42 天的患难，增加了孙中山对蒋介石的信任，为他以后的发迹奠定了基础。

8 月 9 日，孙中山和蒋介石等离开永丰舰，乘英国"摩汉号"炮舰，由广州赴香港，又转乘"俄罗斯皇后号"邮船到达上海，继续为革命奔走呼号。

孙中山回到上海后，得到了中国共产党和俄国共产党的热心帮助，振作起精神，实现了国共合作，创办了黄埔军校，促进了中国革命的发展。

北伐战争

1924 年，在中国共产党的努力下，国共两党形成了统一战线。1924 年 1 月第一次国共合作实现后，双方都为北伐战争做了努力，创建黄埔军校，建立革命军队，成立国民政府，编组国民革命军，领导全国工农革命群众运动，所有这些，都为北伐战争奠定了政治、经济、军事和群众基础。

1926 年 7 月 9 日，广东国民政府领导的国民革命军 10 万人正式出师北伐；9 月 17 日，冯玉祥率部在绥远五原（今属内蒙古）誓师参战。

北伐军首先向军阀吴佩孚部队盘踞的湖南、湖北进军。共产党人叶挺领导的、以共产党员为骨干组成的第四军独立团是北伐先锋。北伐军主力于 7 月 11 日进入长沙，又分三路攻取湖北。8 月 19 日，中路军发起总攻，先后攻占平江、岳阳，切断粤汉路。接着进入湖北境内作战。进入湖北后，军阀吴佩孚企图凭借汀泗桥、贺胜桥的险要地势阻止北伐军的进攻。经过浴血奋战，至 8 月，北伐军先后攻克武长铁路线上的军事要隘汀泗桥、咸宁、贺胜桥，击溃吴佩孚主力，并在 10 月 10 日攻占武昌。叶挺独立团战功卓著，所在的第四军获得了"铁军"称号。叶挺更是被誉为北伐名将。曹渊等一批共产党员在战斗中壮烈牺牲。接着，北伐军连下汉阳、汉口、武昌。至此，吴佩孚的主力基本被消灭，北伐军取得了两湖战役的决定性胜利。

与此同时，北伐军向江西进军。10 月上旬以前，北伐军两次进攻南昌，均付出重大伤亡，被迫撤除南昌之围。11 月初，北伐军对江西孙传芳部各据点发动总攻；11 月 8 日占领九江、南昌，一举歼灭了军阀孙传芳的主力。至此，江西的北洋军阀全线溃退。

接着，北伐军出兵福建，于 1926 年 12 月间占领福建全省并乘胜追击，向浙江挺进。福建、浙江等省的军阀也纷纷倒向北伐军，国民革命军冯玉祥部也控制了西北地区，并准备东出潼关，响应北伐军。这时北伐军已发展到 20 个军，拥有兵力 25 万人。1927 年 2 月下旬，蒋介石指挥中路军同时东进，于 3 月 24 日攻占南京。2 月底，何应钦、白崇禧指挥东路军占领了杭州及浙江全省，3 月 21 日占领松江和龙华。这期间，周恩来、罗亦农、赵世炎等领导上海工人第三次武装起义，解放了上海。至此，长江下游全由北伐军占领。

国民革命军誓师北伐仅半年时间，就取得了惊人的进展，控制了南方大部分省区。

北伐过程中，中国共产党各级组织在广东、湖南、湖北等省领导工农群众积极参与运输、救护、宣传、联络等工作，为北伐胜利进军提供了有力保障。

反帝反封建的大革命的迅猛发展，严重威胁着帝国主义和大地主、大资产阶级的利益，民族资产阶级也因惧怕工农运动而动摇起来。1927年4月和7月，蒋介石和汪精卫先后在上海和武汉发动反革命政变。在中国共产党内，由于陈独秀的右倾麻痹，对国民党右派采取妥协退让政策，无力阻止局势的逆转。至此，第一次国共合作破裂，国共两党合作进行的北伐战争夭折。

北伐战争是一场规模空前的反帝反封建的革命战争，加速了中国革命历史的进程。虽然中途夭折，但这次战争沉重地打击了北洋军阀的统治，产生了深远的影响。同时使中国共产党人认识到开展武装斗争的极端重要性，开始了创建工农红军、进行土地革命的新时期。

这次战争中途夭折的教训，使共产党人和中国人民深刻认识到建立无产阶级军队、开展武装斗争的极端重要性，从而开始走上创建中国工农红军、进行土地革命、以农村包围城市、武装夺取政权的崭新革命道路。

井冈山会师

1927年，中国共产党先后发动了南昌起义、秋收起义和广州起义。

1928年4月，南昌起义保存下来的部队和湖南南部的农民军在朱德和陈毅的带领下，来到了宁冈砻市。4月底，毛泽东率领工农革命军，从湖南、江西边境回到砻市。这两支革命武装在井冈山胜利会师，对推动全国革命高潮的到来，产生了深远的影响。

自从"八一"南昌起义的队伍撤离南昌后，毛泽东就一直非常关心这支革命武装的去向。可是消息被敌人严密封锁着，直到在酃县水口镇打游击的时候，毛泽东才偶然得知朱德的部队已经到了广东省潮州、汕头一带。

南昌起义部队有了下落，毛泽东非常高兴，他马上召集干部开会，告诉大家这个好消息。

毛泽东说："南昌起义打响了武装反抗国民党反动派的第一枪，这支部队是我们党领导下的一支重要的武装力量，我们一定要设法同他们取得联系。"大家都表示赞同，于是，就派何长工去广东寻找朱德的部队。

何长工偶然得知朱德在云南军阀范石生的十六军，高兴极了。他连忙洗完澡，急匆匆地赶路，终于找到了朱德、陈毅的队伍。

第二天，朱德握着何长工的手，交给他一封信，说："希望你赶快回到井冈山，和毛泽东同志联系，我们正在策动湘南暴动。"

何长工带着信，回到了井冈山。毛泽东听了何长工的报告后，更加密切地注视着这支革命武装的行踪。不久，朱德发动了湘南暴动，但很快就失败了。朱德不得不带领队伍向湖南、江西边境转移，但是敌人一直尾追不放。

这时的毛泽东正住在酃县水口镇，一听到这个消息，马上带领工农革命军去支援朱德，在毛泽东的掩护下，朱德的部队安全到达了宁冈砻市。

毛泽东完成了掩护任务后，率领工农革命军返回砻市。有人报告说："朱德同志住在龙江书院，他正在等您回来。"毛泽东一听，非常高兴，马上朝龙江书院走去。

朱德、陈毅等人早就在门口等候了。毛泽东走近龙江书院时，朱德抢先几步，毛泽东也加快了步伐，两只有力的手，紧紧地握在了一起。

两支革命武装会合在一起后，虽然战士们来自不同的省份，各自的方言不一，但都有一个共同的心愿，就是建设和发展井冈山革命根据地。

不久，中国工农红军第四军在井冈山成立了。毛泽东任党代表，朱德任军长，陈毅任政治部主任。红四军的成立，使井冈山革命根据地出现了蓬勃发展的大好局面。工农红军在毛泽东的带领下，走上了"工农武装割据"的正确道路。后来，根据地展开了轰轰烈烈的"打土豪，分田地"运动，井冈山地区的红军力量更加壮大，井冈山革命根据地也在不断扩展。

四渡赤水

中国共产党的革命斗争和红色根据地的发展，使国民党感到了压力。从1930年起，蒋介石抽调庞大兵力对革命根据地进行了四次"围剿"，但均被共产党粉碎。

正当中央革命根据地的革命形势蓬勃发展的时候，由于王明错误路线的影响，红军遭受到第五次反围剿的失败，被迫走上了艰辛的长征之路。

直到红军行至遵义后，才纠正了王明的错误思想，确立了毛泽东的领导地位。拨正了中国革命的航向，使全军精神焕发，气象一新。但是，红军还未摆脱数10万敌军从四面八方追击、堵截和包围的严重局面。

毛泽东决定乘敌人尚未形成包围圈时，指挥第一方面军在宜宾、泸州间或宜宾上游北渡长江，与四方面军会合，建立新的革命根据地。

1935年1月下旬，一方面军进抵赤水河畔的土城，将贵州军阀侯之担的3个团击溃，第一次胜利地渡过了赤水河，进入四川南部。

当时，蒋军看出一方面军准备北渡长江与红四方面军会合的意图，急忙命令四川军阀纠合兵力到川贵边境设防，封锁长江。蒋介石的周浑元、吴奇伟纵队也从湖南赶来。

毛泽东见形势发生了变化，果断地决定放弃原定的渡江计划，命令部队西进至云南扎西地区。

蒋介石忙调各路部队向扎西扑来，妄图把红军"聚歼"在扎西。但红军在毛泽东的英明指挥下，运用机动灵活的战略战术，突然重返四川南部，在太平渡与二郎滩二渡赤水，重入贵州，把敌人远远抛在长江两岸。

红军进入贵州后，迅速占领桐梓。贵州军阀王家烈慌忙赶到遵义"督剿"，并把他的两个师布置在遵义与桐梓之间，企图凭险固守娄山关。

当时，王家烈用一个师的兵力据守娄山关，红军三军团派出一支部队向娄山关左侧高地点金山发动猛攻。在红三军团的猛烈攻击之下，红军彻底占领了娄山关关口。

红军占领娄山关关口后，乘胜进攻遵义城，歼灭了城内的王家烈残部。王家烈只带了几名随从，从遵义仓皇逃跑了。

遵义大捷后，蒋介石更加坐立不安，急忙飞到重庆"督剿"，并采取南守北攻的策略，妄图在遵义、鸭溪地区消灭红军。毛泽东洞察了敌人的计谋，将计就计，故意在遵义地区徘徊，引诱更多的敌人前来合围。然后，以一部兵力利用桐梓、娄山关与遵义一线的有利地形防守，派主力与蒋军周浑元纵队周旋。当敌人逐渐逼近时，为了进一步迷惑调动敌人，红军忽然在茅台三渡赤水河，重进川南的古蔺地区。

蒋介石以为红军又要北渡长江，急忙重新部署兵力，进行围追堵截。但和敌人的意料相反，等把敌人的兵力吸引到四川南部、贵州北部一带后，毛泽东指挥红军忽然掉头东进，从四川西部重返贵州，在二郎滩、太平渡一带渡口第四次渡过赤水河。把敌人的主力全部抛在后面。

3月底，红军继续南下，渡过乌江，向贵阳挺进。当时蒋介石正在贵阳督战，城内守备空虚。当红军前锋部队打到贵阳近郊时，躲在城里的蒋介石失魂落魄，惊恐万状，急调云南军阀到贵州"保驾"。这正中了毛泽东"只要能将滇军调出来，就是胜利"的战略部署。于是毛泽东指挥红军主力，乘虚迅速从贵阳、龙里之间穿过湘黔公路，甩开敌人，大踏步向云南前进。由于无敌人阻拦，红军就像插上了翅膀一般，一天行走100多里，跳出了敌人的包围圈。

不久，红军抢渡金沙江成功后，又抢渡大渡河成功。

1935年6月，红军翻越了长征中第一座大雪山。不久，红一方面军和红四方面军在懋功以北的两河口举行会师大会，两大主力红军胜利会师，总兵力达10多万人。

8月，红一和红四方面军穿越草地。8月29日，中共中央率右路军进行了包座大战，歼灭国民党5000余人，占领包座，为红军北上创造了有利条件。9月，红军再次穿越草地南下，毛泽东、彭德怀率第一、第二军团北上。

1935年9月，中共中央在榜罗镇召开会议，正式决定以陕北作为领导中国革命的大本营。10月，红军陕甘支队到达保安县吴起镇。至此，长达二万五千里的红军长征宣告结束。

抗日战争

西安事变

自从1931年日本发动了"九·一八"事变后，日本侵略者加紧了侵华活动。而当时的蒋介石集团却推行"攘外必先安内"的政策，苦心孤诣地要把红军扼杀在摇篮里。

蒋介石为了实现既消灭红军又削弱异己的阴谋，把东北军和西北军调到陕北，迫使他们充当"剿共"的先锋。

但是，由于东北军、西北军在"剿共"过程中，屡遭惨败，使将领们都感到"剿共"没有出路。再加上红军对东北军、西北军积极开展抗日民族统一战线的工作，使东北军和西北军逐渐认识到一致抗日的重要性。

蒋介石集团根本不把全国抗日救亡运动放在心上，不顾东北军、西北军官兵日益高涨的抗日情绪，顽固坚持"攘外必先安内"的反动政策。为了逼迫东北军、西北军加紧"围剿"红军，蒋介石于1936年10月亲自飞抵西安督战。

蒋介石来到西安后，带着一团卫队住在临潼华清池。

张学良、杨虎城趁蒋介石到西安之机，一再向他进谏，劝他放弃"剿共"计划，为挽救国家和民族，停止内战，一致抗日，要求派东北军和西北军开赴抗日前线，收复被日本侵占的国土。到了后来，张学良甚至在蒋介石面前"哭谏"，但都遭到申斥、拒绝。

这样一来，张学良、杨虎城便决定实行兵谏，用武力逼蒋抗日。

事变前，张学良和杨虎城布置了捉蒋事宜。东北军负责去临潼捉蒋，西北军负责解除城内蒋系力量的武装。

12月12日凌晨5点钟，枪声划破了西安城的宁静，西北军很快就解除了宪兵团的武装，一切进展顺利。

在东北军方面，由白凤翔、刘桂五率领的捉蒋队伍，同蒋介石的卫队在临潼展开了激战。当他们突破防线，进入蒋介石的卧室时，却发现蒋介石已经不见了。但蒋介石的衣服、帽子、皮包还在，被窝还很温热，他的座车也在。张学良判断蒋介石不会跑很远，于是组织队伍搜捕，最后终于在华清池后山捉到了蒋介石。

蒋介石被抓住以后，东北军、西北军的许多将领都主张严厉处置蒋介石，张学良和杨虎城等决定就此事同中共中央商量。

12月17日，中国共产党派出以周恩来为首的代表来到了西安。他们向张学良、杨虎城分析了当时的形势，提出和平谈判解决西安事变的主张。最后，蒋介石被迫放弃"剿共"的做法，表示要一致抗日。这样一来，西安事变得到和平解决。

西安事变和平解决后，张学良亲自把蒋介石送回南京，但蒋介石背信弃义，将张学良软禁了起来。

杨虎城

西安事变成为中国抗日斗争的转折点。从此，国共开始联合，抗日民族统一战线逐步建立起来。

台儿庄血战

1937年，日本帝国主义悍然发动了"七·七"事变，全面侵华战争开始了。日本人扬言要在3个月内灭亡中国。

在不到半年时间里，日本侵略者先后占领了我国北平、天津、石家庄、上海、南京等城市及广大地区。第二年春天，日军再由津浦路南北推进，企图夺得徐州后，进一步攻占武汉，逼国民政府投降，以实现其迅速灭亡中国的计划。

在这种危急的形势下，李宗仁受命指挥第五战区的中国军队，去粉碎日军的计划。

1938年3月中旬，日军矶谷军团不等蚌埠方面援军北进呼应，便直扑台儿庄，企图一举攻下徐州，打通津浦路。李宗仁将军一面命孙连仲第2集团军坚守台儿庄，一面派汤恩伯第20军团迅速南下，夹击敌军。

正当第20军团顺利向台儿庄一线的日军施行包围的时候，从临沂方面开来的坂本支队突然出现在背后。对这一突然出现的敌情，第20军团采取紧急应变措施，决定先歼灭从背后扑来的坂本支队。与此同时，第5战区的第75军周岩部也奉命投入作战。这样，第20军团与第75军就从北至东呈弧状，对坂本支队形成围歼的态势。

坂本支队的到来，牵制了我第20军团的兵力，日矶谷军团使全力向台儿庄进攻。

4月1日，矶谷军团向台儿庄东侧的第27师阵地发起了猛烈的进攻。面对敌军的疯狂进攻，黄樵松师长率领官兵坚守阵地，与敌展开了生死搏斗。

此时，在台儿庄内，战斗也极其艰苦。由于守军减员严重，又得不到新的补充，很多官兵带伤坚持与敌搏斗。守军伤亡日益增多，阵地也逐渐缩小，日军已占据了台儿庄的2/3。为了坚守阵地，台儿庄的爱国官兵，开始与日军展开肉搏。

4月1日，第二十七师158团第3营尚存的57名官兵，向守城司令王冠武团长请战："为了民族的尊严，为了替死难弟兄报仇，为了给二十七师争光，我们愿组成敢死队，绕到敌军后方，与我军正面进攻部队，前后夹击敌人，收复城西北角。若完不成任务，决不生还。"王冠武被他们英勇献身的精神所感动，同意了他们的请求。入夜，57名敢死队员在炮火的掩护下，以迅雷不及掩耳之势冲入敌阵。一时间，敌阵内喊杀声四起，爆炸声轰鸣。敢死队员个个以赴死的气概奋力杀敌。敢死队员受伤倒下后，便拉响身上的手榴弹，与敌人同归于尽。这时候，正面攻击部队也向前突击，前后夹击敌人。战至午夜，收复了城西北角阵地。

4月6日清晨，汤恩伯率领第20军团奉李宗仁之命，披星戴月赶到台儿庄北面。这时候，李宗仁将军也赶赴到台儿庄附近，亲自指挥部队向敌军发起全线进攻。李宗仁一声令下，全军将士锐不可当地向日军发起猛烈的攻击，台儿庄的日军如瓮中之鳖，全部被歼。

与此同时，在临沂方面的张自忠、庞炳勋等军队也已击败该处日军，将临沂城牢牢掌握在手中。至此，台儿庄之战，我军大获全胜。

台儿庄战役的胜利，是抗战初期平型关大捷之后，中国军队对日作战的又一次重大胜利，也是抗战期间，国民党正面战场所取得的最为精彩、最为壮烈的一次胜利。这次胜利，再次给予日本侵略者以沉重打击，打破了日军迅速灭亡中国的白日梦，进一步鼓舞和坚定了中国人民抗战到底的决心。

百团大战

1940 年春天以后，日军对抗日根据地实行"囚笼政策""三光政策"。面对严酷的现实，在华北前线指挥作战的八路军副总司令彭德怀决定给日寇来一个以牙还牙。八路军在华北地区使用 105 个团的兵力，向日军占领的交通线和据点发动大规模进攻战役。

1940 年 8 月 20 日，按照八路军总部的统一部署，晋察冀军区部队在司令员兼政治委员聂荣臻的指挥下，以破击战为主，集中兵力破击日军的公路交通线。

8 月 20 日晚，随着一颗颗红色信号弹腾空而起，八路军各路突击部队如猛虎下山，扑向敌人的车站和据点。一夜之间，从榆次到石家庄的所有据点、桥梁、隧道、车站都被摧毁，铁轨被扒走，敌人的交通陷入瘫痪，同时歼日伪军 1600 余人，第一阶段战役结束。

9 月 16 日，八路军总部发出了第二阶段的作战命令——扩大第一阶段战果，以攻坚战作为主要作战形式，继续破坏敌人交通，摧毁交通线两侧和深入根据地的某些日军据点。

9 月 23 日至 29 日，第一二九师第 385、386 旅全部和决死队第 1 纵队的两个团，发起榆（社）辽（县）战役，共歼灭日伪军千余人，收复榆社县城。第一二九师所属冀南军区以 12 个团的兵力，歼灭日伪军 1700 余人，破击了正在修建中的德石铁路和邯济铁路。

9 月 22 日至 10 月初，晋察冀军区集中 2 万余兵力，发起涞（源）灵（丘）战役，歼灭日伪军 1600 余人。第一二 O 师部队配合涞灵、榆辽地区作战，对同蒲铁路北段进行新的破击，再度断绝了该线交通。

10 月 1 日至 20 日，晋察冀军区所属冀中部队集中 8500 余人，发起任（丘）河（间）大（城）肃（宁）战役，攻克据点 29 处，破坏公路 150 公里。

日军受到重创后，急忙抽调兵力对根据地进行报复性"扫荡"。八路军总部及时下达反"扫荡"作战计划，要求各部队坚决消灭一两路进攻之敌。战役进入第三阶段，由破击战转入反"扫荡"作战。

晋东南地区——10 月 6 日，日军纠集万余人"扫荡"太行根据地，企图包围消灭第一二九师主力及八路军总部机关。第一二九师先后在张家沟、关家垴等地重创日军。11 月 14 日，日军被迫撤退。

11 月 17 日，日军又派出 7000 余人"扫荡"太岳根据地，第一二九师主力跳出合围圈，歼灭日军 300 余人。12 月 5 日，日军被迫返回据点。

10 月 13 日，日军纠集 1 万多人，对平西（今北京西）抗日根据地进行"扫荡"。

10月26日，日军冈崎大队500多人被游击队引入太行山区，八路军对日军实施包围，经过一场短兵相接的肉搏战，日军死伤过半。冈崎见势不妙，乘着硝烟慌忙逃跑，被我八路军战士击毙在马背上。

11月9日，日军又集中万余人"扫荡"北岳根据地，并占领晋察冀军区领导机关所在地阜平。平西和北岳两区部队采取内外线结合的办法，打击进犯日军，11月25日，日军撤退。晋察冀军区部队继续向侵占阜平等地的日军发动进攻，歼其500余人。1941年1月1日收复该城。

晋西北地区——12月14日，日军调集2万多人，以兴（县）临（县）和岢（岚）静（乐）地区为重点，实行全区性的大"扫荡"。第一二О师一面以部分兵力与民兵开展游击战，一面集中主力破击日军后方交通线，攻击敌修路队和运输队，歼灭日伪军2800余人。1941年1月下旬，日军退回原驻地。

百团大战沉重地打击了侵华日军，极大地鼓舞了全国人民夺取抗战胜利的信心，提高了中国共产党和八路军的声望；百团大战将大量日军牵制在华北敌后战场，减轻了日军对国民党正面战场的压力，对国民党当局的投降妥协倾向起了抑制作用。不仅如此，百团大战还策应了西欧战场的抗德战争，迟滞了日军南进步伐，为英美对日备战赢得了时间。百团大战在中国抗日战争史上写下了光辉的一页。

皖南事变

当抗日战争进入相持阶段后，蒋介石又采取了消极抗日的政策，不断制造反共摩擦。

1940年11月14日，国民党军令部拟定了《黄河以南剿灭共匪作战计划》，规定第三、第五战区的国民党军主力，避免与日寇作战，集中力量，分两步迫使八路军、新四军于1941年2月底以前撤至黄河以北。

1940年12月3日，国民党军令部长徐永昌又策划了消灭皖南新四军的作战部署，规定皖南新四军不得由镇江北渡，只准由江南原地北渡，或由国民党另行规定北渡路线。国民党这样做，无非是为了借机消灭皖南新四军。根据上述"计划"和"部署"，第三战区司令长官顾祝同在皖南集结了7个师和1个旅，共8万多人，任命上官云相为总指挥，设置了袋形阵地准备歼灭北渡的皖南新四军。

中共中央为了顾全大局，同意了将皖南新四军北移的要求，电令项英加紧北移的工作，并及时通报了国民党在皖南集结重兵的情况。

1941年1月4日，皖南新四军冒雨踏上了北上的征途。当时全军共约9000余人，编成3个纵队。

6月拂晓，新四军老3团的一个便衣班在云岭脚下与国民党第40师第120团的一个搜索连遭遇，发生激战。

事变的枪声打响后，国民党军队凭借优势兵力步步紧逼，高岭、铜山、高坦等战区炮火纷飞。6日下午，军部召开紧急会议，决定会攻星潭，然后冲出包围圈。

正当新四军在 7 日晚攻克星潭，准备乘胜追击，扩：大战果时，项英突然下令将部队撤回，将刚用血肉夺来的星潭，又送还给顽军。

12 日下午，在形势万分紧急的情况下，新四军召开了团以上干部紧急会议。叶挺军长决定立即分散突围，确定了突围后的汇合地点。13 日凌晨，新四军军部首长率精干人员分两路突围。叶挺、饶漱石为一路；项英、袁国平、周子昆为一路。这时候，上官云相又发起了第三次总攻击，为了保存力量，叶挺军长决定深入敌营，与顾祝同谈判，结果被卑鄙地扣留。项英带领的一路在大观山中隐蔽了一个多月，后来，项英的副官刘厚总叛变，打死了项英、周子昆，向国民党邀功去了。

在皖南事变中，皖南新四军 9000 余人，与国民党军 8 万之众英勇拼杀了 7 昼夜，除约 2000 余人突围外，3000 余人壮烈牺牲，3600 余人被俘或失散。

事变后，蒋介石公然宣布新四军为"叛军"，下令取消新四军番号，将叶挺交付军事法庭"审判"。为了回击国民党反动派，周恩来愤然在《新华日报》题写了"为江南死国难者志哀"的题词和"千古奇冤，江南一叶，同室操戈，相煎何急"的挽词，有力地揭露了国民党反动派的罪行。几天后，中共中央军委发布重建新四军的命令，任命陈毅为代军长，刘少奇为政治委员，全军扩编为 7 个师。

皖南事变引起了国内外舆论的强烈反应，美、苏等盟国纷纷指责蒋介石的所作所为，国民党内部的一部分将领也极为不满，全国人民更是同声谴责，国民党在政治上陷入了空前的孤立。

建立新中国

延安战略转移

1945 年 8 月 15 日，日本侵略军无条件投降。当抗战胜利的笑容还挂在解放区军民脸上，欢庆的锣鼓还在神州大地回荡的时候，内战爆发了。

1946 年 6 月，蒋介石动用了 203 个师，430 万军队全面进攻共产党领导的解放区。到了 1947 年 2 月，在人民解放军的有力抗击下，国民党军不仅没有占到便宜，反而失去了 67 个旅，共计 61 万人，没有力量进行全面进攻了。蒋介石不甘心失败，为了消灭共产党，决定实行"重点进攻"，把矛头指向共产党领导全国人民进行革命斗争的指挥中枢——延安。

1947 年 3 月 11 日，"西北王"胡宗南，秉承蒋介石的旨意，亲率 6 个师 15 个旅约 15 万人的兵力，在马鸿逵部和邓宝珊部的配合下悍然进攻延安。

这时候，西北野战军只有 6 个旅，不到 25000 人，平均一支枪只有 10 发子弹，而要对抗的是蒋军中装备最好，军费占蒋军军费开支 3/4 的胡宗南军队。

在敌强我弱的形势下，毛泽东决定率党中央主动撤出延安。第二天，胡军号称

彭德怀

"天下第一旅"的第1师第1旅在飞机掩护下，提心吊胆地占领了空城——延安。

胡宗南立即给远在南京的蒋介石发报邀功："我军经七昼夜的激战，第1旅终于于19日晨占领延安，是役俘敌5万余人，缴获武器弹药无数，正在清查中。"蒋介石喜出望外，立即发布嘉奖令，把胡宗南晋升为上将。南京、西安同时上演了一出庆祝"陕西大捷"的闹剧。

西北野战军掩护党中央主动撤离延安后，彭德怀司令员在延安东北50里远的青化砭给敌整编31旅布下了一个口袋。

24日上午9点钟，敌整编31旅果然"如约"而来。大部队成行军纵列推进，丝毫没有戒备，1小时后完全进入了"口袋"。这时候，两颗红色信号弹腾空而起，解放军伏击部队东西夹击，把敌人压缩在长7公里，宽二三百米的沟里，只经过1小时47分钟就胜利结束了战斗。

在胡宗南整编31旅被歼后，彭德怀又得知敌135旅离开主力10里的情报，亲自部署了"强吃"135旅的作战计划。4月14日，我军突袭敌135旅，全歼了敌135旅官兵4700余人，活捉代旅长麦宗禹。

两战两捷后，彭德怀又以小部队向东北疾进，让他们使用大部队的番号，而后在黄河各渡口集中了大量船只，摆出一副东渡黄河的态势。敌军果然上了当，董钊、刘戡率主力9个旅，兵分两路，向西北的绥德扑去。而此时，彭德怀亲率西北野战军主力，悄然包围了胡宗南的后勤补给基地——蟠龙。胡宗南听到蟠龙被包围的消息，急电北进的9个旅全速南返增援。

蟠龙守敌是敌第1师167旅和陕西自卫军第3总队，装备精良，加上蟠龙地形险要，易守难攻。

5月2日23时，西北野战军发起攻击，直到次日16时，进攻受挫，伤亡很大。彭德怀下令停止进攻，全军召开军事民主会，讨论作战方法。全军上下集思广益，最终确定用"对壕作业"来突破敌人阵地。4日12时，对壕作业完成，部队重新发起冲击，仅用12个小时就攻下蟠龙，全歼守敌6300人，缴获了大量物资。5月9日，敌九个旅赶到时，留给他们的只是人去物空的一座空城。

陕北三战三捷，是西北野战军由防御转入进攻的转折点。西北野战军在各路解放军的策应下，逐渐掌握了主动权，歼灭了大量的胡宗南军，在1948年4月21日乘胜收复了延安。

辽沈战役

东北人民解放军经过艰苦奋战，到1948年仲夏，控制了东北97%的土地和86%的人口，已从根本上改变了东北战局。据此，中国共产党中央革命军事委员会主席毛泽东决定在东北战场上同卫立煌集团首先展开决战。

1948年9月12日，东北解放军对锦州至山海关段铁路发起攻击。锦州是山海关内外陆上交通的咽喉，战略地位至关重要，蒋介石接到东北剿总副司令范汉杰的告急电后，即从南京飞至沈阳；经过精心策划，决定集中22个师，组成东、西两个兵团，分别从锦西、沈阳出动，夹攻围锦解放军。

东北野战军司令林彪决定趁敌人援兵到来之前迅速拿下锦州。

锦州解放后，国民党处境危急。蒋介石严令东北"剿匪"副总司令郑洞国率部向沈阳突围。郑还未来得及行动，部下第60军军长曾泽生率部起义，突围计划破产。19日，第7军军长李鸿向解放军投降。郑洞国之长春守军已完全陷入绝境，无奈之下，21日，郑洞国率军投降，长春和平解放。

与此同时，国民党"西进兵团"司令官廖耀湘正由彰武南下，企图与"东进兵团"配合，重占锦州，掩护沈阳国民党军队沿铁路线撤入关内。蒋介石这一步棋正中毛泽东下怀，毛泽东电令林彪：蒋军南下寻战正符合我军歼敌有生力量战略，你们可诱敌深入，全歼廖耀湘兵团。10月21日，正当廖军在黑山、大虎山和我军激战时，刚克锦州的东北野战军已转锋北向，对廖形成合围之势。廖耀湘忙撤攻黑山援兵，并向营口退走，企图从海上南逃，但被封死，只得分成两股向沈阳突围。由于来回调动，廖耀湘部队陷入一片混乱。10月26日，林彪指挥东北野战军对被包围的国民党军队展开围歼战。至28日5时，歼灭该兵团5个军12个师10万多人，其中包括蒋军精锐第1、第6军，辽沈战役胜利结束。

辽沈战役解放了全东北，为平津战役和解放全国创造了有利条件；围歼战术深入灵活运用。

淮海战役

根据全国战局的发展和中原、华东战场的敌情变化，1948年11月1日，中国共产党中央军委确定由陈毅、邓小平统一指挥中原野战军与华东野战军进行淮海战役。

1948年9月24日，粟裕向中央请示发动淮海战役，毛泽东当即表示赞成，并做出重要指示：中间突破，分割歼敌，将淮海战役变为战略性决战。10月22日，中原野战军主力克郑州，24日克开封，东进直趋淮海一带。华东野战军主力继续追歼刘汝明部，尔后与中原野战军合逼徐蚌线。

国民党方面匆忙采取应对措施：白崇禧为华中"剿总"，率军23万防御长江中游，屏障华南；刘峙为徐州"剿总"，率60万人防御淮海地区；黄百韬、李弥、邱清泉、李延年、刘汝明等诸兵团排成"一字长蛇阵"，欲与共军决一雌雄。

11月6日夜，粟裕发起淮海战役，直扑黄百韬兵团，华野主力疾进陇海路。第6纵队首先歼灭了码头镇敌军；第7、第10纵队于8日突破了运河防线，国民党第3绥靖区副司令何基沣、张克侠率所部第59军和第77军两万多人在贾汪、台儿庄起义；山东兵团3个纵队迅速南下，直插徐州东侧。

刘峙惊恐万分，急令邱清泉、李弥率部向徐州回缩，加强徐州防御。刘峙这步棋正迎合了解放军围歼黄百韬的战略意图。11月10日晚，山东兵团3个纵队攻占大许家和曹人集等地，迎头截住了西撤的黄百韬兵团。11月11日，华东野战军将黄军合围在纵横不过10余公里的碾庄圩窄小地区。

此时，刘伯承已指挥中原野战军打响徐蚌会战。针对国民党军的"长蛇阵"，刘伯承采取"夹其额，揪其尾，断其腰"的战法：钳邱清泉，而后西逼徐州，夹"蛇额"；攻宿县，斩"蛇腰"；以陕南军团第12旅侧击黄维兵团，紧紧揪住"蛇尾"。12日，陈锡联第三纵队攻克宿县，徐蚌段被拦腰截断，将刘峙集团分为南北两部分。

蒋介石闻黄百韬被围，于11月10日调杜聿明到徐州，任"剿总"副司令，为黄解围。刘峙马上把指挥权交给了杜聿明。杜聿明立即派邱、李沿陇海线东进，救援黄百韬。粟裕闻讯，即遣3个纵队正面阻击邱、李军队，以5个纵队从徐州东南侧击配合。邱、李两兵团在解放军的顽强阻击下，只前进20公里。与此同时，粟裕又遣6个纵队的兵力打响了围歼战。黄百韬奋力抵抗，但是阵地却一天天缩小。

11月19日，华东野战军对黄百韬军发起总攻，至22日，黄军10万余人全军覆没，黄百韬举枪自杀。邱、李闻知黄已被歼，立即回防徐州。只有黄维自恃所部第12兵团是国民党"王牌"部队，继续向宿县推进。粟裕鉴于黄维求战心切，孤军突出，决定集中兵力打掉黄维。11月23日，黄维率军攻南坪，中原野战军第4纵队激战一天后，奉命放弃南坪，诱黄维北渡浍河。黄维不知是计，挥军急迫，于24日渡过浍河，陷入解放军预设的"袋形阵"。黄维发现不妙，忙回撤浍河南岸，企图与李延年会合，但为时已晚，中野7个纵队全线出击，将黄维兵团围在宿县南的双堆集。12月6日，我军从各个方向对黄维发起总攻。15日，黄维军被全歼。

杜聿明为了救黄维，决定放弃徐州。粟裕早预见杜聿明可能撤离徐州，于是以华东野战军的一部分参与围歼黄维，华野主力驻徐宿线西侧，阻击杜聿明撤逃。11月30日，杜聿明率邱、李和孙元良3个兵团25个师撤离徐州，以"滚筒战术"逐次掩护，向永城方向滚进。由于蒋介石的干涉，杜聿明被迫停止撤退，转而去救黄维兵团。12月4日，杜聿明采取"三面掩护、一面攻击，逐次跃进"的战术，向濉溪口方向发动攻击。而华野各纵队则采取"三面攻击，一面堵截"的战法，合围杜聿明军队于永城东北。杜救黄不成，自己反被包围。

1949年1月2日，粟裕对杜军发起总攻，激战一周。至10日10时，杜聿明集团被全部歼灭。

淮海战役解放了长江中下游以北广大地区；使国民党军精锐丧失殆尽；加速了解放战争胜利的进程。

平津战役

辽沈战役结束后，东北全境获得解放，强大的东北野战军已成为战略机动力量，随时都可参与其他任何战场作战。华北"剿总"傅作义集团正面临着东北、华北两大野战军的联合打击，是坚守还是撤退，举棋不定。由于考虑到美、蒋、傅之间的矛盾，傅作义最后决定守卫平津，以视时局变化。

1948年11月中旬，淮海战役已经发起，中央军委判断傅作义所部有可能将其全部或一部海运至江南，这样势必增加下一步作战的困难。于是军委决定：应抑留傅作义集团于华北地区就地歼灭；东北野战军提前入关，会同华北军区部队共百万人发起平津战役。

华北"剿总"傅作义将所辖四兵团12个军55万人，收缩在以北平、天津为中心、东起唐山西至张家口长达1000余里的铁路线上，宛若"一字长蛇阵"。傅作义固守华北正符合我军将敌人分割包围、歼灭敌有生力量的战略需要，因此，中共中央军委决定调东北野战军入关，与华北野战军配合，歼灭敌人于华北地区。但为了不使敌人逃窜，毛泽东决定：先撤围回绥，缓攻太原，让傅认为有逃窜余地。同时，令林彪的东北野战军于11月底迅速秘密入关，并于12月5日在行进途中歼灭了密云敌人一个师。傅作义这才知道东北野战军已经入关，惊慌之下，他认为解放军下一步就要进攻北平，即调35军回返北京，并把通县、涿州的军队全部调到京郊以严密防卫北平。敌人这一收缩行动，反而给解放军包围敌人提供了方便。

12月6日，敌35军2个师从张家口突出我军包围，向东驰进，8日被我华北第2兵团包围在新保安地区。10日、11日，敌16军主力和104军主力在康庄、怀来地区被东北野战军两纵队歼灭，敌西逃之路被彻底切断。华北敌军被围困在张家口、新保安、平津三地。为了防止敌人从海上逃窜，林彪、罗荣桓决定尽快完成对平津塘的封锁，于是对张家口、新保安之敌暂"围而不打"，而集中兵力封锁津塘；至12月21日，平津之敌海上南逃之路被切断。完成对华北国民党部队的分割包围后，我军采取先打两头、后取中间的策略，先攻新保安和塘沽；22日，解放军华北军区第2兵团全歼新保安守敌第35军2个师。23日，张家口守敌5万余向东突围，被华北军区第3兵团和东北野战军第4纵队于24日歼于张家口包围圈。1949年1月10日，中央军委决定由林彪、罗荣桓、聂荣臻组成总前委。林彪基于塘沽地形不利歼敌，决定改攻塘沽为攻天津。14 日，东北野战军 5 个纵队对天津发动猛攻，15 日攻克天津，歼敌 13 万，俘虏津塘防区副司令陈长捷。至此，北平守敌完全陷入孤立境地，解放军迅速加强了对北平敌人的围困。

北平是有着千年历史的名城，为了不使城内建筑被炮火毁坏，毛泽东希望和平解放北平。16 日，傅作义接受了和平改编，率领北平守敌 25 个师，出城听候改编。1 月 31 日，解放军进驻北平，北平和平解放。

平津战役共歼敌（包括收降）143 个师 55 万人。改变了国共两军事力量对峙，为解放全国取得彻底胜利提供了保障。

中国人民站起来了

1949 年，人民解放军以破竹之势，百万雄师渡过长江，解放了南京，宣告蒋家王朝的覆亡。

7 月 1 日之后，中共中央成立了以周恩来为主任，彭真、聂荣臻、林伯渠、李维汉等为副主任的开国大典筹备委员会，拟定了开国大典包括的项目。

1949 年 10 月 1 日，划时代的辉煌日子到来了。下午 2 时，中南海内开始举行中央人民政府委员会第一次会议，正、副主席宣布就职。选举林伯渠为秘书长；任命周恩来为政务院（国务院）总理兼外交部长；毛泽东主席兼中央人民政府军事委员会主席；朱德兼人民解放军总司令；沈钧儒为最高人民法院院长；罗荣桓为最高人民检察署检察长。

下午 3 时，毛泽东和中央主要领导同志沿着城西侧的古砖梯道，最先登上了天安门城楼。天安门广场上聚集了 30 万军民，欢声雷动。整个广场在彩旗、鲜花的映衬下，成了欢乐的海洋。

林伯渠宣布大典开始。毛泽东庄严宣布："中华人民共和国中央人民政府今天成立了！"中国人民从此站起来了！这个庄严的声音通过电波传到全国，传到了世界各地，无数的中国人为之欢呼雀跃。

在《义勇军进行曲》的乐曲声中，毛泽东亲自按下天安门广场中央国旗杆的电钮，五星红旗迎风冉冉升起。54 门礼炮齐放 28 响，如报春惊雷回荡在天地之间。

升旗之后，毛泽东主席宣读了中华人民共和国中央人民政府公告，宣告国民党反动政府已被推翻，中央人民政府是代表中华人民共和国全国人民的唯一合法政府。公告宣读完毕，林伯渠秘书长宣布阅兵开始。

阅兵司令员朱德身着戎装，走下了天安门城楼，乘敞篷汽车通过了金水桥。

在《三大纪律八项注意》《军队老百姓》等军乐乐曲声中，朱总司令由聂荣臻总指挥同车陪同，检阅了三军部队。接着，朱总司令重登天安门城楼，宣读《中国人民解放军总部命令》，号召人民解放军乘胜肃清国民党反动军队的残余，解放一切未解放的国土，同时肃清土匪和其他一切反革命匪徒。

　　检阅式和分列式历经两个多小时，出动了官兵一万六千多名，数十门大炮，数十辆坦克和十七架飞机。这两个多小时，浓缩了我军以往漫长的战斗历程，也预示了未来的光辉征途。

　　阅兵式后，欢腾的群众游行队伍通过天安门前，向新的中央人民政府领导人致意，向高高的五星红旗致意。"毛主席万岁"的口号声响彻云霄。主席台上精神抖擞的毛泽东也频频向群众挥手致意，回答道："人民万岁！"广场成了沸腾的海洋。

第二章　野史追踪

先秦野史

尧以围棋教子

相传尧之子丹朱资质既不高明，又非常顽劣，而且甚不喜读书，最爱的是游戏玩耍。尧退朝之暇，亦常常教导他，然而丹朱当面唯唯，或则绝不作声，一到离开了尧之后，依旧无所不为。尧虽是至圣之君，但亦无可奈何。

尧为了教育丹朱，便作围棋以弈，来启发他的智力。丹朱到尧书房中，见席上放着一块木板，有黑有白，旁边堆着黑白的小圆木块，更是无数。尧手中拿着一颗白色的木块，坐在那里，对着方块凝思。丹朱不解，便问尧此为何物，尧曰："棋以围而制胜，便叫它围棋吧！"便将席上所摆的棋教丹朱如何如何的弈法。丹朱方才欢欣而出，自己去研究。后遂流传于世。

禹不甘独宿

禹长着长长的脖子，有鸟喙一样的嘴，其面貌丑陋不堪。他已经三十岁了，可是，还没有娶妻，主要原因就是因为他太丑了。

有一天，禹途经涂山，看到一位女子，他深深地爱上了这位女子，就把自己爱慕的心情表达给这位女子，打算和她订婚。这位女子对禹的求爱，没有推辞，并答应了禹的要求，结果禹如愿以偿。可是，由于禹整天要为天下的老百姓操劳，他白天顾不上吃饭，晚上也抽不出很多时间睡一个安稳的觉。禹的妻子非常不高兴，她创作了一首哀婉的歌曲，向禹倾诉内心的哀怨和对他的思念。

商纣王发明胭脂

胭脂采自红蓝花，燕北民族叫这种花为燕支花，所以胭脂又叫燕支。古人也考证出胭脂是纣发明的，看来纣为中国美容做出了贡献，堪称鼻祖，纣就是用红蓝花汁加工制成胭脂。女子在上胭脂前，先用白粉涂脸，然后把胭脂膏在手心调匀，拍在脸上，其中酒晕妆是浓妆，桃花妆是淡妆。也可以反着进行，先用胭脂后用粉，这叫飞霞妆。

胭脂除了涂脸，还可作口红用，搽在颊上的胭脂是粉状的，而点唇的胭脂则是脂状的，叫作唇脂、口脂。点唇用的胭脂有许多品种，如石榴晕、燕脂晕品、小红春、大红春、嫩吴香、万金红、半边娇、圣檀心、内家园、露珠儿、天宫巧、洛儿殿、猩猩晕、淡红心、格双唐、小朱龙、媚花奴等。

周文王吃子肉羹

周文王又称西伯侯，是周朝的开创者。正是他大胆起用姜子牙，使周国势蒸蒸日上，为日后周武王伐纣打下了基础。但是让人难以想象的是，这样一位历史上的圣人，到了商纣暴君那里，也干下了一件让人不可思议的事。

传说西伯侯被囚禁于羑里的时候，他的长子伯邑考在殷都作人质，是纣王的车夫。伯邑考被纣王放在大锅里"熟为羹"，赐给西伯侯。不知是人肉羹的西伯侯，就把它吃了。纣工因而得意地对别人说："谁说西伯侯是圣人？他竟然吃了自己儿子的肉粥还不知道呢！"这便是"周文王吃子肉羹"的故事。

卫昭伯娶庶母为妻

卫惠公子朔逃到齐国。齐襄公为了让卫昭伯子顽叛离公子黔牟，命令齐大夫公孙无知到卫国，把宣姜嫁给子顽。宣姜，是齐襄公几个妹妹当中的最大的一个，卫惠公子朔之生母、卫昭伯子顽之庶母。

公孙无知奉齐襄公之命到了卫国，命子顽娶宣姜，子顽说："宣姜，是我的庶母，我怎么能娶她做妻子？"公孙无知摆了酒席，用酒把子顽灌醉后，把他领入宣姜的卧室之中。从此以后，子顽与宣姜结为夫妻。宣姜怀孕，首先生了一个儿子，死了；后来生了第二个儿子姬申；再一次怀孕，生了少子姬毁。这以后，宣姜又怀孕，生了两个女儿，分别做了齐桓公、许穆公的夫人。

卫惠公子朔逃亡在齐国整整八年。齐襄公带领各路诸侯攻打卫国，杀掉左右二公子，黔牟逃亡到周。卫惠公子朔的母亲宣姜，已经改嫁给他同父异母兄弟子顽为妻，子顽与宣姜欢迎子朔回到卫国。

卫惠公在位 31 年。惠公去世后，他的儿子姬赤继承了王位，是为卫懿公——历史上有名的喜欢仙鹤之人。卫懿公当国君，卫人不服，因为其父姬子朔是僭杀太子伋才得以当上卫国国君的。卫懿公继承皇位后的第九年，翟国攻打卫国，杀死了卫懿公，并将他的肝挖出来吃掉。

卫灵公与男宠"分桃"

昔者弥子瑕有宠于卫君。卫国之法：窃驾君车者罪刖。弥子瑕母病，有人听说后，连夜告诉弥子瑕。

弥子瑕矫驾君车以出。君闻而贤之，曰："孝哉，为母之故，忘其犯刖罪。"翌日，与君游于果园，食桃而甘，不尽，以其半啖君。君曰："爱我哉，忘其口味以啖寡人。"

卫灵公与弥子瑕之间的关系简直如同夫妻。可是就算是夫妻关系，待在一起也不会太长时间。灵公特别喜欢美色，弥子瑕长得非常漂亮，后来"美色衰退，偶尔冒犯灵公"，卫灵公便改了口吻，毫不留情地痛骂道："是固尝矫驾吾车，又尝啖我以余桃！"桃子是一样的，为什么吃进去时是甜的，而如今却非常恶心呢？

楚怀王初置七夕

七夕节在夏历七月七日夜，它与中国古代一个美丽的爱情神话联系在一起。牛郎织女是千载流传的爱情故事，至今他们生死不渝的爱情还在进行，每年的七月七日这一天，传说中牛郎、织女就能渡过天河走到一起，以慰一年漫长的相思之苦。据传说，楚怀王是初置七夕的人。据《物原》记载，战国"楚怀王初置七夕"。

西周时期，人们就知道了牵牛星和织女星。《诗·小雅·大东》中有"跂彼织女""睆彼牵牛"的句子。当时，虽然还没提到牛郎、织女的爱情，但先秦的占星术已将之人格化了。《史记·天官书》中说："牵牛为牺牲"。正义曰："牵牛星不明，天下牛疫死。""织女，天女孙也。"正义曰："织女三星主果蓏、丝帛、珍宝。""王者至孝于神明，则三星俱明；不然，则暗而微，天下女工废；明，则理。大星怒而角，布帛涌贵；不见，则兵起。"

妃授秘诀于舜

舜遵父命去打扫粮仓，临去之前，告诉了他的两个妃子，妃子对舜说："你进粮仓后，你父亲要把粮仓点燃烧死你。这时，你脱掉你的衣服，像鸟张开翅膀那样逃脱。"舜按妃子授他的秘计行事，死里逃生，没有被烧死。舜的父亲没有达到目的，便又命令舜去挖井。舜又告诉了二妃，妃子再次授计于舜："到时脱掉你的衣服，从井下的旁洞中逃出。"此次，舜又大难不死。

禹之女作酒

禹的女儿名叫仪狄，她酿造出了酒，禹喝了后觉得甘美异常，但理智地说："后世一定有因酒而亡其国的人。"于是，他疏远了仪狄，并从此滴酒不沾，这以后天上下了三天金子。

妹喜好闻裂缯之声

夏王桀派人到处搜寻美女，把她们都安置在后宫中，他还建造了琼池瑶台，修建

的金柱有三千多个。从桀时开始，用瓦覆盖屋顶，以此来遮挡雨水。桀又选择了很多个子矮小的倡优进宫，为他演奏靡靡之音，为他表演杂技。在宫殿中，每天都充满了嬉戏玩耍的声音。桀不分白天还是黑夜，都同妹喜以及其他的宫女在一起饮酒，还经常把妹喜放在自己的膝盖上抱着。

商王妻妇好善武

1976 年，河南安阳小屯村西北发掘墓葬，内有文物一千六百多件，包括样式繁多的青铜器、玉石器，还有十六位殉葬者。这座墓葬是半个多世纪以来殷墟发掘中唯一未被扰动而完整保存的墓葬。那么，这座墓葬的主人是谁呢？根据其墓葬可以肯定，这是一位极有身份的人。经过考证和推理，最终得出一个结论：这就是妇好墓。妇好，是商王武丁之妻。是商代极盛时期一个身份地位很高的女政治家和军事家。

妇好，甲骨文又名妣辛、母辛，是庙号与后辈之称。根据卜辞记载，她有属于自己的封地，常向商王朝觐纳贡，商王朝的一些重要祭祀活动她都曾主持过，并且率领上族多次出征夷方、土方、羌方、舌方、巴方等国。其中征伐羌方的一次战斗中动用军队多达一万三千人，是迄今所知商代用兵数最多的一次。

一个女人在那样的时代既能主持重要祭祀活动，又能带兵打仗，足见其卓越的政治才能与军事才能。因而，妇好在生前深得商王武丁喜爱。在她死后，商王悲痛不已，不惜花重金为其安葬。

妲己发明炮烙之刑

炮烙，相传是商代所用的一种酷刑。它的发明者便是历史上赫赫有名的暴君纣王和贻害商的美女妲己。妲己为人狠毒，脾气乖戾，平日里很少笑。为了讨她的欢心，纣王使尽各种办法，但妲己脸上仍是见不到一丝笑容。后来，有一天，纣王看到一只蚂蚁爬到烧热的铜斗上，被烙的细小的蚁足无法继续爬行，只能一个劲地翻滚、挣扎。纣王觉得很有趣，心想，如果人被火烙，一定也有那种痛苦挣扎的狼狈相，肯定更好看，妲己也肯定喜欢。于是，纣王就让人用铜制成方格，下面煨着炭火，铜格子被烧得通红，有罪的囚犯必须赤着双脚在上面行走，囚犯们痛得纷纷惨叫，从格子上掉下来的，就活活落入火中被烧死。看到这种情景，妲己果然高兴得咧嘴大笑。纣王大喜，以后经常用铜格子烙人，为的就是逗妲己发笑。

妲己剖孕妇之腹验证男女

纣王自得妲己之后，日夜饮宴行乐，不理国政。妲己本是狐狸附身，每日教唆商纣王残杀无罪之人，夜间则偷吸这些人的精血，因此，她的容貌永远都是那么光鲜艳丽，不见衰老。

一日，商纣王和妲己饮宴于摘星楼，见几个人过河。时已隆冬，河水冰冷，两三个老人涉水过去之后，几个年轻后生却徘徊着不敢下水。纣王向妲己询问原因，妲己说那是由人的胫骨骨髓多少决定的。商纣王不信，妲己竟唆使纣王将渡河的五个老百姓抓住，斩去他们的双腿来验证。妲己又说："我还能辨别腹中胎儿的男女呢！"商纣王又不信，在妲己的怂恿下，从朝歌城中抓来几十个妇女，逐一剖腹验证，使几十个人死于非命。纣王不以为意，更加宠爱妲己。而妲己也更加胡作非为，肆无忌惮。

西施的洗澡水名曰"香水泉"

提到四大美女之首的西施，人们就会想起西子捧心、西子浣纱、西子沉鱼的故事来衬托她的美丽。甚至西施的洗澡水也成了"香水泉"。

据说，西施的身上散发着一种迷人的香气。因而她沐浴过后的洗澡水，被称为"香水泉"。宫女们都争先恐后地希望得到这种"香水泉"。如果这种水被洒在屋里，整间屋子都会弥漫着一股迷人的芳香，算得上是香水的代用品呢！

黄帝始创冠冕制

何谓冠？我国最早的冠出现在何时？据记载，华夏族的祖先黄帝始创冠冕制。《古经服纬》卷上记载："黄帝作冕，有虞氏皇，夏后收。"

在夏朝的时候冕称为收，这时还是照黄帝时候的样子制冕，只是颜色发生了变化。正因如此，蔡邕才独断地说，夏朝时候的冠是纯黑的，从尧到舜，冠的颜色就变成了黄色。自从黄帝制冠冕开始到周，冠冕的礼仪已经发展完备。天子所戴的冠有很多种，除了各种各样的冕，还包括元冠、皮弁等。秦时出现了通天冠。

冠是贵族的一般头衣。戴冠前，头发先束在一起，头顶上盘成一个髻，用缅包住。缅是一种帛，常为黑色，又称縰。然后将冠套在髻上。冠梁在上，从前至后复在头上，再左右用笄横穿过冠圈和发髻。冠缨即为冠圈两旁的丝绳，引到颌下打结，打结后余下部分垂在颌下，称作绥，亦作蕤。还有根丝绳兜住颌下，两头系在冠圈上，丝绳称作纮。

不是用于日常，主要用于礼仪。戴冠后头发并未被全部遮住，周朝的冠梁很窄，秦汉逐渐变宽，但罩住全部头发也不可能。所以《淮南子·人间训》称，冠"寒不能暖，风不能障，暴不能蔽"。

冠是贵族身份和成年的标志，该冠而不冠称为非礼。春秋齐景公出宫门披着发，守门者拦住他的马说："尔非吾君也。"羞愧的齐景公吓得都不敢上朝。

秦汉野史

秦始皇四出巡游

十月金秋，秦始皇摆皇家仪仗，威风凛凛地于咸阳起程，出了武关，从丹江、汉水来到湖北云梦，又从长江到了虎丘山，吴王阖闾的墓地就在此地。他听说，当年吴王死后，陪葬了三千把宝剑，就命令手下开山取剑，然而把剑池翻遍了，却没有找到三千宝剑。秦始皇失望之极，也只有领着群臣向东进发，来到会稽。

秦始皇出游的显赫气派，引得当地老百姓前来观看，小项羽和叔父项梁，也在观望的人群中，小项羽羡慕得忘乎所以，叫嚷起来："你可以夺取他的地位，去代替他啊！"项梁急忙掩住了项羽的嘴巴。亏得马车喧哗，离得稍远，因而秦始皇全然不觉，他此时正在不可一世地威风呢！

到了会稽，秦始皇祭了大禹，又登山望海，心胸不由为之开阔，但是，不知什么原因，他突然想起母亲和吕不韦以及嫪毐之间见不得人的事来。他不能容忍这一切。在刻石以纪功名的时候，他刻下了自己过去的宏伟业绩，同时也在上面刻上了"宣传教化习俗，黔首要整齐庄重"的训条，将女人的贞操首次列入了国家的法令。

秦始皇大杀宦官

秦始皇觉得咸阳的居民太多，而旧的宫殿又太小，所以就在渭水南岸修建新的宫室。他先在上林苑中修建前殿阿房宫。阿房宫的建筑规划为东西长五百步，南北宽五十丈，上面可以容纳一万人，下面可以建五丈的旗。宫室的四周都修有阁道，这些阁道可以从宫殿一直抵达南山，以山巅作为阙，复道越过渭水，一直到达咸阳。为了修建阿房宫和骊山墓，秦始皇共役使隐宫刑徒七十余万人。当时，他先后在关中修建了三百多所宫殿，关外也有宫殿四百余所，秦始皇还迁徙了四万家囚徒到骊邑，五万家囚徒到云阳。庐生告诉秦始皇，平时在阴暗的地方行走可以避开恶鬼，不要让人知道自己的住处，这样才能得到长生不死的药物。于是秦始皇将咸阳附近三百里内的宫殿楼阁都用复道连接起来，并在其中设置帷帐钟鼓。每座宫殿都住满宫女，这些宫女都不能随便改变住处。如果有人敢泄漏皇帝的住处，就会被处死，这样，秦始皇的住处根本没有人清楚，所以重要的事务都在咸阳宫中决定。有一次，秦始皇从梁山宫中看到丞相的车马、随从众多，浩浩荡荡，他感到很不满意。有人把这件事情告诉了丞相，丞相马上就精简了自己的车辆和随从。秦始皇知道后很不高兴，说："肯定是宫中的宦官把我的话泄漏出去。"接着他就把身边的宦官全都处死了。

汉高祖自创"刘氏冠"

有一种冠可以用于礼节，也可用于平日燕居，这便是通天冠。通天冠高九寸，正面竖立，顶部向后倾斜，前面是展筒，后有一个铁卷梁。

刘邦还没有做皇帝时，曾用竹皮为自己做了一种冠，并为它取名为刘氏冠。刘邦做了皇帝后，这种刘氏冠也"凭主而贵"，地位大大提升。以至于这种冠成为刘邦后代在祭祀时的专用冠。在唐宋时期，冠高一尺，梁宽一尺，冠上卷梁二十四道，这样还不够，为了让它更加美观，还要在上面施以珠翠，并且用玉、犀簪将冠横穿，并在后面垂有黑巾。

汉高祖与宦者共寝

汉高祖刘邦生病后，不喜欢别人去见他，不允许群臣去看他。后来舞阳侯樊哙率领众大臣闯进了宫中，只见刘邦正枕着一个宦官睡觉。樊哙等人见了，便哭着说："当初陛下与臣等一起在丰、沛起兵，平定天下，那时陛下的身体多好啊。如今天下已经平定下来，陛下的身体却糟成这样。陛下病重，大臣们都感到恐惧震惊，陛下不见众臣，不和我们一起商议国事，只和一位宦者躺在一起，难道陛下不知道赵高亡国的事吗？"听樊哙这样一说，刘邦就笑着站起来，重新开始入朝听政。

汉高祖制定"奉圣髻"

汉高祖刘邦即位当皇帝后，朝廷的礼仪，由叔孙通负责制定。刘邦对于皇帝的尊贵有所领悟，于是下令：宫女们梳的发髻样式也要像行拱奉礼一样，取名为"奉圣髻"。

汉高祖故乡行乐

刘邦当上皇帝后，有一年因事途经沛县，就留在沛宫设宴招待原来的乡亲们，和他们一起喝酒，当时沛宫一共来了120人。席间，刘邦教他们唱歌，并乘着酒兴，亲自击筑唱歌，当时他是这样唱的："大风起兮云飞扬，威加海内兮归故乡，安得猛士兮守四方。"接着，他又让众人都跟着他一起唱，后来还亲自跳起舞来。跳到后来，他很伤感，不禁流着眼泪，对沛的父兄们说："在外的游子总会思念故乡，我虽然建都在关中，但我死后，魂魄还是会思念沛县的。何况我还是以沛公的称号铲除强暴得取天下的，我要把沛作为我的汤沐邑，这里的百姓世世代代都不用服徭役。"沛县的父老乡亲们听后都很高兴，就都放开酒量尽情饮酒，与刘邦一起回忆他过去的事情。十天后，刘邦才离开沛县。

汉景帝误幸唐姬

汉景帝对程姬很是喜欢。有一次景帝召程姬陪驾，程姬由于身体不适不能陪同，便让侍女唐姬夜里代她陪伴皇帝。皇帝当晚醉意朦胧，对于是谁睡在身旁并不清楚，后来唐姬怀了孕，景帝这才知道实情。唐姬生下了儿子，取名刘发，后来被封为定王。

汉武帝立子杀母

一天，汉武帝出巡打猎经过河间县，一位会看气脉的人告诉他说这一带有奇异的女子。找到她以后，才知道原来是一个两手都是拳形的人。但是令人吃惊的是，武帝把她的手指分开了，并且能够伸直。后来汉武帝临幸了她并称为"拳夫人"。"拳夫人"居于"钩弋宫"，所以又称为"钩弋夫人"。

"拳夫人"生弗陵（即汉昭帝）时，怀了十四个月的孕，这与古代尧母生尧的时间是一样的，所以武帝便将"拳夫人"所居宫门称为"尧母门"。弗陵稍稍长大一些后，武帝便开始经常责备钩弋夫人，夫人脱下头簪、耳环，叩头谢罪。后来，武帝又下令将夫人送到掖庭狱。夫人边走边回头，武帝道："快走，不然你就活不成了。"最后"拳夫人"终被赐死。

过了一些时间，有一天，武帝没什么事做，便问左右："外面的人对这件事是怎么议论的？"左右回答道："立儿子为太子，而杀掉母亲，到底是什么原因呢？"武帝道："是啊，你们这帮蠢人又怎么能够理解呢。古代的时候，国君年幼，其母年轻，太后便大权独揽，骄奢淫逸，以至于朝野不安。吕后的事不就是一个很好的例子吗？所以不能不先杀掉太子的母亲。"

王莽奉汉太后为文母

王莽篡位并改国号之后，奉原来的太后为新朝的文母，让她和汉室断绝关系。又废掉汉室的孝文庙，另外为她修建新庙，还把孝文庙原来的殿堂改为文母用膳的地方，并取名为和寿宫。改建工程结束后，王莽设宴，请太后来用饭，太后到来后，看到原来的庙堂被改得面目全非，又吃惊又伤心，便哭了起来，并说道："这乃是汉家的宗庙，其中供奉有神灵，为什么要毁坏它呢？鬼神如果不灵验，又何必修庙？鬼神如果灵验，我是他们的妃妾，又怎能污辱皇帝的庙堂，在这里摆放食物呢？"于是这次宴会便就此作罢。

汉高祖怜悯薄姬临幸之

薄太后的父亲与魏王宗家的女儿魏媪私通，生下了薄姬。诸侯纷纷反叛秦王朝之时，魏豹自立为魏王，魏媪便献上了自己的女儿。相士许负看了薄姬的面相后认为她将来会生太子。魏豹听说后，暗自高兴，不再与刘邦联合，保持中立。后来他又与楚军联合起来，最终被汉王刘邦击败，当了俘虏，魏国变成了一个郡。薄姬被送进了织丝的作坊服役。

魏豹死后，汉高祖有一次来到织丝的作坊，年轻貌美的薄姬吸引了他，便下诏将其纳入后宫。但进宫一年多也没有受到汉高祖的临幸。

薄姬年少之时，与要好的管夫人、赵子儿相互约定说："若谁先得富贵，不要忘了大家。"后来，管夫人、赵子儿比薄姬先受宠幸。一次，汉高祖在河南宫成皋台听到管夫人、赵子儿谈论着薄姬年少时与大家订的誓约，便询问其中缘由。他知道详情后，顿生怜悯之心。当天，汉高祖便召见薄姬并临幸了她。薄姬对皇帝说："昨天夜里，妾梦见妾的腹中附着一条苍龙。"高祖道："这是富贵的征兆啊，我成全你了。"

薄姬受到皇帝临幸后，生了一个男孩，这就是代王。打那以后，薄姬便与高祖很少见面。高祖驾崩后，吕后嫉妒众嫔妃，把她们全都打入冷宫。薄姬因为很少见到皇帝，又被放了出来。之后薄姬便随着儿子来到封地代国，成为太后。

宠姬夜泣不敌一口吃大臣

刘邦很宠爱戚姬，经常带着她到关东。汉立国后，戚姬日夜在刘邦面前啼哭，要求立她的儿子如意为太子。吕后那时年老色衰，刘邦对她很是冷淡，很少去她那里。刘邦认为太子太过仁慈软弱，而如意却很像自己，因此也想更立太子。如意当时已被封为赵王，但刘邦把他留在长安，没有让他去封地。大臣们都为太子说情，但刘邦却拒不接受。御史大夫周昌在朝中为太子争辩，刘邦让周昌讲讲为什么不能更立太子。周昌向来口吃，激动之下，口吃更加厉害，最后他结结巴巴地对刘邦说："臣下口吃，不善言语，但臣下知道废太子是万万不能的。如果陛下打算废掉太子，臣下决不会遵命的。"刘邦听后，欣然一笑，打消了废掉太子的念头。吕后听说后，就跪在地上对周昌表示感谢，说："如果没有您，太子就会被废掉了。"

赵飞燕掌上起舞

汉成帝坐享太平日子，整日吃喝玩乐。一开始，他最宠爱许后。到成帝即位十多年后，许后也已年过三十，面如黄花，鬓发已稀。生性好色的皇上看到许后已经人老珠黄，便转而宠爱其他的妃嫔。在成帝一次微服私访时，偶然间他看到了舞姿优美、唱着清脆委婉之歌的飞燕，心里十分高兴，于是把她带回宫中，极尽宠爱。皇帝对飞燕的情意就像沐浴在春风中一样，而飞燕对皇帝的情意也如水一般温柔。飞燕把成帝迷得如痴如醉，对后宫三千佳丽再也不理睬了。皇帝封飞燕为婕妤，后来又立她为皇后。又有人对成帝说，飞燕还有个很妖艳的妹妹，成帝便派人把合德接进宫去，封为昭仪。自那以后，皇帝同时宠幸这对姐妹，无论朝夕，这个风流的皇上都左拥右抱，遍尝她们的丰韵体香。

一天，汉成帝和飞燕在太液池的彩船上游赏。成帝令侍郎冯无方吹笙，为飞燕的翩翩舞姿伴奏，并亲自有节奏地以文犀簪轻敲玉杯。当船开到太液池中间时，突然刮起大风，飞燕被吹得衣裙飘飘，差一点落入水中。成帝赶紧下命让冯无方去救飞燕，无方把手中的笙立刻扔掉，两手紧紧拉住飞燕那双柔嫩的双脚。飞燕见被人把着双脚，干脆扭动腰肢，随风起舞，而且轻歌一曲。舞了一会，风停了，飞燕也渐渐停了下来。只见她面色红润，娇喘连连，令成帝倍加喜爱。

汉武帝爱妃骨节自鸣

汉武帝的妃子丽娟，皮肤白嫩细腻，吐气如兰。每当丽娟唱歌的时候，李延年便在芝生殿和她遥相酬和。每当唱"回风"时，庭院中的鲜花便纷纷往下飘落。武帝担心尘土玷污丽娟的身体，就把她放在帷帐中。武帝还担心她会随风飘飞，用衣带绑缚住丽娟的衣袖，将她关在重重帷幕之中。丽娟用琥珀为佩饰之物，悄悄地放在衣裙里面，却对别人说是骨节发出的声响。大家纷纷觉得奇异。

上官皇后让宫人穿"穷裤"

上官皇后是霍光的外孙女。汉昭帝小的时候，霍光独揽朝政，大臣都巴结他。霍光想让皇后怀孕生子，大臣们出主意不让皇帝与其他妃子交合，于是他们发明一种有裤裆的衣服给别的宫人、女使穿，这样她们就不方便与皇帝发生关系了。

这种穷裤，有很多带子，复杂地系在宫女们的身上。她们若想脱下来是很困难的。

秦创"传国玉玺"制

传说春秋时，楚人卞和在荆山看见凤凰栖息在青石上。古人有"凤凰不落无宝地"之说，于是卞和将青石献给楚厉王，经玉工辨识为石块。卞和被判欺君之罪，左足被刖。楚武王继位，卞和又去献玉，仍被鉴定为石块，卞和右足又被刖。楚文王的时候，卞和抱着玉在荆山下痛哭，文王派人取来青石，鉴定之后确为宝石，于是经玉工雕琢成璧，即为"和氏璧"。

400年后，楚威王以和氏璧赏赐相国昭阳。又过了50余年，赵国太监缪贤偶以500金购得和氏璧。赵惠文王听说之后，将璧占为己有。61年后，秦灭赵，得了和氏璧。

秦嬴政统一中国，称为"始皇帝"，要选用天下无双的宝贝制成皇帝玉玺。于是，宰相李斯奉命以和氏璧做皇帝玉玺。嬴政想以此玺代代相传，就像秦国一样能二世、三世、千世万世地传下去，因而称之为"传国玺"。

秦始皇取消"子议父，臣议君"的谥法

古代诸侯、大臣死后，天子接到讣告，就会派人或亲自前往吊唁，除了赠赙赗外，

还要赐谥。赐谥一般在迁柩前进行，先是宣读诔文。以盖棺定论的形式总结死者生前的所作所为之事，叫作"诔"。诔只能是上对下，长对幼。《礼记·曾子问》："贱不诔贵，幼不诔长，礼也。"诔完了后，开始宣布谥号，一般只有一两个字，是对死者生前行为最简明的概括。北魏崔挺因留恋彭城，不肯赴京上任。死后，太常议谥说"炀侯"。魏孝文帝说："不遵上命曰灵，可谥为灵。"唐朝张守节在《谥法解》中说："谥者，行之迹；号者，功之表……是以大行受大名，细行受细名。"由此可知，谥号即有善谥，也有恶谥。

天子、皇帝死后都会有谥号，通常是由礼官议上。秦始皇曾取消这种"子议父，臣议君"的谥法，汉以后又恢复。

汉后宫的驱鬼逐疫仪式

原始社会逐傩是一种巫舞。《论语·乡党》中说："乡人傩。"《礼记·月令》又有："命有司大傩。"《吕氏春秋·季冬纪》注云："腊发前一日，击鼓驱疫，谓之逐除。"意思是说，腊月头一天，敲鼓驱赶鬼疫，称为逐除。看来，先秦时期这种逐傩仪式已很盛行。

到了汉代，逐傩不仅流行于民间，宫中的驱鬼逐疫仪式更为隆重盛大。《后汉书·礼仪志》中记载，汉官举行大傩仪式时，10～12岁的中黄门子弟120人被选为驱鬼的童子，头戴红巾，身穿皂衣，手里拿鼓。又有人披着熊皮，手里拿着戈和盾，扮作方相氏主舞，由12人扮演的猛兽跟在后面，一边挥舞，一边呼喊。皇帝和文武官员在殿前集中。傩舞反复三遍后，将疫疠凶鬼持火炬送出端门，再由4名骑士接过火把送出司马门。门外再有千位五营骑士接过火把，送到洛水边，火把投入水中。这幅人神联合驱鬼的场面壮观异常，别说没有鬼，就是真有恶鬼，也早被这强大的阵势吓跑了。

汉后宫皇后体检制

东汉皇帝刘志要娶梁莹（其哥哥梁冀是刘志的大将军）为后，那时梁莹仅仅15岁。刘志随即派遣一宫廷女官吴姁去对梁莹进行身体检查。吴姁先检查梁莹的走姿，但瞧那梁莹轻移细步，举止优美，婀娜多姿。吴姁接着摘下她的两只耳环，散开她的发丝，查其有无脱落。继而检查其秘密部分，命其裸体，但见她皮肤滑腻，有如凝脂，冰清玉洁，如芙蓉出水，证明皮肤良好。乳房隆起，基本发育成熟，表明发育正常。肚脐优美，能容下半寸珍珠。之后，吴姁又检查她的前后阴处，见肛门、后阴没有异样，前阴发育正常。吴对她的腋窝与脚底都检查了，结果令人满意，于是梁莹就顺利地成了皇后。

汉代选宫女制度

宫人要选民间之"良家女",是汉代之法律制度,后汉沿袭。筭,古"算"字。《汉仪注》:"八月初为筭赋,故曰筭人。"即:每年的八月初,朝廷为向天下征收捐税、租赋,便开始结算赋税。朝廷中核算赋税之官,称为"筭人"。朝廷向民间征收美女,也属于征收赋税,是每年都要进行的。

每年八月是征收"良家女"的时候,此时朝廷派中大夫、掖庭丞、相工三种官员,去洛阳周围的乡间,"阅视"年龄在十三岁到二十岁之间的"姿色端丽""合法相"的女子,载回后宫。

在派下去征收"良家女"的官员中,"相工"之官,应多加注意。从周代起,帝王的婚姻一般由"禖人"决定,禖是一种典仪官,在古代祭祀中,为帝王向天地、鬼神、宗庙献祭,其作用,叫"荐",是联系沟通人与鬼神的人。"禖",也写为"谋",筹划、计算的意思,相当于"算人"这种官,"谋"与"禖"成为同一个字,则是"介绍""中介"的意思,是"禖"的延伸。"媒人",是专为帝王筹措婚姻的一种官员。"相工"顾名思义,是看相貌的人。关于相貌,其中专有一套学问;帝王妻妾的相貌,有理论可依,这套理论,称为"法相"。所以范晔《后汉书·后纪序》称"阅视良家童女,姿色端丽,合法相者"。"合法相",即性格可通过相貌体现出来,是否合乎贤淑、贞静,以及是否吉祥等等。姿色端丽,则是颜色与体态都要美丽。相工,必须是阉人。

汉后宫斗鸡走狗

中国斗鸡之风在汉唐时期盛极一时。汉高祖刘邦的父亲早年就特别喜欢斗鸡走狗。刘邦当上皇帝后,其父便成了太上皇。太上皇住在皇宫,整日锦衣玉食,连大小便都有专人伺候,这对于一个过惯了沽酒卖饼、斗鸡走狗日子的老人来说实在是一种煎熬。太上皇每天闷闷不乐,希望能继续过往日的生活。刘邦了解到父亲的心事以后,便在京师按太上皇从前居住的村落重建一处,并把家乡的邻里乡人全都接来迁入京师居住,如此一来,太上皇在京师中又过上了往日的生活,并再次拾起了斗鸡的爱好。

汉后宫曝衣晒书成俗

夏历七月已进入秋季,由此前雨季的潮湿渐趋干燥,这时需要曝晒衣物。曝衣晒书的风俗,是随季节变化而产生的。

曝衣晒书成为风俗是在汉代。据《杨园疏》记载,西汉建章宫北有太液池,曝衣阁在池西,"常至七月七日,宫女登楼曝衣"。每年的阴历七月七日,宫女们都要爬上楼晒衣服。东汉崔寔《四民月令》记述:"七月七日作曲合蓝丸及蜀漆丸,暴经书及衣裳,不蠹。"用发酵的曲合蓝丸、蜀漆丸来制药,以防止经书、衣裳不被虫蠹,这是中国有关卫生球的最早记载。

汉宫防闲淫逸的"守宫"

在帝王的后宫中，有一种爬行动物其作用非常之大，美其名曰"守宫"。

第一，"守宫"是一种虫子。第二，专有饲养"守宫"这种虫子的人，称"术家"，以饲虫之技而谋生，相当于今天的蛙、猪、鸡、鱼等养殖专家。第三，饲养"守宫"不像现在的养殖专业户那样提供美味佳肴，而有更重要的用处：对付专制帝王那些成群的妻妾，防止她们与别人私通（防闲淫逸）。"守宫"的名字就是这样得来的。"守宫"如何守卫帝王后妃们的"贞洁"呢？首先，饲养者把虫子盛养在"拨盂"之中，并喂它们凡砂，过了七天后，再把虫子们"捣治万杵"，捣成细末。女人用此粉点身，它就终身不褪色，如果女人与别人发生关系（有房室之事），则红点褪去。因为这种效用，"守宫"专用于守卫宫禁，效劳于帝王，防闲淫逸，保持帝王种性的纯正和后妃们的贞洁。

"守宫"其实就是现在的蜥蜴。汉武帝之臣东方朔，博学多才。他自十三岁开始读书，三年之后而"文史足用"。

一次，汉武帝令博学之人"射覆"，即现在的猜谜语。先使人把"守宫"这虫儿扣在一个盆盂下面，然后让人们猜里面装的是什么。人们一直猜不出来。问到东方朔时他猜道："它既不是龙，也不是蛇，因为它没有长角，但有脚。它走起路来曲曲弯弯，善于缘壁爬墙。如果不叫它'守宫'，那就叫'蜥蜴'吧。"

东方朔猜中了，汉武帝称赞道："好！"于是赐东方朔十匹锦帛。

汉开宦官封侯之先例

从东汉的和帝开始，多是少年或孩童即皇帝位，以至母后掌权，朝政为外戚所把持。汉和帝即位时年仅十岁，外戚窦宪掌权，顺者昌，逆者亡。群臣因皇帝年幼，也只能叹息流涕，眼见外戚掌权而无能为力。和帝自太子之时，宦官郑众便伴其左右，因同和帝从小一起长大，所以和帝视之为心腹。永平四年，和帝年仅十五，窦宪欲图谋不轨被和帝察觉，遂与郑众商议出一套对策。和帝先是下诏调开窦宪控制的禁卫军，然后令其入宫，将宫门紧闭。宦官们等窦宪入宫之后，向其宣读皇帝诏令，将其印、绶收缴，令其回到封地。然窦宪到了封地之后，和帝便下诏杀之。事成之后，郑众升为大长秋，即为宦官之首。此人在宦官之中也是贤者。因不喜收受皇帝赏赐，和帝更敬之，时常与他谈论政事，岂料至此始创了宦官用权之先例。十载之后，念其功绩深厚，和帝封其为巢乡侯，亦开宦官封侯之先例。

蔡伦不做"上床宦官"

提到蔡伦，人们就与造纸术联系起来。蔡伦是历史上一位有名的发明家，或称为技术改进者，他为造纸所做的贡献是巨大的。但即便是一位发明家，他也无法摆脱现实中一些棘手的问题。众所周知，皇帝的后宫是相当肮脏的，各种货色都有。而有时处在这种环境下，即使想要保持清白，似乎也是一件很难的事情。而一个什么都做不得主，专门伺候别人的太监，又能说什么，做什么呢？但是身为太监的蔡伦却宁死不做"上床宦官"。

建初元年，汉章帝即位。开始时宋贵妃受宠，蔡伦当时是小黄门，专门侍奉宋贵人，宋贵人长得非常妖娆、狐媚，每次皇帝临幸之后，不用宫女，而命蔡伦为她洗澡。

最严重的一次发生在建初二年的一个春天的晚上，此时的宋贵人已怀太子刘庆，按照宫廷规矩，从她受孕的第一天开始，皇帝不准再临幸。

一晚，宋贵人沐浴之后，忽然一声令下："统统出去，伦儿进来！"

蔡伦没办法，只得掀帘进入浴池。太华池温度很高，室内烟雾缭绕，蔡伦依稀看到这位内宫第一大美人裸着身子。

尽管蔡伦是太监，也被这场景吸引。因此目瞪口呆站在池畔，一时感到手足失措。原本仰卧在池中的宋贵人这时忽然一转粉头，一眼看到吓呆了的蔡伦，嫣然一笑说："傻东西，快拿浴巾来！"

蔡伦似乎一下子醒了，急忙自挂钩中取下浴巾，用双手展开等待贵人起身。

宋贵人被蒸得满面香汗，金身也娇弱无力，刚刚爬上池畔，也不知怎么回事，几乎要晕倒下来。

蔡伦下意识地用浴巾连忙裹住宋贵人的玉体，宋贵人趁机便倒在蔡伦怀中。

蔡伦没办法，只好抱着宋贵人，急忙进入内寝；安置好宋贵人，蔡伦用浴巾轻拭她的身体，宋贵人似乎没有一点反应。

蔡伦吓坏了，他俯首打算闻闻贵人的鼻息是否还在，一阵幽兰般的芳香扑鼻，蔡伦放心了。就在此时，宋贵人忽然张开双臂，勾住蔡伦的脖子狂吻。

蔡伦吓得呆了，急急地挣脱，惶然地瞪视着贵人，贵人亦诧然。过了好一会，贵人终于叹了口气："唉！你去吧！"蔡伦如获大赦，立刻跑出内寝。

天性孤傲的蔡伦不善奉迎，更何况侍奉后宫嫔妃本不是自己的志向。自此之后，蔡伦下定决心，宁死不再为宋贵人净身，因此，宋贵人极为怨恼，便趁汉章帝一次探望的机会，表示自己对蔡伦极端厌恶与不满，希望遣送他去别宫当职。蔡伦被调到秘书监，但这恰好促使他改进了造纸术。

汉宦官出塞惹祸患

汉文帝登基后，继续汉高祖的和亲政策，与北方的匈奴民族和睦相处。前元六年（公元前174年），匈奴冒顿单于死，他的儿子稽粥继位，称老上单于，他要娶文帝一位宗室公主为妻。公主临行前，文帝派宦官中行说去匈奴当公主的老师，满心希望他为加强汉民族和匈奴民族的友好关系做出贡献。但是这个在宫廷已呆几十年的宦官对于边塞的艰苦生活十分畏惧，很不愿前去。但文帝仍坚持己见。中行说因而怀恨在心，发誓说："真要让我去，就要给汉朝带来祸患。"

魏晋南北朝野史

魏武帝之子以爱妾换马

魏武帝曹操之子曹彰，封彭城王。曹彰遇到一匹骏马，非常喜爱，但马主不愿意好端端地将一匹骏马白白地送给曹彰。曹彰说："我有美妾，你可以挑选以换你的马。"马主从中挑出一名美妾，与曹彰约定：曹彰美妾归马主，骏马归曹彰。这匹马名叫"白鹄"。曹彰后来骑着它与魏文帝曹丕一同打猎，并把"白鹄"送给了魏文帝。这个"爱妾换马"的典故，说明曹彰有多么的"风流倜傥"。

魏明帝为何晏擦汗

汤官专门负责皇宫膳食中各种饼的制作，以供给皇宫里的贵人们享用。由于何晏的面色比较白，所以魏明帝曹睿曾怀疑他的脸上涂有面粉。为了证明他的脸上是否有面粉，明帝召来何晏，并把汤饼赐给他吃。何晏惊恐万分，吓得直出冷汗，明帝用自己的衣服帮他擦去了汗珠，才发现他没有搽粉。

晋武帝为配置六宫禁民间婚娶

晋朝泰始九年，晋武帝下诏书，挑选公卿以下的女儿到后宫，只要把女子藏起来的，就以目无君主的罪名加以处罚。在他还没有挑选完宫女之前，禁止天下百姓嫁女娶妇，君主的暴虐达到了极点。第二年，又下令良家子女和下级军官及小官吏的女儿五千多人，进宫供他挑选，从而出现了一幕母女二人在宫中号啕大哭的惨景，她们的哭声一直传到宫外。晋朝的暴君犯下了如此灭绝人性的罪行，被世人唾骂。

晋惠帝不识亲生儿子

西晋皇帝惠帝为太子时，十三岁结婚。在这之前，后宫才人谢玖奉当时皇上的命令到东宫，教太子如何做房帏之事。离开太子时，谢氏已经怀上了太子的孩子。几年后当惠帝见到这个孩子的时候，惠帝的父母才告诉他这是他的儿子。

晋元帝生子大臣无功

皇帝对生子是十分重视的，因为这关系到整个皇族的血脉是否能够延续。任何一位皇帝三十岁过后还没有皇子出生，便会忧心如焚，因此无论是皇后还是嫔妃、宫女

生育，皇帝往往要亲自守在产房外面，不得安寝。如果生的是皇子，朝廷便会一片欢腾，皇帝还要举行盛宴，接受大臣们的称贺。尤其生第一个皇子时，皇帝还会趁吉庆之际，厚赐群臣，以示喜庆。例如晋元帝时，皇子出生，皇帝赏赐群臣，大臣殷洪乔接受赐品时谢恩说："皇子出生，的确是值得天下人庆贺的喜事，但微臣无功受禄，甚觉不安。"晋元帝看着他那迂腐的样子，大笑着说："生皇子这件事你怎么可能有功呢？"众大臣们也忍不住哈哈大笑。

晋明帝巧言辩日

晋明帝司马绍小的时候，父皇将他抱在膝上，问他："太阳与长安哪个远？"司马绍回答说："太阳远。从没有听说谁从太阳那边来，凭这一点就知道太阳离我们肯定很远。"元帝对他的机智很惊异，第二天召集群臣宴会，告诉大家这件事，为了炫耀，他当着群臣，又问了一遍前一日的问题，而司马绍却冷不防回答说："太阳近。"晋元帝顿时脸色就不自然了，他怕儿子在群臣面前出丑，忙问："你昨天不是说太阳远吗？"司马绍镇静地说："我们抬头就能见到太阳，却见不到长安，这不是太阳比长安近吗？"晋元帝和群臣都为小皇子的聪颖所折服。司马绍十八岁时被立为太子。

宋武帝拆琥珀枕

南朝宋武帝刘裕北征时，得到了一个用琥珀做的枕头，颜色美丽。刘裕听说琥珀可治疗金疮，就把琥珀枕拆了把琥珀粉碎，分给将士们。古代还出现过水晶枕，夏天枕在脑后，就像一股小溪从身边流过，非常凉爽。有一首咏水晶枕的诗："千年积雪万年水，掌上初擎力不胜。南国旧知何处得，北方寒气此中凝。黄昏转烛萤飞沼，白日塞帘水在簪。薪篝蜀琴相对好，裁诗乞与涤烦襟。"

宋废帝命宫女裸逐

宋废帝游华林园竹林堂时，让宫女们赤身裸体相互追逐戏耍，只要有反对的，就杀掉她。

一日，宋废帝梦见自己在竹林堂，被一女子骂道："放纵享乐，有悖常理，你活不到明年麦熟。"为此他请来巫师解释此梦，巫师说竹林堂有鬼。于是废帝从华林堂出来，不带任何侍卫，携群臣来竹林堂捉鬼。寿寂之等人借此机会拔出刀剑杀死了宋废帝。

宋明帝借种

宋明帝自己没有儿子，曾将宫女陡氏赐给嬖人李道儿，一段时间后又将陡氏接回后宫，生下了刘昱。明帝还悄悄将那些已怀有身孕的王妃纳入皇宫中，如果生了男孩，就杀掉母亲，而让自己的宠姬负责抚养。